MANAGEMENT INFORMATION SYSTEMS

MANAGING THE DIGITAL FIRM

15th Edition

管理信息系统

（原书第15版）

[美] 肯尼斯 C. 劳顿（Kenneth C. Laudon） 简 P. 劳顿（Jane P. Laudon）◎著

黄丽华 俞东慧◎译

机械工业出版社
China Machine Press

图书在版编目（CIP）数据

管理信息系统（原书第 15 版）/（美）肯尼斯 C. 劳顿（Kenneth C. Laudon），（美）简 P. 劳顿（Jane P. Laudon）著；黄丽华，俞东慧译．—北京：机械工业出版社，2018.9（2021.8 重印）

书名原文：Management Information Systems: Managing the Digital Firm

ISBN 978-7-111-60835-6

I. 管… II. ①肯… ②简… ③黄… ④俞… III. 管理信息系统 IV. C931.6

中国版本图书馆 CIP 数据核字（2018）第 202972 号

本书版权登记号：图字 01-2018-1745

Kenneth C. Laudon, Jane P. Laudon. Management Information Systems: Managing the Digital Firm, 15th Edition.

ISBN 978-0-13-463971-0

本书全面、系统地介绍了管理信息系统的概念、结构、技术和应用，内容新颖，反映了美国当代的最新水平。本书以管理为出发点，分别从管理、应用等视角来剖析管理信息系统，实用性强，含大量案例，不仅保留了经过实践检验的、有生命力的经典内容，还涉及很多与时俱进的新内容。

本书不仅可以作为管理类专业本科生和 MBA 的教材使用，也可以作为在职干部、经理和工程技术人员的培训教材使用。

出版发行：机械工业出版社（北京市西城区百万庄大街 22 号 邮政编码：100037）

责任编辑：董凤凤　　责任校对：殷　虹

印　　刷：三河市宏图印务有限公司　　版　　次：2021 年 8 月第 1 版第 12 次印刷

开　　本：185mm×260mm　1/16　　印　　张：33

书　　号：ISBN 978-7-111-60835-6　　定　　价：79.00 元

凡购本书，如有缺页、倒页、脱页，由本社发行部调换

客服热线：（010）88379210　88361066　　投稿热线：（010）88379007

购书热线：（010）68326294　88379649　68995259　　读者信箱：hzjg@hzbook.com

The Translators' Words | 译 者 序

伟大的时代与信息系统变革

伴随着改革开放，今天的中国正在快速成为数字经济大国和创新大国。信息技术的进步已成为驱动全球经济、社会变革的重要力量。对于人类社会来说，21世纪最大的变化是什么？有人说是知识经济时代的到来，有人说是大数据时代的到来，有人说是人工智能时代的到来，有人说是万物互联时代的到来，还有人说是区块链技术使能的价值互联网时代的到来。不管是什么时代的到来，均意味着今天是个伟大的时代，是个变革的时代。有习近平新时代中国特色社会主义思想的指引，有国家一系列关于大数据、人工智能、互联网+等发展战略和政策的号召，我国一大批企业已经进入数字化、互联网化的转型进程中，这为我国信息系统的研发和应用带来了巨大的机遇与挑战。

自1946年通用电子计算机诞生以来，基于计算机软硬件和通信网络等技术的应用，信息系统在企业中的应用已经经历了两个阶段。第一个阶段是以自动化为主要特征的应用阶段，以计算机、数据库开发利用为核心，将这些工具大量应用于工资计算、会计核算、仓库管理、物料管理中。第二个阶段是以运营优化为主要特征的应用阶段，以大型复杂的应用软件包支持业务流程重组优化为核心，将这些工具应用于企业范围内跨越职能部门的关键业务领域中。如今，信息技术及其应用本身的发展呈现指数级增长的态势，人工智能、云计算、大数据、服务平台、物联网（统称为“智云大平网”）等已经全面渗透到各行各业中，开启了信息系统应用的第三阶段。第三阶段将会是以创造增量为主要特征的应用阶段，以综合利用“智云大平网”技术来创造和创新产品/业务、商业模式和管理创新为核心，并与现有的应用系统、产品及其运营系统融合，为企业数字化和互联网化转型赋能。

伴随着“智云大平网”的深化应用，信息系统在企业组织中承担的使命及其开发、应用的方法将发生革命性的变革。信息系统的使命已从支持企业提高工作效率、降低业务成本、增强组织控制、改善经营决策，发展到如今的创造新的产品和服务、增强动态能力。除了关注企业资源计划（ERP）系统、供应链管理（SCM）系统、客户关系管理（CRM）系统等以外，越来越多的企业更加关注企业社交媒体软件系统（enterprise social media，ESM）的应用，以适应当前的移动化、社交化办公和业务协作需要，同时也顺应当前企业管理社区化运营的需要。越来越多的企业关注物联网、大数据和云计算的应用，创造智能互联的新产品和新业务，以适应互联网用户的需求变化。在这些信息系统应用的支持下，通过精准分析、信息和知识的支持，企业组织得以赋能，增强了动态能力和敏捷性，有助于实现团队化管理和运营，以及社会化学习和知识创造。

信息系统的开发方法、技术架构、数据组织管理等将伴随着信息系统应用的变革而变化。信息系统的开发方法涉及从传统的基于瀑布模型的结构化软件开发方法，到基于软件包实施的系统建设方法，再到当前的开发运营一体化快速迭代的方法。信息系统的技术架构涉及从基于主机的集中式应用架构，到基于客户 / 服务器架构的分布式两层架构，再到当前基于微服务架构的多层技术架构。数据组织管理方式涉及从基于数据 – 程序文件的方式，到基于数据库和数据仓库的结构化方式，再到当前基于 Hadoop 的分布式数据资源和处理平台。上述这些革命性的变化需要管理信息系统方面新的知识体系和新的教学方法。

我们翻译团队非常高兴地看到，本书第 15 版与第 13 版相比增加了许多新的内容，比如大数据，物联网，云计算，社会化商务，自带设备（BYOD），智能产品，DevOps（Development 和 Operations 的结合词），机器学习，近距离无线通信技术（NFC），平台以及社交的、移动的和本地化的应用等，这些内容在不同程度上反映了现代信息系统革命的趋势和核心内容。

劳顿夫妇所著的《管理信息系统》教材一直以来保持内容与时俱进，反映技术演化趋势，贴近实践应用前沿，同时书中也保留了经过实践长时间检验的、有生命力的内容。我们一直认为，一本好的教材，不仅要让学生理解概念，建构必要的知识体系，更要培养学生对这个专业领域的憧憬感和好奇心。劳顿夫妇的这本教材把信息技术、系统应用、组织与管理融合起来，始终展示给我们的是经典的、前沿的、令人激动的内容，可以让学生对信息系统的前世今生有所把握，更让其对信息系统的未来、当今伟大的时代、自身未来的职业生涯充满信心。我们也认为，一本好的教材，不仅可以让授课教师对这门课程的教学体系、核心内容一目了然，更能让教师在教学理念、教学内容、教学方式方法的选取上有充分的自主性和能动性。劳顿夫妇的这本教材内容布局完整，教学案例、实践类练习和项目多。授课老师一旦理解本书的要义，就完全可以在课堂上或者课后“活教”“活用”。

翻译一本这么好的教材，确实不是一件容易的事，好在我们有翻译第 13 版的经验。除了新内容以外，本书对第 13 版的内容也做了大量的完善，使之阅读起来更加顺畅。在此，我们特别要感谢机械工业出版社华章公司的董凤凤老师、张有利老师和吴亚军老师。他们的理解、宽容和鼓励，以及对本书的认真校对和耐心细致的工作，使本书在最短的时间里得以和读者见面。

在即将交稿之际，我们觉得还有许多地方没有翻译好，内心诸多的遗憾和不安远远超过了完成任务的喜悦，只有期待下次修订时予以补救。在此，恳请各位阅读本书的老师和学生原谅，希望你们把书中的错误或建议及时反馈给出版社或我们。同时，我们也非常希望和利用本书的老师多交流与沟通，让我们一起努力用好、教好本书。

黄丽华、俞东慧

复旦大学管理学院信息管理与信息系统系

2018 年 8 月

About the Authors | 作者简介

肯尼斯 C. 劳顿是纽约大学斯特恩商学院信息系统方面的教授。他本科毕业于斯坦福大学并获经济学学士学位，在哥伦比亚大学获得博士学位。他出版了 12 本专著，涉及电子商务、信息系统、组织和社会等。劳顿教授还发表了 40 多篇论文，内容涉及信息系统对社会、组织、管理带来的影响，以及隐私、伦理和多媒体技术等。

劳顿教授现在所从事的研究涉及大规模信息系统和多媒体信息技术，同时他正在承担国家自然科学基金项目。该项目主要研究社会保障部、联邦调查局（FBI）和美国国税局（IRS）的国家信息系统的演变。他的研究聚焦于企业信息系统的实施、在大型组织中与计算机密切关联的组织变化和职业变化、管理思想的变化与公共政策的变化，以及对知识工作效率影响的理解等。

他还在国会上以专家身份做过证，现在还一直是美国国会下属的技术评估办公室、国土安全部、总统办公室、几家行政分支机构和国会委员会的研究员与顾问。劳顿教授还承担几家咨询公司的内训工作，为几家《财富》500 强企业的信息系统规划和战略出谋划策。

在纽约大学斯特恩商学院，劳顿教授讲授“数字公司的管理”“信息技术与公司战略、专业责任（商业伦理）”“电子商务与数字市场”等课程。劳顿教授的业余爱好是帆船运动。

简 P. 劳顿是信息系统方面的管理咨询师，她出版了 7 本著作。她的专业包括系统分析、数据管理、MIS 审计、软件评估以及给商业专业人员培训如何设计和使用信息系统。

简本科毕业于巴纳德学院，后在哈佛大学和哥伦比亚大学分别获得了硕士学位和博士学位。她曾任教于哥伦比亚大学和纽约大学商学院。她从小就对东方语言和文明感兴趣。

劳顿夫妇有两个可爱的女儿——埃丽卡和伊丽莎白。谨以此书奉献给她们。

前 言 | Preface

今天商学院的学生都渴望深入了解商业公司是如何应用信息技术和系统来实现公司的目标的，本书就是为帮助这些学生而写的。信息系统已经是一个非常重要的工具，它被公司管理者广泛地应用，并有助于实现卓越的运营、研发新产品和服务、改善决策等，从而使企业获得竞争优势。在本书中，学生将会发现那些被现代企业广泛使用的最具前沿性的、综合的信息系统概貌。阅读了本书后，我们期望学生能够在企业中参与甚至领导有关信息系统管理方面的讨论。

公司在面试应聘者时，通常会寻找和聘用那些知晓如何使用信息系统和技术来实现公司经济价值的学生。不管你的专业是会计、财务、管理、运营、市场营销还是信息系统，你都会发现本书中的知识和信息将对你的整个职业生涯产生很好的价值。

新版书有哪些新内容

时效性

第 15 版的特点是采用了全新的、开放的（封闭的）和互动的学习案例，其中文字、图形、表格和案例均已更新至 2016 年 9 月行业和 MIS 研究的最新成果。

新的特点

- **新概念的视频**：包含 45 个 3 ～ 5 分钟的概念视频资料。劳顿教授利用一个现代化的动漫平台，让学生找出每一章中最重要的三个概念。这些视频只有在 MyMISLab 的数字版本中才能获得。
- **新的视频案例**：书中有 36 个视频案例（每章 2 个或更多），还有 10 个额外的教学指导视频，这些视频涵盖了 MIS 领域的主要概念和经验。
- **学习跟踪**：在 MyMISLab 中有 47 个学习跟踪模块用于涵盖所选主题的课外学习。

新的内容主题

- **大数据和物联网**：第 1 章、第 6 章、第 7 章以及第 12 章深度涵盖了大数据、大数据分析以及与物联网相关的内容，包括：大数据分析、分析物联网数据流、分布式计算、内存计算、非相关数据库以及分析平台。
- **云计算**：更新和拓展了第5章的云计算（IT基础设施），更具体、详细地介绍了各种云服务的类别，私有云和公有云，混合云，管理云服务以及利用云服务的、全新的互动环节。第6章（云中的数据库）、第8章（云安全）、第9章（基于云的CRM和ERP）、第10章（电子商务）和第13章（基于云的系统开发）均涉及云计算。
- **社交的、移动的和本地化的**：在第10章中，我们就新的电子商务的内容描述了社交工具、移动技术以及基于位置的服务是如何变成市场营销和广告的。
- **社会化商务**：我们拓展了社会化商务的概念，在第2章中介绍了这个概念，并在整本书中均有讨论，还详细讨论了企业（公司内部）的社会化网络和电子商务中的社会化网络。
- 自带设备（bring your own device，BYOD）和移动设备管理。
- 智能产品。
- DevOps[⊖]。
- 零日漏洞。
- 机器学习。
- 聊天室。
- 近距离无线通信技术（NFC）。
- 原生广告。
- Windows 10。
- Microsoft Office 365。
- 平台。
- 软件定义存储（software-defined storage，SDS）。

第15版：MIS课程的综合解决方案

本书一开始就已经明确定位为适应于全世界的MIS课程。本版将继续保持其权威性，当然也将会更具个性化、灵活性，以满足不同院校和讲师的需求。本书已经成为一个完整的学习教程，包括核心教材、视频案例材料以及学习跟踪模块。

本书共有15章，许多实践性的项目案例覆盖了MIS的各个基本主题，还有视频学习案例和教学视频学习材料作为本教材的重要组成部分：包括36个视频学习案例（每章2个或更多），再加上10个教学视频，展示了信息系统的商业应用，解释了新技术，探索了新概念。这些视频案例对学习每一章的主题内容都是非常重要的。

另外，那些希望对某些感兴趣的课题做深入研究的学生和教师可以使用MyMISLab上的47套“学习跟踪”材料。这些材料涵盖了MIS各个领域里更加深入的内容。

⊖ development和operations的组合词，是一种重视“软件开发人员（Dev）”和“IT运维技术人员（Ops）”之间沟通合作的文化、运动或惯例。——译者注

核心教材

本核心教材利用一个描述、分析信息系统的集成架构，为学生提供关于MIS基本概念的全貌。这个架构告诉我们信息系统由管理、组织和技术要素组成，并在学生的项目练习和案例学习内容中得到了强化。

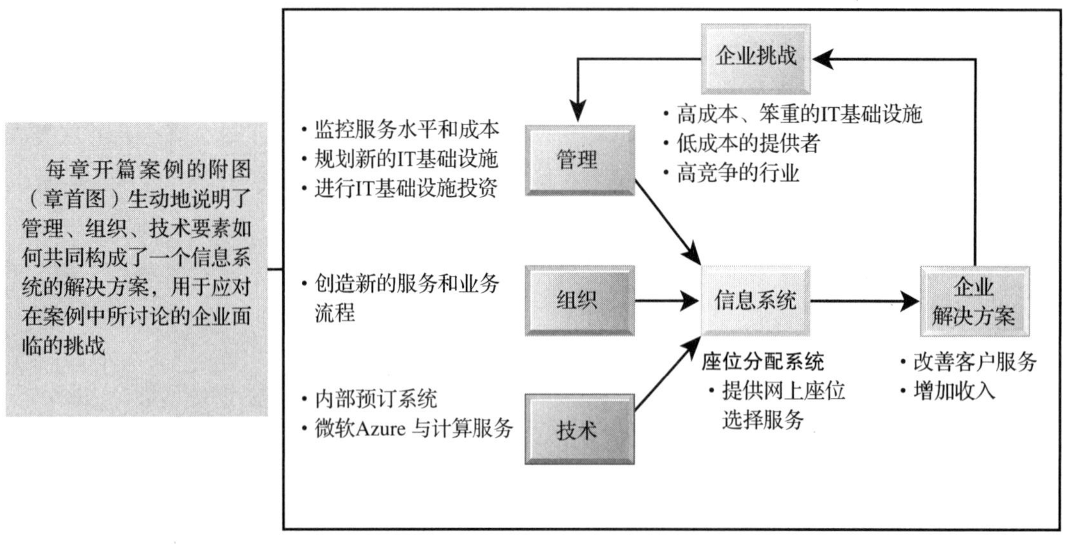

每章编排

每一章均包含下列要素：

- 基于学习目标的每章概要。
- 通过一个开篇案例介绍现实世界中某个组织的情况，确立这一章的主题和重要性。
- 根据本教材中所采用的管理、组织与技术模型图分析开篇案例。
- 两个附有案例分析题的互动讨论。
- 本章小结部分，对学生学习目标的实现具有关键作用。
- 复习题，帮助学生测试自己掌握了多少知识。
- 一系列与本章主题有关的、更广泛的讨论题。
- 一系列MIS实践项目，包括两个管理决策问题、一个练习应用软件项目和一个互联网技术学习项目。
- 一个团队协作项目，帮助学生提高团队协作能力和演讲技能，使其机会使用开源协作工具。
- 每章末尾的案例研究可以让学生应用本章的概念。
- 两个辅助升级的写作问题。
- 参考文献。

主要特点

在本教材中，我们增加了对学生和教师更具互动性、更具前沿性和吸引力的内容。对于这些特点和学习工具，我们将在下面加以说明。

现实世界的企业案例

本教材将帮助学生了解信息系统和公司绩效之间的直接联系。在世界各地，公司使用信息系统和技术的主要业务目标包括：卓越运营、新产品和服务、客户与供应商的密切关系、改善决策、竞争优势和生存。教材里的案例向学生展示了具体某家公司是如何应用信息系统达成这些业务目标的。

在整本教材中，我们只用最新的（2016年）商业公司和公共组织案例，以帮助解释每一章中重要的概念。所有这些公司或组织的案例都是学生广为熟知的，如耐克、旧金山巨人（the San Francisco Giants）、Facebook、沃尔玛、谷歌、梅西百货以及通用电气（GE）。

互动性

没有比实际操练更好的学习MIS的方法了。我们提供了各种不同的实践练习项目，使学生可以接触到现实世界里各种不同的商业场景和数据，直接领悟MIS的全部真谛。这些实践项目将提升学生投入到激动人心的课题上的积极性。

- **在线视频案例库**。学生在教室里、家里或工作中均可以在线观看视频短片，然后应用本书中的概念分析视频案例。每章至少有两个企业视频案例，帮助解释公司和管理者如何应用信息系统，探讨每章中讨论过的概念。每个视频案例包括一个或多个真实公司的视频、案例的背景材料和案例研究的问题。这些视频案例增强了学生对MIS相关内容的理解和MIS与实际商业世界的相关性。此外，有些关键章节还有10个教学视频，用于介绍MIS的演变和概念等。
- **网上概念性视频（只在数字版本中）**。在每章中，我们让学生选出3个概念，做成45个动画视频。
- **互动部分**。在每章中，我们重新设计了两个简短的案例作为互动性部分用于课堂教学，以有助于激发学生的兴趣和主动性学习。每一个案例包括案例分析题，这些分析题供课堂讨论、在线讨论或书面作业所用。
- **MIS实践项目**。每章都提供了三类实践性的MIS项目：两个管理决策难题；一个各种软件的运用练习，如用微软的Excel、Access或Web页面和博客创建工具等；一个开发互联网商务技能的项目。在每章里，MyMISLab提供了美国一家轻型自行车（Dirt Bikes USA）公司的滚动案例，给大家额外的实际练习的机会。
- **团队协作项目**。每章都有一个协作项目，鼓励学生用谷歌Drive、谷歌Docs或其他开源协作工具进行团队工作。第1章中的第一个团队项目是让学生创建一个协作的谷歌平台。

每章均有两个“互动讨论”部分，分别聚焦于管理、组织或技术，通过实际公司说明本章涉及的概念或议题

⊙互动讨论：技术

和客户进行社交

各种规模的企业都在寻找Facebook、Twitter和其他社交媒体，并把这些社交媒体当作吸引客户、扩大产品信息、发现趋势和影响力、建立品牌知名度，并采取措施满足客户需求和建议的有力工具。所有Twitter用户中有一半会在Twitter上推荐产品

全世界约有16亿人在使用Facebook，有3 000多万家企业拥有活跃的品牌页面，使用户能够通过博客、评论页面、比赛和品牌页面与该品牌进行互动。“Like”按钮让用户有机会与他们的社交网络分享他们对正在浏览的内容和其他对象的感受。通过数百万个网站上的“Like”按钮，Facebook可以跟踪其他网站上的用户行为，然后将这些信息出售给营销人员。Facebook还在用户主页右侧列表和其他页面（如照片和应用程序）中销售展示广告的位置

Twitter已经开发了许多新产品来吸引广告客户，比如“推广推文”和“推广趋势”。这些功能让广告商能够在Twitter用户搜索特定关键字时显示其推文。许多大广告商正在使用Twitter的Vine服务，该服务允许用户通过手机应用程序重复分享简短的视频，或将其发布到其他平台（如Facebook）上

案例分析题鼓励学生在课堂讨论、报告或书面作业中把本章概念应用于实际公司中

案例分析题

1. 请评估利用社交媒体技术与客户互动的管理、组织和技术问题
2. 用社交媒体做广告、建品牌、做市场研究和进行客户服务有哪些优点与缺点
3. 举例说明这个案例中利用社交媒体与客户互动的商业决策
4. 所有的公司都能用社交媒体技术进行客户服务和市场推广吗？为什么？什么样的公司最适合使用这些平台

每章两个实际企业场景给学生提供了把本章概念应用到实际企业决策中的机会

管理决策问题

11-8 U. S. Pharma公司总部位于美国新泽西州，其研究机构分布在德国、法国、英国、瑞典和澳大利亚。新药品的研究和开发是公司盈利的关键所在。为了研究和测试几千种新的试验药品，公司的研究员需要和公司内外部人员共享信息，包括美国食品药品监督管理局、世界卫生组织以及药品制造商和协会的国际联盟，还需要访问健康信息网站，如美国药品国家实验室、行业会议和职业期刊。请你试着为U.S. Pharma的研究员设计一个知识门户。你的设计说明应包括相关的内部系统和数据库、外部信息资源、内部的交流和协同工具。除此以外，你还需要设计门户网站的首页

11-9 Canadian Tire是加拿大最大的公司之一，拥有50 000多名员工、1 100个店铺和加油站，在加拿大销售运动、休闲、家居用品、服装、金融服务以及汽车和石油产品。每个零售店铺都是独立运营的。Canadian Tire过去一直使用邮件和厚厚的产品目录向经销商宣传新产品，展示产品信息、最佳实践、产品订单和问题解决方案，而现在它正在寻找一种更好的途径，以更好地实现对企业人力资源和业务文件的管理。请描述该公司原有的业务处理方式中存在哪些问题，并且阐述知识管理系统是如何帮助Canadian Tire公司的

Store & Region Sales Database

I	Store N	Sales Regic	Item I	Item Descripti	Unit Pri	Units So	Week Ending	Click to Add
1	1	South	2005	17" Monitor	$229.00	28	10/27/2016	
2	1	South	2005	17" Monitor	$229.00	30	11/24/2016	
3	1	South	2005	17" Monitor	$229.00	9	12/29/2016	
4	1	South	3006	101 Keyboard	$19.95	30	10/27/2016	
5	1	South	3006	101 Keyboard	$19.95	35	11/24/2016	
6	1	South	3006	101 Keyboard	$19.95	39	12/29/2016	
7	1	South	6050	PC Mouse	$8.95	28	10/27/2016	
8	1	South	6050	PC Mouse	$8.95	3	11/24/2016	
9	1	South	6050	PC Mouse	$8.95	38	12/29/2016	
10	1	South	8500	Desktop CPU	$849.95	25	10/27/2016	
11	1	South	8500	Desktop CPU	$849.95	27	11/24/2016	
12	1	South	8500	Desktop CPU	$849.95	33	12/29/2016	
13	2	South	2005	17" Monitor	$229.00	8	10/27/2016	
14	2	South	2005	17" Monitor	$229.00	8	11/24/2016	
15	2	South	2005	17" Monitor	$229.00	10	12/29/2016	
16	2	South	3006	101 Keyboard	$19.95	8	10/27/2016	
17	2	South	3006	101 Keyboard	$19.95	8	11/24/2016	
18	2	South	3006	101 Keyboard	$19.95	8	12/29/2016	
19	2	South	6050	PC Mouse	$8.95	9	10/27/2016	
20	2	South	6050	PC Mouse	$8.95	9	11/24/2016	
21	2	South	6050	PC Mouse	$8.95	8	12/29/2016	
22	2	South	8500	Desktop CPU	$849.95	18	10/27/2016	

Record: 1 of 96 No Filter Search

学生在实际情景下练习利用软件实现卓越运营和改善决策的练习

改善决策：使用网络工具配置汽车并为汽车报价

软件技能要求：基于网络的软件

业务技能要求：研究产品信息并报价

3-11 在这个练习中，你要自己选择、购买一辆汽车，使用汽车网站上的软件收集关于这辆车的相关产品信息，通过分析这些信息做出重要的购买决策，并评估作为销售工具的两个网站价值

例如，你对购买一辆新的福特 Escape（或者其他任何类型的汽车）感兴趣。访问 CarsDirect 网站（www.carsdirect.com），开始你的调查。找到福特 Escape，研究 Escape 的不同型号，从价格、性能、安全配置等各方面考虑选择你最喜欢的一款，找到并阅读至少两个评价。再访问汽车制造商的网站，这里是福特的网站（www.ford.com）。比较福特网站和 CarDirect 网站上对 Escape 的介绍信息。尝试寻找你选定的那款型号的汽车在本地经销商中的最低价。对 CarDirect 和福特的网站给出改进建议

每一章均提供了一个项目，让学生获取信息、开展研究或完成在线计算和分析，从而培养学生的互联网技能

评估和 AACSB 评估指导

国际精英商学院协会（Association to Advance Collegiate Schools of Business，AACSB）是一家非营利的公司，由教育机构、公司和其他组织组成。该协会主要通过对各大学的商业课程进行认证促进商业教育的改善。作为认证活动的一部分，AACSB 已经开发出了一个学习保证体系（Assurance of Learning Program，AOL），以确保商学院确实履行它们承诺的教学内容。该协会还要求商学院要有一个清晰的使命描述、一套连贯的商业课程以及明确的学生学习目标，然后还要证明学生确实达到了这些目标。

我们在本教材中也尝试支持 AACSB 协会的努力，从而鼓励基于评估的教和学。这个版本的最后部分明确提出了学生的学习目标和期望的 MIS 实践项目的结果。我们为具有不同使命和评估需求的院校使用本教材提供了个性化的建议。请 Email 给我们或者接洽当地的 Pearson 代表索取联系方式。

如要获取更多有关 AACSB 学习保证的项目，以及本教材如何支持基于评估的学习，请访问本书网址。

个性化和灵活性：新的学习跟踪模块

学习跟踪模块的特点是给教师更多的灵活性，让教师选择既具广度又具深度的课题，在MyMISLab中有47个学习跟踪模块可供教师和学生选择。这些补充材料会带领学生更深入地理解MIS的课题、概念和讨论；更好地复习硬件、软件、数据库设计、电子通信和其他领域的基本技术概念。

我们认可的试题集和补充材料

- **我们认可的试题集。**我们与富有经验的试题编撰人员一直密切合作，确保试题能对更高水平的认知能力进行测试。试题集既包括多项选择题，又包括许多需要分析、综合、推演技能的问题。
- **带注解的幻灯片。**我们为每章准备了50个PPT演讲稿供课堂讲课使用，这些PPT大部分已经在劳顿教授的课堂上、公司高管教育课程中使用过。每一页PPT都附有授课建议的注解，包括向学生提问、发掘课堂上对关键概念的清单列表以及所建议的除了教材中案例以外的其他公司的案例等。这些注解就像一份教师手册一样方便、有效。

关注学生的学习

学生的学习目标是围绕一系列能引起学生关注的研究性问题组织的。每章末尾都有本章小结以及围绕这些研究问题组织的复习题，并且每个主要的章节都以学习目标为基础。

职业资源

本书的教师资源部分还提供了丰富的职业资源，包括找寻工作指南、如何在数字化的文案里展示商务知识、软件应用技能和互联网技能等。这个文案可以成为简历的一部分，也可以用于申请工作，或者作为教师的学习评估工具。

学习跟踪模块

MyMISLab给学生和教师提供了47个学习跟踪模块，涵盖各个方面的内容。

MyMISLab

在MyMISLab中，你可以获得如下资料。

- MIS视频练习：这些视频阐述了MIS的概念，附带一些小测试。
- MIS决策模拟：这是一些互动性练习，允许学生扮演经理的角色并做出决策。
- 自动分级写作练习：在每章结束的地方。
- 协助分级写作练习：在每章结束的地方，印成红色字体。
- 每章热身、每章小测试：基于目标的小测试以检验学到的知识。
- 决策问题：在每章结束的地方。
- 动态学习模块：分布在适应性小测试中，也可以通过手机看。
- 学习催化剂：自带电脑到教室里。
- 增强型电子文稿：在移动设备上可以获得，带有概念的动画模拟，让学生能够对每一章的关键概念有所了解，并且在现实生活中加以应用。

- Excel 和 Access 分类项目：MyMISLab 提供自动分级项目支持课堂上使用 Office 工具。

致谢

任何一本著作的出版均包含许多人的贡献。在此，我们要感谢所有编辑这么多年来给予我们的鼓励、建议和强有力的支持。感谢编辑 Samantha McAfee Lewis 和项目经理 Katrina Ostler 承担管理项目的角色。

我们还要特别感谢提供补充材料的各位作者，包括以下 MyLab 的内容提供者：哥伦布州立大学的 John Hupp、犹他州立大学的 Robert J. Mills、温特沃斯理工学院的 John P. Russo 以及美国纽约州立大学奥斯威戈分校的 Michael L. Smith。我们对 Robin Pickering 提供的写作帮助以及 William Anderson 和 Megan Miller 在出版过程中提供的帮助深表感激；感谢 Diana R. Craig 在数据库和软件主题方面给予的支持。

我们还要特别感谢纽约大学斯特恩商学院的同事、罗切斯特大学西蒙商学院的 Werner Schenk 教授、孟菲斯大学福格尔曼商业和经济学院的 Mark Gillenson 教授、韦恩堡印第安纳－普渡大学的 Robert Kostrubanic、西伊利诺伊大学的 Lawrence Andrew 教授、科隆大学的 Detlef Schoder 教授、圣加伦大学的 Walter Brenner 教授、哥廷根大学的 Lutz Kolbe 教授、国际管理发展研究所的 Donald Marchand 教授、斯坦陵布什大学的 Daniel Botha 教授，感谢他们对本书修订所提供的建议。感谢加州大学欧文分校的 Ken Kraemer 教授、密西根大学的 John King 教授 10 多年来关于信息系统和组织的讨论。一份特殊的纪念献给我多年的朋友和同事——印第安纳大学的 Rob Kling 教授。

我们还要特别感谢给予我们建议的所有评阅者，感谢他们帮助我们完善本教材。这些评阅者如下：

Charles Wankel, 圣约翰大学
Ahmed Kamel，康考迪亚学院
Deborah E Swain，北卡罗来纳中央大学
Jigish Zaveri，摩根州立大学
Robert Gatewood，密西西比学院
James Drogan，纽约州立大学海事学院
Amiya Samantray，马里格罗夫学院
John Miles，美国纽约州库克大学
Werner Schenk，罗切斯特大学
Shuyuan Mary Ho，佛罗里达州立大学
Brian Jones，田纳西州立大学
Robert Fulkerth，金门大学
Osman Guzide，谢伯德大学

目录 | Contents

PART 1

第一部分

组织、管理和网络化企业

第一部分介绍了本书的主题，提出了一系列重要的问题：什么是信息系统？什么是信息系统的管理、组织和技术维度？为什么在当今商业中信息系统如此重要？为什么系统对协作和社会商业如此重要？信息系统是如何帮助企业获得更大的竞争优势的？广泛使用信息系统会带来哪些伦理和社会问题？

CHAPTER1

第 1 章 当今全球商业中的信息系统

LEARNING OBJECTIVES

学习目标

通过阅读本章，你将能回答以下问题：

- 信息系统是如何改变商业的，为什么它在当今商业运营和管理中如此重要？
- 什么是信息系统？信息系统是如何运作的？什么是信息系统的管理、组织和技术要素？在确保信息系统为组织提供真正价值的过程中，为什么互补性资产如此重要？
- 学习信息系统需要使用哪些学术原则？每一项原则是如何影响我们对信息系统的理解的？

MyMISLab™

访问 mymislab.com 来获得模拟、辅导材料和课后问题。

开篇案例　未来的杂货店：看看克罗格超市

如果你进入一家未来的杂货店，它会是什么样的呢？你可以先去克罗格超市看看。克罗格超市的总部位于俄亥俄州辛辛那提市。从收入来看，它是美国最大的连锁超市（2015 年的销售收入为 1 098 亿美元），也是第二大综合性零售商（仅次于沃尔玛）。克罗格在 34 个州有 2 800 家超市和百货商店。它也是一个最先进信息技术的用户。

当你走进克罗格超市时，红外线感应器能够知道你已经到达。克罗格超市利用它所知道的在店里的用户数量，预测什么时候会排队，应该在哪里配备收银员以防止排队等候的人太多。关于客户购物模式、购买交易、人员编制水平以及店内摆设的数据不停地被采集，并被输入分析软件中，以帮助克罗格超市预测在一周或一个月中的某些天很可能会发生什么，应该开放多少记录器。比如，一个在周六下午购物的人会比一个在周三傍晚 5:30 购物的人待在店里的时候更长。商店前面的屏幕能够让员工知道什么时候应该开放或者关闭收银通道。这个叫 QueVision 的系统使顾客在克罗格超市里排队的时间从 4 分钟减少到 30 秒以下。这些传感器不会给顾客照相或识别顾客，它们只被安装在收银处和商店进门处（不是在整个店内）。

克罗格超市同时使用温度感应器监测冷冻食品储存温度的变化。超市安装了带有传感器的冰库，每 30 分钟检查温度的变化，一旦温度达到冷冻储存不安全的水平时，就及时提醒店内的经理和设备工程师。克罗格超市的一个典型的温度监测系统有超过 220 个电子标签（RFID）被连到无线网络上。在安装传感器之前，克罗格超市的员工一天只人工检查两次食品存储的温度表。如果食物坏了或者员工测量失误，会造成大量的成本支出。这个基于传感器的报告温度变化系统极大地降低了冷冻产品因变质而被扔掉的数量，减少了劳动力，节约了能量。

克罗格超市使用名为 Click List 的网上订购服务，这个系统可以让顾客在网上订购商品，支付货款，并且在预定的时间到取货窗口取他们订购的商品，甚至都不用离开他们的车。这项服务的费用是 4.95 美元。传统的电子商务服务只是吸引顾客购买少量的商品，但克罗格超市的服务使得那些喜欢便利的顾客一次购买大量的商品，减少了他们日常购物的时间。

克罗格超市同时发现，顾客希望把移动设备集成到他们的购物体验中，看商店地图，创建购物清单，支付货款以及积累积分。克罗格超市开发了一个移动应用，可以使购物清单本地化，推送有目标的广告，在选择的区域扫描和打包购买的东西。这个应用程序已经被下载了 900 万次。

正如克罗格超市研发部主任布雷特·邦纳（Brett Bonner）所说的，关键的业务度量是更高的客户满意度。克罗格超市所进行的调研发现，在杂货店购物困扰顾客最大的问题是排队结账问题。在克罗格超市里，技术已经把这个问题消除了，为顾客提供了更好的购物体验。百货零售业是一个竞争非常激烈、利润率很低的行业，一美元的投资只有几美分的利润。因此，客户忠诚度显得尤为重要，克罗格超市的系统使得顾客的购物更加便捷，是其获得竞争优势的一个重要来源。

那么，有了移动和网上电子商务的工具，未来还会有百货商店实体店吗？或者说每个人都会从网上购物吗？专家认为，百货商店不会消失。购物者在购买之前喜欢看到和触摸产品。但是，我们希望更多的百货商店能够跟随克罗格超市的步伐，更多的技术革新能够使得克罗格超市引领潮流。

资料来源：www.thekrogerco.com, accessed April 2, 2016; Demitrios Kalogeropoulos, "How Kroger Co. Plans to Spend $4 Billion This Year," *Fox Business*, March 10, 2016; Kate Taylor, "Kroger Is Building the Grocery Store of the Future," *Business Insider*, November 8, 2015; Tom Kaneshige, "The Internet of Things Now Includes the Grocer's Frozen Food Aisle," *CIO*, July 31, 2015; and Laurianne McLaughlin, "Kroger Solves Top Customer Issue: Long Lines," *Information Week*, April 2, 2014.

克罗格超市面临的挑战说明了为什么在当今世界中信息系统是如此的重要。克罗格超市在一个高度竞争且只有 1% 或 2% 的超低利润率的行业中运作。对于每一家克罗格超市门店来说，要一下子为大量的客户结账是一个瓶颈，如果太多的人在店里，而结账柜台很少的话，结账处会排很长的队伍。调研显示，减少顾客长时间排队等待结账的时间能够使顾客感到愉悦并且是他们是否再次光顾的最好预测因素。克罗格超市使用先进的信息系统缩短结账排队的时间，减少食品腐烂成本，使得客户的购买体验更好。利用联网的感应器（广为人知的物联网）和强有力的分析工具，是当今 MIS 领域驱动业务运作和管理决策的关键课题，本章将会对此进行讨论。

本章的开篇案例引出了一些重要的观点，对案例的分析见下图。在一个高度竞争的行业里，克罗格超市的管理层选择利用信息系统提升客户体验。克罗格超市利用红外线传感器、无线网络以及强有力的分析软件预测客户数量，计算结账时间，为何时、何地增加额外的结账处以减少等待时间提供信息。克罗格超市也利用无线传感系统监测冷冻食品存储设备的状态以及使用移动技术帮助顾客快速完成购物。

同时，我们也注意到，部署这些新的信息系统已经改变了克罗格超市的业务运行方式。为了有效利用传感器驱动的系统和移动系统，克罗格超市不得不为分配结账柜台、打包商品以及监测食品温度重新设计工作内容和工作顺序。这些变化需要精心规划，确保能够提升服务质量、效率和盈利性。

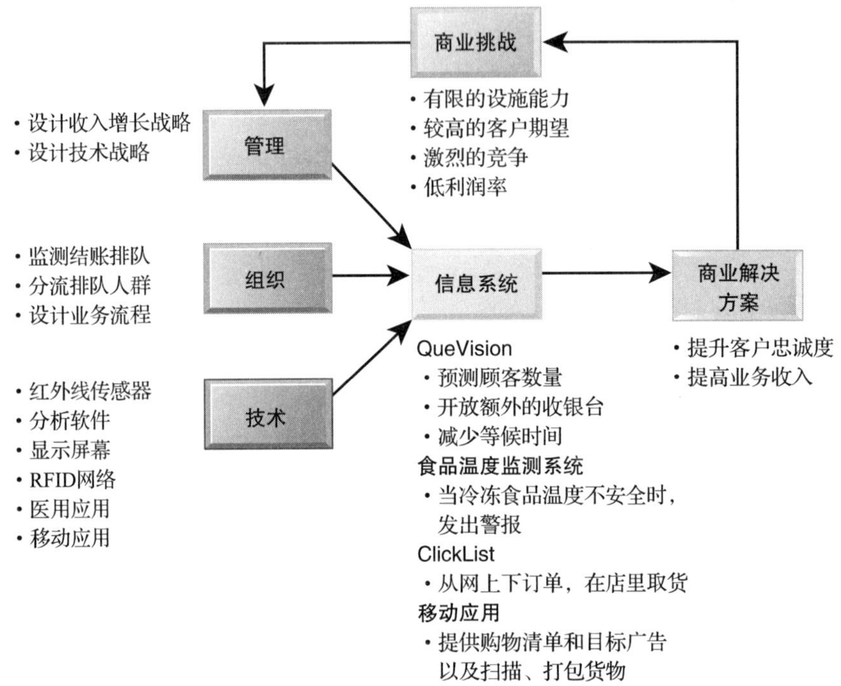

现在请思考以下问题：在克罗格超市里，信息系统是如何帮助提高运营效率和客户服务质量的？请列举两个克罗格超市部署信息系统方面管理决策的例子。克罗格超市与它的竞争对手相比，有多大的竞争优势？

1.1 信息系统如何改变商业，为何它们在当今业务运营和管理中如此重要

当前在美国和全球其他地区，企业已经和以往大不相同。2015 年，美国企业花费 1 万亿美元用于购买信息系统硬件、软件和通信设备。另外，它们还将花费额外的 1 430 亿美元用于购买业务和管理的咨询与服务——其中很多被用于企业运营的再设计，以保证有效利用这些新技术。实际上，IT 投资的商业价值绝大部分来自企业内组织、管理和文化方面的变化（Saunders and Brynjolfsson，2016）。图 1-1 显示出 1999 ～ 2015 年，私营企业在硬件、软件和通信设备等信息技术上的投资占总投资的比例从 21% 增加至 37%。

作为一名管理者，你们中的大多数将在那些大量使用信息系统且大量投资于信息技术的公司中工作。你一定希望知道如何明智地投资于信息技术吧？如果你做出明智的选择，你的公司将可能超越竞争对手；如果你做出错误的选择，你的公司将会浪费大量资金。本书致力于帮助你在信息技术和信息系统投资上做出明智的决策。

1.1.1　信息系统如何改变企业

你可以通过观察人们如何进行商业活动来了解你周围每天的巨额支出。技术的变化和创新的业务模式已经改变了社会生活与企业实践。超过 2.58 亿美国人拥有移动电话（80% 以上的人口），其中 1.94 亿用智能电话和平板电脑上网。49% 的人使用平板电脑，而且平板电脑的销量还在上升。1.8 亿美国人使用网上社交网络；1.57 亿使用 Facebook，5 300 万使用 Twitter。智能手机、社交网络、短信、电子邮件、在线会议已经成为重要的商业工具，因为你的客户、供应商、同事都在使用它们（eMarketer Chart，2016）。

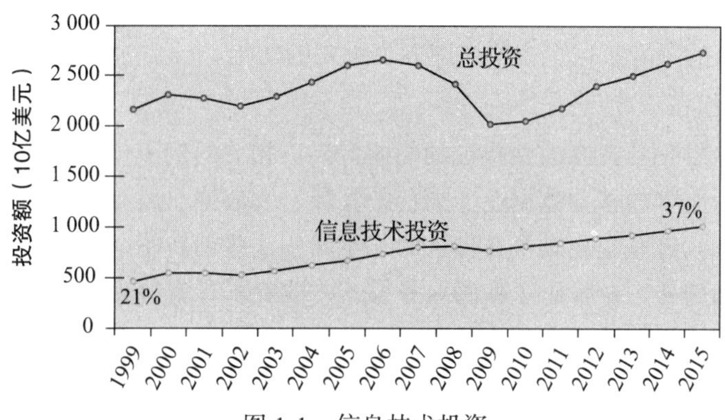

图 1-1　信息技术投资

信息技术资产投资，包括对硬件、软件和通信设备的投资。1999 ～ 2015 年，信息技术资产投资占总投资的比例从 21% 增至 37%。

资料来源：Based on data in U.S. Department of Commerce, Bureau of Economic Analysis, *National Income and Product Accounts*,Table 5.3.6. Real Private Fixed Investment by Type, Chained Dollars (2016).

截至 2015 年 6 月，全球有超过 1.5 亿家企业注册了“.com”网站（Curtis，2015）。如今，美国有 2.05 亿人在线购物，其中有 1.71 亿人进行在线交易。每个月大约有 2.19 亿美国人会到网上搜索产品或服务。2015 年，FedEx 在全球 220 个国家和地区每天运送 1 150 万件包裹，并且大多数包裹是当天连夜被配送的。联合包裹服务公司（UPS）每天运送超过 1 800 万件包裹。企业利用信息技术快速感知和响应，以便应对快速变化的客户需求，将库存减少到最低水平以及获得更高的运营效率。供应链变得更加快速，不同规模的企业更加依赖于零库存降低总成本和快速进入市场。

如今，随着阅读纸质报纸的人数越来越少，2015 年在线阅读报刊的人数已经突破 1.8 亿，还有更多人选择浏览其他的新闻网站（Conaghan，2015）。在线数字阅读每年以 10% 的速度增长，是网络人数增长的 2 倍。每天大约有 9 000 万美国人观看网络视频，8 000 万人浏览博客，2 800 万人撰写博客，创造了一批新作家和客户反馈的新方式，这在 5 年前是不存在的（eMarketer，2016）。2015 年，社交网站 Facebook 在美国每月平均吸引 1.56 亿访问者，在全球的访问人数则超过 1.4 万亿。企业利用社会化网络工具将分布在世界各地的员工、客户以及管理者联系在一起。大多数世界 500 强企业已经在 Facebook、Twitter 以及 Tumblr 上设立公司账户或主页。

电子商务以及互联网广告继续保持上升的势头。2015 年，谷歌的在线广告收入超过 670 亿美元，互联网广告的收入以年增长率超过 15% 的速度增加，2015 年达到 580 亿美元

（eMarketer，2015）。

新的美国联邦安全和会计法律要求许多企业将电子邮件信息至少保存 5 年，外加现有的职业与健康法要求企业保存员工接触化学物质的数据至少 60 年，这使得数字信息每年以大约 5EB 的数量增长，相当于每年新增 37 000 个国会图书馆。

1.1.2 管理信息系统的新变化

管理信息系统的新变化太多了！事实上，现在的世界是一个企业利用新技术管理和组织业务运营的全新的世界。技术、管理和业务流程中的不断变化使得 MIS 领域成为当今商学院研究中最激动人心的领域。这里主要讲述五个重要的变化。

1. 信息技术创新

信息技术的持续创新正在改变传统的商业世界。相关的例子包括已经出现的云计算、基于智能手机和平板电脑的移动数据业务平台的发展、大数据、商业分析以及管理者利用社交网络达到企业目标。这些变化发生在过去的几年间。这些创新使企业家和创新的传统企业创造出了新的产品与服务，开发出了新的业务模式，改变了日常行为。在这个过程中，当新的业务出现时，旧的业务甚至行业会被毁灭。

2. 新的业务模式

比如，像 Netflix、苹果 iTunes、亚马逊以及其他很多下载视频的网络视频服务，彻底颠覆了付费视频发布甚至创造的方式。2016 年，Netflix 在全世界范围内吸引了 7 500 万订阅者，这被称为“网络电视革命”。Netflix 进入了付费电视节目生产领域，拥有 30 个原创性节目，比如《速度与激情》《老无所依》《纸牌屋》《女子监狱》等，这些节目对传统的有线电视节目生产者提出了挑战，潜移默化式地摧毁了有线电视网络在电视节目生产领域中的统治地位。目前，用户通过苹果的 iTunes 能够下载 67% 的电影与电视节目，并且 iTunes 也开始触及好莱坞出品的最新电影与电视节目。很多用户开始取消有线电视网络，只用互联网娱乐。

3. 电子商务扩张

2016 年电子商务的收入大约为 6 000 亿美元，预计到 2020 年将达到 9 000 亿美元。电子商务正在改变公司设计、生产、运输商品和服务的方式。电子商务又在重新设计本身，打破了传统的市场营销和广告行业的传播方式，使主流媒体与内容生产企业陷入危险的困境。21 世纪，Facebook 和其他一些社交网站，比如 YouTube、Twitter、Tumblr 联合 Netflix、苹果 Beats 音乐服务，以及许多其他的媒体公司，极大地扩大了电子商务的范畴。它们出售的是服务。当我们谈及电子商务时，我们一般会想到出售有形的商品。这种对电子商务标志性的理解依然非常普遍。在美国，零售企业采用电子商务这种快速发展的形式，伴随着一起成长的是出售服务而非产品的整个新的价值流。这是电子商务的服务模式。社会商务的发展触动了移动平台的大力发展：80% 的 Facebook 用户通过移动电话和平板电脑获得服务。信息系统和技术是这场基于服务的新的电子商务革命的基础。2016 年，移动电子商务的收入达到了 1 300 亿美元，并且正在以每年超过 30% 的速度增长。

4. 管理变革

商业企业的管理已经发生变化：有了新的移动智能手机、高速无线 Wi-Fi 网络以及平板电脑，远在路上的销售人员对于经理提出的问题只需几秒钟就能解决。商业变成了移动的，与客户同行。在路上的管理人员能够直接地、持续地与员工接触。具有非比寻常的大量数据的企业级信息系统的建立意味着管理人员将不会在混乱的迷雾中工作，而能够在线、实时地获取他们做出准确、及时决策所需要的重要信息。此外，公开使用网络、微博、博客已经成为公司沟通、协作和信息分享的重要工具。

5. 公司和组织变革

与以前的企业组织相比，21 世纪的商业企业不再强调组织的层级和结构，而更关注员工角色的多样性与团队协作。企业更关注员工的能力和技能，而不是职位。企业强调基于数据与分析进行更快、更准确的决策。企业对技术变化、消费者态度和文化更加敏感，利用社交媒体与消费者对话，显示它们非常愿意倾听消费者的心声，因为从某种程度上来说它们别无选择。它们对信息技术创造和管理企业以及其他组织的重要性有了更加深入的理解。从某种意义上来说，具有这些特质的商业组织和企业就是 21 世纪的数字化企业。

在“互动讨论：管理”部分，你可以看到这些变化。大量的管理人员依赖移动电子平台协调供应商和运输，使客户满意，管理员工。没有这些移动设备或互联网接入，则现在的企业难以开展工作。

⊙互动讨论：管理

移动口袋办公

你能在口袋里经营公司吗？也许这不完全可行，但是目前已经有很多业务功能可以通过 iPhone、iPad、黑莓手机或者其他手持设备实现。这些智能手机被叫作“数字时代的瑞士军刀”。手指轻轻一点，就会出现网络浏览器、电话、照相机、音乐或视频播放器、电子邮件和短信编辑器，以及进入企业系统的门户。这些新的文档分享、协作、销售、订单处理、库存管理以及生产监控的软件应用程序使得智能手机成为更加多样化的企业工具。移动口袋办公把大大小小的公司运营业务装入了钱包或口袋中。

Sonic 汽车是美国最大的汽车零售商之一，在 14 个州拥有 100 多个经销商。每年，Sonic 销售 250 000 辆新车和二手车，覆盖 25 个不同的汽车品牌，同时也销售汽车配件和维修、保养以及汽车金融服务等。Sonic 汽车管理者和员工的大部分工作都是在 iPhone 和 iPad 上完成的。

Sonic 开发了一些定制的 iPhone 和 iPad 应用以加快销售，提高服务速度。Virtual Lot 是一个经销商库存应用，可以让经销商的销售人员快速查询汽车库存，以迅速获取关于汽车的信息、价格、以旧换新的价值、利率、促销活动、融资以及哪个竞争对手在销售同款汽车等信息。销售人员也能为客户快速找到最好的选择，并且比对手给客户提供更多的选择。经销商并不局限于销售他们自己仓库里有的库存。

一个叫作 Sonic 库存管理系统的应用软件（SIMS）加快并简化了以旧换新的估价和定价流程。Sonic 的员工用他们的 iPhone 和 iPad 对客户的旧汽车拍照，然后输入汽车的识别号码（VIN）和已经开的公里数，并且记录相关问题。这些数据立刻被传输到公司总部，以有助于快速对这辆车进行评估。还有一个 Service Pad 应用软件简化了汽车维修和保养的步骤。过去，需要修车的客户不得不来到经销商的公司，坐在那里等着 Sonic 的员工手工输入维修单。如今，Sonic 的员工亲自来到客户汽车的停放地，用 iPad 马上输入维修单。

SKF 是一家全球性的工程公司，总部位于瑞典的哥德堡，在 32 个国家拥有 140 个生产基地。其48 500名员工遍布全球。SKF生产轴承、封条、润滑系统，服务于40多个行业，包括采矿业、运输业和制造业。SKF开发了30多款定制的iPhone和iPad应用程序，简化了工作流程，使其员工可以在世界上的任何地方都能获取公司的重要数据。

例如，一个虚拟现实应用利用iPhone或iPad相机识别出工厂的机器，并生成包含SKF部件的3-D轮廓图。一个名为Shaft Align的传感器驱动应用程序由SKF服务团队和客户在现场使用。Shaft Align通过无线蓝牙传感器连接到机器的一个部件（如电机驱动的风扇）上，以确保驱动轴正确对齐。如果没有对齐，这个应用程序会生成一个一步步的指导说明，以3-D的方式显示如何手动对齐电机。最后，这个程序会再次检查是否正常工作，并生成报告。

另外一个叫作MOST的移动应用程序可以使工厂操作人员远程监控一些SKF的工厂生产线。MOST连接机器运行的后端系统，并为操作人员提供关键的数据。使用这个移动应用程序的操作人员可以通过安全的即时消息与管理者和其他操作人员沟通，更新维护日志，并在产品通过工厂线时实时跟踪产品。

SKF的Shelf移动应用程序允许销售工程师和客户按需访问5 000多份产品介绍、产品目录、产品规格以及互动营销资料。销售团队可以使用Shelf创建自定义的“货架”，以便利用其iPhone或iPad组织、解释和与客户分享相关资料。iPhone、iPad和Shelf应用程序每天为公司销售工程师在文书工作方面节约25分钟时间，让他们腾出更多的时间在现场支持客户。这种生产力的提升相当于在现场增加了200多名销售工程师。

SKF的审计人员每年执行大约60次审计，每次审计都要花一个多月的时间才能完成。使用SKF的Data Collect应用程序，审计人员可以用他们的iPad收集数据，并立即向客户呈现详细的报告。

SKF的Seals应用软件提供了有关SKF所加工和浇注成型的密封件以及塑料部件的规格与信息。Seal Select应用程序可以帮助用户在输入不同的参数时，选择密封件和相关配件，以便为其需求找到正确的解决方案。

资料来源：“Sonic Automotive: Driving Growth with iPhone and iPad” and “Driving Innovation in the Factory and in the Field with iOS,” iPhone in Business, www.apple.com, accessed March 31, 2016;www.skf.com, accessed March 31, 2016; www.sonicautomotive.com, accessed March 31, 2016; and “Why the Mobile Pocket Office Is Good For Business,” ITBusinesEdge.com, accessed March 6, 2015.

案例分析题

1. 本案例描述了哪些类型的应用？这些应用支持哪些业务功能？它们是怎样帮助提高运作效率和决策速度的？
2. 请指出在本案例中通过移动数字设备解决的企业问题。
3. 哪种企业最有可能从给员工配置类似iPhone和iPad的移动数字设备中受益？
4. 一家给员工配置了iPhone的公司证实：“iPhone不是游戏规则的改变者，而是行业的改变者。它改变你和客户以及供应商的互动方式。”请讨论这句话的含义。

1.1.3 全球化挑战和机遇：世界是平的

1492年，哥伦布重申天文学家的论断：地球是圆的，大海可以安全航行。事实证明，世界是由不同民族、不同语言、彼此相互隔绝的人组成的，各个国家的经济和科学发展程度也相差很大。哥伦布航行后，世界贸易大发展使得各国人民与文化的交流更加密切。随着各国间贸易的不断增加以及第一次全球化经济的出现，“工业革命”成为一种全球性现象。

2005 年，记者托马斯・弗里德曼（Thomas Friedman）写了一本很有影响的书，声称现在世界是“平的”。他认为互联网和全球通信发展，极大地减少了发达国家经济和文化方面的优势。弗里德曼提出，美国和欧洲国家的人民为了维持经济水平，不得不与来自低收入地区受过高等教育和积极上进的人竞争工作岗位、市场、资源甚至想法（Fricdman，2007）。这种“全球化”对商业企业来说，既是机会又是挑战。

在美国和欧亚的一些发达工业国家中，经济增长依赖进出口的比例不断增加。2015 年，美国 19 万亿美元经济收入中约有 30% 来自外贸进出口。在欧洲和亚洲，这个数值超过 50%。《财富》500 强的多数美国公司收入的一半来自海外业务。技术企业尤其依赖于离岸收入：2015 年英特尔公司 85% 的收入来自微处理器的海外销售业务，苹果 60% 的收入来自美国之外。在美国销售的玩具，有 80% 是在中国制造的，而在中国制造的个人电脑，有 90% 用的是美国英特尔和 AMD 芯片。微处理器的芯片从美国运到中国进行组装。

不仅产品跨国流动，工作岗位也在流动，其中包括要求高学历的高工资岗位。在过去 10 年中，美国几百万个制造业工作岗位流入海外低收入国家。但目前制造业员工在美国只占就业的一小部分（低于 12%且还在持续下降）。在经济的正常年份中，约 30 万个服务工作岗位被移至海外低劳动力成本国家。其中许多是对技能要求较低的信息系统职位，也包括建筑、金融服务、客户呼叫中心、咨询、工程甚至是无线电技术方面可外包服务的岗位。

同时，美国经济在一个正常、非衰退的年份可以创造超过 350 万个新的就业机会。虽然 2011 年美国处于经济缓慢复苏阶段，只创造了 110 万个私营机构工作岗位，但到 2015 年，美国每年增加超过 200 万个新的工作岗位。信息系统和其他服务行业的就业人数在不断增加且工资稳定。业务外包加速了新系统在美国和全球的发展，并使其能够在低工资国家维护和开发。这也从某种意义上解释了为什么美国 MIS 和计算机科学专业毕业的学生所面临的就业市场会如此迅速地成长。

你作为一名商科学生，面临的挑战在于如何通过受教育和在岗实习学习那些无法被外包的高水平技能。你的企业所面临的挑战是避免市场充斥着离岸外包生产的廉价产品和服务。机遇同样是巨大的。在本书中，你会发现许多公司和个人使用信息系统适应新的全球化环境，有的成功了，有的失败了。

在全球化的背景下，管理信息系统可以做什么？答案很简单：每一件事情。互联网与全球通信系统融合，极大地降低了在全球范围内的运营和交易成本。如今，上海的一个工厂车间和南达科他州拉皮德城分销中心之间的沟通是实时且免费的。客户现在可以一天 24 小时在全球市场进行采购，获得可靠的价格和质量信息。通过在其他国家寻找低成本的供应商和管理生产设备，公司在全球范围内生产产品与提供服务，极大地降低了成本。互联网服务公司，比如谷歌和 eBay，可以在多个国家复制自己的商业模式和服务，而不必重新设计昂贵的信息系统基础设施。简而言之，信息系统驱动了全球化。

1.1.4　新兴的数字化企业

前面描述的所有变化，再加上同等重要的组织再设计，为全数字化企业创造了所需的条件。对于数字化企业，我们可以按不同维度来定义。**数字化企业**（digital firm）是这样的企业，即它和客户、供应商和员工的重要商业关系几乎完全可以借助数字化实现，通过覆盖整个企业或连接多个企业的数字网络完成核心业务流程。

业务流程（business processes）是指组织按照时间顺序开发的逻辑上相关的一系列任务和行动，以产生特定的业务结果以及组织与协调业务活动的特定方式。开发新产品、生成和执行订单、创建营销计划、聘用员工都属于业务流程。企业完成业务流程的方式是一种竞争优势的来源（第 2 章将详细讨论业务流程）。

关键企业资产——知识产权、核心能力、财务和人力资源，可以通过数字化方法进行管理。在数字化企业中，关键业务决策支持所需的任何信息可以随时随地获得。

数字化企业对其环境的感知和响应远比传统企业更迅速，这使它们更加灵活，也利于其在商业动荡时期存活下来。数字化企业为较灵活的全球组织和管理提供了特殊的机会。在数字化企业里，时间转移和空间移动是司空见惯的。时间转移是指业务可以连续开展，每周 7 天，每天 24 小时，而不是狭义的“工作日”时段，即每天上午 9 点到下午 5 点。空间移动意味着在全球任一办公场所开展工作（当然在国内各地也是一样的概念）。工作被安排在全世界最适合的地方完成。

许多公司，例如思科、3M 和通用电气（详见第 12 章末尾的案例），已快要成为完全的数字化企业，它们利用互联网驱动业务的各个方面。其他大多数公司虽然还不是完全的数字化企业，但它们正处在与供应商、客户和员工的紧密数字化集成过程中。

1.1.5 信息系统的战略业务目标

为什么今天信息系统如此重要？为什么企业在信息系统和技术方面的投入如此多？美国有超过 5 700 万管理者和 1.2 亿工人依赖于信息系统开展业务。在美国和大多数发达国家中，信息系统是开展日常业务以及实现战略业务目标的关键。

如果没有持续地大量投资于信息系统建设，整个经济将不可想象，电子商务公司如亚马逊、eBay、谷歌和 E*Trade 将根本不会存在。今天的服务行业——金融、保险、房地产，以及个人服务业如旅游、医药、教育，没有信息系统就无法运作。同样地，零售企业（如沃尔玛、西尔斯）以及制造企业（如通用汽车和通用电气）都需要信息系统以保证其生存和繁荣。正如办公室、电话、文件柜、有电梯的高层建筑曾经是 20 世纪的商业基础一样，信息系统也是 21 世纪的商业基础。

公司应用信息技术的能力与其执行企业战略并实现企业目标的能力之间的关联越来越紧密（见图 1-2）。信息系统能做什么往往决定了企业在未来五年所能做的事情。增加市场份额、成为提供高质量或低成本产品的生产商、开发新产品和提高员工生产效率，越来越取决于组织内信息系统的性能。你越深入理解这样的关系，作为管理者产生的价值就越大。

具体来说，商业公司对信息系统的大量投资主要用于实现以下六个战略业务目标：卓越运营，新产品、新服务和新商业模式，与客户和供应商建立紧密的关系，改善决策，竞争优势，永续经营。

1. 卓越运营

企业持续寻求改进其运营效率以获取更高的利润。信息系统和技术是管理者可利用的最重要的工具之一，用以帮助企业实现更高的运营效率与生产率，特别是在配合业务流程和管理行为改变时，效果更显著。

全球最大的零售商沃尔玛是将信息系统能力与卓越的运营实践和支持管理完美结合达到世界一流运营效率的典范。2016 财年，沃尔玛的销售额达到 4 990 亿美元，是全美零售销售额的近 1/10。这很大程度上依赖于它的零售链管理系统，这个系统连接其供应商与每一家沃尔玛的零售商店。只要客户购买了某个商品，供应商就能立即监测到，从而准确地安排补充货架上的商品。沃尔玛也是全行业最高效的零售商，每平方英尺[㊀]实现销售额超过 600 美元，而与其销售额最接近的塔吉特每平方英尺仅实现销售额 425 美元，其他零售企业每平方英尺则实现的销售额不到 200 美元。

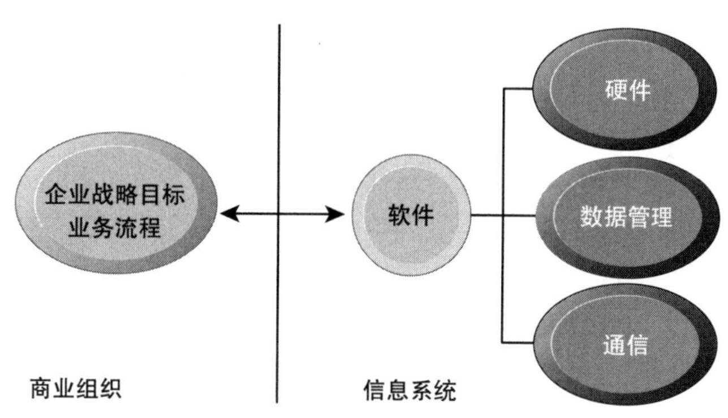

图 1-2 组织和信息系统相互依存

在当今组织体系里，企业的信息系统和业务能力相互依存度日益增长。战略、制度和业务流程的变化越来越依赖于硬件、软件、数据管理和通信的改变。通常，企业想做什么将取决于其信息系统允许它做什么。

2. 新产品、新服务和新商业模式

信息系统和技术是公司创造新的产品与服务以及全新的商业模式的主要驱动器。**商业模式**（business model）是描述企业如何通过生产、运输和销售产品或服务创造财富的。

当前的音乐产业已与 10 年前大不相同。苹果公司把基于唱片、磁带和 CD 载体的传统音乐销售模式转变为基于自有的 iPod 技术平台的合法在线分销模式。苹果公司从 iPod 技术的不断创新中获得成功，包括 iTunes 音乐服务、iPad 和 iPhone。

3. 与客户和供应商建立紧密的关系

当企业真正了解并能很好地服务于客户时，客户常会成为回头客，购买更多的产品，从而提高企业的收入和利润。同样对供应商来说，企业与供应商关系越紧密，供应商就能越好地向企业提供重要的服务，从而降低企业成本。如何真正地了解客户或供应商，对拥有几百万线下或在线客户的企业来说是个关键问题。

曼哈顿的文华东方等高档酒店的例子说明，信息系统和技术的使用能让企业与客户建立紧密的关系。这些酒店用计算机记录客户的个人偏好（例如，他们喜欢的室内温度、入住时间、常拨打的电话号码和常观看的电视频道等），并将这些数据存入大型数据库。为便于远程监控或控制，酒店的每个房间的网络都与中心网络服务器相连。当客户到达酒店时，酒店系统会根据客户留下的数据资料，自动调整房间的室内环境，如调暗光线、设置室内温度或选择合适的音乐等。此外，这些酒店对客户数据进行分析，从中识别出最佳客户，并根据客户偏好开发出个性化的营销活动。

㊀ 1 平方英尺 = 0.092 9 平方米。

彭尼百货公司的例子说明，信息系统能使公司与供应商关系更加密切，从而使企业从中获益。每当美国彭尼百货公司卖出一件礼服衬衫后，该销售记录会立即出现在其供应商——中国香港的 TAL 制衣有限公司（TAL Apparel）的信息系统中。TAL 公司是一家成衣生产商，全美销售衬衫的 1/8 由该公司提供。TAL 公司自己开发了一个计算机分析处理模型和系统，通过该模型分析各种数据（包括款式、颜色和尺码等生产所需信息），并决定要生产多少衬衫。TAL 公司生产出这些衬衫以后就直接将其配送到每家彭尼百货商店，而不需要送到该零售商的仓库。换言之，彭尼百货公司的衬衫库存几乎为零，库存成本也就接近零。

4. 改善决策

很多企业管理者至今仍在信息不透明的环境下工作，几乎没有在正确的时间获得正确的信息以进行决策，反而依赖预测、猜测和运气进行决策，其结果是企业的产品和服务要么过剩要么不足，企业资源分配不合理，响应时间滞后。这些糟糕的结果导致企业生产成本上升和客户流失。10 多年来，信息系统和技术的发展已使得管理者利用来自市场的实时数据进行决策成为可能。

例如，威瑞森电信（Verizon）公司是美国最大的通信企业之一，通过基于网络的数字仪表盘给管理者提供关于客户投诉、每个服务区的网络质量、线路停电或暴雨损坏的线路等实时信息。一旦有了这些信息，管理者就能马上决策给受影响的地区分配维修资源，告知用户维修事宜，并快速恢复服务。

5. 竞争优势

企业的目标包括卓越运营，新产品、新服务和新商业模式，与客户和供应商建立紧密的关系，改善决策等多个目标。当公司实现其中一个或多个目标时，它们也就有可能获得竞争优势。当企业在上述几个方面比竞争对手做得更好，企业的产品质优价廉，企业能实时响应客户和供应商的需求时，这些综合起来将会给企业创造竞争对手难以匹敌的高销售额和高利润。本章后面将描述的苹果公司、沃尔玛和 UPS 公司等之所以成为行业翘楚，是因为它们知道如何利用信息系统实现业务目标。

6. 永续经营

商业企业会投资一些企业运营所必需的信息系统和技术，有时这些“必需的”信息系统和技术会驱动行业变革。例如，1977 年花旗银行在纽约推出了第一台 ATM，以此吸引客户。随后竞争对手紧跟其后，也迅速地为自己的客户提供了 ATM 服务，以便和花旗银行抗衡。如今几乎美国的所有银行都提供本地的 ATM 服务，并且与国家和国际 ATM 网络相连，比如 CIRRUS 网络。现在银行为零售客户提供 ATM 服务，已经是银行零售业务生存的一种必备要求。

许多联邦和州的法规与规章规定，要求建立公司及其员工保留记录，包括数字记录的法律责任。例如《有毒物质控制法令》（Toxic Substances Control Act，1976）规定，当工人接触 75 000 多种有毒化学物质中的任何一种时，要求公司保存该员工记录的时间为 30 年。旨在加强上市公司及其审计师责任的《萨班斯－奥克斯利法案》（2002）要求，会计事务所审计上市公司后必须保存审计工作报告和记录 5 年，包括所有的电子邮件等。其他诸如在医疗保健、金融服务、教育和保护隐私等方面，许多联邦政府和各州均有相应的法律法规，要求美国企业必须保留和报告相关的重大信息。因此，企业需要利用信息系统和技术开发相应的能力以满足这些要求。

1.2 什么是信息系统？它如何工作？什么是它的管理、组织和技术构件？为什么确保信息系统为企业提供具有真正价值的互补性资产如此重要

在此之前，我们已经非正式地使用了"信息系统"和"技术"等词，但还没有给出它们的定义。**信息技术**（information technology，IT）包括企业用以实现业务目标的所有硬件和软件，不仅包括计算机、存储设备与手持移动设备，还包括软件，如 Windows 或 Linux 操作系统、微软的桌面办公软件套装以及大公司常有的众多计算机程序。信息系统比较复杂，需要从技术和商业的角度进行理解。

1.2.1 什么是信息系统

信息系统（information system），从技术角度定义为由若干相互连接的部件组成的，对组织中的信息进行收集（或检索）、处理、存储和发布的系统，用以支持组织制定决策和管理控制。除了决策支持、协调和控制外，信息系统还可以协助管理者与员工分析问题、可视化复杂对象和创造新的产品。

信息系统包含组织内或组织所处环境中的重要人员、地点和事情的信息。**信息**（information）是指已被转化为对人有意义和有用的数据。相对而言，**数据**（data）则是指尚未被整理成被人们理解和使用的形式之前的表示，即发生于组织或组织所处环境中的原始事实的符号串。

举一个简单的例子以区分信息和数据。超市收银台扫描产品的条形码得到了数百万条数据，汇总并分析这些数据就会得到有意义的信息。例如，在某家具体商店里销售的所有餐具洗涤剂的数量、在某家商店或销售区域哪个品牌的餐具洗涤剂销售最快或者在某家商店或销售区域的某种品牌的餐具洗涤剂的销售总额（见图 1-3）等，都属于信息。

图 1-3　数据和信息

从超市收银台获得的原始数据能够被处理和组织以产生有意义的信息，比如洗涤剂的销售数量抑或某家商店或者某销售区域洗涤剂的销售总额。

信息系统中的三类活动分别是输入、处理和输出（见图 1-4）。一个组织可以利用这些信息制定决策，控制运营活动。分析问题和创造新产品或服务。**输入**（input）是指获取或

收集组织内外的原始数据。**处理**（processing）是指把原始输入数据转变为有意义的表达方式。**输出**（output）是指将处理后的信息传递给需要使用的人或活动。信息系统还需要有**反馈**（feedback），是指信息输出返回给组织里合适的人员，帮助他们评估或校正输入。

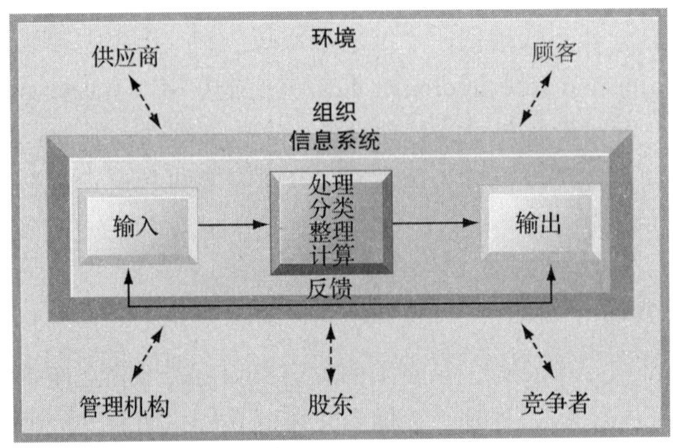

图 1-4 信息系统的功能

信息系统包含组织或组织所处环境的信息，通过三种基本活动——输入、处理和输出产生组织所需的信息。反馈是将输出返回给组织里合适的人员，帮助他们评估或校正输入。环境参与者，如顾客、供应商、竞争者、股东和管理机构等，与企业组织及其信息系统之间相互影响。

在克罗格超市监测冷冻食品储存温度的系统中，原始输入包括 RFID 传感器产生的数据，如食物的识别号码、食物描述、存储地点、温度以及当时的时间。计算机存储和处理这些数据，计算每种食品的温度是在理想存储温度之上还是之下。系统的输出包括指出哪些储存的食品温度不合适，哪些可能坏了或腐烂了。这个系统提供了非常有意义的信息，比如标记为适合存储的食品、存储温度有问题的食品总数及其位置。

虽然基于计算机的信息系统使用计算机技术把原始数据处理成有意义的信息，但这里存在着明显的不同：计算机和计算机程序是一方面，信息系统则是另一方面。电子计算机及其相关软件程序是现代信息系统的技术基础、工具和原料：计算机提供信息存储和处理的设备，而计算机程序或称为软件是指挥和控制计算机处理的指令集合。了解计算机和计算机程序是如何工作的，在设计组织问题的解决方案时是非常重要的，但是计算机仅仅是信息系统的一部分。

我们用房子来打一个恰当的比方。搭建房子需要用铁锤、钉子和木头，但这些并不能造房子。房子的结构、设计、装修、景观等所有决定房子特色的决策是造房子的一部分，对解决头上屋顶问题至关重要。计算机和程序是基于计算机信息系统的铁锤、钉子和木头，但仅有它们还不能构成某个组织所需要的信息系统。要理解信息系统，我们必须要理解信息系统所要解决的问题、构成解决方案的体系结构和设计要素以及组织流程。

1.2.2 信息系统的维度

为了全面理解信息系统，我们必须更广泛地了解信息系统的组织、管理和信息技术维度，及其它们解决商业环境中的挑战和问题的能力（见图 1-5）。除了从系统的技术维度以外，还应该从系统的管理和组织维度理解信息系统，我们把这种理解看作**信息系统文化**（information systems literacy）。相较而言，**计算机文化**（computer literacy）主要关注信息技术知识。

管理信息系统（management information systems，MIS）领域在努力实现更广泛的信息系统文化的目的。MIS 除了解决信息系统开发、使用等相关的问题以外，还要处理公司内部管理者和员工使用信息系统的影响问题。

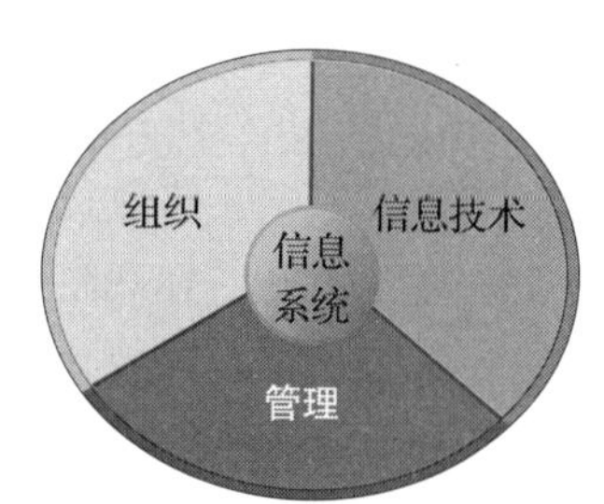

图 1-5　信息系统不仅是计算机

有效地使用信息系统需要理解整个系统的组织、管理和信息技术。信息系统为企业创造价值，为企业应对环境挑战提供组织和管理解决方案。

现在我们就来了解信息系统的每个维度——组织、管理和信息技术。

1. 组织

信息系统是组织整体的一部分。事实上，对某些公司而言，如信用报告服务公司，没有信息系统就没有业务。一个组织的核心要素是人员、组织结构、业务流程、规章制度和企业文化。我们将在第 2 章和第 3 章中详细解释这里提到的这些组织要素。

组织是有结构的，由不同层次和专业任务组成，体现了清晰的劳动分工部门。商业企业中的权利和责任按层级或者金字塔结构组织。其中，上层由管理人员、专业人员和技术人员组成，下层由操作人员组成。

高层管理（senior management）不但要确保公司的财务绩效，而且要制定关于企业产品、服务的长期战略决策。**中层管理**（middle management）执行高层管理制定的项目和计划。**操作层管理**（operational management）负责监控业务的日常活动。诸如工程师、科学家或架构师等**知识工作者**（knowledge workers）设计产品或服务，为企业创造新的知识；诸如秘书或文员等**数据工作者**（data workers）辅助完成所有层级的日程安排和沟通工作；**生产或服务工人**（production or service workers）则真正生产产品和提供服务（见图 1-6）。

图 1-6　公司中的管理层次

商业组织的管理层级结构包含三个基本层次：高层管理、中层管理和操作层管理。信息系统服务于每个层级的工作。科学家和知识工作者通常与中层管理者一起工作。

企业不同的业务职能部门聘用和培训了很多专家。企业主要的**业务职能**（business functions）由企业组织执行完成，包括销售和营销部、制造和生产部、财务和会计部以及人力资源部（见表 1-1）。第 2 章将详细描述这些业务职能，以及信息系统如何支持它们的工作。

表 1-1　主要业务职能

业务职能	目标
销售和营销	销售产品和服务
制造和生产	生产和配送产品、服务
财务和会计	管理财务资产和保持财务记录
人力资源	吸引、开发和维护组织劳动力；保存雇员记录

一个组织通过其管理层级和业务流程协调工作。绝大多数组织的业务流程包括通过长期工作积累而形成的用于完成任务的一些正式的规则，这些规则包含一系列各种各样的操作程序，用于指导员工处理各种任务，比如从开发票到响应顾客投诉。其中有一些业务流程被正式地记录下来，也有一些其他业务流

程则是非正式的工作经验，例如作为一项要求要给合作者或顾客回电，这些就没有正式的文件。信息系统使得许多业务流程自动化。例如，客户如何授信或如何付款，通常由一个信息系统完成，并固化在一系列正式的业务流程中。

每个组织都有被其绝大多数员工所接受的独特的**文化**（culture），或者是该企业的假设基础、价值观和做事的方式。你观察你周围的大学或学院，就能感受到组织文化在起作用。大学校园里最基本的假设是教授要比学生知道的多，这个假设是学生来读大学、按照规范的课程计划上课的理由。

一个组织的文化总能在信息系统中部分展现出来。例如，UPS 把客户服务放在第一位，这一点作为 UPS 公司文化的一部分可以在公司的包裹跟踪系统中体现出来（本章后面将描述该系统）。

一个组织中不同层次和专业的人员具有不同的利益与观点。这些不同的观点通常使公司在关于如何运作、如何配置资源和如何分配奖励等方面产生冲突。冲突是组织政治的基础。这些不同的观点、冲突、妥协和共识是所有组织天生的组成部分，信息系统就诞生于这些不同观点、冲突、妥协和共识交织而成的“大锅”中。在第 3 章中，我们将详细解释组织的这些特性及其在信息系统开发中所发挥的作用。

2. 管理

管理岗位的工作在于分析、理解组织所面临的各种情境、做出决策并制定行动方案解决问题。管理者要洞察环境所带来的商业挑战，制定组织战略以应对这些挑战，分配人力和财务资源协调工作，并争取获得成功。管理者自始至终必须行使负责任的领导力。本书所描述的企业信息系统反映了实际工作中管理者的希望、梦想和现实。

然而，管理者还必须比管理现有事务做更多的事情。他们也应该创造新产品和服务，甚至还要时不时地再造组织。管理的很大一部分责任在于进行由新知识和信息驱动的创造性工作。在帮助管理者设计、提供新产品和服务，对组织再定位和再设计方面，信息技术可以发挥强有力的作用。第 12 章将详细探讨管理决策内容。

3. 信息技术

信息技术是管理者应对变化的众多工具之一。**计算机硬件**（computer hardware）是指在信息系统中进行输入、处理和输出的物理设备，包括各种尺寸和外形的计算机（包括移动手持终端），各类输入、输出和存储设备以及连接计算机的通信设备。

计算机软件（computer software）是指在信息系统中控制和协调计算机硬件设备的一系列精细复杂的、预先编写的指令。第 5 章将详细介绍当前企业所应用的现代计算机软件和硬件平台。

数据管理技术（date management technology）是指管理存储在物理存储媒介里的数据组织的软件。更详细的有关数据组织和存取方法的介绍见第 6 章。

网络和通信技术（networking and telecommunication technology）由物理设备和软件组成，连接各类硬件，把数据从一个物理地点传输到另一个地点。许多计算机和通信设备能连接成网络共享声音、数据、图像、音频和影像。一个**网络**（network）连接两台或多台计算机以共享数据或诸如一台打印机这样的资源。

世界上最大和最广泛使用的网络是**互联网**（internet）。互联网是全球范围的“网中网”，通过采用统一标准（见第 7 章）把数以百万计的不同网络和全世界超过 230 个国家的近 23 亿用户连接起来。

互联网创造了一种全新的“统一”技术平台，基于这个平台可创建新产品、新服务、新战略和商业模式。同样的技术平台可在企业内部使用，把企业内部不同的系统和网络连接起来。基于互联网技术的企业内部网络称为**内联网**（intranet），企业内联网延伸到组织外部的授权用户的专用网络称为**外联网**（extranet），企业利用外联网可以协调与其他企业之间的业务活动，如采购、设计协作及其他跨组织的业务工作。对当今绝大多数企业而言，使用互联网技术既是企业所必需的，又是一种竞争优势。

万维网（world wide web）是基于互联网的一项服务业务，使用公认的存储、检索、格式化以及以网页方式显示互联网信息的标准。网页包含文字、图形、动画、声音、视频，并和其他网页相连接。通过点击网页上高亮显示的文字或按钮，你可以链接到相关的网页查找信息，也可以链接到网页上的其他地址。网站可以作为新型信息系统的基础，例如接下来的互动讨论中介绍的 UPS 公司就采用基于网站的包裹跟踪系统。

所有这些技术，连同那些运行和管理它们的员工，代表了整个组织能共享的资源，组成了企业的**信息技术基础设施**（information technology（IT）infrastructure）。信息技术基础设施为企业提供了基础或平台，使得企业能基于其建立自己的信息系统。每个组织必须认真地设计和管理它的信息技术基础设施，以保证满足公司利用信息系统完成工作所需要的技术服务。本书的第 5 ～ 8 章将介绍信息技术基础设施中每个主要的技术要素，并表明所有这些要素一起工作才能为组织创建技术平台。

“互动讨论：技术”介绍了目前在基于计算机的信息系统中常用的一些典型技术。UPS 公司在信息系统技术方面进行了大量投资，从而确保该公司的业务开展更富效率，并且以客户为导向。UPS 公司所采用的一系列信息技术包括条形码扫描系统，无线网络，大型计算机主机系统，手持计算机，互联网以及许多用于跟踪包裹、计算运费、维护客户记录和管理物流的不同类型的软件。

让我们一起来识别一下刚提到的 UPS 包裹跟踪系统中的组织、管理和技术要素。组织要素反映的是与包裹跟踪系统紧紧联系在一起的 UPS 公司的销售和生产职能部门（UPS 的主要业务是包裹速递服务），它要求明确说明通过发件人和收件人信息确认包裹、清点库存、跟踪在途包裹、给客户和客户服务代表提供包裹状态报告等的必要程序。

该系统也必须给管理者和员工提供信息以满足他们的需求。UPS 公司驾驶员需要接受培训，了解收取包裹和递送包裹的程序，以及如何利用包裹跟踪系统提高他们的工作效率。UPS 客户也需要接受一些培训，了解如何使用 UPS 自主开发的包裹跟踪软件或 UPS 公司网站。

UPS 公司的管理层负责监控服务水平和成本，促进公司低成本的优质服务战略的实现。管理层决定利用计算机系统提升使用 UPS 递送包裹服务和核查包裹状态的便捷性，从而减少递送成本，增加销售收入。

支持 UPS 包裹跟踪系统的技术包括手持电脑、条形码扫描器、台式计算机、有线和无线通信网络、UPS 数据中心、包裹递送数据的存储技术、UPS 自主开发的跟踪包裹软件以及访问公司网站的软件。其结果是一个应对商业挑战的信息系统解决方案，在日益激烈的竞争中提供了优质低价的服务。

⊙互动讨论：技术

UPS 利用信息技术参与全球竞争

1907 年，联合包裹服务公司（UPS）创建于一个狭小的地下室办公室。吉姆·凯西（Jim Casey）和克劳德·瑞安（Claude Ryan），两个来自西雅图的、不满 20 岁的年轻人，骑着两辆自行车，带着一部电话，承诺提供“最好的服务和最低的价格”。遵循这个原则，UPS 繁荣发展了 100 多年，至今已成为全球最大的地面和空中包裹递送公司。它是一家全球化的企业，拥有 444 000 多名员工、104 398 辆运输车，也是世界上第九大航空公司。

目前，UPS 每天在美国及其他 220 多个国家和地区递送 1 830 万个包裹。尽管有来自联邦快递公司和敦豪航空货运公司（DHL）的激烈竞争，但是通过大量投资于先进的信息技术，UPS 公司仍能在小包裹递送服务市场上保持领导地位。UPS 每年投入 10 亿美元保证提供高水平的顾客服务，同时保证低成本和公司整体顺畅地运行。

所有这些均源于贴在包裹上的可扫描条形码标签，该条形码包含寄件人的详细信息、目的地和包裹应当何时寄到等信息。顾客可以使用 UPS 提供的专用软件或者直接通过 UPS 网站，下载并打印他们自己的标签。甚至包裹在被收走以前，“智慧”标签上的信息就已经被传输到 UPS 位于新泽西州莫沃或佐治亚州阿尔法里塔的计算机中心，同时被传输到离目的地最近的包裹集散中心。

该包裹集散中心的调度员下载标签数据，并利用名叫 ORION 的专用软件分析交通、气候条件和每一站的具体位置，为每一个包裹创建最有效的投递路线。每一个 UPS 驾驶员每天平均要停 120 个地方。仅在美国，就有 55 000 条路线，假如每个驾驶员的日常线路减少 1 英里[⊖]，那么 1 年将会节约 5 000 万美元的巨大成本。这对 UPS 来说是举足轻重的，因为整个电子商务物流业的利润率在下降，而 UPS 致力于促进收入增长。过去，UPS 驾驶员一天在某个零售商那里装卸几个很重的包裹，如今，他们要在居民小区多停几站，每家送一个重量很轻的包裹。这种变化需要更多的燃料和时间，增加了每个包裹运送的成本。

每个 UPS 司机每天的第一件事是拿起一台被称为递送信息读取设备（DIAD）的手持电脑，它可连上无线蜂窝电话网络。一旦司机登录系统，他今天的投递路线就会被下载到 DIAD 上。当领受包裹和送达包裹的时候，DIAD 还能自动地读取顾客的签字信息以及包裹的接受和传递信息，包裹的跟踪信息随即被传到 UPS 信息中心进行存储和处理。自此，这些信息就能在全世界范围内获取，为客户提供递送的证明或响应顾客的查询。通常当司机在 DIAD 上按下“完成”键以后不到 60 秒的时间内，这些新的信息就能在网上被查到。

通过这个自动化包裹跟踪系统，UPS 在整个包裹递送过程中可以监控甚至调整路线。从送出到接收包裹沿路各站点内的条形码设备扫描包裹标签上的运输信息，增加了关于这个包裹递送的进程信息。这些信息会被传送到中央计算机上。客户服务代表可以通过联网到中央计算机的桌面电脑检查任何包裹的状态，随时回复顾客的询问。UPS 的顾客也可以用自己的计算机或移动手机，通过 UPS 的网站获取这些信息。目前 UPS 已经有了移动手机应用（App）和一个移动手机网站——iPhone、黑莓和安卓智能手机均可以对此进行使用。

任何需要寄送包裹的人都可以联网到 UPS 网站，跟踪包裹，检查包裹路径，计算运费，确定运输时间，打印标签和计划收发的时间。在 UPS 网站上收集的这些信息被传至 UPS 中央

⊖ 1 英里 = 1.609 3 千米。

计算机，经处理后再传回给顾客。UPS 也开发了工具提供给诸如思科系统这样的客户，使它们能把 UPS 系统的跟踪包裹和费用计算等功能嵌入自己的网站上，这样不用访问 UPS 网站也可以跟踪包裹的运输状态。

基于网站的邮政销售订单管理系统（OMS）管理着全球服务订单及其重要零部件的库存完成情况。这套系统使一批需要运输重要零部件的高科技电子公司、航空航天工业公司、医疗仪器设备公司以及世界上任何地方的其他公司均能快速地获取重要零部件的库存信息，确定最优运输策略以满足客户需求，在线下单，跟踪从仓库到最终用户的零部件状态。自动电子邮件或传真功能可以让客户随时掌握每一个运输关键站点的信息，当运输零部件的商业航班飞行时间发生变更时也能随时通知客户。

现在 UPS 利用自己几十年积累的全球递送网络管理经验为其他公司管理物流和供应链活动。UPS 创建了一个 UPS 供应链解决方案部门，给客户提供完全整合的、标准化的服务，其成本只占客户建造自己系统和基础设施所需成本的很小一部分。除物流服务外，该项服务还包括供应链设计和管理、货运代理、海关代理、邮件服务、多式联运和金融服务等。

例如，世界上最大的钥匙卡生产商 Plasticard Locktech International（PLI）的产品包括酒店钥匙卡、礼品卡、会员卡等，UPS 为这家公司提供服务。PLI 的客户需要快速交货。虽然 PLI 在履行订单、把产品从北卡罗来纳州的阿什维尔运送到世界各地方面没有问题，但这样会导致较高的生产和分发成本。目前，PLI 在 UPS 位于加拿大、阿拉伯联合酋长国和荷兰的办公地点存储产品，并很快从中国香港的一个地方出货。如果 PLI 自己建立仓库，配备人员，购买保险以及提供物流运输，那么将花费数百万美元，而利用 UPS 的服务，不仅降低了国际运输成本，而且通过利用 UPS 的报关经纪服务（Customs Brokerage Services），每年可以节约 20 万美元。

资料来源：www.ups.com, accessed March 25, 2016; Steven Rosenbush and Laura Stevens, " At UPS, Algorithm Is the Driver," *Wall Street Journal*, February 16, 2015; and "Keys to Success," UPS Compass, Winter 2015.

案例分析题

1. UPS 包裹跟踪系统的输入、处理和输出各是什么？
2. UPS 使用了哪些技术？这些技术和 UPS 业务战略是如何关联起来的？
3. UPS 信息系统实现了哪些战略性的业务目标？
4. 如果 UPS 的信息系统不可用，将会发生什么？

1.2.3 IT 不仅仅是技术：信息系统的业务视角

管理者和企业投资于信息技术与信息系统，是因为他们能给企业带来实实在在的经济价值。建设或维护一个信息系统的决策前提是该项投资回报将会优于对建筑物、机器或其他资产的投资。这种高回报将来自生产效率的提高、业务收入的增加（它也会增加公司股票市值）或者可能在某个市场上长期领先的战略地位（未来将产生优厚的业务收入）。

从业务视角看，信息系统是企业创造价值的重要工具。信息系统给管理者提供信息，帮助他们更好地制定决策或优化业务流程，使公司增加业务收入或降低成本。例如，图 1-3 所示的用于分析超市结账数据的信息系统，该系统就能帮助管理者更好地制定零售超市的进货和促销决策，使企业增强盈利能力。

如图 1-7 所示，每家企业都有信息价值链，原始信息被系统地采集，并经过不同阶段的处理以后不断增值。对企业而言，信息系统的企业价值，与投资任一新信息系统时决策所定的价值一样，很大部分取决于该系统能多大程度上改善管理决策、提升业务流程效率以及提高公司盈利。尽管要建信息系统还有其他原因，但其主要目的就是要有助于提升公司价值。

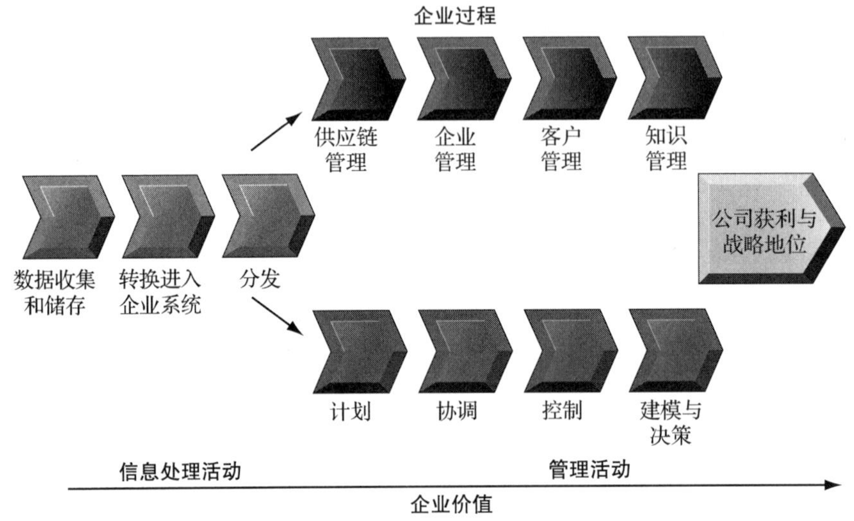

图 1-7 企业信息价值链

从业务视角看，信息系统是一系列获取、处理和分发信息的增值活动的一部分，管理者可以利用这些信息改善管理决策，提升组织绩效，最终提升公司的盈利能力。

业务视角关注信息系统的组织和管理特性。信息系统是企业应对环境带来的挑战或问题的、基于信息技术的组织和管理解决方案。本书的每一章开头都有一个简短的案例来强调这个概念。每章开头的一张图说明了业务挑战和由此引发的管理与组织决策之间的关系，该决策以 IT 作为解决方案应对业务环境所产生的挑战。你可以把这张图作为分析任何信息系统或你碰到的信息系统问题的起点。

回顾一下本章开始的第一张图，该图显示了克罗格超市在面临保留客户和高度竞争的低利润行业中增加收入的问题时，如何利用信息系统解决了这些问题。这些系统利用新的数字技术和互联网提供的机会，为公司提供了一个解决方案。这些系统开拓了产品销售的新渠道，提高了质量，提升了客户的购物体验。这些系统对提升克罗格超市的整体业务绩效至关重要。该图也说明了管理、技术和组织三个要素共同发挥作用才能构建一个信息系统。

1.2.4 互补性资产：组织资本和合适的商业模式

深入了解信息系统的组织与管理维度，有助于我们理解为什么信息系统让某些公司取得比其他公司更好的结果。关于信息技术投资回报的研究显示，信息系统带给企业的回报千差万别（见图 1-8）。有些公司在信息系统方面投入的多，收益也高（第二象限）；有些公司投入的多，其收益却很少（第四象限）；有些公司投入虽少，但收益很高（第一象限）；还有一些公司投入少，收益也少（第三象限）。这说明仅对信息技术投资并不能保证获得良好的回报。如何解释这些公司之间的差别呢？

答案在于互补性资产这一概念。单纯的信息技术投资不能使组织和管理者更有效率，除非配以相关的组织价值、组织结构和行为模式及其他互补性资产。公司如果真的想要获得新的信息技术好处，就必须改变以前的经营方式。

互补性资产（complementary assets）是指需要从基本投资获得价值的那些资产（Teece，1988）。例如，要实现汽车的价值，就需要大量互补性的投资，诸如高速公路、马路、加油站、维修设施以及制定标准和管理司机的一套法律规范体系等。

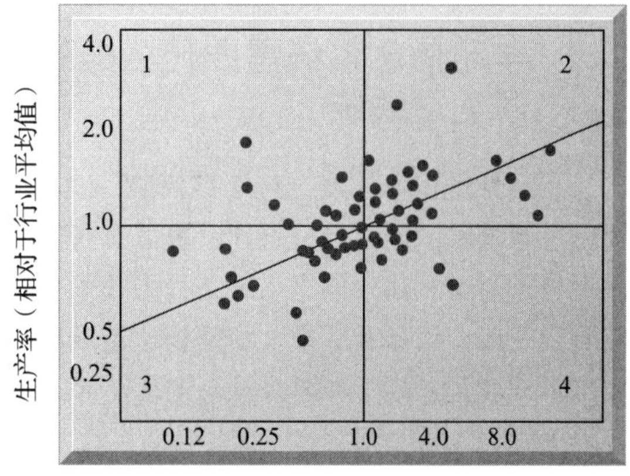

图 1-8　信息技术投资收益的变化

一般而言，信息技术投资收益尽管远高于其他资产的投资回报，但公司间存在较大的差异。

研究指出，那些进行技术投资的企业同时要进行新商业模式、新业务流程、管理行为、组织文化或培训等互补性资产的投资，才能获得高额收益。反之，未对互补性资产进行投资的企业很少甚至没有从信息技术投资中获得收益（Brynjolfsson，2005；Brynjolfsson and Hitt，2000；Laudon，1974）。对组织和管理的这些投资，也被称作**组织和管理资本**（organizational and management capital）。

表 1-2　提升信息技术投资收益的社会、管理和组织的互补性资产

组织资产	重视效率和效益的支持性企业文化 合适的商业模式 高效的业务流程 分权管理 高度分散的决策权体系 强大的信息系统（IS）开发团队
管理资产	高层管理对技术投资和变革的强烈支持 对管理创新的激励 团队和协同的工作环境 提高管理决策技能的培训项目 灵活的、基于知识决策的管理文化
社会资产	互联网和通信的基础设施 提高劳动力计算机能力的 IT 强化教育项目 标准（包括政府和私营部门） 创造公平、稳定的市场环境的法律法规 在相关市场协助实施的技术和服务公司

表 1-2 列出了企业为实现信息技术投资价值而需要投资的主要互补性资产，其中包括有形资产，如建筑物、机器和工具等。然而，信息技术的投资价值很大程度上取决于对管理资产和组织资产等互补性资产的投资。

关键的互补性组织资产包括重视效率和效益的企业文化、合适的商业模式、高效的业务流程、分权管理、高度分散的决策权体系，以及强大的信息系统（IS）开发团队。

重要的互补性管理资产包括高层管理对技术投资和变革，管理创新，团队和协同的工作环境，提高管理决策技能的培训项目以及灵活的、基于知识决策的管理文化等方面的强烈支持。

重要的互补性社会资产（一般不是公司自身投资，大多是由其他公司、政府和其他市场主要参与者投资）包括互联网和通信的基础设施互联网文化、教育项目、网络和计算机标准、法律法规以及现有的技术和服务公司等。

在整本书中，我们强调技术、管理和组织资产及其相互关系的分析框架。本书中最重要的话题就是，管理者需要考虑信息系统更广泛的组织和管理维度要素，要不断考虑从信息

技术投资中获得高于平均水平的实际回报，还要去理解当前面临的问题。正如你在本书中所见，那些重视与IT投资相关方面的公司通常会获得丰厚的回报。

1.3 学习信息系统需要什么样的学术规则？这些学术规则如何帮助理解信息系统

信息系统的研究属于跨学科领域，没有单一的理论或观点占主导地位。图1-9表明了研究信息系统中的问题、论点和解决方案所涉及的主要学科。一般来讲，这个领域可以分为技术和行为两类方法。信息系统是社会技术系统，尽管它是由机器、设备和“硬”物理技术组成的，但也需要大量的社会、组织和智力投入才能正常工作。

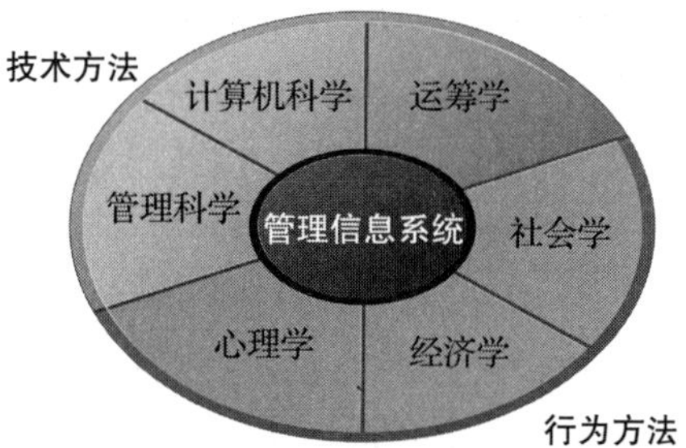

图1-9 研究信息系统的当代方法

信息系统研究所涉及的问题和观点来自技术与行为学科的贡献。

1.3.1 技术方法

信息系统的技术方法除了强调物理技术和这些系统的正式功能以外，还强调基于数学模型来研究信息系统。属于技术方法的学科是计算机科学、管理科学和运筹学。

计算机科学注重的是建立可计算理论、计算方法和数据有效存取的方法。管理科学强调的是决策模型的开发和管理实践的总结。运筹学专注于组织参数优化的数学技术，如运输、库存控制和交易成本等。

1.3.2 行为方法

信息系统领域的一个重要组成部分是伴随着信息系统开发和长期维护而出现的行为问题。诸如战略业务的整合、设计、实施、应用和管理等问题，一般难以采用技术方法中的模型进行研究，而需要采用其他行为学科中的理论和方法。

例如，社会学家研究信息系统着眼于群体和组织如何影响信息系统开发，以及信息系统如何影响个人、群体和组织。心理学家研究信息系统关注决策者如何感知和使用正式的信息。经济学家研究信息系统感兴趣的是数字化商品的生产、数字市场的动态变化以及新的信息系统如何改变公司内部的控制和成本结构。

行为方法并不忽视技术。事实上，信息系统技术常常会引发行为方面的问题或议题，当然行为方法通常不关注技术的解决方案，而聚焦于人的态度、管理和组织政策以及行为的变化等。

1.3.3 本书的方法：社会技术系统

在本书中，你将会发现许多和以下四个主要行动者有关的故事：软硬件供应商（技术专家），投资并寻求从技术中获得价值的商业公司，寻求达到企业价值（和其他目标）的管理者和员工以及当代的法律、社会和文化环境（公司所处的外部环境）。这四个行动者共同努力形成了我们所说的管理信息系统。

对于管理信息系统的研究最早关注于商业企业和政府机构对基于计算机的信息系统的使用。管理信息系统结合计算机科学、管理科学和运筹学的研究成果，针对现实世界的问题和信息技术资源管理需求，以实用为导向开发系统解决方案。此外，它也关注与信息系统开发、应用及其影响有关的行为问题，这些问题也是社会学、经济学和心理学典型的研究领域。

作为学者和从业者，我们的经验使我们相信，没有单一的方法能使我们有效地全面理解和研究信息系统的现实问题。信息系统的成功和失败很少完全由技术或行为所决定。我们给予学生的最好的建议是要从多学科的角度理解信息系统的观点。事实上，信息系统领域的挑战和令人兴奋之处也正是在于它需要多种不同方法的借鉴和融合。

对于本书所采用的观点的最好诠释是系统的社会技术观点。这种观点认为，只有通过运营中所涉及的社会和技术两个系统同时进行最优化，组织的业绩才会达到最佳。

社会技术系统观点有助于我们避免单纯用技术方法研究信息系统。例如，信息技术的成本在快速下降，其功能在逐渐强大，但这并不一定或不容易转化为生产率的提升或盈利的增加。当一家公司最近安装了企业级的财务报告系统时，这并不意味着它必然会被很好地应用或有效地利用。同样，当一家公司最近引入了新的业务程序和业务流程时，这并不意味着员工必然会有更高的劳动生产率，因为缺少新的信息系统支撑那些业务流程发挥作用。

在本书中，我们强调将公司绩效作为一个整体考虑改进，需要注意技术和行为两个方面，这意味着技术的变化和设计必须符合组织与个人的需求，有时候不得不采用非最优的技术满足这种需求。例如，移动电话用户接受了某项技术以满足他们个人的需求，其结果是手机厂商要快速地调整技术以迎合用户的期望。组织和个人也要通过培训、学习和有计划的组织变化进行变革，从而使技术能被利用且蓬勃发展。图 1-10 显示了社会技术系统相互调整的过程。

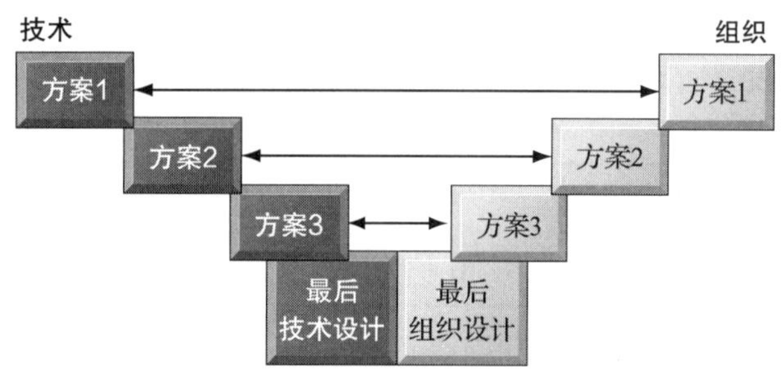

图 1-10　信息系统的社会技术观点

社会技术观点认为，当技术与组织双方相互调整直到达到满意的相互适配状态时，系统的绩效才会达到最佳。

本章小结

1. 信息系统是如何对商业进行转变的？它为什么对如今的企业运营和管理如此重要？

电子邮件、网络会议、智能手机和平板电脑已成为进行商务活动的基本工具。信息系统是快节奏供应链的基础。互联网可以让许多企业在线采购、销售、做广告和收集客户反馈。通过核心业务流程的数字化，并逐渐演化成数字化公司，组织都在努力试图变得更有竞争力和富有效率。互联网让我们可以极大地降低生产、采购成本，可以在全球范围内销售产品，从而刺激全球化发展。信息系统发展的新趋势包括：新兴的移动数字平台、大数据和云计算等。

如今信息系统已是进行商业活动的基础。如果没有广泛地应用信息技术，许多行业的企业将难以生存，难以获得实现战略业务目标的能力。当前企业正应用信息系统实现六大主要目标：卓越运营，新产品、新服务和新商业模式，与客户和供应商建立紧密的关系，改善决策，竞争优势以及永续经营。

2. 信息系统究竟是什么？它是如何工作的？它的管理、组织和技术要素分别是什么？为什么互补性资产在确保信息系统提供给组织真正的价值上是必不可少的？

从技术的角度看，信息系统从组织内外部收集、储存和分发信息以支持组织的各项职能与决策、沟通、协调、控制、分析以及可视化。信息系统通过三个基本活动——输入、处理和输出，将原始数据转化为有用的信息。

从业务角度看，信息系统是应对公司面临的问题或挑战的解决方案，包含管理、技术和组织三个维度要素。信息系统的管理要素涉及领导力、战略和管理行为等方面的议题；信息系统的技术要素包括计算机硬件、软件、数据管理技术和网络/通信技术（包括互联网）；信息系统的组织要素涉及如组织层次、职能分工、业务流程、文化和政治利益团体等议题。

为了从信息系统中获得有意义的价值，组织在投资技术的同时必须对适当的组织和管理方面的互补性资产进行投资。这些互补性资产包括新的业务模式和业务流程、组织文化与管理行为、合适的技术标准、规则和法律等。企业在投资新的信息技术时，除非进行适当的管理和组织变革以支持该技术，否则不太可能获得高回报。

3. 哪些学科用于研究信息系统？每个学科如何有助于理解信息系统？

信息系统研究涉及技术和行为学科的议题与观点。技术方法聚焦于模型和系统功能，包括计算机科学、管理科学和运筹学。行为方法关注信息系统的设计、实现、管理和业务影响等，包括心理学、社会学和经济学。社会技术观点既考虑信息系统和解决方案的技术特性，又考虑其社会特性，而且其系统和解决方案代表两者之间的最佳平衡。

MyMISLab

完成标有 MyMISLab 标记的问题，请到 MyMISLab 的 EOC 讨论问题部分。

复习题

1-1 信息系统是如何对商业进行转变的？它为什么对如今的企业运营和管理如此重要？

- 描述信息系统如何转变企业的运营方式与企业的产品和服务。
- 指出信息系统的三个主要的新趋势。
- 描述数字化企业的特征。
- 描述在“扁平化的”世界中全球化面临的挑战和机遇。
- 列举并阐述信息系统对当今商业如此重要的六个原因。

1-2 信息系统究竟是什么？它是如何工作的？它的管理、组织和技术维度要素分别是什么？为什么互补性资产在确保信息系统提供给组织真正的价值上是必不可少的？

- 界定信息系统概念，描述信息系统执行的活动。
- 列举并阐述信息系统的组织、管理和技术维度要素。
- 区分数据和信息、信息系统文化与计算机文化。
- 解释互联网和万维网与信息系统其他技术部分的关联性。
- 界定互补性资产的概念，阐述它们与信息技术的关系。

- 解释互补性社会资产、管理和组织资产在提升信息技术投资回报中是必需的。

1-3 哪些学科用于研究信息系统？每个学科如何有助于理解信息系统？

- 列出并说明信息系统技术方法的各个学科。
- 列出并说明信息系统行为方法的各个学科。
- 解释信息系统的社会技术观点

讨论题

1-4 MyMISLab 信息系统太重要了，以至于不能丢给计算机专家。你同意这种说法吗？为什么？

1-5 MyMISLab 如果让你来为 Major League 棒球队建立一个网站，你将遇到哪些管理、组织和技术方面的问题？

1-6 MyMISLab 哪些组织、管理和社会互补性资产使 UPS 的信息系统获得了成功？

MIS 实践项目

本章的项目会让你通过分析财务报告和库存管理问题获得实践经验，请用数据管理软件改善如何增加销售的管理决策，并用互联网软件研究工作岗位的要求。请访问 MyMISLab 的多媒体图书馆以获取本章的 MIS 实践项目。

管理决策问题

1-7 Snyders of Hanover 公司每年销售约 8 000 万袋饼干、薯片和有机零食，其财务部门使用电子表格和手工流程收集大量数据与报告。该公司的金融分析师每个月要花费最后一周的时间从全球 50 多个部门负责人那里收集电子表格，然后合并数字，并把所有数据再录入另一个电子表格中，用于制作公司每月的利润表。如果一个部门需要更新已提交给财务部门的电子表格数据，分析师不得不重新回到初始的工作表，然后等待该部门重新提交数据，最后把更新的数据合并到财务表中。请评估这种情况对经营业绩和管理决策的影响。

1-8 美国达乐公司（Dollar General Corporation）经营折扣廉价商店，销售家居用品、清洁用品、服装、健康和美容用品以及包装食品等，大多数商品售价为 1 美元。它的商业模式要求维持尽可能低的成本。该公司还没有用自动化的方法跟踪每个店铺的库存。管理人员大概知道，当送货卡车到达商店时，该商店大概需要多少件某商品，但商店没有扫描商品包装的技术，无法验证每一件包装中确切的商品数。盗窃或其他事故造成的商品损失在持续地增加，超过销售总额的 3%。请问：在投资信息系统解决方案之前，要做出什么样的决策？

改善决策：使用数据库分析销售趋势

软件技能：数据库查询和报表

业务技能：销售趋势分析

1-9 在本项目中，你要从原始交易数据入手，使用微软的 Access 数据库软件开发查询和报表功能，帮助管理者在产品定价、促销和库存补货方面做出更好的决策。在MyMISLab里，你可以找到一个用微软Access开发的商店和区域销售数据库。该数据库包含不同销售区域的每家商店每周销售计算机设备的原始数据，其数据项包括商店代码、销售区域、商品编号、商品描述、单价、销售数量和每周销售时间段。请用Access开发一些报表和查询功能，以便使这些信息对业务运营更加有意义。销售和生产经理希望得到以下问题的答案：

- 哪些产品应该进货了？
- 哪些商店和销售区域受益于促销活动和额外的营销？
- 什么时候（一年中什么时间）产品应该全价销售，什么时候应该打折出售？

你可以轻松地修改数据库表查找和报告你的答案，请打印你的报告及查询结果。

改善决策：利用互联网找到需要信息系统知识的工作

软件技能：基于互联网的软件

业务技能：寻找工作岗位

1-10 请访问诸如Monster.com等求职网站，花一些时间在线了解一下与会计、财务、销售、市场营销和人力资源有关的工作岗位。请找出两三个需要信息系统知识的工作岗位的描述。这些工作岗位需要哪些信息系统知识？为获得这些工作岗位，你需要做哪些准备？请写一份一两页的报告，总结你的看法。

团队协作项目

选择团队协作工具

1-11 与三四名同学组成一个团队，看看Google Drive和Google Sites的功能是否满足团队协作的需要。比较这两种工具的不同功能，如存储团队文档、项目公告、寻找资料、工作分配、插图、电子演示文稿和处理感兴趣的网页等。了解每个文档如何与Google Docs配合使用。说明为什么Google Drive或Google Sites更适合你的团队。如果可能，请使用Google Docs集思广益并制作演示文稿报告你们小组的结果。请使用你选择的Google工具组织和存储演示文稿。

案例研究

农场会成为电子农场吗

俄亥俄州农民马克·布赖恩特（Mark Bryant）在12 000英亩[⊖]的土地上种植玉米、大豆和软红冬小麦。但是你几乎不会在拖拉机上看到他，因为农场不再那样运作了。布莱恩特大部分时间都在监控仪表盘，通过这些仪表盘从20个左右的iPhone和5个iPad收集数据，他把iPhone和iPad提供给员工，让他们实时汇报农场里的情况。布莱恩特利用谷歌资助的Granular创业软件，分析收集到的数据，并将这些数据与从飞机、自驾拖拉机和其他形式的自动化远程传感器收集的数据结合起来，获得与产量、水分和土壤质量的相关信息。

⊖ 1英亩 = 4 046.86平方米。

拖拉机本身已经变成了智能设备，现在变得更加“聪明”。如今的许多拖拉机都配备了基于卫星导航系统的全球定位系统（GPS）。GPS从地球轨道卫星接收信号，跟踪每一台设备的移动位置。该系统有助于引导相关设备，使农民能够监测拖拉机驾驶室内iPad和其他平板电脑的情况。

世界上最大的自动化四轮汽车生产商不是特斯拉或谷歌，而是约翰·迪尔（John Deere）。约翰·迪尔自动驾驶拖拉机的驾驶室里全都是屏幕和平板电脑，看起来像喷气式飞机的驾驶舱。约翰·迪尔和它的竞争对手不仅制造出了拖拉机、联合收割机和自动驾驶卡车，而且制造出了无线连接传感器（这种传感器可以勘测每一块土地）。此外，它们还发明了能够播种和喷洒的机器，这些机器可以通过计算机指令播撒种子和施肥。

约翰·迪尔在其所有的农业设备中都嵌入了信息技术，创建了一个控制喷雾器、打捆机和种植机的生态系统。约翰·迪尔的产品包括GPS控制的辅助转向系统AutoTrac，这个系统可以使设备操作员将手从轮子上移开；还有一个叫JDLink的产品，这个产品可以使机器采集到的农田里的数据自动上传到远程的计算机中心，帮助农民下载如何种植或施肥的说明；另外还有一个叫John Deere Machine Sync的产品，它使用GPS数据创建基于空中或卫星照片的地图，以改善种植、播种、喷洒和施肥。

现在，约翰·迪尔是为农民提供实施所谓的“精准农业”的主要公司。用这种水平的计算机精度管理意味着农民需要使用更少的肥料，可能为单个农民节约数万美元。还有些人认为精准农业是解决世界人口爆炸问题的一种方式。到2050年，全球人口预计将达到92亿，比现在多出34%。越来越多的人意味着需要更多的土地、水和其他资源生产食物。为了跟上人口增长和收入增长的步伐，全球粮食生产必须增加70%，精准农业可以使这个目标成为可能。农民利用设备更加精确地使用化肥、水和其他资源，可以减少浪费，这也促进了地球的健康发展。

像孟山都和杜邦这样的大型农业公司，都是精准农业企业，它们为农民提供数据分析，并给出使用种子、肥料和除草剂等方面的建议。由于种植深度或农作物之间距离的调整会使农作物产量产生很大的差异，这些公司希望它们的计算机能够分析种植过程中产生的数据，并向农民说明如何进一步提高农作物的产量。

农民向这些公司或其他农业数据分析公司提供了农场田间边界、农作物历史产量和土壤环境的数据，这些公司综合分析农民提供的数据以及在其他不同地区收集到的关于种子产量和土壤类型等的数据。进行数据分析的公司随后向提供数据的农民发送一份关于种植建议的文件。农民根据种植建议耕种土地。例如，种植建议可能会告诉艾奥瓦州的玉米种植者在某些区域，为了提高玉米产量，可以减少每英亩种植的种子数量，或者每英亩种植更多的种子。农民也会收到在不同的区域种植不同的种子类型的建议。数据分析公司还会监测天气和其他因素，为农民管理农作物提供咨询意见。

孟山都公司开发的一种称为FieldScripts的软件应用程序，考虑了诸如阳光和树荫的数量，以及土壤氮与磷含量变化等变量，直到一块地变成10米×10米那样的网格。孟山都结合种子的遗传特性分析数据，并将所有这些信息与气候预测结合起来，向连接农地种植设备的iPad提供精确的种植说明或“脚本”。诸如FieldScripts这样的工具，可以使农民精确定位哪里需要更多或更少的肥料，以节省他们施肥的成本，同时在收成较差的地区提高产量，并减少进入水里的化学肥料，这对环境保护也是有益的。

一些专家说，处方式种植有助于将玉米收成从现在的每英亩160蒲式耳[⊖]提高到200

⊖ 1蒲式耳＝35.238升。

多蒲式耳。根据世界上最大的种子公司孟山都的说法，数据驱动的种植建议可以使全球农作物的产量每年增加约 200 亿美元。到目前为止，处方式植物系统还没有达到这个惊人的水平。

所有这一切有缺点吗？对于一些小农户来说，可能是有缺点的。投资这些新技术和使用这些工具（如 FieldScript）的供应商服务费的成本，可能超过许多小农户从农场获得额外收益的成本。根据 Lux 研究公司萨拉·奥尔森（Sara Olson）的说法，精准农业的问题是越小的农场投资这些昂贵的技术的回报会越少。这意味着只有真正的大农场才有可能受益。

孟山都估计，FieldScript 可以提高每英亩 5 ~ 10 蒲式耳的产量。玉米每蒲式耳约 4 美元，每英亩大概增加 20 ~ 40 美元。一个约 500 英亩的小农场可以获得 10 000 ~ 20 000 美元的额外收入。而孟山都收取每英亩 10 美元的服务费，因此农场主将会支付约 5 000 美元。此外，为了改造现有的种植设备或购买更多的现代化拖拉机，包括孟山都提供的在线服务“脚本”和种植者车载导航系统，农场主需要额外支付数万美元。孟山都对提供的当地气候预测服务每英亩额外收取 15 美元。根据奥尔森的说法，一个小型的农场如果使用 FieldScripts 这样的服务，在前两年很有可能降低收入甚至亏损。

对于一个约 5 000 英亩的大型农场，FieldScript 可以增加收入 10 万 ~ 20 万美元。孟山都的服务费用约为 5 万美元，该农场的总利润在 5 万 ~ 15 万美元，足以抵消更新农机的成本。无论一个农场是大还是小，FieldScripts 的效果在丰收年份是很小的，因为不管怎样农田的收益会很高。这种技术在条件不那么有利的时候可能会有更大的影响。孟山都的发言人说，处方式种植系统的效果不在于农场的规模，更多地在于农民的技术知识。根据证券公司 Piper Jaffray Cos. 投资研究总监迈克尔·考克斯（Michael Cox）的研究，FieldScripts 和其他技术驱动产品与服务的收入在 2018 年给孟山都带来了 20% 的每股收益增长。

虽然一些农民已经接受了处方式种植，但其他农民仍在犹豫。许多农民对孟山都和杜邦收集他们的数据感到怀疑。还有一些人担心种子的价格会上涨太多，因为那些开发处方式种植技术的大公司同时销售种子（过去 15 年来，随着最大的公司增加它们的市场份额，种子的价格飞速上涨。孟山都和杜邦公司在美国现在销售约 70% 的玉米种子）。农民也担心他们的竞争对手会使用这些数据超越自己的优势。例如，如果附近的农民看到农作物的信息，他们可能会急着去租农田，推高土地费用和其他的成本。其他一些农民担心，华尔街交易员可以使用这些数据对期货合约进行投注。如果这种下注推动期货合约价格在生长季节早些时候下跌，那么这可能会挤压农民通过卖出期货而为其农作物锁定的利润。

还没有任何公开的例子显示农民的处方式种植信息被滥用。孟山都和杜邦官方说，它们没有计划出售从农民那里收集的数据。孟山都表示，它支持用于管理从农场收集来的信息的行业标准，如果没有农民的许可，它不会访问这些数据。约翰·迪尔公司已经与杜邦和陶氏化学公司合作，基于从拖拉机、联合收割机以及其他机器上收集到的数据给出专门的种子种植建议，并表示在分享任何数据之前都要获得客户的同意。

一些农民自己总结出了种植数据的经验，他们可以自己决定以什么价格出售哪些信息。其他的农民在与一些小型科技公司合作，这些公司正在努力使农业巨头无法控制处方式种植业务。初创公司如 Farmobile LLC、Granular Inc. 和 Grower Information Services Cooperative，正在开发信息系统使农民能够从自己的拖拉机上捕获数据流，并将数据存储在自己的远程数据中心，并且自己选择是否将数据推送给种子、农药、设备公司或期货交易商。这样的平台可以帮助农民从精准农业中获取更大的利润，并使他们更好地控制他们农田里产生的信息。

资料来源：" Precision Agriculture," www.research.ibm.com, accessed April 4, 2016; Matthew J. Grassi, " Agrible Launches Nutrient Forecasting, Spray Smart Features, " PrecisionAg, March 9, 2016;www.monsanto.com, accessed April 4, 2016; Jacob Bunge, " On the Farm: Startups Put Data in Farmers ' Hands, " *Wall Street Journal,* August 31, 2015; Mary K. Pratt, " How Technology Is Nourishing the Food Chain," *Computerworld,* August 18, 2015; and Michael Hickins, " For Small Farmers, Big Data Adds Modern Problems to Ancient Ones," *Wall Street Journal,* February 25, 2014.

案例分析题

1-12 请列出和描述本案例中所用的技术。
1-13 现在美国的农场在数字方面达到了什么程度？请解释你的回答。
1-14 信息系统是如何改变农民种田的方式的？
1-15 本案例中的系统是如何提高农业运作的？
1-16 精准农业系统是如何支持决策的？请提出三个可以支持的不同决策。
1-17 精准农业如何对农民和农业产生帮助？请解释你的回答。

MyMISLab

请到 MyMISLab 的作业部分完成这些练习。

1-18 企业通过投资信息系统和技术实现哪些战略目标？对于每个战略目标，举一个企业如何使用信息系统实现目标的例子。
1-19 描述企业需要的互补性资产，以优化其信息系统投资的回报。对于每种类型的互补性资产，举一个企业应具有的具体资产的例子。

参考文献

Brynjolfsson, Erik and Lorin M. Hitt. "Beyond Computation: Information Technology, Organizational Transformation, and Business Performance." *Journal of Economic Perspectives* 14, No. 4 (2000).

Brynjolfsson, Erik. "VII Pillars of IT Productivity." *Optimize* (May 2005).

Bureau of Economic Analysis. *National Income and Product Accounts.* www.bea.gov, accessed April 19, 2016.

Carr, Nicholas. "IT Doesn't Matter." *Harvard Business Review* (May 2003).

Chae, Ho-Chang, Chang E. Koh, and Victor Prybutok. "Information Technology Capability and Firm Performance: Contradictory Findings and Their Possible Causes." *MIS Quarterly* 38, No. 1 (March 2014).

Conaghan, Jim. "Newspaper Digital Audience Grew Twice as Fast as the Internet in the Past 12 Months." Newspaper Association of America (October 9, 2015).

Curtis, Sophie. "Dot-com at 30: Will the World's Best-Known Web Domain Soon Be Obsolete?" Telegraph.co.uk (March 15, 2015).

Dedrick, Jason, Vijay Gurbaxani, and Kenneth L. Kraemer. "Information Technology and Economic Performance: A Critical Review of the Empirical Evidence." Center for Research on Information Technology and Organizations, University of California, Irvine (December 2001).

eMarketer. "eMarketer Numbers for: Blogging, 2014–2018." *eMarketer* (2016).

eMarketer. "US Adults Spend 5.5 Hours with Video Content Each Day." *eMarketer* (April 16, 2015).

eMarketer Chart. "US Digital Ad Spending, 2013–2019" (March 2015).

FedEx Corporation. "SEC Form 10-K for the Fiscal Year Ended May 31, 2015."

Friedman, Thomas. *The World Is Flat.* New York: Picador (2007).

Garretson, Rob. "IT Still Matters." *CIO Insight* 81 (May 2007).

Hughes, Alan and Michael S. Scott Morton. "The Transforming Power of Complementary Assets." *MIT Sloan Management Review* 47. No. 4 (Summer 2006).

Lamb, Roberta, Steve Sawyer, and Rob Kling. "A Social Informatics Perspective of Socio-Technical Networks." http://lamb.cba.hawaii.edu/pubs (2004).

Laudon, Kenneth C. *Computers and Bureaucratic Reform.* New York: Wiley (1974).

Lev, Baruch. "Intangibles: Management, Measurement, and Reporting." The Brookings Institution Press (2001).

McKinsey Global Institute. "Digital America: A Tale of the Haves and Have-Mores (December 2015).

Mithas, Sunil and Roland T. Rust, "How Information Technology Strategy and Investments Influence Firm Performance: Conjecture and Empirical Evidence." *MIS Quarterly* (March 2016).

Nevo, Saggi and Michael R. Wade. "The Formation and Value of IT-Enabled Resources: Antecedents and Consequences of Synergistic Relationships." *MIS Quarterly* 34, No. 1 (March 2010).

Otim, Samual, Kevin E. Dow, Varun Grover, and Jeffrey A. Wong. "The Impact of Information Technology Investments on Downside Risk of the Firm: Alternative Measurement of the Business Value of IT." *Journal of Management Information Systems* 29, No. 1 (Summer 2012).

Ren, Fei and Sanjeev Dewan. "Industry-Level Analysis of

Information Technology Return and Risk: What Explains the Variation?" *Journal of Management Information Systems* 21, No. 2 (2015).

Ross, Jeanne W. and Peter Weill. "Four Questions Every CEO Should Ask About IT." *Wall Street Journal* (April 25, 2011).

Sabherwal, Rajiv and Anand Jeyaraj. "Information Technology Impacts on Firm Performance: An Extension of Kohli and Devaraj (2003)." *MIS Quarterly* (December 2015).

Sampler, Jeffrey L., and Michael J. Earl. "What's Your Information Footprint?" *MIT Sloan Management Review* (Winter 2014).

Saunders, Adam and Erik Brynjolfsson. "Valuing Information Technology Related Intangible Assets." *MIS Quarterly* (March 2016).

Shanks, Ryan, Sunit Sinha and Robert J. Thomas. "Managers and Machines, Unite!" Accenture (2015).

Stats-Wordpress. "Wordpress Global Statistics," https://wordpress.com, accessed April 22, 2016.

Teece, David. *Economic Performance and Theory of the Firm: The Selected Papers of David Teece.* London: Edward Elgar Publishing (1998).

U.S. Bureau of Labor Statistics. *Occupational Outlook Handbook.* (December 17, 2015).

Weill, Peter and Jeanne Ross. *IT Savvy: What Top Executives Must Know to Go from Pain to Gain.* Boston: Harvard Business School Press (2009).

第2章 全球电子商务与合作

CHAPTER2

学习目标

LEARNING OBJECTIVES

通过阅读本章，你将能回答以下问题：

- 什么是业务流程？它和信息系统之间的关系如何？
- 信息系统怎样为企业中不同管理部门提供服务？企业信息系统如何帮助企业改进组织绩效？
- 为什么用于合作和社会化商务的信息系统如此重要？这些系统采用了哪些技术？
- 信息系统在企业中扮演了什么样的角色？

MyMISLab™

访问 mymislab.com 来获得模拟、辅导材料和课后问题。

开篇案例　企业社会化网络帮助 ABB 创新和成长

ABB 是一家总部位于瑞士苏黎世的全球电力行业的供应商，其产品涉及工业、商业和公用事业的电网、工业电机、驱动器和发电机。该公司在全球 100 个国家拥有约 135 000 名员工，在船舶推进和输电方面的创新非常出名。协作、共享信息和持续创新是 ABB 成长与成功的重要因素。

ABB 有一个企业内部网，但管理层认为这个内部网不活跃并且过时了，不能满足目前员工授权和激励的需求。内部网搜索信息的能力差，而且信息经常被添加进去，而不是被更改。这会导致相同的内容有两个或多个不同的版本。除了内部网之外，ABB 员工还在 Wikis、本地文件服务器和其他知识平台中存储信息，导致混乱和低效率。员工在工作时可能需要访问 9 个不同的平台才能完成工作。此外，内部网不能让员工之间进行对话，分享想法和与公司内部其他成员（包括他们不认识的人）合作。

ABB 需要的是能够支持动态知识共享的资源中心。这个资源中心能够让全体员工轻松地查找到有关公司的信息，以及有关当前举措和项目最新发展的动态。这种能够帮助员工更密切合作的工具将有助于简化运营流程，并快速完成关键业务。这种工具的功能包括在公司的其他部门定位一些特定领域内专家的能力。

于是，ABB 更换了过时的内部网，启用了一个名为 Inside+ 且更具动态性和社会性的内部网。Inside+ 为 ABB 员工提供了他们工作所需的所有信息和工具的单一入口，其中包括 Microsoft Yammer、Office 365 和 Sharepoint。

Yammer 是全球 20 多万个组织使用的企业社交网络平台。Yammer 使员工能够创建团队合作项目，分享和编辑文档，并包含新闻资讯以了解公司内部发生的情况。Yammer 可以通过网页和桌面以及移动设备被访问，并可与其他系统（如 Microsoft SharePoint 和 Office 365）集成，使其他应用程序更加“社交化”。SharePoint 是 Microsoft 开发的协作、文档共享和文档管理平台。Office 365 是 Microsoft Office 应用（文字处理、电子表格、电子演示文稿、数据管理）的在线服务。它的邮件服务与在线会议和视频会议服务无缝链接，简化了在线会议。

Inside+ 集成了员工工作时涉及的所有关键内部平台。个性化的 Yammer 占据了登录页面的左半部分。一个员工的 Yammer 显示电子邮件以及个人工作的最新文档。在 Yammer 里的对话是可以存档和搜索的。员工可以从 Inside+ 工具栏中访问 Microsoft SharePoint，并且 Office 365 应用程序也与 Yammer 无缝链接。这个企业社会网络现在被 50 000 名 ABB 员工（几乎是公司全球员工的 1/3）使用。

ABB 如何从更“社会化”的内部网中获益呢？员工使用 Yammer 和 Inside+ 进行项目合作，分享想法，并且能够找到其他部门的专家，这些专家具备帮助他们工作的专业技能。从电子邮件到在 Yammer 上交流，使得讨论更有成效，员工更积极地参与。一些 ABB 的小组报告说，其电子邮件少了 50%。员工可以随时随地工作，因为他们能够从智能手机和平板电脑上访问 Inside+。一半以上的员工发布的评论来自移动设备。公司还节省了会议费用。例如，在 2012 年和 2013 年举行的年度沟通会议上，公司不是让 100 名员工飞往苏黎世，而是在线上召开会议，并且所有讨论都在 Yammer 上进行。越来越多的员工觉得和企业是一个整体，这是旧系统所无法实现的。

资料来源：Adam Bonefeste, “ABB Reinvents Its Intranet with Social Networking Technology,” www.yammer.com, January 28, 2015; Rachel Miller, “ABB Employees Have 50,000 Reasons to Discover Yammer,” allthingsic.com, accessed March 8, 2016; and www.abb.com, accessed March 14, 2016.

ABB 公司的经验说明，当今的企业组织在提升其业绩和保持竞争力方面非常依赖信息系统。同时，这也说明支持团队协作和团队工作的信息系统能使公司在创新、执行和盈利方面与众不同。

下图提示了本章和本案例中需要关注的要点。ABB 公司是一家知识密集型的创新企业，但是它被过时的管理信息的流程和工具所束缚，使得员工与管理层无法高效地工作。这也促使公司创造和开发新的、能够引领时代潮流的产品与服务。

ABB 的管理层认为，最好的解决方案是开发一种技术，使得员工在工作环境中从获取静态的企业知识转变为更加积极地从同事那里获得更多知识。公司引入了多维知识平台，员工利用 Inside+ 作为单点接入 ABB 系统的门户，进行知识分享和协作。ABB 利用微软的 Yammer 社交工具加强员工协作和参与。Inside+ 集成了员工分享知识的所有方式。这样，企业范围内的知识共享更加有效，公司也变得更富创新性、更加高效。

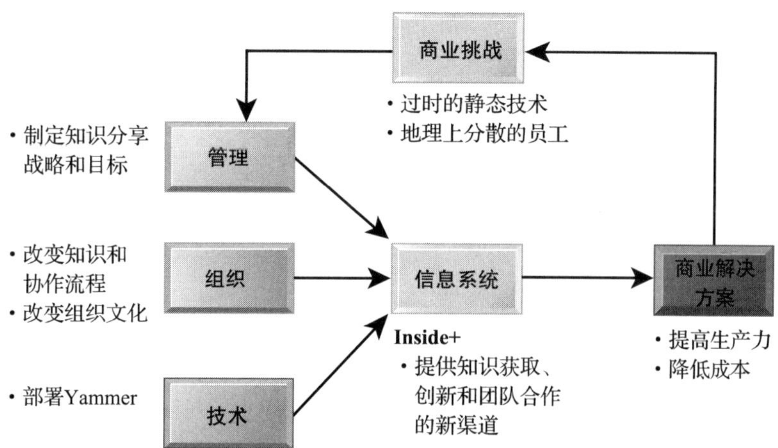

新技术本身不会解决 ABB 的问题。为了使解决方案有效，ABB 必须改变其知识传播和工作协作的组织文化与业务流程，这样，新技术才能使这些变革成为可能。

以下是一些需要考虑的问题：协作和员工参与是如何使 ABB 保持竞争力的？使用 Yammer 如何改变 ABB 的工作方式？

2.1 什么是业务流程？业务流程是如何与信息系统产生关系的

企业运营需要处理各种关于供应商、客户、雇员、发票、支付以及企业产品和服务等相关的信息，并通过利用这些信息组织、开展各项工作，从而达到高效运营和提高整体绩效的目的。信息系统的应用使企业能够管理各类信息，做出更好的决策，提高企业业务流程的执行效率。

2.1.1 业务流程

业务流程的概念在第 1 章中已经提到，是指以提供有价值的产品或服务为中心而进行的一系列业务工作的组织和协调方式。业务流程是生产产品或提供服务所需要的一系列业务活动的集合，这些业务活动由物流、信息流和业务流程参与者之间的知识组成。业务流程也指企业组织协调工作、信息、知识的特定方式，以及管理层确定的工作协调方式。

一家企业的业绩表现很大程度上取决于其业务流程设计和运行的好坏。如果一家企业的业务流程使该企业能够比其竞争对手更创新或更具执行力，则这样的业务流程就可以成为企业竞争优势的源泉。同样，如果这些业务流程基于陈旧过时的工作方式，则会妨碍企业的响应能力和效率，此时业务流程也可能成为企业的累赘。本章开篇案例中描述的 ABB 公司在知识共享流程方面的改进清楚地说明了这些观点，就像本书中的其他情况一样。

每一项业务都可以被看作一系列业务流程的集合，其中一些业务流程又是更广义范围的业务流程的组成部分。例如，有经验的顾问、维基、博客和视频是整个知识管理流程的一部分。许多业务流程专属于特定的职能部门。例如，销售和市场职能部门负责确定客户的流程，人力资源职能部门负责员工招聘的流程。表 2-1 给出了每一个职能部门所负责的一些典型业务流程。

还有一些业务流程跨越不同的职能部门，需要跨部门的协调。比较简单的例子是完成一个客户订单的流程（见图 2-1）。该流程从销售和市场部门接到一份订单开始，首先传递到会计部门，财务和会计部门进行信用审核或者预付款审核，确认该客户有能力支付该订单；一旦建立了客户信用，制造和生产部门将负责相关产品的生产或出库；然后，产品将被运输至指定的地方（这一步可能需要 UPS 或 FedEx 等物流公司的参与）；财务和会计部门将出具与订单相关的账单或发票，并通知客户产品已经运出；销售和市场部门接到订单已经发货的通知，并准备答复客户来电或履行保修索赔等事项。

表 2-1 职能性业务流程举例

职能领域	业务流程
制造和生产	产品组装 质量检查 准备物料清单
销售和市场	客户确认 客户产品认知 产品销售
财务和会计	债务偿付 提供财务报表 管理现金账户
人力资源	员工招聘 员工岗位绩效评估 制订员工福利计划

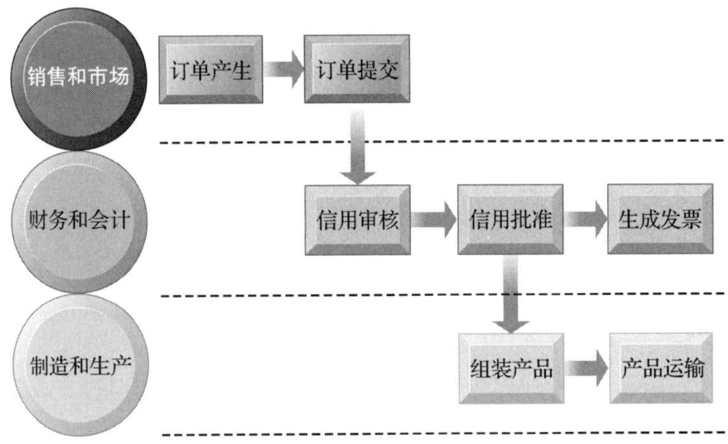

图 2-1 企业订单完成过程

完成一份客户订单需要一系列复杂的步骤，销售和市场部门、财务和会计部门以及制造和生产部门必须紧密协调。

初看，完成一份订单似乎是一个比较简单的过程，但实际上是一系列非常复杂的业务流程的集成，需要企业各主要职能部门之间的紧密协作。此外，为了高效地执行并完成订单的所有步骤，需要大量的信息，而且这些信息必须能够在公司内部决策者之间、企业与运输公司等合作伙伴之间以及企业与客户之间快速地流动。基于计算机的信息系统使这一切成为可能。

2.1.2 信息技术是如何改进业务流程的

信息系统到底是如何改进业务流程的呢？信息系统使业务流程中许多原来依靠手工方式完成的活动自动化，如客户信用的审核或发票和运单的产生等。然而如今的信息技术可以完成更多的事。新技术能改变信息流，使更多的人能获取和共享信息，用并行的步骤与任务代替串行，并消除决策过程中的延误。新技术往往会改变一家企业的业务运作方式，转而支持全新的商业模式。从亚马逊下载一本 Kindle 电子书，从百思买在线购买一台计算机或通过 iTunes 下载一段音乐等，都是基于新商业模式的全新业务流程。没有信息技术的支持，要完成这些任务是不可想象的。

这就是对业务流程要给予更多的关注（不仅是在信息系统课程中，还包括在将来的职业生涯中）是如此重要的原因！通过对业务流程的分析，你可以清楚地了解一家企业到底是如何开展工作的。此外，通过对业务流程的分析，你还能够了解如何通过改进流程转变企业，提高企业效率和效益。业务流程的视角将贯穿本书，有助于我们理解如何应用信息技术改进业务流程，从而达到更高的效率、更好的创新和更优的客户服务效果。

2.2 信息系统的类型

既然你已经了解了业务流程，那么应该去更深入细致地了解信息系统在企业中是如何支持业务流程的实现的。由于企业中存在不同的利益、专业职能和层级，因此也存在不同类型的信息系统。没有一个单独的信息系统能够提供一个组织需要的所有信息。

典型企业中的每一项主要职能，包括销售和市场、制造和生产、财务和会计以及人力资源等，其业务流程均由相应的信息系统支持。你可以在本章的“学习跟踪模块”中找到每一个企业职能系统的例子。各职能系统之间难以共享信息来支持跨职能业务流程，它们彼此孤立运行的情况已成过去，大部分这类系统已经被更大规模的跨职能的集成信息系统所替代，集成了相关的业务流程活动和组织单元。我们将在后续章节中介绍这些集成的跨职能应用系统。

我们在第 1 章中已经描述了在一家典型的企业中存在着各层级管理团队的决策，以及各种能够支持这些主要管理团队决策所需要的系统。每一层级——操作层管理、中层管理以及高层管理的管理团队都需要不同类型的系统以支持其所做的决策。下面我们将介绍这些系统和它们支持的决策类型。

2.2.1 不同管理团队的信息系统

一个企业组织需要信息系统支持不同群体和层次的管理需求。这些系统包括事务处理系统和商务智能系统。

1. 事务处理系统

业务经理需要系统记录组织中各种基本业务活动的信息，如销售、票据、现金存量、工资发放、信贷决策以及工厂的物流等——**事务处理系统**（transaction processing systems，TPS）就提供这类信息。事务处理系统是计算机化的系统，用以执行和记录企业日常性的业务，如销售订单输入、旅馆预约、薪酬、雇员档案保存、运输等。

这个层次系统的主要目的是解决常规问题和跟踪组织的业务流，比如库存的零部件还有多少，史密斯先生的付款出现了什么问题……为回答这类问题，一般而言，信息必须是容易获得的、即时的和准确的。

在运行层面，任务、资源和目标是预先设置与高度结构化的。例如，是否授予客户信用的决策是由基层主管根据预设的判断标准做出的，需要判断的仅仅是客户是否满足这些标准。

图 2-2 描述的是一个薪酬事务处理系统。该系统记录了企业支付给员工的薪酬记录。包含员工姓名、社会保障号码和每周工作小时数的员工工作时间记录卡代表了该系统的一项事

务。一旦该事务被输入系统中，它将更新系统中的员工信息主文件（或数据库，见第 6 章）。员工信息主文件长期维护着组织中员工的信息。系统中的数据通过不同的方式可以形成企业管理层和政府部门所需要的各类报告以及给员工的薪水支票。

管理者需要事务处理系统监控企业内部的运营状态以及企业与外部环境的关系。事务处理系统也是其他系统和业务功能所需信息的主要产生者。例如，图 2-2 中的薪酬系统和公司其他会计事务处理系统一起，为公司的财务总账系统提供数据，记录公司的收入和费用，并产生收益表与资产负债表等财务报告。薪酬系统也为公司人力资源部门计算员工保险、退休金以及其他福利提供员工薪酬历史数据，为政府部门如美国国税局和社会保障局提供雇员薪酬数据。

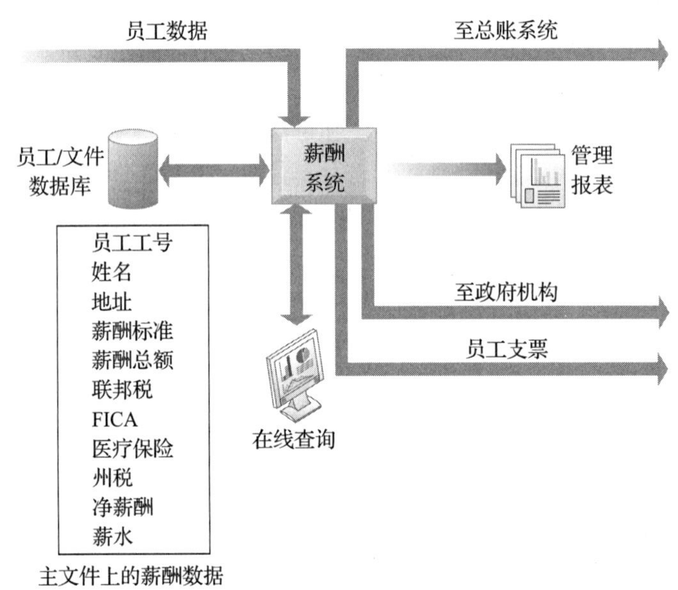

图 2-2 薪酬事务处理系统

薪酬事务处理系统接受员工薪酬业务数据（如时间卡）。系统输出包括在线和纸质的管理报表以及员工支票。

事务处理系统对企业非常重要，它停运几小时就可能导致整个企业瘫痪，甚至影响与该企业系统相连的其他企业。设想一下，如果 UPS 公司的包裹追踪系统不能工作将会发生什么情况？如果航空公司没有计算机支持的预订系统将会怎样？

2. 商务智能系统

企业中还有提供信息支持管理决策的商务智能系统。**商务智能**（business intelligence）是一个现代术语，包括一系列用来组织、分析和提供数据访问的数据与软件工具，以帮助管理者和其他企业用户做出更明智的决策。商务智能可满足所有层级对于管理和决策的需要。本节对商务智能进行简要介绍，从第 6 章和第 12 章中你可以获得更多相关知识。

商务智能系统对中层管理者而言，可以用于监督监测、控制管理、决策制定和行政事务工作。在第 1 章中，我们曾将管理信息系统定义为对企业和管理中信息系统的研究。**管理信息系统**（management information system，MIS）这一术语也可以指为中层管理服务的一类特定的信息系统。MIS 为中层管理人员提供了关于组织当前运行情况的报告，中层管理人员使用这些信息监督和控制业务，并预测未来的绩效等。

MIS 根据事务处理系统（TPS）的数据汇总，生成关于企业基本运行情况的报告。来自 TPS 的基础业务数据被汇总压缩，并常常以定期报告的形式呈现。今天，大量的报告已经实现了在线传递。图 2-3 显示了一个典型的 MIS 如何将来自库存、生产、会计等方面的事务数据转换为 MIS 文件，进而形成报告提交给管理人员的过程。图 2-4 显示了由 MIS 系统产生的样本报告。

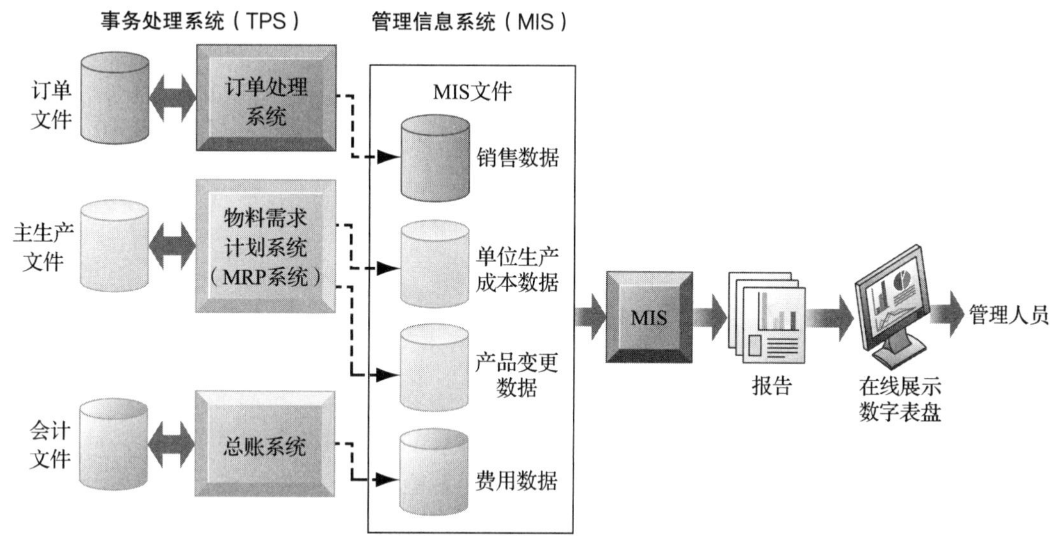

图 2-3　MIS 如何通过组织中的 TPS 获取数据

根据图中所示，在整个周期的末尾，三个 TPS 将初步汇总的业务数据提供给 MIS 报告系统。管理人员通过 MIS 访问组织数据，MIS 为管理人员提供合适的报告。

MIS 通常回答的是常规性问题，这些问题通常都是预先设定的，并有一套预先确定的程序进行解答。例如，一份 MIS 报告可能会列出本季度在一个快餐连锁店中使用的生菜磅数，或者如图 2-4 所示，对比某一特定产品的实际销售与计划销售数据。总的来说，这类系统不具有柔性，其分析能力也很有限。大多数 MIS 系统使用的是汇总和对比这类简单的处理程序，而不是复杂的数学模型或统计技术。

其他类型的商务智能系统支持比较非常规性的决策。**决策支持系统**（decision-support systems，DSS）关注那些独特且快速变化的问题，这些问题的解答步骤不可能完全被事先明确。这些系统试图回答类似于这样的问题：如果 12 月的销售额加倍，会对我们的生产计划产生什么样的影响？如果一个工厂的计划延迟 6 个月，会对我们的投资回报产生什么样的影响？

DSS 不仅使用来自 TPS 及 MIS 的内部信息，也使用来自外部的信息，例如当前股价或者竞争对手的产品价格等。这些系统的使用者是“超级用户”的管理者以及希望运用复杂的分析技术和模型分析数据的业务分析人员。

举一个很小但功能强大的 DSS 的例子，即一家负责运输煤炭、石油、矿石等大宗商品及各类产品的大型运输公司使用的航运估算系统。该公司拥有自己的船舶及租用的船舶，在开放的市场上参与竞标以争取运输货物。该业务公司航运估算系统可以计算与航运财务和技术相关的各种指标，财务方面包括运输 / 时间成本（燃料、人工、资金）、各类货物的运价 /

运费率以及港口费用等。技术方面考虑的因素很多，包括船舶运载能力、航速、港口距离、燃料和淡水消耗量以及货物装载模式（不同港口的货物装载次序）等。

根据产品和销售区域合并的消费品企业销售额（2017 年）

产品编号	产品描述	销售区域	实际销售（美元）	计划销售（美元）	实际与计划对比
4469	地毯清洁剂	东北部	4 066 700	4 800 000	0.85
		南部	3 778 112	3 750 000	1.01
		中西部	4 867 001	4 600 000	1.06
		西部	4 003 440	4 400 000	0.91
	总计		16 715 253	17 550 000	0.95
5674	房间清洁剂	东北部	3 676 700	3 900 000	0.94
		南部	5 608 112	4 700 000	1.19
		中西部	4 711 001	4 200 000	1.12
		西部	4 563 440	4 900 000	0.93
	总计		18 559 253	17 700 000	1.05

图 2-4 MIS 报告样本

这份报告展示了图 2-3 中 MIS 系统产生的年度销售数据概况。

该系统可以回答以下问题：给定一个客户货物与计划运送时间表和运费率，应该用什么样的船舶以及什么样的运费率使利润最大化？某个船舶能够保证按时完成运输业务且使利润最大化的最佳速度是多少？一艘由马来西亚驶往美国西海岸的船舶，符合运载能力限制的最佳货物装载模式是什么？图 2-5 描述了该公司开发的 DSS，该系统运行在一台高性能的个人计算机上，提供的菜单式系统使用户能够容易地输入数据或获取信息。

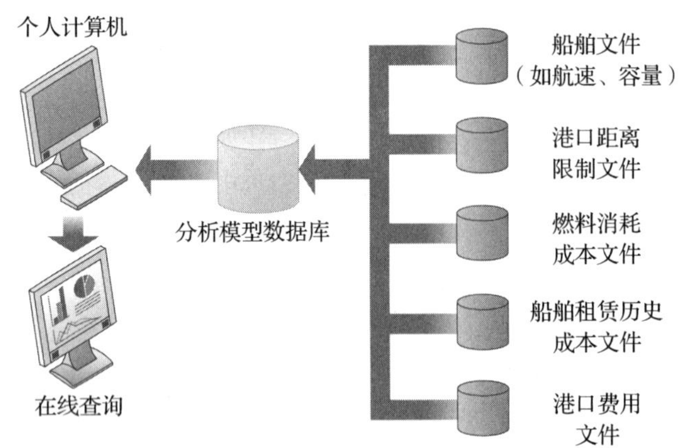

图 2-5 航运估算决策支持系统

DSS 系统运行在一台高性能的个人计算机上，供负责生成运输合同标书的经理日常使用。

上述描述的航运估算 DSS 高度依赖分析模型的应用。其他类型的商务智能系统越来越多地采用数据驱动型，关注从大量的数据中提取有用信息以支持决策。例如，北美大型的滑雪度假村公司（如 Intrawest 和 Vail 度假村），从呼叫中心、住宿餐饮预订系统、滑雪学校及滑雪装备租赁店收集并存储了大量的客户信息。它们使用特殊的软件分析这些数据，确定每个客户的价值、回报潜力和忠诚度，这样管理者就可以更好地做出有针对性的营销计划决策。

商务智能系统还可以满足高层管理的决策需求。高层管理者需要的系统应能着眼于战略问题和长期发展趋势，既要关注公司内部，也要关注外部环境。他们会关心如下问题：5 年后，就业水平将会如何？长期的行业成本趋势将如何变化？5 年后，我们应该生产什么产品？

经理支持系统（executive support systems，ESS）可以帮助高层管理者做上述决策。ESS 专注于需要判断、评估和洞察力的非常规性决策，因为这类决策没有一致的解答程序。ESS 给高层管理者提供容易使用的界面以呈现来自多个源头的数据和图形。通常**门户**（portal），即 Web 界面呈现集成的、个性化的业务内容，会给高层执行者提供各种信息。

ESS 综合了来自企业外部的数据（如新的税法或者有关竞争者的信息），同时也将来自企业内部的 MIS 和 DSS 中的汇总信息，通过过滤、精炼、跟踪关键数据，将其中最重要的部分展示给高层管理者。这些系统将越来越多地包含趋势分析、预测等商务智能分析功能以获取底层细节数据。

例如，世界上最大的石油精炼商 Valero 的首席运营官（COO）和工厂经理，利用 Refining Dashboard 显示与工厂和设备可靠性、库存管理、安全及能源消耗相关的实时数据。有了这些数据，COO 和他们的团队就能根据每个工厂执行生产计划的情况，对在美国和加拿大的 Valero 炼油厂的绩效做出评估。总部就可以了解炼油厂执行层面的绩效以及系统操作员个人的绩效。Valero 的 Refining Dashboard 是数字仪表板的一个示例，它在单个屏幕上显示用于管理公司的关键性能指标的图表。数字仪表板正逐渐成为受管理决策者欢迎的工具。

下面的“互动讨论：组织”部分描述了一家员工遍布世界各地的企业使用其中几种类型的系统的实际案例。请注意本案例中提出的系统的类型以及在改善运营和决策过程中所起的作用。

⊙互动讨论：组织

新系统帮助 Plan International 管理人力资源

Plan International 成立于 1937 年，是世界上规模最大的儿童发展机构之一，为有需要的儿童提供权利和机会。公司的总部位于英国萨里。该机构在全球 70 多个国家（包括非洲、亚洲和美洲的 51 个发展中国家）开展业务，2014 年与 86 676 个社区的 8 150 万名儿童进行合作。Plan International 多年来稳步发展，共有员工 1 200 余人、志愿者 9 000 余人。

Plan International 不属于任何一个宗教政治团体或政府。其大约一半的资金来自公司、政府和信托的捐赠，其余则来自愿意赞助孩子的个人。

Plan International 与儿童、家庭、社区和地方政府共同努力，在健康，教育，水与卫生，保护，经济安全和应对诸如战争、洪水、地震等自然灾害方面为儿童带来积极的帮助。例如，Plan International 曾在 2013 年派出员工帮助菲律宾受台风海燕影响以及西非受埃博拉病毒影响的儿童。除了协调应急工作外，Plan International 还开展公共卫生宣传运动，培训卫生和援助人员。

Plan International 的目标是尽可能多地帮助弱势儿童（这需要高度协作的方式）。当紧急情况发生时，Plan International 必须在需要的地方找到并部署最合适的资源。为此，Plan International 总部的救援队必须筛选 70 个国家的 10 000 多名援助人员的数据，看看哪些人在医疗援助、儿童保护、教育和避难管理方面具有适当的技能与经验，以提供必要的服务。通常，被选择来应对紧急情况的人员具备各种技能，包括熟悉当地语言和当地地理条件。现在的Plan International能够在发生紧急情况时看到所有关于工作人员技能的数据，所以它可以快速组织相应的人员应对灾难。

现在，Plan International有了新的人力资源系统后，能够迅速掌握工作人员的相关信息。人力资源系统可以让Plan International不仅跟踪人员聘用时所具有的技能，还能追踪他们在为Plan International工作时获得的灾难应对紧急措施的额外培训或经验。

人力资源系统还帮助Plan International管理它获得的赠款和捐赠。当捐款第一次进入该系统时，它会被送到Plan International的伦敦总部并在那里进行分配。例如，如果Plan International收到了4 000万美元的资金用于塞拉利昂（Sierra Leone），则它会需要不同的人管理该项捐款。它就可以借助其系统在全球范围内找到合适的人员。

在新的人力资源系统实施之前，Plan International用的是过时的、分散的系统，部分还需要手动操作。该机构不得不使用30种不同的人力资源系统、电子表格和文档跟踪员工。

找到具有合适的语言技能、灾难应对经验和医疗知识的人可能需要几周的时间。2010年，当大地震袭击海地时，Plan International不得不给大家发电子邮件，询问员工是否认识可以说法语并且具备适当的灾害管理技能的人。

2012年，Plan International开始寻找可以处理其不断增长的全球劳动力的人力资源系统，这个系统要能支持所有地区的一般流程，并能在技术基础设施不发达的地区提供安全的移动平台。该组织选择了基于云技术的人力资源系统，这个系统是SAP的SuccessFactors以及相应的SAP本地化软件，这样可以满足其需求，系统之间也能相互集成。新系统的实施始于2013年5月，只用了16周就完成了Plan International国际总部的全面实施。到2014年，Plan International所有的地区分支都纳入了系统。

基于云的SuccessFactors系统运行在由SuccessFactors管理的远程计算机中心，用户可以通过互联网访问。该系统提供了一个集中的员工档案管理，以全面了解员工的技能、专业知识、经验和职业兴趣。通过直观的界面，员工可以更新自己的信息，创建一个能够让每个员工都可以访问的简易搜索目录。Plan International使用了SuccessFactors软件的招聘、绩效和目标、继承与发展、薪酬和学习模块。Plan International还采用了SuccessFactors人力规划和本地的SAP人事管理与组织管理软件。人力规划需要系统地识别和分析组织在规模、类型、经验、知识、技能和员工素质方面的需求以实现其业务目标。SAP的人事管理软件用来管理人员的招聘、选择、保留、开发和评估的记录与组织数据。SAP的组织管理软件可以使组织描述和分析其组织结构与报告结构。

新的人力资源系统为Plan International提供了整体人员的鸟瞰图，能够立即显示有多少人为Plan International工作，他们在什么地方，他们拥有哪些技能，他们的工作职责和职业发展路径如何。Plan International的核心人力资源部员工花更少的时间追踪信息。例如，从员工绩效评估的角度组织和分析数据，包括基于绩效的薪资计算，以前需要6个月的时间完成，现在只要按一下按钮就可以了。员工能够在线访问人力资源记录，更新诸如地址、家庭详细信息和紧急联系信息等。让员工自己执行这些任务，Plan International节省了宝贵的人力资源部员工的时间，从而可以使这些人员执行更多的增值工作。Plan International还能够向捐赠者显示他们的捐款使用情况和使用结果。

使用SuccessFactors和SAP的人力资源软件，Plan International的员工能够在几个小时内确定救援人员并将其送到灾区。2013年11月台风海燕袭击菲律宾时，Plan International专家在72小时内就到达了现场。在紧急情况发生时，能够迅速部署人员可以挽救更多的生命。此外，

Plan International 响应时间的缩短，有助于确保新的资金来源，使其在政府、公司和其他资助与捐赠机构的信誉更好。

资料来源：Lauren Bonneau, " Customer Snapshot: Changing Lives and Creating Self-Sufficient Communities—One Child at a Time, " www.sap.com, accessed March 10, 2016; " Better Planning for Plan International: The Life-Saving Power of Improved Data Visibility, " SAP Insider Profiles, January 1, 2015; and www.plan-international.org, accessed March 10, 2016.

2.2.2 连接企业的各类系统

回顾之前描述的所有各类不同的系统，你可能想了解一家企业如何管理来自不同系统中的所有信息，以及维护那么多不同的系统需要付出多少成本。你也许还想了解这些不同的系统之间如何共享信息，管理者和员工之间是怎样协调他们的工作的。实际上，这些问题也都是当今企业需要解决的重要问题。

1. 企业应用（enterprise applications）

在企业中，让所有不同类型的系统一起工作确实是一项重要挑战。一般而言，大的公司是自然形成的，或者通过并购小企业组合而成的。随着时间的推移，公司内就汇集了一系列系统且大部分系统较为陈旧，这时它面临的挑战就是设法让这些系统之间互联互通，让这些系统像一个单一的企业系统一样工作。针对这个问题有几种解决方案。

一种解决方案是实施**企业应用**（enterprise applications）系统。企业应用是指那些跨越组织职能领域的系统，主要用于执行贯穿企业的各类业务流程（其中涉及各层级的管理工作）。企业应用系统的实施，使企业业务流程之间更密切地协调合作，使各业务流程得以集成，从而提升企业资源管理和客户服务效率，帮助企业提高柔性度与效率。

以下四类主要的企业应用，即企业系统、供应链管理系统、客户关系管理系统和知识管理系统，都集成了一系列相关的职能和业务流程，帮助企业增强组织的整体绩效。图 2-6 描述了这些企业应用系统的架构。这些系统涵盖的业务流程跨越整个企业组织，在某些情况下还将超出企业边界延伸至客户、供应商以及其他重要的业务合作伙伴。

企业系统　**企业系统**（enterprise systems）也被称作企业资源计划（enterprise resource planning，ERP）系统，通过实施企业系统，将制造和生产、财务和会计、销售和市场、人力资源等职能领域的业务流程整合到一个统一的软件系统中。之前分散在不同系统中的信息也被统一存储到综合数据库中，供企业的不同部门使用。

例如，当一位客户下了一份订单，订单数据就会自动流向企业中与该订单相关的业务部门。仓库收到订单后就开始挑拣订单所需的产品，安排发货并通知工厂补充消耗掉的库存产品等工作。会计部门就会被告知要给这位客户提供发票；客户服务代表会跟踪订单的每一步进展，及时告知顾客订单进展的状态；管理人员能够及时掌握整个企业的信息，对有关日常运营和长期规划做出更加准确和及时的决策。

供应链管理系统　公司使用**供应链管理**（supply chain management，SCM）系统管理供应商的关系。这类系统的实施，有助于公司与供应商、采购公司、分销商以及物流公司之间共享关于客户订单、生产、库存状态，以及产品和服务递送的信息，从而有效地管理资源、协调生产以及配送产品和服务，最终达到以最短的时间和最少的成本将正确数量的产品从源头送到消费点的目标，帮助公司降低产品生产和运输成本，使管理人员更好地决策，安排采购、生产和配送业务，增强企业的盈利能力。

由于供应链管理系统中的信息流跨越了企业组织的边界，因此供应链管理系统属于**跨组织系统**（interorganizational system）类别。在本书中，你还将发现其他类型的跨组织信息系统，这些系统使企业与客户及外包服务公司之间的电子化联系成为可能。

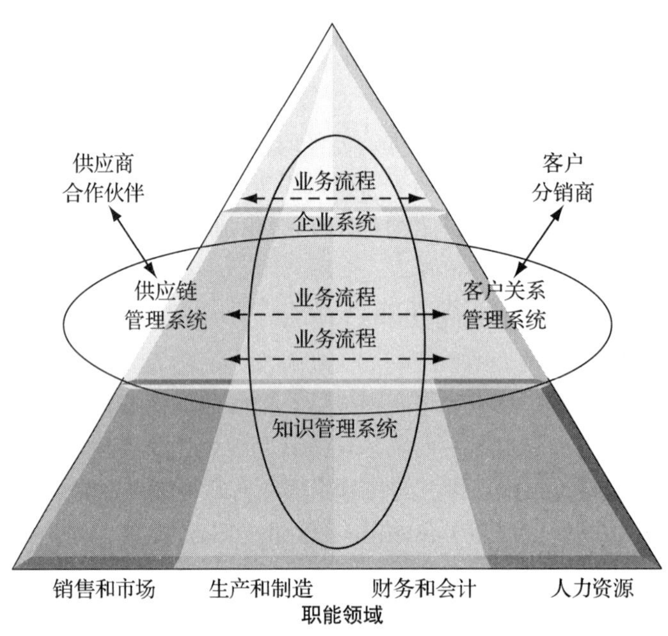

图 2-6 企业应用架构

企业应用系统将横跨业务职能领域，纵穿组织层级甚至扩展至组织外部的业务流程自动化。

客户关系管理系统 公司使用**客户关系管理**（customer relationship management，CRM）系统管理客户的关系。CRM 提供相关信息帮助企业协调所有与销售、市场、服务有关的业务流程，不断提升业务收入、客户满意度和客户忠诚度，帮助公司识别、吸引、保留最有价值的客户，为现有客户提供更好的服务，提高销售额。

知识管理系统 有些公司比其他公司做得好，是因为这些公司拥有更好的关于创新、生产、产品配送和服务的知识，这些知识是独特的、难以模仿的，能够帮助企业形成长期的战略优势。**知识管理系统**（knowledge management systems，KMS）的实施使组织能够更好地管理与知识经验获取和应用有关的流程，收集企业范围内所有相关的知识和经验，并使这些知识和经验在需要的时候能够随时随地被员工获取，从而改善业务流程与管理决策。这些系统也能使公司与外部知识源相连接。

在第 9 章中，我们将进一步详细阐述企业系统、供应链管理系统和客户关系管理系统。本章将讨论支持知识管理的协同系统。对于其他类型的知识管理系统应用，我们将在第 11 章中介绍。

2. 内联网和外联网

企业应用系统深刻地改变了企业开展业务的方式，使企业能够把大量的业务数据整合到一个系统中，但实施这些系统通常非常昂贵，难度很大。由于内联网和外联网能够促进信息在企业内部及企业与客户、供应商之间的流动和整合，因此可以作为一种替代性的工具，也是值得关注的。

内联网简单来讲就是只有企业员工能够访问的企业内部网站。内联网是相对互联网而言的术语，指的是企业内部的网络，而互联网是指连接组织和其他外部网络的公共网络。内联网采用与互联网同样的技术标准和技术，通常作为公司网站中的内部员工访问区域。外联网与内联网类似，是企业网站中授权供应商可以访问的区域，通常用来帮助与供应商之间的协同生产。

例如，六面旗公司（Six Flags）管理着遍布北美的 18 个主题公园。该公司有一个内联网，为公司 1 900 名全职员工提供与每个主题公园日常运营相关的各类新闻和信息，包括天气预报、演出计划安排、团体以及知名人士参观访问的细节等。该公司也用外联网给 30 000 名季节性员工提供有关计划变更等方面的信息。我们将在第 7 章中讨论关于内联网和外联网的更多细节。

2.2.3　电子商业、电子商务和电子政务

之前提到的系统和技术都是通过互联网和其他网络让企业与客户、供应商以及物流合作伙伴间的关系转换成为数字化的连接。目前很多企业已经利用数字化网络或者基于数字化网络开展业务，因此在本书中我们将频繁地使用“电子商业”和“电子商务”这些表述。

电子商业（electronic business/e-business）是指企业应用数字技术和互联网执行主要的业务流程，包括企业内部管理相关的各类活动以及协调供应商和其他合作伙伴的各类活动。电子商业概念涵盖了**电子商务**（electronic commerce/e-commerce）。

电子商务可以看作电子商业中涉及通过互联网买卖商品及服务的部分。电子商务也包括支撑这些市场交易进行的各类活动，如广告、营销、客户支持、安全、配送以及支付等。

电子商业相关的技术也给公共部门带来了相似的变化，各级政府正在应用互联网技术为市民、员工以及企业提供信息和服务。**电子政务**（e-government）是指应用互联网和计算机网络技术建立的，使各政府部门和公共服务机构与市民、企业及其他政府分支机构之间的关系数字化。

除了改进政府服务模式之外，电子政务还使政府部门的运行效率更高，让市民更容易获取信息，具有与其他市民建立电子化的网络的能力。例如，美国某些州的市民可以在线更新驾照或申请失业金，互联网也已成为政治活动和募集资金时快速动员利益群体的强大工具。

2.3　为什么协作和社会化系统如此重要？它们使用什么技术

知道了这些系统和信息之后，你可能很想知道怎样才能使它们变得有意义？企业中的员工如何一起工作、协调计划和行动，进而实现共同目标？信息系统本身不能做出决策，雇用或辞退员工、签订合同、达成交易或者调整商品在市场上的价格都不是信息系统做出的决策。除之前提过的各类系统外，企业还需要专门的系统支持合作与团队工作。

2.3.1　什么是协作

协作（collaboration）是指与他人一起工作以达到共同而明确的目标。协作强调任务或使

命的完成，通常发生在企业或其他组织中以及企业之间。比如，你和东京一位某一领域中的专家同事合作进行一项你什么也不知道的任务，你和很多同事合作发布公司的博客。如果你在律师事务所工作，你又能与来自会计事务所的会计师合作共同为客户解决税务问题。

协作可能是短期的，只维持几分钟，也可能是长期的，这取决于任务的性质和协作方之间的关系。协作可能是一对一的，也可能是多对多的。

企业中员工之间的协作可能存在于不属于企业正式组织结构的非正式团队中，也可能存在于正式的合作团队中。**团队**（teams）通常有一项企业赋予的特殊使命，团队成员需要通过合作系统完成一系列具体的任务以实现这一使命。一个团队的使命可能是“赢得一场比赛”，也可能是“增加 10% 的在线销售额”。团队的存在通常是短暂的，团队存在的时间取决于该团队需要解决的问题以及找到问题解决方案并完成使命需要的时间。

出于如下各种各样的原因，协作和团队工作如今比以往任何时候都更为重要。

- 工作性质的变化。和以前相比，现在工作的性质发生了变化。在以前的工厂制造生产流程中，每个环节每个阶段都是彼此独立的，各环节之间由管理者负责协调，工作被垂直划分为彼此独立的单元。在每个单元内工作，从一个机床传递到另一个机床，从一个桌面传递到另一个桌面，直到成品完成。如今，在产品生产或服务流程中，参与各方之间需要更紧密的协调和互动。麦肯锡咨询公司最近的一份报告指出，在目前 41% 的美国劳动力从事的工作中，互动（交谈、电子邮件、演讲以及劝说）已经成为主要的增值活动，甚至在工厂中，工人也常常以生产小组的方式工作。
- 专业工作的增加。在服务业中，“互动性”的岗位越来越变成需要紧密协调和合作的专业岗位。专业岗位的工作人员要求具有一定程度的教育，需要信息分享，以及该如何完成工作的想法或看法。每一个岗位的人员要具备解决相关问题的技能，所有的参与者都需要考虑彼此，协同完成工作。
- 公司组织的变化。在工业时代的大多数时间里，管理者将工作分解成层级状结构，命令自上而下传递，反馈自下而上进行。如今，工作按工作组和团队进行组织，每个团队成员均按团队自己的方式方法完成任务，高层管理者监控和评估工作结果，而很少下达详细的命令或操作指令。从某种角度讲，这是因为组织中的知识技能和决策权力已经下沉。
- 企业规模的变化。企业的工作场所已经从单点向多点变化，办公机构或工厂遍布于某个区域、国家甚至全球。例如，亨利·福特在密歇根的迪尔伯恩建立了第一家大规模的汽车生产工厂。到 2015 年，福特公司在全球有 67 家工厂，雇用了 199 000 名员工。在这种全球化趋势下，设计、生产、营销、分销以及服务等领域的紧密协作显然具有重要的意义。大型跨国公司需要基于全球的团队工作。
- 对创新的关注。虽然我们常常倾向于把企业和科学中的创新归功于某些杰出的个体，但是这些杰出的个体大都与才华横溢的同事组成的团队一起工作。想想比尔·盖茨和史蒂夫·乔布斯（微软和苹果的创始人），两位都是被高度敬仰的创新者，都在自己的公司中建立了强有力的合作团队，培养和支持企业创新。他俩最初的创新都源于与同事及合作伙伴之间的紧密合作。换句话说，创新是一个群体过程和社会过程，大部分创新源于实验室、企业及政府机构中个体之间的合作。充分的合作实践和强有力的协作技术被认为能够增加创新的成功与品质。

- 工作和企业文化的变化。大部分关于合作的研究支持这样的观点，即相比于独自工作的个体，多样化的团队能获得更快、更好的成果。当前关于群体的广泛认识（“众包”以及“群体智慧”）也为合作和团队协作提供了文化支持。

2.3.2　什么是社会化商务

如今，许多企业采用**社会化商务**（social business）增强协作。社会化商务是指应用社交网络平台，包括 Facebook、Twitter 以及企业内部的社会化工具，增强企业与员工、客户以及供应商之间的交流互动，使员工建立个人档案，创建组群，以及“跟踪”其他人的状态更新。社会化商务的目的在于加深企业内外群体之间的交互，促进和提升信息共享、创新和决策。

社会化商务的关键词是“对话”，客户、供应商、员工、经理甚至监督机构可以不断持续地“对话”。当然，这些对话内容往往不涉及企业知识或企业关键成员（员工和管理者）。

社会化商务的支持者认为，如果企业能够倾听这些对话，可以强化企业与消费者、供应商以及员工之间的联结，增强他们对企业的认同感。

所有这些需要一定程度的信息透明。人们可以在不受主管或其他任何人干扰的情况下非常直接地与他人分享观点和事实，员工可以直接了解客户或其他员工的想法，供应商可以直接了解供应链合作伙伴的想法，甚至管理者可以从员工那里大致了解他们的表现。几乎每一个参与价值创造的人都可以更多地了解他人。

如果企业能够创造出这样的环境，企业或许就可以提升运营效率，鼓励创新，加速决策。如果产品设计师能够直接根据消费者的反馈实时了解他们设计的产品在市场上的表现，他们就能够加快产品的重新设计过程；如果企业员工能够通过公司内外的社会联结获取新的知识和见解，他们就能够工作得更有效率，可以解决更多的业务问题。

表 2-2 描述了企业内外社会化商务的重要应用。本章将关注企业的社会化商务，即社会化商务在公司内部的应用。第 7 章和第 10 章将描述与企业之外的客户和供应商有关的社会化商务应用。

表 2-2　社会化商务的重要应用

社会化商务应用	应用描述
社会网络	通过个人和企业相关介绍建立联系
众包	利用集体的知识产生新的创意和解决方案
共享工作区	开展项目和任务合作；共创内容
博客和维基	发布和快速获取知识；探讨观点、经验
社会化商业	在社交平台上分享购物经验、看法
文件共享	上载、共享和评论照片、视频、音频、文本等文件
社会化营销	利用社交媒体，与客户互动；获取客户的观点
社区	在开放论坛中讨论各种话题；分享经验

2.3.3　协作和社会化商务商业利益

关于协作的文章和书有很多，但几乎所有关于协作的研究基本上都是传闻轶事性的。尽管如此，商业界和学术界都普遍认为，一家企业越具有“合作性”，则取得的成就会越多，而如今企业内部和企业之间的协作也显得比以往任何时候都更为重要。最新一份关于企业和信息系统管理者的全球调研发现，企业在协作技术方面的投资能够改进组织系统，取得四倍于投资的回报，其中销售、市场以及研发是受益最多的职能领域（Frost and Sullivan，2009）。麦肯锡公司咨询员预测，应用企业内部和企业之间的社交技术可使企业员工之间的合作效率提升 20% ～ 25%（McKinney Global Institute，2012）。

表 2-3 汇总了协作和社会化商务能够为企业带来的一些好处。图 2-7 描述了协作是如何影响企业绩效的。

表 2-3 协作和社会化商务商业利益

利益	原因
生产效率	与相同的员工独自工作相比，通过互动和一起工作，员工能够更快地获取专业知识，解决问题，同时发生的错误更少
质量	相比于独自工作，员工之间合作能更快地发现和改正错误。协作的、社会化的技术可以帮助减少设计和生产过程中的延误
创新	与相同的员工独自工作相比，协作可以激发员工更多的关于产品、服务及管理方面创新的想法，这是多样化和“群体智慧”的优势
客户服务	相比独自工作，利用协作和社会化工具一起工作可以使员工更快、更有效地解决客户投诉和相关问题
财务表现（盈利能力、销售额、销售增长）	基于上述原因，合作性更强的企业具有更高的销售额、销售增长以及更好的财务表现

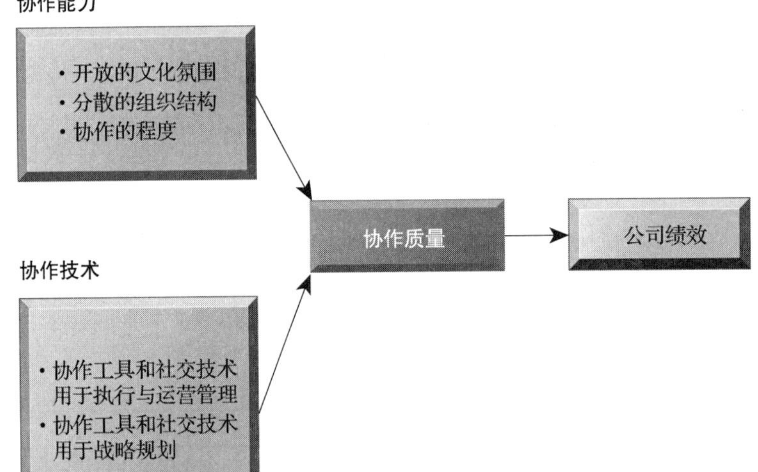

图 2-7 协作的必要条件

成功的协作需要合适的组织架构、文化以及合适的协作工具。

2.3.4 建设协作性文化和业务流程

在企业中，协作不会自发产生，特别是如果没有相应的组织文化和业务流程的支撑时。商业企业特别是大型的企业，过去被誉为“命令和控制”型组织，在这样的企业中，高层领导需要考虑所有重要的事情，然后命令下级员工执行高层管理人员的设想。由此可以推测，中层管理者的工作就是在各层级前后上下来回传递信息。

这类“命令和控制”型的企业要求下级员工执行命令，不必过问太多问题，他们没有责任改进流程，团队工作绩效也与奖励无关。如果你所在的工作小组需要其他工作小组的帮助，那是老板需要考虑的事情，你不必做横向沟通，只要纵向即可，这样管理者才能够控制整个流程。总之，管理人员和员工的期望合在一起构成了一种文化，即一系列关于共同目标和如何行动的设想。很多商业企业至今仍采取这种方式运营。

在强调协作和业务流程的企业中，情况有很大的差别。在这类企业中，高层管理者对产生的结果负责，但依靠员工组成的团队工作以达到和实现这些结果。企业的政策、产品、设计、流程以及系统更多是依靠组织中各个层级的团队构思、创造和建设的。绩效奖励是基于团队的绩效进行的，而个人的奖励是基于个人在团队中的表现进行的。中层管理者的职责是团队建设、协调团队工作和监控团队绩效。企业文化和业务流程更加“社会化”。在这种协作型文化氛围中，高层管理者之间建立合作和团队精神对企业是至关重要的，实际上对企业高层也是如此。

2.3.5 协作和社会化商务的工具与技术

如果没有信息系统支持协作和社会化商务，一种协作的、团队导向的文化是难以产生收益的。为了获得工作上的成功，我们必须互相依赖——依赖我们的员工、客户、供应商和管理者，同时现在有大量的工具可用来支持这样的工作。其中一些工具比较昂贵，而另外一些可以免费在线获取（或者一些价格适中的付费版本）。让我们来详细地了解一下这些工具。

1. 电子邮件（E-mail）和即时通信（instant messaging，IM）

电子邮件和即时通信（包括手机短信）已经成为互动性工作中的主要沟通与合作工具，这些工具软件在计算机、手机以及其他无线手持设备上运行，提供文件分享和信息传递的功能。即时通信系统能够让使用者同时与不同的对象进行实时对话。最近几年，电子邮件的使用减少了，通信工具和社交媒介成为最受欢迎的沟通渠道。

2. 维基（Wikis）

维基实际上是一种网站，能使用户很容易地发布和编辑文本、图形等内容，用户不需要具备任何与网页开发或编程技术相关的知识。最著名的维基网站是维基百科（Wikipedia），它是全球最大的百科全书合作编辑项目。维基百科的维护依赖志愿者，不支付报酬，也不接受广告。

维基是用来存储和共享企业知识与观点的理想工具。企业软件供应商 SAP AG 就为公司外部人员，比如企业客户和编写 SAP 系统交互程序的软件开发者建立了一个类似信息库的维基网站。以前，这些人在 SAP 在线论坛上非正式地提问，有时候也回答问题，但那是个低效率的系统，因为相同的问题在论坛中常常被人反复提问和回答。

3. 虚拟世界

类似第二人生（Second Life）这样的虚拟世界是一个有“居民”居住的在线 3D 环境，这些“居民”为自己建立了图形化的化身。IBM、思科和英特尔这些公司已经使用虚拟世界里的在线会议、面试、特邀演讲会、员工培训等。真实世界中的人们通过虚拟世界中的化身，利用手势、对话框以及语音通信在虚拟的场所中见面、互动和交流想法。

4. 协作和社会化商务平台

现在，已有套装软件产品可以为工作在不同地域的团队提供协作和社会化商务多功能的平台，应用最广泛的是基于互联网的音频会议与视频会议系统、如谷歌在线服务和工具一样的云协作服务、如微软的 SharePoint 和 IBM 的 Notes 一样的企业协作系统以及如 Salesforce Chatter、微软 Yammer、Jive、Facebook at Work 以及 IBM 的 Connections 一样的企业社交网络工具。

虚拟会议系统 为了减少旅行花费，使不同地方的人能够见面和协作，许多大大小小的公司都采用了视频会议及网络会议技术。亨氏、通用电气和百事可乐将虚拟会议系统用于产品宣讲、培训课程、战略研讨会，甚至鼓舞人心的报告。

视频会议系统允许两个或两个以上地域的人通过双向视频及音频传输同步沟通交流。高端视频会议系统具有**网真**（telepresence）技术，这是一种集音频和视频环境于一体，允许人们在某处而不是在其真实物理位置出现的虚拟现实技术（见“互动讨论：技术”部分）。如 Skype 群体视频会议、Google+Hangouts、Zoom 以及 ooVoo 等免费的或者低成本的基于互联网的系统，其质量往往较低，但对一些小公司来说还是有用的。苹果的 FaceTime 是一种非常有用的一对一的视频会议。对于这样的一些工具，人们可以在移动设备上获取。

各种企业现在都在寻找像思科的 WebEx、Skype for Business 以及 Adobe Connect 这样基于网络的在线会议工具，这类工具对企业培训和销售宣传尤为有用。这些产品可以使参与者结合音频会议和通过网络摄像头的即时视频，进行文档分享和演讲。

⊙互动讨论：技术

思科 IX 5000：最先进的网真技术能为协作做些什么

协作领域中需求增长最快的是支持视频使能的业务应用。过去，视频会议仅限于一些大公司，这些公司可以提供专门的视频会议室和昂贵的网络与软件。如今，视频会议已经平民化了，每个人都可以使用这项技术。

技术的成本急剧下降，全球互联网以及视频、音频数据的桌面传输价格降低，可以利用企业内标准的 IT 基础设施，而且重要的是，它可以集成到功能强大、价格低廉、无所不在的移动和桌面工具中。如今，企业中的大多数员工和专业人士都可以使用视频会议与网真工具管理业务流程，并与其他人甚至全球的客户进行连接和协作。

最新一代的网真平台不仅仅提供视频协作，而且能够协调丰富多样的数据流，将这些数据流与移动、桌面和数字信息的视频流集成在一起，创建协作的工作环境，并将信息传递给管理人员和专业人士以便做决策。

思科的 IX 5000 沉浸式网真系统是一种高端的技术。它提供了先进的网真系统，但比过去更便宜、更容易使用。它是时尚的雕刻，3 个 4K 超高清摄像机精致地连接在 3 个 70 英寸[⊖]的液晶屏幕上。相机提供清晰、高分辨率的视频。影院质量的声音来自 18 个定制的扬声器和一个强大的低音炮，可以为 8 ~ 18 人创造高品质的、逼真的协作体验。视频和其他内容可以在不同的屏幕间移动。相机和图形处理器能够精确捕获到整个房间的情况，因此你可以站起来移动或走到白板之前。使用 4K 相机，IX 5000 创建的图像比系统 3 个屏幕实际需要的图像大 4

⊖ 1 英寸 = 2.547 厘米。

倍。图像可以通过裁剪显示坐在桌子后面的参与者，但是当有人站起来时，裁剪的图像会被移除，以显示站着的和坐着的参与者。

IX 5000 非常直观，哪怕你第一次使用也可以不看操作手册或打电话给信息系统部门，就能进行通话。要安装 IX 5000 系统，不需要对房间进行特殊的改造。在有以前的网真系统的基础上，IX 5000 只需要一半的功率、安装时间和数据传输容量（带宽）。这些费用大概有多少？一个 6 座的 IX 5000 工作室的售价是 299 000 美元，而 18 座的工作室的售价为 339 000 美元。

第一家部署 IX 5000 系统的公司是 Grupo Santander 的技术公司——Produban，专门从事 IT 基础设施的持续设计和运营。Grupo Santander 是一家西班牙的银行集团，也是世界上市值最大的银行之一。该集团自 2000 年以来一直扩张，通过多项并购，在欧洲、拉丁美洲、北美、非洲和亚洲都有业务。Santander 目前拥有 18.5 万名员工，通过 13 067 家分行为 1.07 亿名客户提供服务。Grupo Santander 以创新闻名，并率先提供许多新的数字化产品和服务，包括网上银行、手机银行、移动钱包和数字支付等。目前它正在进行轰轰烈烈的数字化转型，以帮助形成创新的、有吸引力的解决方案，以满足客户的新需求。

Produban 负责这家庞大的全球公司的整体 IT 基础设施。Produban 在 9 个不同的国家拥有 5 500 多名员工。它在数据中心设计和运营、IT 基础设施设计和运营、IT 平台设计和运营、技术风险管理与业务持续性以及终端用户计算移动性和自服务管理等领域为 120 多家公司提供服务。该公司致力于技术创新和持续改进。

视频协作帮助 Produban 将员工聚集起来，更快地做出更好的决策，这就是在过去几年里，它在全球投资了 76 个思科网真会议室的原因。该公司使用 IX 5000 技术的一个原因在于它的总体拥有成本较低。在第 5 章中，你将会学到总体拥有成本（TCO）不仅包括计算机硬件、软件和网络设备的购买价格，还包括持续维护、技术支持、培训、公共事业和房屋成本等。IX 5000 系列可以安装在一个 19×14 平方英尺[⊖]的小空间中。IX 5000 的用电量减少了 50%，需要的带宽降低了 50%，安装时间也比以前的系统少一半（仅 8 小时），3 年内的总体拥有成本降低了 30%。

总体拥有成本的降低使 Produban 能在更多的地方设置视频会议室，因此更多的团队可以受益。Produban 希望在整个公司都能使用视频会议。在不能安装 IX 5000 的地方，思科网真会议可以扩展到思科的 WebEx 用户。WebEx 是思科一个成本比较低的、基于网络的系统，用于在线会议和应用程序共享。远程参会者可以通过思科 WebEx 会议中心加入，并从思科的网真系统中接收视频、音频和其他数字内容。会议在不同的群体和地点之间变得更加容易，并且更有成效。

资料来源：Snorre Kjesbu, "The Most Sophisticated Collaboration Experience on the Planet," "'Less Is More' as Cisco Completely Reimagines Flagship Three-Screen Video Conferencing Technology," and "Cisco Telepresence IX5000 Series," www.cisco.com, accessed March 12, 2016; www.produban.com, accessed March 13, 2016; and Brian Riggs, "Immersive Telepresence: New Systems for a Declining Market," NoJitter, March 2, 2015.

云协作服务 Google 提供了许多在线工具和服务，有一些适合协作，如 Google Drive、Google Docs、Google App、Google Sites 以及 Google+，并且大部分都是免费的。

Google Drive 是一种云存储服务，用来作为文件共享和协作编辑的文件存储与同步。这种基于 Web 的在线文件共享服务允许用户将文件上传到安全的在线存储站点，从而可以与其他人共享文件。Microsoft OneDrive 和 Dropbox 也是一种领先的云存储服务。它们都有免

⊖ 1 平方英尺 = 0.092 9 平方米。

费版本和付费版本，具体取决于所需的存储空间和管理要求。用户能够将其在线存储的文件与本地 PC 和其他类型的设备同步，选择私有或公开文件，并与指定的联系人进行共享。

Google Drive 和 Microsoft OneDrive 集成了文档创建与共享的工具。OneDrive 为 Microsoft Office 文档和其他文件提供在线存储，并与 Microsoft Office 应用程序（已安装在网络上）配合使用。它也可以被分享给 Facebook。Google Drive 与 Google Docs 相集成，其中 Google Docs 是一个提高工作效率的应用套件，提供了文档、电子表格和演示文稿的协作性编辑。Google Apps for Business 是针对企业的、基于云服务的、用来提高工作效率的套件（包括文字处理、电子表格、演示文稿、日历和邮件），这个套件在 Google Drive 上运行。

Google Sites 允许用户快速创建面向在线团队的网站，这样很多人可以协作和共享文件。Google+ 是 Google 为了使这些工具与它所提供的其他产品和服务更加“社会化”而开发的一种产品。这个产品可以为个人用户和商业用户所用。Google+ 的用户可以创建一个配置文件以及“圈子”，以便将用户组织到特定的组群中进行共享和协作。“环聊”（Hangouts）可以让人们在一个群里进行视频聊天，一次最多可以有 10 个人参与。

微软 SharePoint 和 IBM Notes 微软 SharePoint 是基于浏览器的合作和文档管理平台，同时还具有一个安装在公司服务器上的强大搜索引擎。SharePoint 具有一个基于网页的界面，并且与微软提高工作效率的工具（如 Microsoft Office，包括 Office 365、微软工具提供订阅服务的在线网络版本）紧密整合在一起。SharePoint 软件使员工可以分享他们的文档，并使用 Office 文档作为基础在项目中进行协作。

SharePoint 可以用作内部网站，通过一个集中的网络工作空间组织和存储信息，使得团队成员可以协调工作活动，合作生成文档并发布，更新任务清单，执行工作流以及通过维基和博客分享信息。用户可以控制文档版本和文档安全。由于 SharePoint 在一个地方存储和组织信息，用户在紧密合作完成相关任务、项目及文档的同时可便捷、有效地找到相关信息。企业搜索工具帮助找到相关的人、专家和内容。SharePoint 现在是作为社会化工具被运用。

美国 Southern Valve & Fitting(SVF）公司是提供管道、灌溉和通用阀门及配件的批发商。该公司最初使用 EMC Documentum eRoom 和 Google Docs 进行文档共享，但遇到了集成问题。SVF 将其文档和团队网站移植到与 Office 365 集成的微软的 SharePoint Online 中。该解决方案将多个通信和协作程序集成到单一的在线服务中。员工利用标准的互联网连接就能在世界各地访问文档，并用微软的 Office 365 提高工作效率，轻松编辑文档。这一切都从同一个平台进入。如果在中国下的一个订单被看作 SharePoint 的一个项目，那么所有销售订单数据和文档可以在整个公司共享（Microsoft Corporation，2015）。IBM Notes（以前是 Lotus Notes）是一个协作软件系统，具有包括分享日历、E-mail、信息、协同写作编辑、共享数据库存取以及电子会议等功能。Notes 软件被安装在用户桌面或笔记本计算机上，通过 IBM Domino 服务器获取相应应用。现在 Notes 是网页使能的，提供了一个应用开发环境，使用户可以开发客户化的应用以满足他们独特的需求。Notes 还增加了博客、微博、维基、RSS 聚合、桌面系统助手、语音及视频会议和在线会议等功能。IBM Notes 承诺会提供高水平的安全性和可靠性，并且提供保护企业敏感信息的功能。

企业社会化网络工具 我们刚才描述的工具中已有包含支持社会化商务能力的工具，但是还有更多的用来支持社会化商务需求的工具，比如 Salesforce 的 Chatter、微软的 Yammer、Jive 和 IBM Connections。企业社会化网络工具的商业价值在于通过文档、更新和通知把组织内的成员连接起来，这与 Facebook 的功能相似，但只在企业内部使用。表 2-4 是关于这些内部社交功能的细节描述。

表 2-4　企业社会化网络软件功能

社交软件功能	描述
资料文档	具有建立成员资料的能力，描述成员的个人信息、教育背景、兴趣爱好，也包括工作相关的协会与专业知识（技能、项目、团队）
内容分享	分享、存储和管理包括文档、演示报告、图片及视频在内的内容
递送及通知	实时信息流、状态更新以及由特定个人和群体发布的通告
群组及团队工作区	建立群组分享信息、文档合作、项目合作，设立私密的和公开的小组，保存对话内容，保存团队知识的能力
标记及社会化书签	表明对特定内容的偏好，类似 Facebook 的点赞功能；标记可以让用户为他们喜欢的内容添加关键词
许可及隐私	保证私人信息在由关系而建立的合适范围内流通；企业社会化网络需要对用户设立查看信息的权限

虽然企业社交网络让很多公司受益，但这些内部社交网络并不像个人使用的 Facebook、Twitter 和其他公共社交网络产品一样快速传播。这个问题在本章结尾的案例研究中会被提到。

5. 管理者清单：评估和选择协作与社会化软件工具

面对这么多协作和社会化商务工具与服务，如何为公司选择合适的协作技术？要回答这个问题，你需要有一个框架来理解这些工具是用来解决什么问题的。一群研究协作工作的学者在 20 世纪 90 年代初期开发了一个基于时间 / 空间的协作和社会化工具评估矩阵（见图 2-8），这对我们是非常有帮助的。

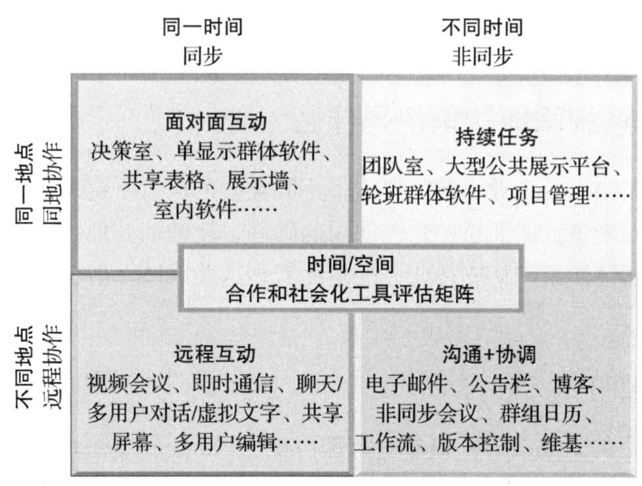

图 2-8　基于时间 / 空间的协作和社会化工具评估矩阵

协作和社会化技术可以依据它们是否支持相同或不同时间或地点的互动以及是远程还是同地来划分。

时间 / 空间矩阵侧重于协作问题的两个维度——时间和空间。例如，你需要与不同时区的人员进行协作，但是你不能同时见到所有人。在纽约是午夜，而在孟买就是中午，所以这样做很难组织一个视频会议（纽约的人太辛苦了）。显然，时间是全球范围内合作的障碍。

在大型跨国企业、全国或区域性企业中，地理位置也是影响协作的因素之一，由于地理位置分散（拥有不止一个地点的公司）、旅行成本高、管理人员时间有限等因素，使得公司很难把人聚集起来召开一次面对面的会议。

我们刚才描述的协作与社会化技术是克服时间和空间限制的一种方式。利用这个时间/空间框架可以帮助企业选择最合适的协作与团队工具。请注意，有些工具在多时间/空间场景中均适用，比如互联网合作套装软件——IBM Notes，既具有同步互动（即时通信、电子会议工具）的功能，也具有非同步互动（电子邮件、维基、文档编辑）的功能。

下面是一份待办行动事项的清单。如果你按照这六个步骤操作，应该可以为你的公司找到一个价格适中的、风险可控的、合适的协作软件。

（1）在时间及空间方面，公司面临的协作方面的挑战是什么？利用时间/空间矩阵定位你的公司。你的公司可能位于矩阵中的多个单元。每个单元都对应不同的协作工具。

（2）对于你的公司在矩阵中的每一个单元面临的挑战，可以采用什么类型的解决方案？将供应商的产品列一份清单。

（3）从公司的成本及收益角度分析每个产品工具，成本估算中要包含培训成本，如果必要的话，也要估算信息系统部门所投入的成本。

（4）识别每个产品工具的安全风险及漏洞风险。你的公司愿意将专有信息通过互联网托付给外部服务提供商吗？你的公司愿意承担将重要系统的运营交给其他公司而带来的风险吗？你的供应商有财务风险吗？它们会存在 3 ～ 5 年吗？如果供应商倒闭，转换至另一家供应商的成本将是多少？

（5）向潜在用户寻求支持，让他们识别实施和培训中会遇到的问题，有一些工具会比其他工具更易使用。

（6）在候选产品工具中做出选择，并邀请供应商进行演示。

2.4 企业信息系统职能的角色是什么

我们已经理解了当今的企业运营需要许多不同类型的信息系统的支持，但是谁来负责这些系统的运行呢？谁来负责保证这些系统使用的硬件、软件和其他技术运行正常，并能得到实时更新呢？企业的终端用户从支持业务的角度管理这些系统，但技术的管理需要一个专门的信息系统职能部门。

2.4.1 信息系统部门

除了那些非常小的企业之外，**信息系统部门**（information system department）是专门负责信息技术服务的正式组织单位。信息系统部门负责维护企业 IT 基础设施的硬件、软件、数据存储的正常运行。我们将在第 5 章中详细介绍 IT 基础设施。

信息系统部门由程序员、系统分析师、项目主管以及信息系统经理等专业人士组成。**程序员**（programmers）指那些训练有素的技术专家，他们负责编写计算机软件指令。**系统分析**

员（systems analyst）是企业中信息系统团队和其他部门成员之间的主要联络人，其职责是将业务问题和需求转换为信息与系统的需求。**信息系统经理**（information systems manager）是程序员、系统分析师、项目经理、设备经理、通信经理（telecommunication manager）或数据库专家等团队的领导者，也是计算机运维人员和数据录入人员的管理者。此外，硬件供应商和制造商、软件公司、咨询顾问等外部专家也经常会参与信息系统部门的日常运行与长期规划工作。

在很多公司中，信息系统部门的工作由**首席信息主管**（chief information officer，CIO）领导，CIO 是全面负责企业中信息技术应用的高层管理者。如今的 CIO 要求同时具备深厚的业务背景和信息系统专业知识，从而能够在信息技术与企业战略进行集成整合的过程中发挥领导作用。目前，大型企业中还设置了与 CIO 紧密合作的首席安全主管、首席知识主管、首席数据主管和首席隐私主管等职位。

首席安全主管（chief security officer，CSO）负责企业信息系统的安全和制定确保企业信息安全的政策（见第 8 章，有时这个职位也被称为首席信息安全主管（chief information security officer，CISO），如果信息系统安全和物理安全（physical security）是分开的话）。CSO 还负责向用户及信息系统专家传授关于信息安全的知识，提醒管理层关注安全带来的威胁和系统故障，维护安全保护的工具以及落实公司的安全政策。

由于信息系统安全和个人数据的保护变得越来越重要，那些收集了大量个人数据的企业已经设立了**首席隐私主管**（chief privacy officer，CPO）这个职位。CPO 负责保证企业的行为符合现有的数据隐私法律。

首席知识主管（chief knowledge officer，CKO）负责企业的知识管理项目。CKO 帮助设计一些程序和系统，在组织与管理流程中发现新的知识源或者使现有的知识得到更好的应用。

首席数据主管（chief data officer，CDO）负责企业范围内的信息治理和利用，以最大限度地发挥组织从数据中实现的价值。CDO 确保企业收集适当的数据以满足其需求，部署用于分析数据的适当技术，并使用结果支持业务决策。这个职位出现在需要处理生成和收集大量数据的组织（见第 6 章）。

终端用户（end user）是指信息系统部门之外的企业各部门人员，应用程序就是为他们开发的。这些使用者在信息系统的设计和开发中将起到越来越大的作用。

在计算机刚开始被应用时，信息系统部门的成员几乎都是程序员，他们仅在技术方面非常专业。如今，随着信息系统部门在企业组织中扮演越来越强有力的变革促进者角色，系统分析师和网络专家的人数比例也大大增加。信息系统部门要向企业提出新的企业战略建议、新的基于信息化的产品和服务建议，以及协调技术的开发应用与规划中的组织变革之间的关系。

到 2024 年，IS/MIS 专业的就业岗位将增长 500 000 个，就业增长的平均水平高出 50% 以上。在 114 类职业岗位中，MIS 专业的薪酬水平排在第 15 位。2016 年，IT/MIS 的岗位工资中位数大约为 80 000 美元，是整个职业薪酬水平的 2 倍。所有 IT/IS 领域的岗位数量增长高于平均增长水平，其中增长最快的职位是计算机支持专家（12%）、数据管理员（11%）、系统分析师（21%）、信息安全分析师（18%）、软件工程师（17%）以及信息系统经理（15%）（Bureau of Labor Statistics，2015）。出乎意料的是，在这期间，计算机程序员减少了 8%，这是由于创建计算机程序的过程随着在线软件服务和云计算的发展而变得更加有效率。一般来说，IT 管理的职位要比 IT 技术职位增加得快。随着企业和政府机构越来越依赖互联网的计算和通信，系统与网络安全管理职位的需求也越来越大。请学习本章学习跟踪模块中的“信息系统专业 2012 ～ 2018 年职业展望”部分，了解更多关于 IS 职业机会的详细情况。

2.4.2 组建信息系统职能部门

企业的类型多种多样，组建企业中 IT 职能部门的方式也多种多样。在一家很小的企业中，可能不会有正式的信息系统团队，可能只有一个员工负责企业网络和应用程序的运行，也可能会聘请咨询人员提供这些服务。大一点的企业会有一个独立的信息系统部门，因企业的性质和利益不同，这些部门的组建也有不同的路径。学习跟踪模块描述了组建企业信息系统职能部门的不同路径。

信息系统部门应该如何组织属于 IT 治理这个大问题中的一部分。**IT 治理**（IT governance）包括组织内应用信息技术的战略和政策。IT 治理通过明确与 IT 有关的决策权和责任框架确保企业信息技术的应用支持企业战略与目标的实现。信息系统职能的集中程度应该如何设置？为确保信息技术的有效管理和应用，需要做出哪些诸如 IT 投资回报这样的决策？这些决策应该由谁来做？如何制定并监控这些决策？ IT 治理水平较高的企业对这些问题将有明确的答案。

本章小结

1. 什么是业务流程，它们和信息系统的关系如何?

业务流程是一系列逻辑上相关的活动集合，明确指出了具体企业任务是如何被执行的，也代表了组织协调任务、信息和知识的独特方式。管理者需要关注业务流程，因为业务流程决定了组织业务执行的好坏，也可能成为企业战略优势的来源。每一个主要业务职能领域都有对应的具体业务流程，但更多的业务流程是跨职能领域的。信息系统可以将部分业务流程自动化，并且可以帮助企业重新设计和理顺业务流程。

2. 企业中的信息系统怎样为不同的管理团队提供服务？系统如何帮助企业改善组织绩效?

服务于运营管理的系统统称为事务处理系统（TPS)，比如薪酬系统或订单处理系统，它们跟踪企业开展业务所必需的日常性事务。管理信息系统（MIS）为中层管理团队提供各类报告。报告对 TPS 的信息进行提炼处理，但未进行深入的分析。决策支持系统（DSS）运用先进的分析模型支持独特的且快速变化的管理决策。所有这几类系统都能为管理者和企业员工提供商务智能，帮助其做出更加明智的决策。这些商务智能系统服务于各个层级的管理，其中包括为高层管理者服务的经理支持系统（ESS)。经理支持系统（ESS）通过门户以图形、图表和数字表盘的形式为高层管理者提供来自企业内部和外部多个来源的信息。

企业应用系统用来协调多个企业职能和业务流程。企业系统将企业中重要的内部业务流程整合成一个统一的软件系统，以提升组织协调和决策水平。供应链管理系统（SCM）帮助公司管理与供应商的关系，优化计划、采购、制造、产品和服务的配送等业务。客户关系管理系统（CRM）帮助公司协调与客户相关的业务流程。知识管理系统使公司优化知识的创造、共享和传播。内联网和外联网是基于互联网技术的企业私有网络，帮助企业汇总来自各个系统的信息。外联网使得企业私有网络能够被外界部分访问。

3. 为什么协作和社会化商务系统如此重要？这些系统采用了哪些技术？

协作是指与他人一起工作达到共同确定的目标。社会化商务是指应用企业内部和外部的社交网络平台，吸引员工、客户和供应商参与进来，增强彼此之间的合作。随着企业的全球化、决策的分散化，互动逐渐成为各个岗位基本的增值活动，合作和社会化商务在企业中变得越来越重要。合作和社会化商务可以增强企业创新、提升生产力、改善质量以及客户服务水平。用于合作及社会化商务的工具包括邮件、即时通信、维基、虚拟会议系统、虚拟世界、网盘等，合作平台有诸如谷歌 Sites/ 谷歌 Apps、微软 SharePoint、Lotus Notes 等，企业社会化网络工具有诸如 Chatter、Yammer、Jive 以及 IBM Connections 等。

4. 信息系统职能在企业中扮演了什么样的角色？

信息系统部门是企业中负责信息技术服务的正式组织单元，其职责是维护硬件、软件、数据存储及网络等信息基础设施。信息系统部门由程序员、系统分析师、项目主管和信息系统经理等专业人士组成，并通常由信息主管 CIO 领导。

MyMISLab

完成标有 MyMISLab 标记的问题，请到 MyMISLab 的 EOC 讨论问题部分。

复习题

2-1 什么是业务流程，它们和信息系统的关系如何？

- 定义业务流程并描述它们在企业组织中的作用。
- 描述信息系统和业务流程之间的关系。

2-2 企业系统是怎样为不同管理团队提供服务的？企业系统如何帮助其改进组织绩效？

- 描述 TPS 的特点和它在企业中的作用。
- 描述 MIS 的特点并解释它与 TPS 及 DSS 的区别。
- 描述 DSS 的特点并解释它给企业带来的收益。
- 描述 ESS 的特点并解释它和 DSS 的区别。
- 解释企业应用系统如何帮助企业改善企业绩效。
- 定义企业系统、供应链管理系统、客户关系管理系统和知识管理系统，并描述它们给企业带来的价值。
- 解释内联网和外联网如何帮助公司整合信息和业务流程。

2-3 为什么协作和社会化商务系统如此重要？这些系统采用了哪些技术？

- 定义协作和社会化商务，并解释为什么它们在当今企业中变得如此重要。

- 列举并说明协作和社会化商务给企业带来的价值。
- 描述协作支持的组织文化和业务流程。
- 列举并描述各种协作和社会化商务工具。

2-4 企业中信息系统职能扮演了什么样的角色?

- 描述信息系统职能如何支持企业。
- 比较程序员、系统分析员、信息系统经理、首席信息主管（CIO）、首席安全主管（CSO）、首席数据主管（CDO）以及首席知识主管（CKO）在企业中的作用。

讨论题

2-5 MyMISLab 信息系统如何用于支持图 2-1 中所描述的订单完成过程？这个系统需要获取的最重要的信息是什么？请解释你的答案。

2-6 MyMISLab 请描述从学校图书馆挑选并借出一本书的流程，以及在这些流程中所包含的信息流，并将这些流程画成图。有什么办法能够改进这些流程，从而改善图书馆或学校的绩效？将改进后的流程也画成图。

2-7 MyMISLab 使用时间 / 空间协作和社会化工具矩阵将 ABB 公司所采用的协作和社会化技术进行分类。

MIS 实践项目

本章的项目会让你获得实践经验，请分析采用新的信息系统应用改善业务流程的机遇、采用电子表格改进供应商的决策、采用互联网软件规划高效的运输路线。请访问 MyMISLab 的多媒体图书馆获取本章 MIS 实践项目。

管理决策问题

2-8 位于哈德逊河畔的唐氏木材（Don's Lumber）公司贩卖各种可以用作地板、桌子、装饰用嵌线、窗户、侧线以及屋顶的建筑材料。木材和其他建筑材料的价格总在不断地变化。当客户询问一种预制木地板的价格时，销售代表首先会查看一下手工制作的价目表，然后打电话给供应商询问木地板的最新价格。供应商同样需要查询一张手工制作的价目表，这张价目表每天更新一次。因为手头没有即刻可用的公司最新价格信息，供应商通常必须回电话给唐氏公司的销售代表。请评述一下这种情形对企业带来的影响，说明如何利用信息技术和系统改进这一业务流程，并分析实施这样的信息技术和系统，需要在哪些方面做出决策。

2-9 亨利硬件（Henry Hardware）是一家位于加利福尼亚州首府萨克拉门托市的夫妻店，店主亨利和凯瑟琳要使每一平方英尺的存储空间都尽可能地贡献利润。他们以前从未保存过库存或销售记录，货物一旦运达就被存放到店内的货架上，保留供应商的发票仅用于缴税。当一件商品售出后，商品的编号和价格就被记录在收银机中。店主根据自己的判断提出需要补充的商品。请分析一下这种情形会对该店生意造成什么样的影响。信息系统可以怎样帮助亨利和凯瑟琳做好生意？这个信息系统应当收集哪些数据？哪些决策可以利用信息系统得以改善？

改善决策：使用电子表格选择供应商

软件技能：电子报表日期功能、数据过滤、DAVERAGE 函数。

业务技能：分析供应商绩效、定价。

2-10 在本练习中，你将学习如何利用电子表格软件改善关于供应商选择的管理决策。请你基于不同的选择标准选取供应商的交易数据并分析，为公司挑选出最好的供应商。

你拥有一家制造飞机部件的公司。你有许多竞争者，他们都在努力为客户提供更低的价格和更好的服务，你正试着通过改善供应链管理获益。在 MyMISlab 中有一份电子表文件，含有过去 3 个月你的公司向供应商订购的所有商品情况，其中的数据项包括：供应商名称、供应商代码、采购订单号码、商品代码和商品描述（向供应商订购的每一类商品）、每类商品的成本、每类商品订购的数量、每份订单的总成本、供应商的应付账款支付期限、订货日期以及每份订单的实际到货日期等。

请你就如何利用电子表数据库中的数据改善供应商的选择决策提出建议。供应商选择的评判依据包括：供应商按时送货的情况；供应商应付账支付期限是否适当；当多个供应商均能提供相同的商品时，该供应商提供的价格是否较低等。请用你的电子表软件准备上述报告以支持你的建议。

卓越运营：使用互联网软件规划高效的运输路线

软件技能：互联网软件的使用

业务技能：制订运输路线计划

2-11 在本练习中，你要使用 MapQuest 软件画出企业的运输路线并选出效率最高的路线。

你刚在 Cross-Country 运输公司任调度员。Cross-Country 运输公司是一家新的基地建在俄亥俄州克里夫兰市的卡车运输和递送服务公司。你的首项任务是要制订一份运输路线计划，把办公设备和家具从印第安纳州的埃尔克哈特市（在 E. Indiana 大街和 Prairie 街道的交点）运送到马里兰州的黑格斯敦（Hagerstown）（Eastern Blvd. N. 大街和 Potomac 大街的交点）。为了给你的卡车司机提供导引，你需要知道这两个城市之间最有效的运输路线。请你用 MapQuest 找出这两个城市之间最短的运输路线，再用 MapQuest 找出耗时最少的运输路线。请比较上述两种运输方案的结果，你建议 Cross-Country 公司应该采用哪个方案？

团队协作项目

确定管理决策和系统

2-12 在一个由三四名学生组成的团队中，从《商业周刊》《福布斯》《财富》《华尔街日报》或其他商业出版物中找到关于公司经理的描述，或者在网络上进行研究。收集关于经理做哪些工作，他在企业中扮演的角色的相关信息。确定该经理工作的组织级别和业务职能。列出这位经理所做的决策，以及经理做决策所需的各类信息。给出信息系统如何提供这些信息的建议。如果可能，请使用 Google Docs、Google Drive 或 Google Sites，集思广益并制作演示文稿报告你们的结果。

案例研究

社会化商业：全力以赴还是小心谨慎

如今许多员工都已经非常熟悉如何使用 Facebook、Twitter 和 Instagram 等公共社交网络工具。巨型软件公司甲骨文公司的负责人拉里·埃里森（Larry Ellison）甚至表示，社交网络应该成为业务应用的支柱，而 Facebook 是企业用户与软件交互的好榜样。

根据高德纳（Gartner）公司的研究，有 50% 的大型企业很快就会拥有像 Facebook 一样的社交网络，其中 30% 将被视为像如今的电子邮件和电话那样重要。企业社交网络将成为主流的沟通渠道，用于发布通知、做出决定或采取与工作相关的信息。然而，高德纳还指出，到 2015 年，由于领导力不足和过分强调技术，80% 的社会化商务将无法实现预期的收益。

企业中的社交不同于其他的技术部署。例如，企业资源计划或客户关系管理系统的实施是自上而下的：工作人员在应用过程中接受培训，并期待使用这些系统。相比之下，社会化商务工具需要更多"拉式的"方法，即要让员工参与进来，并为他们提供更好的工作方式。在大多数情况下，他们不能被迫使用社交应用软件。

当企业引进新的社交媒体技术（和其他技术一样）时，员工通常会抵制新工具，坚持使用旧的工作方式，例如电子邮件，因为他们更加熟悉原有的工作方式。有些公司的员工在社交媒体和电子邮件上重复沟通，增加了完成工作的时间和成本。巴斯夫（BASF）是世界上最大的化工生产商，在 80 多个国家设有子公司和合资企业，BASF 曾禁止项目团队使用电子邮件，以鼓励员工使用新的社交媒体工具。

社会化商业需要改变思维方式，包括使组织变得更加扁平化。社会化商业对每个人的想法持更加开放的态度。秘书、装配线工人或销售员可能是下一个大想法的来源。

管理社交网络和分享数字内容的社交媒体关键能力可以帮助或伤害一个组织。社会网络可以提供丰富多样的信息来源，这些信息提高了组织的生产力、效率和创新能力，或者可以用来支持那些不愿与外界沟通和交流知识的志同道合的人群。如果员工使用内部社交网络批评别人或获得个人时间安排，生产力和士气可能会下降。

建立在面向消费者平台（如 Facebook 和 Twitter）上的社会化商务应用不一定在具有不同目标的组织中运行良好。企业是否会利用社会化商务进行经营、人力资源管理或创新，社交媒体平台运行是否有效取决于企业具体的业务目标。

这意味着企业不应聚焦于技术，而首先应该确定社会化应用如何改善员工和管理人员的工作实践。他们需要详细了解社交网络：人们目前是怎样工作的，他们和谁一起工作，他们的需求是什么以及克服员工偏见和抵制的措施。

一个成功的社会化商务战略需要领导力和行为变革。只是赞助一个社会化项目是远远不够的，管理者需要接受更加开放、透明的工作氛围。习惯于以传统的方式进行合作和开展业务的员工，需要一些激励以使用社交软件。改变一个组织，使其以不同的方式工作，需要招募那些最有兴趣帮助设计和建立适合使用社会化技术的工作环境的人员。

管理层需要确保公司实施内部和外部的社会化网络能够为企业提供真正的价值。网络上的内容应该是互相关联的、最新的且易于访问的；用户需要连接真正拥有他们所需要的信息的人，否则那些拥有真正有用信息的人将无法被联系上。社会化商务的工具应适合目前的任务和组织的业务流程，并且用户需要了解如何使用以及为什么使用社会化商务。例如，2012 年，美国航空航天局的戈达德太空飞行中心（NASA's Goddard Space Flight Center）不得不放弃一个名为 Spacebook 定制的企业社交网络，因为没有人知道这个社交工具是如何帮助人们做好工作的。Spacebook 旨在帮助小团队在不通过发送电子邮件给较大群组的情况下进行协作，但很少有用户采用它。

尽管启动内部社交网络具有很大的挑战性，但是有些公司还是成功地使用了这些网络。例如，拜耳材料科学（Bayer Material Sciences）部门是拜耳公司价值 118 亿美元的一个材料科学部门，通过以下一些措施使社会化协作获得了成功：①让工具更易于访问；②在试点项目中证明这些工具是有价值的；③为高级管理人员采用反向指导计划；④培训一些员工专家，在公司内部传播新的社会化工具的知识，并展示其实用性。

拜耳材料科学部门选择了 IBM Connections 作为其社会化商务工具集。IBM Connections 通常用于集中式企业社交网络的协作、合作和整合平台。IBM Connections 的特色是提供用于管理员工资料的工具、由具有共同兴趣和专长的人组成的社区、博客、维基百科，可以使员工查看、组织和管理任务，与他人交流想法，可以对客户和同事在主页上进行调研，以了解该用户的社交网络发生了什么，并获得重要的社交数据。

在推出新的协作工具一年之后，使用这个工具的人群才慢慢稳定下来。与公司的信息技术和业务领导合作之后，管理层设立了雄心勃勃的社会化商务的发展目标，并制定了七项关键绩效指标（KPI）衡量成效。这些目标包括促进全球合作，在不同区域和部门之间建立更强大的网络，创造一种更少层次的共享文化，减少哪些工具用于哪些工作的混乱。

这些努力现在正在得到回报：目前 50% 的员工在公司的社交网络中非常活跃。虽然社会化商务的投资回报率很难衡量，但拜耳材料科学部门已经从更快的知识流动、更高的效率和更低的运营成本中获益。

另一家进行社会化商务活动的公司是 Carlo’s Bake Shop，这是一家老家族企业，是有线电视网 TLC 上 *Cake Boss* 现场秀节目的明星。该公司在新泽西州、纽约州和拉斯维加斯有 10 个不同的店址，并且人们可以从它的网站上订购定制的蛋糕。由于 *Cake Boss* 很受欢迎，该公司的产品需求量大幅增加，公司打算在未来几年内建立起全国性的业务。

然而，店铺运营出现了问题。该公司的订单是基于纸张书写的，大量的书写工作浪费了员工的时间，还会导致错误，有时会导致重新制作蛋糕或者向客户提供部分或全部退款。客户的订单是写在碳纸上的，会放错或丢失，也有可能别人无法读懂下订单的人手写的订单。

2012 年下半年，该公司把 Salesforce 社交网络工具 Chatter 作为解决方案，实施了 Salesforce CRM 系统。管理团队和一些员工起初抵制新的系统。他们认为，他们已经习惯使用电子邮件、Facebook 和 Twitter，所以他们不需要其他的社交工具。公司展示了社会化商务的好处，最终 Chatter 改变了他们的工作方式。

该公司的大量定制蛋糕来自泽西市的一个 75 000 平方英尺的小卖部，这家店全天 24 小时营业。Chatter 现在已经成为从订单到交付的内部沟通标准。虽然一个关键的蛋糕装点师离开了，但他仍在沟通和讨论群组中。当他返回时，他仍可以看到颜色、形状或设计方面的任何变化。

由于该公司的员工在工作上频繁互动，错误率下降了 30% 以上，员工能够更快、更有效地生产蛋糕和其他定制产品。管理人员可以访问数据和分析仪表板，立即查看每家店的工作绩效，哪些产品卖得很火，哪些产品不受欢迎。他们可以深入了解销售和交易的模式。由于该公司在国内或全球范围内不断扩张，连接人员和查看订单流的能力至关重要。社会化商务工具使一个由于进行大量纸面工作而逐渐落后的组织变成了一家高效的数字化企业。

资料来源：Samuel Greengard, " Changing Your Business into a Social Business, " Baseline, June 18, 2015; Cordelia Kroob, " The Growth of an Enterprise Social Network at BASF," www.simply-communicate.com, accessed March 12, 2016; Gerald C. Kane, " Enterprise Social Media: Current Capabilities and Future Possibilities, " *MIS Quarterly Executive,* March 2015; Dion Hinchcliffe, " In Europe's Biggest Firms, Social Business Is All Grown Up," Enterprise Web 2.0, February 12, 2015; Margaret Jones, "Top Four Social Collaboration Software Fails," http://searchmobilecoputing.techtarget.com, accessed March 17, 2016; Gartner Inc., " Gartner Says 80 Percent of Social Business Efforts Will Not Achieve Intended Benefits Through 2015," January 29, 2013; and Michael Healey, " Why Enterprise Social Networking Falls Short," *Information Week,* March 4, 2013.

案例分析题

2-13 请找出阻碍采纳企业内部社交网络的管理、组织和技术层面的因素。

2-14 比较案例中两家企业实施内部社交网络的经验，它们为什么能够成功？在实施过程中，管理层扮演了什么角色？

2-15 是否所有的企业都需要实施内部社交网络系统？为什么？

MyMISLab

请到 MyMISLab 的作业部分完成这些写作练习。

2-16 企业通过投资信息系统和技术实现了哪些战略目标？对于每个战略目标，举一家企业如何使用信息系统以实现目标的例子。

2-17 描述企业需要的互补性资产，以优化其信息系统投资的回报。对于每种类型的互补性资产，举一个企业应具有的具体资产的例子。

参考文献

Aral, Sinan, Erik Brynjolfsson, and Marshall Van Alstyne. "Productivity Effects of Information Diffusion in Networks," MIT Center for Digital Business (July 2007).

Banker, Rajiv D., Nan Hu, Paul A. Pavlou, and Jerry Luftman. "CIO Reporting Structure, Strategic Positioning, and Firm Performance." *MIS Quarterly* 35, No. 2 (June 2011).

Bernoff, Josh and Charlene Li. "Harnessing the Power of Social Applications." *MIT Sloan Management Review* (Spring 2008).

Boughzala, Imed and Gert-Jan De Vreede. "Evaluating Team Collaboration Quality: The Development and Field Application of a Collaboration Maturity Model." Journal of Management Information Systems 32 No. 3 (2015).

Bughin, Jacques, Michael Chui, and Martin Harrysson. "How Social Tools Can Reshape the Organization." McKinsey Global Institute (May 2016).

Bureau of Labor Statistics. "Occupational Outlook Handbook." Bureau of Labor Statistics (December 2015).

Compare Products. "Videoconferencing Trends of 2016." (2015).

Dimension Data. "2016 Connected Enterprise Report." (2016).

Forrester Consulting. "Total Economic Impact of IBM Social Collaboration Tools" (September 2010).

Forrester Research. "Social Business: Delivering Critical Business Value" (April 2012).

Frenkel, Karen A. "How the CIO's Role Will Change by 2018." *CIO Insight* (January 31, 2014).

Frost and Sullivan. "Meetings Around the World II: Charting the Course of Advanced Collaboration." (October 14, 2009).

Gast, Arne, and Raul Lansink. "Digital Hives: Creating a Surge Around Change." *McKinsey Quarterly* (April 2015).

Greengard, Samuel. "Collaboration: At the Center of Effective Business." *Baseline* (January 24, 2014).

__________. "The Social Business Gets Results." *Baseline* (June 19, 2014).

Guillemette, Manon G. and Guy Pare. "Toward a New Theory of the Contribution of the IT Function in Organizations." *MIS Quarterly* 36, No. 2 (June 2012).

Johnson, Bradford, James Manyika, and Lareina Yee. "The Next Revolution in Interactions," *McKinsey Quarterly* No. 4 (2005).

Kane, Gerald C. "Enterprise Social Media: Current Capabilities and Future Possibilities." *MIS Quarterly Executive* 14, No. 1 (2015).

Kane, Gerald C., Doug Palmer, Anh Nguyen Phillips, and David Kiron. "Finding the Value in Social Business. *MIT Sloan Management Review* 55, No. 3 (Spring 2014).

Kiron, David, Doug Palmer, Anh Nguyen Phillips, and Nina Kruschwitz. "What Managers Really Think About Social Business." *MIT Sloan Management Review* 53, No. 4 (Summer 2012).

Kolfschoten, Gwendolyn L., Fred Niederman, Robert O. Briggs, and Gert-Jan De Vreede. "Facilitation Roles and Responsibilities for Sustained Collaboration Support in Organizations." *Journal of Management Information Systems* 28, No. 4 (Spring 2012).

Li, Charlene. "Making the Business Case for Enterprise Social Networks." Altimeter Group (February 22, 2012).

Malone, Thomas M., Kevin Crowston, Jintae Lee, and Brian Pentland. "Tools for Inventing Organizations: Toward a Handbook of Organizational Processes." *Management Science* 45, No. 3 (March 1999).

Maruping, Likoebe M. and Massimo Magni. "Motivating

Employees to Explore Collaboration Technology in Team Contexts." *MIS Quarterly* 39, No.1 (March 2015).

McKinsey & Company. "Transforming the Business Through Social Tools." (2015).

McKinsey Global Institute. "The Social Economy: Unlocking Value and Productivity Through Social Technologies." McKinsey & Company (July 2012).

Microsoft Corporation. "Customer Stories: Southern Valve." (January 18, 2015).

Mortensen, Mark. "Technology Alone Won't Solve Our Collaboration Problems." *Harvard Business Review* (March 26, 2015).

Poltrock, Steven and Mark Handel. "Models of Collaboration as the Foundation for Collaboration Technologies." *Journal of Management Information Systems* 27, No. 1 (Summer 2010).

Ricards, Tuck, Kate Smaje, and Vik Sohoni. "'Transformer in Chief': The New Chief Digital Officer." *McKinsey Digital* (September 2015).

Saunders, Carol, A. F. Rutkowski, Michiel van Genuchten, Doug Vogel, and Julio Molina Orrego. "Virtual Space and Place: Theory and Test." *MIS Quarterly* 35, No. 4 (December 2011).

Siebdrat, Frank, Martin Hoegl, and Holger Ernst. "How to Manage Virtual Teams." *MIT Sloan Management Review* 50, No. 4 (Summer 2009).

Tallon, Paul P., Ronald V.Ramirez, and James E. Short. "The Information Artifact in IT Governance: Toward a Theory of Information Governance." *Journal of Management Information Systems* 30, No. 3 (Winter 2014).

Violino, Bob. "What Is Driving the Need for Chief Data Officers?" *Information Management* (February 3, 2014).

Weill, Peter and Jeanne W. Ross. *IT Governance*. Boston: Harvard Business School Press (2004).

CHAPTER 3

第3章 信息系统、组织与战略

LEARNING OBJECTIVES

学习目标

通过阅读本章，你将能回答以下问题：

- 要成功地实施并使用信息系统，管理者需要知道哪些组织特性？
- 信息系统对组织的影响是什么？
- 如何利用波特的竞争力模型、价值链模型、协同、核心能力以及网络经济学帮助企业利用信息系统开发竞争战略？
- 实施战略信息系统的挑战有哪些？怎样应对这些挑战？

MyMISLab™

访问 mymislab.com 来获得模拟、辅导材料和课后问题。

| 开篇案例 | 威瑞森还是 AT&T：哪家企业拥有最好的数字战略

威瑞森和 AT&T 是美国的两大电信公司。如今，它们的客户不仅仅打电话而已，还使用无线和固定电话网络观看高分辨率（HD）电视，上网冲浪，发送电子邮件、文本和视频信息，分享照片，听音乐，看视频并举办全球性的视频会议。所有这些产品和服务都是数字化的。

这个行业的竞争异常激烈。两家公司正在努力通过扩大提供给客户的数字产品和服务的范围进行扩张，但是它们的做法是不同的。AT&T 在 2015 年 7 月购买了 DirecTV，在卫星电视上投下赌注。威瑞森更加关注无线技术，最近推出了自己独立的无线视频服务。

AT&T 希望将其基于高速网络的 U-verse 电视节目、互联网和电话服务并入普通服务项目中，并提供捆绑的卫星有线电视和无线服务，从而获利。它还希望与内容提供公司达成良好的交易，例如与 Viacom 签订多年协议，为 U-Verse 和 DirecTV 提供节目内容。AT&T 仍然需要消费者无线业务（并投资于升级高速网络），但由于竞争加剧，这部分业务正在下滑（美国 T-Mobile 以低廉的价格吸引了许多客户）。如果 AT&T 的战略有效，它将成为一家管理各种数字产品（无线电话、卫星电视和大量的数据）的计算公司，在远程在线云计算中心使用软件。

威瑞森持续关注其无线业务。多年来，它一直是无线业务领域中的领导者。威瑞森试图通过吹嘘自己的无线网络是美国规模最大、最可靠的，阻止其他竞争者。现在，它提供自己独立的无线视频服务，这有助于通过移动广告和视频来获得收入。

根据 eMarketer 的调查，尽管智能手机市场正在达到顶峰，但用户会在这些移动设备上花更多的时间：平均每个美国成人每天大约花三个小时。威瑞森将移动广告和视频视为未来的投资，并加强其广告与媒体业务。它购买了 AOL（AOL 拥有数字广告业务以及诸如 Huffington Post 等网络内容网站），并且还购买了 Go90。Go90 是一款免费的移动视频服务，提供完整的电视节目，如“每日秀”、体育、新闻和在线视频等。威瑞森希望通过向客户销售更大的数据包来看数据视频，从而为手机视频带来收入。威瑞森还为用户提供按次付费的机会，例如体育赛事、音乐会，同时通过跟踪用户在智能手机上观看和阅读的方式提供针对性的广告。通过将智能手机的客户数据与 AOL 广告相结合，威瑞森甚至可以搭建一个在线广告技术平台，与谷歌和 Facebook 等网络巨头竞争。

资料来源：Ryan Knutson, “ Verizon Swings to a Profit, but Pace of Growth Slows,” *Wall Street Journal,* January 21, 2016; Douglas MacMillan and Ryan Knutson, “ Verizon Tops Pack of Suitors Chasing Yahoo, ” *New York Times,* April 17, 2016; Thomas Gryta, “ Verizon, AT&T Chart Different Paths,” *Wall Street Journal,* October 19, 2015; eMarketer, “ Growth of Time Spent on Mobile Devices Slows,” October 7, 2015; and Tali Arbel, “ Wireless Carrier Verizon Is Also in the Market for Eyeballs,” Associated Press, October 20 2015.

威瑞森和 AT&T 的故事展示了信息系统可以帮助企业提高竞争力的几种方式，同时也揭示了维持竞争优势的难度。这两家公司所在的行业竞争异常激烈，传统电信公司与有线电视公司、互联网服务公司、移动服务公司等相互竞争，提供广泛的数字服务和内容。为了能够在这种环境下生存并发展，每家公司都采用了不同的利用信息技术提升竞争能力的战略。

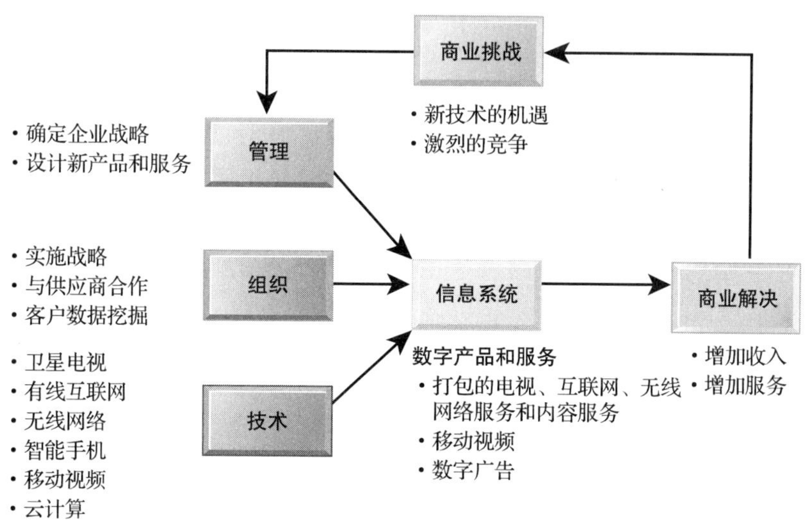

上图指出了本案例和本章所需关注的要点。这两家公司都看到了信息技术提供新的产品和服务的机会。AT&T 制定了基于卫星、高速有线电视、互联网和无线服务相结合的战略，以提供优质的服务和内容。威瑞森投资于移动广告和视频，更加强调客户数据的挖掘。

这个案例也表明，要维持竞争优势是很困难的。在线视频市场已接近饱和，威瑞森跟踪客户的计划受到隐私权倡导者的批评，因为它使用了个人客户数据。目前我们尚不清楚的是无线市场上有多少低成本竞争对手将会吸引 AT&T 和威瑞森的客户。

3.1 管理者需要知道成功建设和使用信息系统的组织的特性是什么

信息系统和组织互相影响。建设信息系统的目的是为公司盈利而服务。同时，要从新技术中获利，组织必须要知道并接受信息系统带来的影响。

信息技术与组织之间的相互作用是非常复杂的，受很多因素的影响，包括组织架构、业务流程、政治、文化、周围环境以及管理决策等（见图 3-1）。你需要理解信息系统如何改变企业的社交与工作环境。如果不能理解自己的公司，就不可能成功地设计新的信息系统或者理解现有的系统。

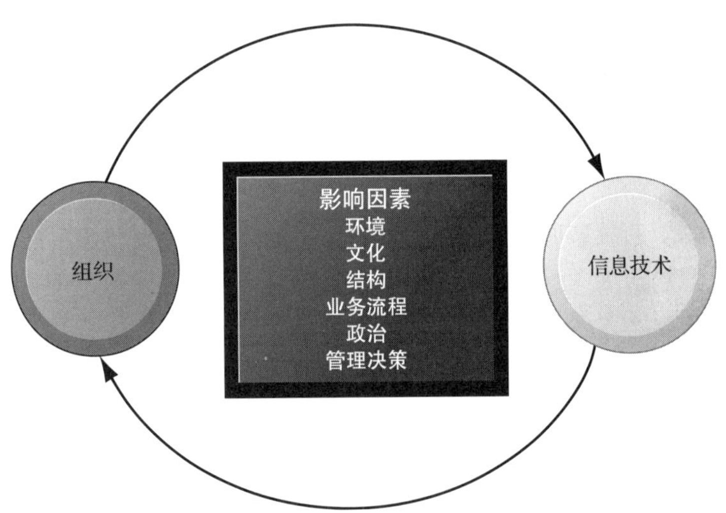

图 3-1 信息技术与组织间的双向关系

这种复杂的相互关系受很多因素影响，不仅包括管理者已经做的或者没有做的决策，还包括组织文化、结构、政策、业务流程和环境因素。

作为一个管理者，你要决定企业应该建哪些系统，这些系统该做什么，如何实施这些信息系统。你可能无法预测这些决策的最终结果，因为新的信息技术（IT）投资给公司带来的变化是不能提前预知的，可能达到，也可能达不到你的预期。例如，谁会在 15 年前想象到电子邮件和即时消息（IM，也称短信）会成为业务沟通的主要手段，很多管理者每天要处理超过 200 封电子邮件？

3.1.1 什么是组织

所谓**组织**（organization）是指一个稳定的、正式的社会结构，它能从环境中获取并处理资源，从而输出产品。这种对组织的技术视角的定义侧重于组织的三个要素。资本和劳动力是环境所提供的基本生产要素。组织（即企业）通过生产功能将这些输入转化为产品和服务。这些产品和服务又被环境所消费，反过来提供更多的输入（见图 3-2）。

从寿命和规范性的角度看，一个组织比一个非正式团体（例如一群每周五见面一起共进午餐的朋友）更加稳定。组织是一个正规的法律实体，其内部的规则和程序必须遵守法律法规；组织同时也是一种社会结构，因为它是一系列社会元素的组合，就像机器有自己的结构，由阀门、凸轮、轴和其他部件按特定的方式组合在一起。

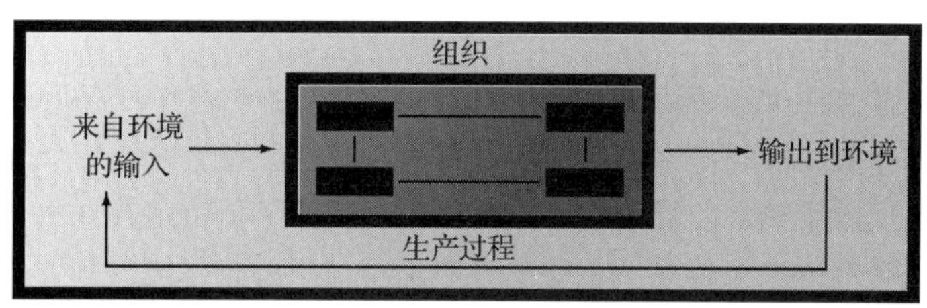

图 3-2　组织的微观经济学定义

在组织的微观经济学定义中，资本和劳动力（环境提供的基本生产元素）被企业通过生产过程转化为产品和服务（输出到环境）。产品和服务被环境所消费，并提供更多的资本和劳动力，重新输入到这个循环中。

组织的这个技术定义有效且简单，但对于真实世界中的组织来说不具有描述性和预测性。一个更接近组织真实行为的定义是这样表述的：组织是一段时间内通过冲突与解决冲突而形成的一系列权利、特权、义务和责任的平衡体（见图 3-3）。

从企业的行为视角看，在组织中工作的人形成了自己的工作习惯，他们依附于现有的关系；他们和上司、下属就如何完成工作、工作量的多少以及工作完成的条件等进行洽商。大部分的工作安排和工作感受都不会在正式的规则手册中讨论。

上述这些组织的定义和信息系统技术有什么关系呢？技术视角的组织定义鼓励我们关注在技术变化被引入企业中时如何组合输入，创造输出。通过资本和劳动力的简单的相互替换，企业可以具备无穷的延展性。但更具有现实意义的行为视角的组织定义认为在建立新的信息系统或者重建老的信息系统时，涉及的远远不止设备或者工作人员的简单重组，信息系统将打破组织长时间内的权利、特权、义务、责任和情感的平衡。

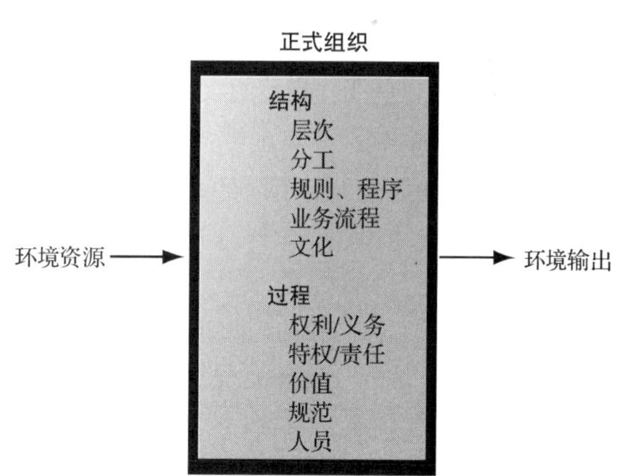

图 3-3　行为视角下的组织

行为视角下的组织强调群体关系、价值及结构。

这些要素的变化将持续很长时间，具有破坏性，并且需要投入更多的资源支持后续的培训和学习。例如，有效实施一个新的信息系统所需要的时间往往比预期的要长很多，仅仅只是因为实施一个系统和教会员工、管理人员使用系统之间有一个巨大的鸿沟。

技术上的改变通常需要重新安排拥有和控制信息的人、有权利访问并更新信息的人以及对于“谁、什么时候、怎样”做决策的人。这个更加复杂的视角迫使我们关注设计的工作方法以及获得输出的过程。

技术视角和行为视角的组织定义并不矛盾，实际上它们是互相补充的：技术的定义告诉我们在竞争的市场中，成千上万的企业是怎样整合资本、劳动力和信息技术的，而行为模型让我们看清在单个企业中，技术是如何影响组织内部的工作的。第 3.2 节将分别描述这两个不同的组织定义如何解释信息系统和组织的关系。

3.1.2 组织的特性

所有现代组织都有一些共同特征。组织是分工明确的劳动力和专业部门组成的层级机构。在组织中，专业人员被安排在某个权力层级内。在这个层级内，每个人都要向某个人负责，并且这种权力仅限于抽象的规章制度或程序所规定的某种特定的行为。这些规章制度构成了组织内公正、普遍的决策体系。组织都希望基于员工的技术能力和专业技能（而不是个人关系）招聘与升迁。组织以效率为准则，即用有限的输入使输出最大化。组织的其他特性还包括其工作规范和业务流程、组织政治、组织文化、组织环境、组织结构、目标、选民和领导风格。所有这些特性都将影响组织采用什么样的信息系统。

1. 工作规范和业务流程

包括商业公司在内的所有组织，随着时间的推移将变得很有效率，因为公司中的每一位员工均在不断地完善生产商品和提供服务的**工作规范**（routines）。工作规范有时候被称为标准操作程序，是应对工作中几乎所有可能情况而建立起来的明确的规则、程序和惯例。当员工学会这些工作规范以后，他们就变得高产、高效，随着效率的提升，公司就会降低成本。例如，当你去医院时，接待员按照一套完善的工作规范获取你的基本信息，护士有另一套规范为你准备你和医生的会面，而医生也有自己的一套完善的规范为你诊断。我们在第 1、2 章中介绍过的业务流程，其实就是这些工作规范的集合。一家商业公司则是一系列业务流程的集合（见图 3-4）。

2. 组织政治

组织内不同的人拥有不同的职位、专长，关心不同的事，有不同的视角，因此他们对于组织的资源、奖励和惩罚怎样分配自然存在分歧。这些分歧对管理者和员工都很重要，也引起了每个组织内与资源、竞争及冲突有关的政治问题。政治阻力通常是组织变革（特别是引入新的信息系统）所面临的最大的困难之一。实际上，所有大型信息系统的投资都会给公司带来战略、业务目标、业务流程及程序方面的巨大变革，都会引发政治冲突。知道如何在组织内处理这类政治问题的管理者，往往会比那些不了解的管理者在实施新的信息系统时更容易获得成功。读完本书后，你会发现很多这样的例子，即组织内部的政治争斗打败了完美的信息系统实施计划。

3. 组织文化

每个组织都有一系列基本的、被员工完全确信的、不容置疑的基本假设，这些假设决定了组织的目标与产品。组织文化就是指这一系列假设，包括组织应该生产什么产品、怎样生产、在哪里生产、为谁生产等。通常来说，这些假设是理所当然存在的，很少公开地宣扬或讨论。作为公司真正产生价值的业务流程往往隐藏在组织文化中。

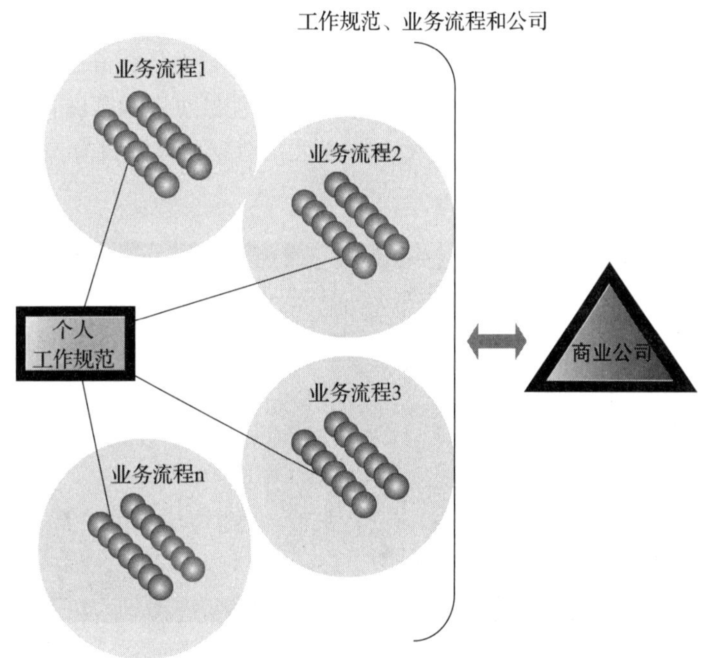

图 3-4　工作规范、业务流程和公司

所有的组织都由个人工作规范和行为组成。一系列的个人工作规范形成业务流程，一系列的业务流程形成商业公司。新的信息系统应用要求个人工作规范和业务流程发生改变，从而支持组织达到高水平的组织绩效。

观察一下你所在的大学或学院，就能看到组织文化的存在。在大学中，最基本的假设是教授应该知道的比学生多，学生到大学里来的理由是学习，上课需要遵循有规律的时间安排。组织文化具有强大的凝聚力，可以规避一些政治冲突，促进组织内对工作程序和具体实践的理解。如果我们都能共享最基本的文化假设，那么在其他事情上也就更容易达成一致。

同时，组织文化对变革，特别是技术变革来说，是一个强大的约束力。大部分组织都会尽力避免这些基本假设的变动，任何威胁到组织普遍认同的基本假设的技术变革往往会遭遇巨大的阻力。然而，有些时候对于一家公司来说，要取得进步的唯一明智的选择是采纳一项与现有组织文化不相容的新技术。这时，组织可以适当放缓技术的实施步伐，让组织文化与之逐渐适应。

4. 组织环境

一个组织会从环境中获取资源，并向环境提供产品和服务。组织和环境之间具有双向的关系。一方面，组织向其周围的社会和自然环境开放，并依赖这些环境。人们愿意忠诚而持续地工作是因为可以从客户那里获得工资或收入，如果没有财务资源和人力资源，组织将不可能存在。组织除了要应对客户和竞争者以外，还必须遵守政府制定的法律法规和其他要求。另一方面，组织也能对周围的环境产生影响。例如，企业与其他企业组成联盟可以影响政策制定的过程；企业通过广告影响客户对其产品的接受程度。

图 3-5 描述了信息系统帮助组织察觉到环境的变化，并帮助组织采取应对措施。信息系统是感知环境变化的重要工具，能够帮助管理者及时发现需要组织应对的外部变化。

环境通常比组织变化快。新技术、新产品、大众品位和价值观的变化（其中很多会导致新的法律法规）都会给组织的文化、政治和人员带来压力。大部分组织不能及时适应快速变化的环境。组织标准操作流程中的惰性、现有秩序调整所带来的政治斗争以及对文化价值观的威胁，都会抑制组织做出重大变革。而年轻的公司往往缺少资源帮助它们度过即便是短暂的混乱期。因此，1919 年世界财富榜上的 500 强公司活到今天的只有 10%，这一事实也不怎么令人惊讶了。

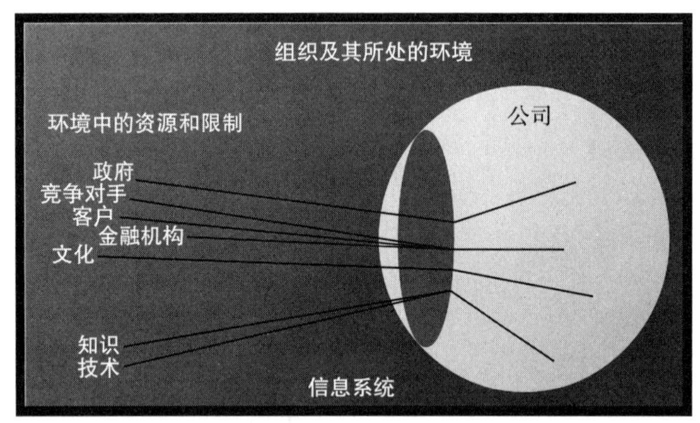

图 3-5 环境与组织的双向关系

环境决定组织能做什么，但组织也能影响和改变周围的环境。信息技术在帮助组织察觉到环境中的变化，并帮助组织采取应对措施中发挥着重要的作用。

破坏性技术：乘风破浪 有时候一项技术和由此产生的业务创新往往伴随着商业格局与环境上的快速变化，这些创新被称为“破坏性创新”（Christensen，2003；Christensen，Raynor，and McDonald，2015）。什么会导致一项技术具有破坏性？在某些情况下，**破坏性技术**（disruptive technologies）会替代现有的产品，而且会比现有的产品更好（通常会好很多）。比如，汽车替代了马车，文字处理软件替代了打字机，苹果 iPod 替代了可携带 CD 播放器，数码照相替代了胶卷相机等。表 3-1 描述了一些过去的破坏性技术。

表 3-1 破坏性技术：赢家和输家

技术	描述	赢家和输家
微处理器芯片（1971）	在一个硅芯片上有上千甚至几百万个晶体管	微处理器公司（英特尔、得克萨斯仪器公司）是赢家，而晶体管公司（通用电气公司）则是输家
个人电脑（1975）	小、便宜、功能齐全的桌面电脑	PC 制造商（惠普、IBM、苹果）、芯片制造商（英特尔）是赢家，而主机（IBM）、小型机制造商（戴尔）则是输家
数码照相（1975）	使用 CCD（电荷耦合器）图像传感器芯片来记录图像	CCD 制造商和传统相机制造商是赢家，而胶卷制造商是输家
万维网（1989）	一个即时可用的全球数字文件和页面的数据库	在线内容和新闻拥有者获利，而传统出版商（报纸、杂志、广播电视）则是输家
网络音乐、视频、电视服务（1998）	在线存储可供下载的音乐、视频、电视	互联网平台拥有者、互联网骨干通讯商（AT&T、威瑞森）、本地网络服务商是赢家，而内容拥有者和实体零售商（Tower 唱片、Blockbuster）是输家
网页排序算法	一种根据知名度排序互联网页面的算法，是对关键词法搜索的补充	谷歌（拥有专利）是赢家，而传统关键字搜索引擎（Alta Vista）是输家
网络服务软件	通过互联网提供在线软件远程访问	在线软件服务公司（Salesforce.com）是赢家，而传统套装软件公司（微软、SAP、甲骨文）是输家

在这些案例中，整个行业都因破坏性技术而消失了。而在另一些案例中，破坏性技术仅拓展了现有市场，通常比现有商品少了一些功能，但成本降低了很多，最终变成现有商品的低成本竞争者。磁盘驱动器就是这样一个例子：在个人电脑市场中使用的便携式硬盘为磁盘驱动器开拓了一个新的市场，为小文件提供了便宜的数码存储空间。最终，便携式 PC 硬盘变成了磁盘驱动器最大的市场。

有些公司能创造这些技术，并乘势获利；有些公司学得很快，并迅速调整其业务；还有一些公司则因为过时的产品、服务和企业模式而逐渐被市场抛弃。它们可能非常高效地做那些也许不再需要做的事情！还有一些情形是没有企业获利，而客户却获得了所有的收益（企业没能获取任何利润）。不是所有的变化或技术都是破坏性的（King and Baatartogtokh，2015）。那些经营时间长一些的企业管理者会做出正确的决策，并找到持续竞争的方法。破坏性技术其实是一个很棘手的问题。发明破坏性技术的企业叫作“第一先行者”，如果它们缺乏资源实施这种技术或没有看到这种技术的机会，一般都不会从中获益。MITS Altair 8800 被广泛认为是第一个 PC，但是它的发明者没有获得先发优势，而通常被称为“迅速跟随者”的第二行动者，如 IBM 和微软，反而获得了回报。花旗银行创造的 ATM 机给零售银行业带来了革命，但很快被其他银行复制，现在所有的银行都用 ATM 机，结果利益几乎全给了消费者。

5. 组织结构

所有的组织都有一个结构或形式。明茨伯格把组织分为五种基本类型（Mintzberg，1971），如表 3-2 所示。

表 3-2　组织结构

组织类型	描述	示例
创业型机构	快速变化环境中的“年轻的”小组织，结构简单，由一个企业家作为单个的 CEO 来领导	小的创业型企业
机械官僚机构	在一个变化较慢的环境中的大企业，生产标准产品，被一个集中式的管理团队掌控，实行集中决策	中等规模的制造公司
事业部制官僚机构	多个官僚机构的组合，被一个中央总部领导，生产或提供不同的产品或服务	财富 500 强公司，如通用汽车
专家型官僚机构	基于知识的组织。产品和服务取决于专家的经验与知识。由部门领导掌控，集中的权力很弱	律师事务所、学校系统、医院
专案型组织	任务型组织，适应快速变化的环境。由大量专家组成短期跨学科团队，具有很弱的中央集权	顾问公司，如 Rand 公司

一家企业中信息系统的类型，以及这些信息系统的问题本质，往往能够反映这个组织结构的类型。例如，在一个像医院这样的专家型官僚机构中，你常会发现同时存在医院行政使用的、医生使用的、护士和社会工作者等其他专业人员使用的病人记录系统。在小的创业型公司里，你常常会发现一些因匆忙设计而并不适合长期使用的、糟糕的信息系统。在一家拥有几百个地方运营的多事业部的大型公司里，你通常很难发现一个集成的信息系统，更多的是每个地方或每个事业部都有自己的一套信息系统。

6. 组织的其他特征

组织都有目标，并用不同的方法达成这些目标。有的组织具有强制性目标（如监狱）；有的组织具有实用主义目标（如企业）；还有一些组织具有规范的目标（如学校、宗教团体）。组织服务于不同的群体或拥有不同的赞助者，如有些组织服务于自己的成员，有些则服务于客户、股东或公众。不同组织的领导形式大不一样，有的比较民主，而有的则较集权。组织的不同还体现在它们执行的任务不同和使用的技术不同。一些组织主要执行的是日常性任务，可以简化为一些正式的规则，很少要求主观判断（如汽车零件制造），而另一些组织（如顾问公司）主要执行的是非结构化的任务。

3.2 信息系统对组织的影响是什么

信息系统已经成为不可分割的、在线的、互动的工具，深深融入大型组织每分钟的运行和决策过程中。经过过去10年的发展，信息系统从根本上改变了组织的经济特性，并极大地增加了优化组织运作的可能性。经济学和社会学的理论与概念有助于我们理解IT所带来的变化。

3.2.1 经济影响

从经济学的视角看，IT既改变了资本的相对成本，也改变了信息的成本。信息系统技术已经被看作一个生产要素，可以替代传统的资本和劳动力。随着信息技术成本的降低，信息技术被用来代替成本一直在上升的劳动力。因此，信息技术对劳动力的替代会造成中层管理者和文职人员的减少。

随着信息技术成本的降低，它还替代了其他形式的资源，如仍然相对昂贵的建筑物和机器。所以，随着时间的推移，我们可以期待管理者增加对IT的投资，因为IT的成本相对于其他资源的成本仍在不断下降。

IT还会影响信息的成本和质量，并改变信息经济学。IT可以帮助企业扩大交易，因为它可以降低交易成本。交易成本是指当公司在市场上购买自己不能生产制造的产品时所带来的成本。根据**交易成本理论**（transaction cost theory），公司和个人总是在寻求降低交易成本的方法，就如同他们在不断寻求降低生产成本那样。由于供应商搜寻与沟通、合同进展状况监控、购买保险、获得产品信息等成本的存在，因而利用市场机制是昂贵的（Coase，1937；Williamson，1985）。就像通用汽车和福特汽车公司过去所做的那样，企业传统的做法是通过垂直整合、扩大规模、雇用更多员工、建立自己的供应商和分销商等方式降低交易成本。

信息技术特别是网络的使用，可以帮助企业以更低的成本（交易成本）参与到市场活动中，使公司和外部供应商签订合同，这比使用内部资源更划算。因此，企业可以缩小规模（减少员工人数），将工作外包给竞争的市场比自己雇人便宜得多。例如，像克莱斯勒、丰田、本田那样的公司，通过计算机与外部供应商连接，从外部供应商处购买70%以上的零部件，从而获得经济效益。信息系统也使得像思科和戴尔这样的公司将它们的生产外包给Flextronics这样的合同制造商而不是自己生产。

随着交易成本的降低，企业规模（员工人数）将缩小，因为企业在市场上更容易以更低的价格买到产品和服务，不用再自己制造产品或提供服务了。企业的收入增加了，但其规模可以不变甚至还可能收缩。例如，伊士曼（Eastman）化工企业在1994年从柯达（Kodak）公司分出来时收入为33亿美元，全职员工为24 000名。到2015年时，它的收入达到96亿美元，员工只有 10 000 名。

信息技术还可以降低内部管理成本。根据**代理理论**（agency theory），企业可以被看成从自身利益出发的个人间的“契约集合”，而不是一个统一的、利益最大化的实体（Jensen and Meckling，1976）。委托人（所有者）雇用“代理人”（员工）代替自己执行工作。无论如何，代理人需要经常地被监督和管理，否则他们将会倾向于追求他们自己的利益，而不是所有者的利益。当一家公司的规模和范围都逐渐增大时，代理成本或者协调成本也会随之上升，因为所有者需要付出越来越多的努力监督和管理员工。

信息技术可以让组织减少获取和分析信息的成本，从而降低组织的代理成本，因为它会使管理者更容易监管更多数量的员工。信息技术可以让公司减少中层管理人员和文书人员，从而减少企业的总管理成本，增加收入。前面几章的例子说明，信息技术能够扩大小型组织的权力和范围，帮助它们用非常少的员工与管理者完成类似于处理订单或者跟踪库存等协调性工作。

因为信息技术为公司减少了代理成本及交易成本，随着在信息技术上的投资越来越多，我们可以预期公司的规模将越来越小，公司的管理者将越来越少，而每个员工的平均收益会越来越高。

3.2.2　组织和行为的影响

复杂组织的社会学理论也提供了一些解释，让我们了解信息技术应用的实施如何以及怎样引起企业变革。

1. IT 使组织扁平化

大的官僚组织的产生与发展早于计算机时代，这些组织往往效率不高，变化缓慢，与新组织相比缺乏竞争力。其中一些大型组织已经开始缩减组织规模，减少员工数量以及组织的层级。

组织行为学研究者认为，信息技术能够帮助公司扩大信息的传播范围，给底层员工授权，提高管理效率，从而使组织扁平化（见图 3-6）。信息技术促使组织中的决策权下放，因为低层级的员工能够在没有监督的情况下获得决策所需要的信息（这种权力下放也可能是因为员工的受教育水平提高，使他们有能力做出明智的决策）。现在，管理者能获得那么多及时、准确的信息，进而能更快地做出决策，这样就可以配置较少的管理人员。随着管理成本占收入百分比的降低，机构的管理效率也变得更高。

这些变化意味着管理控制的幅度扩大了，使高层管理者可以管理和控制更大距离范围内的更多员工。事实上，许多公司已省掉了数以千计的中层管理者。

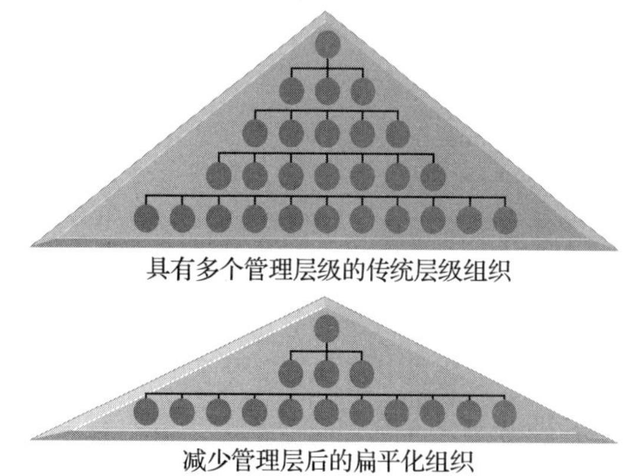

图 3-6　扁平化组织

信息系统能够减少组织的层级，因为信息系统能够为管理者提供监督管理大量下属所需要的信息，并给低层级员工提供更多的决策权。

2. 后工业组织

后工业时代的理论更多地基于历史学和社会学，而不是经济学，这些理论同样支持信息技术会使组织扁平化的观点。在后工业社会中，权威更依赖于知识和能力，而不仅仅是正式的职位。因为专业工作者更倾向于自我管理，当知识和信息在组织中广泛传播时，决策就变得分散了，这样组织就变得扁平化了。

信息技术能促进任务型组织的形成，即为了在短期内完成一项特定的任务（如设计一款新汽车），将一群专家聚在一起，面对面或者通过网络进行合作；一旦任务完成，这些专家就会加入其他任务团队中。全球咨询服务公司 Accenture 就是一个例子，373 000 名员工中的大多数会从一个地方移动到另一个地方，在超过 56 个不同国家的客户所在地的项目中工作。

谁来确保自我管理的组织不会走向错误的方向？谁来决定哪个人加入哪个团队工作，以及工作多长时间？当某人经常转换工作团队时，管理者如何考核他的绩效？人们如何知道他们的工作前景在哪里？这都要求采用新的方式评价、组织以及与员工沟通，并非所有公司都能使虚拟工作真正有效，我们会在“互动讨论：管理”部分中进行描述。

⊙互动讨论：管理

技术能代替管理者吗

创业公司以创新而闻名，其中一项创新就是它们的管理方式。一些新公司正在努力通过消除管理层级最大限度地减少员工数量和提高敏捷性。为了替代管理人员，它们正在转向使用技术，包括用户友好的软件和基于网络的低成本服务，如用亚马逊的 Redshift 存储公司数据、分析数据，并以仪表盘的形式呈现结果，使企业内的任何人都可以使用。过去，这些数据难以获得，要求更多高级管理人员组织和解释，或者要使用价值百万美元的、昂贵的商业智能系统分析。如今，即使是小型的初创公司，也能够近乎实时地存储和操作几乎无限的数据库。

例如，Chubbies 是一家快速成长的、针对大学兄弟会的服装创业公司。这家公司没有 CEO，相反，有 4 名联合首席执行官，每个人负责一定的业务职能。这种结构在公司的层级结构中不断出现。所有的 Chubbies 员工都可以访问高层管理人员可以访问的数据。汤姆·蒙哥马利（Tom Montgomery）是 Chubbies 的联合首席执行官之一，他认为当没有传统的 CEO 和最终决策者时，必须信任根据他们所得到的信息做出正确决策的人。尽管建立这种信任需要时间，但是一旦你这样做了，公司可以发展得很快。

蒙哥马利认为，过去有专门为客户策划活动的员工，他们向营销部门的经理报告，负责考虑公司为什么要把策划活动放在首位。如今，活动策划人员独自工作就可以使用一系列仪表盘来查看在 Facebook 上的点赞数，在 Instagram 上的贴图数，以及某个特定活动产生了多少销量，这样他就可以自己决定是否应该安排将来的活动。有了正确的数据和工具支持他的决定，他就不需要经理验证自己的选择。

网络零售商美捷步（Zappos）公司在 2013 年宣布，为了使拥有 1 500 人的公司不会变得过于僵硬、笨重和官僚，该公司正在减少管理人员。美捷步采用了一种名为“holocracy”的模式。在这个模式中，工人在没有中层管理人员的帮助下也能管好自己。与传统的企业命令链相反，holocracy 认为企业是由一系列互相重叠、自治的“圈子”组成的。Holocracy 是由“角色”组成的，而不是工作。每个角色属于一个圈子而不是部门。圈子重叠意味着每个人拥有不同的角色。被分配角色的员工在这些圈子里一起工作，他们的工作成果被一个基于网络的软件（Glass Frog）所记录。该系统允许公司中的任何人查看谁负责什么角色，以及他们在做什么。Glass Frog 提供了一个“待办事项”列表，团队成员用它来确定他们应该做的工作，并对这些任务负责。

虽然美捷步的首席执行官谢家华（Tony Hsieh）标榜自我管理，但尚不清楚员工是否广泛地接受他的想法。一些员工喜欢有更独立的机会。随着经验和专业技术不被重视，很少有新想法的资深员工受到更多关注。内向的人因为每个人需要在会议上发言而获得成长。其他的一些员工则对众多的任务、无休止的会议以及谁要做什么的不确定性感到困惑和沮丧。如果没有老板，他们向谁报告？如果没有工作头衔，他们期望什么？他们如何获得报酬？美捷步实施 holocracy 几周后，约有 14% 的员工离开了公司，而且员工流失还在持续。2015 年，美捷步的员工流失率为 30%，比其常规的年度流失率高 10%。

Treehouse Island Inc. 是一家位于波特兰俄勒冈州的在线编程学校，它也有一个扁平化的组织。员工一周工作 4 天，只在他们喜欢的项目里工作，很少需要发送电子邮件，也没有直接的老板。但是，它的业务在增长：约有 10 万名学生注册了在线课程和 100 名员工在工作。一些项目尚未完成，员工也不了解他们的责任。Treehouse Island Inc. 没有官僚组织的负担，但工作仍然停滞不前。没有经理协调项目，监督和鼓励员工，员工的效率并不高。据 Treehouse Island Inc. 的创始人瑞安·卡森（Ryan Carson）透露，没有任何人知道要努力工作的真正理由。Treehouse Island Inc. 最好的员工开始相信，公司对他们没有太多的期望。

关于 Treehouse Island Inc. 要开哪些课程的问题引发了许多分析和讨论，但最终还是没有答案或计划。Treehouse Island Inc. 的财务和运营部门负责人迈克尔·沃斯顿（Michael Watson）估计，关于 Treehouse Island Inc. 网站设计等问题的决策需要两倍的时间。

2015 年，Treehouse Island Inc. 的部分春季课程发生了改变。员工仍然一周工作 4 天，但现在他们有管理人员。自从做出这样的改变后，收入增加了，公司生产的录像课程的分钟数也增加了。客服人员回答有问题的学生所需的时间从 7 小时下降到 3.5 小时。由于现在明确定义了角色，管理人员会追踪任务。电子邮件实际上提高了生产力。

著名商学院 Insead 新加坡校区的战略教授阮贵辉认为，中层管理者经常被认为是企业膨胀的症状，但事实是没有他们，企业会分崩离析。

资料来源：David Gelles, “The Zappos Exodus Continues After a Radical Management Experiment,” *New York Times*,January 3,2016;Bourree Lam, “Why Are So Many Zappos Employees Leaving?” *The Atlantic*, January 15,2016; Christopher Mims, “Data Is the New Middle Manager,” *Wall Street Journal*,April 19,2015; and Rachel Feintzeig, “Radical Idea at the Office:Middle Managers,” *Wall Street Journal*, April 18,2015.

案例分析题

1. 扁平化组织与传统的层级官僚体系有何不同？
2. 信息技术是如何消除中层管理人员职位的？
3. 你认为从传统的层级组织变成扁平化组织的过程中，有什么样的管理、组织和技术问题？
4. 技术能代替管理者吗？请解释。

3. 理解组织变革的阻力

信息系统不可避免地与组织政治捆绑在一起，因为它们都能影响关键资源——信息的获取。信息系统可以影响一个组织中谁为谁做什么，何时、何地和如何做。许多新的信息系统要求员工的个人工作规范发生改变，而这些改变可能会给那些要求重新培训或额外进行努力的员工带来痛苦，因为他们不知道这些努力是否会得到补偿。因为信息系统会潜移默化地改变组织的结构、文化、业务流程和战略，所以当信息系统被实施并引发变革时，会遇到重大的阻力。

有几种方式可以描述组织的阻力。对创新的组织阻力的研究表明，组织变革的阻力通常源于四个主要的方面：信息技术、组织结构、人员以及工作任务（见图3-7）。组织的任务安排、架构和人员能够吸收、解释、转化和击败技术所带来的变革。在这个模型中，进行变革的唯一方法是同时改变技术、任务、结构和人员。其他的学者也谈到了在引入变革前需要“解冻”组织，并快速实施，然后“再冻结”或将这些变革制度化（Kolb and Frohman，1970）。

由于组织的阻力太强大，以致许多信息技术项目投资深陷困境，而且没有带来生产力的提高。事实上，关于项目实施失败的研究表明，大项目没有达到预期目标不是技术上的失败导致的，而是由对变革的组织和政治阻力造成的。第14章将详细描述这个问题。因此，作为一个未来参与IT投资的管理者，你对人和组织的处理能力与你对技术知识的掌握一样重要。

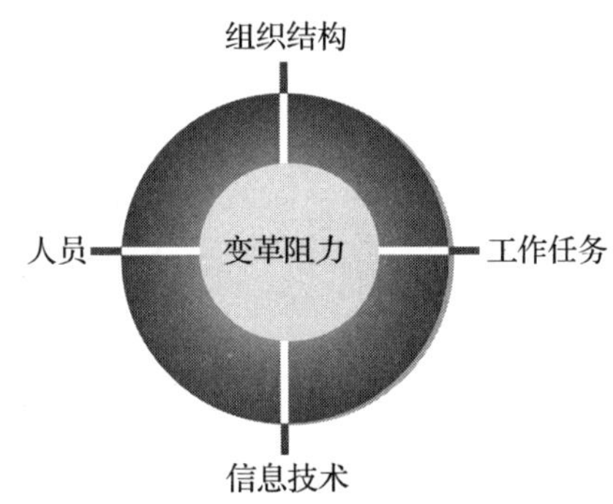

图3-7 信息系统创新的组织阻力

实施信息系统会对任务安排、组织结构、人员造成影响。根据这个模型，实施变革时，这四个方面必须同时发生变化。

3.2.3 互联网和组织

互联网尤其是万维网，对许多公司与外部实体之间的关系有着重要的影响，甚至对公司内部组织的业务流程也有很大的影响。互联网增加了组织对信息和知识的可获取性、存取性以及传播性。从本质上讲，互联网能极大地降低大多数组织的交易和代理成本。例如，在纽约的经纪公司和银行可以通过将它们的内部运行规程手册上传到公司的网站，送达给它们远距离的员工，以此省去几百万美元的资料分发成本。全球销售队伍通过网站几乎可以实时接收更新的产品价格信息或者管理人员通过电子邮件发送的指令。某些大型零售商的供应商可以通过访问零售商的内部网站获取准确到每一分钟的销售信息，并立刻下发补货订单。

基于互联网技术的应用，并将互联网技术作为企业IT基础设施的关键组成部分，企业可以很快重建一些关键的业务流程。如果说之前的网络是先导的话，那么现在的互联网使得业务流程更简单、员工更少、组织更扁平化。

3.2.4 对设计和理解信息系统的启示

要真正发挥信息系统的价值，建设信息系统之前，必须对使用信息系统的组织有清晰的理解。根据我们的经验，规划一个新的系统时，要考虑的核心的组织因素有以下几个：

- 组织所在的环境；
- 组织的结构，包括结构层级、专业分工、日常工作和业务流程；
- 组织的文化和政治；
- 组织的类型和领导风格；

- 被系统影响的主要利益群体，以及使用系统的员工态度；
- 信息系统要支持的任务类型、决策和业务流程。

3.3 波特的竞争力模型、价值链模型、协同效应、核心竞争力以及网络经济学如何帮助企业利用信息系统实现竞争战略

几乎在每一个行业里，你都会发现某些公司做得比其他大部分公司要好，其中总会有一家比较出众的公司。在汽车行业中，丰田被认为比较出色；在在线零售业中，亚马逊是领导者；在线下实体零售行业中，沃尔玛是全球最大的零售商和领导者；在在线音乐领域中，苹果的 iTunes 以超过 60% 的音乐下载市场占有率，被认为是领导者；在数字音乐播放器相关的行业中，iPod 是领导者；在网络搜索方面，谷歌被认为是领导者。

比其他公司做得更好的公司，被认为具有超越其他公司的竞争优势：它们要么具有其他公司得不到的特殊资源，要么能更高效地使用容易得到的普通资源——通常是因为具有出众的知识和信息资产。不管怎样，从收入增长、盈利性或者提升生产率（效率）来看，这些做得好的公司经过长期运营最终会转化为在股票市场上比竞争对手更高的估值。

那么，为什么有些公司会做得比其他公司好？它们是如何获到竞争优势的？你如何分析和识别公司的战略优势？你如何为自己的业务构建战略优势？信息系统如何为企业战略优势做出贡献？这些问题可以通过迈克尔·波特的竞争力模型做出回答。

3.3.1 波特竞争力模型

可以说，理解竞争优势最好的模型是迈克尔·波特的竞争力模型（见图 3-8）。这个模型为我们提供了关于公司、竞争者和公司环境之间关系的基本概貌。我们在本章前面描述了公司环境的重要性，以及公司对所处环境的依赖性。波特模型则描述了跟公司有关的总体业务环境。此模型中的五种力量决定了公司的命运。

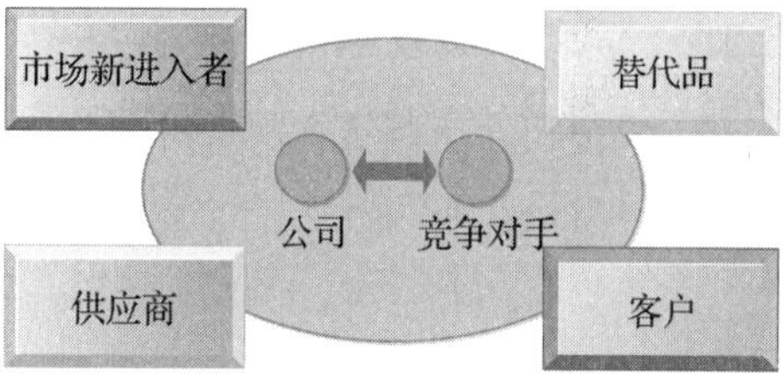

图 3-8 波特竞争力模型

在波特竞争力模型中，公司的战略地位和它的战略不仅取决于传统的直接竞争对手，同时受行业环境中其他四个力量的影响：市场新进入者、替代品、客户和供应商。

1. 竞争对手

所有的公司和其他竞争对手共享同一个市场空间，竞争者都在连续不断地引入新产品和新服务，创造更新、更高效的生产方式，都在连续不断地努力开发品牌，增加客户的转换成本，以此吸引客户。

2. 市场新进入者

在自由经济中，劳动力和金融资源都是可流动的，新公司总是在不断地进入市场。一些行业的准入门槛很低，另一些行业的准入门槛则很高。例如，企业可以很容易地开始一个比萨饼生意或任何其他的小型零售生意，但是进入计算机芯片行业则难得多，不仅需要高额的资金成本，还要求具备难以获取的、丰富的经验和专业知识。新企业具有若干个可能的优势：它们没有旧的工厂和设备的困扰，往往可以雇用经验少但更具创意的年轻员工，也不会被老得过时的品牌所拖累，并且比传统的行业占有者“更饥饿”（有更高的积极性）。当然，

这些优势同时也是它们的弱势：它们需要外部资金建造新的厂房和购买新的设备，这可能很昂贵；它们的员工缺乏经验，并且它们缺乏品牌认可度等。

3. 替代的产品和服务

几乎在每一个行业中，如果你的产品价格过高，那么客户就会寻找可用的替代品。新技术总是在创造新的替代品，甚至石油也有替代品：乙醇能替代轿车用的汽油，植物油可替代卡车用的柴油，而风、太阳能、煤炭和水力可以替代工业电能。类似地，互联网电话服务可替代传统的电话服务，进入各家的光缆电话线可以替代同轴电缆线。同样，作为 CD 的替代品，互联网音乐服务让你能下载音乐到 iPod 上。行业中的替代品越多，你控制价格的能力就越低，边际利润就越少。

4. 客户

一家公司的获利能力，在很大程度上取决于它吸引和留住客户、索要高价的能力（同时阻止客户走向竞争者）。如果客户很容易转换到竞争者的产品和服务，或者他们能迫使企业与竞争者在一个**产品差异化**（product differentiation）很小、所有价格均能及时获取（例如在互联网上）的透明市场上展开价格竞争，那么客户的谈判力就会提升。例如，在互联网上的大学旧书市场上，学生（客户）能找到多个供应商提供他们所需的教科书。在这种情况下，客户比旧书公司就具有更强的谈判力。

5. 供应商

供应商的市场谈判力对公司的利润有重大影响，尤其是当公司不能快速提价，而供应商可以提价时。一家公司的供应商越多，它就越能在价格、质量、供货时间上对供应商有更强的控制。例如，手提电脑的制造商总是由多个相互竞争的供应商提供电脑的关键配件，如键盘、硬盘、显示屏等。

3.3.2 信息系统战略提升竞争力

一家公司在面对所有这些市场竞争力量时，应当做些什么呢？公司该如何利用信息系统应对这些力量？如何防止替代品和阻止新市场竞争者？通常有四种竞争战略可以利用信息技术和系统：低成本领先、产品差异化、聚焦细分市场以及加强与客户和供应商的亲密关系。

1. 低成本领先

利用信息系统，可以获得最低的运行成本和最低的价格。最典型的例子就是沃尔玛。沃尔玛运用神奇的库存补充系统，保持商品低价和充足的商品，成为美国零售业的领导者。客户在收银台购买商品后，沃尔玛的不间断补货系统立即将新货订单发送给供应商。销售点终端系统（point-of-sale，POS）记录每一件结账商品的条码，并直接发送一个交易记录给公司总部的中央计算机。然后，中央计算机系统收集所有沃尔玛门店的订单，并传送给供应商。供应商也可以利用网络技术，获得沃尔玛的销售和库存数据。

由于系统可以迅速补充库存，沃尔玛无须花费很多资金维护库存。这个系统还能使沃尔玛根据客户的需求调整库存。竞争对手如西尔斯的管理费用占总销售收入的 24.9%，而沃尔玛通过信息系统降低了运营成本，其管理费用只占总销售收入的 16.6%（零售行业的平均运营成本为 20.7%）。

沃尔玛的不间断补货系统也是一个**高效的客户响应系统**（efficient customer response system）的例子。一个高效的客户响应系统将客户的行为与分销、生产、供应链紧密相连。沃尔玛的不间断补货系统提供了这样一个高效率的客户响应。

2. 产品差异化

公司可以开发出基于信息系统的新产品和新服务，或者可以极大地改善客户使用现有产品和服务的方便性。例如，谷歌在网站上连续推出如谷歌地图这样新的、独特的搜索服务。2003 年，eBay 大大简化了买家向卖家的支付方式，从而激发了拍卖市场的需求。苹果创造了 iPod，一个独特的便携式数字音乐播放器，加上其独特的网络音乐服务，客户花 0.69 ～ 1.29 美元就可以买到一首歌曲。随着苹果公司的不断创新，又陆续推出了多媒体智能电话 iPhone、平板电脑 iPad 以及具有影像播放功能的 iPod。

制造商和零售商正在利用信息系统创造定制化、个性化的产品和服务，以满足单个客户独特的明确需求。例如，耐克在它的网站上通过 NIKEiD 项目出售个性化的运动鞋。客户可以挑选运动鞋的种类、颜色、材质、鞋底，甚至可以定制 8 个字母的个性标签。耐克通过计算机，把这些订单发送给在中国和韩国的工厂。客户定制化服务只需另外加收 10 美元，同时工厂用 3 个星期的时间就可以将鞋子送到客户手中。利用与大批量生产时一样的资源，提供个性化的商品和服务的能力被称为**规模化定制**（mass customization）服务。

表 3-3 列举了一系列企业，它们都已经成功开发了其他公司很难模仿或者至少需要较长时间才能模仿的基于 IT 的产品和服务。

表 3-3　IT 使能的新产品和新服务提供竞争优势

亚马逊：一键式购物	亚马逊拥有一键式购物的技术专利，并把专利使用权卖给其他的零售商
在线音乐：苹果 iPod 和 iTunes	一个集成的手持播放器和一个包含超过 4 300 万首歌的在线库
高尔夫球杆定制化：Ping	客户可以在 100 多万个不同的高尔夫球杆选项中选择；按订单制造的系统可在 48 小时内完成客户定制的高尔夫球杆并发货
在线个人支付：PayPal	PayPal 支持个人银行账户间的转账，以及银行账户和信用卡账户间的转账

3. 聚焦细分市场

聚焦细分市场是指利用信息系统聚焦于某一特定市场，并且比竞争对手更好地服务这个细分的目标市场。通过信息系统产生并分析精准的销售和市场数据，以此支撑这种战略。信息系统能使公司精确地分析客户购买模式、口味、偏好等，从而能针对越来越小的目标市场，投放有效的广告和开展营销活动。

这些数据的来源有很多种，包括信用卡交易数据、人口统计数据、超市和零售商店的结账信息以及人们访问网站和与网站交互时收集到的数据。复杂的软件工具能从这些大量数据中发现消费模式和内在规则，从而帮助企业进行决策。数据分析技术促生了一对一营销，创造了基于个人偏好的个人信息分析。例如，希尔顿酒店通过 OnQ 系统收集并分析活跃客户的所有数据，确定每一个客户的喜好和价值。利用这些信息，希尔顿给最有价值的客户提供了一些附加的优惠，例如延迟退房等。目前的客户关系管理系统（CRM）具备了分析这些庞大数据的能力（见第 2 章和第 9 章）。

信用卡公司可以利用这种战略预测最有价值的持卡人，收集大量的客户购买以及其他行为的数据，通过挖掘这些数据，详细鉴别哪些持卡人具有好的或坏的信用。我们将在第 6 章和第 12 章中讨论数据分析的工具与技术。

4. 加强与客户和供应商的亲密关系

加强与客户和供应商的亲密关系是指利用信息系统强化和供应商的联系，并发展与客户之间的亲密关系。克莱斯勒公司利用信息系统，让其供应商可以获得其生产调度计划，甚至容许供应商自行决定如何以及何时将产品运至克莱斯勒的工厂，这使供应商在生产产品时有了更多的前置时间。在客户方面，亚马逊保存客户购买书籍和 CD 的偏好记录，并能把其他人购买的产品推荐给客户。建立与客户和供应商的紧密联系将增加消费者的**转换成本**（switching costs，从现有商品切换到竞争者的商品的成本），提高消费者对公司的忠诚度。

表 3-4 总结了我们刚才描述的这些竞争战略。一些公司专注于其中某一个战略，但你会发现有些公司往往会同时执行多种战略。比如，星巴克是全球最大的咖啡零售商，提供高品质的咖啡和饮料，但同时它也在试图通过降低成本进行竞争。

表 3-4　四种基本竞争战略

战略	描述	实例
低成本领先	利用信息系统提供比竞争对手价格更低的产品和服务，同时它的产品质量和服务水平更高	沃尔玛
产品差异化	利用信息系统提供差异化产品，并且使新产品和服务成为可能	优步、耐克、苹果
聚焦细分市场	利用信息系统专注于单个特殊的细分市场	希尔顿酒店、哈拉斯酒店
加强与客户和供应商的亲密关系	利用信息系统开发与客户及供应商的紧密联系，提高忠诚度	丰田、亚马逊

3.3.3　互联网对竞争优势的影响

由于互联网的出现，虽然传统竞争力依然存在，但是竞争变得越来越激烈（Porter，2001）。任何公司都能使用基于通用标准的互联网技术，这使公司之间更容易开展价格战，而且新的竞争者更容易进入市场竞争。因为信息对每个人都开放，互联网增加了客户的议价能力，客户可在网上快速发现最低价格的供应商，这使得公司利润下降得很快。表 3-5 给出了波特总结的互联网对竞争力和行业结构的几种潜在的负面影响。

表 3-5　互联网对竞争力和行业结构的影响

竞争力	互联网的影响
替代的产品或服务	使新的替代品成为可能，这些替代品以新的方式满足需求和执行功能
客户的议价能力	客户更容易获得全球价格和产品信息，增加了他们的议价能力
供应商的议价能力	公司通过互联网采购，增加了对供应商的议价能力，但是供应商也可以通过降低进入门槛和省去分销商、中介商获利
新进入者威胁	互联网降低了进入门槛，例如无须销售人员、渠道和物理设施。互联网提供了改进企业流程的技术，使得新业务更容易开展
现存竞争者间的定位和对抗	互联网扩展了地域市场，增加了业内竞争者的数量，减少了竞争者间的差异。让企业较难维持长期优势、追求价格竞争

互联网几乎摧毁了某些行业，严重威胁到了更多的行业。例如，印刷百科全书的行业和

旅游代理行业几乎被互联网产生的替代品所毁灭，同时互联网也对零售、音乐、书籍、零售经纪、软件、电信和新闻报纸业等都产生了重大的影响。

然而，互联网创造了全新的市场，成为成千上万新产品、新服务和新商业模式的基础，也为企业建立品牌和建立庞大且忠诚的客户群体创造了新的机会。亚马逊、eBay、iTunes、YouTube、Facebook、Travelocity 和谷歌都是这样的示例。从这个角度讲，互联网改变了整个行业，迫使企业改变做生意的方式。

智能产品和物联网

在工业和消费产品领域中越来越多地使用的传感器，通常称为物联网（Internet of Things，IoT），是互联网如何在行业内改变竞争状况并创造新产品和服务的一个很好的例子。耐克、Under Armour、Gatorade 等众多运动健身公司正在把资金投向可穿戴健康追踪器和健身设备。这些设备利用传感器将用户的运动数据传送给远程企业计算中心，这样就可以分析这些数据（参见“互动讨论：技术”部分）。正如第 1 章章尾案例研究中所描述的，约翰·迪尔拖拉机装载了现场雷达、GPS 收发器和数百个传感器跟踪设备。通用电气正在通过检查设备中成千上万个传感器产生的数据，帮助其飞机和风力涡轮机客户端改善运营，从而创造新业务（参见第 12 章章尾案例研究）。这些案例中的设备就被称为“智能产品”，这些产品是公司销售的更大型的信息密集型服务的一部分（Gandhi and Gervet，2016；Davis，2015；Porter and Heppelmann，2014；Iansiti and Lakhani，2014）。

智能互联网产品所产生的影响正在被接受。智能产品能够提供新的功能、更好的可靠性和更强烈使用产品的欲望，同时也能够提供用于改进产品和客户体验的详细信息。这样的产品增加了产品和服务差异化的机会。当你购买了一个可穿戴数字健康产品时，你不仅获得了产品本身，还可以从制造商的云服务器中获取大量服务。智能产品还加剧了企业之间的竞争。行业中的竞争对手要么进行创新，要么坐等失去客户。智能产品通常也会提高转换成本，抑制新进入市场者，因为现有客户熟悉了该公司的软件环境。最后，智能产品可能还会降低工业零部件供应商的力量，正如许多人认为的那样，有形的产品与使其运行的软件和硬件相比并不重要。

⊙互动讨论：技术

智能产品、智能企业

如果你还没有使用过智能产品，相信不久你就会用到。你的鞋子、衣服、手表、水杯，甚至你的牙刷都会被重新设计，将传感器和计量装置嵌入这些产品中，然后连接到互联网上，以便监控和分析这些产品的性能。

这么做会产生什么影响？耐克是世界上最大的运动鞋和服装公司。它创造了一系列以信息技术为基础的产品，以及一个通过锻炼改善个人可测量指标的工具和服务生态系统。Nike + 生态系统将 Nike 的企业计算机系统与智能设备（如 Nike + SportWatch GPS、Nike + FuelBand 以及 Apple 和 Android 移动设备上的 Nike + Running App）相连接。这使得耐克对设备收集到的各种个人情况和活动数据进行分析，帮助用户更有效地进行锻炼和解决自己的问题。这也为耐克产品附加了额外的价值，是客户喜欢这个品牌的原因。

Nike + SportWatch GPS 会追踪你的位置、速度、距离、圈数、燃烧的卡路里和心率（与

Polar Wearlink + 连接)。Nike + Running 应用程序会追踪你的路线、距离、速度、燃烧的卡路里和使用你的手机或另外一个与耐克合作的设备的时间。当你运动时,它会给你音频反馈。Nike + FuelBand 活动追踪器被佩戴在手腕上,并与 Apple iPhone 或 iPad 配合使用。FuelBand 使佩戴者能够追踪他们的身体活动、每天走路的步数和燃烧的卡路里量。它收集的信息被集成到 Nike + 在线社区和手机应用程序中,允许佩戴者设置自己的健身目标,在 LED 显示屏上监控他们的进度,并且将其与 Nike 社区中的其他人进行比较。

Nike 的专利软件将 Nike 智能设备追踪到的所有运动转换成 NikeFuel 积分。这些积分可以显示取得的成果,能够与朋友分享,也能够用来和其他人对比。NikeFuel 是耐克用于衡量各种运动的普遍方式。不管运动者的身高、体重、性别或运动形式是怎样的,它都可以用来与以往表现、另一个人或日常平均水平做对比(Nike 定义为 2 000 个 Fuel 点)。使用多个 Nike + 设备的用户可以访问 nikeplus.com 网站查看他们所有的数据,包括所有 Nike + 设备累积的 NikeFuel 积分。

耐克正在开发其他与 Nike + 整合的健身技术产品。用 NikeFuel 测量运动情况的人越多,他们就会更加锁定在耐克的生态系统中,也就更难转而使用其他公司的产品。Nike 将信息和技术集成到产品中的做法,可以使客户不断回到耐克自己的网站与应用程序上。

耐克相信,技术正在改变与消费者的关系,将其转变成不仅提供产品,同时也提供服务的公司。过去,当你购买了一个产品,意味着与公司的关系结束了。现在,当你购买了任何耐克产品,意味着公司与消费者之间的关系刚刚开始。这种关系越深厚,消费者会越喜欢耐克这个品牌,并保持对这个品牌的忠诚度。

Under Armour 是一家著名的、使用技术先进的材料做服装的公司,并且它也在使它的产品更加智能化。该公司花费 7.1 亿美元购买了 MyFitnessPal、MapMyFitness 和 Endomondo 等移动应用程序,使其能够进入世界上最大的数字健康和健身社区。Under Armour 通过应用内的广告(包括其他公司的广告)以及用户购买与其产品相关的应用软件产生收入。该平台为健身和健康导向的消费者提供了前所未有的、深入的信息和洞察力,为 Under Armour 和其他品牌创造了许多与潜在客户及现有客户接触的机会。例如,如果用户使用社交媒体连接到应用程序上,MapMyFitness 就会收集有关用户姓名、电子邮件地址、出生日期、位置、性能和配置文件的数据。Under Armour 不向第三方出售有关个人的资料,但向广告客户提供有关用户的综合信息。Under Armour 希望每天使用它的智能手机应用程序与用户建立更强的联系,从而增加自己的服装、鞋类和其他运动装备的销售。

Under Armor 已经与电子商务零售商美捷步合作,根据记录在 MapMyFitness 应用程序中的锻炼数据,在用户需要更换运动鞋时,向用户发送弹出通知。Under Armor 认为衣服最终会成为追踪人体运动和生物节律的手段。Under Armor 开发了自己的智能鞋,叫作 UA SpeedForm Gemini 2 Record Equipped。它能够追踪跑步者的时间和日期、持续时间、距离等信息。该公司还与 HTC 合作开发了 UA HealthBox,一个价值 400 美元的红色盒子,包括 Wi-Fi 秤(用于测量体重和身体脂肪)、心率胸带和可移动传感器,以及用于跟踪锻炼和睡眠的防水健身手环。这些设备收集的数据被存储在 iPhone 或 Android 手机上的 Under Armour Record 应用程序中。

Gatorade 在 72 亿美元的运动饮料市场中占有 78% 的份额。目前它正在开发一种微芯片配套的"智能帽"瓶盖,这种瓶盖可以为运动员和健身爱好者不断地提供他们该喝多少饮料的信息。根据 Gatorade 的说法,每个人对水的需求是不同的,每次运动流的汗水从半升到超过两升不等。该公司计划在饮料瓶盖上的小型芯片中放入十几种不同的电解质和碳水化合物配方。

在 2014 年世界杯之前,Gatorade 就开始在巴西国家足球队测试智能瓶盖,目前正在与波士顿凯尔特人篮球队和巴塞罗那足球俱乐部进行测试。在现场测试的原型中，闪光的灯会告诉运动员什么时候需要补水。用户可以用他们的名字、团队标识和号码自定义智能瓶盖。

波士顿凯尔特人是Gatorade全球创新与设计高级总监，他认为提供个性化的营养和将技术整合到运动产品中是下一个业绩前沿。Gatorade的母公司——百事可乐正在积极尝试拓展到含糖苏打饮料之外的领域中，而这种技术使能的产品正好提供了机会。

资料来源：Kate Taylor, " Gatorade Is Developing a ' Smart Cap ' That Keeps Track of Hydration, " *Business Insider*, March 21, 2016;Mike Esterl, " Gatorade Sets Its Sights on Digital Fitness, " *Wall Street Journal*,March 10,2016; Edward C. Baig, " Under Armour and HTC Team Up on Connected Fitness, " *USA Today*,January 5,2016; www.underarmour.com,accessed April 20,2016;www.nike.com,accessed April 19,2016;John Kell, " Why Under Armour Is Making a Costly Bet on Connected Fitness, " Fortune, April 21,2016;and Jared Linzdon, " The Rise and Fall of Wearable Fitness Trackers," *The Globe and Mail*,January 5,2015.

案例分析题

1. 案例中讨论的这些公司都在追求什么样的竞争战略？
2. 信息技术和智能产品如何与这些战略相联系？请描述信息技术在这些产品中的角色。
3. 这些智能产品会带来道德问题吗？比如这些产品如何影响消费者的个人隐私？请解释你的答案。

3.3.4 企业的价值链模型

虽然波特模型对识别竞争力因素、提出一般性战略建议是非常有用的，但没有明确提出具体应该做什么，对于如何达到竞争优势没有提供可遵循的方法。如果你的目标是实现运行最优化，应该从哪里开始？这就是企业价值链模型的有用之处。

价值链模型（value chain model）强调了企业中最佳应用竞争战略的特殊活动（Porter, 1985），以及信息系统最具战略影响的地方。这个模型指出了企业利用信息系统，最有效地提高市场竞争地位的具体的关键支撑点。价值链模型把企业看成由一系列基本活动组成的串或链，这些活动能增加企业产品或服务的边际价值。这些活动可分为主要活动或支持活动（见图3-9）。

主要活动（primary activities）是指为客户创造价值的，与企业产品和服务的生产、分销最直接相关的活动。主要活动包括采购物流、生产运营、销售物流、销售和市场以及服务。采购物流包括接收、储存原材料，为生产进行配送；生产运营将输入的原材料转化成产成品；销售物流负责储存和配送成品；销售和市场涵盖了公司产品的促销与销售活动；服务活动包括维护和修理企业的产品与服务。

支持活动（support activities）是指支持、辅助主要活动开展的活动，包括行政管理（组织基础设施）、人力资源管理（员工招聘、雇用和培训）、技术（改进产品和生产过程）以及采购管理（购买原材料）。

现在，你可以就价值链的每个阶段进行思考："我们如何用信息系统改善运行效率，改进与客户和供应商之间的关系？"这将让你批判性地考察你的价值链活动在每一个阶段中执行得如何，业务流程能够如何改善。你也可以开始问：如何用信息系统改善与客户或供应商之间的关系？客户和供应商在公司的价值链之外，属于公司扩展的价值链，对公司的成功至关重要。用于协调公司资源的供应链管理系统，以及用于协调销售人员和维修服务人员与客户的客户关系管理系统，是由价值链分析得到的两个最常见的应用系统。我们将在第 9 章中更详细地讨论这些系统。

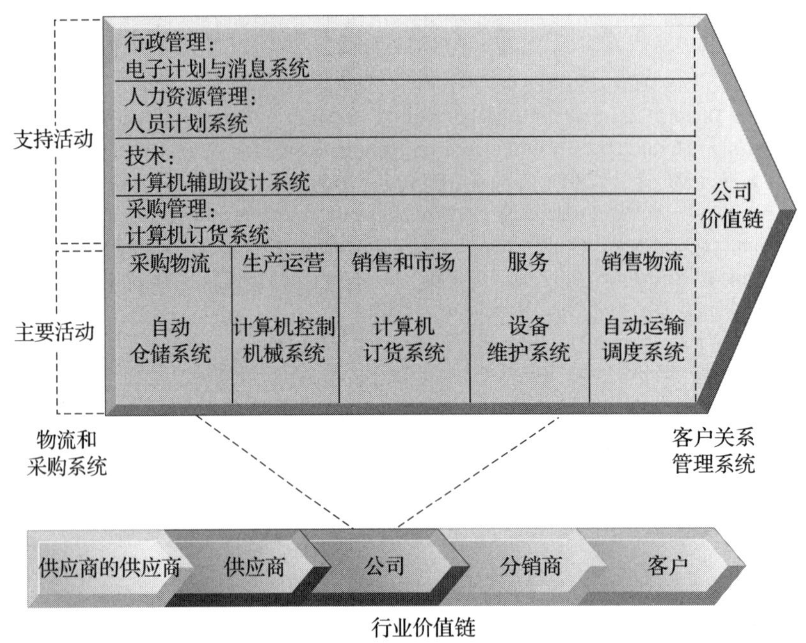

图 3-9 价值链模型

该图为企业的主要活动和支持活动提供了一些系统的例子，并且也为企业产品或服务增加边际效用的、有价值的合作伙伴提供了例子。

企业价值链模型还可以使你与竞争对手或相关行业的标杆公司比较业务流程，识别行业的最佳实践。**标杆分析法**（benchmarking）是指将公司的业务流程的效率和效益与一些精确的标准进行对比，然后根据这些标准评估公司的绩效。行业**最佳实践**（best practices）通常由咨询公司、研究机构、政府部门和行业协会确定，是有效地达到企业目标的最成功的解决方案或解决问题的方法。

通过对企业价值链不同阶段的分析，你就能形成一系列可选择的信息系统应用。然后，一旦有了一系列的候选应用，你就该决定先开发哪一个。改进竞争对手忽视的那些价值链，你就能够通过优化运行、降低成本、增加边际利润、改善与客户和供应商的关系获得竞争优势。如果你的竞争者也做了相似的改进，你至少不至于处于竞争劣势中，最坏的情况也不过如此。

延伸价值链：价值网络

图 3-9 显示了企业的价值链与它的供应商、分销商和客户的价值链相连。毕竟，一家公司的绩效不仅取决于公司的内部，而且取决于公司与其直接或间接相连的供应商、运输公司（物流合作伙伴，如 FedEx 或 UPS）以及客户之间关系的协调。

如何应用信息系统在行业层面取得战略优势？现有的公司可以通过与其他公司合作，利用信息技术制定行业内的信息和业务电子交易标准，迫使所有的市场参与者遵守相同的标准。这种努力能够提高效率，使替代性产品变得不太可能，或许还能提高行业准入门槛，从而阻碍市场新进入者进入。同样地，行业成员还可以建立行业范围的支持 IT 的联盟、论坛和通信网络以协调与政府部门、国外竞争者和行业竞争有关的活动。

行业价值链让你思考如何利用信息系统更有效地与供应商、战略伙伴以及客户互动。战略优势来自你的价值链与其他合作伙伴的价值链在业务流程中的集成能力。例如，如果你是亚马逊，你就会想要建立系统实现以下功能：

- 让供应商在亚马逊网站上方便地展示产品和开店；
- 让客户轻松完成购物支付；
- 协调产品快速配送至客户；
- 为客户开发物流跟踪系统。

互联网技术使得被称作“价值网络”的高度协同的行业价值链变成可能。**价值网络**（value web）是一系列独立公司的集合，这些公司利用信息技术协调它们的价值链，共同为市场生产一种产品或提供服务。与传统的价值链相比，它更多地是由客户驱动的，并且很少通过直线方式运行。

图 3-10 显示了价值网络能在本行业或相关行业的不同企业中协同客户、供应商和贸易伙伴间的业务流程。这些价值网络是灵活的，可适应供应和需求的变化。这些企业之间的关系可以是捆绑在一起的，也可以是灵活的，以响应市场条件的变化。公司可以通过优化它们的价值网络，快速决策谁能以合适的价格和地域位置提供市场所需的产品与服务，从而缩短其进入市场、获取客户的时间。

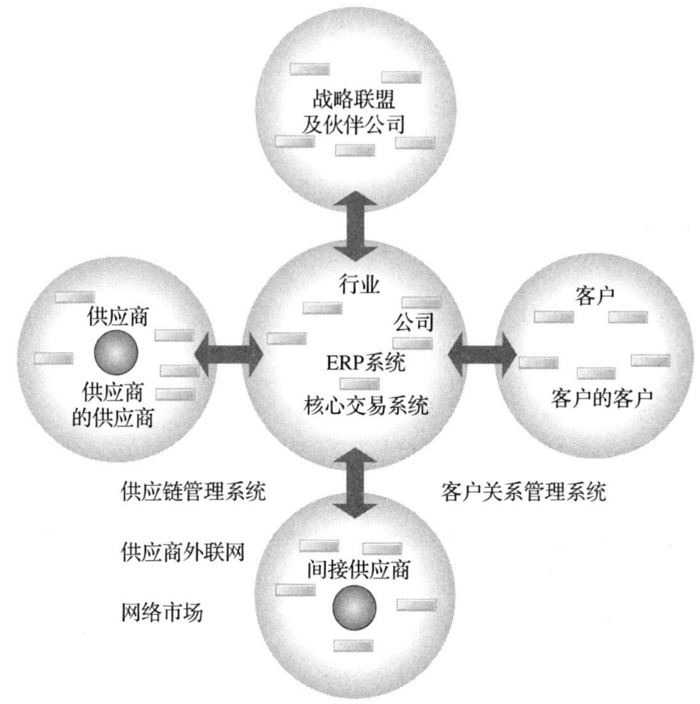

图 3-10 价值网络

价值网络是一个能够协同行业内商业伙伴间价值链的网络系统，能够快速响应供应和需求的变化。

3.3.5 协同、核心竞争力和基于网络的战略

一家大的公司通常是一系列业务的集合。一般来说，公司在财务上组成一系列业务战略单元，其获得的回报直接取决于所有战略单元的绩效。信息系统通过提高公司的协同能力以及核心竞争力，改善这些业务单元的整体绩效。

1. 协同

协同的思想是指当某些单元的输出可以作为其他单元的输入时，或者是两个组织共享市场和专业知识时，这种关系可以降低成本并创造利润。最近，银行和财务公司间的兼并，例如摩根大通和纽约银行合并、美国银行和全美金融公司合并，都是为了达到这种目的。

在协同的情况下，信息技术的应用就是将不同业务单元的运行联系在一起，形成一个整体。例如，通过与全美金融公司合并，美国银行扩展了自身的贷款业务，并挖掘出一大群对其信用卡、消费类业务和其他金融产品感兴趣的新客户。信息系统帮助兼并企业，合并运营，降低零售成本，增加跨市场的金融产品。

2. 提高核心竞争力

用信息系统获得竞争优势还有另一种方式，即考虑用信息系统提高核心竞争力。所有业务单元整体绩效的提升，取决于这些业务单元能否开发或形成核心竞争力。**核心竞争力**（core competency）是能使公司成为世界领先者的能力。核心竞争力可能源于成为世界最好的微型零件设计者、最好的包裹递送服务或者最好的薄膜制造商。总之，核心竞争力依赖通过多年实践经验获得的知识，这些实践知识通常来自从事长期研究的努力的和忠诚的员工。

任何鼓励跨业务单元分享知识的信息系统都能提高竞争力。这样的系统可以支持或者提高现有的竞争力，帮助员工获得外部新知识，也可以帮助企业将现有竞争力更好地应用到市场中去。

例如，宝洁公司是一家在品牌管理和消费者产品创新方面全球领先的公司，该公司利用一系列信息系统提高核心竞争力。一个名为 InnovationNet 的内联网可以帮助宝洁公司的员工在相似的问题上分享想法和经验，也可以将世界各地从事研究与开发、工程、采购、市场、法律事务和业务信息系统工作的员工联系在一起，通过一个入口，提供基于浏览器的各种来源的文件、报告、图表、视频和其他数据。该系统还包括一个主题专家目录，员工点击这些专家可以获得建议，或者与专家共同合作解决问题、开发产品。该系统还可连接到外界分布于世界各地的科学家，以及正在寻找新的创新产品的企业家。

3. 基于网络的战略

互联网和网络技术的出现，激发了利用公司能力创建网络并互联的战略。基于网络的战略包括网络经济学、虚拟企业模式和商业生态系统和平台。

网络经济学（network economics） **网络经济学**是指一个产品产生的经济价值取决于人们利用这个产品的情况。对某些产品和市场来说，真正的经济价值来自其他人使用产品的情况。在这些情况下，“网络效应”就产生了作用。例如，假如一部电话与其他的电话不连接，它的价值是什么呢？电子邮件之所以有价值，是因为它能够让我们和成千上万的人沟通。基于网络效应的网页模式在互联网时代会取得成功，包括社会化网络，软件，通信软件以及像 Uber、Airbnb 那样按需服务的公司。

在传统经济学（工业经济学和农业经济学）中，生产将遵循收益递减定律。生产资源的投入越多，得到的边际收益越少，当达到某一个临界点后，增加投入将得不到任何多余的回报，这就是收益递减定律，它是大多数现代经济学的基础。

但在某些情况下，收益递减定律会失效。例如，在一个网络中增加一个参与者的边际成本几乎为零，而边际收益却非常大。在电话系统或互联网中，用户越多，对于所有参加者的价值就越高，因为每个用户可以和更多的人联络。然而，运行一个有 1 000 万个用户的电视台，不会比运行一个只有 1 000 个用户的电视台花费多很多。社区的价值随规模扩大而大大增加，而新增成员的成本却是微不足道的。

从网络经济学的视角来看，信息技术是具备战略意义的。互联网站点可以被公司用来建立用户社区，方便志趣相投的客户分享他们的经验，这种社区有助于建立客户忠诚度和购物乐趣，从而建立与客户之间特别的联系。eBay 是在线拍卖网站的巨头，iVillage 是一个女性在线社区，这两家公司就是这样做的，两者都是基于百万级用户开展业务的网站，并都已利用网络和互联网通信工具建立社区。越多的人在 eBay 上提供商品，eBay 对每一个用户就越有价值，因为网站上陈列了更多的商品，供应商间的低价竞争也越激烈。网络经济学也给商业软件供应商提供了战略机会。使用其软件和软件互补产品的用户越多，软件的价值就越高，这样才会有一个更大的用户基础保证产品的持续使用和供应商的支持。

虚拟企业模式（virtual company model）另一个基于网络的战略是使用虚拟企业模式创造具有竞争力的业务。**虚拟企业**（virtual company）也被称为虚拟组织，是指利用网络将人员、资产、创意与想法连接在一起，使之能和其他公司结成联盟，不受传统的组织界限或者地理位置限制，创造并提供商品或服务的组织。一家公司可以利用别的公司的能力，但又没必要在物理上和该公司相连。当公司发现从外部供应商获得产品、服务或能力比较便宜时，或者需要快速地抓住市场机遇而自己又缺少相关资源的时候，虚拟企业模式就会很有用。

时装公司如 GUESS、Ann Taylor、Levi Strauss 和 Reebok 等通过香港的利丰公司管理生产和运输产品。利丰公司负责产品开发、原材料供应、生产计划、质量保证和物流等活动。利丰公司没有任何布料、纺织厂或机器，它将其所有工作外包给世界各地 40 个国家的 15 000 多家厂商组成的供应商网络。客户通过自己的外联网向利丰公司下订单，之后利丰公司将订单发送给合适的原材料供应商和工厂，并在那里进行生产。利丰公司通过外联网跟踪每一个订单的全部生产过程。作为一家虚拟企业，利丰公司保持了灵活性和适应性，因而它能迅速设计并生产出客户所要求的产品，以适应快速变化的流行趋势。

商业生态系统和平台　互联网和新生的数字企业给行业竞争力模型带来了一些改变。传统的波特模型假设企业面临的是一个相对静态的行业环境，相对清晰的行业边界和相对稳定的供应商、替代品和客户，企业只需要关注能否成为某个市场中的参与者。与仅仅参与单个行业竞争不同的是，如今的企业更多地参与到一个行业群（即提供相关服务和产品的行业集合，见图 3-11）中开展活动。这些连接松弛但又互相依存的供应商、分销商、外包商、运输服务商和技术制造商组成的网络被称为**商业生态系统**（business ecosystem）（Iansiti and Levien，2004）。

商业生态系统的概念建立在之前介绍过的价值链网络的基础上，主要的不同点在于跨行业的合作，而不只是许多企业间的合作。例如，微软和 Facebook 均提供由信息系统、技术和服务组成的平台，这些平台使来自不同行业的成千上万家企业提升了自己的能力（Van Alstyne et al.，2016）。

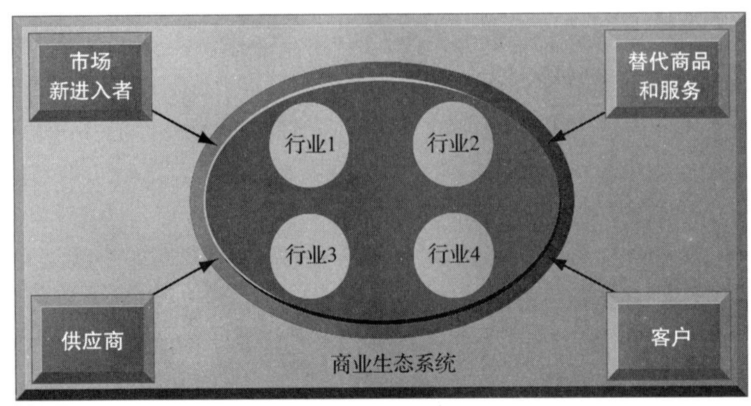

图 3-11 生态系统战略模型

数字化时代，需要用一个更动态的视角看行业、公司、客户和供应商的边界。商业生态系统中的竞争发生在行业群中。在商业生态系统模型里，多个行业在一起工作，为客户提供价值。信息技术使这些参与合作的公司在密集型互动中扮演着重要角色。

微软大约有 4 万多家公司用 Windows 平台发布它们的产品，同时也支持微软的产品，扩展微软公司本身的价值。数十亿的个人和上百万的企业利用 Facebook 进行互动，分享信息，同时也购买、营销、出售大量的产品和服务。商业生态系统的特点是：它由一家或少数几家核心公司统领着生态系统，并创建了被其他专营公司应用的平台。在微软生态系统中，核心公司包括微软和一些技术生产商，如英特尔和 IBM。专营公司包括几千家软件应用公司、软件开发商、服务公司、网络公司和既支持又依赖微软产品的咨询公司等。

信息技术在建立商业生态系统中扮演着重要的角色。显然，许多公司通过信息系统建立了服务于其他企业的基于 IT 的平台，从而成为核心企业。在数字化时代，我们期望企业更多地关注利用 IT 建立行业生态系统，因为对一家公司而言，加入生态系统意味着成本将不断下降，并且随着平台的成长，所有参与公司的利益将迅速增加。

单个企业需要考虑的是，它的信息系统如何使自己在核心公司构建的大型生态系统中成为有利可图的专营企业。例如，当决定要生产什么产品或提供什么服务时，公司应了解是否有与这些产品相关的商业生态系统，以及如何通过信息技术参与到这些大型生态系统中。

当前一个强大的、快速扩展的生态系统的例子就是移动互联网平台。在此生态系统中有四个行业，包括设备制造商（苹果 iPhone、三星 Galaxy、摩托罗拉、LG 及其他）、无线通信公司（AT&T、威瑞森、T-Mobile、Sprint 及其他）、独立软件应用提供商（通常是销售游戏、应用、铃声的小公司）以及互联网服务提供商（它作为向移动平台提供互联网服务的供应商参与其中）。

每一个行业都有自己的成长历史、利益和驱动力，但在上面提到的移动数字平台生态系统这样的新行业中，这些元素有时是互补的，有时是相互竞争的。苹果公司超越其他公司之处在于它成功地把这些行业整合成为一个系统。苹果的目标是销售物理设备（iPhone），这一设备几乎和当今的个人电脑的功能一样强大，在由无线电话运营商提供的高速宽带网环境下就能工作。为了吸引大量的客户群，iPhone 已经不只是一个移动电话，苹果把它变成了“智能电话”，它具备了运行 70 万种不同的应用程序的能力。苹果自己不可能开发所有这些应用，相反，它依赖独立的小型软件开发商提供这些应用。此外，这些应用可以在 iTunes 商店中买到。实际上，这是个互联网服务提供商的行业，当 iPhone 的用户连接到互联网时，这些提供商就开始挣钱了。

3.4 战略信息系统的挑战是什么？如何应对这些挑战

战略信息系统常常会改变组织以及它的产品、服务和运营程序，驱使组织进入全新的行为模式。要成功地应用信息系统获得竞争优势，是一件很具挑战性的事，要求技术、组织和管理之间密切配合。

3.4.1 保持竞争优势

战略信息系统带来的竞争优势不一定会持续很久，也不一定能保证长期地获利，因为竞争对手可以反击或者模仿战略信息系统，因此竞争优势并不总能维持。市场、客户期望、技术在不断地发生变化，全球化使得这些变化变得更快、更不可预测。互联网能使竞争优势很快消失，因为实际上几乎所有企业都能应用这个技术。经典的战略信息系统如美国航空的 SABRE 计算机订票系统、花旗银行的 ATM 系统、联邦快递的包裹跟踪系统等，均得益于它们是该行业的第一个先行者。后来，竞争性的信息系统不断涌现。亚马逊是电子商务的领导者，但现在面临着来自 eBay、雅虎和谷歌的竞争。单独依靠信息系统不能获得持久的商业优势，原先以为会带来战略优势的系统，常常会变成该行业企业生存的工具，即成为每家想要留在该行业的公司必须拥有的系统，或者系统就可能成为阻碍组织为获得长远成功而进行战略变革的基本要素。

3.4.2 信息技术与企业目标对应

关于信息技术和企业绩效的研究表明：①信息技术与企业目标对应（aligning）得越成功，企业就可能获得越大的收益；②只有 1/4 的公司能成功地实现 IT 和企业目标的对应，一家企业大约有一半的获利被认为来自信息技术和企业目标的对应（Luftman，2003）。

大多数企业的错误在于：信息技术只追求技术上的完善，并没有很好地为管理和相关利益者服务。管理人员在构建企业信息技术的过程中没有发挥积极的作用，而是忽视了信息技术。他们认为自己不懂信息技术，并且容忍了信息技术领域投资的失败，认为信息技术就是一件麻烦事。这样的公司投入了巨大的成本，但得到的绩效很差。成功的公司和管理人员懂得信息技术能做什么以及怎么做，在信息技术建设中扮演积极的角色，并评估它对公司营收和利润的影响。

管理备忘录：开展战略性的系统分析

为了确保信息技术和企业业务相对应，有效地应用信息系统，从而获得竞争优势，管理人员需要开展战略性的系统分析。为了判断什么样的系统能为公司带来战略优势，管理人员应询问以下这些问题：

1. 公司所处行业的结构是什么？

- 影响行业竞争的因素是什么？有没有行业的新进入者？供应商、客户、替代性产品或服务的相对价格谈判力如何？
- 质量、价格或品牌是竞争基础吗？
- 在本行业中，变革的方向和本质是什么？这种变革趋势是从哪儿开始的？
- 现在，本行业内是如何利用信息技术的？本公司在应用信息系统方面是领先者还是落后者？

2. 对于本公司来说，业务、公司和行业价值链是什么？

- 公司如何为客户创造价值，是通过低价格、低交易成本，还是通过高质量？价值链中是否还存在可以为客户创造更多价值、为公司创造更多利润的地方？
- 公司是否采用行业最佳实践理解和管理业务流程？是否能利用供应链管理、客户关系管理和企业系统获得最大的收益？
- 公司是否有效地发挥了它的核心竞争力？
- 行业供应链和客户基础在向有利于还是不利于公司的方向变化？
- 公司是否能从战略合作或价值网络中获利？
- 在价值链的哪个环节中，信息系统能给公司带来最大的价值？

3. 本公司是否已经把信息技术与企业战略、企业目标对应起来？

- 本公司是否已经正确表达了企业战略和目标？
- 信息技术是否正在改进相关的业务流程和活动，以促进相关战略的实施？
- 是否使用了正确的评价方法，以确保项目进展是朝着预定的目标进行的？

3.4.3 管理战略性的变革

接受本章所描述的这种战略性系统通常要求企业在业务目标、客户和供应商关系以及业务流程上发生变革。这种同时在社会和技术两个层面上影响组织的社会技术变革被称之为**战略性的变革**（strategic transitions），即在社会技术系统层次间的变化。

这些变革常常会造成组织内部和外部边界模糊。组织必须与供应商和客户紧密连接，并相互承担责任。管理者需要设计全新的业务流程，以便协调公司和客户、供应商以及其他组织间的活动。这些组织变革要求相关的新信息系统的支持——这些信息系统非常重要，值得贯穿整本书进行讨论。在第 14 章中，我们将更详细地讨论组织变革的问题。

本章小结

1. 为成功建设和使用信息系统，管理者必须知道哪些组织特性？

所有现代组织都是科层制、专业化分工和公正的，使用明确的工作规范以达到效率的最大化。所有组织有其自身的文化，以及因不同利益群体而形成的政治，它们也受到周围环境的影响。不同的组织具有不同的目标、服务群体、社会角色、领导风格、激励机制、任务类型和组织结构等，这些特性有助于人们理解组织应用信息系统的差异。信息系统和组织之间是相互依存、相互影响的。

2. 信息系统对组织的影响有哪些?

引入一个新的信息系统会影响组织的结构、目标、工作设计、价值观、利益群体间的竞争、决策方式和日常行为。同时信息系统必须以服务重要的组织群体为设计目标，并受到组织结构、业务流程、目标、文化、政治和管理的影响。信息技术能减少交易和代理成本，降低成本的幅度伴随着互联网的使用而增加。新的系统会破坏现有的工作模式和权力关系，因此这也是系统引入时会遇到强大阻力的原因。

3. 波特的竞争力模型、价值链模型、协同、核心竞争力和网络经济学是如何帮助公司利用信息系统开发竞争战略的?

在波特的竞争力模型中，公司的战略定位和企业战略是由与传统直接竞争者之间的竞争关系所决定的，但它们也在很大程度上受到新的市场进入者、替代品、供应商以及客户的影响。信息系统可以帮助公司实现低成本、产品和服务差异化、聚焦于细分市场、强化与客户和供应商的关系、以优异的运营水平增加进入市场的壁垒等竞争策略。

价值链模型强调了企业中受竞争战略和信息系统影响最大的业务活动。这个模型将企业看成一系列主要活动和支持活动的组合，这些活动能够给企业的产品和服务带来价值。主要活动是直接与生产和配送相关的活动，而支持活动是辅助主要活动完成的活动。公司的价值链可以与供应商、分销商和客户的价值链相连接，使企业和价值伙伴能更高效地工作，由此提高行业层面的竞争力。

由于公司是由多个业务单元组成的，所以信息系统能将独立的业务单元紧密联系在一起，从而帮助公司提高效率、服务质量。信息系统能促进跨业务单元的知识共享，从而帮助企业掌控它们的核心竞争力。信息系统发挥网络经济的优势，使得基于用户或消费者的大型网络商业模式更容易实现。虚拟企业战略是通过网络让企业和其他公司连接在一起，以利用其他公司在生产、市场、分销产品和服务上的能力。在商业生态系统中，多个行业一起合作从而给客户带来价值。信息系统能够支持相关公司间的密集网络互动。

4. 战略信息系统带来的挑战是什么? 企业应当如何应对这些挑战?

实施战略系统通常要求剧烈的组织变革，并从一个社会技术层次向另一个层次转变。这些变革被称之为战略性变革，要实现这种变革往往很艰难、很痛苦。另外，信息系统建设可能花费甚高，但并非所有战略系统均能获利。许多战略信息系统容易被其他公司模仿，因而战略优势并不总能维持。

MyMISLab

完成标有 MyMISLab 标记的问题，请到 MyMISLab 的 EOC 讨论问题部分。

复习题

3-1 为了成功地建设和使用信息系统，管理者应当知道哪些组织特性？

- 组织的定义，比较组织的技术定义和行为学定义；
- 识别和描述组织特性，这些特性可以帮助解释组织中信息系统的差异。

3-2 信息系统对组织有哪些影响？

- 描述能解释信息系统如何影响组织的主要经济学理论；
- 描述能解释信息系统如何影响组织的主要行为学理论；
- 解释为什么引入信息系统时会有巨大的组织阻力；
- 描述互联网和破坏性技术对组织的影响。

3-3 波特的竞争力模型、价值链模型、协同、核心竞争力和网络经济学是如何帮助公司利用信息系统制定竞争战略的？

- 波特竞争力模型的定义，解释它是如何工作的；
- 描述竞争力模型是如何解释竞争优势的；
- 列举并描述公司可利用信息系统实现的四种竞争策略；
- 描述信息系统是如何支持每一种竞争战略的，并给出例子；
- 解释为什么信息技术和企业目标对应是战略性利用信息系统的基础；
- 定义并描述价值链模型；
- 解释价值链模型如何识别信息系统的机会；
- 定义价值网络，并解释它与价值链之间的关系；
- 解释价值网络如何帮助企业识别战略信息系统机会；
- 描述互联网是如何改变竞争力和竞争优势的。
- 解释信息系统是如何促进企业协同并获得核心竞争力的；
- 描述促进协同、获得核心竞争力是如何提高竞争优势的；
- 解释企业是如何用网络经济学和网络生态系统获利的；
- 定义并描述虚拟企业以及虚拟企业战略带来的好处。

3-4 战略信息系统带来的挑战是什么？企业应当如何应对这些挑战？

- 列举并描述战略信息系统带来的管理上的挑战；
- 解释如何进行战略性的系统分析。

讨论题

3-5 有人说不存在可持续的竞争优势，你同意吗？为什么同意或为什么不同意？
MyMISLab

3-6 有人说像戴尔、沃尔玛这样领先的零售商，超过竞争对手的优势不在于技术，而在于它们的管理。你同意吗？为什么同意或为什么不同意？
MyMISLab

3-7 在确定互联网是否能给你的企业提供竞争优势时，应该考虑哪些问题？
MyMISLab

MIS 实践项目

本部分的项目能给你带来关于识别信息系统如何支持企业战略，解决客户保留问题，如何利用数据库改进企业战略决策以及利用网络工具配置汽车并给汽车定价等方面的实践经验。请访问 MyMISLab 的多媒体图书馆获取本章 MIS 实践项目。

管理决策问题

3-8 梅西百货及其子公司在美国经营着大约 840 家百货商店，这些零售商店销售一系列商品，包括衣服、室内陈设和家居用品等。高层管理团队决定根据当地的客户偏好，如衣服的颜色、尺码、品牌、样式，并基于每家梅西百货商店的销售状况调整产品。信息系统能如何帮助梅西百货实施这个新战略？信息系统应收集哪些数据帮助管理者进行决策，以支持这个战略？

3-9 尽管 T-Mobile 开展了很激进的低价手机销售活动以吸引客户，但是它还是丢失了很多给公司带来收入的签了两年合约的客户。管理人员想要知道为什么那么多客户会离开 T-Mobile，如何做才能把他们吸引回来。客户离开是因为糟糕的客户服务、不均匀的网络覆盖、对无线服务收费，还是因为苹果 iPhone 服务造成的竞争？企业如何使用信息系统找到答案？这些系统中的信息可以用来支持哪些管理决策？

改善决策：使用数据库明确业务战略

软件技能：数据库查询和报表；数据库设计

业务技能：预订系统；客户分析

3-10 在这个练习中，你将使用数据库软件分析一条酒店预订记录，并使用这些信息调整酒店的业务战略和市场营销活动。

在 MyMISLab 中，你可以找到一个微软 Access 格式的酒店预订记录的数据库，里面是关于新泽西州 Cape May 的 President 酒店的信息。在这个酒店中，10 个房间靠近马路，10 个房间的飘窗可以看到部分海景，剩下的 10 个房间在酒店的最前面正对大海。房间价格取决于房间类型、入住时间、入住人数。入住 1 ~ 4 个客人时，房间价格一致，第 5 位和第 6 位客人需要另外支付每人每天 20 美元。客人入住 7 天以上可以得到每天 10% 的折扣。

酒店主人目前使用的是手工预订和记账系统，造成了很多问题。请使用数据库编制报表，包括平均入住时间、平均每个房间的入住人数、每个房间的基本收入（即入住时间乘以每天的价格）、最主要的客户群等。在回答这些问题以后，请撰写一份简明的报告，包括酒店目前的业务状况，以及你所建议的未来应采取的战略等内容。

改善决策：使用网络工具配置汽车并为汽车报价

软件技能：基于互联网的软件

业务技能：寻找产品信息并报价

3-11 在这个练习中，你要自己选择、购买一辆汽车，使用汽车网站上的软件收集关于这辆车的相关产品信息，通过分析这些信息做出重要的购买决策，并评估作为销售工具的两个网站价值。

例如，你对购买一辆新的福特 Escape（或者其他任何类型的汽车）感兴趣。访问

CarsDirect 网站（www.carsdirect.com），开始你的调查。找到福特 Escape，研究 Escape 的不同型号，从价格、性能、安全配置等各方面考虑选择你最喜欢的一款，找到并阅读至少两个评价。再访问汽车制造商的网站，这里是福特的网站（www.ford.com）。比较福特网站和 CarDirect 网站上对 Escape 的介绍信息。尝试寻找你选定的那款型号的汽车在本地经销商中的最低价。对 CarDirect 和福特的网站给出改进建议。

团队协作项目

识别战略信息系统的机会

3-12 你与团队中其他三四名学生从《华尔街日报》《福布斯》《财富》或其他商业出版物中选择一家，或者在网上做你的研究。访问该公司的网站，查找有关该公司的其他信息，并查看公司是如何使用网络的。在这些信息的基础上，分析这家企业，包括组织功能的描述，如重要的业务流程、企业文化、组织结构和环境以及企业的业务战略。给这家企业提出合适的战略信息系统的建议，包括基于互联网技术的战略信息系统。如果可能，请使用 Google Docs、Google Drive 或 Google Sites，集思广益并制作演示文稿报告你们的结果。

案例研究

技术能拯救西尔斯吗

西尔斯曾经是美国最大的零售商，在第二次世界大战以后的长达近 40 年里，其销售总额一直占美国国民生产总值的 1% ~ 2%，后来逐渐输给了如沃尔玛、塔吉特之类的打折零售商，如家得宝和劳氏之类的具有价格优势的专业零售商。2005 年，西尔斯与凯马特合并，并成立了西尔斯控股公司，即使这样也没能制止销量和市场占有率的双重下滑。

在过去这些年里，西尔斯在信息技术上投资巨大，在信息技术和网络上的投入曾经超过除波音公司以外的所有全美非计算机公司。西尔斯拥有一个 6 000 万使用信用卡的客户数据库，利用这个庞大的数据库将客户进行分类，例如工具买家、家电买家、园艺爱好者等，针对不同群体进行特别的促销活动。比如，西尔斯曾给购买洗衣机和干衣机的客户提供保养服务，并提供每年的更新服务，但是这些努力并没有转化为企业竞争优势，因为西尔斯的成本结构是行业内最高的。

1993 年，在亚瑟·马丁内斯（Arthur Martinez）的领导下，西尔斯开始了一项价值 40 亿美元的 5 年店铺装修计划，通过将所有收银台安排在更接近销售的那一层，并且把每个店的日常办公、收银、客户服务和信用功能集中管理，使得每个店更加高效、引人注目。新的 POS 终端允许销售人员发行新的信用卡，接受信用卡付款，发放礼券，并向持卡人报告账户信息。POS 设备提供了订单状态、产品何时到达等信息，允许员工直接从销售楼层订购货物。一些商店还安装了自动取款机，以便为客户提供现金，给他们的西尔斯信用卡支付账单。西尔斯还将其供应商转移到电子订购系统。通过将其计算机化的订购系统直接与每个供应商的订单系统相连，西尔斯希望在整个订单流程中消除纸张，并加速货物进入它的商店。

西尔斯是第一批通过改变消费习惯来改变销售方式的大型零售商之一。例如，2001 年，西尔斯推出了一项让消费者在线购买，并在商店中提货的服务。这项服务比沃尔玛（2007

年）和塔吉特（2013 年）推出的服务都要早得多。

尽管有这些改进，但西尔斯在降低运营成本、与当前的商业趋势保持一致、重建 1 725 家门店方面非常落后。其中许多家偏远地区的门店已经倒闭。西尔斯仍然在努力寻找一个可行的商业战略，以带领它摆脱目前的困境。西尔斯继续使用技术战略增加销售额：网上购物、移动应用和建立类似亚马逊那样的市场，与其他供应商一起提供超过 1 800 万种产品，开展大量的店内促销活动。到目前为止，这些努力还没有得到回报，自 2005 年与凯马特合并以来，其销售量一直在下降。

西尔斯继续对技术抱有希望，旨在更加密集地使用技术和挖掘客户数据。公司期望更深入地了解客户偏好和购买模式，使得促销、商品规划与销售更加有效。希望有一天客户会成群结队地涌向西尔斯商店，因为在那里有他们想要的东西。

西尔斯开展了一个称为“用你的方式购物可以获得奖励”的提高客户忠诚度的项目，即若客户同意将他们的个人购物数据和公司分享的话，就能在下一次购物时获得很大的优惠。西尔斯不愿意披露到底有多少客户参加了这项活动，但是这项活动每年会给公司带来更大的销售额。

西尔斯利用数据分析结果，重新安排了每个楼层的布局，并指导相关人员设计出更吸引人的促销活动。例如，职业服装柜台被搬到了卖工具的柜台附近。数据研究发现，许多购买珠宝首饰的客户大多是男性，他们还会购买工具，这时公司就为参与“用你的方式购物可以获得奖励”项目的客户提供了一项情人节的特别活动，即在珠宝首饰上花 400 美元就可以获得 100 美元的抵用券。

西尔斯希望能够为客户提供个性化的营销活动、优惠券和促销活动，但是它目前遗留下来的系统无法支持这种水平的活动。为了能在大数据上使用复杂的分析模型，西尔斯改进了它的数据管理技术。过去，使用传统的大型主机和 Teradata 数据仓库软件，西尔斯要花 6 个星期的时间分析针对忠诚俱乐部成员的营销活动。现在，采用新的 Hadoop 技术管理大数据之后（参见第 6 章），这种分析每周都能完成。某些在线和移动商务分析可以每天进行，数据分析出来的目标也更加精确，在某些情况下可以定位到个人客户。

西尔斯的旧模型只能使用 10% 的可用数据，但是新模型能够使用 100% 的数据。过去，西尔斯只能保留从 90 天到两年的数据，但是随着新的大数据管理技术的流行，它可以保留一切，增加在数据中找到更有意义的模式的机会。用 Hadoop 处理的成本大约是传统关系数据库成本的 1/3。因为 Hadoop 的大规模并行处理能力，目前西尔斯处理 20 亿条记录所花的时间只比以前处理 1 亿条记录长 1 分钟。

2011 年，西尔斯花费数亿美元改进它的商店，包括进行技术改进。工作人员可以使用 iPad 和 iPod Touch 访问客户的在线评论，并检查物品是否有库存。2009 年，与麦肯锡的咨询师合作，在伊利诺伊州的乔利埃特设立了一家名为 Mygofer 的体验店。Mygofer 被认为是一种革命性的组合，它将互联网的便利与即兴的实体店融合在一起。公司改造了一个 8 万平方英尺的凯马特，但这家店不出售任何物品。这个想法是让购物者将他们的订单放在商店前面的电脑上，然后在送货地点接收货物。如果实验成功，西尔斯的 CEO 希望能推出数百个 Mygofer 商店。然而过了一段时间，有更多的人前来退货，而不是真正购买这些东西。消费者不喜欢他们看不到和触摸不到的东西。西尔斯的管理层本来预计，4 年之内 Mygofer 将会产生 800 万美元的年销售额，但目前只能非常艰难地达到 100 万美元的年销售额。首席执行官埃迪·兰珀特（Eddie Lampert）表示，去没有产品的商店购物可能对消费者来说很奇怪，这个想法太超前了。

专家认为，像Mygofer这样的实验将西尔斯的首要问题转向：门店网络不断恶化，品牌形象与当今消费者之间不产生共鸣。像梅西百货和诺德斯特龙这样的零售商，也在努力接受购物向网络转移的现实。但是，梅西百货和诺德斯特龙目前依然是有利可图的。根据Evercore ISI机构股权分析师马特·麦金利（Matt McGinley）的研究，西尔斯控股公司在门店上的花费每平方英尺近1.90美元，凯马特商店每平方英尺约60美分。相比之下，沃尔玛在门店上的花费每平方英尺9.70美元，而梅西百货则为5.75美元。虽然西尔斯在乔利埃特花费超过100万美元设立了Mygofer商店，但公司正在毁灭一个有利可图的凯马特。

兰珀特希望把重点放在技术项目上，以使西尔斯有一个翻天覆地的变化，但是他不得不承认如今的购物者很少到商店里逛逛并购物。一项新服务可以让西尔斯的客户在线浏览鞋类和服饰，然后预订该商品，最后到实体店去试穿。西尔斯为了吸引更多的客户，创建了商品的数字化展示，其中包括评论、指导视频和消费者评级报告。

一项名为“车内提货”（In-Vehicle Pickup）的服务可以让客户在线订购货物，在取货时不下车也能将货物交付给他们。西尔斯的另一项“5分钟车内退换货”（In-Vehicle Return/Exchange in Five）服务可以保证客户在5分钟内，在停车场就能完成退换货服务。西尔斯也改进了它的在线订购系统，以便通过使用它的实体店和配送中心完成订单，从而可以更快速、更经济地发货。

西尔斯正在将其消费电子部门重新塑造为“连接解决方案”（Connected Solutions）商店，即销售“智能家居”设备，比如可以通过智能手机远程打开或关闭车库门，智能恒温器可以遥控空调、智能热水器、居家安全以及宝宝监控器等。其他的“智能家居”设备如无线操纵的割草机，可以指示何时需要调整，并带有视频的应用程序，向你显示如何进行维护。公司在西雅图组建了一流的技术人才队伍，以加强远程诊断设备问题的能力。

西尔斯还在15家门店中试点电子标签（RFID），希望通过更准确地了解商品的库存，提高销售和利润率。管理层表示，今年秋季像数字标牌和库存上的电子标签，可以带来一年5亿美元的成本降低和销售增加。

西尔斯在电子商务方面取得了一些进展。客户喜欢在线订购、店内提货的服务。作为创造个性化购物的领导者，西尔斯开展的“用你的方式购物可以获得奖励”活动正在推动更多业务的展开。技术应该是西尔斯的亮点。但是，如果没有人想买西尔斯提供的东西，会产生什么影响呢？正如《财富》杂志报道的，Prosper Analytics & Insights在2016年1月展开的一项调研显示，在购买服装时，女性更喜欢Goodwill的商店，而不是西尔斯的商店。过去5年，西尔斯的净亏损达到80亿美元。自2005年与凯马特合并以来，西尔斯的年度可比销售额并没有增长。

分析师表示，西尔斯正在体验多年来在商店投资不足和销售不吸引人的商品的恶果。2015年，这个苦苦挣扎的零售商卖掉了Lands'End这样有价值的资产，以及加拿大西尔斯数百家商店的股份，以避免发生现金危机。2016年，另外50家商店也被出售。西尔斯管理层表示，这些举措将为公司提供财务资源，加速转型为更具技术力量的零售商。根据评论家的观点，西尔斯和CEO兰珀特正在与时俱进，试图将零售业现代化。兰珀特继续以西尔斯传统的方式，通过加强新技术解决问题，同时减少需要维持巨型零售商销售额的普通投资。总而言之，西尔斯是一个没落的品牌，在偏远的地方拥有太多不良的实体店。

即使有更好的数据分析、客户知识、忠诚度计划和电子商务创新，但是西尔斯是否能够有效利用技术解决它巨大的业务问题还是有待商榷的。它真的能够为客户提供个性化的促销活动吗？技术对业务的影响是什么？西尔斯对技术投入的巨大赌注是否能够使公司更有利可图？有没有数据可以对此进行证实？西尔斯的技术进步能否阻止它走下坡路呢？

资料来源：Phil Wahba, " Sears Hedge Fund Manager CEO Calls Criticism of Faltering Retailer ' Unfair, ' " *Fortune*, February 25, 2016; " Sears Ranks Below Goodwill Among Women Shoppers, " *Fortune*, February 5, 2016; Andrew Gebhart, " Sears Smart Home Lineup Isn't Sexy but Could Be Quite Useful, " *CNET*,April 20, 2016; " Sears Holdings, " www.fortune.com, accessed April 20, 2016; www.sears.com, accessed April 23,2016; Steven Russolillo, " Sears's Retooling Can ' t Fix Everything, " *Wall Street Journal*, December 2,2015;and Suzanne Kapner, " Sears Bets Big on Technology, " *Wall Street Journal*, December 16,2014.

案例分析题

3-13 使用竞争力模型和价值链模型分析西尔斯公司。什么是西尔斯的优势？什么是它的劣势？

3-14 西尔斯面临的问题是什么？造成这个问题的管理、组织和技术因素是什么？

3-15 西尔斯选择了什么解决方案？技术在这个解决方案中的作用是什么？

3-16 西尔斯选择的解决方案有效吗？请解释你的答案。

MyMISLab

请到 MyMISLab 的作业部分完成这些练习。

3-17 描述互联网对竞争力模型中 5 个竞争力的影响。

3-18 协调信息技术与组织之间关系的主要因素是什么？管理人员在开发新的信息系统时需要考虑哪些因素？给出每个因素是如何影响新信息系统开发的商业案例。

参考文献

Amladi, Pradip. "The Digital Economy: How It Will Transform Your Products and Your Future." *Big Data Quarterly* (March 25, 2016).

Attewell, Paul, and James Rule. "Computing and Organizations: What We Know and What We Don't Know." *Communications of the ACM* 27, No. 12 (December 1984).

Bernstein, Ethan, John Bunch, Niko Canner, and Michael Lee."Beyond the Holocracy Hype." *Harvard Business Review* (July–August 2016).

Bresnahan, Timothy F., Erik Brynjolfsson, and Lorin M. Hitt, "Information Technology, Workplace Organization, and the Demand for Skilled Labor." *Quarterly Journal of Economics* 117 (February 2002).

Cash, J. I., and Benn R. Konsynski. "IS Redraws Competitive Boundaries." *Harvard Business Review* (March–April 1985).

Ceccagnoli, Marco, Chris Forman, Peng Huang, and D. J. Wu. "Cocreation of Value in a Platform Ecosystem: The Case of Enterprise Software. *MIS Quarterly* 36, No. 1 (March 2012).

Chen, Daniel Q., Martin Mocker, David S. Preston, and Alexander Teubner. "Information Systems Strategy: Reconceptualization, Measurement, and Implications." *MIS Quarterly* 34, No. 2 (June 2010).

Christensen, Clayton M. *The Innovator's Dilemma: The Revolutionary Book That Will Change the Way You Do Business.* New York: HarperCollins (2003).

Christensen, Clayton. "The Past and Future of Competitive Advantage." *Sloan Management Review* 42, No. 2 (Winter 2001).

Christensen, Clayton M., Michael E. Raynor, and Rory McDonald. "What Is Disruptive Innovation?" *Harvard Business Review* (December 2015).

Clemons, Eric. "The Power of Patterns and Pattern Recognition When Developing Information-Based Strategy. *Journal of Management Information Systems* 27, No. 1 (Summer 2010).

Coase, Ronald H. "The Nature of the Firm." (1937). In Putterman, Louis and Randall Kroszner. *The Economic Nature of the Firm: A Reader*. Cambridge University Press, 1995.

Davis, Euan. "The Rise of the Smart Product Economy." Cognizant (2015).

Drucker, Peter. "The Coming of the New Organization." *Harvard Business Review* (January–February 1988).

Feintzeig, Rachel." So Busy at Work, No Time to Do the Job." *Wall Street Journal* (June 28, 2016).

Gandhi, Suketo and Eric Gervet. "Now That Your Products Can Talk, What Will They Tell You?" *MIT Sloan Management Review* (Spring 2016).

Gurbaxani, V. and S. Whang, "The Impact of Information Systems on Organizations and Markets." *Communications of the ACM* 34, No. 1 (January 1991).

Hagiu, Andrei and Simon Rothman. "Network Effects Aren't Enough." *Harvard Business Review* (April 2016).

Hitt, Lorin M. "Information Technology and Firm Boundaries: Evidence from Panel Data." *Information Systems Research* 10, No. 2 (June 1999).

Hitt, Lorin M., and Erik Brynjolfsson. "Information Technology and Internal Firm Organization: An Exploratory Analysis." *Journal of Management Information Systems* 14, No. 2 (Fall 1997).

Iansiti, Marco and Karim R. Lakhani. "Digital Ubiquity: How Connections, Sensors, and Data Are Revolutionizing Business." *Harvard Business Review* (November 2014).

Iansiti, Marco, and Roy Levien. "Strategy as Ecology." *Harvard Business Review* (March 2004).

Jensen, M. C. and W. H. Meckling. "Specific and General Knowledge and Organizational Science." *In Contract Economics*, edited by L. Wetin and J. Wijkander. Oxford: Basil Blackwell (1992).

Jensen, Michael C. and William H. Meckling. "Theory of the Firm: Managerial Behavior, Agency Costs, and Ownership Structure." *Journal of Financial Economics* 3 (1976).

Kane, Gerald C., Doug Palmer, Anh Nguyen Phillips, and David Kiron. "Is Your Business Ready for a Digital Future?" *MIT Sloan Management Review* (Summer 2015).

Karimi, Jahangir and Zhiping Walter. "The Role of Dynamic Capabilities in Responding to Digital Disruption: A Factor-Based Study of the Newspaper Industry." *Journal of Management Information Systems* 32, No. 1 (2015).

Kauffman, Robert J. and Yu-Ming Wang. "The Network Externalities Hypothesis and Competitive Network Growth." *Journal of Organizational Computing and Electronic Commerce* 12, No. 1 (2002).

King, Andrew A. and Baljir Baatartogtokh. "How Useful Is the Theory of Disruptive Innovation?" *MIT Sloan Management Review* (Fall 2015).

King, J. L., V. Gurbaxani, K. L. Kraemer, F. W. McFarlan, K. S. Raman, and C. S. Yap. "Institutional Factors in Information Technology Innovation." *Information Systems Research* 5, No. 2 (June 1994).

Kling, Rob. "Social Analyses of Computing: Theoretical Perspectives in Recent Empirical Research." *Computing Survey* 12, No. 1 (March 1980).

Kolb, D. A., and A. L. Frohman. "An Organization Development Approach to Consulting." *Sloan Management Review* 12, No. 1 (Fall 1970).

Kraemer, Kenneth, John King, Debora Dunkle, and Joe Lane. *Managing Information Systems*. Los Angeles: Jossey-Bass (1989).

Lamb, Roberta and Rob Kling. "Reconceptualizing Users as Social Actors in Information Systems Research." *MIS Quarterly* 27, No. 2 (June 2003).

Laudon, Kenneth C. "A General Model of the Relationship Between Information Technology and Organizations." Center for Research on Information Systems, New York University. Working paper, National Science Foundation (1989).

__________. "Environmental and Institutional Models of Systems Development." *Communications of the ACM* 28, No. 7 (July 1985).

__________. *Dossier Society: Value Choices in the Design of National Information Systems*. New York: Columbia University Press (1986).

Laudon, Kenneth C. and Kenneth L. Marr, "Information Technology and Occupational Structure." (April 1995).

Leavitt, Harold J. "Applying Organizational Change in Industry: Structural, Technological, and Humanistic Approaches." In *Handbook of Organizations*, edited by James G. March. Chicago: Rand McNally (1965).

Leavitt, Harold J. and Thomas L. Whisler. "Management in the 1980s." *Harvard Business Review* (November–December 1958).

Ling Xue, Gautam Ray, and Vallabh Sambamurthy. "Efficiency or Innovation: How Do Industry Environments Moderate the Effects of Firms' IT Asset Portfolios." *MIS Quarterly* 36, No. 2 (June 2012).

Luftman, Jerry. *Competing in the Information Age: Align in the Sand* (2nd ed.). Oxford University Press USA (August 6, 2003).

March, James G. and Herbert A. Simon. *Organizations*. New York: Wiley (1958).

McAfee, Andrew and Erik Brynjolfsson. "Investing in the IT That Makes a Competitive Difference." *Harvard Business Review* (July/August 2008).

McFarlan, F. Warren. "Information Technology Changes the Way You Compete." *Harvard Business Review* (May–June 1984).

McLaren, Tim S., Milena M. Head, Yufei Yuan, and Yolande E. Chan. "A Multilevel Model for Measuring Fit Between a Firm's Competitive Strategies and Information Systems Capabilities." *MIS Quarterly* 35, No. 4 (December 2011).

Mintzberg, Henry. "Managerial Work: Analysis from Observation." *Management Science* 18 (October 1971).

Piccoli, Gabriele and Blake Ives. "Review: IT-Dependent Strategic Initiatives and Sustained Competitive Advantage: A Review and Synthesis of the Literature." *MIS Quarterly* 29, No. 4 (December 2005).

Porter, Michael E. *Competitive Advantage*. New York: Free Press (1985).

__________. *Competitive Strategy*. New York: Free Press (1980).

__________. "Strategy and the Internet." *Harvard Business Review* (March 2001).

__________. "The Five Competitive Forces That Shape Strategy." *Harvard Business Review* (January 2008).

Porter, Michael E. and James E. Heppelmann. "How Smart, Connected Products Are Transforming Competition." *Harvard Business Review* (November 2014).

Porter, Michael E. and Scott Stern. "Location Matters." *Sloan Management Review* 42, No. 4 (Summer 2001).

Shapiro, Carl and Hal R. Varian. *Information Rules*. Boston, MA: Harvard Business School Press (1999).

Starbuck, William H. "Organizations as Action Generators." *American Sociological Review* 48 (1983).

Tallon, Paul P. "Value Chain Linkages and the Spillover Effects of Strategic Information Technology Alignment: A Process-Level View." *Journal of Management Information Systems* 28, No. 3 (Winter 2014).

Van Alstyne, Marshall W., Geoffrey G. Parer, and Sangeet Paul Choudary. "Pipelines, Platforms, and the New Rules of Strategy." *Harvard Business Review* (April 2016).

Tushman, Michael L. and Philip Anderson. "Technological Discontinuities and Organizational Environments." *Administrative Science Quarterly* 31 (September 1986).

Weber, Max. *The Theory of Social and Economic Organization*. Translated by Talcott Parsons. New York: Free Press (1947).

Williamson, Oliver E. *The Economic Institutions of Capitalism*. New York: Free Press, (1985).

Zhu, Feng and Nathan Furr. "Products to Platforms: Making the Leap." *Harvard Business Review* (April 2016).

CHAPTER4

第4章 信息系统中的商业伦理和社会问题

LEARNING OBJECTIVES

学习目标

通过阅读本章，你将能回答以下问题：

- 由信息系统产生的商业伦理、社会和政治问题有哪些？
- 有哪些具体的原则可用于指导商业伦理的决策？
- 为什么现代信息系统技术和互联网给个人隐私与知识产权保护带来了挑战？
- 信息系统如何影响建立责任和义务的法规，以及日常生活的质量？

MyMISLab™

访问 mymislab.com 来获得模拟、辅导材料和课后问题。

开篇案例 大数据的黑暗面

如今的组织正在大力挖掘大数据，试图从这项技术中寻求获益的方法。有很多成功的大数据案例，例如 Berg 生物制药公司挖掘患者组织样本、临床病史和人口学特征的大数据，确定胰腺癌的潜在生物标志物，以便能够更早地检测并有效地治疗。通过分析当地公园中传感器监测到的土壤水分的数据，巴塞罗那市的年度水费减少了 25%。

但是，大数据也有黑暗的一面，即与隐私有关。如今，组织可以比以往更大规模地收集或分析数据，并且可能以有害的方式了解不同的个体。以下是一些案例。

1. 预防性警务

2014 年 2 月，芝加哥警察局派警察定期访问一些个人（特别是帮派成员），这些人被计算机系统认定为将来可能会犯罪。这项工作的目的是向特定的个人提供关于职业培训计划的信息，或者通知相关机构对具有某些背景的人加强惩罚措施，从而预防他们犯罪。这引起了许多社区团体的抗议，因为这种做法是另一种形式的种族歧视。

2. 保险费率

像 Progressive 这样的汽车保险公司，会提供一个小型设备安装在你的汽车上以分析你的驾驶习惯，表面上则是为了给你提供一个更好的保险费率。然而，低的汽车保险费的一些标准被认为是带有歧视性的。比如，保险公司比较喜欢深夜不开车，也不花很多时间在车里的人。然而，比较贫穷的人更有可能从事晚上的工作，而且在上班路上花的时间也比较长，这将增加他们的汽车保险费率。

德勤咨询有限责任公司为保险申请人开发了预测模型系统，通过使用个人用户的购买习惯以及个人和家庭医疗史的数据预测寿命。该公司声称可以通过分析人们的购买习惯，准确预测他们是否会患有 17 种疾病中的任何一种，包括糖尿病、与烟草相关的癌症、心血管疾病和抑郁症。你在药房购买的药物可能会增加你的健康保险费率。

3. 电脑化招聘

越来越多的公司（特别是低薪的、服务领域的公司）正在通过计算机系统筛选和雇用求职者。这些系统用于评估候选人的算法有可能会阻止一些合格的申请人获得工作。例如，从统计上看，一些算法已经确定通勤时间较短的人比通勤时间较长、没有可靠的交通工具，或者在一个固定的地址待的时间不长的人留在工作中的时间要长。如果面试官问“你的通勤时间多长”，则那些通勤时间长的申请者获得工作的概率会降低。虽然这样的考虑从统计上来说是准确的，但是以这种方式筛选求职者是否合理呢?

4. 确定有财务问题的个人

数据经纪人已经存在数十年了，但是他们收集和细致分析大量个人数据的工具越来越强大。这些数据经纪人现在会出售针对财务上有问题的个人的报告。例如，数据经纪人可能会向那些提供反向抵押、高成本贷款或其他财务风险产品的公司出售针对几乎没有存款的退休人员的报告。此外，很少有相关的法律法规来保护这些弱势群体。隐私法律法规并没有跟上大数据技术的发展。

资料来源：Brian Brinkmann, “Big Data Privacy: What Privacy?” Business2Community,March 2,2016; Bernard Marr, “The 5 Scariest Ways Big Data Is Used Today,” *DataInformed*,May 20, 2015;Victoria Craig, “Berg Hopes Big Data Will Lead to Breakthrough for Pancreatic Cancer,*Fox Business*,June 11,2015;and “Police Gang-warning Tactic of ‘Custom Notifications’ Is Working,” *Chicago Sun-Times*,March 27,2014.

本章开篇描述的大数据对隐私挑战的案例，说明技术是一把双刃剑。技术可以带来很多好处，包括能够应对疾病和犯罪活动，也能够为企业节约成本、提高效率。同时，数据技术也创造了侵犯你的隐私的机会，有人可能会用这些信息伤害你。

下图提醒读者要关注此案例和本章提出的要点。数据管理技术和分析技术的发展为组织创造了用大数据改善运营与决策的机会。大数据分析最受欢迎的用途之一是通过数据进行预测建模，以确定某个人在未来的行为和反应。这样，组织就可以利用预防性建模打击犯罪，选择最优秀的员工，降低保险和控制信贷风险。然而，它们却使用大数据侵犯了公众的利益。公众可能会受到工作歧视、种族歧视或更高保险费率的限制，因为组织有新的工具收集和分析关于他们的大数据。因此，组织需要制定新的隐私保护的法律法规，以配合大数据的收集和分析技术。

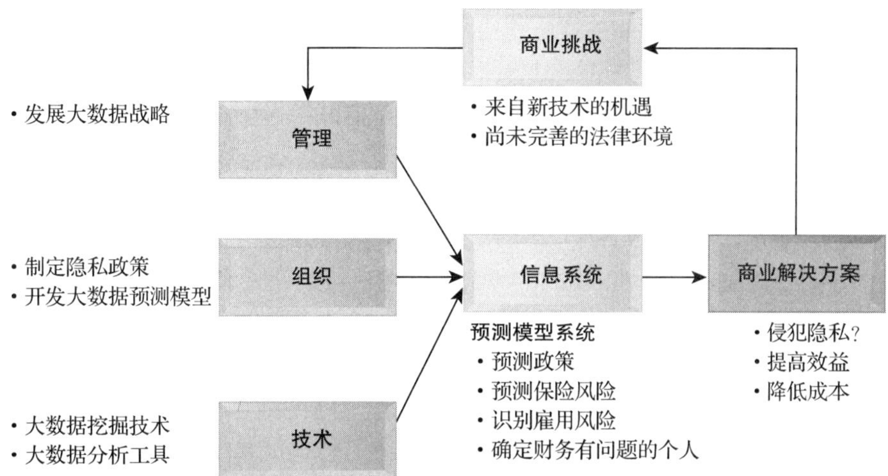

这个案例提出了商业伦理的困境，它显示出工作中的两套利益机制：组织希望增加利润，甚至帮助人们突破医疗限制，而公众则认为企业和公共组织不应该使用大数据分析侵犯个人隐私或伤害个人。作为管理者，你需要敏感地觉察到信息系统带给你的公司、员工和客户的消极影响和积极影响，需要了解如何解决涉及信息系统的商业伦理困境。

这里有几个问题需要考虑：利用大数据分析人们的行为是否会产生伦理困境？为什么？是否应该有新的隐私法律保护个人免受公司使用大数据分析的攻击？为什么？

4.1　信息系统会引发哪些商业伦理、社会和政治问题

在过去的 10 年里，我们见证了美国和全球企业遇到的最大的商业伦理挑战。表 4-1 给出了最近一小部分高层管理人员进行商业伦理判断的失败案例。这种在商业伦理和业务判断上的失败情况在许多行业中都存在。

表 4-1　近期高层管理人员进行商业伦理判断的失败案例

通用汽车（2015）	通用汽车 CEO 承认，这家公司已经在 10 多年内掩盖了点火开关故障的问题，造成至少 114 名客户死亡。全球超过 1 亿辆车需要更换
高田公司（2015）	高田公司的高管承认，他们掩盖了数百万辆汽车多年来使用有故障的安全气囊的问题。到目前为止，1 亿辆汽车需要更换安全气囊
花旗集团、摩根大通、巴克利银行、瑞银（2012）	世界上最大的 4 家货币中心银行涉嫌刑事指控，它们通过操纵 LIBOR 利率，设立世界的贷款利率
SAC 资本（2013）	SAC 资本是由创始人史蒂文·科恩（Steven Cohen）领导的对冲基金，它承认内幕交易，并同意支付创纪录的 12 亿美元的罚款。该公司也被迫离开货币管理业务。SAC 的个人交易员被判刑事指控，并被监禁
葛兰素史克公司（2012）	全球卫生保健巨头承认对某些处方药违法促销，没有报告某些安全数据及其涉嫌虚假价格报告，被罚款 30 亿美元。这是美国历史上最大的医疗保健欺诈裁决，也是由医药公司支付的有史以来规模最大的罚金
麦肯锡（2012）	著名的管理咨询公司——麦肯锡公司前 CEO 拉雅·古普塔听到了泄露内幕信息的磁带记录，在 2012 年被判有罪并被判处两年监禁
美国银行	联邦检察官指责美国银行及其附属公司 Country Financial，采用没有适当控制的方式迅速发放贷款，欺诈政府，使其支持抵押贷款机构。检察机关对银行罚款 10 亿美元，作为对它们强迫纳税人保证数十亿不良贷款的行为的赔偿

在现今的法律体系下，触犯法律和被证明有罪的管理者几乎都会被送进监狱。1987 年美国通过的联邦量刑准则要求，联邦法官基于犯罪的货币价值、企图隐藏犯罪、使用结构性金融交易隐藏犯罪及未能配合检察官的行为（U.S.Sentencing Commission，2004）等情况，对企业高管施加严厉的判决。

过去，企业经常为卷入民事指控和犯罪调查的员工承担法律辩护费用，但现在企业鼓励其员工和检察官合作，以减少对整个公司阻碍调查的指控。这些进步意味着，作为一个管理者或员工，你需要比以往更多地考虑你的决策的正确性、合法性和商业伦理。

虽然这些商业伦理失效和法律判决的案例不是信息系统所为，但是信息系统在许多错误中起到帮凶的作用。在许多案例中，这些犯罪者巧妙地运用财务报告信息系统在公共监督中掩藏他们的犯罪，希望不被查出。

我们将在第 8 章中介绍信息系统的控制问题。本章我们就基于信息系统的应用，讨论多种行为的商业伦理问题。

商业伦理（ethics）是关于对和错的原则，作为自由的道德主体，个人可以依照商业伦理原则做出他们行为的选择。因为信息系统的实施会带来巨大的社会变革的机会，威胁到了已有的权势、金钱、权利和义务的分配，所以信息系统在个人与社会两个方面产生了新的商业伦理问题。如同蒸汽机、电力、电话和无线电等其他的技术一样，信息技术可以用来促进社会进步，但也可以用来犯罪，威胁宝贵的社会价值。信息技术的发展会在许多方面产生效益，但也会在另一些方面付出代价。

互联网和电子商务的兴起使得信息系统中的商业伦理问题变得更加严重。互联网和数字化公司的技术使得现在比以往更容易汇总、集成和发布信息，由此产生了关于如何正确使用客户信息、保护个人隐私和保护知识产权的新忧虑。

由信息系统产生的其他紧迫的商业伦理问题还包括建立关于信息系统的问责制、设立保障系统质量的标准以保护个人和社会的安全，这些都是在信息社会中被视为对生活质量而言必不可少的价值和制度。当使用信息系统的时候，最基本的问题是“什么是商业伦理和有社会责任的做法”。

4.1.1 思考商业伦理、社会和政治问题的模型

商业伦理、社会和政治问题紧密相连。作为一名信息系统的管理者，你所面对的商业伦理困惑往往反映了社会和政治争论。图 4-1 可以用来思考这一关系。把社会想象成一个夏日相对平静的池塘，个体、社会与政治组织形成了局部平衡的生态系统。个体知道如何在此池塘中行动，因为社会组织（家庭、教育、机构）已经形成了经过实践检验的行为规则，同时这些规则得到了政治领域制定的法律的支持，这些法律规定了合法的行为，并对违法行为进行惩罚。现在我们扔一块石头到池塘的中央，会有什么情况发生呢？当然是产生涟漪。

想象一下这不是一块石头，而是新的信息技术和系统的强大震动对相对平静的社会造成的扰动。突然间，个体行动者面临着不受旧规则约束的新情况；社会机构对这些涟漪也不能在一夜之间做出反应，可能要花上几年时间形成规矩、期望、社会责任、政治上的正确态度或者认同的规则；政治机构也需要时间制定新的法律，而且在新法律实施之前常常需要时间证明其真实的危害。在这期间，你可能不得不采取行动，也可能必须在一个法律的灰色区域中行动。

我们可以用这个模型说明连接商业伦理、社会和政治问题的动态关系。这个模型对识别信息社会道德方面的主要问题也很有用，它跨越了各个层次的行动者——个体、社会和政治。

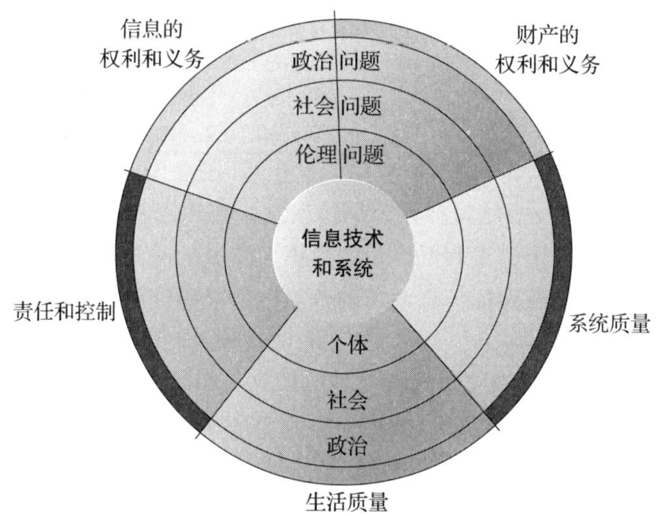

图 4-1　信息社会中商业伦理、社会与政治问题的关系

新信息技术的引入产生了连锁反应，引发了必须在个体、社会和政治层面解决的新的商业伦理、社会和政治问题。这些问题有五个道德维度：信息的权利和义务、财产的权利和义务、系统质量、生活质量以及责任和控制。

4.1.2　信息时代的五个道德维度

由信息系统产生的主要商业伦理、社会、政治问题包括以下道德维度：

- 信息的权利和义务，即个体和组织相对于他们自己来讲具有什么样的**信息权利**（information rights）？他们能保护什么？
- 财产的权利和义务，即对于传统的知识产权，在数字社会中如何进行保护？在数字环境中，跟踪和追究所有权是很难的，而忽视这些产权却很容易。
- 系统质量，即为保护个人的权利和社会的安全，我们需要什么样的数据标准与系统质量？
- 生活质量，即在以信息和知识为基础的社会中，应当保留什么样的价值观？我们应当保护哪些机构免受伤害？新的信息技术支持什么样的文化价值和实践？
- 责任和控制，即对于个体和集体的信息、产权的伤害，谁能以及谁要负起责任和义务？

我们将在第 4.3 节中详细阐述这些道德维度。

4.1.3　引起商业伦理问题的关键技术趋势

商业伦理问题先于信息技术出现，但是信息技术加重了商业伦理问题，影响了已有的社会秩序，使一些法律不合时宜或者产生了严重的缺陷。引发商业伦理问题的五类技术趋势如表 4-2 所示。

表 4-2 引发商业伦理问题的五类技术趋势

趋势	影响
每 18 个月计算能力翻一番	更多组织的关键运行依赖计算机系统
数据存储成本快速下降	组织能容易地维护个人的详细数据库
数据分析能力突飞猛进	公司能通过分析大量个人信息形成对于个人行为的详细描述
网络技术迅猛发展	更容易异地复制数据和远程存取个人数据
移动设备影响力持续增强	个人手机可能在未经用户同意或知悉的情况下被跟踪

每 18 个月计算能力翻一番使大多数公司将信息系统用于核心生产过程，结果极大地增加了对系统的依赖性、因系统错误和低质量的数据而造成的脆弱性。社会规则和法律还没有对这种依赖性进行调整，以致保证信息系统的可靠性和准确性的标准并未被普遍接受或推行（见第 8 章）。

数据存储技术的进步和存储成本的快速下降使私人与公共组织能够维护更多的数据库，包括员工、客户和潜在客户的数据库。数据存储的进步导致日常破坏个人隐私的违法行为代价更小、更容易，能够处理数百万兆（TB 级）的海量数据存储系统变得十分便宜，使得大公司可以用来识别客户。

海量数据分析技术的进步是另一项引发商业伦理问题的技术趋势，因为公司和政府部门都能找到关于个人的详细的私人信息。有了这些现代数据管理工具（见第 6 章），公司可以比以往更加容易地汇总和组合存储在计算机里如金字塔形的海量数据。

思考一下你自己产生数字化信息的各种方式，包括信用卡购物、拨打电话、订阅杂志、租借录像、邮购、银行记录、地方 / 州 / 联邦政府的记录（包括法院和警方的记录）和访问网站等。通过合理地收集汇总和挖掘，这些信息不仅能显示你的信用信息，而且还能显示你的驾驶习惯、口味、参加的社团、你看什么或读什么和你的政治兴趣等。产品销售公司从这些源头购买信息，帮助它们更精准地定位和开展营销活动。第 5 章和第 10 章分别描述了公司如何通过分析来自多源的海量数据来迅速识别客户的购买行为模式，并提出个性化的响应措施。用计算机将多源数据进行整合，并建立个人的详细电子档案叫作**画像**（profiling）。

例如，几千个最受欢迎的网站允许一个网络广告经纪商 DounbleClick（谷歌旗下的公司）跟踪它们的访问者的行为，以换得基于 DoubleClick 收集的访问者信息所做的广告收入。DoubleClick 利用这些信息给每个网络访问者画像，当访问者访问 DoubleClick 相关网站时，就给画像加入了更详细的信息。随着时间的推移，DoubleClick 就能形成一个关于客户网上消费和行为习惯的电子档案，并将其卖给相关公司，使它们投放网络广告的目标更精准。

LexisNexis Risk Solutions（以前是 ChoicePoint）从警局、犯罪、摩托车记录、信用和雇用历史、现在与以前的住址、专业执照以及保险索赔等方面，收集、汇总、保存了几乎包括美国所有成年人的电子档案。公司把这些个人信息出售给企业和政府机构。因为市场对个人数据的需求是非常巨大的，所以像 LexisNexis Risk Solutions 这样的数据经纪公司的生意非常火爆。两家最大的信用卡公司——维萨（Visa）和万事达卡（MasterCard），计划将信用卡购买信息和客户社交网络及其他信息连接起来创立客户画像，并卖给广告公司。

一种新的数据分析技术叫作**不明显关系认知**（nonobvious relationship awareness，NORA）已经给政府和公司提供了更强的画像能力。不明显关系认知可以从各种不同的来源取得关于个人的信息，如求职申请、电话记录、客户名单和“通缉”名单等，并研究这些信息之间的关系，以发现背后复杂的联系。这项技术可帮助识别犯罪和恐怖分子，如图 4-2 所示。

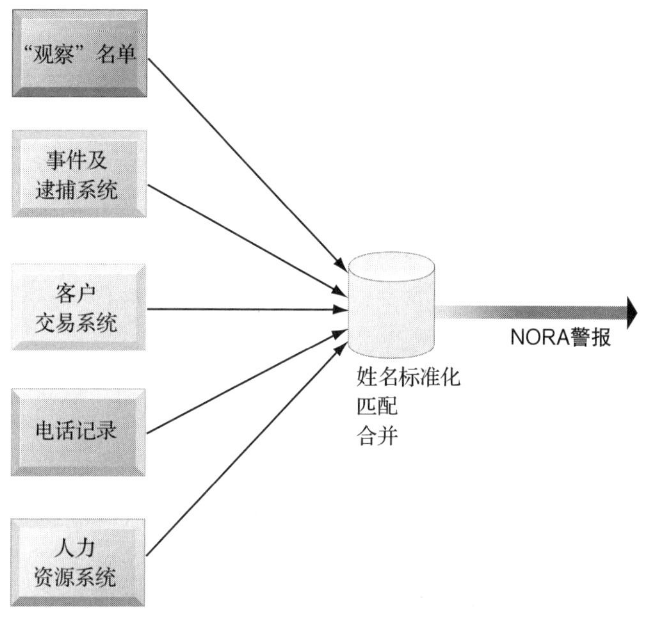

图 4-2　不明显关系认知（NORA）

NORA 可以从各种不同的来源获取关于人员的信息，并发现这些信息之间复杂的、隐藏的联系。例如，若一个赌场工作申请人和一个已知的罪犯共用一个电话号码，NORA 就会发现这一联系，并向赌场的人事招聘管理者发出警报。

NORA 技术可以在数据产生时扫描数据和提取信息，所以在一个人在机票售票处而尚未登机前，它就可以马上发现他是否和恐怖分子共享一个电话号码。这项技术被看作对国土安全很有价值的一个工具，但是它对隐私会产生影响，因为它能提供单个个体详细的活动画面和关联关系。

最后，包括互联网在内的网络技术的发展，极大地降低了海量数据流动和存取的成本，提供了用小的桌面机、移动设备以及云服务器远程挖掘巨大数据池的可能性，人们已经无法想象侵犯隐私的规模和精度了。

4.2　信息社会的商业伦理

商业伦理与有自由权利的人有关。商业伦理是关于个人的选择：当有多种行动方案可供选择时，什么是正确的道德选择？这些商业伦理选择的主要特点是什么？

4.2.1　基本概念：职责、问责和法律责任

商业伦理是个人做出的决策，个人要对自己的行动后果负责。**职责**（responsibility）是商业伦理行为中的关键组成部分。职责意味着你要接受由于你所做决策而产生的潜在成本、责任和义务。**问责**（accountability）是一个系统和社会机构的特性，它意味着有一个机制存在，用以确定谁该采取行动和谁来负责。一个没有能力发现谁做了什么的系统和机构，也没

有能力进行商业伦理分析，采取商业伦理行为。**法律责任**（liability）将责任的概念扩展至法律领域。法律责任是政治系统的一个特性，法律的存在允许个体挽回由其他个体、系统和机构对他们造成的损失。**正当法律程序**（due process）是法制社会的特性，是一个了解和理解法律的过程，让人们有能力向上级申诉，以保证法律被正确地使用。

这些基本概念组成了分析信息系统和相关人员的商业伦理的基础架构。首先，信息技术由社会机构、组织和个人应用，系统本身不产生影响，信息系统的任何影响都存在于机构、组织和个人行为的后果中。其次，技术后果的职责应该落在应用这些技术的机构、组织和个人身上。采用对社会负责任的方式应用信息技术，意味着你能够并且将对你的行为后果负责任。最后，在商业伦理和政治社会中，所有人都可以通过正当法律程序挽回他们的损失。

4.2.2 商业伦理分析

当你遇到了一个可能涉及商业伦理问题的情况时，你要如何分析它？以下的五个步骤可能会有所帮助。

（1）识别和描述清楚事实。弄清楚谁对谁做了什么？在何处、何时和如何做的？在许多情况下，你会惊讶于初始的报告与事实不符，会发现弄清楚简单的事实就能直接有助于问题的解决，也有助于让商业伦理困境中的当事人接受事实真相。

（2）明确矛盾或困境，并发现其中包含的更高层次的价值。商业伦理、社会和政治问题总是与更高的价值有关。纠纷的当事人总是声称要追求更高的价值（即自由、隐私、产权保护和自由企业制度等）。通常一个商业伦理问题会遇到两难的困境：两个截然相反的行动都支持了有意义的价值。例如，本章的开篇案例指出了两种截然相反的价值：一方面是让组织更高效、成本更低的需求，另一方面是尊重个人隐私的需求。

（3）确认利益相关者。每一个商业伦理、社会和政治问题都有利益相关者，如同游戏中的玩家对结果有兴趣，谁在这种情况下投资，通常谁就有话语权。找到这些群体成员的身份和他们的需求，这将对以后设计解决方案很有用。

（4）确定你有理由采取的方案。你将发现没有一种方案能满足各方的利益，但有些方案会比其他方案好一点。有时候，一个好的或符合商业伦理的解决方案并不总是平衡各方利益相关者的结果。

（5）明确你的方案的潜在后果。有些方案在商业伦理上正确，但从其他观点来看是灾难性的；有些方案适用于一种情况，但不适合其他类似的情况。你总是要问自己："如果我一直坚持选择这个方案，结果将会怎样？"

4.2.3 可选的商业伦理原则

一旦完成分析，你应当采用商业伦理的什么原则和规则进行决策呢？根据什么更高层次的价值观做出判断？虽然你能决定在许多商业伦理原则中将遵循哪个，如何对它们进行排序，但是考虑许多文化中历史上形成的根深蒂固的商业伦理原则是非常有帮助的。

（1）己所不欲，勿施于人（黄金规则）。将你与他人换位思考一下，设想自己是接受决策的对象，这样可以有助于决策的公平性。

（2）如果采取这个行动对每个人来说是不对的，那么任何人就不得采取这个行动（康德伦理学原则)。问问你自己:"如果每一个人都这样做,这个组织或社会能生存吗?"

(3)如果不能重复采取一个行动,那么根本就不能采取这个行动。这是**光滑的斜坡规则**(slippery slope rule),即如果一个行动现在带来一些小的变化,那么是可接受的,但是如果它重复下去,长此以往它将带来不可接受的变化。俗话说,"一旦开始沿着光滑的路径下滑,你可能就无法停止了。"

(4)采取能获得较高或较大价值的行动(功利原则)。该规则假定你可以对价值按大小顺序排定优先级,并且能够理解各种行动的后果。

(5)采取最小伤害或最小潜在成本的行动(回避风险原则)。某些行动的失败概率很低,但有极高的失败成本(例如在市区建立核发电设备),或中等失败概率但有较高的失败成本(如超速驾驶和汽车事故)。我们应当特别关注并且尽量避免具有中等到高等失败概率但高失败成本的行动。

(6)除非有特别明确的声明,否则假定几乎所有有形和无形的物体都是由其他某人所有(伦理上"没有免费午餐"规则)。如果别人创造了对你有用的事物,它就有价值,你应当假设这个创造者期望对此工作有所回报。

值得我们密切关注和警惕的是那些不符合上述这些规则的行动,因为缺乏商业伦理的行为有可能和缺乏商业伦理行为本身一样伤害到你和你的公司。

4.2.4　专业行为守则

当一群人声称自己是专业人士的时候,由于他们对知识、智慧和尊重的特别要求,他们就负有特殊的权利与义务。专业行为守则是由专业协会发布的,如美国医学会、美国律师协会、信息技术专业协会和计算机协会等。这些专业群体通过确定准入条件、资格和技能,对所属领域的专业人士进行监管。商业伦理守则是专业人士在社会公共利益面前用以规范他们自己的承诺。避免伤害他人、尊重产权(包括知识产权)和尊重隐私,就包含在计算机协会的商业伦理和专业行为守则中,作为从业人员的一般道德要求。

4.2.5　现实中的商业伦理困境

信息系统带来了新的商业伦理困境,其中一群人的利益可能和另一群人相对立。例如,美国许多大的电话公司正在应用信息技术缩减员工规模,这是因为声音识别软件可以通过计算机识别客户,并通过一系列自动化的应答系统代替操作员工。许多公司正在监视员工在互联网上做什么,从而防止他们在非公司业务活动中浪费公司资源(见章末的案例研究)。

在每一种情况下,你都可以发现对立的价值观,争辩的两边都有支持者。例如,公司可能争辩说,它有权通过信息系统的应用提高劳动生产率,缩减工人的规模,进而降低成本,以便在行业中生存;被信息系统替代的员工可能会争辩,雇主对其福利负有责任。企业主感到有必要监控员工的电子邮件和互联网应用,以减少生产力的流失;员工却认为,他们应当可以用电子邮件代替电话处理一些小的个人事务。深入的事实分析有时可能会带来妥协的结果,即给每一方"半块面包"。请试用前述的商业伦理分析原理分析一下这些例子,看看怎么做才是正确的。

4.3 为什么现代信息系统技术和互联网对个人隐私与知识产权保护而言是挑战

本节我们将进一步解释图 4-1 所描述的信息系统商业伦理的五个维度。在每一个维度上，我们会识别商业伦理、社会和政治层面的内容，并用真实的例子说明其中包含的价值、利益相关者与方案的选择。

4.3.1 信息权利：互联网时代的隐私和自由

隐私（privacy）是个人独处的要求，是不受他人或相关组织包括国家的干扰和监督的诉求。隐私保护的诉求也出现在工作场所中。目前数百万名员工正在承受着电子和其他形式高科技的监督。信息技术和系统威胁到了个人隐私保护的诉求，使侵犯隐私更便宜、更有利可图、更高效。

隐私保护的诉求在美国、加拿大和德国以各种方式受到宪法保护，在其他国家也通过各种条令受到保护。在美国，隐私保护的诉求主要通过两个法案来实现：《美国宪法第一修正案》保障言论和结社自由；《美国宪法第四修正案》保护公民免受不合理的搜查、占有个人文件和家庭，同时保护正当的法律程序。

表 4-3 描述了美国与个人信息相关的主要联邦隐私法律，涉及领域包括信用报告、教育记录、财务记录、报纸记录和电子通信等。1974 年颁布的《隐私法案》是这些法律中最重要的一项，规范了联邦政府收集、使用和披露信息的行为。现在大多数联邦政府隐私法仅应用于联邦政府，极少对私人部门领域做出规范。

表 4-3 美国的联邦隐私法律

一般联邦隐私法	影响隐私机构的隐私法
1966 年修订的《信息自由法案》	1970 年《公平信用报告法案》
1974 年修订的《隐私法案》	1978 年《家庭教育权和隐私权法案》
1988 年《电子通信隐私法》	1978 年《金融隐私法案》
1988 年《计算机匹配和隐私保护法》	1980 年《隐私保护法案》
1987 年《计算机安全法》	1986 年《联邦有线通讯政策法案》
1982 年《联邦管理者财务正直法》	1988 年《电子通信隐私法案》
1994 年《驾驶员隐私保护法》	1988 年《视频隐私保护法案》
2002 年《电子政务法》	1996 年《健康保险携带和责任法案》
	1998 年《儿童网络隐私保护法案》
	1999 年《金融现代化法案》（又称为《格雷姆 – 里奇 – 比利雷法案》）

大多数美洲和欧洲的隐私法律是基于**公平信息规范**（Fair Information Practices，FIP）的制度，该制度首先出现在联邦顾问委员会 1973 年所写的报告中；它在 2010 年被修订时将侵犯隐私的技术纳入其中（FTC，2010，U.S.Department of Health，Education，and Welfare，1973）。FIP 是关于私人信息收集和使用的一系列管理制度。FIP 制度的理念基础是信息记录持有者和个体间的利益相互依存。例如，个人有兴趣参与一项交易，信息记录持有者（通常是一个企业或政府机构）需要个人的信息支持这项交易。一旦信息被收集，个人对这个记

录拥有所有权，未经本人许可，个人信息不能用于支持其他活动。1998 年联邦贸易委员会（Federal Trade Commission，FTC）重述和扩展了原来的 FIP，为网络隐私保护提供了指引。表 4-4 描述了 FTC 的公平信息规范的原则。

表 4-4　联邦贸易委员会公平信息规范的原则

1. 告知 / 提醒（核心原则）。网站在收集信息前，必须公开其信息操作过程，包括收集者的身份，数据用途，数据其他接收者，收集性质（主动 / 被动），自愿或被要求的状态，拒绝的后果，保护数据保密性、完整性和质量的步骤
2. 选择 / 同意（核心原则）。必须要有一个选择机制，允许用户选择他们的信息如何用于支持交易处理外的第二个目的，包括内部应用和传给第三方的应用
3. 获得 / 参与。用户应该可以用一个及时的并不昂贵的处理过程评价和辩驳他们被收集的信息的正确性与完整性
4. 安全。数据收集必须采取可靠的步骤，保证用户信息的正确性和安全性，防止非授权应用
5. 增强。必须有一种机制强制推行 FIP 原则，包括自我规范、能够保护用户合法权益的立法或联邦法令和法规

联邦贸易委员会的 FIP 原则被用作推动隐私立法变革的指导方针。1998 年 7 月，美国国会通过了《儿童网络隐私保护法案》（COPPA），要求网站在收集 13 岁以下儿童的信息前应得到他们父母的同意。联邦贸易委员会建议通过附加的立法，保护网络用户在提供网络广告服务的网站中的隐私。网络公司收集用户的网络活动记录，形成详细的用户画像。其他公司针对这些用户画像投放精准的网络广告。2010 年，联邦贸易委员会为其隐私保护框架增加了三个方面的规范：公司应采纳"隐私设计"，开发保护隐私的产品和服务；公司应增加其数据操作的透明度；公司应征求用户同意，为其提供明确的选项，使其可以选择退出数据收集计划（FTC，2010）。其他提议包括互联网隐私立法需要关注对网络应用个人识别码（如社会安全码）的保护，保护未包含在《儿童网络隐私保护法案》中涉及个人隐私的网络信息收集，以及限制国土安全部门使用数据挖掘侵犯个人隐私等。

2012 年，联邦贸易委员会扩展了 FTP 原则，用以解决行为定位的问题。联邦贸易委员会举行了听证会，讨论基于行业自愿原则规范行为定位的项目。网络广告贸易集团的网络广告倡议（Network Advertising Initiative）发布了与联邦贸易委员会大体一致的自律原则。然而，政府、隐私保护团体和网络广告行业还在两个问题上争论不休。隐私保护倡导者希望所有网站建立"进入"选择政策，并列出全国范围内的"不跟踪"网站列表，而网络广告行业反对这样的做法，并坚持"退出被跟踪的默认选项"是避免被跟踪的唯一方式。然而，各党派之间正在达成新的共识，在网络行为跟踪上要给用户更多、更透明的控制权利。民意调查显示，公众对网路营销仍然不信任。虽然，在联邦政府层面关于隐私问题有很多研究，但近年来还是没有明确的立法。皮尤研究中心（Pew Research Center）2016 年的调查显示，91% 的美国人认为用户在网上失去了他们个人信息的控制权，86% 的人已经采取措施保护他们的网络信息。

最近，隐私保护也被加入关于撤销金融服务管制和保护个人健康信息的相关法律中。1999 年的《格雷姆 – 里奇 – 比利雷法案》(Gramm-Leach-Bliley）中的条款解除了早期对银行、证券公司和保险公司间的关联限制，包括用户金融服务的隐私保护。所有的财务机构被要求披露它们在保护非公开个人信息方面的隐私保护政策和实践，并允许客户退出与第三方机构实行信息共享的安排。

1996 年的《健康保险流通与责任法案》(HIPPA) 在 2003 年 4 月正式生效，该法案对涉及医疗记录的隐私予以保护，使病人有权获取由健康服务提供商、医院、医疗保险商持有的个人医疗记录，以及有权决定他们自己的信息被如何使用和披露。医生、医院和其他健康服务提供商必须将病人个人信息的披露限制到最低程度，以达到某些目标要求。

1. 欧洲的数据保护指令

欧洲的隐私保护比美国更严格。与美国不同，欧洲各国不允许企业在未经本人同意的情况下使用个人身份信息。1998 年 10 月 25 日，欧盟委员会关于数据保护的指令开始生效，将隐私保护扩至欧盟各国。该指令要求，企业收集个人信息时应通知本人，并告知将如何保护和使用信息。任何公司在合法使用客户的信息前，必须获得客户的知情同意，客户有权存取和修正这些信息，并要求公司不再收集更多数据。**知情同意** (informed consent) 可以定义为，客户在以下基础上表示同意：知悉了为做出一个合理决策所需的所有事实。欧盟成员国必须参照这些原则制定自己的法律，不能传送个人数据到没有相似的隐私保护规则的国家，如美国。2009 年，欧洲议会通过了新的条例，限制使用第三方 Cookie 进行网络行为跟踪。这些新条例在 2011 年 5 月实施，规定只有在网站访问者明确同意接受 Cookie 跟踪的情况下，才能使用 Cookie 跟踪；如果有第三方在使用 Cookie 记录，网站页面必须有明显的警示 (European Parliament，2009)。

2012 年 1 月，欧盟颁布了自 1995 年以来的首次关于数据保护规则的新条例 (European Commission，2012)。新条例将适用于所有在欧洲提供服务的公司，并要求如亚马逊、Facebook、苹果、谷歌及其他互联网公司从用户那里获得能使用他们个人数据的明确许可，必须根据用户的要求删除信息 (基于“被遗忘权”)，并只在绝对必要的情况下才保留这些信息。2014 年，欧洲议会通过扩展用户对互联网更大的控制权，对隐私政策的重大改变给予强烈的支持。虽然美国公司的隐私政策 (与政府相比) 主要是自愿的，但是在欧洲，公司的隐私政策是强制性的，而且在不同的司法管辖区也是一致的。

在讨论的这些变化中，要求企业在每次收集数据以及使用数据之前都要通知用户。用户必须同意收集任何数据。其他的建议包括：尊重用户访问个人资料和被遗忘的权利。被遗忘的权利在 2014 年得到了欧盟法院的支持，从那时起，谷歌不得不对超过 20 万人要求从其搜索引擎中删除个人信息的请求做出回应。

美国商务部与欧盟委员会合作，为美国公司制定了一个安全港协议。**安全港** (safe harbor) 是一个私人的自律政策和执法机制，符合政府监管机构和立法的目标，但不涉及政府监管或执法。如果制定符合欧盟标准的隐私保护政策，美国企业将被允许使用欧盟国家的个人数据。美国将通过自律、监管和政府实施公平交易法规执行相关隐私保护政策。然而，2015 年 10 月欧洲最高法院全面否定了安全港协议，很大程度上是因为爱德华·斯诺登 (Edward Snowden) 披露 Facebook 与美国国家安全局共享了欧洲公民的个人信息，违反了协议的条款。2016 年欧洲出台了一项新的协议，允许欧洲监管机构监测美国对欧洲私人信息的使用情况。

2. 互联网对隐私的挑战

互联网技术对个人隐私保护提出了新的挑战。信息经过这个巨大的网络进行传输，可能会通过许多计算机系统才到达最后的目的地。每一个系统均能监视、捕捉和存储通过它的信息。

在网上的任何活动都能被跟踪和记录下来，包括访问的网站或网页、访问的网络内容、在网站上查看或购买了什么物品。这些监视和跟踪大多数发生在访问者不知情的情况下。个人行为不仅被单个网站跟踪，而且也被像微软、雅虎及谷歌的 DoubleClick 这些广告网络监控，这些广告网络可能跟踪用户在数千个不同网站的浏览行为。网站发布商和广告行业都支持跟踪个人跨网站的行为，因为这么做能使广告投放更精准，并且他们也给网站发布商支付费用。从这个意义上讲，就如同广播电视一样，用户可以免费获得网站内容。对个人信息的商业需求是无法真正被满足的。但是，这些行为侵犯了个人隐私。Cookie 是用户访问网站时被记录并存于计算机硬盘中的一些小文本文件。Cookie 可以识别访问者的网络浏览器软件，并跟踪访问者在这个网站上的访问活动。当访问者再次访问已保留 Cookie 记录的网站时，网站的软件系统就会查找访问者的计算机，找到 Cookie 记录，从而可以了解访问者过去做了些什么，也有可能会更新 Cookie 文件，这取决于访问时的活动情况。有了这种方法，网站可以对每一个访问者定制他感兴趣的内容。例如，如果你在亚马逊网站上买了一本书，当你用相同的浏览器再次访问时，这个网站将显示你的名字并欢迎你，还会根据你过去的购买历史推荐你感兴趣的书籍。本章前面中描述的 DoubleClick 就是利用 Cookie 建立了访问者详细的网络购物档案，并检测网站访问者的行为。图 4-3 描述了 Cookie 是如何运作的。

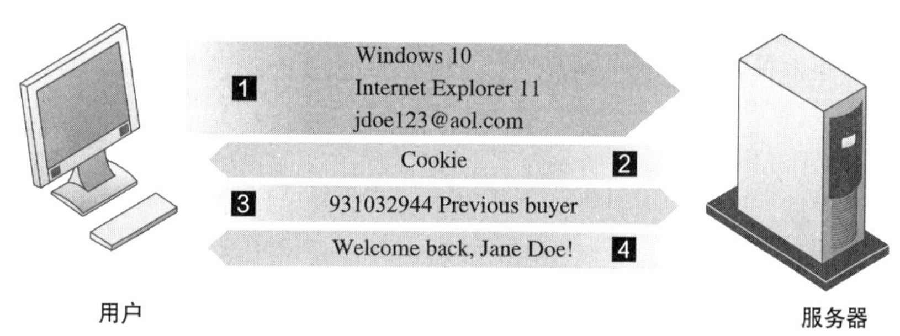

图 4-3 Cookie 如何识别网页访问者

1. 网站服务器读取该用户的网络浏览器，并确定操作系统、浏览器名称、版本号、互联网地址和其他信息。

2. 用户的浏览器接收服务器传送的一个包含用户身份信息的小的文本文件（称为 Cookie），并将其存储在用户的计算机硬盘上。

3. 当用户再次访问该网站时，网站服务器会查找以前存在于用户计算机上的 Cookie 内容。

4. 网站服务器读取 Cookie，识别访问者，并调用用户数据。

Cookie 是由网站写在访问者的硬盘上的。当访问者再次访问该网站时，网站服务器从 Cookie 中获取用户的 ID 号，并用它访问存储在网站服务器上的访问者数据。然后，网站可以使用这些数据，显示访问者的个人信息。

网站利用 Cookie 技术不能直接获得访问者的姓名和地址，但是，如果访问者已经在这个网站上登记过，网站将登记的信息和 Cookie 数据整合起来，可以识别访问者。网站所有者可以整合由 Cookie 和从其他来源、用其他网站监控工具收集到的数据，比如线下的调研或购买纸质分类目录，构建非常详细的访问者画像。

监视互联网用户还有更“狡猾”和隐秘的工具。所谓的超级 Cookie 或 Flash Cookie 不会被轻易地删除，并且无论何时，只要有人点击动画视频就可以安装。这些所谓的“本地共享对象”文件正在被 Flash 用来播放视频，并在未经用户同意的情况下将其放在用户的计算机上。市场营销人士将**网络信标**（Web beacons）作为另一种工具，监视网络互联网用户的网络行为。网络信标，也称为网络爬虫（或“跟踪文件”），是一些小的软件程序，隐附在电子邮件和网页上，用来记录用户的网络点击流，并把这些信息传送到拥有跟踪文件的计算机上。第三方公司通过付费方式将网络信标放置在一些受欢迎的网站上，并通过它们接触网站的受众。那么，网络跟踪到底有多普遍呢？在《华尔街日报》上发表的一系列原创性文章中，研究人员分析了 50 个最受欢迎的美国网站的跟踪文件。他们的研究揭示了监控系统的普遍性。在这 50 个网站上，他们发现访问者的计算机上被安装了 3 180 个跟踪文件。只有一个网站，即维基百科，没有跟踪文件。2/3 的跟踪文件来自 131 家公司。这些公司的主要业务是通过识别和跟踪互联网用户创建用户画像，并将其出售给那些寻找特定类型用户的广告公司。最大的追踪者是谷歌、微软和 Quantcast，它们都在卖广告给广告公司和营销人士。对这 50 个最受欢迎网站的持续研究发现，它们的跟踪文件数量翻了 5 倍！其原因在于网络广告竞拍业务的增长使得广告商需要购买用户网络浏览行为的数据。

另一类**间谍软件**（spyware）可以通过搭载较大的应用程序秘密地把自己装到一个互联网用户的计算机上。一旦装好，这个间谍软件被网站用来给用户推送横幅广告和其他未经请求的内容，并且它也可以给其他计算机报告用户在互联网上的活动。第 8 章将详细讨论关于侵入性软件的内容。

全球大约有 80% 的网络用户都在用谷歌搜索引擎及其他谷歌服务，这使谷歌成为全球最大的网络用户数据收集商。无论谷歌在数据处理上怎么做，都会对网络隐私产生巨大的影响。大多数专家认为谷歌拥有全球最大的个人信息集合，超过任何政府部门。最近与谷歌竞争的对手是 Facebook。

谷歌在 2007 年收购了广告网络公司 DoubleClick 后，开始使用行为定位，以有助于推送更多的基于用户搜索活动的相关广告，在用户从一个网站转向另一个网站时也会标识该用户，便于向用户推送展示广告和旗帜广告。谷歌允许跟踪软件存在于它的搜索页上，并通过 DoubleClick 在整个互联网上跟踪用户。谷歌的一个程序能使广告商基于谷歌用户的搜索历史及其他用户发送给谷歌的信息，如年龄、人口统计、地区和其他网络活动（如博客），投放有针对性的广告。谷歌的 Adsense 程序能使谷歌帮助广告商选择关键词，并基于搜索历史，为不同的细分市场设计广告，如帮助一个服装网站制作和测试针对女性青少年的广告。最近的研究发现，在 40 多万个网站中，有 88% 的网站至少有一个谷歌跟踪虫。

谷歌也一直在扫描它的免费电子邮件 Gmail 的内容。用户在阅读他们的邮件时，就能看到与邮件内容相关的广告。这是因为谷歌基于电子邮件内容形成了用户的画像。谷歌目前还在 YouTube 和谷歌移动应用上推送有针对性的广告，同时 DoubleClick 的广告网络提供有针对性的横幅广告。美国允许企业收集市场上的交易信息，并将这些信息用于其他的市场用途，无须得到信息所有权人的知情同意。这些企业认为，当用户同意使用网站的服务时，也就同意了允许网站收集他们在网站上活动的信息。知情同意的**选择性退出**（opt-out）模式允许企业收集个人信息，除非用户特别提出不能收集相关数据。而隐私保护的倡导者更愿意看到知情同意的**选择性加入**（opt-in）模式得到更广泛的应用。这样的话，企业就会禁止收集任何个人信息，除非用户特意选择同意信息的收集和应用。这里，默认的选择是不收集用户信息。

网络行业更希望通过自律而不是隐私立法保护用户。网络广告行业成立了网络隐私联盟，开发了一系列隐私保护的指南，鼓励联盟成员自律。该组织提倡使用网络印章，如用 TRUSTe 标识该网站遵守一定的隐私保护规则。包括谷歌 DoubleClick 在内的网络广告行业协会的成员也创建了另外的行业协会，叫作网络广告倡议联盟（Network Advertising Initiative，NAI），开发了自己的隐私保护政策，帮助用户退出网络广告程序，并提供给用户滥用信息的赔偿。

少数企业如微软、Mozilla Foundation、雅虎和谷歌都已发布了自己的政策，努力消除公众对网络跟踪的担心。2015 年发布的微软 IE11 浏览器将“选择性退出”选项作为默认配置。但 2016 年微软又去掉了大部分功能，因为大多数网站不使用“选择性退出”的功能。其他的浏览器也有“选择性退出”的选项，但需要用户主动将这个选项打开，而大多数用户都不会这样做。AOL 也建立了“选择性退出”的政策，允许网站用户选择不被跟踪。雅虎遵循 NAI 的基本准则，允许用户“选择性退出”跟踪和网络爬虫。谷歌也减少了跟踪数据的保留时间。

总的来看，大多数互联网企业在保护用户隐私上做得很少，用户也没有做他们应该做的来保护自己的隐私。对于那些靠广告来支持日常运营的商业网站而言，大多数收入来源在于贩卖用户信息。那些在网站上发布了隐私政策的公司，有一半并没有监控它们的网站是否在遵守这些政策。绝大多数网络用户表示自己关心网络隐私，但不到一半的用户会阅读网站的隐私条款。一般来说，网站的隐私政策条款常常晦涩难懂，需要一定程度的法律知识才能理解（Laudon and Traver，2015）。2016 年，Facebook 和谷歌认为隐私政策其实就是数据使用政策。但是，隐私的概念是与用户权利联系在一起的，而企业却没有清楚地认识到这一点。数据使用政策只是告诉用户他们的信息是如何被使用的，而不会涉及权利问题。

在一项关于用户对网络隐私态度的深度研究中，伯克利的一群学生对网络用户以及向联邦贸易委员会投诉涉及隐私问题的卷宗进行了调查，结果发现：人们感觉无法控制他们的信息被收集，且不知道向谁投诉。网站收集了各种各样的信息，但又不让用户获取这些信息。网站的政策不清晰，它们与合作方分享数据，但从未明确合作方是谁，有多少合作方。网络爬虫比比皆是，以致用户不知道他们访问的页面上存在追踪器。这些研究还表明，用户不是说“我不在乎你拿走我的隐私，只要给我提供免费的服务”，他们“希望能够访问信息，能够控制什么信息可以被收集，知道信息是怎么用的，具备退出整个跟踪系统的能力，了解隐私政策是什么，不希望这些政策没有自己的参与和同意就生效了”（完整的报告可在 knowprivacy.org 查阅）。

3. 技术解决方案

除了立法以外，已有几项新技术能在用户和网站进行互动时保护他们的隐私。这类工具主要被用于加密电子邮件、匿名使用电子邮件或浏览网页，从而保护用户的计算机不接受 Cookie，或者监测和删除间谍软件。但是，大部分技术解决方案仍然不能保护用户在站点间转换时不被跟踪。

鉴于公众对行为跟踪和广告投放日趋猛烈的抨击，以及行业缺乏自律行为，大家的注意力转移到了浏览器上——许多浏览器都有“不跟踪”选项。对那些选择了“不跟踪”浏览器选项的用户而言，他们的浏览器会发送申请给网站，要求自己的行为不被跟踪，但是网站并没有义务满足浏览者不被跟踪的请求。目前，网络广告业还没有对如何应对不跟踪要求达成一致意见，同时也没有立法要求网站停止跟踪。私人浏览器加密软件或移动设备上的应用程序为消费者提供了一个很好的机会，至少他们的消息是私密的。

4.3.2 财产权：知识产权

现代信息系统已经严重地挑战了现有的私有知识产权保护的法律和社会实践。**知识产权**（intellectual property）是指由个人或者公司创造出来的无形资产。因为计算机化的信息很容易被复制，并且在网上传播也轻而易举，因此信息技术使得知识产权保护太困难了。当前知识产权从法律研究的三个方面得到全方位的保护：商业机密、版权和专利。

1. 商业机密

任何知识性的工作成果，如公式、仪器装置、专利或者数据汇编，用于商业目的且没有公布于众的，均可以归为**商业机密**（trade secret）。美国各州对于商业机密的保护不尽相同。总的来说，商业机密法对于产品后面的创意提供了垄断性的保护，尽管这种垄断是非常脆弱的。

含有新奇或独特的要素、流程或者数据汇编的软件也属于商业机密的范畴。商业机密法不仅保护工作成果中那些显而易见的特质，也保护这些特质后面的创意。为了主张这些权利，创造者或雇主必须与员工或客户签订保密协议，避免这些商业机密被披露给公众。

商业机密法有它的局限性，因为几乎所有的软件都含有独特的要素，但是由于其被广泛地应用、传输，实际上很难将那些创意保护起来。

2. 版权

版权是一种法定授权，以保护知识的创造者，在他们活着的时期和过世后 70 年内，其作品不被其他人复制用作任何其他目的。对公司拥有的作品，版权保护延续至它被创造后的 95 年。美国国会把版权保护的范围扩展至书籍、期刊、讲演、戏剧、作曲、地图、绘画、任何类型的艺术作品和电影。版权法的真正意图是鼓励创造性，保证创作者获得与他们作品有关的财务和其他利益。大多数工业国家都有自己的版权法律，国家之间也有相应的国际惯例和双边协定以协调与加强这些法律。

20 世纪 60 年代中期，美国版权局开始使用软件程序登记制度。1980 年，美国国会通过了《计算机软件版权法案》，明确提供了对软件程序源代码和复制品的保护，在保护购买者使用软件的权利的同时，也保留了创造者的合法权益。

版权保护法令反对复制整个软件程序或者部分程序，一旦被侵权，被保护者很容易获得侵权赔偿金。版权保护的缺点是作品背后的创意没有被保护，只保护了作品的表象。竞争者可以使用你的软件，了解它是如何运作的，然后按照相同的概念编制一个新软件，这不属于侵犯版权。“外观和感受”的版权侵犯诉讼如同一个创意与其产品表象之间的区别。例如，20 世纪 90 年代早期，苹果计算机起诉微软和惠普侵犯苹果 Macintosh 界面的设计风格，声称被告复制了重叠窗口的表现方式。被告反驳说，重叠窗口只能用一种方式表现，因此根据版权法的合并原则，这是不受保护的。当创意思想与其产品的表现方式合并时，其表现方式不能被版权法保护。

通常，法庭会遵循 1989 年“ Brown Bag 软件公司与赛门铁克公司”的案例进行推理。在这个案例中，法庭分解软件的元素后断言是侵权，认为相似的概念、功能、一般功能特点（如下拉式菜单）和颜色是不受版权法保护的（Brown Bag Software vs. Symantec Corp.，1992）。

3. 专利

专利授予是指给予专利所有者对其发明背后的思想的独家垄断 20 年的保护期。专利法的真正意图是保护新机器、新设备或新方法的发明者获得他们劳动的全部财务收益和其他奖励，同时为了使发明推广使用，在专利所有人的许可下，使那些希望使用专利思想的人能得到详细的图解。美国专利权授予是由联邦专利和商标局予以确定的。

专利法的关键概念是原创性、独特性和创造性。1981 年之前，联邦专利和商标局不接受软件专利的申请，后来最高法院决定计算机程序可以是申请专利过程的一部分。从那以后，专利办公室每年授予几百个软件专利，同时有几千个正在等待审议。

专利保护的优点在于它使得软件依赖的概念和思想得以垄断。它的不足是要达到独特性（也就是作品必须反映特殊的理解和贡献）、原创性、新奇性的严格标准，另外从专利申请到专利保护需要耗费多年的等待时间。

在 2011 年所谓的世纪专利审判中，苹果起诉三星侵犯了其在 iPhone、iPad 和 iPod 上的专利。2012 年 8 月 24 日，加利福尼亚州陪审团在联邦地区法院做出裁决，苹果获得决定性的胜利，三星惨败，法院判定三星给苹果 10 亿美元的赔偿。这个裁定为竞争对手可以与行业领先及树立标准的产品（如苹果的 iPhone）有多大的相似度才能避免侵犯领先公司的设计及实用专利权设立了标准。同时，法庭还判罚三星不能在美国销售它的新平板电脑（Galaxy10.1）。在后来的专利纠纷中，三星也赢得了苹果侵权案。2013 年 6 月，美国国际贸易委员会发布了禁止使用旧的 iPhone 和 iPad 设备，因为它们侵犯了三星几年前的专利权。2014 年，苹果再次起诉三星，声称三星侵犯了其 5 项专利。这些专利涉及用于流行的 Galaxy 5 系列产品中照片、视频和列表的硬件与软件技术。苹果要求 20 亿美元的赔偿金。2015 年，美国上诉法院重申，三星复制了具体的设计专利，但是把苹果的损失降到了 9.3 亿美元。

使事情变得更加复杂的是，苹果已经成为三星闪存处理器、图形芯片、固态驱动器和显示器件的最大客户之一。这些设备被广泛应用于苹果的 iPhones、iPad、iPod Touch 设备和 MacBooks。三星和苹果的专利案也反映了领先的计算机公司之间的复杂关系。

4. 对知识产权的挑战

当代的信息技术，特别是软件，对现有的知识产权制度提出了严重的挑战，因此产生了重大的商业伦理、社会和政治问题。数字媒体不同于书籍、期刊和其他媒体，它容易被复制、传输以及替代。其兼容性使得盗版很容易，并且难于建立独特性。

电子网络包括互联网的泛滥使知识产权的保护更为困难。在网络广泛应用以前，软件、书籍、杂志文章或影片胶卷的复制必须通过物理介质，如纸张、计算机磁盘、磁带，给传播带来了障碍。有了网络以后，信息可以被广泛地再生产和传播。由国际数据公司（International Data Corporation，IDC）和商业软件联盟组织（The Software Survey，BSA）执行的 BSA 全球软件调研显示，2015 年全球软件盗版率为 39%（The Software Alliance，2016）。

互联网本身就是被设计用来在世界范围内自由地传输信息的，包括有复制权的信息。你可以非常容易地复制和分发任何东西至全世界成千上万的人，即使他们用不同的计算机系统。信息可以从一个地方被非法复制，然后通过其他的系统和网络传播，虽然这些当事人并不愿意参与侵权。

几十年前，用户就开始在互联网上非法复制和传播音乐文件。共享文件服务不断涌现，如 Napster 和后来的 Grokster、Kazza、MorpheusMegaupload 以及 The Pirate Bay。共享文件服务帮助用户查找和交换数字音乐文件，包括那些被版权保护的文件。非法的文件共享非常流行，只需要在某个地方占用 20% 的网络带宽即可，这威胁着音乐录制行业的生存。音乐录制行业在几个关闭这些服务的法律诉讼中取得了胜利，但还是不能完全阻止非法的文件共享。电影和有线电视行业也进行着类似的斗争。几个欧洲国家已经与美国当局合作，关闭了一些非法分享网站，但结果各不相同。

随着网上音乐商店的合法化，比如 iTunes Store 的推广，一些非法文件共享业务量在下滑。技术从根本上改变了知识产权保护的前景，至少对于音乐、视频和电视节目是如此（对软件来说少一些）。苹果的 iTunes Store 合法地向音乐及娱乐项目付费，创造了一个封闭的市场环境，使音乐和影视作品不易被复制与传播，只能在苹果的设备上使用。亚马逊的 Kindle 也保护了出版商和作者的权益，因为它的图书不能在网络上复制及传播。网络广播服务的涌现，例如 Pandora、Spotify 和好莱坞电影（如网站 Hulu 和 Netflix），也因为这些流媒体不易被不同的设备所复制而阻止了盗版的扩散。尽管在合法的网络音乐平台上取得了这些成果，但苹果公司基于单向下载和流媒体服务的 iTunes 不愿意支付有关标签和艺术家的合理费用。自 2000 年以来，这导致音乐录制行业的收入下降了 50%，成千上万的工作消失了。

1998 年的《**数字千年版权法**》（Digital Millennium Copyright Act，DMCA）也提供了一些版权保护。该法履行了《世界知识产权组织版权条约》，使得规避版权保护的技术基础成为非法。互联网服务提供商（ISP）一旦发现版权有问题，就必须在其网站上撤下版权的侵权人。作为软件和信息行业协会（SIIA）的代表，微软与其他主要软件及信息内容公司将忠于新的法律，并增强现行法律意识，在全球范围内保护知识产权。SIIA 开通了一条反盗版的热线，鼓励个人举报盗版行为，举办培训帮助组织与软件侵权做斗争，并出版指导手册帮助员工合法使用软件。

4.4 信息系统如何影响法律责任和义务以及日常生活质量

与隐私和知识产权保护一样，新的信息技术对现有的个人和机构的法律责任与社会实践提出了挑战。如果一个人被受控的机器所伤，部分是由于机器受软件控制，那么谁应该被问责而负法律责任呢？像 Facebook 或 Twitter 这样的社交网站，应该对发布色情或种族歧视的内容负责吗，或者说它们应该对用户发布的任何东西负责吗（因为它们是运营商，就如电话系统一样）？互联网又该怎么样呢？如果将你的信息处理外包给云端，而云服务提供商无法提供足够的服务，你能做什么呢？云服务提供商一般会认为你使用的软件有问题，而不是云服务器有问题。

4.4.1 与计算机相关的法律责任问题

2013 年，塔吉特公司（美国最大的零售商之一）0.7 亿～ 1.1 亿名客户的信用卡、借记卡和其他个人信息被黑客侵入。塔吉特公司的销售量即刻受到影响，至今仍未完全恢复。塔吉特公司表示，它已经花费了 6 000 多万美元加强它的系统。2015 年，塔吉特公司同意向客户支付 1 000 万美元，并向万事达卡公司支付 1 900 万美元，而销售和信任的损失付出的代价更大。

个人或企业的信用卡被侵犯所造成的经济损失由谁来负责？塔吉特公司在确保信息安全方面做出了很大的努力，它还会对允许违规行为的发生而负责吗？或者这只是信用卡这个行业做生意的成本，因为用户和企业有保险保护它们免受损失？比如，根据联邦银行法的规定，用户的信用卡被盗最高可以赔偿 50 美元。

信息系统管理者是否应该对企业系统造成的损失负责？除 IT 经理外，目前由于计算机软件是机器的一部分，如果机器对某人造成物理或经济上的伤害，那么软件生产者和操作人员将会承担赔偿责任。目前只要软件像书一样用来存储和显示信息，那么法院很难认定作者、出版商和销售商对书的内容负责（欺诈或诽谤的除外）。因此，法院对于软件生产者对软件负责这个问题非常小心谨慎。

一般而言，软件生产者对软件产品承担责任是非常困难的，就像书的作者对书的内容负责一样（无论其产生了什么样的物理或经济损失）。历史上，图书和期刊的印刷出版商不对书的内容负责，因为这种赔偿责任会干扰保障言论自由的《第一修正案》权利。因软件故障原因导致的伤害很少是致命的，一般会给用户带来使用上的不方便，但不会对他们造成物理伤害（医疗设备除外）。

那么，软件即服务呢？自动取款机是向银行客户提供的一种服务。如果这项服务出现问题，客户会觉得不方便，因为无法及时获得资金，从而造成经济上的损失。是否应该将保护责任扩展到财务、会计、模拟或营销系统的软件出版商和运营商身上呢？

软件和书很不一样。软件的用户可能形成对于软件没有错误的期望；软件比起书来更不容易被检查；更不容易和其他软件进行质量比较；软件实际上是在执行一项任务，而不像书那样，只是描述一项任务；人们开始依赖服务，本质上就是依赖软件。由于软件在日常生活中具有重要的作用，即使软件仅提供信息服务，相关责任法也应该将软件包含在内。

电话系统现在也没有对所传输的信息内容负责，因为它被认为是共同载体。在具有提供电话服务权利的同时必须以合理的费率和可接受的可靠性向所有人提供服务。但美国的广播和有线电视系统受制于各个联邦政府与地方的内容及设备限制。在美国，除少数网站外，其他网站一般不对其发布的内容负有责任，无论内容是由网站所有者还是由用户放上去的。

4.4.2 系统质量：数据质量和系统错误

2012 年 12 月 24 日，“白色圣诞节”那晚数百万 Netflix 用户和社交网络用户发生了中断事件。这次中断事件是由亚马逊的云计算服务（AWS）故障引起的，因为亚马逊的云计算服务为各种网站提供存储和计算能力，包括 Netflix。服务故障持续了一天。亚马逊将其归咎于弹性负载平衡，这是一个平衡所有云服务器上的负载，以防止出现过载的软件程序。亚马逊的云计算服务已经有过几次中断，尽管不像圣诞除夕夜中断的时间那么持久。2015 年 9 月，云计算服务再次遭受重大中断。云计算服务的中断是罕见的，但是会重复出现。这些中断对云服务的可靠性和质量提出质疑。这些中断是否可以接受呢？

对于因使用系统而导致意外后果的法律责任问题，提出了一个相关但又独立的商业伦理问题：什么是一个可接受的、技术上可行的系统质量水平？在什么情况下，系统经理可以说：“停止实验，我们已经做了我们能做的完善这个软件。发布吧！”个人和组织可能对可避免的、可预测的后果承担察觉和纠正的责任。然而，灰色地带是指有些系统错误是可预测的，也是可纠正的，但若要纠正需付出很大的代价，为追求完美而付出那么大的代价在经济上是不可行的，因为没有人能支付得起这样的产品。

例如，在向市场发布产品前，虽然软件公司会尝试调试好软件，但它们也知道向市场推出的软件往往存在瑕疵，因为要修复所有微小的错误所花费的时间和成本，将妨碍这些产品的发布。如果不将这个产品推向市场会怎么样？社会的总体福利会波动，甚至可能会有所下降吗？进一步说，计算机服务厂商的责任是什么？是否应该撤回那些永远不可能完美的产品，是警告用户还是忘掉风险（让买主自己意识到风险）？

之所以出现性能差的系统主要是因为：①软件瑕疵和错误；②由自然或其他原因引起的硬件和设备故障；③输入的数据质量差。在第 8 章的学习跟踪模块中，我们会讨论为什么任何复杂的软件代码都不可能达到零缺陷，为什么软件瑕疵的严重性不可估算。因此，软件完善还存在着技术壁垒，用户必须清楚这个潜在的问题。软件行业至今尚未形成性能并非完美但可接受的测试标准。

虽然新闻上不时报道软件瑕疵和设备故障，但到目前为止，企业信息系统失败最普遍的原因是数据质量问题。几乎没有公司定期测试它们的数据质量，也有个别组织报告其数据错误率在 0.5% ～ 30%。

4.4.3 生活质量：平等、互通和边界

随着技术能力的增强，新的信息技术和系统带来的负面的社会成本在不断攀升，这些消极的社会后果并不是指侵害个人的权利或财产犯罪行为，但是，这些后果可能会极大地伤害个人、社会和政治组织。计算机和信息技术在给我们带来好处的同时，也极有可能破坏我们的文化与社会价值观。使用信息系统的好处和坏处是否能平衡？谁来对坏的结果负责？接下来，我们需要从个人、社会和政治角度看信息系统带来的一些负面的社会后果。

1. 平衡权利：中心和外围

早期对计算机时代的巨大恐惧是：中央化的主机将权力集中于国家的首都，形成了一个“大哥”社会，就如乔治·奥威尔（George Orwell）的小说《一九八四》中描述的那样。随着信息系统向非集中化的客户端－服务器式计算的变迁，伴随着给 Twitter 和社会化媒体用户的授权意识，以及决策的分散化下放到组织较低的层次，直到最近人们对政府机构权力集中的恐惧才逐步降低。当然，商业杂志上描述的授权仍然是很少见的。底层员工可以授权做一些小的决策，但关键的政策决策还是要像过去一样是集中式的。同时，大型网络企业如谷歌、苹果、雅虎、亚马逊和微软等公司，已经成为收集和分析所有民众个人信息的主导力量。自从 2001 年 9 月 11 日美国发生恐怖袭击事件后，联邦政府在《爱国者法案》以及后续秘密执行令的授权下，极大地拓展了使用私人信息的范围。从这个意义上来看，信息使用的权利更集中在少数私有寡头和大政府机构手中。

2. 变化的快速性：减少竞争的响应时间

信息系统有助于创造更加高效的国内和国际市场。通常，企业需要几年的时间来适应竞争，但如今，更高效的全球市场减少了这种常规的社会缓冲。基于时间的竞争有不好的方面：你工作的企业可能因为没有足够的时间响应全球竞争而在一年内消失，一起消失的还有你的工作岗位。我们正承受着发展“实时社会”的风险，连同“实时的工作”“实时的岗位”和“实时的工作场所、家庭、和假期”。Uber（见第 10 章）和其他按需服务公司的一个影响是为员工创造没有福利或保险的即时工作。

3. 维护边界：家庭、工作和休闲

本书的一部分是作者在火车和飞机上以及利用假期的时间写出来的，而这些时间原本可能是属于家庭的时间。无所不在的计算、通信、游牧计算（nomad computing）、移动计算以及“在任何地方做任何事”的计算环境正在变为现实。传统的将工作与家庭和休闲时间分割的边界已经被弱化。

虽然传统上作家可以在任何地方工作，但是信息系统的出现伴随着知识工作岗位的增加，意味着越来越多的人将原本用于休闲或者和家人、朋友交流的时间变成了工作时间。工作的“大伞”现在正在扩展，远超过每天 8 小时，已延伸到交流时间、休假时间和休闲时间。智能手机的爆炸性增长和使用，只是增加了许多员工从不离开工作的感觉。

当人们把休闲时间也花在计算机上时，就开始威胁到亲密的社会关系。互联网和手机的广泛使用，哪怕是出于娱乐的目的，也会使人们远离他们的家庭和朋友。在青少年孩子中，这可能会导致有害的反社会行为，例如最近出现的网络欺凌现象。

这些关系的弱化具有非常大的风险。过去，家庭和朋友为个人提供了很大的支持，使他们在社会中找到一个平衡点：保留私人的生活，提供一个地方收集他们的想法，以不同于雇主的方式思考和想象。

4. 依赖性和脆弱性

如今，我们的企业、政府、学校和私人社团（如教堂）等，也越来越依赖信息系统，因而一旦系统失效，它们都将脆弱不堪。例如，中学教育越来越多地使用及依赖教育软件，学校的考试成绩往往存储在校外。如果这些系统关闭，可能就没有后备的教育体系和内容弥补由系统而造成的损失。现代信息系统像电话一样无所不在，令人震惊的是，这里没有如电话、无线电、电力、电视或其他公共设施技术那样的监管或标准。系统应用标准和审查的缺失，或将进一步唤起对国家标准和监管的呼声。

5. 计算机犯罪和滥用

包括计算机在内的新技术，也为犯罪创造了新的机会，创造了犯罪的新项目、新的犯罪方式和新的伤害他人的办法。**计算机犯罪**（computer crime）是通过使用计算机或者攻击计算机系统进行的非法行动。未经授权的访问或企图损害计算机的行为，即使是在偶然的情况下发生的，现在也被视为犯罪行为。最常见的计算机犯罪类别包括：恶意软件、网络仿冒、网络中断、间谍软件、阻断服务攻击（PwC，2015）。所有计算机犯罪的真实成本是一个未知数，但估计为数十亿美元。第 8 章关于计算机犯罪有更详细的讨论。

计算机滥用（computer abuse）是涉及计算机的一系列行动，可能是合法的，但缺乏商业伦理。互联网和电子邮件的普及已转向另一种计算机滥用的形式——垃圾邮件。对个人和企业而言，垃圾邮件已成为一个严重的问题。**垃圾邮件**（spam）是由一个组织或个人发送给大量互联网用户的无用的电子邮件，展示给用户他们不感兴趣的产品或服务。然而，随着手机使用量的增加，垃圾邮件肯定会随之而来。当用户利用智能手机检查电子邮件、网上银行交易、支付账单和披露个人信息时，网络犯罪分子会将注意力转向智能手机。手机垃圾邮件通常以短信的形式出现，但越来越多的用户在 Facebook Newsfeed 和信息服务中也收到了垃圾邮件。垃圾邮件发送者倾向于在大多数文明社会中销售色情视频，进行欺诈性交易和服务，

以其提供其他未被广泛认可的产品。一些国家制定法律，禁止垃圾邮件或限制其使用。在美国，如果不涉及欺诈行为，且电子邮件的发件人和主题能被正确识别，则垃圾邮件依然是合法的。

垃圾邮件增长迅速，是因为它给互联网用户发送几千份广告信息的成本只有几美分。2015年，垃圾邮件占所有电子邮件的比例为65%（Kaspersky，2015）。大多数垃圾邮件源自僵尸网络，通过数千台PC机启动和传播。自从美国当局2011年把Rustock之类的僵尸网络关闭后，垃圾邮件数量有所减少。由于处理几十亿封无用的电子邮件所消耗的计算和网络资源以及时间成本是巨大的，垃圾邮件对企业造成了大量的资源浪费（估计每年超过500亿美元）。

互联网服务供应商和个人可以通过使用垃圾邮件过滤软件，在垃圾邮件进入接收者信箱前将其阻断。不过，垃圾邮件过滤软件也可能会滤除合法的信息。垃圾邮件制造者知道如何躲避滤除，通过不断改变电子邮件的账号，以图像的方式展示垃圾邮件信息，以附件或电子贺卡的形式发送垃圾邮件，或使用由僵尸网络控制的他人的计算机等方式发送（见第8章）。许多垃圾邮件是从一个国家发来的，而往往是由另一个国家的网站制造的。

比起美国，欧洲较严格地规范了垃圾邮件。2002年5月，欧洲议会通过了一个未经请求的商业信息禁令，即电子营销只能针对事先同意的人们。

美国的《反滥发商业电子邮件法》（CAN-SPAM Act of 2003）在2004年1月1日生效，没有规定垃圾邮件是非法的，但确实禁止了欺骗性电子邮件，要求商业电子邮件显示正确的主题，能识别真正的发送者，并提供给接收者在邮件地址表中轻易地移除其姓名的方法。这项法律也禁止使用虚假的返回地址。即使有这项法律，也只有少数人被起诉，因为互联网的安全系数特别低，再加上使用离岸服务器及僵尸网络，大体而言对垃圾邮件只有微不足道的影响。大多数大规模的垃圾邮件已经离岸到东欧世界上的个别地区，在那里黑客控制了全球的僵尸网络，能产生数十亿封垃圾邮件。近年来，最大的垃圾邮件网络是Festi。Festi之所以出名在于它是全球伟哥垃圾广告行业背后的垃圾邮件产生器。这个行业涉及的部分俄罗斯、印度的制药公司在销售假冒的伟哥。

多年来，全球各地的汽车制造商都试图找到操纵里程和排放测试的方法，用来产生在纸面上比在路上实际测试更好的结果。最近，出现了使用软件达到这个目的的方法，大众汽车集团在一些汽车模型中安装了“作弊”软件，违反了美国的《清洁空气法案》(Clean Air Act)(见“互动讨论：技术”部分)。

⊙互动讨论：技术

大众汽车集团用软件在排放测试中进行欺骗的行为损毁了它的信誉

大众汽车集团试图通过采取一项战略超越全球最大的汽车制造商——丰田公司。该战略的一部分是：在10年内，将“清洁”柴油动力汽车在美国的销售额提高3倍。这种汽车可以降低排放量，并在不牺牲性能的情况下提高里程数。事实证明，在美国销售的约58万辆、在全球销售的将近1 050万辆洁净柴油车型并非真正的“绿色”产品。这些汽车品牌覆盖大众、奥迪和保时捷。

2015年9月18日，美国环保署（EPA）发布了一则公告，指出大众汽车集团故意将涡轮增压直喷柴油发动机的排放量编程为仅在实验室排放测试中才能达到的某些排放控制，这种行为违反了《清洁空气法案》。编程使得车辆的氮氧化物（NOx）输出在监管测试期间达到美国标准，但是当车辆实际在道路上行驶时，排放量是实验室排放测试中排放量的 40 多倍。2009 ~ 2015 年，大众汽车将这款软件安装在全球约 1 100 万辆汽车中（在美国销售的有 50 万辆）。

大众汽车能够在多年的排放测试中作弊，是因为这一软件被隐藏在软件代码中。经过环保组织和独立研究人员的调查，大众汽车的欺骗行为才开始显现。如今，汽车的许多功能由数百万行软件程序代码控制，包括监控一氧化碳和氮氧化物的含量，以帮助汽车控制其排放污染物的数量。柴油发动机不排放一氧化碳，但通常会排放更多的氮氧化物，这是低层臭氧层和酸雨中的一种成分。美国的氮氧化物标准比欧洲更严格，因此柴油车更普遍。

柴油动力汽车使用传感器和工程管理软件监测与限制排放水平。这种软件可以通过调节汽车的柴油和氧气混合物，或者通过部署氮氧化物捕集器捕获污染物与催化剂，从而控制燃烧过程中产生的氮氧化物排放量。但是，这些减少污染的措施也会降低燃油的经济性。

大众汽车没有明确用于伪造排放测试结果的软件或引擎组件。专家认为，通过检查转向、轮胎旋转和加速器使用的数据，软件程序能够确定汽车是实际在道路上行驶，还是在排放测试台上行驶，并调整发动机性能和排放量以便通过测试。

2007 年，大众汽车决定放弃梅赛德斯 – 奔驰和博世开发的污染控制技术，而使用自己内部开发的技术。与此同时，大众汽车的首席执行官马丁 · 温特科恩（Martin Winterkorn）提出对于美国汽车市场要制定更高的增长目标，从而向公司的经理施加压力。为了增加市场份额，大众汽车需要生产美国人青睐的大型汽车，并且还必须符合奥巴马政府提出的增加里程的标准。所有的汽车制造商都制定了满足新里程规则的战略，而大众汽车专注于生产柴油汽车。然而，柴油发动机在提供更多里程的同时，也会比常规发动机排放更多的烟雾污染物。大众汽车的战略与美国空气污染标准相反，而且这些标准比欧洲更加严格。在排放测试中作弊解决了许多问题。配备“作弊”软件的汽车能够提供更好的里程和性能，使得大众汽车避免支付昂贵和烦琐的污染控制系统。

大众汽车得知为增长战略而研发的新型柴油发动机在美国和其他国家无法达到污染标准，于 2008 年开始安装该“作弊”软件。大众汽车没有停止生产和抛弃多年的研发成果，而认为最好的做法是欺骗这一管制系统。目前，还不清楚大众管理层中谁对这一决定负责。纽约的马里兰州和马萨诸塞州的诉讼涉及数十名包括大众首席执行官在内的工程师和管理人员。

大众汽车的排放测试舞弊不是一个孤立的事件。自 20 世纪 70 年代初，政府开始规范汽车行业的污染排放量时，整个汽车工业开始试图在排放量和里程的数据方面作弊。1998 年，福特使用欺骗性设备使 Econoline 货车减少排放，通过了测试，但在高速上行驶时超过了污染的限制，由于这一原因被罚款 780 万美元。1995 年，通用汽车在一些凯迪拉克车型里秘密安装了过量排放控制系统，为此支付了 1 100 万美元的罚款。1998 年，卡特彼勒、沃尔沃、雷诺等厂商也因为使用欺骗装置而被罚款高达 8 340 万元。汽车制造商也会使用其他方法以获得更好的性能和燃油里程，例如汽车门和格栅的贴合，通过拆卸后排座椅改善空气动力学或使测试车辆变轻。

排放丑闻不仅影响了大众汽车，而且影响了整个汽车行业。大众汽车在多个国家成为监管调查的目标，大众汽车的股价在作弊公布于众后几天内下跌了 1/3。首席执行官温特科恩提出辞职，品牌发展部负责人海因茨 – 雅各布 · 诺伊泽（Heinz-Jakob Neusser）、奥迪研发部负责人乌尔里克·哈肯伯格（Ulrich Hackenberg）和保时捷研发部门负责人沃尔夫冈·哈茨（Wolfgang Hatz）暂时停职。大众汽车公司宣布计划花费73亿美元，后来又提高到183.2亿美元，纠正排放问题，并计划召回受影响的车辆进行改装。这个丑闻提高了汽车制造商对更高水平的车辆排放污染的认识，包括沃尔沃、雷诺、吉普、现代和菲亚特在内的车辆，在实际的驾驶条件下很容易超过合法的排放限制。

排放危机也引发了关于如何处理除汽车以外其他类型的软件控制机械的讨论。人们普遍认为，这样的机器很容易作弊，应该向公众公布它们的软件源代码。

资料来源：Jack Ewing and Hiroko Tabuchi, "Volkswagen Scandal Reaches All the Way to the Top,Lawsuits Say," *New York Times*,July 19, 2016;Geoffrey Smith and Roger Parloff. "Hoaxwagen," *Fortune*,March 15 2016; Associated Press, "German Prosecutors Investigating Missing Data in VW Scandal," June 9,2016;Zeynep Turfekci, "Volkswagen and the Era of Cheating Software," *New York Times,*September 23, 2015; Danny Hakim and Hiroko Tabuchi, "Volkswagen Test Rigging Follows a Long Auto Industry Pattern," *New York Times*,September 23, 2015; Danny Hakim, Aaron M. Kessler, and Jack Ewing, "As Volkswagen Pushed to Be No.1,Ambitions Fueled a Scandal," *New York Times*, September 26, 2015; and Jack Ewing, "Volkswagen Engine-Rigging Scheme Said to Have Begun in 2008," *New York Times*,October 4,2015.

案例分析题

1. 大众汽车的排放作弊危机是否构成道德困境？为什么是或为什么不是？如果是，谁是利益相关者？
2. 描述管理、组织和技术在大众软件作弊事件中的角色。管理层应该在多大程度上负责？请解释你的答案。
3. 所有的软件控制机器都可以让公众查阅吗？为什么可以或为什么不可以？

6. 就业：信息技术和再造的岗位流失

由于信息技术能够带来巨大的收益，再造业务流程在信息系统社会中非常受欢迎。但很少有人指出，再造业务流程可能会引起几百万中层经理和文员失去他们的工作。一些经济学家警告说，信息和计算机化技术会威胁中产及白领阶层的工作（工厂里的蓝领也一样）。埃里克·布莱恩约弗森（Erik Brynjolfsson）和安德鲁·麦卡菲（Andrew P. McAfee）认为，自动化的步伐近年来已经加快了，这主要是技术融合的结果，包括机器人、数控机床、计算机化的库存控制、模式识别、语音识别和电子商务等。其结果是现在机器可以做很多人类所做的工作，包括技术支持、呼叫中心的工作、X射线检查，甚至审查法律文档（Brynjolfsson and McAfee，2011）。这些观点与经济学家以前的评论恰恰相反。以前经济学家认为劳动力和资本会获得稳定的收入，当新技术摧毁了原来的工作时，会创造更多的新工作。但是，没有人能够保证将来一定会发生这样的情况，劳动收入的财富份额可能相对于资本持续下降，导致人们失去高薪工作和工资下降。

另一些经济学家对潜在的岗位消失则较为乐观。在某些情况下，IT资本投资最高的行业的就业仍然会增长或保持不变。这些经济学家还认为，被技术淘汰的积极的、受过教育的工人会在快速发展的行业中获得更好的就业机会。在这个过程中失去工作的只是那些没有技能的蓝领和年龄较大的、受教育程度较低的中层管理人员。对于这些群体是否可以轻松地重新获得高质量、高收入的工作，我们很难下定论。

7. 平等和接入：扩大了的种族与社会阶层差异

是否每个人都有同等的机会参与数字时代呢？在美国和其他社会中存在的社会、经济和文化的鸿沟，能否被信息技术缩小？还是差异会增加，让好的变得更好？

这些问题现在还没有确切的答案，因为信息系统技术对社会各种人群的影响尚未被彻底研究。众所周知，使用信息、知识、计算机、教育机构和公共图书馆这些资源的机会，对于不同的民族和社会阶层是不公平的，许多其他的信息资源也是如此。一些研究发现，即使近 5 年来计算机的拥有量和互联网访问量在美国猛增，但一些贫穷的人和一些少数民族群体只拥有较少的计算机与互联网访问量。虽然在获得计算机方面的鸿沟不大，但是收入较高的家庭相对于同一个种族内收入较低的家庭，更容易获得家用计算机和访问互联网的带宽。此外，高收入家庭的孩子更有可能使用互联网达到教育的目的，而低收入家庭的孩子更有可能花时间娱乐和玩游戏。这被称为“时间浪费”的差距。

这个数字鸿沟得不到纠正，可能会导致在一个社会中，一群是具有计算机知识和技能的信息富人，另一群是没有计算机知识和技能的信息穷人。公益组织希望通过给每个人提供数字信息服务（包括互联网）以缩小这个数字鸿沟，就像现在基本的电话服务一样。

4.4.4　健康风险：RSI、CVS 和认知下降

如今，最常见的职业病是**重复性压力损伤**（repetitive stress injury，RSI）。RSI 是由于肌肉被强迫做重复动作而引起的，这些动作常常带有高冲击负荷（如网球）或几万次低冲击负荷（敲击计算机键盘）。RSI 的患者占整体劳动力的 1/3，其发生占所有残疾案例的 1/3。

最大的 RSI 来源是计算机键盘。与计算机相关的最普通的 RSI 是**腕管综合征**（carpal tunnel syndrome，CTS），即压力通过腕管的手腕骨骼结构加在中枢神经上，并产生疼痛。这个压力是由长期重复的键盘操作引起的，在一定的工作时间内，一个打字员可能敲击键盘 23 000 次。腕管综合征的症状包括麻木、射击痛、不能抓住东西、刺痛等。上百万名职工被确诊患有该病。它影响了 3% ～ 6% 的劳动力（LeBlanc and Cestia，2011）。

RSI 是可以避免的。设计一个平衡腕部位置的工作台（用一个腕垫支持腕部）、正确的监视器位置和脚垫均可纠正姿势，从而减少 RSI 的发生。人体工程学的校正键盘也可作为一个选择。这些方式应配合经常的间歇休息以及员工的岗位轮换。

RSI 不是计算机引起的唯一疾病。背和膝部疼痛、腿紧张和脚痛也会因为工作台的较差人体工学设计而产生。**计算机视觉综合征**（computer vision syndrome，CVS）是指台式电脑、笔记本电脑、智能手机、手持式视频游戏机的显示屏所导致的眼部紧张。CVS 影响了每日使用相关电子设备 3 小时以上的人群中的 90% 的人，其症状通常是短暂的，包括头疼、视觉模糊、眼睛干燥和心情烦躁等。

除了这些疾病，计算机技术或许正在损害我们的认知功能，至少是在改变我们思考及解决问题的方式。一些专家认为，尽管互联网使人们更容易地访问、创造、使用信息，但这也妨碍人们专注地、清楚地思考。他们认为，接触电脑会降低智力，使人麻木。麻省理工学院的一位学者认为，接触电脑阻碍了画画能力的提升，并鼓励查找答案，而不是真正解决问题。这种观点认为，与聆听、画画、争论、寻找和探索相比，学生在阅读网页或者写电子邮件时，不会学到很多东西（Henry，2011）。“互动讨论：组织”部分描述了一个相关的观点：

自动化通过消除学习重要任务的机会削弱了人们的技能，并妨碍他们自我思考的能力。

无论从个人、社会、文化还是政治角度来看，计算机都已成为我们生活的一部分。随着信息技术持续地改变我们的世界，这个问题和我们的选择都变得更加困难。当我们步入第一个数字世纪时，增长的互联网和信息经济会使商业伦理和社会问题进一步突出。

⊙互动讨论：组织

我们过于依赖计算机为我们思考吗

我们对计算机不断增长的依赖是否引起了自满，抑制了在必要时控制我们的心理活动的能力？虽然计算机无疑有助于减少故障、停工和崩溃的情形，但是我们是否也失去了独立评估可供选择的事物，并做出最佳选择的能力？

至少有一位技术作家肯定这是正在发生的事情。尼古拉斯·卡尔（Nicholas Carr）的书《玻璃笼：自动化与我们》（*The Glass Cage*：*Automation and Us*），揭示了我们对计算机的过度依赖，并指出计算机使我们的反应迟钝，侵蚀我们的专业技能。这会使我们的绩效变差。自满，即对计算机能力的过度自信，会导致我们的注意力分散。偏见，即对利用计算机收集到的数据的准确性过于自信，会使我们无视外部数据源，包括冲突的感觉刺激。

当飞行员、士兵、医生甚至工厂经理失去关注点，缺乏情境意识时，他们会忽视来自计算机的可疑数据以及外部相反的提示。这样做带来的结果可能是灾难性的。2009 年有两个案例，两架商用飞机的飞行员在接收到飞机失速的警告之后，在自动驾驶仪控制断开时误解了信号。这两架飞机的飞行员并不是向前推进磁轭获得速度，而是忽略了控制面板上的错误数据，同时忽略了环境线索，并将其拉回到轭架上，拉升了飞机的头部并降低了速度，而这些行动与所需要的恰恰相反。失去自动化的控制引发了混乱和恐慌。大幅削减的实战飞行经验（在如今标准的民航飞行中，飞行员只需控制 3 分钟）导致飞机在空中停滞并坠毁。50 人在纽约布法罗死亡，从里约热内卢到巴黎飞行途中，有 228 人坠入大西洋。联邦航空管理局（FAA）正在使航空公司对手动飞行时间采取更严格的要求，以消除由自满和偏见带来的风险。

评论家卡尔指出，现今的航空旅行比以往任何时候都安全，事故和死亡人数几十年来一直在下降，致命的航空事故极其罕见。卡尔承认了这一点，但仍然担心飞行员已经依赖这些计算机，忘记了如何飞行。麻省理工学院斯隆管理学院研究员安德鲁·麦卡菲（Andrew McAfee）指出，几个世纪以来，由于技术的发展而使人的技能丢失，是非常让人感到遗憾的，但总的来说，自动化使世界变得更好了。也许将来会有更高级的飞机坠毁，但他认为只有更多的自动化才是解决之道。

历史上，虽然人类将工作任务分配给机器，从重复的工作中解放出来，去追求卓越，但是计算机迎来了完全不同的时代。如今，大量的数据汇编和复杂的分析能力意味着决策，也就是说迄今为止人类大脑唯一占据优势的决策领域，已经越来越多地被计算机占领。将工作任务分配给计算机，可以让我们摆脱复杂的思维，但同时要求我们完成简单、重复的任务，如输入数据、观察输出以及由设备故障而引起的不必要的等待。

自满和偏见导致的错误越来越多。例如，计算机程序显示乳房 X 光照片上有一些可疑点。随着一些严格的、强制性的检查图像被取消，现在放射科医生会漏掉一些未被程序标记出来的早期肿瘤。澳大利亚的研究人员发现，使用先进的审计软件的两家国际公司，对不同类型的风险的理解明显弱于使用简单软件的公司，因为使用简单软件的公司要求会计师自己进行风险评估决策。即使是最基本的任务，现在其完成程序也完全不同了，比如编辑和拼写检查。作为编辑，不是积极参与检查，而是等着电脑告知再纠正错误。这种短期的效率提高与长期的知识和专长的丢失，是否真的值得？

更为重要的是，软件程序正在越来越多地承担原本人脑需要思考的领域中的能力。感应的评估、环境的意识、协调的运动以及概念性的知识都能在编程中实现，这使谷歌能在公共道路上开始测试无人驾驶汽车。有人认为这正是我们应该走的方向：完全由自主的电脑操控，根本没有人类的监督或干预。这是解决自动化故障的解决方案吗？这是解决由于自满和偏见，医生诊断技能下降的解决方案吗？也许这将会消灭医生这个职业。

卡尔认为这种思想存在两个问题。首先，复杂的计算机系统需要数据库、算法、传感器、软件和硬件之间复杂的相互依赖关系。系统中相互依赖的因素越多，潜在的引起失败的点就越多，找到的难度也会越大。其次，我们已经认识到，30 多年以来，人类特别不擅长那些被高度电脑化的工作。当我们不积极参与的时候，我们的大脑倾向于去掉关于这项工作的任何内容（我们只要能够监督就行了）。更为重要的是，由于现在我们已经知道"要么使用它，要么失去它"这个定律，适用于飞机操作、疾病诊断、拼写检查以及任何将人类限于观察而降低专业技能的事情中，这样一旦机器发生故障，人类进行不当反应的风险将极大地增加。

一种解决方案是：设计促进人类参与和学习的程序，例如通过频繁但不规则的间隔让操作员返回控制，或者确保工作中包含具有挑战性的任务。如果操作员必须执行并重复复杂的手工和智力上的任务，就会增强生成效果。不幸的是，引入这些变化必然会导致软件运行速度降低和生产力下降。企业不会重视长期的专业知识的保护和发展，只会重视短期的利润提升。那么，从长远来看技术到底有什么好处呢？

资料来源：Patrick Smith, " Why Pilots Still Matter," *New York Times*,April 10,2015;Nicholas Carr, " All Can Be Lost: The Risk of Putting Our Knowledge in the Hands of Machines," *Atlantic*, October 23,2013; John Preston, " Review of Nicholas Carr's *The Glass Cage: Where Automation Is Taking Us,"Telegraph*, January 11, 2015; Daniel Menaker, " Review of Nicholas Carr's *The Glass Cage*, " *New York Times Book Review*, November 7,2014;John Jones, "The Technophobe's Dilemma: Nicholas Carr's *The Glass Cage*, " *DML Central*, November 10,2014;Maria Bustillos, " Nicholas Carr's Latest Anti-technology Rant,*The Glass Cage*, " *LA Times*, September 19, 2014; Carol Callwaladr, " *The Glass Cage:Where Automation Is Taking Us* Review:On Course for Disaster, " *Guardian*, January 19, 2015;Daniel J.Levitin, "Book Review:*The Glass Cage* by Nicholas Carr," *Wall Street Journal*,October 10,2014.

案例分析题

1. 请确定本案例中描述的问题。从什么意义上说，这是一个伦理困境？
2. 需要让更多的任务完成方式自动化吗？为什么？请解释你的答案。
3. 自动化降低了认知技能，这个问题能解决吗？请解释你的答案。

本章小结

1. 信息系统产生了什么样的商业伦理、社会和政治问题？

信息技术正在不断地引发变革，但针对变革可接受的法律和操作规则现在还没有出台。包括互联网在内的不断增长的计算能力、存储和网络能力扩展了个人与组织的活动范围，扩大了他们的影响。现在，信息的交流、复制和加工在网络环境下变得更加容易，这对保护隐私和知识产权提出了新的挑战。信息系统产生的主要商业伦理、社会与政治问题围绕着信息的权利和义务、财产的权利和义务、责任和控制、系统的质量以及生活的质量五个维度展开。

2. 有哪些具体的原则可用于指导商业伦理的决策?

用于商业伦理判断的六个行动原则包括：黄金规则、康德的绝对命令（康德伦理学原则)、光滑的斜坡规则、功利原则、回避风险原则以及“没有免费午餐”伦理规则。这些原则需要和商业伦理分析结合使用。

3. 为什么现代信息系统技术和互联网给个人隐私与知识产权保护带来了挑战?

现代的数据存储和数据分析技术使公司很容易通过许多来源收集个人的隐私信息，分析这些数据后创建关于个人及其行为的详细的电子画像。数据流在互联网上流动，会在许多点被监视。Cookie和其他的网络监视工具可以密切跟踪网络访问者的活动。并非所有网站都有很强的隐私保护政策，它们在应用个人信息之前，不一定会征求用户的知情同意。传统版权法对保护软件隐私也是不够的，因为数字信息可以非常容易地被复制，并通过互联网及时地传输到许多不同的地方。

4. 信息系统如何影响法律的责任和义务，以及人们日常生活的质量?

新的信息技术正在挑战现有的法律和社会实践，让个人与机构对其他人造成的伤害负责。虽然计算机系统是效率和财富的来源，但它们也有一些负面的影响。计算机的错误可能严重伤害个人和组织。数据质量差也可能导致企业产生损失；在业务流程再造中，计算机可能会代替员工，从而导致员工下岗。拥有和使用计算机的能力可能会加大社会经济在不同的族群和社会阶层间的差异。计算机的广泛应用，增加了计算机犯罪和滥用的机会。计算机也会引起健康和认知问题，如RSI、计算机视觉综合征以及不能清晰思考和执行复杂的任务。

MyMISLab

完成标有MyMISLab标记的问题，请到MyMISLab的EOC讨论问题部分。

复习题

4-1 由信息系统引发的商业伦理、社会和政治问题是什么?

- 阐述商业伦理、社会和政治问题是如何相互联系的，给出一些例子。
- 列出和描述加剧商业伦理问题的关键技术趋势。
- 区分职责、问责和法律责任。

4-2 有哪些具体的原则可用于指导商业伦理的决策?

- 列出和描述商业伦理分析的五个步骤。
- 确认和描述六个商业伦理原则。

4-3 为什么现代信息系统技术和互联网给个人隐私与知识产权保护带来了挑战?

- 界定隐私和合法的信息行为。
- 阐述互联网如何挑战个人隐私和知识产权保护。

- 阐述知情同意、立法、行业自律和技术工具如何帮助保护互联网用户的个人隐私。
- 列出和定义保护知识产权的三个不同的法律体系。

4-4 信息系统如何影响法律上的责任和义务以及人们每天的生活质量？

- 阐述为什么很难确定软件失败和故障的法律责任。
- 列出并描述导致系统质量问题的主要原因。
- 列出并描述计算机和信息系统对生活质量产生的四个方面的影响。
- 定义和描述计算机视觉综合征和 RSI，并阐述它们与信息技术的关系。

讨论题

4-5 MyMISLab 基于软件服务（例如 ATM）的生产商，是否应当对系统失败而导致的经济损失负有法律责任？

4-6 MyMISLab 公司是否应该对信息系统引起的失业负责？为什么是或为什么不是？

4-7 MyMISLab 讨论允许公司使用大量个人信息进行行为定位的优点和缺点。

MIS 实践项目

本部分的项目将向你介绍一些关于处理实际应用中隐私问题的经验，包括应用网络数据经纪商，开发一个公司策略以指导员工使用网络，用博客工具搭建一个简单的博客以及用互联网新闻组进行市场研究。

管理决策问题

4-8 InfoFree 的网站与大量的数据库相连，可以整合数百万人的个人数据。用户可以根据地点、年龄、性别、收入水平、家庭价值和兴趣购买消费者的营销列表。人们可以使用这种能力获得一个列表，例如在纽约 Peekskill 每年可以获得超过 15 万份名单。像 InfoFree 这样的数据经纪人，会引发隐私问题吗？为什么会或为什么不会？如果你的名字和其他个人信息也在这个数据库中，你希望保留哪些权限限制访问？请考虑以下数据用户：政府机构、雇主、私营企业和其他个人。

4-9 作为一家有 6 个员工的小保险公司的领导，你关心的是如何有效地利用公司的网络和人力资源。公司的预算紧张，员工反映经常会加班，此时你还要努力保证工资正常发放。你不相信员工有过重的工作负荷而需较长的工作时间，你想观察一下他们耗在互联网上的时间。

每个员工用一台可以上网的计算机工作。你需要查看员工使用互联网情况的周报，这在公司的 MyMisLab 上可以查阅到。

- 计算这周每个员工用公司计算机上网的时间总量，以及公司计算机用于这一目的的时间总量。根据每个人耗在网上的时间长短对员工排序。
- 你能发现员工有任何商业伦理问题吗？公司使用互联网监视员工是否产生了另一个商业伦理问题？
- 用本章所阐述的商业伦理分析准则设计一个你对该问题的解决方案。

卓越运营：创建一个简单的博客

软件技能：博客创建

业务技能：博客和网页设计

4-10 在本项目中，你将学习如何利用 Blogger.com 网站上可用的博客创建软件，建造一个你自己设计的简单博客。选择一个运动、嗜好或感兴趣的话题作为你博客的主题。给这个博客命名，定一个标题，选择一个模板。在此博客上设置至少四个贴板，每个贴板上加一个标签。如果需要，请编辑你的贴板，上传一张照片，例如把你硬盘或网页上的一张照片添加到博客中。添加其他注册用户，如团队成员，并对你的博客进行评价。简单地描述一下你的博客是怎样为你的公司推销与你的博客主题相关的产品和服务的。列出 Blogger.com 网站上能使你的博客变得更有用的工具，描述它们的商业用途。保存你的博客，并提交给你的老师。

改善决策：分析网络浏览器的隐私

软件技能：网络浏览器软件

业务技能：分析网络浏览器的隐私保护特征

4-11 本项目将帮助你利用常用的网络浏览器软件的隐私包含特征开发互联网技能。

检查两个领先的 Web 浏览器的隐私保护功能和设置，如 Internet Explorer、Mozilla Firefox 或 Google Chrome。从提供的功能和易用性两个方面，比较两种浏览器的功能。

- 这些隐私保护功能是如何保护个人的？
- 这些隐私保护功能是如何影响企业可以在互联网上做些什么的？
- 保护隐私最佳的工作是什么？为什么？

团队协作项目

制定企业道德规范

4-12 与三四名同学一起制定企业的隐私道德规范，包括员工的隐私、客户的隐私以及企业网站用户的隐私。请务必考虑电子邮件隐私、雇主对工作场所的监控以及企业对雇员在不上班期间行为的了解（例如生活方式、婚姻安排等）。如有可能，请使用 Google Docs、Google Drive 或 Google Sites，集思广益并制作演示文稿报告你们的结果。

案例分析

Facebook 隐私：什么是隐私

在过去不到 10 年内，Facebook 已经从一个主要服务于常春藤联盟大学学生的小众社交网站，变成了一家 2016 年估值为 3 380 亿美元的上市公司。Facebook 宣称，它免费向用户开放，而且以后也一直是，那么它是从哪里来的钱为 16.5 亿名用户提供服务的呢？就像其他科技巨人和竞争对手谷歌一样，Facebook 的收入几乎全部来自广告。Facebook 既没有各种热门的新产品，就像苹果公司一样，也没有像沃尔玛一样遍布全球的零售网点或者可用于销售的软件库存。Facebook 能销售的只有你的个人信息，以及拥有 Facebook 账户中其他成千上万人的信息。

广告商知道 Facebook 的个人信息具有前所未有的价值，包括一些特别详细的信息，如关系状态，位置，就职情况，喜欢的书、电影或电视节目以及其他信息，这些信息能够让他们有针对性地提供广告。例如，一名亚特兰大的女士发布了她订婚的信息，那么一则关于婚纱摄影的广告就会出现在她 Facebook 的页面上。当广告能非常有针对性地服务于某些用户时，其效果远远好于传统的广告。

大大小小的公司都在关注 Facebook。2015 年，Facebook 的收入为 179 亿美元，94%（168 亿美元）来自广告销售。剩下的收入来自游戏和虚拟物品的销售。2015 年，Facebook 的收入比上年增长了 43%，大部分是由新加入的用户驱动的。此外，它比一年前显示的广告多了 40%。2015 年收入增长的重要来源是通过移动手机的 News Feed㊀销售广告。

这对 Facebook 来说是个好消息，预期在接下来的几年中它的收入将持续增长，但对 Facebook 的用户来说是个好消息吗？此外，像 Facebook 和谷歌这样的公司在 2015 年获取了大约 670 亿美元的广告收入，它们正在使用你的网络活动制作出准确的、令人恐惧的你的生活画像。Facebook 的目标是提供比其他地方更与你相关的广告服务，无论你同意或不同意，它们都在收集关于你的个人信息，并以其他的方式对付你。

Facebook 也提供了各种令人满意的、有用的功能。Facebook 通过与劳工部门合作，帮助求职者和雇主建立连接；Facebook 也一直在帮助家庭寻找自然灾害之后丢失的宠物；Facebook 允许现役军人与家人保持联系；它让小公司有机会进一步加强电子商务能力，大公司有机会巩固自己的品牌；此外，显而易见的是，Facebook 可以使用户更轻松地与朋友、亲戚、本地餐厅等保持联系。总而言之，Facebook 使你和你感兴趣的所有事物更容易地发生联系。这也是这么多人都用 Facebook 的原因：它给用户提供了价值。

但是，Facebook 的目标是让用户提供尽可能多的数据，因为 Facebook 对你知道得越多，它就越能准确地向你提供相关的广告。Facebook 首席执行官马克·扎克伯格经常说，人们希望让世界更加开放和连接，虽然还不清楚这是不是真正的实情，但 Facebook 想让世界更加开放和连接，因为它可以在那个世界中赚更多的钱。批评人士担心，Facebook 所积累的大量个人信息的资料库所需的保护和隐私控制，已远远超出了 Facebook 当前所能做到的。

Facebook 想要赚更多的钱并不是坏事，但这家公司过去有多种侵犯隐私的行为，也引发了人们对它是否能对成千上万份个人资料负责的质疑。在美国，还没有法律给予用户权利以知悉如 Facebook 这样的数据公司应该遵从什么原则。你可以质疑你的信用报告上的信息，但你无法看到 Facebook 收集的关于你的信息，更谈不上试图去质疑它。在欧洲则不同，你可以要求 Facebook 提交一份关于你所有信息的报告。

如今，你在社交网络上的一举一动、每次点击，都被外部的网络公司用以评估你的兴趣和行为，然后基于这些知识向你推送广告。执法机构使用社交网络收集关于逃税和其他犯罪行为的证据；雇主利用社交网络决定工作的准候选人；数据经纪商收集尽可能多的关于你的信息，因为他们可以卖出高价。Facebook 承认，即使一些用户没有使用 Facebook，它也可以使用软件代码跟踪互联网上的他们。

想想你真的拥有自己的“脸”吗？Facebook 最新的隐私问题涉及用于用户照片标签的面部识别软件。这个“标记建议”功能在你注册时自动开启，没有得到用户的同意。2016 年，联邦法院在一项诉讼中，允许 Facebook 未经用户同意对用户照片进行标记。但是，这个功

㊀ News Feed 是 Facebook 借助算法来调整用户打开 Facebook 之后看到的一切内容。——译者注

能其实违反了多个州的法律，许多州正在立法保护生物识别数据的隐私。

最近《消费者报告》研究发现，每天在Facebook上活跃的1.5亿名美国用户中，至少有480万愿意分享这些信息，即使这些信息可能以某种方式被用来对付该用户。比如，有人在Facebook上发布消息，说自己计划在一个特别的日子出去旅行，如果窃贼看到了这条消息，就可以在该时间段进行作案；或者有人打开了一个关于特殊健康状况或治疗的页面，这时保险公司可以据此判断你在拒绝承保的范围。1 300万名Facebook用户从来没有调整过Facebook的隐私控制，这使得用户在使用Facebook的应用时，允许朋友无意间在自己不知情的情况下将自己的数据传输给第三方。

信用卡公司和类似的组织也开始根据与你情况相似的其他人的行为，改变对你的方式。雇主可以通过你Facebook上的喜好评估你的个性和行为。在一项调查中，93%的受访者认为互联网公司在使用个人信息之前必须强制要求获得许可，72%的人希望能够选择退出网络跟踪。

那么，为什么还有如此多的用户在Facebook上分享关于他们生活的敏感信息呢？通常，这是因为用户并没有意识到他们的信息以这样一种方式被收集和使用。一名Facebook用户的朋友并不知悉他的信息正在被收集，许多Facebook的功能和服务在启用时都是默认配置的，并没有通知用户。Siegel+Gale的研究发现，Facebook的隐私政策比政府公告或传统银行信用卡协议更难以让人理解，是非常难懂的。你是否知道，每当你使用Facebook登录网站时，Facebook会与该网站分享一些个人信息，然后跟踪你在该网站上的一举一动。下次访问Facebook时，你一定要点击“隐私设置”，看看是否可以理解那些选项。

Facebook的价值及其成长潜力取决于它是否有效地利用其整合的个人数据吸引广告商。同时，Facebook也希望避免政府监管者和用户提出的隐私担忧。对Facebook用户来说，将他们的个人隐私数据用于赚钱，这显然是不对的。但有一些迹象显示，Facebook可以对其数据收集过程更加负责，无论是它自愿的还是被迫的。作为一家上市企业，不同于过去，Facebook正受到投资者和监管者的详细审查，它的资产负债表、资产和财务报告随时可以被查阅。

2012年8月，Facebook与联邦贸易委员会（FTC）的诉讼结案，它被禁止虚假陈述关于隐私保护或用户个人信息安全的行为。Facebook被控欺骗用户，一方面它对用户说对用户的信息保密，另一方面又不停地分享和公开个人隐私信息。Facebook承诺，只有在获得用户同意的前提下，才会对用户的隐私默认选项做出更改，并在之后20年中，每两年由独立的公司开展一次隐私审核。

诸如电子隐私信息中心（Electronic Privacy Information Center，EPIC）这样的隐私倡导组织，从2009年开始，就希望Facebook重建其更稳健的隐私政策，并为用户提供全面访问它所拥有的用户的全部数据。EPIC还对Facebook收集没有登录Facebook甚至没有Facebook账户的用户信息行为进行施压。Facebook一直在跟踪具有“喜欢”或“推荐”按钮的其他网站的活动，只要你在访问具有这些按钮的网站，你的访问时间和IP地址就会被记录下来，不论你是否点击了这些按钮。

虽然美国的Facebook用户无法访问Facebook收集的用户数据，但其他国家的用户在这方面取得的权限相对较大。在欧洲，超过10万名Facebook用户已经获得他们的数据，欧洲法律要求Facebook在40天内回复这些请求。法国、西班牙、意大利、德国、比利时和荷兰的政府隐私管理机构一直在积极调查Facebook的隐私管制，因为欧盟希望采取更严格的隐私保护立法。2015年6月，比利时的数据保护监督机构对Facebook提起诉讼，因为Facebook通过外部网站的“喜欢”和“分享”按钮，跨网络跟踪用户的行为侵犯了隐私权。

2014 年 1 月，Facebook 关闭了“Sponsored Stories”的功能，该功能在用户的 News Feed 中提供广告，强调 Facebook 朋友圈正在使用的产品和业务。“Sponsored Stories”一直是 Facebook 上最有效的广告形式之一，因为对大多数用户来说，它好像不是广告。但是，这个功能引发了很多诉讼，庭下和解以及隐私团体、联邦贸易委员会以及愤怒的父母的批评，因为父母发现他们孩子的照片被 Facebook 用于销售产品。

虽然 Facebook 已经关闭了一个恶劣的侵犯隐私的功能，但公司的数据使用政策写得非常清楚，作为使用该服务的一个条件，用户授予公司可以在广告中广泛地使用他们的信息。这些信息包括用户的姓名、照片、评论和其他信息。Facebook 现有的政策明确规定，用户需要授予公司在广告中广泛使用个人信息的权利，作为使用 Facebook 服务的条件。这些服务包括社交广告，如果公司认为合适，你的个人信息将被传播给你的朋友，以及用于整个 Facebook 所提供的服务中。虽然用户可以限制一些用途，但需要较高程度地使用 Facebook 的数据功能。

像 Facebook 这样的基于广告的公司和其他数百家公司（包括谷歌）都证实了它们收集个人信息的理由，认为用户使用它们的服务，隐含他们了解数据收集的工作，以及广告客户为这些服务支付报酬，因此，它们相信用户也从广告中获得了真正的经济价值，但这一推理方式受到了重大的打击。2015 年 6 月，宾夕法尼亚大学 Annenberg 传播学院的研究人员发现，65% 的美国人觉得对于给予广告商的信息失去了控制，而 84% 的人希望能够控制他们的信息，91% 的人不认为在不知情的情况下，公司提供折扣或优惠券以换取他们的个人信息是公平的。

2015 年 6 月，Facebook 举办了第一次隐私会议，以说服用户，让用户知道 Facebook 是真正关心用户隐私和关注对公司的公开批评的。Facebook 聘请了 50 多位专注于 Facebook 隐私实践的隐私专家。批评家问 Facebook 为什么不提供没有广告的服务，像音乐流媒体网站一样，通过每月收取费用运行。其他人也想知道为什么 Facebook 不允许用户选择停止跟踪。但这种变化对于 Facebook 来说是非常困难的，因为它的商业模式完全取决于用户私人信息不受约束地被使用，就像它在数据使用政策中阐述的一样。该政策已经非常公开地声明，如果你使用 Facebook，就意味着对你提供的任何数据没有隐私权。

资料来源：“‘Privacy Shield,’ the New Deal Governing How Europe's User Data Is Sent to the US,” *Reuters,* February 29,2016;Katie Collins, “Facebook's Newest Privacy Problem: ‘Faceprint’ Data,” *CNET,* May 16,2016;United States District Court Northern District of California in Re Facebook Biometric Information Privacy Litigation. Case No.15-cv-03747-JD Order Re Motion to Dismiss and Summary Judgment,May 6,2016;Jessica Guynn, “Facebook to Face Privacy Lawsuit over Photo Tagging,” *USA Today*,May 6,2016;Natasha Singer, “Sharing Data,but Not Happily,” *New York Times*,June 4,2015;Sam Schechner and Natalia Drozdiak, “Belgium Takes Facebook to Court over Privacy, User Tracking,” *Wall Street Journal*, June 16,2015;Deepa Seethharaman, “At Facebook Summit,Little Consensus on Privacy,” *New York Times*,June 4,2015;Zeynep Tufecki, “Let Me Pay for Facebook,” *New York Times*, June, 4, 2015;IBM, “IBM and Facebook Team Up to Deliver Personalized Brand Experiences through People-Based Marketing,” press release, May 6,2015; Lisa Fleisher, “Admitting Tracking Bug,Facebook Defends European Privacy Practices,” *Wall Street Journal*,April 9,2015;Facebook, Inc.,SEC Form 10K filed with the Securities and Exchange Commission for the fiscal year ending December 31,2014,January 29,2015;Anna North, “How Your Facebook Likes Could Cost You a Job,” *New York Times*,January 20,2015;Natasha Singer, “Didn't Read Those Terms of Service? Here's What You Agreed to Give Up,” *New York Times*,April 28,2014;Vindu Goel and Edward Wyatt, “Facebook Privacy Change Is Subject of F.T.C. Inquiry,” *New York Times*, September 11, 2013;Sarah Perez, “Facebook Graph Search Didn't Break Your Privacy Settings,It Only Feels Like That,” *TechCrunch*, February 4,2013.

案例分析题

4-13 请分析 Facebook 的商业伦理行为。这个案例展现的商业伦理困境是什么？

4-14 隐私和 Facebook 的商业模式之间有什么样的关系？

4-15 请描述 Facebook 隐私政策和特性的弱点，什么样的人员、组织和技术因素导致了这些弱点？

4-16 在不侵害隐私的情况下，Facebook 能建立一个成功的商业模式吗？请解释你的答案。Facebook 可以采取什么样的指标衡量这种商业模式成功的可能性？

MyMISLab

请到 MyMISLab 的作业部分完成这些写作练习。

4-17 公平信息实践的五大原则是什么？对于每个原则，描述原则发挥作用的业务情况，以及管理人员如何反应。

4-18 当今给美国商业企业和管理者提出商业道德问题的五大数字技术趋势是什么？对于每个趋势产生的道德问题，用商业或个人的经验进行例证。

参考文献

Aeppel, Timothy. "What Clever Robots Mean for Jobs." *Wall Street Journal* (February 24, 2015).

Belanger, France and Robert E. Crossler. "Privacy in the Digital Age: A Review of Information Privacy Research in Information Systems." *MIS Quarterly* 35, No. 4 (December 2011).

Bernstein, Amy and Anand Raman. "The Great Decoupling: An Interview with Erik Brynjolfsson and Andrew McAfee." *Harvard Business Review* (June 2015).

Bernstein, Ethan, Saravanan Kesavan, and Bradley Staats. "How to Manage Scheduling Software Fairly." *Harvard Business Review* (December 2014).

Bertolucci, Jeff. "Big Data Firm Chronicles Your Online, Offline Lives." *Information Week* (May 7, 2013).

Bilski v. Kappos, 561 US (2010).

Brown Bag Software vs. Symantec Corp. 960 F2D 1465 (Ninth Circuit, 1992).

Brynjolfsson, Erik and Andrew McAfee. *Race Against the Machine*. Digital Frontier Press (2011).

Chan, Jason, Anindya Ghose, and Robert Seamans. "The Internet and Racial Hate Crimes: Offline Spillovers from Online Access." *MIS Quarterly* 40, No. 2 (June 2016).

Clemons, Eric K. and Joshua S. Wilson. "Family Preferences Concerning Online Privacy, Data Mining, and Targeted Ads: Regulatory Implications." *Journal of Management Information Systems* 32, No. 2 (2015).

Culnan, Mary J. and Cynthia Clark Williams. "How Ethics Can Enhance Organizational Privacy." *MIS Quarterly* 33, No. 4 (December 2009).

Davenport, Thomas H. and Julia Kirby. "Beyond Automation." *Harvard Business Review* (June 2015).

European Parliament. "Directive 2009/136/EC of the European Parliament and of the Council of November 25, 2009." European Parliament (2009).

Federal Trade Commission. "Protecting Consumer Privacy in an Era of Rapid Change." Washington, DC. (2012).

Goldfarb, Avi and Catherine Tucker. "Why Managing Consumer Privacy Can Be an Opportunity." *MIT Sloan Management Review* 54, No. 3 (Spring 2013).

Henry, Patrick. "Why Computers Make Us Stupid." *Slice of MIT* (March 6, 2011).

Hsieh, J. J. Po-An, Arun Rai, and Mark Keil. "Understanding Digital Inequality: Comparing Continued Use Behavioral Models of the Socio-Economically Advantaged and Disadvantaged." *MIS Quarterly* 32, No. 1 (March 2008).

Hutter, Katja, Johann Fuller, Julia Hautz, Volker Bilgram, and Kurt Matzler. "Machiavellianism or Morality: Which Behavior Pays Off In Online Innovation Contests?" *Journal of Management Information Systems* 32, No. 3 (2015).

Kaspersky Lab. "Spam and Phishing Statistics Report Q1-2015." (2015).

Kosseff, Joseph. "Twenty Privacy Bills to Watch in 2014." (January 15, 2014).

Laudon, Kenneth C. and Carol Guercio Traver. *E-Commerce 2016: Business, Technology, Society (12th ed.)*. Upper Saddle River, NJ: Prentice-Hall (2017).

Laudon, Kenneth C. *Dossier Society: Value Choices in the Design of National Information Systems*. New York: Columbia University Press (1986).

Leblanc, K. E., and W. Cestia. "Carpal Tunnel Syndrome." *American Family Physician*, *83*, No. 8 (2011).

Lee, Dong-Joo, Jae-Hyeon Ahn, and Youngsok Bang. "Managing Consumer Privacy Concerns in Personalization: A Strategic Analysis of Privacy Protection." *MIS Quarterly* 35, No. 2 (June 2011).

MacCrory, Frank, George Westerman, Erik Brynjolfsson, and Yousef Alhammadi. "Racing with and Against the Machine: Changes in Occupational Skill Composition in an Era of Rapid Technological Advance." (2014).

PwC. "US State of Cybercrime Survey 2015." (June 2015),

Pew Research Center. "The State of Privacy in America." (January 20, 2016).

Robinson, Francis. "EU Unveils Web-Privacy Rules." *Wall Street Journal* (January 26, 2012).

Smith, H. Jeff. "The Shareholders vs. Stakeholders Debate." *MIS Sloan Management Review* 44, No. 4 (Summer 2003).

Sojer, Manuel, Oliver Alexy, Sven Kleinknecht, and Joachim

Henkel. "Understanding the Drivers of Unethical Programming Behavior: The Inappropriate Reuse of Internet-Accessible Code." *Journal of Management Information Systems* 31, No. 3 (Winter 2014).

Tarafdar. Monideepa, John D'Arcy, Ofir Turel, and Ashish Gupta. "The Dark Side of Information Technology." *MIT Sloan Management Review* 56, No. 2 (Winter 2015).

The Software Alliance. "BSA Global Software Survey 2016." (May 2016).

United States Department of Health, Education, and Welfare. *Records, Computers, and the Rights of Citizens.* Cambridge: MIT Press (1973).

U.S. Senate. "Do-Not-Track Online Act of 2011." Senate 913 (May 9, 2011).

U.S. Sentencing Commission. "Sentencing Commission Toughens Requirements for Corporate Compliance Programs." (April 13, 2004).

PART 2

第二部分

信息技术基础设施

第二部分通过介绍硬件、软件、数据库、网络技术以及用于安全和控制的工具与技术，让读者理解信息系统的技术基础。本部分要回答以下问题：今天的企业需要什么样的技术完成工作任务？为确保这些技术能够提高企业的绩效，我们需要知道些什么？这些技术未来会如何变化？需要什么样的技术和步骤保障信息系统是可靠的、安全的？

CHAPTER5

第5章 IT基础设施与新兴技术

LEARNING OBJECTIVES

学习目标

通过阅读本章，你将能够回答以下问题：

- 什么是IT基础设施？IT基础设施演变的阶段和驱动力是什么？
- IT基础设施的构成要素有哪些？
- 现代计算机硬件平台的发展趋势是什么？
- 现代计算机软件平台的发展趋势是什么？
- 管理IT基础设施面临的挑战是什么？其管理解决方案是什么？

MyMISLab™

访问mymislab.com来获得模拟、辅导材料和课后问题。

开篇案例 有了云计算，易捷航空会飞得更高

易捷航空是英国最大的航空公司，也是世界上第二大短途航空公司（在瑞安航空公司之后）。它在32个国家拥有800多条国内和国际航线。易捷航空的基地在英国卢顿，自1995年成立以来迅速扩张，通过一系列收购兼并，满足了市场对低成本航空服务的重要需求。易捷航空每年运送7 000多万人次。显然，在保持低成本的同时，拥有一个可靠而稳健的预订管理系统，是关键的业务需求。

易捷航空的客户，像其他航空公司的客户一样，喜欢在网上预订时就能选定航班上的座位。然而，易捷航空现有的预订系统不能添加这个新功能。这需要投资额外的计算机中心，并修改其IT基础架构。

易捷航空的IT部门找到了一个更好的解决方案。它保留了核心预订系统，并使用微软的Azure云服务，在云端进行座位分配。易捷航空尝试了其他公共云计算平台，发现微软可以提供更好的内部部署和关于云服务的集成。易捷航空使用微软的Azure云服

务构建机场的无线通信服务，这样就不用为新的服务台支付机场的费用。

微软 Azure 云使易捷航空的信息系统开发人员可以编写自己的软件程序代码用于座位分配，并使用尽可能少的处理能力测试服务。然后，公共云实际上被用来托管新的座位分配服务，而不是使用易捷航空内部的 IT 基础设施，这样做更快、更经济。

易捷航空正在采用混合云的战略。它不是将整个 IT 基础架构转移到云端，而是把内部 IT 基础设施无法处理的特定功能转移到云端。新的能力与公司现有的 IT 基础架构相融合。通过在云中增加新功能增强它的系统，易捷航空可以从早期的 IT 投资中获得更多的价值（早期的投资总额可达数百万美元）。

当客户进行预订时，易捷航空的信息系统集成了三种不同的技术。首先，易捷航空的 Web 服务器处理客户输入他们预订航班时所需的旅行日期和目的地。其次，公司的预订系统在不同的计算机中心为客户选择不同航班的时间和价格提供数据。最后，用户可选择座位的飞机图完全由微软的 Azure 云服务承载。整个体验对用户来说是无缝的。

根据公司 2013 年的财务报告，通过升级用于分配座位的系统，易捷航空的客户满意度提高了 5%，收入增长了 7%。在接下来的两年中，公司将客户转换率增加了 13%。选择座位和登机牌的客户体验会更佳。

易捷航空的管理层认为，良好的客户体验与低廉的价格使得它与竞争对手区别开来。使用云计算服务提供网上座位选择业务的优势，使得易捷航空可以继续坚持它的战略，因为在保持低成本运营的同时，为客户提供了一流的搜索和预订服务。航空公司平均将 2% 的收入用于 IT 基础设施，而易捷航空仅用了收入的 1%。

如果新的座位分配系统未能改善客户服务、增加收入，那该是什么样的情况呢？易捷航空可以轻松地关闭网上座位选择的云服务。去除云服务比在公司核心内部系统中删除功能要容易得多。

资料来源：“ Leading European Airline Improves Service and Scalability with Hybrid Cloud Solution, ” www.microsoft.com, accessed February 9, 2016; www.easyjet.com, accessed May1, 2016; Clare McDonald, “ How EasyJet Uses Digital to Drive Competitive Advantage,” *Computer Weekly,* October 13, 2015; and “ EasyJet Raises Customer Satisfaction with Hybrid IT,” *Computer Weekly*, September 23–29, 2014.

易捷航空的经验说明了 IT 基础设施在当今开展业务中的重要性。采用正确的技术、合适的价格能够提高组织绩效。易捷航空拥有一个过时的 IT 基础架构，而且这个 IT 基础架构花费高昂，难以增加竞争对手可以提供的新的网上座位选择等服务。这导致易捷航空失去了一些客户，阻碍了公司运作效率的提高和效益的增加。

下图提出了本案例和本章的重点。作为低成本运营的航空公司，易捷航空承受着降低成本的压力，但仍然必须提供像竞争对手提供的网上座位选择等服务。管理层必须找到一个低成本且能使公司保持竞争力的解决方案。易捷航空最后决定在微软的 Azure 云计算平台上开发和运行新的座位选择服务，而硬件是通过互联网访问的远程计算中心。座位选择功能与易捷航空的内部预订系统有机地集成在一起，并且该系统可以在内部被维护。这是一个混合云战略的案例，其中由公司自己维护 IT 基础架构的一部分，另一部分使用云计算服务。使用云计算作为 IT 基础架构的一部分，能使易捷航空以非常实惠的价格扩展和提供新的服务。该公司只需支付实际使用的计算能力，而不需要进行广泛的、昂贵的、新的基础设施的投资。

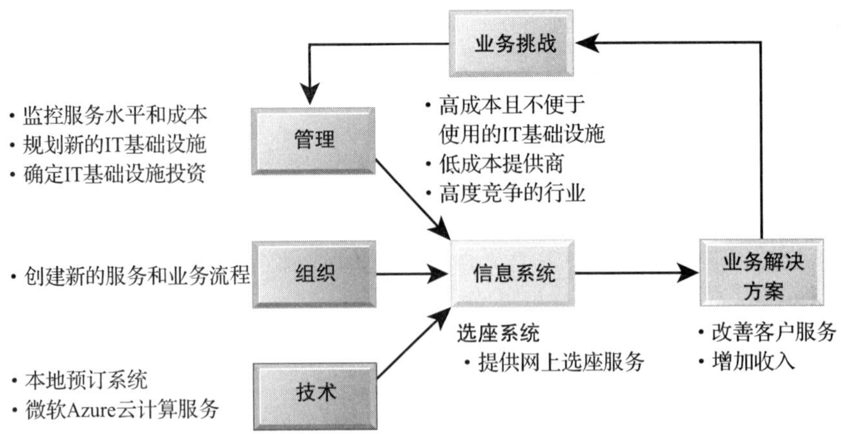

以下是需要考虑的一些问题：易捷航空的硬件和软件是如何影响公司的运作能力的？使用云计算的业务优势是什么？

5.1 什么是 IT 基础设施？IT 基础设施演变的阶段和驱动力是什么

在第 1 章中，我们将 IT 基础设施定义为"为企业特定的信息系统应用提供平台的共享技术资源"。IT 基础设施投资包括在硬件、软件、服务（如咨询、教育和培训）方面的投资，这些资源在整个企业或企业的业务部门内实现共享。企业的 IT 基础设施为客户服务、供应商联系以及内部业务过程管理提供了基础（见图 5-1）。

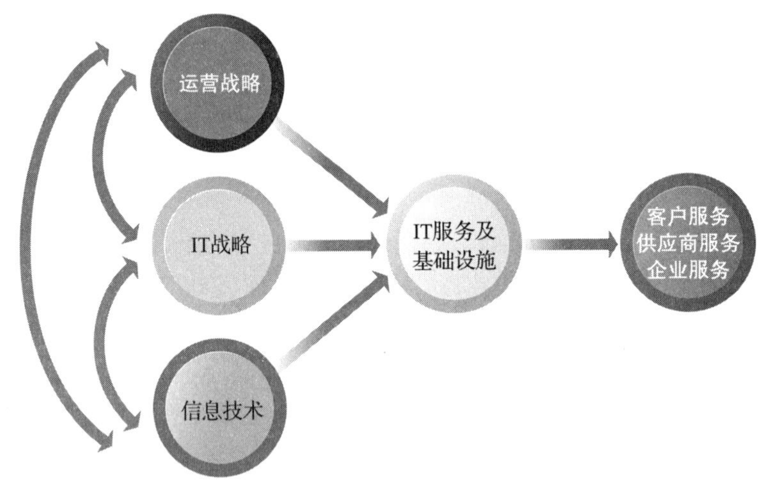

图 5-1 企业、IT 基础设施和业务能力之间的联系

一家企业的 IT 基础设施的直接功能是向客户、供应商和员工提供服务。在理想的情况下，这种基础设施应该支持企业战略和信息系统战略。新的信息技术对企业的运营战略、信息技术战略以及客户服务都能产生巨大的影响。

到 2016 年，全球提供 IT 基础设施（硬件和软件）的企业形成了约 3.5 万亿美元的行业规模，包括通信、网络设备和通信服务（互联网、电话和数据传输）。基础设施的投资占大型企业信息技术支出的 25% ～ 50%，其中金融服务企业的 IT 基础设施投资位居前列，超过所有资本投资的一半以上。

5.1.1 IT 基础设施的定义

IT 基础设施包括运营整个企业必需的一系列物理设备和应用软件的集合，也包括由管理层预算所决定的企业范围内的人和技术能力的服务集合。这些服务包括：

- 用于提供计算服务的计算平台，该平台将员工、客户和供应商连接到一个密切关联的数字环境中，包括大型主机、中型主机、台式机、便携电脑、移动便携设备和远程云计算服务。
- 为员工、客户和供应商提供数据、音频、视频连接的通信服务。
- 存储、管理和分析企业数据的数据管理服务。
- 提供企业范围内各业务部门共享的企业资源规划、客户关系管理、供应链管理、知识管理等方面的应用软件服务，包括在线软件服务。
- 计算、通信和数据管理服务所需的物理设施的安装与管理服务。
- IT 管理服务，包括规划与开发基础设施、与业务部门协调 IT 服务、管理 IT 支出的账目以及提供项目管理服务等。
- IT 教育服务，包括为员工提供如何使用系统的培训、为管理者提供如何规划和管理 IT 投资的培训。
- IT 研究与开发服务，包括研究未来可能帮助企业建立竞争优势的 IT 项目和投资。

从这种“服务平台”视角看 IT 基础设施，可以更容易理解其投资能够带来的商业价值。例如，一台价值 1 000 美元、以满负荷 3 千兆赫兹运转并且与高速互联网连接的个人计算机，如果不知道谁会使用它、怎样使用它，很难评估其实际的商业价值。然而，如果考虑这些工具提供的服务，其价值就显而易见了，即这台新的个人计算机能够使一个年薪 10 万美元的高薪雇员访问公司的主要系统和公用互联网。高速互联网接入服务每天能够为这位雇员获取互联网信息，节省 1 小时的等待时间。如果这台计算机不能和互联网接入，该员工对公司的价值可能会减少一半。

5.1.2 IT 基础设施的演化

当今组织中的 IT 基础设施，是过去 50 多年来计算平台演化的结果。演化过程分为 5 个阶段，每个阶段体现了不同的计算能力配置和基础设施构成要素（见图 5-2）。这 5 个阶段分别为：通用主机及小型计算机、个人计算机、客户机 / 服务器网络、企业计算、云计算及移动计算。

某一技术阶段的主流代表技术，在其他阶段也可能为某种目的而服务。例如，一些企业仍然使用传统的主机系统，或将主机用来支持大型网站和企业级应用的服务器。

1. 通用主机及小型计算机阶段（1959 年至今）

1959 年，IBM1401 和 7090 晶体管计算机的出现，标志着主机型计算机开始广泛地用于商业中。1965 年，IBM 推出的 IBM360 系列，使得**主机型**（mainframe）计算机真正为人们所认识。IBM360 是第一款拥有强大操作系统的商用计算机，在其高级型号的机型中，可以提供分时、多任务、虚拟内存等功能。IBM 在主机型计算机领域中处于领导地位。主机型计算机拥有非常强大的功能，能够支持数千个远程终端，通过专用通信协议和数据线与中央主机远程连接。

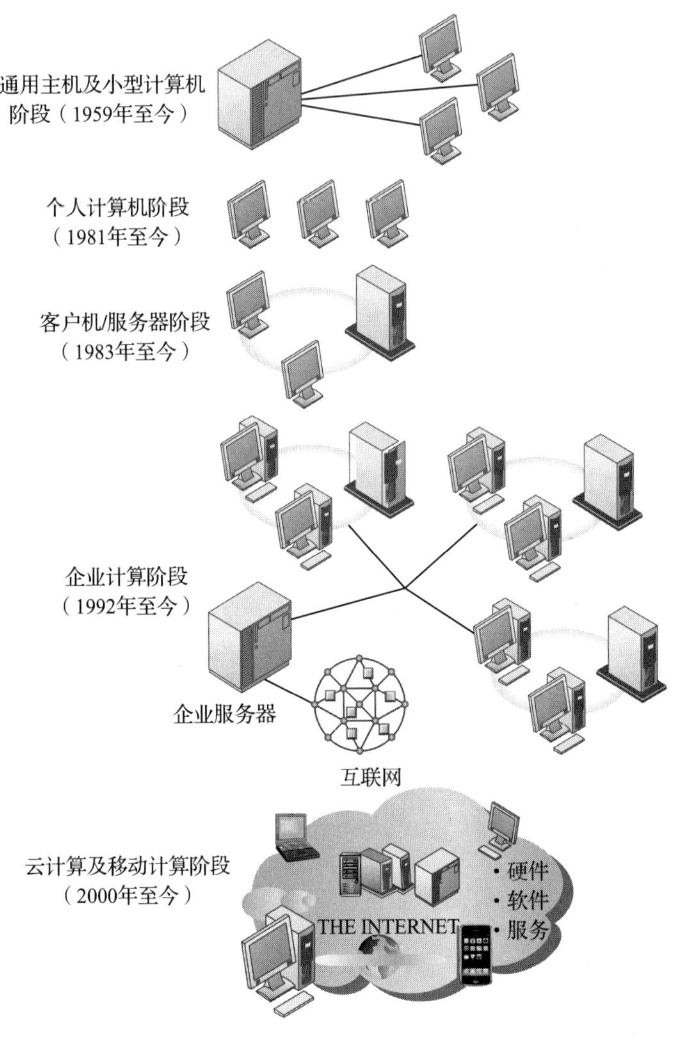

图 5-2 IT 基础设施演化的阶段

这里给出了代表 IT 基础设施 5 个演化阶段特征的典型计算机配置。

这一阶段采用高度集中的计算模式。计算机系统都是由专业的程序员和系统操作员集中控制（通常在组织的数据中心）。各种基础设施几乎都由同一生产商提供，即软硬件生产商。

这种模式在 1965 年数据设备公司（Digital Equipment Corporation，DEC）推出**小型计算机**（minicomputer）后开始发生变化。DEC 生产的小型计算机（如 PDP-11 和后来的 VAX 系列）功能强大，但价格远远低于 IBM 的主机，这使得分散式计算模式成为可能。这种模式可以按照独立部门或业务部门的特殊需求定制，而不必通过分时的方式共享一台大型主机。近年来，这种小型计算机发展成为中型计算机或中型服务器，成为网络的一个组成部分。

2. 个人计算机阶段（1981 年至今）

尽管第一批真正的个人计算机（PC）最早出现在 20 世纪 70 年代，如施乐公司的 Alto、MITS 公司的 Altair8800、苹果公司的 Apple I 和 Apple II 等，但这些计算机并没有得到普遍的应用。通常认为，1981 年 IBM PC 的出现标志着个人计算机时代的开始，这是因为 IBM PC 在美国的企业中第一次得到了普遍应用。起初使用基于文本命令的 DOS 操作系统，后来发展为使用 Windows 操作系统的 Wintel PC 计算机（使用 Windows 操作系统以及 Intel 微处理器的个人计算机），成为标准的桌面个人计算机。由于平板电脑和智能手机的普及，全世界个人计算机的出货量减少了 10% 以上，但个人计算机依然是企业中最普遍的工具。2015 年，全球总共销售了 2.89 亿台新的个人计算机（Gartner Inc.，2016），大约 87% 使用 Windows 操作系统，4% 使用 Mac OS 操作系统。由于 iPhone 和安卓设备销售量的增加，Wintel 作为计算机操作平台的统治地位在逐渐降低。全世界大约 20 亿人拥有智能手机，大部分人通过移动设备接入互联网。

随着 20 世纪 80 年代和 90 年代初期个人计算机的普及，涌现出了大量的个人桌面软件工具，如文字处理软件、电子制表软件、电子演示软件以及小型数据管理软件等。这些软件在个人用户和企业用户中都得到了广泛应用。此时的个人计算机还是独立的系统，直到 90 年代个人计算机操作系统的进一步发展，才具备了将孤立的个人计算机连接成网络的能力。

3. 客户机 / 服务器阶段（1983 年至今）

在**客户机 / 服务器计算**（client/server computing）中，被称为**客户机**（client）的台式机或便携电脑通过网络与功能强大的**服务器**（server）连接在一起。服务器向客户机提供各种服务和计算能力。计算机的处理任务被分配在这两类设备上完成。客户机主要作为输入的用户终端，而服务器主要对共享数据进行处理和存储，提供网页，或者管理网络活动。“服务器”一词具有两个方面的含义：一方面指应用软件；另一方面指用于运行网络软件的计算机物理设备。服务器可以是一台主机。但今天大多数服务器是具有更强大功能的个人计算机，使用较便宜的 Intel 芯片，通常在一个计算机机箱或者服务器槽架中内置多个处理器。

最简单的客户机 / 服务器网络由客户机通过网络与服务器连接而成，这两类计算机具有不同的处理分工。这种架构被称为两层客户机 / 服务器架构（two-tiered client/server architecture）。虽然在很多小型企业中可以见到这种简单的两层架构的客户机 / 服务器网络，但大多数企业采用的是更为复杂的**多层客户机 / 服务器架构**（multitiered client/server architecture），通常称为 **N 层客户机 / 服务器**架构。在多层客户机 / 服务器架构中，整个网络的工作负荷根据所请求的服务类型在不同层次的服务器中均衡（见图 5-3）。

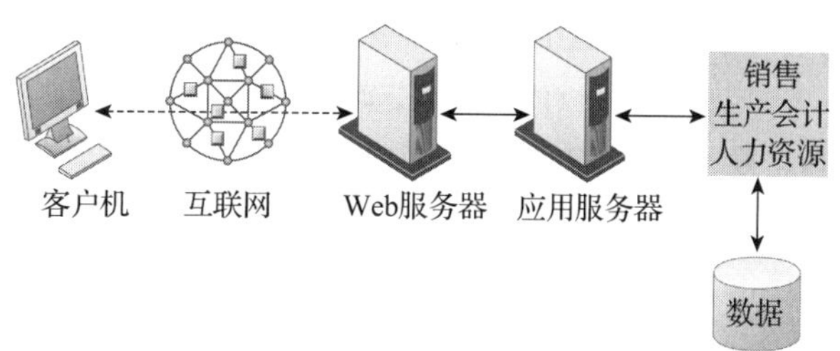

图 5-3　多层客户机 / 服务器网络

在一个多层客户机 / 服务器网络中，客户机的服务请求由不同层次上的服务器处理。

例如，在第一层，**Web 服务器**（Web server）负责响应服务请求，向客户机提供 Web 页面。Web 服务器软件对存储的 Web 页面进行定位和管理。如果客户机请求访问企业系统（如查询产品清单或价格），这一请求就会由**应用服务器**（application server）处理。应用服务器软件处理在用户和企业后台业务系统之间的所有应用操作。应用服务器可以与 Web 服务器放在同一台计算机上，也可以放在专用的计算机上。第 6 章和第 7 章将进一步介绍应用于电子商务和电子事务处理的多层客户机 / 服务器架构的其他软件。

客户机 / 服务器架构使得企业可以将计算任务分散到一些较便宜的小型计算机上，相比于采用集中处理的主机系统，能极大地降低成本，其结果使企业的计算能力不断增强和应用软件急剧增加。

Novell Netware 公司是客户机 / 服务器阶段初始时的技术领导者，但今天的微软通过 Windows 操作系统（Windows Server、Windows 8、Windows 7、Windows Vista 等）已成为市场领导者。

4. 企业计算阶段（1992 年至今）

20 世纪 90 年代初期，企业开始应用一些网络标准和软件工具将分散的网络与应用进行整合，形成覆盖整个企业的基础设施。1995 年以后，当互联网发展成为可靠的通信方式之后，企业开始应用传输控制协议 / 网间协议（Transmission Control Protocol/Internet Protocol，TCP/IP）作为连接分散的局域网的网络标准。第 7 章将会深入讨论 TCP/IP 协议。

随之形成的 IT 基础设施把不同的计算机硬件和较小的计算机网络连接成了一个覆盖整个企业的网络，使得信息可以在组织内部以及不同组织之间自由流动。不同类型的计算机硬件，包括主机、服务器、个人计算机及移动设备等，都可以连接起来，还可以进一步与公共基础设施，如公用电话网、互联互联网和公共网络服务等相连接。企业基础设施同样需要软件的支持以把分散的应用连接起来，使数据能够在企业内部的各业务部门之间自由传输，例如企业应用（参见第 2 章和第 9 章）和 Web 服务（将在第 5.4 节中讨论）。

5. 云计算及移动计算阶段（2000 年至今）

互联网带宽的升级推动了客户机 / 服务器模式更进一步向名为“云计算模式”的方向发展。**云计算**（cloud computing）是指提供通过网络（通常是互联网）访问计算资源共享池的一种计算模式。计算资源包括计算机、存储、应用和服务。这些“云”计算资源可以以按需使用的方式，从任何联网的设备和位置进行访问。

现今，云计算是发展最快的计算形式。根据国际数据公司的统计，全球公共云服务支出的年复合增长率为 19.4%，几乎是总体 IT 支出增长率的 6 倍，2015 年为近 700 亿美元，到 2019 将超过 1 410 亿美元（International Data Corporation，2016）。

成千上万台计算机被安置于云数据中心。云数据中心可以被台式机、便携电脑、平板电脑、娱乐设备、智能手机以及其他连接到互联网上的客户端设备访问。亚马逊、谷歌、IBM 以及微软等公司都建立了庞大的、可扩展的云计算中心，为那些希望在远程维持其 IT 基础设施的企业提供计算能力、数据存储和高速互联网连接服务。谷歌、微软、SAP、甲骨文和 Salesforce.com 等软件生产商以销售服务的方式通过互联网交付其应用软件服务。

在第 5.3 节中，我们将详细介绍云计算及移动计算。在学习跟踪模块有一个名为“IT 基础设施演化阶段比较”的表，该表就讨论过的基础设施的维度对各个阶段进行了比较。

5.1.3 IT 基础设施发展的技术动因

上面所述的 IT 基础设施的发展变化，源自计算机处理能力、内存芯片、存储设备、通信和网络软硬件以及软件设计等方面的发展，这些使得计算机的计算能力呈指数级上升，而成本却呈指数级下降。下面将介绍其中一些最重要的进展情况。

1. 摩尔定律和微处理能力

1965 年，戈登·摩尔（Gordon Moore）是 Fairchild 半导体研究与开发实验室的主任。他在《电子学》杂志上撰文指出，自从 1959 年微处理器芯片诞生以来，一块芯片上集成的元件数量每年翻一番（以元器件（通常是晶体管）最小的生产成本计）。这个论断随后成为著名的摩尔定律的基础。摩尔后来把芯片处理速率降低为每两年翻一番。

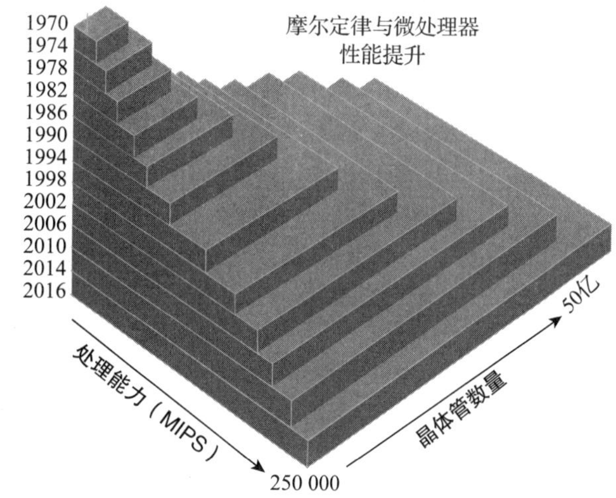

图 5-4　摩尔定律及微处理器的性能

把 50 亿个晶体管组合成一个极小的微处理器，使其处理能力呈指数级增长，可达 250 000MIPS 以上（每秒执行约 26 亿条指令）。

资料来源：Authors' estimate.

至少有三个版本的摩尔定律，但没有一个是摩尔本人的表述：①微处理器的处理能力每 18 个月翻一番；②计算能力每 18 个月翻一番；③计算成本每 18 个月下降一半。

图 5-4 揭示了微处理器上晶体管数量与每秒百万条指令（MIPS）之间的关系。指令是用来衡量处理器能力的一个常用指标。图 5-5 表示晶体管成本以指数级下降，且计算能力以指数级上升。例如，2016 年，你可以购买一个拥有 25 亿个晶体管的英特尔 i7 四核处理器芯片，每个晶体管的价格约为千万分之一美元。

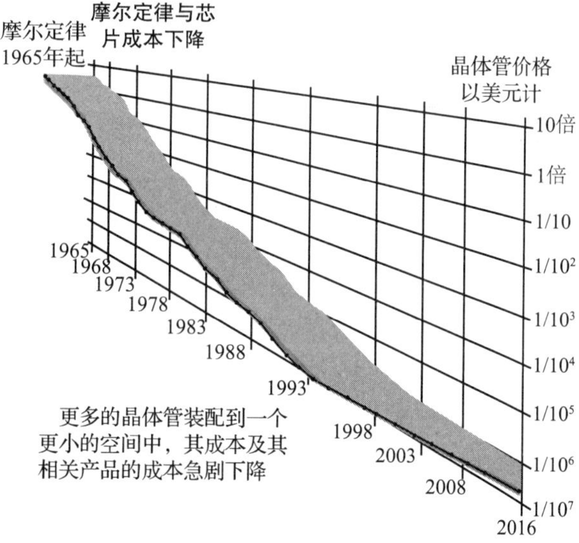

图 5-5　芯片成本的下降

把更多的晶体管装配到一个更小的空间中，使晶体管的成本以及用到晶体管的产品的成本急剧下降。

资料来源：Authors' estimate.

微处理器集成的晶体管数量呈指数级增加，处理能力翻倍，但计算成本指数在下降，这种趋势也许将不会持续很久。芯片制造商不断使芯片组成元件的尺寸越来越小。如今的晶体管大小已不能用人的发丝做比，而是更接近细菌的大小。因此，芯片制造商可能需要使用其他的替代品制造芯片，而不再使用硅，或者寻找其他方式使计算机更强大（Markoff，2016）。

利用纳米技术，芯片生产商甚至可以将晶体管缩小到几个原子的大小。**纳米技术**（nanotechnology）使用比现在的技术所能做到的小几千倍的单个原子和分子制造芯片与其他装置。芯片生产商正在研发能够生产经济的纳米管处理器的生产流程。斯坦福大学的科学家已经制造出一台纳米计算机。

2. 大规模数字存储定律

推动 IT 基础设施变化的第二个动因是大规模数字存储定律。数字信息的总量差不多每年翻一番（Lyman and Varian，2003）。所幸的是，数字信息的存储成本每年以 100% 的指数率下降。图 5-6 表明每 1 美元的磁存储介质能存储的信息的兆字节数，自 1950 年至今几乎每 15 个月就翻一番。2016 年，一个 500G（千兆）字节的硬盘驱动器的零售价大约为 50 美元。

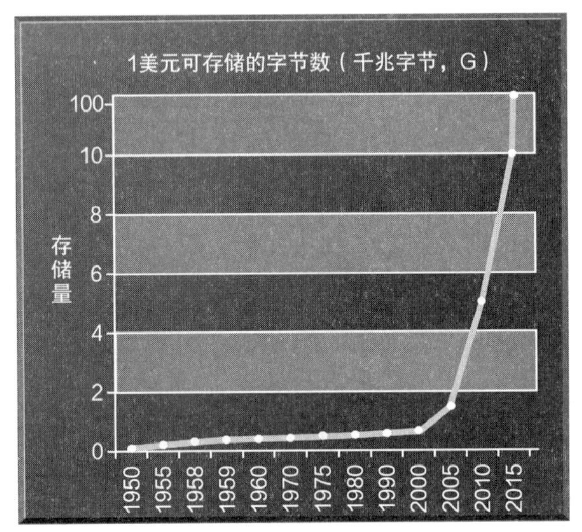

图 5-6 1 美元的存储量呈指数级增长（1950 ～ 2016 年）

自 1955 年首先使用磁存储设备以来，花费 1 美元能够买到的信息存储量呈指数级增长，平均每过 15 个月，花费 1 美元能够存储的信息量翻一倍。像谷歌 Drive 这样的云存储服务提供 100G 存储量每月只需 1.99 美元。

资料来源：Authors' estimate.

3. 梅特卡夫定律和网络经济学

摩尔定律和大规模数字存储定律说明了为什么今天的计算资源如此充足。但是，为什么人们还需要更多的计算资源和存储空间呢？网络经济学和互联网的发展给出了一些答案。

以太局域网技术的发明者罗伯特·梅特卡夫（Robert Metcalfe）在 1970 年指出，网络的价值或能力随着网络中成员数量的增加而呈指数级增长。梅特卡夫等人指出，当越来越多的人加入网络中，就会出现规模报酬递增（increasing returns to scale）。如果网络成员数量呈线性增加，整个网络的价值将呈指数级增长，并且可以随着网络成员数量的增加而持续增长。数字网络使得实际连接和潜在连接的网络成员数量迅速成倍增长，其社会价值与商业价值驱动人们对信息技术的需求不断增长。

4. 通信成本的下降与互联网

推动 IT 基础设施不断发展的第四个技术动因是通信成本迅速下降以及互联网规模呈指数级增长。据估计，全球有大约 35 亿互联网用户（Internetlivestats.com，2016）。图 5-7 显示了互联网通信成本呈指数级下降的趋势（使用互联网的用户在不断增加）。当通信成本降到非常低的水平甚至接近零的时候，人们对于通信设备和计算设备的使用自然就会急剧增长。

为了充分利用互联网带来的商业价值，企业必须大幅扩展与互联网的连接（包括无线连接），并大幅提升其客户机 / 服务器网络、客户机桌面和移动计算设备的能力。这种发展趋势必将持续下去。

5. 标准和互联网的影响

无论是现在还是未来，如果没有被生产商和客户广泛接受的技术标准，企业基础设施和互联网计算就不会得到发展。**技术标准**（technology standards）是对建立产品兼容性和网络通信能力规范的描述。

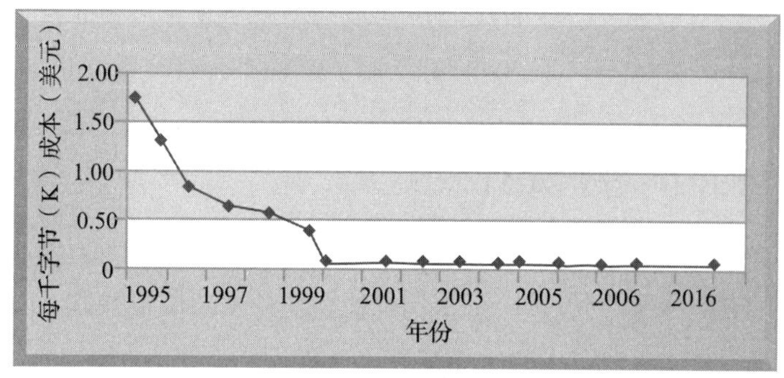

图 5-7　互联网通信成本呈指数级下降

威瑞森的 FiOS（光纤到户）提供 1 000 比特的数据，零售价格不到 1/2 000 美分。

资料来源：Authors。

技术标准释放出了强大的规模经济能量，生产厂商能够按照同一标准生产产品而使得产品的价格下降。如果没有规模经济的作用，无论什么样的计算都会造成远大于现在的成本。表 5-1 列出了对 IT 基础设施形成有重要意义的技术标准。

表 5-1　计算技术中的一些重要技术标准

标准	意义
美国信息交换标准代码（ASCII）（1958）	使得不同计算机生产厂商生产的计算机之间能够交换信息，后来用作输入 / 输出设备（如键盘和鼠标）与计算机连接的通用语言。1963 年，被美国国家标准协会（the American National Standards Institute）采纳
面向商业通用语言（COBOL）（1959）	一种容易使用的程序语言，极大地拓展了程序员编写商业应用程序的能力，并能减少软件开发成本。1959 年由美国国防部资助研发
Unix（1969 ～ 1975）	一种强大的多任务、多用户、可移植的操作系统，首先由贝尔实验室于 1969 年研发，后来版权公开使用（1975 年）。它可以在不同生产厂商生产的各种计算机上运行。20 世纪 80 年代，被 Sun、IBM、HP 等公司采用，成为应用最为广泛的企业级操作系统
传输控制协议 / 网间协议（TCP/IP）（1974）	一组通信协议及一个通用寻址方案，能够使数以百万计的计算机连接起来形成一个巨大的全球网络（互联网）。后来，又被用来作为局域网（LAN）和内联网（Intranet）默认的网络协议。20 世纪 70 年代为美国国防部研发
以太网（Ethernet）（1973）	一种把台式机连接到局域网的网络协议，使得客户机 / 服务器计算模式和局域网得到了广泛应用，进一步促进了个人计算机的广泛使用
IBM/ Microsoft /Intel 个人计算机（1981）	为个人桌面计算设计的 Wintel 标准，以标准的 Intel 处理器和其他标准设备、微软 DOS 以及后来的 Windows 软件为基础。这一标准的出现以及低成本的产品，为 25 年来遍及全球的所有组织计算能力的急剧增长奠定了基础。今天，每天有 10 亿台以上的个人计算机在企业和政府部门的各种活动中发挥着重要作用
万维网（World Wide Web）工（1989 ～ 1993）	一种以 Web 形式对包含文本、图像、音频和视频的电子文档进行存储、检索、格式化和信息显示的标准，形成了数以亿计的网页

自 1990 年开始，企业逐步转向标准化的计算和通信平台。Wintel PC 配合 Windows 操作系统和微软 Office 桌面软件成为标准的桌面与移动客户端计算平台（它与其他标准如苹果公司的 iOS、Macintosh 操作系统及 Android 操作系统等一起，成为当前的技术主流）。

Unix-Linux 被广泛用作企业服务器操作系统，这使得替换掉专用和昂贵的主机型基础设施成为可能。在通信方面，以太网标准使 PC 能够在小型局域网中连接在一起（local area networks，LAN；参见第 7 章）。TCP/IP 标准使这些局域网连接形成企业网络，进而连接到互联网上。

5.2 基础设施的构成要素是什么

如今的 IT 基础设施的构成要素主要有 7 类。图 5-8 给出了这 7 类构成要素，并列出了主要的供应商。对于这些要素的投资，要协调以使企业的基础设施整体上协调一致。

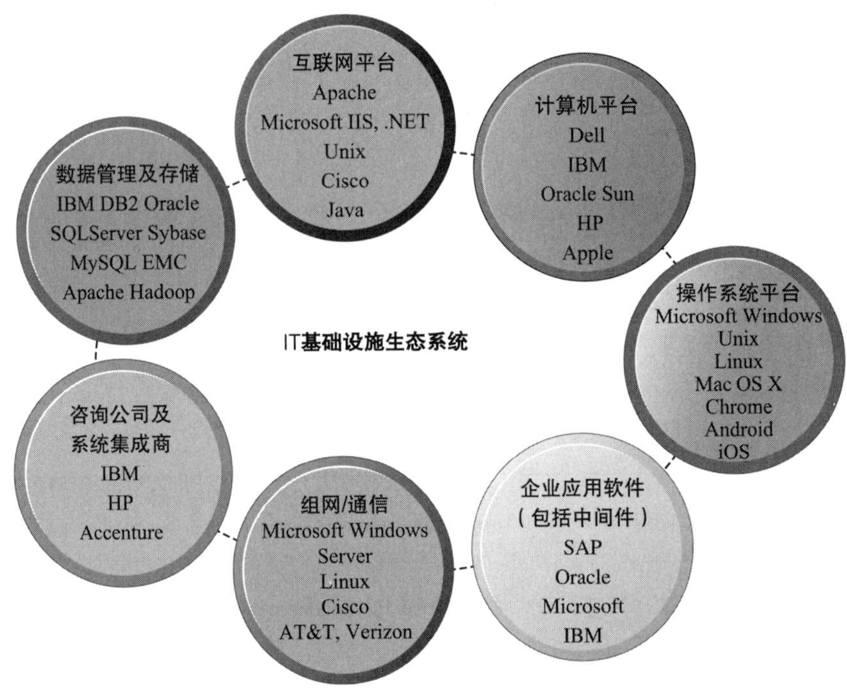

图 5-8 IT 基础设施生态系统

7 类主要构成要素必须相互协调，为企业提供协调一致的 IT 基础设施。图中给出了主要技术产品及其相应的供应商。

过去，提供这些构成要素产品的技术供应商相互竞争，通常向购买者提供一些不兼容的、专用的和不完整的解决方案。但是，迫于大客户的压力，这些供应商逐渐以战略合作伙伴的形式相互合作。例如，像 IBM 这样的硬件和服务供应商与一些主要的企业应用软件供应商合作，与系统集成商建立战略合作关系，并承诺无论其用户希望使用何种数据库产品都可以进行合作（尽管 IBM 也在销售自己的数据库管理软件 DB2）。

另一个重大的变化是，很多公司正在将更多的 IT 基础架构转移到云端或外部服务机构，拥有和管理更少的内容。据国际数据公司统计，到 2020 年，企业的云计算基础设施的业务支出约占计算资源总预算的一半左右。企业的 IT 基础设施将逐渐成为部分拥有、部分租用或授权、部分位于现场、部分由外部供应商或云服务提供的组件和服务的组合。

5.2.1 计算机硬件平台

2016 年，全球企业在计算机硬件设施上的开支可达 6 260 亿美元，包括主机、服务器、PC 机、平板电脑和智能手机。所有这些设备构成了执行全球企业（和个人）计算的计算机硬件平台。

大部分企业计算集中在由英特尔以及 AMD 制造和设计的微处理"芯片"上。英特尔和 AMD 处理器通常被称为 i86 处理器，因为一开始 IBM 的 PC 机使用了 Intel 8086 处理器，之后所有的英特尔（和 AMD）芯片向下兼容此处理器（比如，你可以在昨天新买的 PC 机上运行一个 10 年前设计的软件应用程序）。随着移动计算设备的引入，计算机平台发生了巨大的变化，从 2001 年的 iPod 到 2007 年的 iPhone 以及 2010 年的 iPad。全球已经有 20 亿人使用智能手机。你可以认为这些设备是第二个计算机硬件平台，即用户设备驱动的平台。

具有英特尔微处理器的计算机，在第一代计算机硬件平台中使用复杂的指令集计算（complex instruction set computing，CISC），其中在芯片上内置了数千个指令。这就需要每个处理器拥有一当数量的晶体管，并消耗功率，产生热量。第二代计算机硬件平台中的移动设备，不需要执行第一代计算机硬件平台中的那些任务。它们使用包含较少指令集的简化指令集计算（reduced instruction set computing，RISC），消耗较少的功率，产生较少的热量。用于移动设备的 RISC 处理器的生产厂商有很多，包括苹果、三星和高通，它们都采用 ARM 控股公司设计的架构。

然而大型主机并没有完全消失。大型主机在可靠性和安全性要求高的大宗事务处理中继续被使用，例如用于海量数据的分析、云计算中心大负荷量任务的处理。大型主机仍然是银行系统和通信网络中进行电子化数据处理的主要设备，通常这些行业运行的软件程序较旧，需要特定的硬件平台。目前，大型机每天处理 300 亿次业务交易，全世界 80% 的企业数据都来自大型机（ITBusinessEdge.com，2015）。

不过，现在供应商的数量已经减少到只有一个：IBM。IBM 重新使用了大型机系统，因此可以把它当作企业网络和公司网站的巨大服务器。单个 IBM 大型机可以运行数千个 Linux 或 Windows Server 软件实例，并能够替代数千个较小的服务器（参见第 5.3.4 节关于虚拟化的讨论）。

5.2.2 操作系统平台

在公司服务器方面领先的操作系统有 Microsoft Windows Server、Unix 和 Linux。Linux 是与 Unix 相关的一种廉价且强大的开放式源代码。Microsoft Windows Server 能够提供企业范围的操作系统和网络服务，适合于那些基于 Windows 的 IT 基础设施企业。Unix 和 Linux 是可扩展的、可靠的，并且比大型机操作系统便宜得多。它们也可以运行在不同类型的处理器上。Unix 操作系统的主要提供商有 IBM、惠普和 Oracle-Sun，各家公司的版本稍微有些差异并且有部分不兼容。

在客户机方面，81% 的个人计算机使用微软 Windows **操作系统**（operating system）的某个版本（例如 Windows10、Windows8 或者 Windows7）管理计算机的资源及其活动。但是，与过去相比，客户机操作系统有了很大的变化，新的操作系统可用于便携移动数字设备或连接云的计算机。

谷歌的 Chrome OS 是一款用于网络连接计算机进行云计算的轻便操作系统。该程序不是存储在用户端的个人计算机上，而是通过互联网访问 Chrome 网页浏览器（Chrome Web browser）来使用。用户的数据存储在互联网的服务器上。**安卓**（Android）系统是一款开源操作系统，用于谷歌旗下的开放便携机联盟（Open Handset Alliance）开发的移动设备（如智能手机和平板电脑），是全球最流行的智能手机平台。与其竞争的产品是苹果的 iOS，这是一款为 iPhone、iPad 和 iPod Touch 开发的移动操作系统。安卓系统已安装在一半以上的全球平板电脑、智能手机和便携式电脑中。

传统的客户机操作系统软件是围绕鼠标和键盘设计的，然而运用触摸技术则会更加自然和直观。iOS 是非常流行的 iPad、iPhone 和 iPod Touch 等苹果公司产品中使用的操作系统，以**多重触控**（multitouch）界面为特征。用户可以使用一个或多个手指，而无须用鼠标或键盘操作屏幕上的对象。微软的 Windows10 和 Windows8 这两个版本可用于平板电脑和 PC 机，也有多重触控的功能，可用于很多安卓系统的设备中。

5.2.3 企业应用软件

2016 年全球企业用于企业应用方面的软件费用预计会达到 3 210 亿美元，这些应用软件是 IT 基础设施的一个组成部分。第 2 章介绍了各种类型的企业应用软件，第 9 章将会对这些软件逐一做详细介绍。

最大的企业应用软件供应商是 SAP 和甲骨文（收购了 PeopleSoft 公司）。企业应用软件还包括中间件（middleware）。中间件由 IBM 和甲骨文这样的供应商提供，用来连接企业现有的各种应用系统，实现企业内系统的全面集成。微软试图进入该市场的低端产品，专门为尚未实施企业应用的中小企业提供服务。

5.2.4 数据管理和存储

企业数据库管理软件负责组织和管理企业的数据，使其能够得到有效的使用。第 6 章将会进一步介绍这一类软件。IBM（DB2）、甲骨文（Oracle）、微软（SQL Server）和赛贝斯（Sybase Adaptive Server Enterprise）是数据库管理软件供应商中的主导者。MySQL 是一种 Linux 环境下的开源关系型数据库产品，目前由甲骨文公司所拥有。Apache Hadoop 是一种用来管理大规模数据集的开源软件架构（参见第 6 章）。大规模系统的物理数据存储市场主要由 EMC 公司控制。

5.2.5 网络 / 通信平台

2016 年，全球企业在通信设备上的开支达到 14 400 亿美元（Gartner，2016）。Windows Server 是占据主导地位的局域网操作系统，Linux 和 Unix 紧随其次。大型企业广域网主要使用各种版本的 Unix 操作系统。几乎所有的局域网和广域企业网络都将 TCP/IP 协议作为网络通信标准（参见第 7 章）。

思科和瞻博（Juniper）是主要的网络硬件供应商。通信平台主要由提供语音和数据接入、广域网、无线网服务和互联网接入服务的电信 / 电话服务公司提供。美国主要的电信服务供应商有 AT&T 和威瑞森。这一市场随着无线移动服务、高速互联网服务和网络电话服务等新的供应商的出现而快速发展。

5.2.6 互联网平台

互联网平台涵盖硬件、软件和管理服务以支持企业的 Web 网站，包括网页寄存服务、路由器和有限 / 无线设备。**网页寄存服务**（Web hosting service）要维护一个大型网站服务器或一组服务器，并为付费用户提供维护其网站主页的存储空间。

互联网革命使服务器型计算机发生了名副其实的变化，许多公司集中了成千上万的小型服务器运行其互联网应用。此后，它们通过增强服务器的功能、增大其型号以及运用能够使单台服务器运行更多应用的软件工具，不断巩固了服务器的地位。互联网硬件服务器市场越来越集中到 IBM、戴尔、甲骨文和惠普等几家公司，其价格大幅下降。

Web 软件应用开发工具和组件市场则主要由微软（微软的 Visual Studio 和微软 .NET 系列开发工具)、Oracle-Sun（Sun 公司的 Java 是应用最广泛的服务器和客户机端交互式 Web 应用开发工具)，以及其他一些独立软件开发商，包括 Adobe（Creative Suite）所控制。第 7 章将深入细致地探讨企业互联网平台。

5.2.7 咨询与系统集成服务

当今，即便是一家大型企业，也可能没有人员、技能、预算，甚至是部署和维护其整个 IT 基础设施的必要经验。建立起新的 IT 基础设施需要在业务流程和业务过程、培训教育以及软件集成等方面进行重大改进（参见第 13 章和第 14 章)。领先的咨询公司能够提供这些方面的专门知识服务，如埃森哲、IBM Global Business Services、惠普、Infosys 和 Wipro Technologies 等。

软件集成是指将企业的“老”的遗留下来的系统与新的基础设施相融合，确保基础设施的各个组成部分之间相互协调。**遗留系统**（legacy system）一般指为计算机主机建立的那些“老的”事务处理系统。为了避免因更换和重新设计而产生更高的成本，企业会继续使用这些系统。如果企业可以将这些老的系统和当前的基础设施整合，从成本上考虑就没必要更换。

5.3 计算机硬件平台的发展趋势是什么

计算机硬件和网络技术急剧增长的能力极大地改变了企业组织其计算能力的方式，使其更加重视网络和移动便携设备方面的计算能力。以下将介绍硬件在以下七个方面的发展趋势：移动数字平台、信息技术和自带设备（BYOD）消费化、量子计算、虚拟化、云计算、绿色计算和高性能及节能处理器。

5.3.1 移动数字平台

我们在第 1 章中指出，新型的移动数字计算平台正在兴起，它替代了个人计算机和大型计算机。iPhone 和安卓智能手机已经具有很多个人计算机的功能，包括数据传输、浏览网页、收发邮件和即时信息、显示数字内容以及与企业内部系统进行数据交换。新的移动平台还包括小型轻便的上网本、平板电脑和电子书阅读器。上网本专门针对无线通信和互联网访问进行了优化设计，而平板电脑（如 iPad）、电子书阅读器（如亚马逊的 Kindle）具有访问网页的能力。

智能手机和平板电脑逐渐用于商用计算与个人应用。例如，通用汽车公司的高级经理会使用智能手机应用软件对汽车销售、财务绩效、生产指标和项目管理状况等信息进行挖掘分析。

可穿戴式计算设备是移动数字平台的新成员。这些设备包括智能手表、智能眼镜、智能身份证和运动跟踪器。可穿戴式计算技术具有商业用途，正在改变企业的工作方式，正如“互动讨论：技术”部分所讨论的。

⊙互动讨论：技术

可穿戴计算机改变了我们工作的方式

可穿戴计算正在迅速发展。智能手表、智能眼镜、智能身份证和运动跟踪器正在改变我们每天的工作方式。根据 2015 年 4 月的一份报告，IT 人员服务公司 Robert Half Technology 对 2 400 名美国首席信息官进行了调查，其中 81% 的受访者期望可穿戴计算设备（如手表和眼镜）成为普通的工作工具。

医生和护士正在使用免提式智能眼镜查看病人的病历记录。石油钻井工人会运用智能头盔与地面基地的专家联系，这样专家可以远程查看工人的工作并进行指令的沟通。仓库经理能够使用智能手表获得实时的绩效数据，以便更好地管理、分发货物和完成操作。可穿戴计算设备通过向员工提供信息提高生产力，而不需要中断他们的工作任务，从而使员工更快地做出更明智的决策。

虽然智能手表主要是消费者的设备，但它正在被用于商业活动。例如，苹果手表有许多功能，使员工工作更加高效。它可以接电话，并接受语音命令。它在你的手腕上显示重要的信息、电子邮件或预约日期。这款手表不会嗡嗡作响，在收到电子邮件、短信和日历提示时，手表会轻微地振动，这样在会议中就不会分散你的注意力。现在有不同版本的苹果手表，如 Evernote（用于记笔记）、PowerPoint（用于电子演示文稿）和 Invoice2go。它会在你到达作业现场后，立即自动开始记录工作时间、发送基本的单据，并在支付后收到提醒信息。

Salesforce.com 已经为苹果手表开发了几个企业级应用。苹果手表的 Salesforce1 能为销售人员、服务代理商和其他业务用户提供即时通知，加快工作速度。例如，销售经理获得了折扣批准请求，马上可以在手表上采取行动。如果在紧急情况下，需要立刻引起关注或者呼叫等待时间即将超过阈值，那么客户服务经理就能接收到相关的提醒信息。当营销活动超越目标时，数字营销人员可以收到提醒通知。苹果手表的 Salesforce Analytics 可以让 Salesforce 的客户使用传送到他们的智能手表上的分析数据查看相关的绩效指标，发现新的想法，并在仪表板上采取行动。用户还可以通过语音搜索查询报告，查看仪表盘或其他信息。

全球物流公司 DHL 与理光公司（图像和电子公司）、Ubimax 公司（可穿戴计算服务和解决方案公司）合作，在其仓库中实施“视觉挑选”（vision picking）项目。这个项目将位置图形显示在智能眼镜上，引导员工快速查找相关物品，并减少错误。公司认为这项技术提高了 25% 的效率。

现在，视觉挑选给工作人员提供了需要检索的物品的位置信息，并自动扫描检索到的物品。未来，它可以使系统提供到达仓库的最佳路线、检索物品的照片（如果物品已经被放在仓库货架上，这是一个重要的辅助工具），并指导工人更有效地装载货车和托盘。

Southern 是亚特兰大的一家能源公司，正在其发电厂及配电和输送管道中试验几种不同的可穿戴设备。Southern 最近部署了两台头戴式和手腕式电脑，使用它们与谷歌眼镜、苹果手表和 Moto 360 Android Wear 设备一起完成了几项“概念证明”。这些“概念证明”主要是为了提高工厂工人准确地遵循文件化程序的能力，并记录遵守这些程序的信息。该公司还试用了头戴式蓝牙录像机，用于记录工作流程以及现场人员和中心办公室人员之间的视频会议。Southern 公司现在还在一些工厂和现场使用头戴式相机。

佛罗里达州奥兰多的迪士尼度假村会给客人发放一个魔法手环。这是一个射频识别（RFID）手环，作为酒店房间的钥匙和公园的门票，并且会被设置密码，与客户的信用卡捆绑，可以购买东西。这个手环还可以将照片与客户账户捆绑，并快速连接到度假计划系统上。员工也配备了远程 RFID 阅读器，可以亲自向客人表示欢迎。集成的 RFID 数据可以尽可能减少等待时间。实时的消息可以引导客人先到乐园里排队人数少的地方。FastPass+ 和迪士尼预订系统为客人提供了一小时的返回窗口，让客人不排队就能体验最受欢迎景点的快速通道。

可穿戴计算设备的价值不仅在于将相同的信息从笔记本电脑或智能手机中转移到智能手表或智能眼镜的显示器上，而且可以帮助用户找到一些优化业务流程的方法。可穿戴计算的成功应用不仅在于成本效益方面，而且在于能够开发新的、更好的应用，并与现有的 IT 基础设施、组织管理和保护移动设备的工具集成起来（请参阅本章末的案例研究）。

资料来源：Mary K. Pratt, “Wearables in the Enterprise? Yes, Really!” *Computerworld*, February 24, 2016; www.salesforce.com, accessed May 5, 2016; Bob Violino, “Wearables in the Workplace: Potential and Pitfalls,” *Baseline*, September 9, 2015; Brett Nuckles, “Apple Watch: Is It Good for Business?” *Business News Daily*, May 12, 2015; Dennis McCafferty, “Why Wearable Tech Needs Killer Business Apps,” *CIO Insight*, May 1, 2015; and Daisuke Wakabayashi, “What Exactly Is an Apple Watch For?” *Wall Street Journal*, February 16, 2015.

案例分析题

1. 可穿戴设备有可能改变组织和工作人员开展业务的方式。请讨论这种说法的含义。
2. 如果销售人员戴着装有 Salesforce 软件的智能手表，那么如何改变现场客户订购产品的业务流程呢？
3. 如果一家公司正在考虑为其工人配备可穿戴计算设备，需要解决哪些管理、组织和技术问题？
4. 什么样的企业最有可能受益于可穿戴电脑？请选择一项业务，并描述可穿戴计算设备如何帮助企业改进运营或决策。

5.3.2　信息技术和自带设备（BYOD）消费化

智能手机和平板电脑的普及、易用以及大量可供使用的应用程序，极大地激发了员工在工作环境中使用他们自己的移动设备的兴趣，这种现象被通俗地称为“自带设备”（bring your own device，BYOD）。自带设备是信息技术消费化的一个方面。所谓**信息技术消费化**（consumerization of IT），是指新的信息技术首先出现在个人消费者市场上，然后才传播到商业组织中。信息技术消费化不仅包括移动个人设备，还包括起源于个人消费者市场软件服务的商业应用，例如谷歌和雅虎的搜索引擎、Gmail、Google Apps、Dropbox，甚至是Facebook和Twitter。

信息技术消费化迫使企业重新思考它们获取和管理信息技术装备与服务的方式。历史上，至少在大型企业中，主要由信息技术部门负责选择和管理企业及员工使用的信息技术与应用。它们负责向员工提供能够安全访问企业信息系统的台式电脑或便携式电脑。信息技术部门控制整个组织的硬件和软件，确保组织业务得到保护以及信息系统能够服务于组织的目标和管理。如今，员工和业务部门在信息技术的选择过程中发挥了更大的作用。在很多情况下，员工需要使用他们自己的个人电脑、智能手机和平板电脑访问企业的网络。企业要管理和控制这些属于员工个人的技术设备，并保障它们能够满足企业的需求，就显得更加困难。本章章末的案例研究将探讨BYOD和信息技术消费化给管理带来的一些挑战。

5.3.3 量子计算

量子计算是一种新兴技术，具有大幅提升计算机处理能力，以找到解决传统计算机花很多年才能解决的问题的潜力。**量子计算**（quantum computing）使用量子物理学的原理表示数据，并对这些数据进行操作。传统的计算机只能进行0或1的数据比特计算，而不能同时处理，但量子计算可以同时处理0、1比特计算。量子计算机通过同时处于多个状态的能力获得巨大的处理能力，从而使其能够以比现在的方法快数百万倍的速度解决科学和业务问题。IBM通过IBM Cloud向大众提供量子计算。谷歌的Alphabet和Lockheed Martin目前使用量子平台（Follow，2016）。

5.3.4 虚拟化

虚拟化（virtualization）是指提供一套不受物理配置或地理位置限制，并且能够访问的计算资源（比如计算能力或数据存储）。虚拟化能够使一种单一的物理资源（如服务器或存储设备），以多种逻辑资源的形式呈现给用户。例如，一台服务器或主机可以配置运行一种操作系统（或者不同的操作系统），使得它好像是很多不同的计算机。每个虚拟服务器对软件程序来说都像真正的服务器。多个虚拟服务器也可以在同一台机器上并行运行。VMware公司是为Windows和Linux服务器提供虚拟化软件的主要供应商。

服务器虚拟化是通过在一台物理机器上安装多个系统，从而降低技术成本的普遍方法。大多数服务器只发挥了15%～20%的性能，虚拟化可以将服务器的性能发挥到70%或更高。更高的运行效率意味着处理相同的工作所需要的计算机数量减少，缩小了存放机器的数据中心的空间，同时降低了能耗。虚拟化还能促进硬件管理的集中与合并。

虚拟化还使得多个物理资源（例如存储设备或服务器）能够显示为单个逻辑资源，如在软件定义存储（software-defined storage，SDS）中所进行的，将管理数据存储的软件与存储硬件分离。企业使用软件可以集中安排多种存储基础设施资源，并有效地加以分配以满足特定的应用需求。SDS使企业能够以较低的成本购买硬件商品和云存储硬件，替代昂贵的存储硬件。这样，存储资源就不会出现利用率不足或过度利用的现象（Letschin，2016）。

5.3.5　云计算

现在，公司和个人都可以远程使用虚拟化 IT 基础架构执行所有的计算工作，就像云计算一样。云计算是一种计算模式，其中计算机的处理、存储、软件和其他服务都通过网络由虚拟资源共享池提供。这些计算资源的“云”可以根据需要从任何连接的设备和位置进行访问。图 5-9 说明了云计算的概念。

图 5-9　云计算

在云计算中，硬件和软件能力构成了一个虚拟资源池。它通过网络（通常是互联网）提供。企业和员工可以在任何地点、任何时候使用任何设备访问其应用和 IT 基础设施。

美国国家标准与技术研究院（The U.S. National Institute of Standards and Technology，NIST）定义云计算具有如下基本特征（Mell and Grance，2009）。

- **按需自服务**：用户能够按其需要自动获取如服务器时间或网络存储一类的计算能力。
- **泛网络接入**：通过标准的网络和互联网设备可以访问云计算资源，包括移动平台。
- **与位置无关的资源池**：计算资源集聚在一起为各种用户提供服务，根据用户需求，动态分配不同的虚拟资源，用户通常不用知道计算资源的位置在何处。
- **高度灵活性**：计算资源能够迅速组织起来增加或减少以适应用户需求的变化。
- **可测量的服务**：云资源的使用费用按照实际的资源使用量计算。

云计算由以下三种不同类型的服务构成。

- **基础设施即服务**（infrastructure as a service，Iaas）：客户从云服务商处获取处理、存储、网络及其他计算资源，运行信息系统。例如，亚马逊利用其空余的 IT 基础设施能力，提供具有广泛用途的云环境，以出售其 IT 基础设施服务。这些服务包括可供存储客户数据的简单存储服务（simple storage service，S3）和可供客户运行其应用的弹性计算云服务（elastic compute cloud，EC2）。客户仅需按其实际使用的计算和存储能力的使用量付费（参见“互动讨论：组织”部分）。图 5-10 展示了亚马逊提供的网络服务的服务范围。

- **软件即服务**（software as a service，SaaS）：客户通过网络使用供应商提供的安装在供应商云基础设施上的软件。谷歌的 App 是提供 SaaS 服务的领先者，提供在线的通用商业应用。此外还有 Salesforce.com，它在互联网上提供客户关系管理及相关的软件服务。这两家公司都向客户按年收取订阅费，而谷歌 App 还有一个删减的免费版。用户通过 Web 浏览器访问这些应用，数据和软件保存在供应商的远程服务器上。

图 5-10 亚马逊网络服务

亚马逊网络服务（Amazon Web Services，AWS）是亚马逊在它的云平台上提供给用户的一系列网络服务。AWS 是美国最大的云计算服务提供商。

- **平台即服务**（platform as a service）：客户使用云服务供应商提供的基础设施和编程工具开发自己的应用。例如，IBM 提供了 Bluemix 服务，可以在 IBM 的云上进行软件开发和测试。另一个例子是 Salesforce.com 公司的 Force.com 网站，它允许开发者在公司的服务器上建立应用。

⊙互动讨论：组织

计算离开了云

云计算是现在增长最快的计算形式。云计算市场中最大的企业包括亚马逊网络服务（AWS）、微软和谷歌。这些公司已经使云计算成为一个价格合理的选择，适用于从小型互联网初创公司到像 Netflix 和 FedEx 这样的公司。

例如，AWS 为订阅企业提供灵活的计算能力、数据存储以及数据管理、信息传递、支付和其他可以根据业务需要一起使用或单独使用的服务。任何可以连接互联网和具有一些钱的人，都可以用和亚马逊运营零售业务相同的计算系统。如果客户提供有关服务器空间、带宽、存储量和其他所需要的服务的需求，AWS 可以自动分配这些资源。你不需要每月或每年支付费用来使用亚马逊的计算资源，而是你用多少付多少费用。经济规模极大地降低了成本，所以 AWS 还能降低价格。为了保持竞争力，其他云计算供应商也不得不采取行动。

云计算也吸引了众多企业，因为云服务提供商会承担 IT 基础设施的所有维护和保养工作，从而使这些企业花更多的时间在更高价值的工作上。初创公司和小公司发现它们不再需要建立自己的数据中心。利用像 Amazon 这样的云计算基础架构，它们可以获得以前仅适用于大型企业的技术能力。奥斯卡保险（Oscar Insurance）公司是一家位于纽约的健康保险公司，主要依靠信息技术帮助客户获得更好的保健及追踪客户的健康状况。该公司在短短三个月内，就在 AWS 上建立了符合 HIPAA 标准的健康保险平台和分析应用。通过使用 AWS，奥斯卡保险公司可以支持医疗保健开放注册季节的流量高峰，并且支持为持续改善客户体验而进行的每天超过 125 个变化。

虽然云计算被吹捧为是使企业购买和拥有信息技术更加便宜、灵活的替代方案，但这往往与现实不符。对于大型企业来说，向为 10 000 多个员工提供云服务的公共云提供商所支付的每个月的服务费，可能比公司维护自己的 IT 基础设施和员工代价更高昂。公司还要担心由于使用按次付费模式发生的意外的“失控成本”。云服务与现有 IT 基础设施集成引起的错误、管理不善或网络流量异常庞大问题，将会使云服务用户付出更大的代价。在云中，企业使用的数据和系统越多，改变云服务提供商的工作量就越大。当你购买了云软件时，你可能会等待很长的时间。

商德纳公司的技术顾问向客户建议，购买公共云一定要考虑公司运行的机器数量、每天或每周运行的小时数以及数据所需的存储空间。额外费用包括需要定期支付的许可费、数据更改的频度以及业务预期会产生的新数据数量所产生的费用。一家非常大的公司可能会发现拥有和管理自己的数据中心或私有云会比使用云服务更便宜。但是，随着公共云变得更加高效和安全，技术成本会更低廉，大型企业也会使用更多的云资源。

使用云服务普遍存在的主要障碍是云的可靠性和安全性问题。2015 年 9 月 20 日，亚马逊网络服务发生中断，影响了 Netflix、Reddit、IMDB、Product Hunt、Social Flow 以及亚马逊自己在北美东部地区用户使用的 Alexa 和即时视频服务。在过去的五年中，亚马逊每年都会发生多次中断的重大事故。随着云计算不断成熟，云计算基础设施的主要供应商有了更多的经验，云服务质量和可靠性也在不断提高。专家建议，那些将停电作为主要风险的公司可以考虑使用其他的计算服务备份。

2016 年 2 月，Netflix 完成了一项旷日已久的项目——关闭自己的数据中心，专门使用亚马逊的云服务运营业务。管理层不必花几个月的时间考虑公司的硬件、存储和网络需求。AWS 会提供 Netflix 目前所需的任何东西。

2008 年，Netflix 自己的数据中心发生了重大的硬件故障。第二年，它就开始将其计算转移到 AWS 上。Netflix 首先转移的是它的工作页面，其次是视频播放器、iPhone 相关技术、发现和搜索以及账户页面等功能。2013 年，Netflix 将其大数据平台转移到 AWS 上，并在 2014 年开始计费和付款。如今，Netflix 已经完全依赖 AWS，使用各种基于 Web 的软件工具，如将 Workday 公司的人力资源软件用于其业务应用中。

Netflix 还通过互联网服务提供商和其他第三方维护一个内容交付网站，以加快 Netflix 与其客户之间电影和网络流量的交付。Netflix 在视频流业务中与亚马逊竞争，并保留自己的内容传送网络的控制权。

根据 BetterCloud 最近的一项调查显示，大约 12% 的企业完全在云端运行 IT 业务，这些公司几乎都是中小型企业。BetterCloud 预测，到 2022 年，超过 20% 的大型企业将完全在云端运行业务。

Forrester 研究所的副总裁兼研究总监格伦・奥唐奈（Glenn O’Donnell）认为，对于大型成熟的公司来说，100% 利用云计算是极少见的。许多大公司正在将更多的计算转移到云端，但无法完全迁移。遗留系统是最难切换的。

大多数中型公司和大公司都将倾向于采用混合方式。亚马逊、谷歌、微软和 IBM 等顶级云提供商，都出于某些目的而使用自己的公共云服务，但它们也在自己的服务器中保留了某些功能。担心云服务的可靠性、安全性和变化的风险使它们难以将关键的计算任务转移到公共云上。

Giant Eagle 是美国最大的食品、燃料和药房零售商之一，它正在采用 IBM Cloud 的混合云解决方案。混合云提供基于消费量的定价、更快的采购和应用程序的定制部署以及集成系统管理的能力，以更好地了解企业的数据。万豪酒店保留了自己的数据中心，但更新数据中心使用了最新的云技术。它还使用 IBM 的云端托管，因为它不想托管自己的应用程序。混合云的环境为精于网络的客人提供了更快的数字服务，并帮助万豪使用分析技术，洞察它在全球超过 4 000 家酒店的旅行者的偏好。

资料来源："AWS Case Study: Oscar Insurance," www.aws.amazon.com, accessed May 4, 2016; Robert McMillan, " Cloud-Computing Kingpins Slow to Adapt to Own Movement, " *Wall Street Journal,* August 4, 2015;Robert McMillan and Rachael King, " Netflix Is Ready to Pull Plug on Its Final Data Center, " *Wall Street Journal*, August 14, 2015; Dan Berthiaume, " Giant Eagle Flies to the Cloud," *Chain Store Age*, December 4, 2015; Darryl K. Taft, " IBM Lands Cloud Deals with Marriott, Others, " *eWeek*, February 2, 2015; Kelly Bit, " The $10 Hedge Fund Supercomputer That's Sweeping Wall Street, " *Bloomberg Business Week,* May 20, 2015; David Streitfeld and Nick Wingfield, " With Amazon Atop the Cloud, Big Tech Rivals Are Giving Chase," *New York Times*, April 23, 2015.

案例分析题

1. 云计算服务给企业提供了什么样的好处？解决了什么样的问题？
2. 云计算的缺点是什么？
3. 什么样的企业最有可能受益于使用云计算？为什么？

第 2 章介绍了 Google Docs、Google App 和相关的软件服务，以实现桌面生产力和协作。这些是最受用户欢迎的软件服务，尽管它们在企业中被使用得越来越多。Salesforce.com 是一家领先的企业软件服务公司。它通过互联网租赁的软件服务为客户提供客户关系管理（CRM）和其他应用软件解决方案。它的销售和服务云提供了改善销售与客户服务的应用。营销云能够使企业通过电子邮件、移动、社交、网络和相连的产品与客户进行数字化营销互动。Salesforce.com 还提供在线协作和参与的社区云平台，以及部署销售、服务、营销和自定义分析应用的分析云平台。

Salesforce.com 也是平台即服务（PaaS）的领先公司。它的 Force.com 是一个应用程序开发平台，客户可以在更广泛的 Salesforce 网络中开发自己的应用程序。Force.com 提供了一组开发工具和 IT 服务，使用户能够自定义 Salesforce.com 客户关系管理应用，或者构建全新的应用，并在 Salesforce.com 的数据中心基础设施云端运行。Salesforce 也向其他独立软件开发商开放 Force.com，并在 AppExchange 上列出了它们的程序。AppExchange 是在 Force.com 平台上运行第三方应用的在线市场。

云分为私有云和公有云。**公有云**（public cloud）由云服务供应商拥有和维护，可以供公众与行业机构使用，如亚马逊的 Web Services。公有云服务通常用于具有公共信息和产品描述的网站、一次性大型计算项目、开发和测试新的应用以及诸如数据、音乐和照片等在线存储消费者服务。Google Drive、Dropbox 和 Apple iCloud 都是这种消费者公共云服务的主要示例。

私有云（private cloud）由某个组织运营，可以由组织自身或者某个第三方管理，可以在组织的工作场所内，也可以在工作场所外。同公有云一样，私有云也能够实现无缝分配存储、计算能力或其他资源，以按需提供的方式提供计算资源。需要柔性的 IT 资源以及云服务模式的企业，在保留对自己的 IT 基础设施进行控制的同时，向私有云方面加速发展（参见本章开始关于 EasyJet 的案例以及“互动讨论：组织”部分）。

因为使用公有云的组织不拥有基础设施，它们不需要进行大量的硬件和软件投资。取而代之的是，它们从远程服务供应商那里购买计算服务，仅需为它们实际使用的计算能力付费

（效用计算，utility computing），或者以按月或按年订购的方式付费。**"按需计算"**（on-demand computing）一词，就是用来指这种服务。

云计算也有一些不足。除非用户有对数据本地存储有特殊要求，否则数据存储和控制将由供应商负责。一些企业担心把它们的重要数据和系统委托给外部供应商，而这些供应商与其他企业也有合作，这样会存在安全风险。企业希望它们的系统能够每周 7 天每天 24 小时全天候工作，不希望因云基础设施故障给公司带来任何业务损失。然而，企业把其更多的计算机处理和存储功能转移到某种形式的云基础设施中，已是大势所趋。初创公司、IT 资源和预算有限的小公司发现公有云的服务特别有用。

大型企业可能采用**混合云**（hybrid cloud）计算模式，即它们使用自己的基础设施处理最核心的活动业务，使用公有云计算运行次要的系统或在业务高峰期间提供额外的处理能力。表 5-2 比较了三种云计算的模式。云计算将使企业从拥有固定的基础设施方式转向更为灵活的基础设施使用方式，如一些由公司自己拥有，一些从计算机硬件供应商拥有的大型计算机中心租用。在本章的学习跟踪模块中，你可以了解到更多关于云计算的知识。

表 5-2 三种云计算模式的比较

云类型	描述	管理	使用
公有云	为不同的用户提供计算、存储和软件服务，第三方服务，对公众开放	第三方服务提供商	不太关注隐私的企业 寻找 IT 服务按需付费的企业 缺少 IT 资源和专家的企业
私有云	只为某个公司运营的云基础设施，可以在企业内部，也可以在企业外部	内部的 IT 部门或专属的第三方运营商	对隐私和安全有特殊需求的企业 必须控制数据归属权的企业
混合云	公有云和私有云服务的组合，由不同的实体维护	内部 IT，自己运营，第三方供应商	需要 IT 内部控制，同时希望在公有云上外包一部分 IT 基础设施的企业

5.3.6 绿色计算

为了抑制硬件的急剧增长和能源的消耗，虚拟化成为促进绿色计算的一种主要技术。**绿色计算**（green computing），或称为绿色 IT，是指以对环境影响最小化为目标的实践和技术，用来指导对计算机、服务器及其相关设备如显示器、打印机、存储设备及网络和通信系统等的设计、生产、使用和处置。

据 Green House Data 称，世界数据中心使用的能源与 30 个核电站的产能一样多，占世界所有能源使用量的 1.5%。降低计算机功耗一直是进行绿色计算的重中之重。企业数据中心可以轻松地消耗超过标准办公大楼 100 倍以上的电力。所有这些额外的功耗对环境和企业运营成本都有负面影响。目前，数据中心的设计考虑到能源效率问题，采用先进的空气冷却技术、节能设备、虚拟化和其他节能措施。像微软、谷歌、Facebook 和苹果这样的大公司，正在广泛使用节电设备和风力 / 水力发电技术，以清洁的能源数据中心减少碳足迹。

5.3.7 高性能及节能处理器

降低能源需求和硬件增长的另一种途径是采用更有效、更节能的处理器。当代微处理器的特征是在一个芯片上有多个处理器核（处理器核执行读取指令和运行指令操作）。**多核处**

理器（multicore processor）是指一个集成电路板上集成了两个或多个处理器核，以增强其性能、减少能源消耗并提高多任务并行处理的效率。这项技术使得两个或两个以上的处理器集成在一起，与资源匮乏的单核处理器芯片相比，能耗低，散热及处理速度快。如今的个人计算机，已拥有了双核、4 核、6 核和 8 核的处理器，服务器具有 16 核处理器。

英特尔及其他芯片生产商开发出了能耗最低的微处理器，这对延长小型移动数字设备中电池的供电时间非常关键。具有高能耗效率的微处理器，像苹果 iPhone、iPad 使用的 A9 和 A10 处理器，以及英特尔的 Atom 处理器，都能用在轻量的智能手机和平板电脑、智能汽车以及保健设备中。苹果处理器的耗电量仅为普通双核笔记本电脑的 1/50。英特尔推出了一系列称为夸克的超小型低功耗微处理器，用于可穿戴设备和皮肤贴片，甚至可以吞咽下去以收集医疗数据。

5.4 当前计算机软件平台的状态和趋势是什么

当前软件平台主要呈现如下四个技术发展趋势。

- Linux 和开放源代码软件
- 网络软件：Java、HTML 和 HTML5
- Web 服务和面向服务的架构
- 软件外包和云服务

5.4.1 Linux 和开放源代码软件

开放源代码软件（也称开源软件，open source software）是由全世界成千上万名程序员共同编写的软件。根据开源软件专业协会权威机构 OpenSource.org 的定义，开源软件是免费并可以被用户修改的软件。由初始源代码衍生出来的软件也应该是免费的，并且可以在用户中传播而不需要额外的许可。虽然目前大多数开源软件都基于 Linux 或 Unix 操作系统，但严格来说，开源软件并不受任何操作系统或硬件技术的限制。

开源软件技术已经被证明能够生产出商业上可接受的、高质量的软件。流行的开源软件开发工具包括 Linux 操作系统、Apache HTTP 网络服务器、Mozilla Firefox 网络浏览器以及 Apache OpenOffice 桌面软件包。谷歌的 Android 手机操作系统和 Chrome 网络浏览器都是基于开源工具的。你可以从开放源码促进会（Open Source Initiative，OSI）以及本章的学习跟踪模块中关于开源软件的历史部分获得更多关于开放源码概念（Open Source Definition，OSD）的知识。

Linux

最出名的开源软件应该是 Linux，一个与 Unix 相关的操作系统。Linux 操作系统最初是由芬兰程序员林纳斯·托瓦兹（Linus Torvalds）编写的，并于 1991 年 8 月首次在互联网上发布。Linux 应用程序可以嵌入移动电话、智能手机、平板电脑和其他个人电子设备中。我们可以从互联网上下载 Linux 的免费版本，也可以购买价格低廉的商业版本，并得到如 Red Hat 一类供应商的工具和支持。

尽管 Linux 并不用于多数桌面系统，但是它在服务器、局域网和超级计算机中是领先的操作系统。IBM、惠普、英特尔、戴尔和甲骨文都将 Linux 作为它们提供给企业的核心服务产品。Linux 对企业软件平台具有深远的影响：更低的成本、更高的可靠性、适应性以及集成度，这是因为 Linux 可以在主机型计算机、服务器及客户机等各种主要的硬件平台上运行。

5.4.2 网络软件：Java、HTML 和 HTML5

Java 是由 Sun Microsystems 创建的，是独立于操作系统和处理器的、面向对象的编程语言，已经成为网络领先的交互式编程语言。Java 平台已迁移到移动电话、智能手机、汽车、音乐播放器、游戏机以及服务交互式内容和按次付费服务的机顶电缆系统。Java 软件被设计在任何计算机或计算设备上运行，不管设备使用什么特定的微处理器或操作系统。对于使用 Java 的每个计算环境，Java 虚拟机可以解释该机器的 Java 编程代码。代码以这种方式被写入一次，并且可以在有 Java 虚拟机的任何机器上被使用。

Java 开发者可以编写出小的应用程序（applet），这种小应用程序可以被嵌入 Web 网页并下载到 Web 浏览器上运行。**网络浏览器**（Web browser）是一个有图形界面的，可以用来显示网页、访问网站和其他互联网资源的，简单易用的软件。微软的 Internet Explorer、Mozilla 的 Firefox、谷歌的 Chrome 以及苹果的 Safari 都是具有代表性的浏览器。在更加复杂的企业电子商务和电子业务应用中，Java 用于开发与企业后台事务处理系统进行通信的程序。

HTML 与 HTML5

HTML（hypertext markup language）是一种网页描述语言，用来描述如何在一个网页中放置文本、图形、影像和声音等，并创建与其他网页和对象的动态链接。通过这些链接，用户只需要点击高亮的关键词或图形，就能够立刻使其他的文档传输过来。

HTML 最初是创建和链接以文本内容为主的静态文档。然而，如今的 Web 网页更具社会性和交互性，很多网页具有多媒体元素——图像、音频和视频。第三方的插入式应用程序，如 Flash、Silverlight 和 Java 等，需要把这些丰富的媒体元素与 Web 网页相集成。但是，这种添加方式需要额外的编程，给计算机处理带来了限制。新一代技术 HTML5 解决了这一问题，它能够使图像、音频、视频及其他元素直接嵌入一个文档，且不需要与处理器相关的额外编程。HTML5 还能够使网页在不同类型的显示设备中都正常工作，包括移动设备和台式机，同时支持在 Web 中运行的应用的离线数据存储。其他流行的 Web 应用编程工具包括 Ruby 和 Python。Ruby 是一种面向对象的编程语言，以构建 Web 应用的速度快和易用性而闻名，而 Python（由于清晰而受到赞赏）被用于构建云计算应用中。谷歌、Facebook、亚马逊和 Twitter 等主要网站都使用 Python、Ruby 和 Java。

5.4.3 Web 服务和面向服务的架构

Web 服务（Web service）是指一组松耦合连接的软件，通过标准的 Web 通信标准和通信语言相互交换信息。无论系统使用什么样的操作系统或编程语言，两个不同的 Web 服务器之间都可以交换信息。它们可以用来构建基于 Web 开放标准的应用程序，连接两个不同组织的系统，也可以用来创建连接一个组织内不同系统的应用程序。不同的应用之间可以通过网络服务的标准化途径相互通信，而无须进行耗时的定制编程。

Web 服务的技术基础是 XML，即**可扩展标记语言**（extensible markup language）。XML 是由万维网联盟（World Wide Web Consortium，W3C，负责监督 Web 推广的国际组织）在 1996 年开发出来的，比用于标注 Web 网页的超文本标记语言 HTML 功能更强大、更灵活。HTML 只能描述怎样将数据显示在网页上，而 XML 则可以对数据进行演示、通信和储存。在 XML 中，一串数字不仅仅是一串简单的数字，通过 XML 标记，可以进一步描述这串数字代表的是价格、日期或者邮政编码等。表 5-3 举例说明了一些 XML 语句。

表 5-3 XML 语句举例

普通英语	XML
Subcompact	<AUTOMOBILETYPE=" Subcompact ">
4 passenger	<PASSENGERUNIT=" PASS ">4</PASSENGER>
$16 800	<PRICE CURRENCY=" USD ">$16 800</PRICE>

通过按照含义给文档中的内容选定的元素做标记，XML 使计算机可以自动操作和解释数据，并对数据进行处理而无须人为干预。Web 浏览器和计算机程序，例如订单处理或者企业资源计划（ERP）软件，可以根据程序设定的规则应用和显示数据。XML 为数据交换提供了一种标准格式，使得 Web 服务可以在不同的处理之间传递数据。

Web 服务按照标准的 Web 协议，通过 XML 消息进行通信。我们通过目录企业可以找到和定位 Web 服务。通过网络协议，软件应用程序可以自由地连接到其他应用中，而不需要对每个需要进行通信的应用进行定制编程。所有通信共享同一标准。

所有用来构建企业软件系统的 Web 服务的集合构成了所谓的面向服务的架构。**面向服务的架构**（service-oriented architecture，SOA）是一组自包含服务（self-contained service），它们之间相互通信，共同创建一个实际运行的应用软件。企业的工作任务通过执行一系列服务完成。软件开发人员可以根据需要以其他的组合方式重用这些服务，把它们装配成另外的应用软件。

实际上，几乎所有的主要软件供应商都提供通过 Web 服务构建和集成软件应用的工具与完整的平台。IBM 将 Web 服务工具加入 WebSphere 电子商务软件平台，微软也将 Web 服务工具加入 Microsoft.Net 平台。

Dollar Rent A Car 公司通过 Web 服务把自己的在线预订系统与美国西南航空公司的网站连接起来。虽然两家公司的系统是基于不同的技术平台，但是顾客可以在西南航空公司的网站上订机票的同时，也能在其网站上预约 Dollar Rent A Car 公司的汽车。Dollar Rent A Car 公司使用 Microsoft.NET 的 Web 服务技术作为中间件，将西南航空网站的订单翻译成 Web 服务协议，然后转变成 Dollar Rent A Car 公司的计算机可识别的格式。

其他汽车租赁公司也曾经将它们的信息系统和航空公司的网站相连，但是它们没有用 Web 服务，因此需要逐个建立连接。Web 服务为 Dollar Rent A Car 公司的计算机与其他公司的信息系统之间的“对话”提供了一种标准途径，而无须为每家公司都建立专门的链接。Dollar Rent A Car 公司现在正在将它的 Web 服务应用扩展到直接与小型旅行社和大型旅行社的预订系统连接的业务上，还建立了供移动电话和智能手机使用的无线 Web 网站。与其他合作伙伴的信息系统相连或者支持新的无线设备都不需要编写新的软件代码（见图 5-11）。

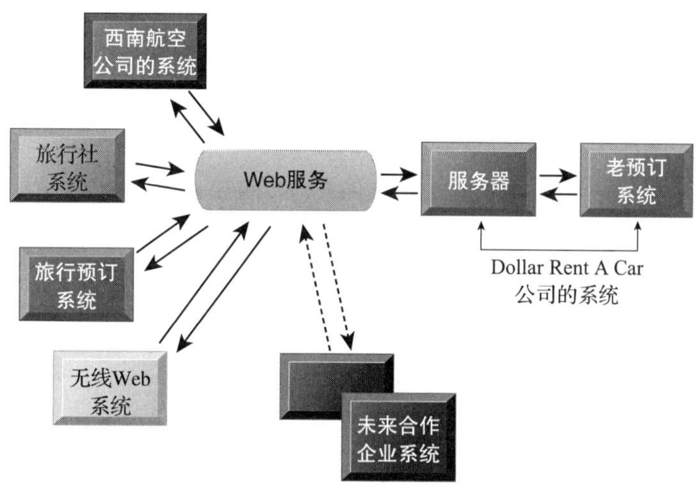

图 5-11 Dollar Rent A Car 公司如何使用 Web 服务

Dollar Rent A Car 公司使用了 Web 服务提供标准化的中间件，与其他公司的信息系统之间“对话”。该公司使用这些 Web 服务与其他公司的信息系统连接，无须为每家合作公司的系统建立专门的连接。

5.4.4 软件外包和云服务

如今，很多企业仍然在继续使用能够满足业务需求的遗留系统，因为替换这些系统的成本极高。但是企业需要的大多数新应用软件要从外部购买或租用。图 5-12 展示了美国公司通过外部渠道获得软件应用的情况呈快速增长趋势。

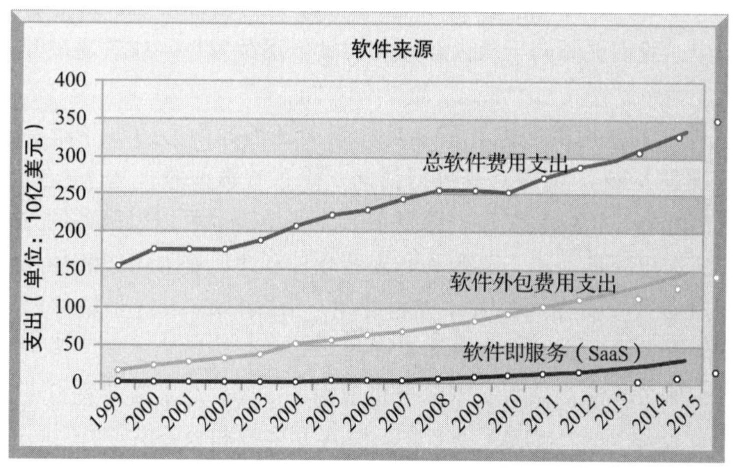

图 5-12 企业软件的资源变化

2015 年，美国企业在软件上的开支超过 3 340 亿美元。其中，44% 的开支来自企业外部，由不同的供应商提供。大约 10% 的支出（330 亿美元）发生在 SaaS 供应商提供的基于云的在线服务上。

资料来源：BEA National Income and Product Accounts, 2016; authors' estimates.

企业从外部获得软件通常有三个来源：向商用软件供应商购买软件包、向外部供应商外包定制应用开发（离岸外包和在岸外包均可）和基于云的软件服务与工具。

1. 软件包和企业软件

在前面已经述及，企业应用软件包是当前 IT 基础设施中的主要组成部分。**软件包**

(software package) 是一个已编写好的可以通过商业方式获得的一组软件程序，企业无须自主开发一些特定的功能，如支付薪酬或订单处理。

企业应用软件的供应商，如 SAP、Oracle-PeopleSoft 等，开发出了功能强大的软件包，能够支持一家企业在全球的主要业务流程，包括仓储管理、客户关系管理、供应链管理、财务管理和人力资源管理等。这些大型企业软件系统为企业提供了一个一体化集成的全球性软件系统，所需费用远低于企业自行开发相关软件需要付出的成本。第 9 章将详细介绍企业系统。

2. 软件外包

软件**外包**（outsourcing）是指企业将软件定制开发或现有系统程序的维护以合同方式委托给外部公司，这类公司通常在世界上劳动力成本比较低的地区以离岸方式运作。例如，英国通信监管机构 Ofcom 最近签署了一份 2 300 万英镑、持续 6 年的合同，将应用和基础设施管理外包给 NIIT Technologies 公司。NIIT Technologies 公司是一家专注于应用开发和维护、基础设施管理和业务流程管理的印度公司。NIIT 为 Ofcom 提供服务台、数据中心服务以及应用程序管理和项目管理服务（Flinders，2016）。

尽管有很多提供复杂业务服务并且有经验的离岸外包服务公司，尤其是印度公司，它们受雇进行新程序的开发，但是离岸软件外包企业主要还是提供底层维护、数据录入及呼叫中心的运营等服务。然而，随着离岸外包企业员工工资的上涨，管理离岸项目的成本也会倍增(参见第 13 章)，一些已经进行离岸外包的工作又返回给了美国国内公司。

3. 基于云的软件服务与工具

过去，像 Microsoft Word 和 Adobe Illustrator 这样的软件产品，通常以盒装形式在一台机器上运行。如今，我们更倾向于从供应商的网站上下载软件，或者通过互联网以云服务的方式使用软件。

基于云的软件及其使用的数据驻留在功能强大的数据中心的服务器上，用户可以通过互联网连接和标准的 Web 浏览器对其进行访问。除了谷歌或雅虎为个人或者小型企业提供的免费或廉价软件之外，企业软件和一些复杂的业务功能也可以以服务的方式从一些主要的商品化软件供应商那里获得。不需要购买和安装软件程序，企业可以租用这些功能相同的服务，按固定的租赁费或按次使用的方式支付费用。Salesforce.com 是软件即服务的一个典型例子，以按需软件服务的方式提供客户关系管理。

为了管理外包服务供应商或者技术服务供应商的关系，企业需要签订一份包括**服务等级协议**（service level agreement，SLA）的合约。SLA 是客户和服务供应商之间的一份正式合约，对服务供应商的职责和客户要求的服务等级进行明确说明。SLA 要详细说明所提供的服务的性质和等级、衡量服务质量的标准、支持的方式、安全保障和故障恢复、硬件和软件所有权及升级、客户支持、付款和合约终止条件等方面的条款。本章的学习跟踪模块中有这方面的内容。

4. 混搭和应用

如今，用来处理个人事务或工作事务的软件，可能由可互换的组件组成，可以与其他互联网上的应用程序自由组合。个人用户和整个公司组合与匹配这些软件组件，定制出自己的应用，并相互共享信息。以这种方式产生应用软件的方式叫作**混搭**（mashup）。其核心思想就是利用不同的资源产生一个新的产品，得到“整体大于部分之和”的效果。当你对你的

Facebook 进行个性化配置或者在你的博客中加入显示视频或幻灯片的功能时，就是在做混搭。

Web 混搭将两个或多个在线应用整合，创造出一个能够提供比原来的资源更多用户价值的混合产品。例如，ZipRealty 使用谷歌地图和在线房产数据库 Zillow.com 提供的数据，显示多种房源挂牌服务（multiple listing service，MLS）的完整清单，并且可以根据用户指定的邮政编码分区显示。

应用（App）是在智能手机和平板电脑等移动设备上运行的小的软件程序（应用软件）。这些应用可以在苹果的 App 和谷歌的 Play 里面下载。谷歌把它的在线服务称为应用，包括桌面办公的 Google App 套件。Windows10 将其所有的桌面软件程序称为应用。但是当我们谈论现在的应用时，主要是针对智能手机和平板电脑等移动设备开发的应用。这些应用将智能手机和平板电脑转化为通用的计算工具。2008 年首次出现，到 2016 年，iOS 和 Android 移动操作系统的应用达到数亿个。现在，使用应用的人数已经超过使用移动浏览器的人数，因为用移动浏览器访问移动软件要慢得多，也很麻烦。

应用提供了一种简化的、不用浏览器的方法使用户执行一系列任务，从阅读报纸到购物、搜索、个人健康监控、玩游戏和购买。管理人员也越来越多地把应用作为企业系统的门户。由于现在有很多人用移动设备访问互联网，有人认为应用是“新的浏览器”。应用也开始影响传统网站的设计和功能，因为消费者会被应用的外观、感觉以及运行速度所吸引。

许多应用是免费的或者收费很低，远低于传统软件，这进一步增加了它们的吸引力。苹果 iPhone 和 iPad 平台上已经有超过 200 万个应用，在 Google Android 操作系统的设备上运行的应用也差不多是这个数量级。苹果公司的报告显示，用户已经下载了超过 1 000 亿次应用。这些移动平台的成功很大程度上取决于它们提供的应用的数量和质量。应用将客户绑定到特定的硬件平台上，这是因为随着用户在自己的手机里添加越来越多的应用程序，切换到竞争对手的移动平台的成本也会随之上升。

目前，最常下载的应用是游戏、新闻和天气、地图 / 导航、社交网络、音乐和视频 / 电影。但是，企业用户也可以使用一些重要的应用，创建和编辑文档，连接到公司的系统，安排和参与会议，跟踪出货和语音声明信息（请参阅第 1 章中的“互动讨论：管理”部分）。大多数大型在线零售商都有消费者在线购买商品和服务的应用程序。

5.5　管理 IT 基础设施的挑战和问题是什么

建立和管理协调一致的 IT 基础设施有诸个方面的挑战：应对平台与基础设施的变化（包括云和移动计算）、管理和治理以及做出明智的基础设施投资决策等。

5.5.1　应对平台与基础设施的变化

企业在成长时，通常会迅速扩张其基础设施，而企业在收缩时，则会固守那些在业务好的时候过多购买的基础设施。如果 IT 基础设施的投资是固定成本的采购和购买许可证，企业基础设施的可扩展性会如何呢？**可扩展性**（scalability）是指计算机、产品或系统在不中断工作的前提下，能够向更多用户提供服务的能力。新的应用需求、企业的兼并和收购、经营规模的变化等都会影响计算机的工作载荷量，在规划硬件能力时会被考虑到。

使用移动计算或者云计算平台的企业需要采取新的政策和措施管理这些平台，需要记录用于工作事务的所有移动设备的使用情况，并制定和开发出相应的措施与工具对这些设备进行跟踪、升级并保证其安全性，对设备中运行和使用的数据及程序进行控制。使用云计算和SaaS的企业需要与远程供应商更新合约安排，确保在需要时用于关键应用的硬件和软件能够得以保障，并且符合企业的信息安全标准。企业管理层的责任是确定计算机响应的时间、关键任务系统的可用性等方面的可接受水平，以确保达到所期望的绩效水平。

5.5.2 管理和治理

一个长期困扰信息系统管理层（包括CEO）的问题是，应该由谁控制和管理企业的IT基础设施。第2章介绍了IT治理的概念，并讨论了一些相关的问题。关于IT治理还有一些重要的问题：由各个部门负责做自己的信息技术应用决策，还是应该集中控制和管理？信息系统的集中管理与部门管理之间的关系是怎样的？IT基础设施的经费应该在各个业务部门之间怎样分配？每家企业都需要根据自己的实际情况对上述问题做出回答。

5.5.3 做出明智的基础设施投资决策

IT基础设施是企业的一项主要投资。如果企业在这方面投资过多，则会导致设备闲置浪费，并可能拖累企业的财务状况，而如果企业在这方面投资过少，则会导致一些重要的业务职能难以实现，从而在竞争中落后于在这方面做得好的竞争对手。企业究竟该在IT基础设施方面花多少钱呢？这是一个很难回答的问题。

一个与之相关的问题是，企业应该购买并维护自己的IT基础设施，还是应该向外部供应商（包括提供云服务的供应商）租用？关于购买自己的IT资产或向外部供应商租用，是一个典型的所谓“租用与购买”决策问题（rent-versus-buy decision）。

云计算是提高可扩展性和灵活性的一种低成本途径。但是，企业需要从安全性以及对业务流程和工作流的影响等方面对这种选择进行仔细的评估。在某些情况下，租用软件的成本总和会比自己购买和维护软件的成本还要高。然而，使用云服务还是有许多好处的，包括明显降低硬件、软件、人力资源和维护成本。迁移到云计算可以使企业专注于核心业务，而不是技术问题。随着云计算的可靠性在过去10年中有了很大的提升，到2016年，一些《财富》500强企业正计划将大部分计算平台推向云服务。

1. 技术资产的总持有成本

拥有技术资源的实际成本包括采购和安装硬件与软件的初始成本，后续硬件和软件的升级、维护、技术支持、培训等管理成本，以及运行及安置这些技术的基础设施成本。**总持有成本**（total cost of ownership，TCO）模型可以用来分析这些直接成本和间接成本，帮助企业确定实施一项技术的实际成本。表5-4给出了在进行TCO分析时要考量的最重要的构成要素。

表 5-4 总持有成本（TCO）的成本要素

基础设施要素	成本要素
硬件采购	计算机硬件设备的采购成本，包括计算机、终端、存储和打印机
软件采购	为用户购买软件或许可的成本

（续）

基础设施要素	成本要素
安装	安装计算机硬件和软件的成本
培训	对信息系统专业人员及终端用户的培训成本
技术支持	提供后续技术支持、服务台等方面的成本
维护	硬件和软件的更新成本
基础设施	相关基础设施的购买、维护和技术支持成本，如网络和专用设备（包括后备存储设备）
宕机时间	因硬件或软件故障导致系统不能使用而给业务处理带来的效率损失的成本
空间占用和能耗	安置技术设备的房屋设施成本、技术设备的能耗成本

当考虑以上所有成本要素时，一台个人计算机的总持有成本相当于其购买价格的三倍。为员工装备移动计算设备而提高的效率和效益，必须与把这些设备集成到公司的 IT 基础设施中以及为其提供技术支持所产生的成本相平衡。其他的成本要素包括无线通话费用、终端用户培训费用、求助支持费用以及特殊应用的软件费用等。如果移动设备需要运行许多不同的应用或者需要与后台系统（如企业应用）集成，则产生的成本会更高。

硬件和软件的采购成本只占总持有成本的 20%，因此管理者需要格外注意管理成本，以对企业的硬件和软件的全部成本有全面的了解。此外，企业通过良好的管理可以降低一些管理成本。很多大型企业拥有许多冗余的、不兼容的软件和硬件，往往是因为业务职能部门自己做出了技术采购的决策。

除了转向云服务，企业还可以通过采用更加集中和标准化的硬件与软件资源降低其总持有成本。如果企业能够使用最少数量的计算机型号种类和软件类型，那么就可以缩减 IT 基础设施保障人员的规模。在一个集中化的基础设施中，系统管理和故障维修可以集中进行。

2. IT 基础设施投资的竞争力模型

图 5-13 给出的 IT 基础设施竞争力模型可以帮助回答这样的问题：一家企业应该花多少钱用于 IT 基础设施建设？

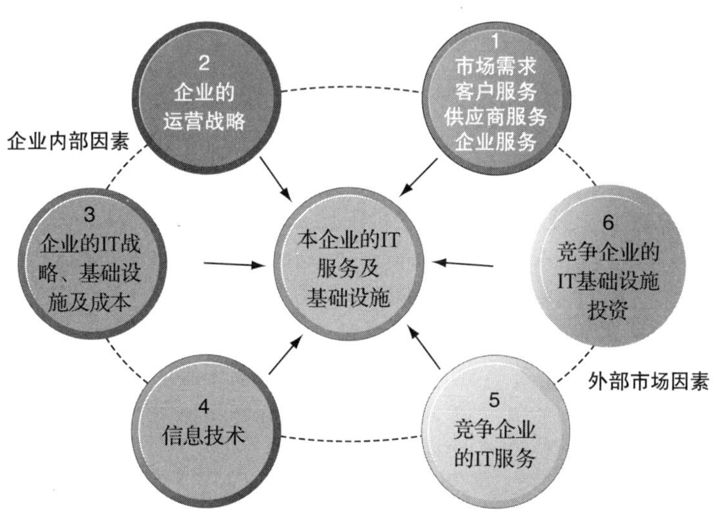

图 5-13 IT 基础设施竞争力模型

可以用这六种因素回答如下问题：企业用于 IT 基础设施的投资有多少？

（1）**企业服务的市场需求**。将企业目前向客户、供应商以及员工提供的服务列成一份服务清单。按照服务对象分类进行调查，针对每类客户的情况，了解目前企业提供的服务是否能满足其需求。例如，是否有客户抱怨查询价格和交付情况很难得到及时的回答？是否有员工抱怨难以找到工作中所需要的有用信息？是否有供应商抱怨难以了解公司的产品需求？

（2）**企业的运营战略**。分析企业的五年发展战略，评价并确定哪些新的服务和能力对实现战略目标是必需的。

（3）**企业的 IT 战略、基础设施及成本**。根据企业的五年发展战略，审核信息技术规划，对它与企业战略的匹配程度进行评价，并用 TCO 分析方法确定 IT 基础设施总成本。如果企业没有 IT 战略规划，就需要制定出能够充分考虑企业五年发展战略规划要求的 IT 战略规划。

（4）**信息技术**。你的公司是否落后于技术曲线或处在信息技术的“流血”边缘？对于这两种情况，你都要避免。你通常不需要将资源用于仍然是实验性的、昂贵的、不可靠的先进技术。你应该把钱花在已经建立标准的技术上，以及那些 IT 厂商正在竞争成本而不是设计的技术上，并且需要考察在哪里能够找到多个供应商。但是，你不希望推迟对新技术的投资，也不允许竞争对手在新技术的基础上开发新的业务模式和功能。

（5）**竞争企业的 IT 服务**。尝试评估一下竞争对手向客户、供应商和员工提供的技术服务。制定定量和定性的措施，将竞争对手的指标与自己的企业进行对比。如果自己公司的服务水平不高，那么就处于竞争劣势中，此时应该寻找一种能让公司在服务水平上提高的方式。

（6）**竞争企业的 IT 基础设施投资**。对竞争对手的 IT 基础架构的支出进行基准测试。许多公司会公开 IT 创新的支出。如果竞争对手试图对 IT 支出保密，那么当这些支出影响公司的财务业绩时，你可以在上市公司的年度报告——SEC Form 10-K 中找到 IT 投资信息。

企业在 IT 基础设施投资方面并不一定要与竞争对手一样或者花更多的钱，也许可以找到更为经济的服务提供方式，这会带来成本优势。反之，如果在 IT 基础设施投资上比竞争对手少得太多，则会导致企业绩效不良和市场份额下降。

本章小结

1. 什么是 IT 基础设施？ IT 基础设施演化的阶段和动因是什么？

IT 基础设施是共享的技术资源，为企业特定的信息系统应用提供平台。IT 基础设施包括在整个企业中共享的硬件、软件和服务。

IT 基础设施演化的五个阶段分别是：主机阶段、个人计算机阶段、客户机 / 服务器阶段、企业计算阶段以及云和移动计算阶段。摩尔定律指出了计算机技术处理能力的指数级增长与成本下降之间的关系，即每 18 个月微处理器的能力翻一番，而计算的价格降低一半。大规模数字存储定律是关于数据存储成本指数级下降的规律。它表明花费 1 美元能在磁介质上存储的千字节（kilobytes）数据量大约每 15 个月翻一番。梅特卡夫定律表明网络对其使用者带来的价值随着网络成员的增加以指数级提升。通信成本的快速下降，以及在技术行业中日益增强的计算和通信标准应用的一致性，也促进了计算机使用的急剧增长。

2. 什么是 IT 基础设施组件

主要的 IT 基础设施组件包括计算机硬件平台、操作系统平台、企业软件平台、网络和通信平台、数据库管理软件、互联网平台以及咨询服务与系统集成。

3. 当前计算机硬件平台的发展趋势是什么?

计算逐渐转移到移动数字平台上进行。量子计算是一种新兴的技术，可以通过同时处于多个状态的能力，显著提升处理能力。信息技术消费化是指源于消费者市场的信息技术有了商业的用途。虚拟化是指不受物理配置或地理位置的限制组织计算资源。在云计算中，企业和个人通过网络（包括互联网）以被服务的方式获得计算能力和软件作为服务，而不是在自己的计算机上购买和安装硬件与软件。多核处理器是一种由两个或多个处理核连接在一起以提高性能的微处理器。绿色计算包括生产、使用和处置信息技术硬件的实践与技术，以尽量减少对环境的负面影响。

4. 当前软件平台发展的趋势是什么?

开源软件由遍及全球的程序员共同编制和维护，通常可以免费下载。Linux 是一种强大的、具有弹性的开源操作系统，可以在不同硬件平台上运行，被广泛用于 Web 服务器中。Java 是一种与操作系统和硬件无关的编程语言，是 Web 编程中一种主流的交互式编程语言。HTML5 能够在 Web 文档中直接嵌入图像、音频和视频，而无须额外进行编程。Web 服务是松耦合连接的软件构建，以开放的 Web 标准为基础，可以与任何应用软件和操作系统兼容。它可以作为基于 Web 的应用软件的构件，用来连接不同组织间的系统或者同一组织中的不同系统。企业可以从外部渠道购买其应用软件（包括软件包），或者把软件定制开发外包给外部供应商（可能是离岸供应商），或者租用在线软件服务。混搭把两种不同的软件服务合并在一起，生成新的软件应用和服务。应用是在移动设备上运行、在互联网上获得的软件。

5. 管理 IT 基础设施的挑战及其解决方案是什么?

主要挑战包括应对平台与基础设施的变化、管理和治理、做出明智的基础设施投资决策等。解决方案的框架包括运用竞争力模型分析 IT 基础设施的投资有多少，战略性基础设施投资方向如何，以及确定信息技术资产的总持有成本（TCO）。技术资源的总持有成本不仅包括计算机硬件和软件的初始成本，还包括硬件和软件的升级、维护、技术支持与培训等。许多公司正在转向云计算，以降低其 IT 平台的成本。

> **MyMISLab**
>
> 完成标有 MyMISLab 标记的问题，请到 MyMISLab 的 EOC 讨论问题部分。

复习题

5-1 什么是 IT 基础设施? IT 基础设施演化的阶段和动因是什么?

- 从技术和服务的角度给出 IT 基础设施的定义。
- 列出 IT 基础设施演化的各个阶段，并简要说明其特征。
- 定义及描述以下术语：Web 服务器、应用服务器、多层客户机 / 服务器架构。
- 简述摩尔定律及大规模数字存储定律。
- 简述网络经济、通信成本下降以及技术标准是如何对 IT 基础设施产生影响的。

5-2 IT 基础设施的组件有哪些？列出和描述企业需要管理的 IT 基础设施的组件。

5-3 当前计算机硬件平台的发展趋势是什么？

- 简述移动平台、信息技术消费化和云计算的发展。
- 解释企业如何从虚拟化、绿色计算和多核处理器中受益。

5-4 当前软件平台的发展趋势是什么？

- 定义并简述开源软件和 Linux，并解释它们的商业价值。
- 给出 Java 和 HTML5 的定义，并解释其重要性。
- 定义并简述 Web 服务以及 XML 的作用。
- 给出软件的三种外部来源的名称并做简要说明。
- 定义并简述软件混搭和应用。

5-5 管理 IT 基础设施的挑战及其管理解决方案分别是什么？

- 列举并说明 IT 基础设施给管理带来的挑战。
- 解释如何使用竞争力模型和计算技术资产的总持有成本帮助企业制定良好的基础设施投资。

讨论题

5-6 为什么为企业选择计算机硬件和软件是重要的管理决策？在选择计算机硬件和软件时，企业需要考虑哪些管理、组织与技术方面的问题？
MyMISLab

5-7 企业应该通过软件服务供应商提供其所需的所有软件吗？为什么？在进行这个方面的决策时，需要考虑哪些管理、组织和技术方面的因素？
MyMISLab

5-8 云计算的优点和缺点各是什么？
MyMISLab

MIS 实践项目

本部分的项目能给你带来管理 IT 基础设施和 IT 外包的解决方案，让你利用电子制表软件对桌面系统的选择方案进行评价以及用 Web 搜索编制一个销售会议预算的实践经验。请访问 MyMISLab 的多媒体图书馆以获取本章的 MIS 实践项目。

管理决策问题

5-9 匹兹堡大学医疗中心（The University of Pittsburgh Medical Center，UPMC）依靠信息系统运营 19 家医院、一个包括数个医疗保健网站的网络和国际商业风险投资机构。每年新增服务器和存储技术的需求大约以 20% 的速度增长。UPMC 为每项应用配置一台独立的服务器，并且其服务器和计算机使用了不同的操作系统，包括 Unix 和 Windows 的几个版本。UPMC 需要管理来自不同供应商的技术，包括惠普、Sun、微软和 IBM。请评价这种状况对 UPMC 的运营绩效产生的影响。在提出解决方案时，它需要考虑哪些因素以及做出怎样的管理决策？

5-10 澳洲航空（Qantas Airways）公司是澳大利亚最大的航空公司，油价高涨和全球性航班乘坐率下降给该公司带来了很大的成本压力。为了保持竞争力，公司需要寻找一条出路，既降低成本又保持高水平的客户服务。公司拥有一个 30 年历史的数据中心。现在管理层需要决定是采用新技术产品替换其原有 IT 基础设施，还是把数据中心外包出去。在考虑是否外包时，澳洲航空公司的管理层需要考虑哪些因素？如果决定外包，请列出需要在服务等级协议中注明的条款要点并做简要说明。

改善决策：利用电子制表软件评估硬件和软件方案

软件技能：使用电子制表软件公式

业务技能：技术定价

5-11　本练习需要利用电子制表软件计算桌面系统、打印机和软件的成本。

为一个办公室的 30 名工作人员配置相应的硬件和软件，利用互联网获得硬件和软件的价格信息。需要给出 30 个桌面系统（包括显示器、计算机、键盘）的价格，生产商分别是联想、戴尔和惠普（桌面系统通常带有预装软件包，本练习中忽略预装软件的价格）。再查找 15 台桌面打印机的价格，生产商分别是惠普、佳能和戴尔。每个桌面系统必须满足的最低要求可以在 MyMISLab 的相关表格中找到。

再寻找 30 套最新版本的微软 Office 办公软件和 Apache OpenOffice（即原来的 Oracle Open Office）以及 30 套微软 Windows10 的报价。对办公软件，要求包括字处理软件、电子制表软件、数据库软件和演示软件。用电子制表软件展示你对软件和桌面系统、打印机以及软件组合的查询结果并进行评估，确定哪一种能为每个员工提供最佳的性价比。因为每两个员工共用一台打印机（15 台打印机 /30 套系统），计算中每个员工只分摊一半的打印机成本。

改善决策：利用网络搜索编制营销会议预算

软件技能：基于互联网的软件应用

业务技能：搜索交通和住宿费用

5-12　Foremost 合成材料公司（Foremost Composite Materials Company）计划在 10 月 19 ~ 20 日举办为期两天的营销会议，并于 18 日晚举行欢迎会。120 位销售代表和 16 名管理人员将全天参会。每位销售代表都安排单间，另外还需要两间会议室，一间可容纳全部销售代表和一些访客（200 人），另外一间可容纳一半销售代表。管理层为销售代表的住宿费提供了 175 000 美元预算。公司希望把会议地点选在佛罗里达州的迈阿密或马科岛，会议酒店选择希尔顿或者万豪。

搜索希尔顿和万豪两家酒店的主页，寻找上述城市中能够满足公司举办会议要求的酒店，费用要控制在预算内。然后查找会议前一天下午抵达的航班。参会者可能来自洛杉矶（51 人）、旧金山（30 人）、西雅图（22 人）、芝加哥（19 人）和匹兹堡（14 人）。查明这些城市飞往目的地的票价。这些工作做完后，编制一个会议预算，包括航空机票、客房费用和每人每天 70 美元的餐费。

团队协作项目

评估服务器和移动操作系统

5-13　与三四名同学组成一个小组。选择服务器或移动操作系统进行评估。你可以研究并比较 Linux 与 Unix 的功能和成本，也可以比较服务器的 Windows 操作系统的最新版本。或者，你也可以比较 Android 移动操作系统与 iPhone 的 iOS。如有可能，请使用 Google Docs、Google Drive、Google Sites，集思广益并制作演示文稿报告你们的结果。

案例研究

BYOD：企业的机遇还是难题

大概每个有智能手机的人都希望带着手机工作，并在工作中使用手机。员工使用自己的智能手机，可以让公司享受到移动劳动力的好处，而不用花钱购买这些设备。小一点的公司可以不用在设备和移动服务方面进行大量投资，就可以在工作中享受移动的便利。根据高德纳公司预测，到 2017 年，50% 的雇主将要求员工在工作场所提供自己的移动设备。BYOD 正在成为“新常态”。

但是，根据一些研究，有一半的企业认为 BYOD 给企业带来了严重的问题。虽然 BYOD 可以提高员工的工作满意度和生产力，但是如果管理不当，也可能会导致一些问题。企业支持个人拥有的设备比支持自身提供的设备更加困难，管理移动设备的成本可能会增加，保护企业数据和网络变得更加困难。Aberdeen 集团的研究发现，平均来看，拥有 1 000 台移动设备的企业在允许 BYOD 后，每年要额外花费 17 万美元，所以这不是一件简单的事情。

BYOD 需要大量的企业 IT 资源，专门用于管理和维护组织内的大量设备。过去，公司试图将智能手机的使用限制在一个平台上。这使得跟踪每个移动设备并推出软件升级或修复变得更加容易，因为所有员工都使用相同的设备，或者至少在同一个操作系统上。如今，移动数字环境要复杂得多，市场上的设备和操作系统多种多样，而且管理和安全工具还没有完善。安卓系统占全球智能手机市场的 80%，但与使用 iOS 操作系统的苹果移动设备相比，它对企业来说更难在工作中被使用。IOS 是一个封闭的系统，只能在有限数量的苹果移动设备上运行。相反，安卓系统的分散化使企业 IT 管理变得更加困难和昂贵。根据 OpenSignal（研究无线网络和设备的公司）的一份报告，全球共有 25 000 种不同型号的安卓设备。安卓系统的巨大消费市场份额吸引了许多黑客。安卓也是最易受攻击的，因为它具有开放源代码体系结构，并且有多个版本。

如果允许员工使用多种类型的移动设备和操作系统，公司需要有效的方法跟踪员工所使用的所有设备。要访问公司信息，公司的网络必须设置成能够从该设备接收连接信号。当员工改变个人电话时，例如更换运营商、更改电话号码或购买新的移动设备，公司需要快速、灵活地确保员工保持原来的工作状态。企业需要系统跟踪员工正在使用哪些设备、设备所在的位置、是否被使用以及它所配备的软件。对于没有准备的公司来说，跟踪哪些人、可以访问哪些数据可能是一场噩梦。

随着各种各样的手机和操作系统的出现，为每个员工提供足够的技术支持是很困难的。当员工无法访问关键数据或遇到移动设备的其他问题时，他们需要信息系统部门的帮助。依赖于台式计算机的企业往往拥有许多相同规格和操作系统的计算机，这使得技术支持变得很容易。而移动性为企业的技术支持引入了新的多样性和复杂性。

确保使用移动设备安全访问公司的信息是一个重要的问题。如果移动设备被盗或受损，企业需要确保任何人都不会将敏感或机密的信息泄露出去。移动性使公司的资产和数据的泄露风险高于仅在公司内部和公司机器上使用。Marble 安全实验室分析了 120 万个安卓和 iOS 应用程序，发现移动设备上的消费者应用没法充分保护商业信息。公司经常需要远程将设备中的数据擦除或加密，这样万一移动设备被盗，则这些数据无法再使用。第 8 章将详细讨论移动安全问题。

北美米其林的管理层认为，BYOD 将使业务更加灵活和高效。最初，公司使用的 4 000 个移动设备都是公司所有的，型号也是过时的，大量的传统手机只能用于语音和短信传输。只有 90 名员工可以用移动设备访问电子邮件，而不到 400 名员工可以在这些设备上访问日历。由于服务成本非常高，移动计划并没有给公司带来价值。管理层发现，在销售、客户支持和运营方面增加移动性可以为企业带来效益。

2011 年，公司创建了由 IT 部门、人力资源部门、财务和法律部门的高管与代表组成的团队，联合业务部门共同推出了一个新的移动战略，这个战略整合了企业拥有和个人拥有的移动设备。该团队决定将移动业务模式从公司拥有转向个人拥有。

据高德纳公司的顾问介绍，差不多有一半实施 BYOD 计划的企业，通过津贴、报销或福利的方式补偿员工在工作中使用个人设备的时间。不过，这种通过补偿将员工的个人设备用于企业中的行为已被证明是 BYOD 最大的一个问题。虽然大多数公司使用费用报告或工资补贴偿付 BYOD 的员工，但这些方法是有缺陷的。费用报告是雇员和雇主的行政负担，工资补贴也可能对两者有税收的影响。

对于一些公司来说，最好的选择是直接支付给无线运营商，以偿还员工的费用，因为他们使用自己的无线设备开展公司业务。雇主把钱支付给无线运营商，然后将信用额度存入雇员在运营商的账户中。当员工收到账单时，员工就只需要支付剩余的欠款就可以了。

米其林最后选择了 Cass 信息系统公司（这是一家集运输、公用事业、垃圾、电信费用管理及相关商业智能服务于一身的领先的供应商）的托管服务，使公司能够直接向无线运营商付款。这家公司有一个员工门户，可以处理企业和 BYOD 设备的注册问题，并提供所有移动设备的追踪和相关报告，同时提供相关的库存与费用的报告。门户网站可以自动注册员工，验证用户资格，并确认相关政策，也可以直接向员工的无线账户分配用于工作的信用额度。

自从实施了 BYOD 之后，米其林北美地区的持有移动设备的员工人数增加到了 7 000 人。更新了移动技术和功能之后，员工可以选择自己喜欢的移动设备和无线运营商计划，员工的效率、生产力和满意度都得到了改善。该计划所花的成本也不是很高。米其林在美国和加拿大的无线供应商那里获得了新的供应商折扣，将每个移动设备的成本降低了 30% 以上。

多伦多切尔西酒店（Chelsea Hotel）的 IT 总监伊夫特哈·坎（Iftekhar Khan）对此依然持有不太乐观的态度。他认为 BYOD 在短期内可能对公司有效，但未来未必可行。坎指出，酒店业和许多其他行业一样，仍然希望员工用公司的笔记本电脑、平板电脑或智能手机访问公司的网络。该行业的业务含敏感的信息，需要那种移动水平的控制。虽然酒店用 BYOD 可能会节约成本，但最终关心的还是生产力。

硅谷电气承包商 Rosendin Electric 公司的管理层担心 BYOD 会变成一个令人头疼的问题。Rosendin Electric 公司拥有数千名员工、数百款智能手机、400 多台 iPad 和几款微软的 Surface 平板电脑。这些移动设备极大地提高了公司的生产力，使员工能够在工地现场订购设备和物资，或者现场查看订购的物品是否到达。不过，首席信息官萨姆·拉莫尼卡（Sam Lamonica）不相信 BYOD 将为这家公司带来好处。他担心员工会滥用自己设备上的应用、云和技术设备（Aruba Networks 对 23 个国家的 11 500 名工作人员的研究发现，60% 的用户定期与他人分享他们的工作和个人设备，近 20% 的人在设备上没有设置密码，31% 的用户因误用移动设备而丢失了数据）。

拉莫尼卡对公司为员工配置设备感到有信心，因为这些设备可以更容易地被管理和保护。Rosendin Electric 公司使用 MobileIron 的移动设备管理（MDM）软件对智能手机和平板电脑进行管理。如果设备丢失或被盗，MDM 软件能够远程删除设备。由于 MobileIron 允许

Rosendin Electric公司将业务应用与数据从个人应用与数据中分离出来，因此，该公司允许员工使用某些消费者应用，并将个人照片存在公司的平板电脑上。Rosendin Electric公司发现，能够将自身所有iPad个性化的公司的员工会更加珍惜这些设备，有助于减少破损或丢失的设备数量。

当然，Rosendin Electric公司的移动安全性也不是万无一失的。员工有可能将公司的数据放在他的个人Dropbox账户中，而不是公司授权的Box账户中。但是，MobileIron可以在数据进入Dropbox账户之前进行加密，从而降低风险。由于公司拥有和管理所有设备，Rosendin Electric公司仍然可以享受无线运营商的数量折扣，并且在使用自己的设备工作时，不必做额外的工作补偿员工。

资料来源：Ryan Patrick, " Is a BYOD Strategy Best for Business? " IT World Canada, March 22, 2016; "5 BYOD Management Case Studies," Sunviewsoftware.com, accessed May 5, 2016; Aruba Networks, "Enterprise Security Threat Level Directly Linked to User Demographics, Industry and Geography, " *Business Wire,* April 14, 2015; Alan F., " Open Signal: 24,093 Unique and Different Android-Powered Devices Are Available," Phonearena.com, August 5, 2015; Tom Kaneshige, " Why One CIO Is Saying ' No' to BYOD," *CIO,* June 24, 2014; "CIO Meets Mobile Challenges Head-On," *CIO,* July 7, 2014; and "Cass BYOD: How Michelin Became a Mobile-First Enterprise," Cass Information Systems Inc., 2014.

案例分析题

5-14 允许员工使用他们的个人智能手机工作的优点和缺点是什么？

5-15 在决定是否允许员工使用他们的个人智能手机上班时，应该考虑哪些管理、组织和技术因素？

5-16 请比较米其林北美公司和罗森丹电气的BYOD经验。为什么米其林的BYOD运行得比较好？

5-17 允许员工使用自己的智能手机进行工作，可以节省公司的资金。你同意这种观点吗？为什么？

MyMISLab

请到MyMISLab的作业部分完成这些练习。

5-18 云计算的特点是什么？云服务的三种类型是什么？

5-19 技术资产的总持有成本是什么？成本要素是什么？

参考文献

Andersson, Henrik, James Kaplan, and Brent Smolinski. "Capturing Value from IT Infrastructure Innovation." *McKinsey Quarterly* (October 2012).

Babcock, Charles. "Cloud's Thorniest Question: Does It Pay Off?" *Information Week* (June 4, 2012).

Benlian, Alexander, Marios Koufaris, and Thomas Hess. "Service Quality in Software-as-a-Service: Developing the SaaS-Qual Measure and Examining Its Role in Usage Continuance." *Journal of Management Information Systems* 28, No. 3 (Winter 2012).

Carr, Nicholas. *The Big Switch.* New York: Norton (2008).

Clark, Don. "Moore's Law Shows Its Age.." *Wall Street Journal* (April 17, 2015).

Choi, Jae, Derek L. Nazareth, and Hemant K. Jain. "Implementing Service-Oriented Architecture in Organizations." *Journal of Management Information Systems* 26, No. 4 (Spring 2010).

David, Julie Smith, David Schuff, and Robert St. Louis. "Managing Your IT Total Cost of Ownership." *Communications of the ACM* 45, No. 1 (January 2002).

Fitzgerald, Brian. "The Transformation of Open Source Software." *MIS Quarterly* 30, No. 3 (September 2006).

Flinders, Karl. "Ofcom Outsources IT Management to Indian Xervices Supplier NIIT." *Computer Weekly* (January 12, 2016).

Follow, Jaewon Kang. "IBM Bets on Next-Gen Technologies as It Tries to Stave Off Rivals." TheStreet.com (May 5, 2016).

Gantz, John and David Reinsal. "Extracting Value from Chaos." IDC (June 2011).

Gartner, Inc. "Gartner Says Worldwide IT Spending Is Forecast to Decline 0.5 Percent in 2016." *Business Wire* (April 7, 2016).

"How to Tap the Power of the Mainframe." ITBusinessEdge.com, accessed September 11, 2015.

International Data Corporation. "Worldwide Public Cloud Services Spending Forecast to Double by 2019, According to IDC." (January 21, 2016).

"Internet Users." Internetlivestats.com, accessed May 2, 2016.

Kauffman, Robert J. and Julianna Tsai. "The Unified Procurement Strategy for Enterprise Software: A Test of the 'Move to the Middle' Hypothesis." *Journal of Management Information Systems* 26, No. 2 (Fall 2009).

Letschin, Michael. "Six Trends that Will Change How You Think About Data Storage." *Information Management* (February 8, 2016).

Lyman, Peter and Hal R. Varian. "How Much Information 2003?" University of California at Berkeley School of Information Management and Systems (2003).

Markoff, John. "Moore's Law Running Out of Room, Tech Looks for a Successor," *New York Times* (May 4, 2016).

McCafferty, Dennis. "Eight Interesting Facts About Java." *CIO Insight* (June 16, 2014).

Mell, Peter and Tim Grance. "The NIST Definition of Cloud Computing" Version 15. NIST (October 17, 2009).

Moore, Gordon. "Cramming More Components Onto Integrated Circuits," *Electronics* 38, No. 8 (April 19, 1965).

Mueller, Benjamin, Goetz Viering, Christine Legner, and Gerold Riempp. "Understanding the Economic Potential of Service-Oriented Architecture." *Journal of Management Information Systems* 26, No. 4 (Spring 2010).

Netmarketshare. "Desktop Operating System Market Share April 2016." www.netmarketshare.com, accessed May 1, 2016.

Ray, Tierman. "Watch Out Intel, Here Comes Facebook." *Barrons* (October 31, 2015).

Schuff, David and Robert St. Louis. "Centralization vs. Decentralization of Application Software." *Communications of the ACM* 44, No. 6 (June 2001).

Stango, Victor. "The Economics of Standards Wars." *Review of Network Economics* 3, Issue 1 (March 2004).

Susarla, Anjana, Anitesh Barua, and Andrew B. Whinston. "A Transaction Cost Perspective of the 'Software as a Service' Business Model." *Journal of Management Information Systems* 26, No. 2 (Fall 2009).

Taft, Darryl K. "Application Development: Java Death Debunked: 10 Reasons Why It's Still Hot." *eWeek* (February 22, 2012).

Torode, Christine, Linda Tucci, and Karen Goulart. "Managing the Next-Generation Data Center." *Modern Infrastructure CIO Edition* (January 2013).

Weill, Peter and Marianne Broadbent. *Leveraging the New Infrastructure*. Cambridge, MA: Harvard Business School Press (1998).

Weitzel, Tim. *Economics of Standards in Information Networks*. Heidelberg, New York: Physica-Verlag (2004).

CHAPTER6

第6章 商务智能基础：数据库与信息管理

LEARNING OBJECTIVES

学习目标

通过阅读本章，你将能够回答如下问题：

- 在传统的文件环境下，管理数据资源会遇到什么问题？
- 数据库管理系统（DBMS）的主要功能是什么？为什么关系数据库管理系统会如此强大？
- 为了提高企业绩效和决策能力，从数据库获取信息的主要工具和技术有哪些？
- 为什么信息政策、数据管理和数据质量保证对管理公司的数据资源至关重要？

MyMISLab™

访问 mymislab.com 来获得模拟、辅导材料和课后问题。

开篇案例 良好的数据管理帮助美国邮政服务复兴

美国邮政局（USPS）每年递送 1 540 亿个邮件。它是美国最古老的政府机构之一，但现在它的未来是不确定的。随着更多的人使用电子邮件、短信系统和社交网络，而不是像蜗牛一样慢吞吞的邮件，邮件的数量大幅下降。像 UPS 和 FedEx 这样的私营竞争对手，一直在吸引客户远离 USPS 的包裹运送服务，而亚马逊和谷歌等科技巨头正计划一些创新的服务，如 24/7 全天候送货、周末取件点和未来无人机送货。然而，USPS 则必须使用已有 20 年历史的运送工具和老化的包裹、信件分拣系统进行竞争。

2015 年 USPS 处理的邮件数量比上一年减少了近 14 亿，损失了 50 亿美元，这并不奇怪。尽管采取了削减成本的积极措施，例如关闭加工中心和削减员工工时，但 2015 年 USPS 连续第 9 年亏损。现有的交付服务能否克服困难呢？

USPS 首席信息官詹姆斯·科克伦（James Cochrane）认为，如果更加重视数据，则有可能克服现有的困难。USPS 在日常业务处理中收集了大量的数据。科克伦希望重新设计USPS的邮件跟踪系统，为运营和决策提供更多有用的信息。USPS智能邮件条形码（Intelligent Mail bar code，IMB）系统使用智能邮件扫描设备和超过8 500台自动处理和分类设备扫描条形码，然后传输到中央数据库。USPS信件和包裹的条形码包含尽可能多的数据，从邮件的类型到包裹的最终目的地。该系统每天可以从超过10亿次的跟踪事件中收集数据。IMB系统提供关于邮件流的更详细、更准确的信息，使USPS能够更好地管理周期时间，预测邮件数量，并提高邮政处理设施和运送路线的效率。

通过仔细跟踪邮件在全国各地的移动方式，从运送车辆到达码头的那一刻到邮件发送给收件人的那一秒，USPS已经构建了精密的计算机模型，可以提供最有效、最具成本效益的邮件运送路线。USPS能够非常快速地访问和分析大量数据，因为它使用内存计算工具，而数据就存储在计算机内存中，而且使用Apache Hadoop的软件框架在分布式计算环境中存储和处理大型数据集。

USPS大数据库的另一个用途是每天发现超过528万个邮件中的欺诈行为。当在邮局扫描邮件时，关于运输公司、路线、重量和大小的相关数据被传送到明尼苏达州伊根市的USPS超级计算数据库中。然后，将每个邮件的数据与数据库中大约4 000亿条记录进行比较。在数据回传到运输中心之前，系统会用复杂算法对数据进行欺诈检测和其他测试。所有这一切发生在平均50万到10万分之一秒。如果发现一些有问题的包裹，如运费不足、重复或者具有欺诈性邮资的包裹，这样的问题几乎会实时被发现。系统发现错误的包裹就会停下来，并向美国邮政检验局报告欺诈行为，以进行进一步调查。USPS的年收入达650亿美元，通过分析数据，每年可以节约数百万资金。

但这不是全部。科克伦认为USPS可以使用IMB数据帮助零售商和目录公司推动更多销售。例如，USPS可以向服装零售商发送电子邮件或短信，告诉他们内布拉斯加州奥马哈地区的某个客户刚刚收到了公司的假日目录。在收到这种实时提醒后，零售商可以立即通过电子邮件向客户发送数字优惠券或促销优惠。这是一个很好的主意，但USPS必须遵守相关的美国政府机构的隐私法规。虽然该服务涉及在上亿美国人和销售产品给他们的公司之间交换的一种邮件数据，但除了有效地发送邮件之外，不应该将数据用于任何其他目的。USPS可能无法将其数据用于其他的商业目的。

2013年11月，USPS与亚马逊签署了一项交易，即星期日在特定城市提供包裹运送服务，增加了USPS在包裹运送市场上的份额。2012～2013年，USPS的包装收入增长了8%，达到125亿美元。UPS和FedEx该注意了！

资料来源："Intelligent Mail" and "U.S. Postal Service 2015 Annual Report to Congress," www.usps.gov, accessed March 3, 2016; Derek Major, "USPS Plans for the Internet of Mailed Things," *Government Computer News*, June 15, 2015; Cindy Waxer, "Modernizing the Mail," *Computerworld*, December 2014; Federico Guerrini, "How Big Data and the Internet of Things Will Change the Postal Service," *Forbes*, July 3, 2014.

USPS的经验说明了数据管理的重要性。企业的业务绩效取决于组织用数据做什么。USPS是一个庞大的政府机构，但是它的数据不足、设备陈旧以及业务流程过时，影响了运营效率和管理决策。企业如何存储、组织和管理数据对组织效率将产生巨大的影响。

下图提出了需要关注的本案例的重点内容。面对诸如电子邮件、短信以及强大的、创新的竞争对手的破坏性技术，USPS正在努力保持活力和参与新的挑战。USPS管理层认为，解决方案是更好地利用信息推动其业务活动和决策。USPS现在可以将交付过程中扫描的包裹和信件中收集到的数据，整合到一个大型的中央数据库中，这样数据可以更容易地被访问和分析，从而改善运营及管理的报告和决策过程。像内存计算工具和Apache Hadoop之类的技术，用于分布式处理和存储大型数据集，使得USPS能够更轻松地快速访问和分析大量数据，并将数据转化为有价值的信息。为了从自动扫描和处理技术以及来自数据库的信息中获得更多价值，USPS 必须重新设计工作、业务流程和工作流。这一解决方案提高了效率，改善了客户服务，降低了成本，并使 USPS 能够提供新服务，如亚马逊的星期日包裹运送服务。然而，通过与零售商共享数据从而挖掘 USPS 数据更多价值的其他商业机会可能会受到隐私的限制。

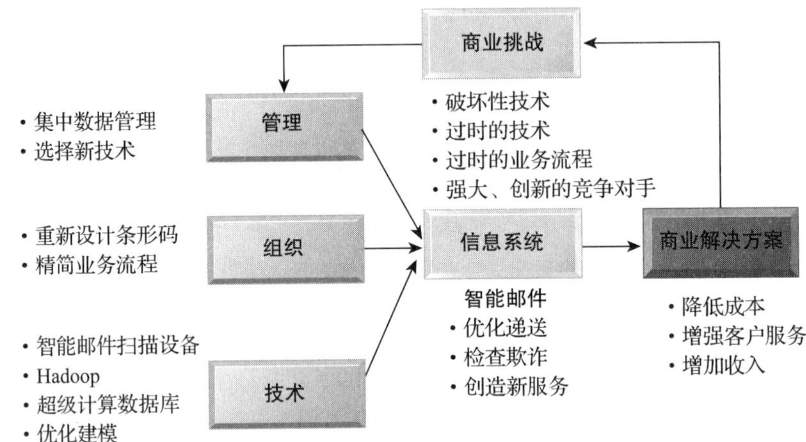

以下是一些需要考虑的问题：对 USPS 而言，最大限度地使用数据的业务影响是什么？如何更好地利用 USPS 收集的数据提高运营效率和管理决策？分析收集到的数据能够在多大程度上帮助 USPS 永续经营？

6.1 在传统文件环境下，管理数据资源的问题是什么

一个有效的信息系统可以为用户提供准确、及时和相关的信息。准确的信息是指没有错误的信息；及时的信息是指决策者需要这些信息时，就可以获得；相关的信息是有用且为工作或决策所需要的信息。

你也许会惊讶地发现许多公司难以获得及时、准确和相关的信息，这是因为信息系统中的数据没有得到很好的管理和维护。由此可见，数据管理意义重大。为了理解这个问题，我们需要先了解一下信息系统是如何在计算机文件中管理数据的，以及传统的文件管理方法。

6.1.1 文件组织术语和概念

计算机系统组织数据时以层次结构的方式，从位和字节开始，进而到字段、记录、文件和数据库（见图 6-1）。**位**（bit）代表计算机可处理的最小单位数据。一组位称为一个**字节**（byte），代表单个字符，可以是字母、数字或其他符号。一组字符组成一个字；一组文字或一个完整的数字（例如人的姓名或年龄），称为一个**字段**（field）。一组相关字段，例如学生姓名、选修的课程、日期以及成绩组成一条**记录**（record）。一组相同类型的记录则称为**文件**（file）。

例如，图 6-1 中的记录就构成了一份学生课程文件。一组相关文件则组成一个数据库。图 6-1 中的学生课程文件可以和学生的个人历史文件以及财务背景文件组合在一起，创建一个学生数据库。

一个记录描述了一个实体。**实体**（entity）是指人、地点、事物或事件，对其相关信息我们要进行存储和维护。用以描述某一特定实体的特征或性质称为**属性**（attribute）。例如，学生学号、课程、日期和成绩都是课程实体的属性。这些属性具体的值可从描述课程实体记录中的字段里找到。

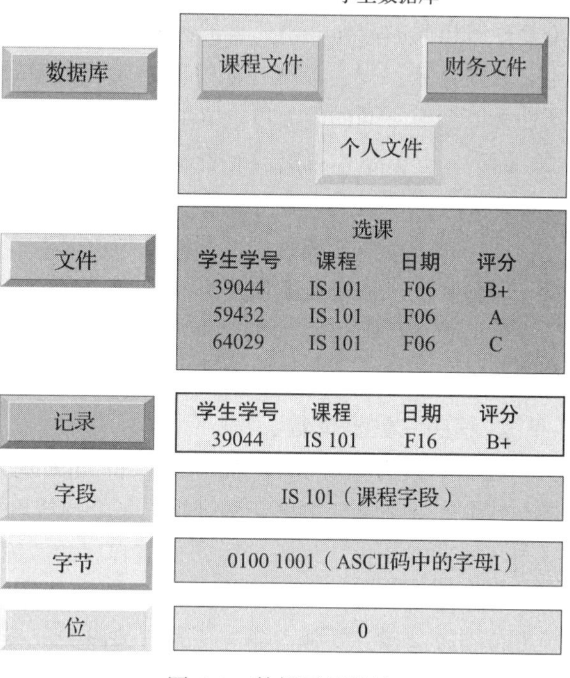

图 6-1　数据层级结构

计算机系统以层级方式管理数据，从位即 0 或者 1 开始。多个位可组成字节，用来表示一个字符、数字或其他符号。多个字节可组成一个字段，相关字段可组成一个记录。相关记录组合起来可形成文件，相关文件可组成一个数据库。

6.1.2　传统文件环境的问题

大多数组织开发系统时没有一个公司范围内的规划，各系统往往会独自开发。会计、财务、生产制造、人力资源以及销售和营销等部门都开发了各自的系统和数据文件。图 6-2 显示了传统的信息处理方法。

每个应用系统都有其相应的文件和计算机程序。例如，人力资源部门可能存储着员工数据主文件、薪资文件、医疗保险文件、退休金文件和邮件列表文件等几十个甚至上百个文件及程序。从企业的角度来看，这个过程会导致不同部门创建、维护和操作多个主文件。由于这个过程持续 5 年或 10 年，企业会被数以百计难以维护和管理的程序与应用系统所牵制。这将会导致系统数据冗余与不一致、程序 - 数据依赖、缺乏灵活性、安全性低以及在应用系统间难以分享数据等问题。

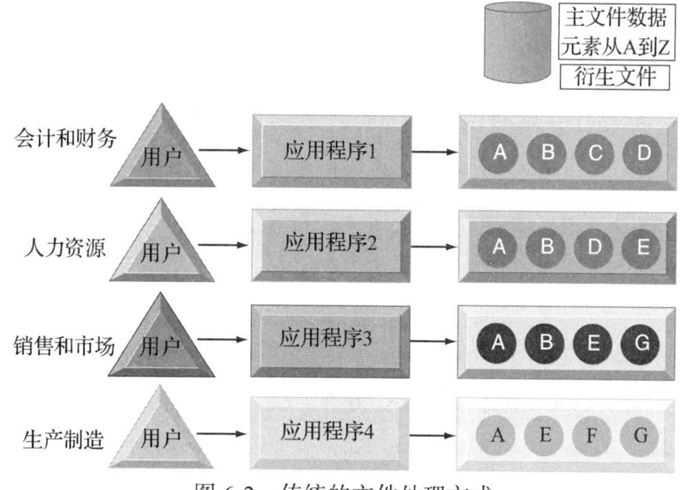

图 6-2　传统的文件处理方式

传统的文件处理方式是让公司的每个业务部门开发各自的应用程序。每个应用程序都要求独自的数据文件，而这些数据文件其实可能就是一个主文件的子集，这导致了数据冗余与不一致、处理不灵活以及存储资源浪费等问题。

1. 数据冗余与不一致

数据冗余（data redundancy）是指相同的数据出现在多个数据文件中，也就是多个地方重复存储相同的数据。当公司的不同部门独立地收集并存储相同的数据时，数据冗余就会产生。数据冗余不仅会浪费存储空间，而且会导致**数据不一致** (data inconsistency)，即同样的属性可能会有不同的值。以图 6-1 中的“课程”实体为例，一些系统中的“日期”可能更新了，而另一些系统中可能没有更新。又如，“学生学号”在不同的系统中可能有不同的名称，一些系统可能用的是“学生学号”，另一些系统可能用的是“学号”。

另一种混乱可能源自用不同的编码系统表示同一个属性值。例如，一个服装零售商的销售、库存和生产系统可能使用不同的编码表示衣服尺寸。一个系统可能用“ Extra large”表示衣服的尺寸，而另一个系统可能用“ XL”表示同一尺寸。这种混乱将使企业很难建立基于整合不同数据来源的客户关系管理系统、供应链管理系统或企业系统。

2. 程序 – 数据依赖

程序 – 数据依赖（program-data dependence）是指当文件和程序需要更新与维护时，存储在其中的数据也需要更新和维护。每个传统的计算机程序都必须包含描述其操作数据的位置与特性。在传统文件环境中，任何程序的改变都需要程序所访问的数据做出相应的改变。一个程序可能从五位邮政编码变为九位邮政编码，如果一个原始数据文件由五位邮政编码改为九位邮政编码，其他需要五位邮政编码的程序就不再能正确运行了。这种改变可能会造成数百万美元的花费。

3. 缺乏灵活性

经过大量编程工作后，传统文件系统可以生成例行报告，但是无法根据突发性要求生成报告或及时满足临时的信息需求。对于临时的信息需求，系统虽有相应的数据，但要从中获取非常不易。这可能需要几个程序设计员花上几个星期的时间才能将所需数据汇总成一个新的文件。

4. 安全性低

由于数据缺乏控制或管理，信息的获取与发布会难以控制。管理层可能无从得知谁正在使用甚至是修改系统中的数据。

5. 在应用系统间难以分享数据

由于存放在不同的文件和部门中的信息之间无法关联，要做到信息共享或及时获取信息几乎是不可能的，更谈不上信息在组织的不同职能部门或不同区域中的自由流动。如果用户在两个不同的系统中发现同一信息有不同的值，他们就会怀疑数据的准确性，也许就不再想使用这些系统了。

6.2 数据库管理系统的主要能力是什么？为什么关系型数据库管理系统如此强大

数据库技术可以避免传统文件处理方式所产生的许多问题。一个严格的**数据库**（database）是指通过集中和控制冗余数据，有效地为多个应用程序服务的数据集合。展现给用户的数据只被存储在同一个地方，而不是每个应用程序的数据被存储在单独的文件中。一个数据库可以服务于多个应用程序。例如，公司会建立一个单一共享的人力资源数据库，而不是将员工数据分散存储于为人员、薪资和福利等设立的不同的信息系统与文件中。

6.2.1　数据库管理系统

数据库管理系统（database management system，DBMS）是用来集中并有效管理数据，且可由应用程序存取数据的软件。DBMS 是应用程序和物理数据文件之间的接口。当应用程序需要某个数据项时，例如工资总额，DBMS 就会从数据库中调出此项数据，并将其呈现给应用系统。使用传统数据文件时，程序设计员必须详细说明程序所需要的数据大小和格式，并指明计算机存取数据的位置。

DBMS 将数据的逻辑视图与物理视图进行了区分，由此可使程序员或终端用户无须了解数据实际存放的方式与位置。逻辑视图是指终端用户或业务专家需要了解的数据形式，而物理视图则是指数据在实际存储介质中的组织与构建方式。

数据库管理软件使得用户可以根据所需的不同逻辑视图访问物理数据库。如图 6-3 所示的人力资源数据库，福利管理人员可能需要由姓名、社会安全号和医疗保健所组成的视图。薪资部门人员可能需要姓名、社会安全号、总薪金和净薪金等数据。而所有这些数据都被存放在一个数据库中，易于公司进行管理。

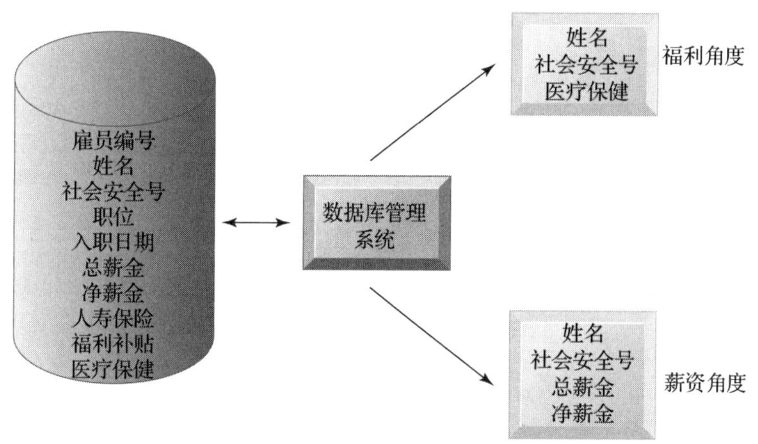

图 6-3　多维人力资源数据库

根据用户的信息请求，单个人力资源数据库可以从许多角度查看数据。上图显示了两个可能的视图：一个是福利专家管理人员感兴趣的维度，另一个则是薪资部门人员感兴趣的角度。

1. DBMS 如何解决传统数据文件环境中的问题

DBMS 通过最大限度地减少存放重复数据的单独文件，降低数据的冗余与不一致。DBMS 不能彻底消除数据冗余，但是能够使数据冗余得到控制。即使组织内存在一定程度的数据冗余，DBMS 可以确保重复出现的数据具有相同的值，因此消除了数据的不一致。DBMS 将程序和数据分开，确保数据可以独立存在。每次写入不同的程序时，它不必详细说明程序使用的数据。由于用户和程序员都可以从数据库中随意查询数据，而无须编写复杂的程序，提升了信息的获取性和可用性，降低了程序开发与维护的成本。DBMS 使组织集中管理数据、使用数据和保证数据安全成为可能。由于数据在一个地方被呈现给用户，而不是分散在许多不同的系统和文件中，因此整个组织内部的数据共享更加容易。

2. 关系型数据库管理系统

现代 DBMS 使用不同的数据库模型描述实体、属性与关系。**关系型数据库管理系统**（relational DBMS）是当今在个人计算机、大型计算机与大型主机上使用最广泛的一种 DBMS。关系型数据库用二维表（称之为“关系”）表现数据。图表也可以被用作文件。每个图表都包含一个实体及其属性的数据。Microsoft Access 是适用于台式机系统的关系型 DBMS，而 DB2、Oracle Database 和 Microsoft SQL 服务器是适用于大型主机和中型计算机的关系型数据库管理系统。MySQL 是非常受欢迎的开源 DBMS。

让我们来看看关系型数据库如何组织关于供应商和零件的数据（见图 6-4）。关系型数据库分别用一个单独的表表示实体“供应商”和实体“零件”。每个表包含数据的行和列。每个实体的数据单元存储为单独的字段；每个字段都代表这个实体的一个属性。在关系型数据库中，字段也被称为列。对于实体“供应商”，供应商识别代码、名称、街道、城市、州和邮政编码都作为独立的字段存储在供应商表中，每个字段都代表了实体“供应商”的一个属性。

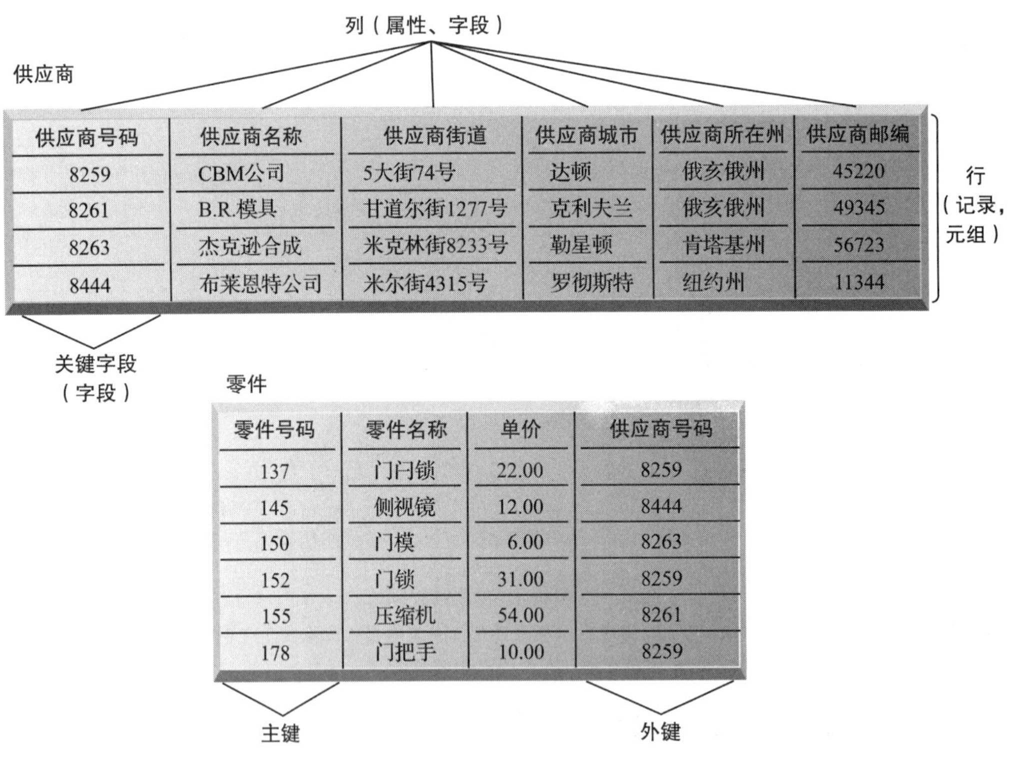

供应商号码	供应商名称	供应商街道	供应商城市	供应商所在州	供应商邮编
8259	CBM公司	5大街74号	达顿	俄亥俄州	45220
8261	B.R.模具	甘道尔街1277号	克利夫兰	俄亥俄州	49345
8263	杰克逊合成	米克林街8233号	勒星顿	肯塔基州	56723
8444	布莱恩特公司	米尔街4315号	罗彻斯特	纽约州	11344

零件号码	零件名称	单价	供应商号码
137	门闩锁	22.00	8259
145	侧视镜	12.00	8444
150	门模	6.00	8263
152	门锁	31.00	8259
155	压缩机	54.00	8261
178	门把手	10.00	8259

图 6-4 关系型数据库表

关系型数据库以二维表格格式组织数据。本图中的实体为“供应商”和“零件”，展示了每个实体及其属性。供应商号码在供应商表中是主键，在零件表中是外键。

单个供应商的真实信息存储在表中，即“行”。行通常指的是记录，专业名称为**元组**（tuple）。实体“零件”的数据也有自己独立的表。

在“供应商”表中，“供应商号码”是唯一识别每个记录的字段，这就使得每个记录都可以被检索、更新或分类，这样的字段称为**关键字段**（key field）。每个关系型数据表中都有一个字段被指定为**主键**（primary key）。关键字段是表中每行所有信息的唯一标识，并且主键不能重复。在“供应商”表中，“供应商号码”是主键，而“零件号码”是“零件”表中的主键。供应商表和零件表中都有“供应商号码”这一字段。在供应商表中，“供应商号码”是主键。字段“供应商号码”出现在“零件”表中，则称**为外键**（foreign key）。外键本质上是一个查找字段，用来查找特定零件所对应的供应商信息。

3. 关系型数据库管理系统的操作

只要关系型数据库中的任意两个表中有相同的数据元素，那么就可以很容易通过数据库中的表为用户提供所需要的数据。假设需要从数据库中查询零件号为 137 和 150 的供应商名称，需要来自“供应商”表和“零件”表的信息。这两个文件中有共同的数据元素“供应商号码”。

在关系型数据库中，可以使用三项基本操作获得有用的数据集合，分别是选择、连接和投影，如图 6-5 所示。“选择”操作可以建立一个子集，包含文件中所有符合所设定标准的记录，也就是“选择”创建一个子集包含符合特定条件的行。在本例中，我们从零件表中选择了零件号码等于 137 或 150 的记录（行）。“连接”操作可以联合多个表给用户提供比单个表更多的信息。在本例中，我们把已经简化的零件表（只包含 137 号和 150 号零件信息）和供应商表合成了一个单独的新表。

“投影”操作可以创建一个只有列组成的子集，它允许用户建立仅包含所需信息的新表。在本例中，我们从新表中提取以下列：零件号码、零件名称、供应商号码和供应商名称。

6.2.2　数据库管理系统的功能

DBMS 拥有组织、管理和访问数据库中数据的功能与工具，其中最重要的有三个：数据定义语言、数据字典和数据操纵语言。

DBMS 具有**数据定义**（data definition）功能，能够说明数据库中的内容结构。它可以用来创建数据库中的表，并定义表中字段的特性。数据库中的信息可以以文件形式存储在数据字典中。**数据字典**（data dictionary）是自动化和人工化文件，用以存储数据元素的定义与数据特性。

微软的 Access 具有基本的数据字典功能，可以显示表中每个字段的如下信息：名称、性质、大小、种类、格式和其他属性（见图 6-6）。大型企业数据库的数据字典可能会保存更多信息，如用法、管理权（组织中负责维护数据的岗位）、授权、安全性，以及使用每个数据元素的个人、业务部门、项目和报告。

查询与报告

DBMS 包括访问和操作数据库中信息的工具。大多数 DBMS 都有专门的语言，称为**数据操纵语言**（data manipulation language），用于增加、更改、删除和检索数据库中的数据。这种语言包含很多指令。终端用户和编程专家可以从数据库中提取数据，用以满足信息需求和开发应用系统。现今最流行的数据操纵语言是**结构化查询语言**（structured query language，SQL）。图 6-7 说明 SQL 查询可以生成如图 6-5 所示的新组合成的表。在本章的学习跟踪模块中，你可以学到更多的 SQL 查询方法。

零件

零件号码	零件名称	单价	供应商号码
137	门闩锁	22.00	8259
145	侧视镜	12.00	8444
150	门模	6.00	8263
152	门锁	31.00	8259
155	压缩机	54.00	8261
178	门把手	10.00	8259

选择“零件号码”=137或150

供应商

供应商号码	供应商名称	供应商街道	供应商城市	供应商所在州	供应商邮编
8259	CBM公司	5大街74号	达顿	俄亥俄州	45220
8261	B.R.模具	甘道尔街1277号	克利夫兰	俄亥俄州	49345
8263	杰克逊合成	米克林街j8233号	列克星敦	肯塔基州	56723
8444	布莱恩特公司	米尔街4315号	罗切斯特	纽约州	11344

基于供应商号码的连接

零件号码	零件名称	供应商号码	供应商名称
137	门闩锁	8259	CBM公司
150	门模	8263	杰克逊合成

投影所选择的列

图 6-5 关系型数据库管理系统的三个基本操作

通过选择、连接和投影操作能把两个不同表中的数据联合生成新表，并只显示所选择的属性。

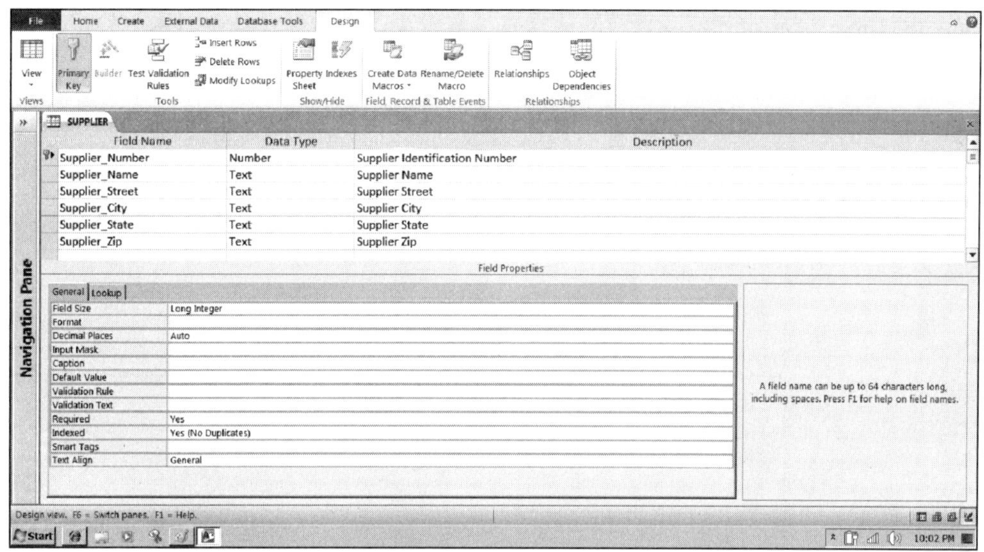

图 6-6 Access 数据字典特征

微软 Access 拥有基本的数据字典功能，可以展示数据库里每个字段的大小、格式和其他特性。本图所展示的是“供应商”表中的信息。供应商号码左边的小图标表示这是关键字段。

```
SELECT PART.Part_Number, PART.Part_Name, SUPPLIER.Supplier_Number,
SUPPLIER.Supplier_Name
FROM PART, SUPPLIER
WHERE PART.Supplier_Number = SUPPLIER.Supplier_Number AND
Part_Number = 137 OR Part_Number = 150;
```

图 6-7 SQL 查询例子

该图显示的是用结构化查询语言查询提供零部件号码为 137 或 150 的供应商。这里产生的结果与图 6-5 中是一样的。

使用 DBMS 的大中型计算机用户，如 DB2、Oracle 或 SQL Server 等，都是利用 SQL 从数据库中检索所需信息。微软的 Access 也使用 SQL，但它提供了自己的一套用户友好的工具，用来查询数据库，并能把数据库中的数据整理为更精炼的报告。

微软 Access 的特性能够让用户通过确认表和字段，创建他们需要的查询，然后在数据库中选择符合特定条件的行。这些步骤最后都会转化为 SQL 指令。图 6-8 介绍了如何利用微软查询工具（Access 查询）构建与 SQL 相同的指令选择零件和供应商。

微软的 Access 和其他 DBMS 包含生成报表的功能，所需数据可以通过更结构化的和更精炼的格式表示出来，而不仅仅局限于查询。虽然 Access 也可以生成报表，但 Crystal Reports 是在大公司 DBMS 中应用十分广泛的报表生成器。Access 还有开发桌面系统应用的功能，包括创建数据输入屏幕、报表和交易处理逻辑生成等工具。

6.2.3 数据库设计

要创建一个数据库，首先要明白数据之间的关系、数据库中要维护的数据类型、数据如何被使用，以及从企业角度来管理数据需要做哪些改变。数据库设计包括概念设计和物理设计。概念设计是一个从业务角度来看的数据库抽象模型，而物理设计要展示出数据库是如何被安装在直接存取的物理储存设备上的。

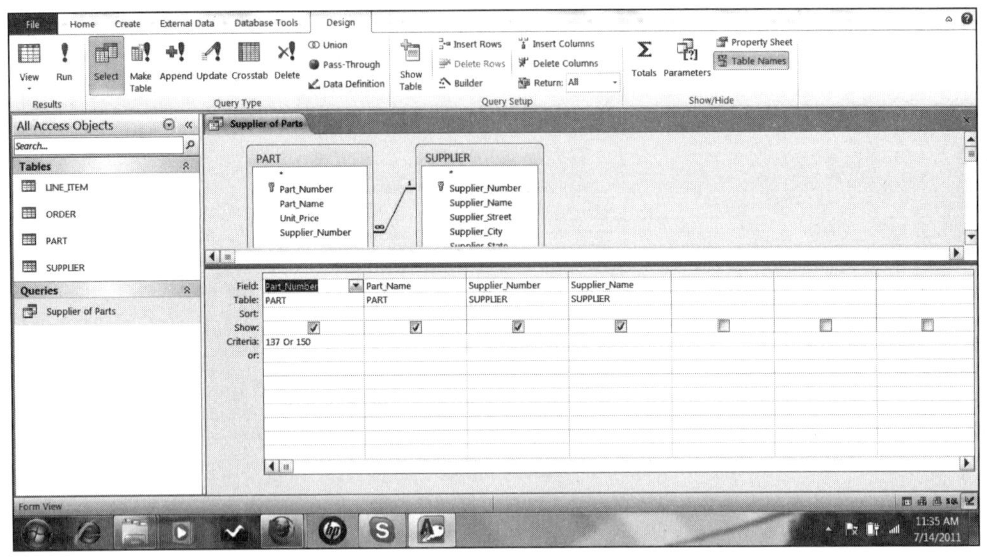

图 6-8 Access 查询

该图显示的是如何用微软的 Access 查询创建工具创建与图 6-7 一样的查询。它显示查询中用到的表、字段和选择准则。

规范化和实体关系图

数据库的概念设计描述的是数据元素在数据库中是如何组合的。这个设计过程确定了数据元素之间的关系、能满足商业信息需求的最有效的数据元素组合方式，还确定了冗余数据元素和具体应用程序要求的数据元素组合。数据组合要经过整理、加工和简化，直到数据库中所有数据呈现出整体逻辑关系。

为了有效地使用关系型数据库模型，我们需要将复杂的数据组合进行简化，以最少化冗余数据元素和棘手的多对多关系。从复杂的数据组中创建小型、稳定、灵活及适应性强的数据结构的过程称为**规范化**（normalization）。图 6-9 与图 6-10 显示了这个过程。

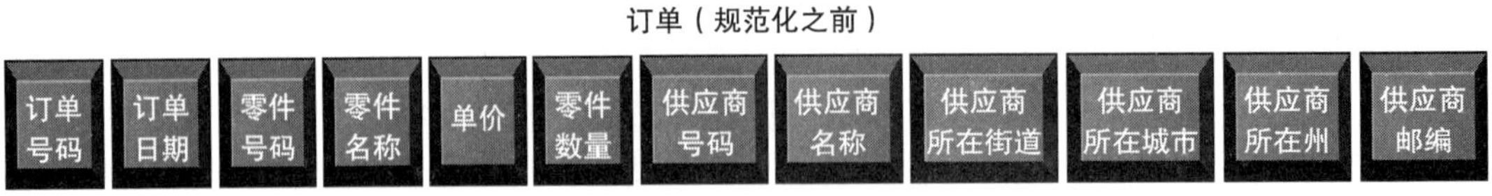

订单（规范化之前）

订单号码	订单日期	零件号码	零件名称	单价	零件数量	供应商号码	供应商名称	供应商所在街道	供应商所在城市	供应商所在州	供应商邮编

图 6-9 未规范化的订单关系

一个未规范化的关系包含重复的组，比如一个订单可能会有很多零件和供应商，但是在 Order_Number 和 Order_Date 之间只有一对一的关系。

在这个业务模型中，一个订单中可以包含多个零部件，而一个零部件只能由一个供应商提供。如果我们创建一个名为 ORDER 的关系，并且包含这里所说的所有字段，即使这个订单的零部件仅仅来自一个供应商，那么订单中的每一个零部件也不得不重复供应商的名称和地址。这个关系就包含了我们所说的重复数据组，因为对于某个供应商来说，一个订单中可能包含很多零部件。一种更有效的组织数据的方法就是把这个 ORDER 分解成更小的关系，每一个关系只描述单个实体。如果一步步地规范 ORDER 关系，就可以得到图 6-10 所示的关系。在本章的学习跟踪模块中，我们可以了解到更多关于规范化、实体化关系图和数据库设计的知识。

图 6-10　订单关系中创建的规范化表

在规范化之后，原来的 ORDER 关系被分解为四个小的关系。ORDER 关系只剩下两个属性，订单项关系有一个由 Order_Number 和 Part_Number 组成的联合键或连接键。

关系型数据库系统要满足**参照完整性** (referential integrity) 原则，使相连接的表保持关系一致性。当一个表含有指向另一个表的外键时，如果指向的表没有相应的记录，含有外键的表是不能加入这条记录的。在本章之前提到的数据库中，外键 Supplier_Number 连接着 PART 表和 SUPPLIER 表。只有在 SUPPLIER 表中含有 Supplier_Number 8266 这条记录时，才能够在 PART 表中添加来自 Supplier_Number 8266 的零部件。如果在 SUPPLIER 表中删除了 Supplier_Number 8266 这个供应商，就必须在 PART 表中删除相应的记录。换句话说，不能存在无供应商的零部件。

数据库设计人员用**实体关系图**（entity-relationship diagram）表示数据模型，如图 6-11 所示。这个图表示了“供应商”“零件”“订单项”和“订单”这些实体之间的关系。矩形框代表实体，连接矩形框的线代表关系。用两根短竖线结尾的连线表示实体之间存在一对一关系。用一条短线和一个箭头结尾的连接表示实体之间存在一对多关系。图 6-11 表示一个“订单”（ORDER）中可以包含很多“订单项”（LINE_ITEM）(因为在一个订单中，一个“零件”可以被多次订购和出现)。每个“零件”只能由一个“供应商”提供，但是同一个“供应商”可以供应很多“零件”。

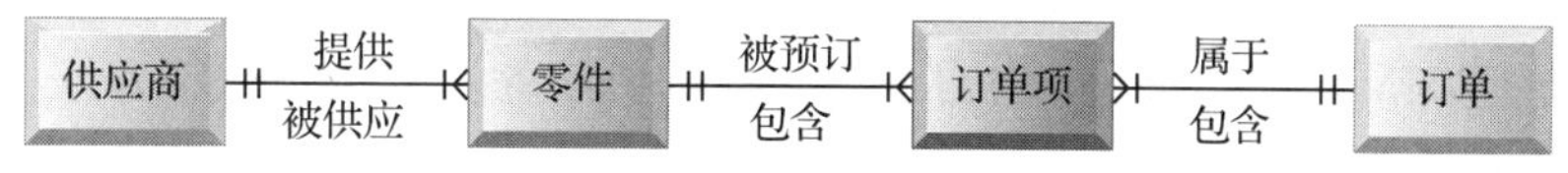

图 6-11　一个实体关系图

该图展示了供应商、零件、订单项和订单之间的关系，在创建图 6-10 的数据库时可能会用到。

需要特别强调是，如果业务没有适当的数据模型，系统则无法有效地支撑业务。企业系统缺乏效率，是因为不得不处理那些可能不准确、不完整或者难以获取的数据。理解组织的数据以及应该如何在数据库中呈现这些数据，也许是读者学习这门课程的最大收获。

例如，Famous Footwear 是一家在 49 个州拥有 800 多家连锁店的鞋业公司。该公司难以实现其“适当款式的鞋子在适当的商店以适当的价格出售”这一目标，是因为它的数据库无法实现快速调整存货的功能。这家公司虽然有一个在中型机上运行的 Oracle 关系型数据库，但这个数据库最初不是为应对市场变化，而是为管理层产生标准报表而设计的。管理人员不能获得每个商店库存的准确数据。公司不得不围绕这个问题，建立一个可以将销售和库存数据整合在一起的新的数据库，以便更好地进行库存分析和管理。

6.2.4 非关系型数据库和云数据库

在过去的 30 年里，关系型数据库技术一直是主流应用。云计算、前所未有的数据量、Web 服务巨大的工作量以及存储新类型数据的需求都要求数据库能够代替用表、行和列的形式组织数据的传统关系型模型。为了达到这一目的，许多公司都转向使用“NoSQL”的非关系型数据库技术。**非关系型数据库管理系统**（no-relational database management system）使用更灵活的数据模型，利用许多分布式的计算机管理大数据集，而且可以方便地对数据进行扩展和收缩。非关系型数据库可以加速在大量结构化和非结构化信息中的简单查询。这些信息包括 Web、社会化媒体、图形和其他形式的数据。它们都很难用传统的基于 SQL 的工具进行分析。

有几种不同的 NoSQL 数据库，每个数据库都有自己的技术特性和行为。Oracle NoSQL 数据库就是一个例子。例如，亚马逊的 SimpleDB 就是运行在云端的亚马逊的一项 Web 服务。SimpleDB 提供了一个简单的 Web 服务界面，可以使用户方便地创建和存储多个数据集、查询数据和返回结果。它不需要提前定义一个正式的数据库结构，即使有新的数据加入，也不需要改变定义。

例如，MetLife 使用 MongoDB 的开放源代码 NoSQL 数据库，快速地将不同的数据集成到超过 1 亿名客户中，并提供每个数据的统一视图。MetLife 的数据库汇集了来自 70 多个独立管理系统、索赔系统和其他数据源的数据，包括半结构化和非结构化数据，如健康记录和死亡证明图像。NoSQL 数据库能够使用结构化、半结构化和非结构化的信息，而不需要烦琐、昂贵和耗时的数据库映射。

云数据库

亚马逊和其他的云计算服务商也提供关系型数据库服务。亚马逊的关系型数据库服务（Amazon RDS）提供 MySQL、SQL Server、Oracle Database、PostgreSQL、MariaDB 或亚马逊的 Aurora DB（和 MySQL 兼容）作为数据库引擎。亚马逊的定价基于使用量。甲骨文用自己的关系型 Oracle Database 拥有自己的数据库云服务。微软的 SQL Azure 数据库是一个基于微软的 SQL Server DBMS 的云关系型数据库。基于云的数据管理服务对一些网络初创公司或中小企业很有吸引力，它们能够以比购买封装的数据库产品更低的价格获得数据库功能。

除了基于公有云的数据管理服务之外，公司现在可以选择使用私有云数据库。例如，全球最大的航空软件即服务（SaaS）提供商 Sabre Holdings 拥有私有数据库云，可以支持 100 多个项目和 700 个用户。它有一个统一的数据库，架构在运行甲骨文数据库的标准化服务器上，为多个应用提供数据库服务。

6.3 为了提高企业绩效和决策能力，从数据库获取信息的主要工具和技术有哪些

企业使用数据库追踪基本交易，比如支付供应商、处理订单、追踪客户和支付员工工资。但是，它们也需要数据库提供帮助自身更高效运作的信息，使管理者和员工能制定更好的决策。如果企业想要知道哪个产品是最受欢迎的，谁是最有价值的客户，答案就蕴藏在数据中。

6.3.1 大数据的挑战

组织收集到的大多数数据是交易数据，很容易适应行和列的关系型数据管理系统。但是现在，来自网络、电子邮件和社交媒体的内容（Twitter 和状态信息），以及从传感器获得的机器产生的数据（用于智能电表、制造传感器和电表）或电子交易系统产生的数据引发了数据爆炸。这些数据可能是非结构或半结构的，所以不适合用行和列的关系型数据库表示。我们现在使用的术语**大数据**（big data）是用来描述那些拥有巨大容量且已经超出了传统 DBMS 所能够获取、存储和分析的数据集。

大数据并不特指具体的数量，但通常指的是从 PB（petabyte）级到 EB（exabyte）级范围内的数据，换句话说就是来自不同数据源的从 10 亿到千亿条的记录。与传统数据相比，大数据以更大的量级和更快的速度产生。例如，一台喷气式发动机仅在 30 分钟内就可以产生 10TB（terabyte）的数据，而每天有超过 25 000 次航班。即使 Twitter 内容被限制在 140 个字以内，Twitter 的使用者每天也能产生 8TB 的数据。根据国际数据公司的研究，每两年数据量就会翻倍，组织可用的数据量迅速飙升。

企业对大数据产生浓厚的兴趣是由于相比于小数据集而言，它们可以从大数据中发现更多模式和有趣的关系，这些都使公司能洞察客户行为、气象模式、金融市场活动或者其他现象。例如，全球在线图像市场公司 Shutterstock 存储了 2 400 万张图片，而且每天要增加 10 000 张。要找到优化购买体验的方法，Shutterstock 会分析其大数据，以了解其网站访问者放置游标的位置，以及在购买之前停留在图像上的时间。

大数据在公共部门也有很多用途。开篇案例中的美国邮政局就是一个例子，州政府也用大数据管理交通流量和打击犯罪。“互动讨论：组织”部分描述了纽约地区如何使用大数据降低犯罪率。

⊙互动讨论：组织

纽约利用数据打击犯罪

美国其他地方的犯罪率没有纽约的犯罪率下降得那么戏剧化。正如报告指出的那样，最严重的犯罪率明显下降；2015 年，纽约的安全性已达到现有保存统计数据记载的最安全的时期。过去几年的犯罪率从历史上来看也很低。

为什么会发生这种情况？专家指出了一些因素，包括人口趋势、监视摄像机的增加和监禁率的提高。但是，纽约认为，这是因为积极的预防犯罪计划以及地方检察官和警察部队愿意积极部署信息技术。

纽约地方检察院的赛勒斯·万斯（Cyrus Vance）正在大力尝试从城市收集的数据中挖掘更多引起犯罪行为的信息，从而使犯罪率降低。他认为如果有人更加关注数据的话，纽约可以将犯罪率降到零。

大数据的使用给零售和体育领域（想想棒球）也带来了革命性的变化（如同大数据的使用给警察工作带来的变化一样）。纽约一直是集中利用数据进行犯罪斗争的前沿，它的 CompStat 犯罪地图方案已被其他城市复制。

CompStat 拥有一个全面的地区数据库，可记录 76 个地区所有报告的犯罪、投诉、逮捕和传票，包括时间和地点。CompStat 系统分析数据，并提供关于犯罪投诉的周报以及管辖区、巡逻区和全市范围内的逮捕活动。CompStat 可以在地图上显示犯罪地点和逮捕地点、犯罪热点区域以及其他相关信息，帮助区域指挥官与纽约警察局的高层领导迅速查明形势和趋势，制定有针对性的打击犯罪战略，如在高犯罪社区派出更多的巡逻人员。

万斯和他的团队认为，利用数据减少犯罪行为还可以做得更好。在曼哈顿，每年要处理超过 105 000 个案件，纽约的地区助理律师没有足够的资料对收费、保释、请求或判决做出细致的决定。他们不能迅速将罪行轻微的犯罪分子与罪行严重的犯罪分子分开。

2010 年，万斯团队成立了一个犯罪战略单位（Crime Strategies Unit，CSU），以查明和处理犯罪问题，并锁定具有攻击性犯罪的主要人员。CSU 并非收集数百名地区助理律师办公室里成千上万的法律案卷信息，而是在曼哈顿的 22 个区域收集犯罪数据以绘制地图，基于诸如帮派和犯罪类型的多维标识符，通过视觉的方式描绘犯罪活动。警察指挥官提供了每个区域 25 份最严重罪犯的清单，这些清单被添加到一个可搜索的数据库中。目前这个数据库包含 9 000 多名潜在犯罪人员，这些人员大部分都是重犯或者是活跃的帮派成员。

该数据库用于逮捕警报系统。当有人提到优先被告（即使是轻罪或假释违规）在该市另一个地区被逮捕时，任何感兴趣的检察官、假释官或警察情报人员将收到一封详细的电子邮件。该系统可以利用数据库对特定被告、特定帮派、特定邻里等发送逮捕警报。数据库可以进行分类以突出显示犯罪的类型，从自行车盗窃到凶杀案件。

警报系统帮助地区助理律师确保以被告对社区犯罪活动的影响决定收费的决策、保释申请和判刑建议。CSU 收集的信息以及通过逮捕警报系统发布的信息是有区别的，从社区安全的立场必须监禁的人员与并不会对社区整体安全造成负面影响的被告人是不同的。如果有人离开了帮派，长时间坐监狱，搬出纽约市或纽约州，或者死亡，逮捕警报系统的数据也会相应地被编辑。

万斯在演讲中称赞智能驱动的起诉。他经常引用一名 270 磅[㊀]的诈骗艺术家的案例：10 多年来，这个艺术家在时代广场地区经常故意碰撞行人，并声称被撞坏了眼镜，需要赔偿。他被定罪了 19 次，因为轻罪从没被判入狱 5 个月以上。2010 年 7 月被捕后，他被 CSU 贴上了标签。他因重罪抢劫而定罪，并被判处 3.5 年至 7 年的监禁。

CSU 开发的信息帮助万斯的暴力犯罪部门破坏了曼哈顿最具暴力的 30 个帮派。自 2011 年以来，已有 17 个帮派被解除。根据纽约首席地区助理检察官卡伦·弗里德曼·阿尼菲奥（Karen Friedman Agnifilo）的说法，谋杀案从 2010 年的 70 件下降到 2013 年的 29 件，因为警方现在已经可以通过信息确定这些在曼哈顿正在进行犯罪的人，并把这些人从街上带走，关进监狱。

但是，事情还有另一个方面的影响。当检察官开始编辑数据库，以进行数据驱动的犯罪行为审定时，需要询问应该把哪些人纳入这些数据库、选择标准是什么以及这种做法有没有弊端。是否存在刑事司法数据库里面的人不是犯罪分子，却成为警察监督的对象的情况？根据纽

㊀ 1 磅 =0.453 6 千克。

约市立大学法学院刑事辩护所主任史蒂文·蔡夫曼（Steven Zeidman）的说法，答案是肯定的。在纽约，每天有 1 000 多人被捕。其中很大一部分被捕的人是轻微犯罪的有色人种，原因可能是他们在人行道上骑自行车或散步。蔡夫曼回忆说，有一次他在法庭上碰到一位因散步而被捕的青少年。逮捕人员说，他逮捕这个年轻人是因为他穿着一件带有帮派色彩的红色衬衫。这个年轻人不是帮派成员，但他可能在数据库中。被逮捕和定罪的人以后很难找到合法的工作，因为这个记录一直被保留着。

资料来源：Pervaiz Shallwani and Mark Morales, " NYC Officials Tout New Low in Crime, but Homicide, Rape, Robbery Rose, " *Wall Street Journal,* January 4, 2016; " Prosecution Gets Smart " and " Intelligence-Driven Prosecution/Crime Strategies Unit," www.manhattanda.org, accessed March 4, 2016; and Chip Brown, "The Data D.A." , *New York Times Magazine*, December 7, 2014.

案例分析题

1. 智能驱动的起诉对犯罪打击者和一般公众情报有什么好处?
2. 这种打击犯罪的方法有什么问题?
3. 在设立智能驱动起诉的信息系统时，应该考虑哪些管理、组织和技术问题?

然而，为了从这些数据中获得业务价值，企业需要管理和分析非传统数据及其传统企业数据的新技术与工具。它们还需要了解关于大数据要问哪些问题以及大数据的局限性。获取、存储和分析大数据可能会非常费钱，而且来自大数据的信息并不一定有助于决策者做出决策。清楚地了解大数据将为业务解决什么样的问题是非常重要的。章末的案例分析探讨了这些问题。

6.3.2　商务智能基础设施

假设你想获得关于整个公司当前运营、趋势和变化的简洁可靠的信息。如果你在一家大型公司工作，这些数据可能要从相互分离的系统中获取，比如销售、制造和财务系统，甚至还需要借助外部系统，如人口统计或竞争对手的数据。渐渐地，你可能需要使用大数据。现代商务智能的基础设施包括一系列工具，这些工具用来从大量不同类型的半结构化和非结构化的商业数据中获取有用信息。这些工具包括数据仓库和数据集市、Hadoop、内存计算和分析平台。其中一些可以从云服务中获取。

1. 数据仓库和数据集市

在过去的 20 年里，用于分析公司数据的传统工具是数据仓库。**数据仓库**（data warehouse）是一个数据库，存储着决策者认为有潜在价值的当前和以往的公司数据。这些数据产生于很多关键的业务系统，比如销售系统、客户系统和生产系统，也可能包括来自网上的交易数据。数据仓库从企业内多个业务系统中提取出当前和历史的数据。这些数据与来自外部的数据相结合，并通过纠正不准确和不完整的数据进行转换，被重新组织管理和分析，然后被加载到数据仓库中。

数据仓库可以让任何有需要的人访问数据，但是数据不能被更改。数据仓库系统也提供一系列专门的、标准化的查询工具，分析工具和图形报告工具。

大多数公司除了创建服务于整个组织的企业级中央数据仓库外，还可以创建较小的、分散的数据仓库，称作数据集市。**数据集市**（data mart）是数据仓库的一个子集，里面有企业数据的汇总或高度聚集部分企业，为特定用户建立了一个单独的数据库。例如，一家公司可能会开发一个营销与销售的数据集市以处理消费者信息。图书销售商巴诺（Barnes & Noble）维护了一系列数据集市：一个用于汇总零售店 POS（point of sales）机中的销售数据，一个用于汇总学院书店销售数据，还有一个用于汇总在线销售数据。

2. Hadoop

关系型数据库管理系统和数据仓库产品并不适合组织和分析大数据，或者那些在数据模型中不容易用行和列表示的数据。为了处理那些非结构化、半结构化以及结构化的海量数据，很多组织会使用一种**分布式系统基础架构**（Hadoop）。Hadoop 是由 Apache 软件基金会管理的一个开放源代码的软件框架，它使得组织在低廉的计算机硬件上进行分布式并行处理海量数据成为可行。它将大数据问题分解成许多子问题，并把它们分布在数千台便宜的计算机上作为处理节点，然后将这些结果整合成为一个容易分析的小数据集。你可能会通过 Hadoop 在互联网上找到最便宜的机票，找到一家饭店的方位，在谷歌上搜索或者在 Facebook 上联系一个朋友。

Hadoop 由几项关键的服务组成：用于数据存储的分布式文件系统（Hadoop Distributed File System，HDFS）和用于高效并行数据处理的 MapReduce（一种映射与化简编程模型）。HDFS 将 Hadoop 集群中无数个存储节点的文件系统连接成一个大的文件系统。Hadoop 上的 MapReduce 是受谷歌的 MapReduce 系统启发而设计的，将大数据集分解，并将工作分配给集群中的多个节点。HBase 是 Hadoop 上的一个非关系型数据库，提供了快速访问存储在 HDFS 中的数据以及运行大规模实时应用的交易平台。

Hadoop 可以处理不同类型的海量数据，包括结构化的交易数据、Facebook 和 Twitter 上松散的结构化数据、网络服务器日志文件中复杂的数据以及非结构化的音频与视频数据。Hadoop 在一组低廉的服务器上运行，其处理器可以按需进行增加或移除。很多公司利用 Hadoop 分析十分庞大的数据，并且用于存储载入数据仓库之前那些非结构化和半结构化的数据。雅虎利用 Hadoop 追踪用户行为，以用户的兴趣调整它的网站首页。生命科学研究公司 NextBio 利用 Hadoop 和 HBase 为制药公司的基因研究进行数据处理。像 IBM、惠普、甲骨文和微软这样的顶级数据库提供商都有自己的 Hadoop 软件发布。还有一些其他的提供商则提供从 Hadoop 移入或移出数据的工具，或者提供在 Hadoop 里分析数据的工具。

3. 内存计算

另一种协助大数据分析的方法就是利用**内存计算** (in-memory computing)。这是一种主要依靠计算机的主存储器存储数据的方法（传统的数据库管理系统利用磁盘存储器系统）。用户直接访问存储在主存储器中的数据，可以消除从传统的、基于磁盘的数据库中检索和读取数据的瓶颈，同时也能极大地缩短查询时间。内存处理使得在整个内存内部处理大数据成为可能，数据规模能达到一个数据集市或小的数据仓库的水平。原来那些需要花费几个小时或者几天的复杂业务计算，现在几秒钟内就可以完成，甚至可以通过手持设备完成。

前面的章节提到先进的当代计算机硬件技术使得内存处理成为可能，比如强大的高速处理器、多核处理以及计算机存储器的价格下降。这些技术帮助公司以最优的方式使用存储器，以较低的成本提高处理能力。

在内存计算中处于领先地位的产品包括 SAP 的 HANA 和甲骨文的 Exalytics。它们都提供了一系列运行在为内存计算工作优化的硬件上的集成软件包，包括内存数据库软件和特定的分析软件。

4. 分析平台

商业数据库提供商已经使用关系型和非关系型技术开发了特殊的高速**分析平台**（analytic platforms），用来分析大数据集。像 IBM 的 PureData System for Analytics 这样的分析平台，预置了专门为查询处理和分析的硬件 – 软件系统。例如，IBM 的 PureData System for Analytic 以紧密集成的数据库、服务器和存储器为特色，能够比传统系统处理复杂查询快 10 ～ 100 倍。分析平台还包括内存系统和 NoSQL 非关系型数据库管理系统。分析平台目前在云服务中也很常见。

图 6-12 显示了使用之前所描述的那些技术组成的一个现代商务智能基础设施。当前的和历史的数据是从多个运营系统中提取出来的，包括网页数据、机器产生的数据、非结构化的音频 / 视频数据，也包括已经重构和重组过的用于报告与分析的外部数据。Hadoop 集群为用于数据仓库、数据集市、分析平台或者高级用户直接查询的大数据进行预处理。输出结果包括报表、仪表板和查询结果。本书第 12 章会对各种 BI 用户和 BI 报表进行更详细的讨论。

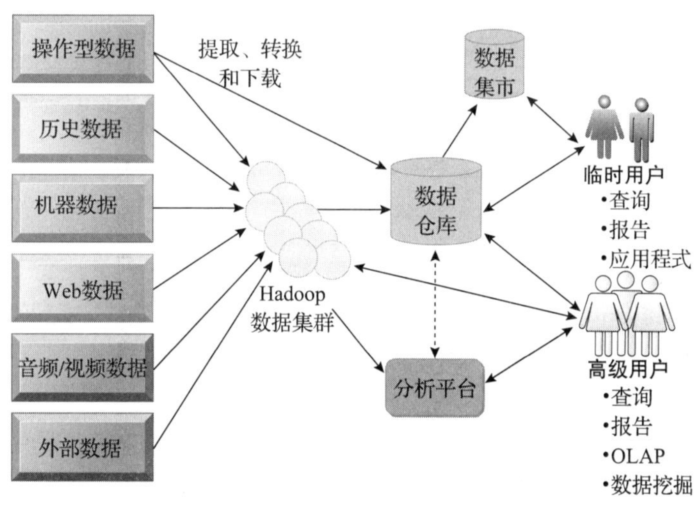

图 6-12 现代商业智能基础设施

现代商务智能基础设施具有管理和分析来自多个数据源的、大规模的不同类型数据的能力与工具。它为一般企业用户设计了易用的查询和报表生成工具，也为高级用户设计了复杂的分析工具。

6.3.3 分析工具：关系、模式与趋势

一旦数据被以上提到的商务智能技术获取和组织，我们就可以利用数据库查询与报告系统、联机分析处理（OLAP）及数据挖掘技术对其进行深入挖掘。本节将介绍这些工具。对于商务智能分析及应用，我们将在第 12 章中进行详细介绍。

1. 联机分析处理（online analytical processing，OLAP）

假设你的公司在东部、西部及中部销售螺母、螺栓、垫圈和螺丝钉四种不同的产品。如果你想要问一个相当简单的问题，比如在过去一个季度中销售了多少个垫圈，你可以通过查

询销售数据库很容易得到答案。但是如果你想知道每一个区域垫圈的销量是多少，并对比实际销量和目标销量的情况时，那该怎么办？

为了得到答案，你可能需要使用联机分析处理。OLAP 支持多维数据分析，可以让用户从多个维度以不同方式观察同一个数据。信息的每一个方面，如产品、价格、成本、区域或者时间，都代表着一个不同的维度。所以，产品经理使用多维数据分析工具就可以了解到 6 月东区销售了多少个垫圈，与上个月的销量和去年同期销量对比，以及与预测的销量对比。OLAP 能够使用户在相当短的时间里获得对突发问题的答案，即使这些数据存储在非常大的数据库中，比如历年的销售数据。

图 6-13 给出了一个可用来创建表示产品、区域、实际销量和目标销量的多维模型。一个实际销量的矩阵可以放在目标销量矩阵之上，形成一个六面立方体。如果你按一个方向将立方体旋转 90 度，将展现的是产品的实际销量和目标销量的对比。如果再旋转 90 度，你将看到不同区域的实际销量和目标销量的对比。如果按原来的视角旋转 180 度，你就会看到产品的目标销量和区域的对比。立方体还可以嵌套在立方体中，建立更复杂的数据视图。企业既可以使用专门的多维数据库，也可以在关系型数据库中创建数据多维视图的工具。

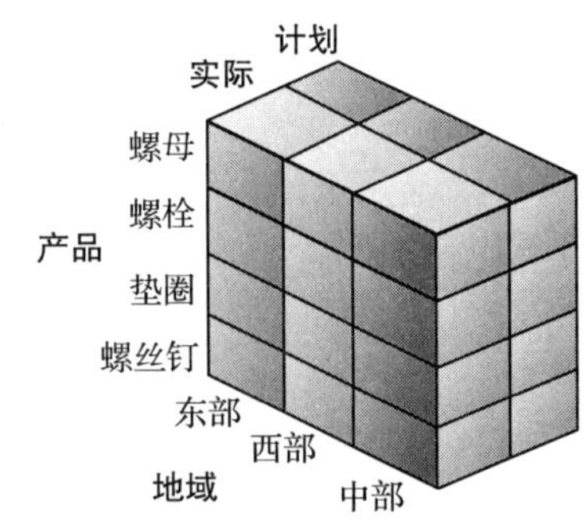

图 6-13 多维数据模型

这个视图显示了产品和区域两个维度。如果你把这个立方体旋转 90 度，展现的是产品的实际销量和目标销量的对比。如果你再转 90 度，你将会看到不同区域的实际销量和目标销量的对比。通过转动，你也可以得到其他的视图。

2. 数据挖掘

传统的数据库查询只能解决类似“编号 403 的产品在 2016 年 2 月发了多少货”这样的问题。OLAP（或多维分析）能够支持更复杂的信息请求，比如“按季度和销售区域对比过去两年 403 产品的销量”。有了 OLAP 和查询导向的数据分析，用户可以清楚地了解其正在寻找的信息。

数据挖掘（data mining）更是以探索为驱动。数据挖掘为企业数据提供洞察力，通过在大型数据库中发现隐藏的模式和关系，并从中推断出规则以预测未来的行为。这种深入洞察公司数据的方式是无法通过 OLAP 实现的。这些模式和规则被用来指导决策制定和预测决策效果。从数据挖掘中获得的信息类型包括关联、序列、分类、聚类和预测。

- 关联（associations）是指与单个事件相连发生的事情。比如一项关于超市购买模式的研究可能会发现，当人们购买了爆米花之后，有 65% 的概率会购买可乐。但当有促销活动时，可乐被购买的概率为 85%。这样的信息会帮助管理者做出更好的决策，因为他们已经了解到通过促销可以盈利多少。
- 序列（sequences）是指与时间相关的事件。例如，如果购买了一幢新房子，那么在两星期之内，购房者购买一台新冰箱的可能性为 65%，在一个月之内购买烤箱的概率为 45%。
- 分类（classification）是指通过检查已经分好类的项目，依据一组相应的推断规则，识别出新项目所属类目组的分类模型。例如，信用卡或电话公司十分担心失去稳定的用户，分类就可以帮助它们发现那些将要流失的客户特征，并提供模型帮助管理者推测出哪些客户将要流失，这样管理者就可以设计一些特殊的活动挽留这些客户。

- 聚类（clustering）是指当没有群组被预先定义时，完成与分类相似的工作。数据挖掘工具能够从数据中发现不同的群组，比如从银行卡中发现类似的群组或根据人口统计信息和个人投资种类将消费者进行分类。
- 虽然这些应用都涉及预测功能，但预测（forecasting）功能使用预测的方式不同。它使用一系列现有值预测将来值。例如，预测可能会发现数据中的模式以帮助管理者估计连续变量的未来值，如销售数据。

这些系统不仅可以完成关于模式或趋势的高级分析，如有需要还可以深入挖掘、提供更详细的信息。所有商务领域、政府和科研领域都有相应的数据挖掘应用程序。最常见的数据挖掘应用是为一对一的市场营销战略或者为识别带来收入的客户提供详细的模式分析。

Caesars 娱乐是全世界最大的游戏公司，即之前著名的 Harrah 娱乐公司。这家公司能够持续地分析玩老虎机或者进入它的娱乐场和宾馆时收集到的客户数据。根据这些信息，Caesars 的营销部会建立一个详细的赌博档案。这个档案以客户对公司产生的持续价值为基础编制。例如，数据挖掘可以让 Caesars 知道一个老顾客在它的游船赌场上最喜欢的游戏体验是什么，相应的住宿、用餐和其他娱乐活动的偏好。这些信息也可以指导公司的管理决策，例如在如何培养高利润客户、如何促进客户进行更多消费以及如何吸引更多潜在高利润客户等方面的决策。商务智能极大地提高了 Caesars 的利润，成为整个公司商业战略的核心。

3. 文本挖掘与网络挖掘

以文本文件格式存在的非结构化数据占据组织中有用信息的 80% 以上，这些数据也是企业想要分析的大数据的一个主要来源。电子邮件、备忘录、电话中心记录、调查反馈、法律案件、专利描述及服务报告是一些高价值的信息，用于发现能够帮助员工制定更好决策的模式和趋势。**文本挖掘**（text mining）工具可以用来帮助公司分析这些数据。这些工具能从这些非结构化大数据中提取关键信息，发现模式及关系，并对这些信息进行总结。

公司可能会使用文本挖掘分析客户服务中心的电话记录，以确定主要的服务和维修问题，或者用来评估客户对于公司的情感。**情感分析**（sentiment analysis）软件可以用来挖掘电子邮件、博客、社交媒体交谈或者调查表格中的文字评论，从而检测出对某个特定主题同意或反对的意见。

例如，折扣经纪商嘉信理财（Charles Schwab）使用客户情感分析软件 Attensity Analyze 分析每个月成千上万条与客户之间的互动信息。这个软件通过分析 Schwab 的客户服务记录、电子邮件、调查回复以及在线讨论，发现那些可能引起客户停止使用公司服务的不满意征兆。Attensity Analyze 能够自动地分辨不同客户的反馈“声音”（如积极的、消极的或者是有条件的看法），以便更准确地评估一个人的购买意愿或离开意愿，以及消费者对某个产品或营销信息的反应。Schwab 利用这些信息制定改进措施，如增加与客户的直接沟通，并快速解决那些使消费者不愉快的问题。

网络是另一个揭示客户行为模式、趋势和见解的非结构化大数据的主要来源。从互联网中发现并分析有用的模式和信息的方法称为**网络数据挖掘**（Web mining）。企业可能利用网络数据挖掘理解客户行为，评估某个网站的有效性或者量化一个营销活动的效果。比如，营销人员使用 Google Trends 服务了解人们对什么感兴趣以及哪些是他们想要购买的。Google Trends 服务是谷歌搜索引擎中用来跟踪各种词汇和短语的流行程度的工具。

网络数据挖掘通过网络内容挖掘、网络结构挖掘和网络使用挖掘来寻找数据中的模式。网络内容挖掘是一个从网页内容（包括文本、图片、音频和视频数据）中提取知识的过程。网络结构挖掘检测与某个网站结构相关的数据。例如，某个文档的链接数说明了该文档被关注的程度，而出自某一文档的链接数则说明了在该文档中主题的丰富性或多样性程度。网络使用挖掘用来检测用户与网站的互动数据，这些数据是网络服务器记录下来的所有对网站资源的服务请求。网络使用数据记录了用户在网站上的浏览或交易行为，并从服务器日志里收集了这些数据。分析这些数据能够帮助企业决定特定客户的价值、跨产品的交叉营销战略的制定和促销活动的效果。

本章章末的案例研究描述了组织使用之前我们描述的应对“大数据”挑战的分析工具和商务智能技术的经验。

6.3.4 数据库与网络

你是否曾经使用网络订购商品或者浏览产品目录？如果是的话，那么你很可能在使用链接到公司内部数据库的网站。现在很多企业通过网站让它们的客户和合作伙伴获得公司内部数据库中的一部分信息。

假设客户通过网络浏览器想要搜索网络零售商数据库中的价格信息。图 6-14 显示了客户通过互联网访问零售商的内部数据库的过程。客户使用计算机安装的网络浏览器，通过互联网访问零售商网站。用户的网络浏览器软件通过 HTML 命令与网络服务器进行通信，这样就可以向公司的数据库发出数据请求。App 能够有助于客户更快地访问公司数据库。

由于很多后端数据库不能够解释 HTML 编写的命令，所以网络服务器将数据请求传给 HTML 命令转换器，转换成 SQL 命令。此时，这些命令就可以被数据库管理系统处理。在客户 / 服务器环境下，数据库管理系统位于一台专用计算机里，该计算机叫作**数据库服务器**（database server）。DBMS 接收 SQL 命令并提供所需要的数据。中间件将组织内部数据库中的信息转换到网络服务器上，然后网络服务器以网页的形式将其传递给用户。

图 6-14 中显示了工作在网络服务器和 DBMS 之间的中间件。它是运行在专用计算机上的应用服务器（见第 5 章）。应用服务器软件处理所有基于浏览器的计算机与公司后端商业应用或数据库之间的应用运行，包括交易处理和数据存取。应用程序服务器从网络服务器那里获得请求，基于这些请求，按照业务逻辑处理这些交易，并且链接后端系统或者数据库。还有另一种选择，即处理这些操作的软件可以是自定义程序，也可以是一般网关接口（Common Gateway Interface，CGI）脚本。CGI 脚本是一个小巧的程序，使用 CGI 专门处理网络服务器中的数据。

通过网络访问企业的内部数据库有很多优势。首先，网络浏览器比专属查询工具更容易使用。其次，对于内部数据库而言，网络接口几乎不需要或只需要很少的改变。在原有系统中增加一个网络接口的费用比重新构建这个系统提高用户访问的费用要少得多。

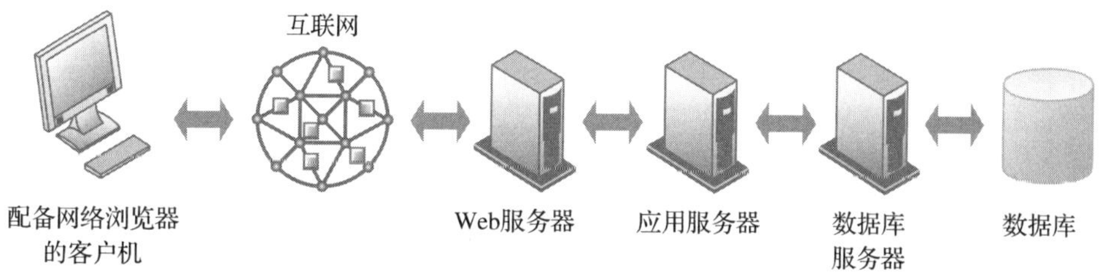

图 6-14 内部数据库与网络的连接

用户利用个人电脑浏览器或移动 App 访问企业内部数据库。

通过网络访问公司数据库正在创造新的效率、机遇和商业模式。ThomasNet.com 提供了一个最新的超过 650 000 个工业产品供应商的在线目录，涵盖化学、金属、塑料、橡胶和汽车零部件等领域。这个网站就是之前的 Thomas Register 公司，之前它通过邮寄发出大量纸质目录。而现在它只需要通过网站向在线用户提供这些信息就可以了，成了一家更小巧的学习型公司。

其他企业已经创建了通过网络访问大型数据库的全新业务。一个典型的案例就是社交网站 Facebook，它帮助用户互相保持联系和结识新朋友。Facebook 拥有超过 16 亿份活跃用户的档案，这些信息包括他们的兴趣爱好、朋友、照片和相应的分组。Facebook 通过维护巨大的数据库存储和管理这些内容。公共部门也有很多网页使能（Web-enabled）的数据库，帮助消费者或市民获得有用的信息。

6.4 为什么信息政策、数据管理、数据质量保证对管理企业数据资源非常重要

建立数据库只是开始，为了确保企业中的数据准确、可靠，并且在需要的时候可以随时被使用，企业需要制定特殊的政策和程序进行数据管理。

6.4.1 建立信息政策

不论规模大小，每家企业都需要信息政策。企业中的数据是很重要的资源，人们都不希望有人利用企业数据为所欲为。企业需要制定整理和维护数据、设定访问者权限或者更改数据的规则。

信息政策（information policy）明确了组织对于分享、传播、获取、标准化、分类和盘点信息的规则。信息政策展示出了具体的程序和责任描述，确定哪些用户与组织单元才能分享信息、信息可以在何处发布以及谁来负责更新与维护信息。例如，一项典型的信息政策会规定只有薪资或人力资源部门的特定岗位的员工才有权更改和查看敏感的员工数据（比如员工的工资或社会安全号）。相应地，这些部门也要负责确保这些员工数据的准确性。

如果你在一家小公司中工作，信息政策会由公司所有者或高层管理者建立与实施。而在大型组织中，将信息作为公司资源进行管理和规划，往往需要一个正式的数据管理部门。**数据管理**（data administration）就是负责制定具体的政策和程序，使得数据可作为组织资源进行管理。这些部门的职责包括制定信息政策、制定数据规划、监督逻辑数据库设计和数据字

典的开发，以及监控信息系统专家与终端用户如何使用数据。

你可能听说过“**数据治理**”（data governance）这个术语。数据治理最早是由 IBM 提出的，主要是关于制定相关的政策与流程以保证企业数据的可靠性、可用性、整体性以及安全性，特别强调提升隐私性、安全性、数据质量以及遵守政府的法律法规。

在大公司的信息系统部门里通常也会有数据库设计和管理团队，以负责定义和组织数据库的结构与内容，并维护数据库。通过与用户密切合作，设计团队建立实体数据库、元素间的逻辑关系以及访问的规则和安全程序。以上这些被称为**数据库管理**（database administration）。

6.4.2 保证数据质量

设计良好的数据库和信息政策，对确保企业得到它所需的信息大有帮助，但是，企业还需要采取额外的措施以确保数据库的数据是准确的、可靠的。

如果一个客户的电话号码或者账户余额不准确，那该怎么办呢？如果数据库中销售的某种产品的价格是错误的，或者同一件商品在销售系统和仓储系统中价格不一致，又会有什么样影响？不准确、更新不及时或与其他信息源不一致的数据会导致错误的决策、产品召回和财务损失。高德纳公司报告称，在美国“《财富》1 000 强”企业的数据库中，有超过 25% 的关键信息不准确和不完整，包括错误的产品编码、产品描述、库存描述、财务数据、供货商信息和员工数据。这些数据质量问题一部分是由于多个系统合并成一个数据仓库造成的数据冗余与不一致。例如，销售订单系统和存货管理系统都有产品数据信息，但是销售订单系统可能会用 Item Number 表示，而存货管理系统则可能会用 Product Number 表示同一属性。一个服装零售商的销售、存货或生产系统可能用不同的编码代表某一属性值。一个系统可能用 medium 表示衣服尺码，而另一个系统可能用 M 表示同一尺码。在仓库数据库的设计过程中，数据描述实体应该在所有使用数据库的地方采用一致的命名、定义，例如客户、产品和订单等。

如果你在同一天内收到了几则同样的直邮广告，这很可能是因为你的名字在数据库中被反复存储了几次。你的名字可能被拼错了，或者你曾经在一个场合中用到中间名字的首字母，而在其他场合中没有用，还有可能是信息一开始是写在纸上的，但没有被正确地扫描到系统里。由于这些不一致数据的存在，数据库就会把你当成不同的人！于是，我们经常会收到寄给“Laudon”“Lavdon”“Lauden”或“Landon”的重复邮件。

如果一个数据库设计得很合理，并且建立了企业级数据标准，就能极大地降低数据重复或者不一致等错误的发生率。但是，大多数的数据质量问题都产生于数据的输入过程，如名字拼写错误、数字错位以及不正确或遗漏的编码。随着企业业务转移到互联网，并且允许顾客和供应商在网站上输入数据以直接更新内部系统，越来越多的这类错误将会出现。

在新的数据库运行之前，组织需要识别和纠正错误的数据。一旦数据库开始运行，就需要建立一套更好的数据编辑规则。数据质量的分析一般是从**数据质量审计**（data quality audit）开始，它是对于信息系统中数据的准确性和完整性的一项结构性审核。数据质量审计的实施可以是对整个数据文件的审核，也可以是对数据文件的抽样审核，还可以是对终端用户数据进行质量感知的调查。

数据清洗（data cleaning/ data scrubbing）是指检测和纠正数据库中不正确、不完整、格式不对或者冗余的数据的一系列活动。数据清洗不仅仅纠正错误，还可以增强来自不同信息系统的数据集的一致性。专门的数据清洗软件可以自动地检查数据文件、纠正数据中的错误，并将数据整合成公司要求的统一格式。

数据质量问题不仅是企业的问题，也会给个人带来一系列问题，影响人们的财务状况，甚至是他们的工作。例如，信贷部门存储了不正确或者过时的客户信用历史的记录，会阻碍符合信贷条件的人获得贷款，或者降低他们找到或维持工作的可能性。

少数公司允许单个部门负责维护自己的数据质量。然而，最佳的数据管理实践要求集中数据治理、实行数据标准化、进行数据质量维护以及坚持对数据资产的可访问性。

“互动讨论：管理”部分说明了 Keurig Green Mountain 将数据管理作为资源的经验。在阅读本案例时，请尝试确定改善该公司数据管理所需的政策、程序和技术。

⊙互动讨论：管理

绿山咖啡公司引入数据治理

今天，美国消费的咖啡中有 25% 来自绿山咖啡公司（Keurig Green Mountain）单杯 K 杯。总部位于佛蒙特州沃特伯里的绿山咖啡公司，在过去 10 年中迅速发展，拥有 80 个品牌、近 600 种冷 / 热咖啡（包括 Green Mountain）、茶、可可、乳制品饮料、苹果酒和水果等饮料。它还与其他供应商（如 Dunkin Donuts、Newman’s Own 和星巴克）合作，在其产品中包装和销售其他供应商的产品。公司拥有员工 6 600 多人，2015 年产生近 44 亿美元的收入。如此庞大、复杂的业务必须维护大量的数据。

绿山咖啡公司的快速增长，要求更好地管理这些数据。公司依赖所谓的“英雄文化”进行数据治理。负责提供数据的不同组织设置它们负责的数据，例如客户记录、供应商记录或材料主数据。接收数据的部门将纠正任何不准确的地方，以确保生产正确的产品、下好订单、物品已发货。数据提供者被称为“英雄”，因为他们的工作对公司来说具有非常高的价值。在绿山咖啡公司快速增长之前，这些工作已经做得非常充分。然而，由于下游进行的数据修正并没有全部传达给数据提供者，并且该过程不可重复，等到下次使用数据时可能又需要进行更正，所以这增加了开展业务的时间和成本。另外，由于不同的“英雄”群体仅针对其特定的业务流程修正数据，这意味着从公司的角度管理数据是受限的。

到 2013 年，绿山咖啡公司传统的 ERP 系统已经不能适应业务发展的需要，所以它转而采用 SAP ERP。这使整个公司有机会审视如何管理数据，并采取必要措施以实现主数据管理、精确定义流程、设定整个组织中数据维护的标准以及进行全面的数据清理。主数据管理是组织努力为所有关键业务数据创建一个单一的主参考源，从而减少业务流程中的错误，并减少冗余。通过为关键信息提供一个参考点，主数据管理消除了当组织依赖多个冲突的数据源时而产生的冗余成本。

绿山咖啡公司聘请了 DATUM 有限责任公司以帮助它建立强大的数据治理框架。随着公司数据量的增加，离散的数据管理会削弱 SAP ERP 软件的效率和效益，因此建立数据治理框架是非常有必要的。DATUM 有限责任公司是一家位于马里兰州安纳波利斯的信息管理解决方案公司，提供数据治理软件和咨询服务。它的信息价值管理 SaaS（软件即服务）将业务目标转化为功能设计，以提高质量和处理速度。

DATUM 有限责任公司提供了定义以数据为中心的流程、信息价值和问责制的专业知识。通过整合最佳实践，信息价值管理提供了数据标准、治理规则、业务指标和业务流程的框架。这对分析、商业智能、数据治理、流程改进、绩效管理、ERP 实施和管理大数据都很有用。

信息价值管理可以与 SAP Information Steward 软件集成，该软件提供单一的环境以发现、评估、定义、监控和提高企业数据资产的质量。Information Steward 的功能包括用于发现数据特征和关系的模块，创建与运行数据验证规则，识别不良数据，提高数据质量，组织数据目录，定义数据业务方面的术语和将术语分类以及提供数据清理工具。Information Steward 有助于确保公司报告的一致性，以便公司的数据管理员可以轻松监控挂起的数据，并确保这些更改反映在组织的主数据管理中。信息价值管理还可以与企业信息管理（enterprise information management，EIM）的其他 SAP 解决方案一起使用，包括数据质量保证、主数据管理、内容管理和信息生命周期管理。

绿山咖啡公司已经使用 Information Steward 实施数据质量报告。当收集数据的时候，这些工具提醒用户填写必填的字段。这种能力降低了对“英雄文化”的需求，减少了重复性的错误以及重复修改下游的数据的情形。更好的数据质量会使公司做出更明智的业务决策，公司数据的用户也将更加信任业务流程中的数据。绿山咖啡公司相信，建立一个完全自动化的数据治理结构会使整个公司范围内的数据战略和标准保持一致，但这一工程直到 2020 年才能完成。

资料来源：Ken Murphy, “Keurig Green Mountain Brews Up Data Governance,” SAP Insider Profiles, January 2016; www.sap.com, accessed March 5, 2016; www.datumstrategy.com, accessed March 5, 2016; and Keurig Green Mountain Inc. Form 10-K, November 19, 2015.

案例分析题

1. 讨论绿山咖啡公司数据治理的作用。
2. 为了建立企业范围的数据治理，企业必须处理哪些管理、组织和技术问题？
3. 绿山咖啡公司的数据治理有哪些好处？
4. 数据治理如何改善运营和管理决策？

本章小结

1. 在传统文件环境下，管理数据资源会有什么问题？

传统文件管理技术使得组织很难系统地跟踪和整理所用到的数据，以便用户访问。各职能部门和团队可以开发独立的文件。久而久之，这种传统的文件管理环境产生了一系列问题，比如数据冗余与不一致、程序－数据依赖、不灵活、安全性低以及缺乏数据共享和可用性低。DBMS 通过软件解决这些问题，将数据和数据管理集中化，这样就可以保证公司所有需要的数据只有一个相同的数据来源。利用 DBMS 可使冗余与不一致的文件最少化。

2. DBMS 的主要功能是什么？为什么关系型数据库管理系统如此强大？

DBMS 的主要功能包括数据定义、数据字典和数据操纵语言。数据定义功能是明确数据库的结构和内容。数据字典是一个自动或手工文件，存储了数据库中数据的信息，包括名称、定义、格式和数据元素的描述。数据操纵语言是一种访问和操作数据库中数据的专业语言（如 SQL）。

由于关系型数据库的灵活性和易访问性，它已成为组织和维护信息系统中数据的主要方法。关系型数据库通过行与列关系的二维表组织数据。每个表包含数据的实体和属性。每一行代表一条记录，每一列代表一种属性或字段。为了便于检索或操作，每个表中包含一个关键字段作为每条记录的唯一识别字段。只要关系型数据库中任意两个表有一个共同的数据元素，就很容易将它们合并，并提供给用户所需要的数据。非关系型数据库因为能管理关系型数据模型不易处理的数据类型，变得越来越流行。关系型和非关系型数据库产品都可用于云计算服务。

设计数据库需要逻辑设计和物理设计。逻辑设计是从业务角度对数据库进行建模。组织的数据模型应该反映其关键的业务流程和决策要求。当设计关系型数据库时，我们将复杂的数据群分解成小型、稳定、灵活和自适应的数据结构的过程称为归一化。精心设计的关系型数据库不具有多对多的关系，特定实体的所有属性仅适用于该实体。通过完整性规则，我们可以使耦合表之间的关系保持一致。实体关系图以图形的方式描绘了关系型数据库中实体（表）之间的关系。

3. 为了提高企业绩效和改善决策，有哪些主要的工具和技术有助于访问数据库中的信息?

现代数据管理技术拥有一系列从企业不同类型的数据中获取有用信息的工具，包括半结构化和非结构化的大数据。这些功能包括数据仓库和数据集市、Hadoop、内存计算以及分析平台。联机分析处理（OLAP）以多维结构表示数据的关系，并且可以用数据立方体的形式使之可视化，从而进行更复杂的数据分析。数据挖掘可以通过分析大规模的数据，包括数据仓库的内容，寻找预测未来行为及指导决策的模式和规则。文本挖掘工具可以帮助企业分析大量的非结构化文本数据集合。网络挖掘工具从互联网上重点分析有用的模式和信息，包括分析网站结构、用户在网站上的行为以及网页内容。传统数据库可以通过中间件连接到网络或网络接口，以便用户访问组织内部的数据。

4. 为什么信息政策、数据管理和数据质量保障对于管理公司数据资源至关重要?

开发数据库环境除了需要良好的数据模型和数据库技术，还需要管理组织数据的政策和程序。一个正规的信息政策涉及组织信息的维护、分配和使用。在大型企业中，正规的数据管理职能部门负责企业的信息政策制定、数据规划、数据字典开发以及数据使用的监控。

不准确、不完整或不一致的数据可能导致企业产品定价、客户账户和库存数据方面的错误，还可能导致企业行动的决策失误，将会给企业带来严重的运营和财务问题。企业必须实施特别的措施以保障数据的高质量，包括使用企业级数据标准，最小化不一致性和冗余的数据，进行数据质量审计以及采用数据清洗软件。

MyMISLab

完成标有 MyMISLab 标记的问题，请到 MyMISLab 的 EOC 讨论问题部分。

复习题

6-1　在传统文件环境下，管理数据资源有哪些问题?

- 列出并描述数据层级中的每个组成部分。

- 定义并解释实体、属性与关键字段的重要性。
- 列出并描述传统文件环境的主要问题。

6-2 DBMS 的主要功能是什么？为什么关系型数据库管理系统如此强大？

- 定义数据库和数据库管理系统。
- 命名并简单描述 DBMS 的主要功能。
- 定义关系型数据库管理系统，并解释其如何组织数据。
- 列出并描述关系型数据库管理系统的三种操作。
- 解释为什么非关系型数据库非常有用。
- 定义并描述规范化和引用完整性，并解释它们在设计精良的关系型数据库中的作用。
- 定义和描述实体-关系图，并解释在数据库设计中的角色。

6-3 为了提高企业绩效和改善决策制定，从数据库中获得信息的主要工具和技术有哪些？

- 定义大数据，并描述管理、分析大数据的技术。
- 列出并描述现代商务智能基础设施的组成部分。
- 描述联机分析处理（OLAP）的功能。
- 定义数据挖掘，并描述它与联机分析处理有何不同，以及它提供哪些信息类型。
- 解释文本挖掘、网络数据挖掘与传统数据挖掘有什么不同。
- 描述用户是如何通过互联网访问公司内部数据库中的信息的。

6-4 为什么信息政策、数据管理和数据质量保证对于管理公司数据资源至关重要？

- 描述信息政策和数据管理在信息管理中的作用。
- 解释数据质量审计和数据清理的重要性。

讨论题

6-5 有一种说法是：没有糟糕的数据，只有低水平的管理。请讨论这句话的含义。
MyMISLab

6-6 最终用户应该在多大程度上参与数据库管理系统和数据库设计的选择？
MyMISLab

6-7 如果一个组织没有信息政策，会导致什么样的后果？
MyMISLab

MIS 实践项目

本部分项目能让你参与分析数据库质量问题，建立整个公司的数据标准，创建库存管理数据库以及通过互联网搜索在线数据库以获取海外商业资源。请访问 MyMISLab 的多媒体图书馆以获取本章 MIS 实践项目。

管理决策问题

6-8 Emerson Process Management 是一家提供测量、分析和监控仪器设备及服务的全球供应商，总部位于美国得克萨斯州奥斯汀市。公司设计了一个新数据仓库，通过分析顾客行为提升公司的服务和营销水平。然而，这个数据仓库中充斥着不正确和冗余的数据。数据仓库中的数据来自欧洲、亚洲和世界其他地方的大量的事务处理系统。设计这个数据仓库的团队自认为这些区域中的所有销售组织都采用同一种方式录入顾客姓名和地址，而实际上，这些不同国家的公司会使用多种方式输入报价、账单、装运和其他数据。评估这些数据质量问题带来的潜在商业影响。需要制定什么样的决策和采取什么样的措施才能解决这个问题？

6-9 你的行业供应公司想创建一个数据仓库，这样管理者就可以基于此了解全公司的关键销售信息，识别畅销产品、重要客户和销售趋势。你的销售和产品信息存储在不同的系统中，包括一个运行在 Unix 服务器上的事业部销售系统和一个运行在 IBM 大型机上的公司销售系统。你想创建一个单一的标准格式以统一这两个系统中的数据。在 MyMISLab 中，你能够看到推荐的格式和为数据仓库提供数据的两个系统的样本文件。然后请回答下列问题：

- 这些数据如果没有单一的标准格式将会产生什么样的业务问题？
- 创建一个能够存储来自两个系统数据的单一标准格式的数据库会很容易吗？确定必须解决的问题。
- 这些问题应该由数据库专家解决还是由一般的企业管理人员解决？请解释。
- 谁应该有权力最终确定数据仓库中公司级的统一信息格式？

卓越运营：建立库存管理的关系型数据库

软件技能：数据库 . 设计、查询和报告

业务技能：库存管理

6-10 在这个练习中，你会利用数据库软件为小型公司的仓库管理设计一个数据库。坐落于加利福尼亚州旧金山的 Sylvester 自行车商店，销售公路、山地、混合型、休闲和儿童自行车。目前，Sylvester 从三家供应商处进行采购，但计划在近期增加新的供应商。利用 MyMISLab 表中的信息，建立一个简单的关系型数据库以管理 Sylvester 的供应商和产品信息。在建好数据库之后，请你完成如下任务：

- 准备一份关于五款最贵自行车的报告，报告上应该按价格降序排列这些自行车，包括每款车现存的数量和加价率。
- 准备一份列出每个供应商的报告，包括它的产品、现有数量和补货标准的信息。该报告上的供应商需要按照名称中的字母顺序排列。每个供应商的产品也需要按照字母顺序排列。
- 准备一份只列出库存量低且需要补货的自行车的报告。报告中需要提供已确认产品的供应商信息。
- 写一份关于怎样改善数据库才可改善企业管理水平的简要报告。应该增加哪些表和字段？此外，还有什么其他报告是有用的？

改善决策：搜索在线数据库获取海外业务资源

软件技能：在线数据库

业务技能：海外运营的研究服务

6-11 本项目主要锻炼搜索在线数据库的技能，寻找在偏远地区的产品和服务信息。

你的公司位于北加利福尼亚州的格林斯伯勒，生产各种办公家具。你正在考虑在澳大利亚开一家工厂，生产并销售产品。你需要与能为你开设澳大利亚办公室和工厂提供相关服务的组织联系，包括律师、会计、进出口专家、通信设备和安装公司。访问下列在线数据库以确定本次出差你希望会见的公司：Australian Business Register（abr.gov.au）、Australia Trade Now（australiatradenow.com）和 the Nationwide Business Directory of Australia（www.nationwide.com.au）。如果有必要，可用雅虎和谷歌搜索引擎，然后完成下列任务：

列出本次你出差应该联系的公司名称，并确定它们在你建立办公室的过程中能给你提供哪些重要帮助。

从名称准确性、完整性、易用性和整体有效性方面评价你所使用过的数据库。

团队协作项目

6-12 与三四名同学组成一个小组，选择一个在线数据库进行研究，例如 AOL Music、iGo.com 或 Internet Movie Database。浏览其中一个网站，查看它提供的信息。然后列出公司运营这些网站必须在数据库中跟踪的实体和属性。列出你确定的实体之间的关系。如果可能，请使用 Google Docs、Google Drive 或 Google Sites，集思广益并制作演示文稿以报告你们的结果。

案例研究

我们能信任大数据吗

今天的公司要处理来自社交媒体、搜索引擎、传感器以及传统来源的“雪崩式”数据。据估计，世界各地每天产生 2.5 万亿字节的数据。好好利用“大数据”以改善决策和业务绩效，已经成为各种形式与规模的组织的主要机会之一，但也是巨大的挑战。

大数据帮助流媒体音乐服务 Spotify 为 7 500 万名全球用户提供个性化的服务。Spotify 利用收集到的关于用户听力习惯（每天超过 600G 字节）的大数据，设计高度个性化的产品，在特定的时刻吸引用户，而不是提供相同的、令人疲惫的形式。用户可以通过数据驱动功能不断增强听觉体验，例如新音乐发现工具、“跑步”工具以及“Taste Rewind”（通过分析他们现在听什么，告诉他们过去听了什么）。通过不断利用大数据调整服务，Spotify 希望能够创造完美的用户体验。

目前，已经出现了一些通过分析大数据帮助客户的服务。现在有一些在线服务能够使消费者查询数千种不同的航班和酒店，并进行预订，而这些事情以前是由旅行社进行处理的。例如，Skyscanner 的移动应用，在一个列表中显示来自网络的交易（以价格、持续时间或航空公司排序），所以旅客在自己的预算范围内不必在多个网站上进行预订。Skyscanner 使用来自 300 多家航空公司、旅行社的信息，通过算法将数据整合到一体的格式中，以保持定价的最新状态，并预测哪家公司会给特定的市场提供最优惠的价格。

大数据还在执法（见本章“互动讨论：组织”部分）、体育、教育、科学和医疗保健方面大显身手。最近麦肯锡全球研究所的报告估计，通过更好地整合和分析从临床试验到健康保险、“智能”跑步鞋的各项数据，美国医疗保健系统每年可以节省 3 000 亿美元，相当于每个美国人节省 1 000 美元。医疗保健公司正在分析大数据，以确定对慢性疾病和常见疾病最有效、最经济的治疗方法，并为患者提供个性化护理建议。

使用大数据也有一些限制。一些公司迫不及待地开始大数据项目，却没有首先为新信息建立业务目标。遨游在数字的海洋中并不一定意味着可以收集正确的信息，或者做出更明智的决定。

大数据分析专家认为，太多的公司被大数据的前景所诱惑，草率开展了大数据项目，但最后什么也没得到。这些公司盲目积累和分析大量的数据，没有明确的目标，也不知道分析大数据会如何实现它们的目标，或者希望大数据回答什么样的问题。Radius Intelligence Inc. 的创始人达里安·希里亚伊（Darian Shirzai）将这种现象比喻成在干草堆里寻找针。公司不知道自己在找什么，因为它们觉得大数据本身就能解决它们的问题。

据 Rose Business Technologies 公司的迈克尔·沃克（Michael Walker）介绍，该公司帮助其他公司建立大数据系统，绝大多数大数据项目并没有产生任何有价值的、可操作的结果。高德纳公司最近的一份报告指出，到 2017 年，60% 的大数据项目无法通过试点和实验，最终将被放弃，对于非常大型的大数据项目来说尤其如此。公司最好从目标较小的小型项目开始。

Hadoop 已经成为处理大数据的主要技术，因为它允许在一连串的廉价计算机上分布式处理大型非结构化和结构化的数据集。然而，Hadoop 不容易被使用，需要人们学习相当长的时间，并且不总适用于完成所有企业的大数据任务。例如，当纽约梅隆银行使用 Hadoop 定位交易系统中的故障时，Hadoop 在很小的范围内运行良好，但是当许多员工试图同时访问它时，它的速度就慢下来了。在该公司 13 000 名 IT 专家中，很少有人具备专业知识解决这个问题。当时的银行首席数据官大卫·格利森（David Gleason）表示，他喜欢 Hadoop，但是觉得还没到使用它的黄金时段。根据高德纳公司信息管理研究总监尼尔·海德克（Neil Heudecker）的介绍，最初用于网络索引的技术可能不足以用于完成企业大数据的任务。

公司通常需要做大量的工作才能将存储在旧系统中的数据与存储在 Hadoop 中的数据进行整合。虽然就某些任务而言，Hadoop 比传统数据库快得多，但通常还是不能立即响应查询或者实时处理传入的数据（例如使用智能手机位置数据生成即时优惠）。

Hadoop 供应商正在进行改进。例如，Hortonworks 生产了一种工具，可以让其他应用程序在 Hadoop 上运行。还有一些公司正在提供替代 Hadoop 的工具。Databricks 开发的 Spark 开源软件比 Hadoop 更加擅长处理实时数据；谷歌的子公司 Metanautix 正在试图完全取代 Hadoop。

企业很难找到足够的大数据分析工具（包括 Hive、Pig、Cassandra、MongoDB 或 Hadoop）方面的技术专家。除此之外，许多业务经理缺乏发现、操作、管理和解释数据所需的数学与统计技能。

即使拥有大数据专业知识，数据分析师也需要一些业务知识解决大数据问题。例如，如果一家制药公司实时监控 POS 机的数据，1 月出现了阿司匹林销售额的高峰，可能会认为流感正在加剧。然而，在投入销售资源并增加流感药物生产之前，公司会比较过去几年的销售模式。人们也可能在新年狂欢夜购买阿司匹林，因为他们容易喝醉酒。换句话说，分析师需要了解业务和在大数据方面的正确问题。

一些东西可以被测量，并不意味着它们应该被测量。例如，假设一家大公司希望通过 Twitter 上的关注量衡量其网站的流量。它建立一个数字仪表板，不断显示结果。过去，公司已经从贸易展览与会议中获得了许多销售机会，并最终实现销售。切换到以 Twitter 关注量作为衡量销售部门的关键指标后，销售部门的工作重心改变了。销售部门投入大量的精力和资源监控网站点击率与社交媒体流量，从而产生了许多不合格的潜在客户，从没达成真正的销售。

虽然大数据能够很好地检测相关性，特别是能够分析较小的数据集容易忽视的微小的相关性，但大数据分析并不一定表示因果关系或哪些相关性是有意义的。例如，检查大数据可能表明，2006 ~ 2011 年，美国的谋杀率与 Internet Explorer 的市场份额高度相关，因为两者都大幅下滑。但这并不一定意味着两种现象之间有任何有意义的联系。

几年前，谷歌开发了一种前所未有的算法，使用从网络搜索中收集的数据确定有多少人患流行性感冒，以及疾病的蔓延速度。它试图通过将人们的位置和谷歌上与流感相关的搜索查询相关联，以计算美国感染流感的人数。与美国疾病控制与预防中心（Centers for Disease Control and Prevention，CDC）收集的常规数据相比，该服务高估了流感发生率。根据谷歌流感趋势预测，2013 年 1 月中旬的流感高峰期，美国人口中有将近 11% 的人会患流感。然而，《自然科学》杂志上的一篇文章显示，谷歌的结果几乎是美国疾病控制与预防中心估计的两倍，美国疾病控制与预防中心估计只有 6% 的人口患流感。为什么会这样呢？几位科学家认为，谷歌被媒体报道误导，因为媒体称当年是美国流感的旺季，并且进一步将这一信息扩散。谷歌的算法仅仅看到了流感搜索请求的数量，而不是搜索的情景。

大数据还会提供这一问题的扭曲的场景。波士顿的 Street Bump 应用使用智能手机的加速度计检测道路坑洼，而不需要城市工人在街道巡逻。这个移动应用的用户在驾车时会收集道路状况的数据，并自动向市政府提供实时信息，以解决问题和规划长期投资。然而，Street Bump 实际产生的是一幅坑坑洼洼的地图，这有利于新的、富裕的地区，因为那里有更多的人拥有智能手机。每部智能手机上记录的每个路面的坑洞，与实际记录的每个坑洞不同。数据通常会包含系统偏差，所以人们应该仔细考虑，发现并纠正这些偏差。

不要忘记，大数据对信息安全和隐私也带来了一些挑战。正如第 4 章所指出的，企业现在正积极地收集和挖掘大数据，以了解人们的购物习惯、收入、爱好、住所和运动情况。他们正在使用这样的大数据发现关于人的新的情况，以微妙的模式对其进行分类，将其标记为“风险”(例如，贷款违约风险或健康风险)，以预测他们的行为，并操纵他们，获得最大利润。

当你将某人的个人信息与许多不同来源的数据组合时，你会推断出关于这个人新的情况(例如，他们目前具有帕金森病的早期迹象，或被无意识地吸引到蓝色或绿色的产品上)。如果被问及，大多数人可能不想透露这些信息，他们甚至都不知道这些信息的存在。隐私专家担心，如果没有正当程序、反击的能力，甚至在市场上受到歧视或操纵的知识，人们将会遭受不利的后果。

资料来源：Nicole Laskowski and Niel Nikolaisen, “Seven Big Data Problems and How to Avoid Them,” TechTarget Inc., 2016; “The Most Innovative Companies of 2016: Top Companies by Sector,” www.fastcompany.com, accessed March 4. 2016; Ed Burns, “Big Data Analytics Not Just a Grab and Go Process,” *Business Information*, February 2015; Elizabeth Dwoskin, “The Joys and Hype of Software Called Hadoop,” *Wall Street Journal*, December 16, 2014; Tim Harford, “Big Data: Are We Making a Big Mistake?” *Financial Times Magazine*, March 28, 2014; Laura Kolodny, “How Consumers Can Use Big Data,” *Wall Street Journal*, March 23, 2014; Joseph Stromberg, “Why Google Flu Trends Can't Track the Flu (Yet),” smithsonianmag.com, March 13, 2014; Gary Marcus and Ernest Davis, “Eight (No, Nine!) Problems with Big Data,” *New York Times*, April 6, 2014; and Shira Ovide, “Big Data, Big Blunders,” *Wall Street Journal*, March 11, 2013.

案例分析题

6-13 在本案例中，通过分析和使用大数据，公司和服务有什么商业利益？

6-14 指出本案例中使用大数据提升组织决策的两个例子，以及使用大数据没有提升组织决策的两个例子。

6-15 列出并描述使用大数据的局限性。

6-16 所有组织都应该尝试分析大数据吗？为什么？在公司决定使用大数据之前，应该解决在人员、组织和技术方面的什么问题？

MyMISLab

请到 MyMISLab 的作业部分完成这些写作练习。

6-17 请指出传统文件环境的五个问题，并解释数据库管理系统如何解决这些问题。

6-18 讨论以下方面如何促进大数据管理：Hadoop、内存计算、分析平台。

参考文献

Aiken, Peter, Mark Gillenson, Xihui Zhang, and David Rafner. "Data Management and Data Administration. Assessing 25 Years of Practice." *Journal of Database Management* (July-September 2011).

Barton, Dominic and David Court. "Making Advanced Analytics Work for You." *Harvard Business Review* (October 2012).

Beath, Cynthia, Irma Becerra-Fernandez, Jeanne Ross, and James Short. "Finding Value in the Information Explosion." *MIT Sloan Management Review* 53, No. 4 (Summer 2012).

Bughin, Jacques, John Livingston, and Sam Marwaha. "Seizing the Potential for Big Data." *McKinsey Quarterly* (October 2011).

Caserta, Joe and Elliott Cordo. "Data Warehousing in the Era of Big Data." *Big Data Quarterly* (January 19, 2016).

Clifford, James, Albert Croker, and Alex Tuzhilin. "On Data Representation and Use in a Temporal Relational DBMS." *Information Systems Research* 7, No. 3 (September 1996).

DataInformed. "The Database Decision: Key Considerations to Keep in Mind." Wellesley Information Services (2015).

Davenport, Thomas H. *Big Data at Work: Dispelling the Myths, Uncovering the Opportunities.* Boston, MA: Harvard Business School Press (2014).

Eckerson, Wayne W. "Analytics in the Era of Big Data: Exploring a Vast New Ecosystem." TechTarget (2012).

__________."Data Quality and the Bottom Line." The Data Warehousing Institute (2002).

Experian Information Solutions. "The 2016 Global Data Management Benchmark Report." (2016).

Henschen, Doug. "MetLife Uses NoSQL for Customer Service Breakthrough." *Information Week* (May 13, 2013).

Hoffer, Jeffrey A., Ramesh Venkataraman, and Heikki Toppi. *Modern Database Management* (12th ed.). Upper Saddle River, NJ: Prentice-Hall (2016).

Horst, Peter and Robert Dubroff. "Don't Let Big Data Bury Your Brand." *Harvard Business Review* (November 2015).

Jordan, John. "The Risks of Big Data for Companies." *Wall Street Journal* (October 20, 2013).

Kroenke, David M. and David Auer. *Database Processing: Fundamentals, Design, and Implementation* (14th ed.). Upper Saddle River, NJ: Prentice-Hall (2016).

Lee, Yang W. and Diane M. Strong. "Knowing-Why About Data Processes and Data Quality." *Journal of Management Information Systems* 20, No. 3 (Winter 2004).

Loveman, Gary. "Diamonds in the Datamine." *Harvard Business Review* (May 2003).

Marcus, Gary and Ernest Davis. "Eight (No, Nine!) Problems with Big Data." *New York Times* (April 6, 2014).

Martens, David and Foster Provost. "Explaining Data-Driven Document Classifications." *MIS Quarterly* 38, No. 1 (March 2014).

McAfee, Andrew and Erik Brynjolfsson. "Big Data: The Management Revolution." *Harvard Business Review* (October 2012).

McKinsey Global Institute. "Big Data: The Next Frontier for Innovation, Competition, and Productivity." McKinsey & Company (2011).

Morrow, Rich. "Apache Hadoop: The Swiss Army Knife of IT." Global Knowledge (2013).

Mulani, Narendra. "In-Memory Technology: Keeping Pace with Your Data." *Information Management* (February 27, 2013).

O'Keefe, Kate. "Real Prize in Caesars Fight: Data on Players." *Wall Street Journal* (March 19, 2015).

Redman, Thomas. *Data Driven: Profiting from Your Most Important Business Asset.* Boston: Harvard Business Press (2008).

Redman, Thomas C. "Data's Credibility Problem" *Harvard Business Review* (December 2013).

Ross, Jeanne W., Cynthia M. Beath, and Anne Quaadgras. "You May Not Need Big Data After All." *Harvard Business Review* (December 2013).

TechTarget Inc. "Identifying and Meeting the Challenges of Big Data." (2016).

Wallace, David J. "How Caesar's Entertainment Sustains a Data-Driven Culture." *DataInformed* (December 14, 2012).

Zoumpoulis, Spyros, Duncan Simester, and Theos Evgeniou, "Run Field Experiments to Make Sense of Your Big Data." *Harvard Business Review* (November 12, 2015).

CHAPTER7

第7章 通信、互联网和无线技术

LEARNING OBJECTIVES

学习目标

通过阅读本章，你将能够回答如下问题：

- 通信网络的主要组成部分和关键网络技术是什么？
- 网络有哪些种类？
- 互联网和互联网技术是如何工作的？它们是如何支持通信与电子商务的？
- 无线网络、通信和互联网接入的主要技术与标准是什么？

MyMISLab™

访问 mymislab.com 来获得模拟、辅导材料和课后问题。

开篇案例　RFID 帮助梅西百货追求全渠道战略

梅西百货是一家在美国、波多黎各、关岛和迪拜拥有 850 家百货公司（包括布鲁明戴尔）的主要零售连锁店，它也有自己的网上销售电子商务网站。梅西百货的连锁店以其流行的服饰、鞋类、家具和家居用品品牌的多样性而闻名。

为了保持竞争力，在其他竞争对手的零售连锁店使用互联网之后，梅西百货也决定采取全渠道的零售战略。全渠道的方法是指用户无论是采用电脑或移动设备通过网络、电话还是在实体店里购买，都能为用户提供无缝的购物体验。梅西百货希望用户能够随时随地选择任何方式购买。梅西百货的销售人员可以从其他商店或在线配送中心选择商品以销售可能缺货的商品。这就意味着梅西百货的零售商店为所有来源的订单提供履行订单的服务。如果用户在网上看到一条男孩穿的短裤在印第安纳州的 Southlake 购物中心的店里出售，那么这意味着这条短裤在这个地方有存货。

做出这种程序并不那么容易。零售商通常不会在网络购物中列出特定的商品最后几件在哪里有库存，因为他们对库存的准确性没有足够的信心，无法确保该商品实际在那个地方确实有库存。这些最后剩余的商品通常被标记或不被出售，它们占库存的 15% ~ 20%，极大地提高了成本，减少了利润。

为了解决这个问题，并从全渠道销售中获得最大的收益，梅西百货基于 Tyco 公司的 TrueVUE RFID 可见库存平台，实施了一个名为“最后一件商品”（Pick to the Last Unit，P2LU）的无线射频识别（RFID）系统。P2LU 可以确保任何商店中的最后一件商品都能轻松地被找到，并被出售。在所有美国的梅西百货里出售的各种常规性补货产品（如男士衬衫、内衣和女鞋），供应商都在里面贴了超高频 RFID 标签。梅西百货的销售人员使用 Zebra 科技生产的 MC3190-Z 手持 RFID 阅读器激活每个 RFID 标签，读取标签里面内含的数据。然后 RFID 阅读器又将 RFID 数据传输到梅西百货的库存系统中。使用 RFID 阅读器，梅西百货的员工可以扫描堆叠在衣架上的每一条李维斯牛仔裤，并确定它存放在哪个销售楼层的后台。来自扫描的数据会被自动更新到梅西百货的库存系统中，并用于生成补货订单。

在梅西百货实施该系统之前，由于盗窃或登记错误，库存量以每月 2% ~ 3% 的速度减少。在 11 月销售旺季开始时，店内库存盘点的准确率仅为 60% ~ 70%。如此不准确的库存信息导致销量的损失非常大。

如今，梅西百货对库存的准确性有足够的信心，即使库存里只剩下一件商品，也可以利用每家商店的每一件商品完成订单。部署 RFID 系统降低了临时库存需求的 1/3，从而降低了成本，消除了梅西百货 10 亿美元的库存占用款。当然，如果客户需要更多的产品，也会有更多的产品可供销售。

除了扩展其无源 EPC 超高频（UHF）RFID 标签外，梅西百货还在所有商店的多个部门部署了 Shopkick 蓝牙低功耗（BLE）信标。如果客户有 Shopkick 应用，例如在走进商店的手提包部门时，该购物者的移动设备就会收到一些特定手提包折扣的促销信息。

资料来源：Claire Swedberg, “Macy’s Launches Pick to the Last Unit Program for Omnichannel Sales,” *RFID Journal*, January 26, 2016; Tyco Retail Solutions, “Macy’s Leverages the Power of RFID to Fuel Successful Omni-Channel Fulfillment Strategy,” January 18, 2016; and “The Magic of Macy’s: Leveraging RFID for ‘Pick to the Last Unit’ Omni-Channel Fulfillment,” Tyco Retail Solutions, 2016; www.sensormatic.com, accessed May 27, 2016; and Bob Trebilcock, “RFID: The Macy’s Way,” *Modern Materials Handling,* June 1, 2013.

梅西百货的经验说明当代网络技术提供了一些强大的功能和机会。梅西百货的连锁店使用了无线网络和射频识别（RFID）技术以密切跟踪库存信息，并为移动设备上的客户提供现场销售服务。蓝牙无线网络技术还通过拓展与移动设备用户之间的关系，帮助梅西百货增加销售量。

下图提出了该案例和本章的重点内容。梅西百货有很多竞争对手，必须采取全渠道的战略保持竞争力。同时，它也希望利用新的移动网络技术。

提高库存准确性对于全渠道战略和“随时随地购买”模式是至关重要的。梅西百货的 P2LU 不是跟踪货物或托盘的情况，而是使用 RFID 跟踪货架上的每个物品。由于采用了 RFID 库存跟踪系统，梅西百货对连锁店、网络销售以及整个供应链中的库存有了全面的了解。

如今，梅西百货可以最大限度地提高收入。梅西百货能够销售库存中的每件商品，不会存在浪费库存的情况。同时，它也最大限度地提高了全渠道计划的销售收入，改善了整体客户体验。

我们需要考虑一些问题：为什么无线技术在梅西百货中扮演了如此重要的角色？请描述 RFID 和 Shopkick 系统是如何改变梅西百货的销售和订购流程的。

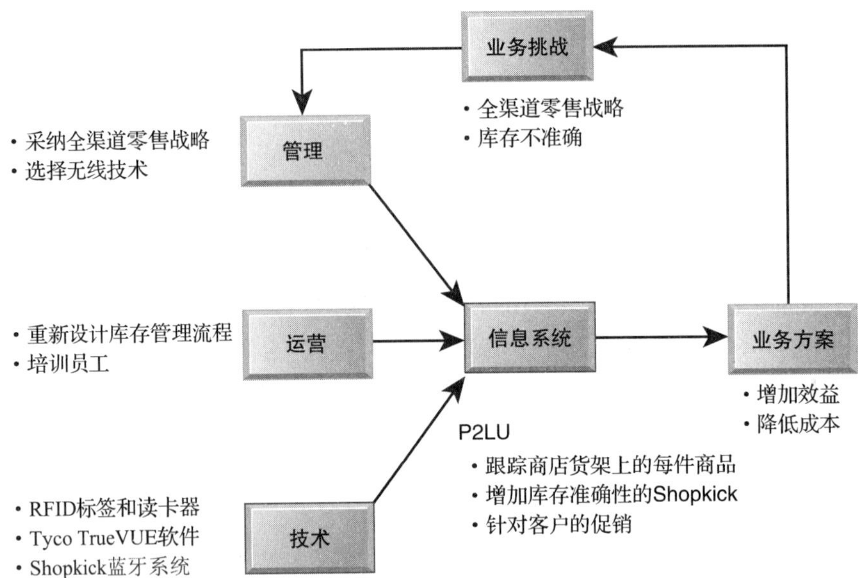

7.1 通信网络和关键网络技术的主要组件是什么

如果你运营企业或在企业工作，则你离不开网络。你需要快速地与客户、供应商和员工沟通。在 1990 年之前，企业一般使用邮政系统、语音电话或传真系统沟通。然而现在，企业员工通过电脑、电子邮件、短信、互联网、移动电话和笔记本电脑连接到无线网上以进行沟通。如今，网络和互联网几乎已经与“做生意”同义。

7.1.1 网络和通信的趋势

过去，公司使用两种完全不同类型的网络：电话网络和计算机网络。电话网络处理语音通信，而计算机网络处理数据通信。在整个 20 世纪，人们都使用语音传输技术（硬件和软件），由电话公司建立电话网络，世界各地的电信运营商几乎都是垄断经营。计算机网络最初是由计算机公司为在不同地方的计算机之间传输数据而建立的。

由于对电信的管制不断放松和信息技术的持续创新，电话和计算机网络共享网络标准与设备，融合成一个单一的数字网络。今天的电信运营商，例如美国 AT&T 和威瑞森，提供数据传输、互联网接入、移动电话服务和电视节目以及语音服务。有线电视公司，如 Cablevision 和 Comcast，提供语音服务和互联网接入。计算机网络已经扩展到网络电话和视频服务。

语音和数据通信网络都变得更强大（快）、更便携（小和移动）和更便宜。例如，2000 年，互联网连接速度通常是每秒 56Kbit/s，但如今，在美国家庭用户中，超过 74% 的用户通过使用电信公司和有线电视公司提供的高速**宽带**（broadband），网络运行速度可达每秒 1 ～ 15Mbit/s。服务成本也从 2000 年的 25 美分 /Kbit 呈指数级下降，到如今远低于 1 美分 /Kbit。

语音和数据通信以及互联网接入正逐渐被宽带无线平台所取代，例如移动手机、移动手持设备和计算机无线网络。超过一半的美国互联网用户使用智能手机和平板电脑访问互联网。

7.1.2 什么是计算机网络

如果在同一个办公室里连接两个或更多员工的计算机，那么你需要一个计算机网络。网络最简单的形式是两台或两台以上的计算机相连。图 7-1 显示了一个简单的网络包含的主要硬件、软件和传输组件：计算机、存于专用服务器计算机上的网络操作系统（NOS）、连接设备的电缆、交换机和一个路由器。

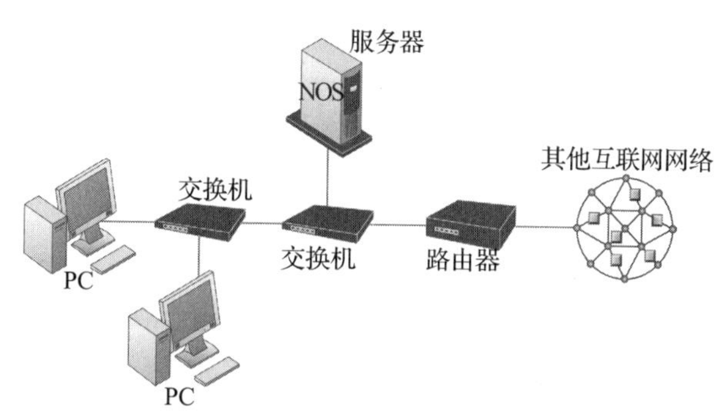

图 7-1 简单的计算机网络组件

该图给出了一个简单的计算机网络，包括计算机、存于专用服务器计算机上的网络操作系统（NOS）、连接设备的电缆、交换机和一个路由器。

网络里的每台计算机包含一个用来连接计算机到网络的网络接口设备。用来连接网络组件的连接介质可以是一根电话线、同轴电缆或针对手机的无线信号和无线局域网络（Wi-Fi 网络）。

网络操作系统（network operating system，NOS）负责管理网络通信和协调网络资源。它可以属于网络中的每台计算机，也可以属于网络上的所有应用程序专用的服务器计算机。服务器计算机是在计算机网络上对客户端计算机执行重要网络功能的计算机，例如显示网页、存储数据和存储网络操作系统（因此能够控制网络）。微软的 Windows 服务器、Linux 和 Novell 开放企业服务器等是应用最广泛的网络操作系统。

大多数网络还包含交换机或作为计算机之间连接点的集线器。**集线器**（hubs）是连接网络组件、向其他连接设备发送数据包的简单设备。**交换机**（switch）比集线器更智能，能过滤和转发数据到网络上指定的目的地。

如果想和另一个网络（如互联网）通信，该怎么办呢？你需要一个路由器。**路由器**（router）是在不同的网络中，将数据包按不同路径传输，确保数据发送到正确地址的通信处理器。

网络交换机和路由器有内置于硬件的专有软件，用来指挥网络中数据的传递。这会带来网络瓶颈，使网络配置过程更复杂和耗时。**软件定义网络**（software-defined networking，SDN）是一种新的网络方法，许多控制功能由一个独立于网络设备的廉价服务器上运行的核心程序管理。这对于有许多不同硬件的云计算环境尤其有用，因为它允许网络管理员以一种更加灵活和有效的方式管理通信负荷。

大公司里的网络

上面所描述的网络可能适合小企业，拥有许多分公司和成千上万员工的大公司是什么样的呢？随着企业的成长，小的网络可以构成企业范围内的网络基础设施。一家公司的网络基础设施由大量连接到其他局域网的小型局域网和企业内部网组成。许多强大的服务器可以支持企业的网站、企业内部网以及外部网。一些服务器连接到其他大型计算机中支持后台系统。

图 7-2 描述了更复杂、更大规模的企业网络。从该图可以看到，公司网络基础设施支持

使用移动手机 / 智能手机的销售团队、移动员工链接到公司网站、公司内部网使用无线局域网（Wi-Fi 网络）。除了这些计算机网络，公司的基础设施通常包括一个独立的电话网络，处理大多数语音数据。许多公司正摒弃传统电话网络，而使用运行在现有数据网络上的网络电话（稍后对此进行介绍）。

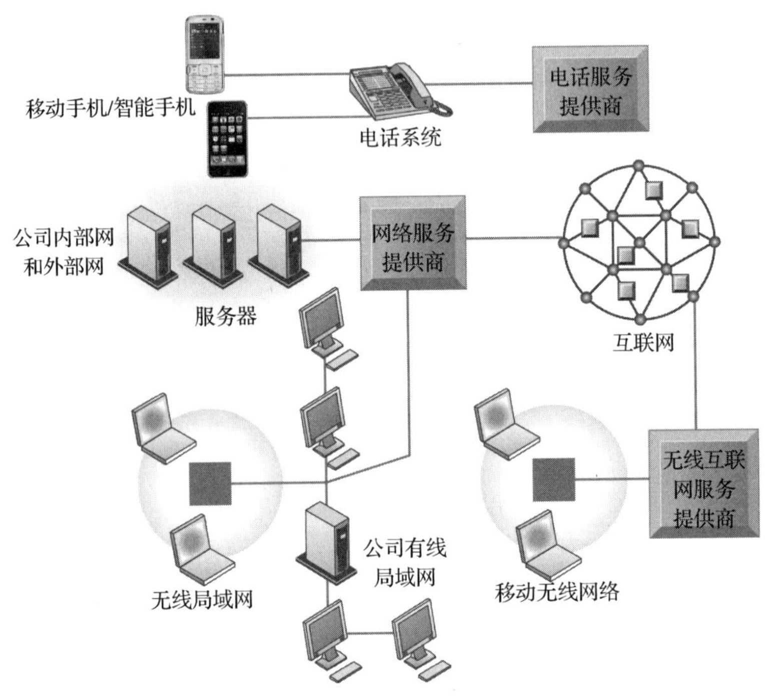

图 7-2　企业网络基础设施

现代的企业网络基础设施是一个由许多不同网络组成的集合，从公共交换电话网络、互联网，到连接企业工作团队、部门或办公楼的企业局域网。

从该图可以看到，大型企业的网络基础设施使用多种技术：从普通的电话服务和企业数据网络到互联网服务、无线互联网和移动电话。如今的公司面临的主要问题之一是，如何将不同的通信网络和渠道整合成一个连贯的系统，能够使信息从公司的一处流动到另一处，从一个系统流动到另一个系统。

7.1.3　关键数字网络技术

当代数字网络和互联网以下面三项关键技术为基础：客户机 / 服务器计算、分组交换以及连接不同网络和计算机的通信标准（其中最重要的是传输控制协议 / 网际协议，TCP/IP）。

1. 客户机 / 服务器计算

在第 5 章中介绍的客户机 / 服务器是一个分布式计算模型，其中部分处理工作由一些价格便宜的小型客户端计算机完成，包括台式电脑、笔记本电脑或手持设备。这些强大的客户端，在网络服务器计算机的控制下，通过网络相互联系。这个服务器设置网络通信规则，并为每个客户端分配一个地址，这样其他人就可以在网络上找到它。

客户机 / 服务器计算已经在很大程度上取代了集中式主机处理技术。在集中式主机处理中，由一台大型中央主机电脑完成几乎所有的处理任务。客户机 / 服务器已经扩展至处理部门、工作组、车间及其他无法由集中式构架提供服务的业务。这也使得诸如 PC、笔记本电脑和移动电话之类的个人计算设备可以连接到互联网上。互联网是最大的客户机 / 服务器计算实现的典范。

2. 分组交换

分组交换（packet switching）是一种先将数据信息分割成数据包，沿着不同的可用通信路径发送数据包，然后在到达目的地后再组装数据包的方法（见图 7-3）。在分组交换发展之前，计算机网络使用租用的专用电话线路与其他远程计算机通信。在电路交换网络中，如电话系统，先组建一个完整的点对点的电路，然后才能进行通信。这些专用的电路交换技术非常昂贵，并且会浪费可用的通信能力，因为无论是否有数据传输，电路都要维持可用状态。

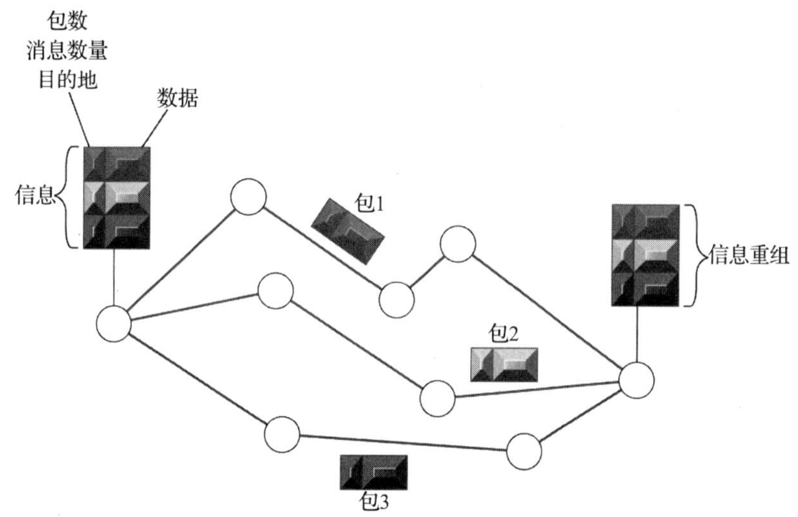

图 7-3　盒装交换网络和分组通信

数据被分为小的数据包，通过不同的通信渠道独立传输并在最终目的地重新组合。

分组交换能更有效地使用网络通信能力。在分组交换的网络中，信息首先被分解为小的、固定的数据包。数据包包括地址信息和检查数据传输错误的信息。数据包经由路由器在各种通信信道传输，每个包都是单独传输的。来自同一数据源的数据包被路由器分发到许多不同的路径和网络传输中，在到达目的地时重新合并成原始信息。

3. TCP/IP 和互联

在典型的电信网络中，不同的硬件和软件组件需要共同传输信息。同一网络中的不同组件相互通信必须采用一组通用的规则，称为协议。**协议**（protocol）是一套规则和程序，用于管理网络中两点之间传输的信息。

过去，多个不同的专有和不兼容的协议常常迫使企业从单一供应商处购买计算和通信设备。但是如今，企业网络越来越多地使用单一通用的全球标准，即**传输控制协议 / 网际协议**（Transmission Control Protocol/Internet Protocol，TCP/IP）。TCP/IP 协议在 20 世纪 70 年代早期得以发展，被美国国防部高级研究计划局用于帮助科学家实现在不同类型的计算机之间远距离传输数据。

TCP/IP 使用一系列协议，主要是 TCP 和 IP。TCP 是指传输控制协议，处理数据在计算机之间的传输。TCP 在计算机间建立连接，按序列传输数据包，确认发送数据包。IP 是指互联网协议，负责交付数据包和在传输过程中拆分与重组数据包。图 7-4 说明了美国国防部 TCP/IP 参考模型的四个层次。具体分层描述如下：

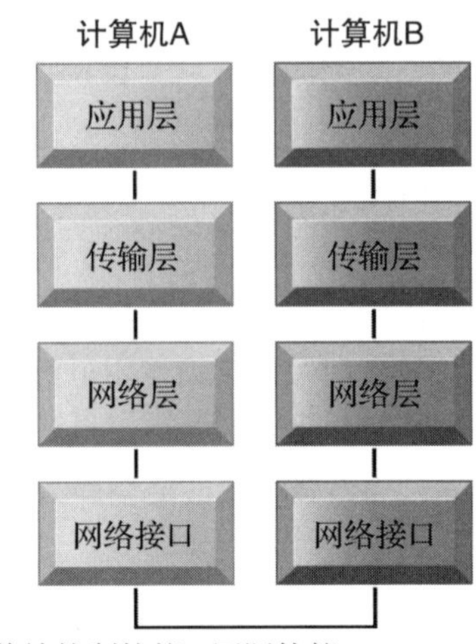

图 7-4 传输控制协议 / 网际协议 (TCP/IP) 参考模型

此图说明了 TCP/IP 通信协议参考模型的四个层次。

（1）应用层。应用层允许客户机应用程序访问其他层，并定义应用程序用来交换数据的协议。其中一个应用程序协议是超文本传输协议（HTTP），用来传输网页文件。

（2）传输层。传输层负责提供应用层通信和分组业务。这一层包括 TCP 和别的协议。

（3）网络层。网络层负责寻址、分发和打包数据包，称为 IP 数据包。网际协议是用于此层的协议之一。

（4）网络接口。在参考模型的底层，网络接口层负责通过任何一种网络技术从中间网络层接收数据包。

即使是基于不同的硬件和软件平台的两台计算机，都可通过 TCP/IP 协议通信。数据从一台计算机通过 TCP/IP 的四层发送到另一台计算机上，从计算机的应用层开始发送，通过网络接口层。在数据到达接收者主机时，如果接收者主机收到一个损坏的包，那么它会要求发送数据的计算机重新发送。当接收者主机给予正确的响应时，则进行反向过程。

7.2 网络的不同类型是什么

让我们进一步关注可用于企业的其他网络技术。

7.2.1 信号：数字信号 vs. 模拟信号

网络通信有两种方式：模拟信号与数字信号。模拟信号由通过通信媒介产生的连续波形表示，用于语音通信。最常见的模拟设备有电话机、电脑扬声器或 iPod 耳机，所有这些设备都会产生耳朵可以听得到的模拟波形。

数字信号则是离散的二进制波形，不是连续的波形。数字信号的通信信息作为字符串有两个离散状态：1 和 0，分别表示电脉冲的开和关。计算机使用的是数字信号，所以需要一个调制解调器将这些数字信号转换成模拟信号，这样才可以通过电话线、有线电视线或使用模拟信号的无线介质接收和发送（见图 7-5）。**调制解调器**（modem）包括调制器和解调器。电缆调制解调器通过有线网络将电脑连接到互联网上。DSL 调制解调器通过电信公司的固定电话网络将电脑连接到互联网上。无线调制解调器和传统的调制解调器具有相同的功能，可将计算机连接到无线网络上（可以是手机网络或 Wi-Fi 网络）。

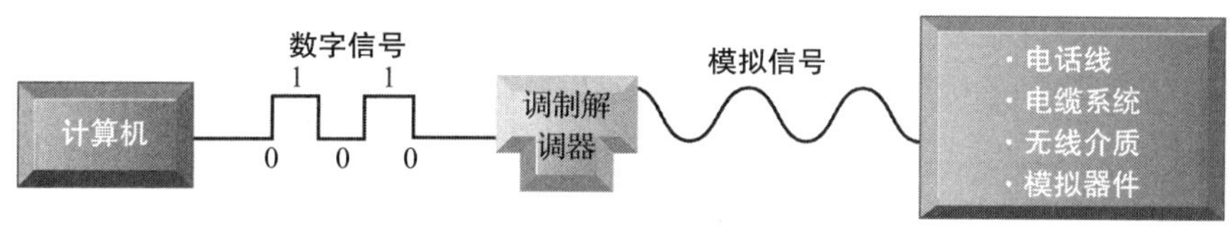

图 7-5　调制解调器的功能

调制解调器是一种将数字信号转换成模拟信号（反之亦然）的装置，以便计算机可以通过模拟网络（例如电话和有线网络）传输数据。

7.2.2　网络类型

网络有许多不同的种类，并有多种分类的方法，其中一种分类的方法就是根据网络的地理范围分类（见表 7-1）。

表 7-1　网络类型

类型	范围
局域网 (LAN)	可达 500 米，办公室或楼层
校园区域网 (CAN)	可达 1 000 米，大学校园或企业设施
城域网 (MAN)	城市或大都市区
广域网 (WAN)	跨洲或全球性的地区

1. 局域网

如果你在一家使用网络的企业工作，你可能会通过局域网（LAN）同其他员工和团队连接。**局域网**（local area network，LAN）可以连接周围半径 500 米之内的个人计算机和其他数字设备。局域网通常用来连接一个小办公室内的几台计算机、同一栋楼内的所有计算机或附近一些建筑物内的所有计算机。局域网也被用于连接远距离的广域网络（广域网，将在本节后面介绍）和其他世界各地使用互联网的网络。

回顾图 7-1，该简单的计算机网络可以作为小型局域网模型在办公室使用。计算机是一种专用网络文件服务器，为用户提供所访问网络中的共享计算资源，包括软件程序和数据文件。

服务器决定由谁访问什么内容，以及排队序列。路由器连接局域网和其他网络，可以是互联网或另一个公司网络，这样局域网就可以与外部网络进行信息交换。最常见的局域网操作系统是 Windows、Linux 和 Novell。

在物理网络层面，以太网是占主导地位的局域网标准。它规定计算机之间的物理介质、访问的控制规则和系统中用于传输数据的一套标准化位数。最初，以太网支持的数据传输速率仅为 10Mbps。而现在较新的版本，例如千兆以太网，可支持的数据传输速率为每秒 1Gbps。

图 7-1 所示的局域网采用了客户机 / 服务器体系结构，该网络操作系统主要位于一个简单的服务器中（服务器主要为网络提供控制能力和资源）。另外，局域网也可以使用点对点结构。点对点网络平等地对待所有的处理器，主要用于少于 10 个用户的小型网络中。网络上不同的计算机可以通过直接接入交换数据，并且不通过独立的服务器共享外围设备。

较大的局域网有许多客户端和多个服务器。每个独立的服务器可用于特定的服务，例如存储和管理文件与数据库（文件服务器或数据库服务器）、管理打印机（打印服务器）、存储和管理电子邮件（邮件服务器）或存储网页（Web 服务器）。

2. 城域网和广域网

广域网（wide area networks，WAN）可以跨越广泛的地理距离，如整个地区、国家、大洲甚至整个地球。最常见和最强大的广域网是互联网，计算机通过公共网络连接到广域网，例如电话系统、专用电缆系统、租用线路或卫星。**城域网**（metropolitan area network，MAN）则是跨越大都市（通常为中心城区和其主要郊区）的网络，其地理范围介于广域网和局域网之间。

7.2.3 传输媒介和传输速度

网络使用不同种类的物理传输介质，包括双绞线、同轴电缆、光纤电缆和无线传输介质，每种介质都有其优点和局限性。任何介质都有一个很宽范围的传输速度，这取决于软件和硬件的配置。表 7-2 列出了这些介质的不同特性。

表 7-2 物理传输介质

传输介质	说明	传输速度
双绞线（CAT5）	由多股铜线绞合而成，用于语音和数据通信。CAT5 是最常见的 10Mbps LAN 电缆，最大运行距离为 100 米	10 ～ 100+Mbps
同轴电缆	厚绝缘铜线，具有高速数据传输速度，比绞线少受干扰。目前用于有线电视和较远的网络（超过 100 米）	可达 1Gbps
光纤电缆	透明的玻璃纤维，由激光器产生的光脉冲传输数据，用于高速传输数据，比其他的物理传输介质更昂贵，难以安装，通常用于骨干网	500Kbps 至 6 + Tbps
无线传输介质	基于各种频率的无线电信号，包括地面、卫星微波系统和蜂窝网络，用于长距离、无线通信和互联网接入	可达 600 + Mbps

带宽：传输速度

通过通信介质发送的数字信息总量可以用比特每秒（bps）衡量。一个信号的变化或循环，需要发送一个或几个比特，因此，每种类型的通信介质的传输容量是频率的函数。通过媒介传输，每秒的周期数以**赫兹**（hertz）为单位测量。赫兹等于该介质的一个周期。

在一个特定的通信信道内，可容纳的频率范围称为信道**带宽**（bandwidth）。带宽是单个通道上的最高频率和最低频率之间的差值。频率的范围越大，带宽越大，则信道的传输容量也就越大。

7.3 互联网和互联网技术如何工作？它们如何支持沟通和电子商务

互联网已经变成了一种不可或缺的个人和商业工具。但是，互联网究竟是什么？如何工作？互联网技术对商业提供了些什么？让我们来了解一下互联网最重要的特征。

7.3.1 什么是互联网

互联网已经成为世界上应用最广泛的公共通信系统。它最大限度地实现了客户 / 服务器的计算技术和网络互联，可以同世界各地上百万的个人网络相连接。这种全球网络始于 20

世纪 70 年代初期，当时作为美国国防部的网络，连接世界各地的科学家和大学教授。

大多数家庭和小企业通过向互联网服务供应商订阅连接到互联网上。**互联网服务供应商**（lnternet service provider，ISP）是一个拥有永久连接互联网权限的商业组织，销售临时连接权限给零售用户。EarthLink、NetZero、AT&T 和时代华纳都是互联网服务供应商。个人同样可以通过其所在公司、大学或者研究中心等拥有指定网络域名的组织连接到互联网上。

ISP 的互联网连接有多种服务方式。通过传统的电话线和调制解调器连接（网络速度为 56.6Kbps）曾是世界上最常见的连接，但它现在基本上已被宽带连接所取代。数字用户线路、电缆、卫星网络连接和 T 线路共同提供了这些宽带服务。

数字用户线路（digital subscriber line，DSL）技术运用现有电话线传递声音、数据和视频。由于使用类型和距离的关系，其传输速度在 385Kbps ～ 40Mbps。**有线互联网连接**（cable internet connections）是由有线电视供应商利用数字有线电视同轴电缆线路向家庭和企业提供高速互联网接入。尽管大多数供应商提供的网络连接服务在 1Mbps ～ 6Mbps，但是其提供的高速互联网接口最高速度可达 50Mbps。在 DSL 和有线服务不可用的区域，我们可以通过卫星上网，尽管一些卫星网络连接的数据上传速度低于其他宽带服务。

T1 和 T3 是国际电话数字通信标准。它们是被租用的专用线路，适用于需要保证高速通信服务水平的企业或政府机构。**T1 线路**（T1 lines）保证发送速度可达 1.54Mbps，而 T3 线路提供的传送速度可达 45Mbps。互联网不提供类似这种有保证的通信服务水平，而仅仅是“尽力而为”。

7.3.2 网络寻址和构架

如本章前面所述，互联网以 TCP/IP 网络协议套件为基础。在互联网中，每台计算机都被分配了一个独一无二的**网络协议地址**（internet protocol address）。目前代表一个 32 比特的数字，由 4 个 0 ～ 255 的周期性数字串组成，例如 www.microsoft.com 的 IP 地址是 207.46.250.119。

当一个用户在互联网上向另一个用户发送消息时，这个消息基于 TCP 协议首先被分解成数据包。每个数据包包含目标地址。接着，这些包从客户端被发送到网络服务器上，再从这里到其他必要的服务器，最后到已知地址的特定计算机上。到达目标地址时，这些数据包重新组装成原始消息。

1. 域名系统

由于用户要记住 12 个数字的字符串相当困难，**域名系统**（domain name system，DNS）就用域名代替 IP 地址。**域名**（domain name）就是每台计算机连接互联网唯一的 32 比特 IP 地址对应的英文名称。DNS 服务器使数据库所包含的 IP 地址映射到相应的域名上。用户想要访问在互联网上的计算机，只需要知道域名即可。

DNS 具有一种层次结构（见图 7-6）。DNS 层次结构的最上层被称为根域。这个根的子域被称为顶级域名，同时这个顶级域名的子域被称为二级域名。顶级域名是上网者熟悉的具有两三个特征的名字，例如 .com、.edu、.gov 和其他各国的代码（如 .ca 代表加拿大或者 .it 代表意大利）。二级域名分为两部分：选定的一个顶级名字和一个二级名字，比如 buy.com、nyu.edu 或 amazon.ca。在层次结构底部的主机是指在互联网或专用网络中特定的计算机。

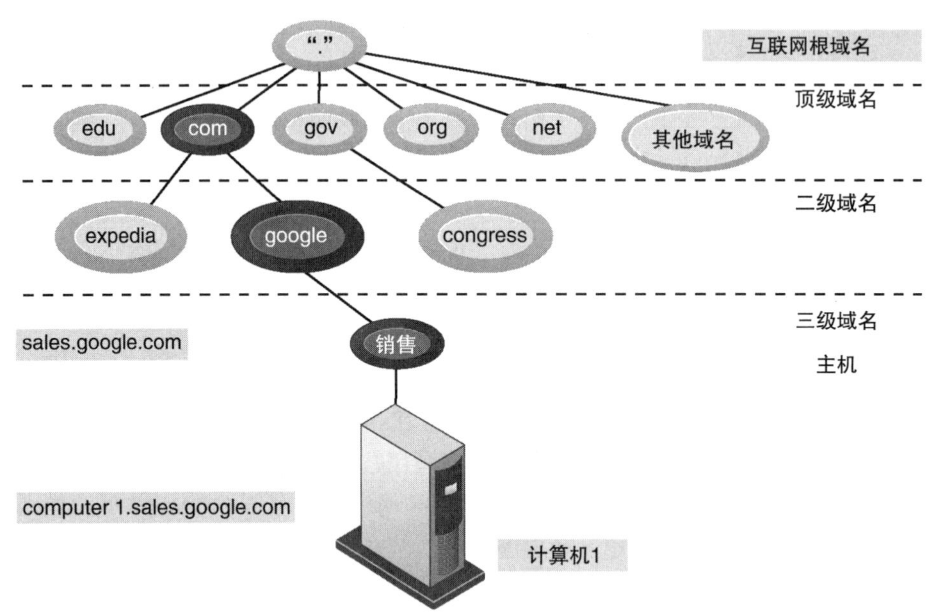

图 7-6 域名系统

域名系统是一个分层系统，包括根域名、顶级域名、二级域名和位于第三级的主机。

目前最常见的、可用的、官方允许的域名扩展如下所示。国家也有自己的域名，如 .uk、.au 和 .fr(分别对应英国、澳大利亚和法国)。国际上的新的顶级域名使用非英文字符。未来，这个列表会包括更多的组织和行业。

.com	Commercial organization/businesses	商业组织 / 事业
.edu	Educational institutions	教育机构
.gov	U.S. Government agencies	美国政府机关
.mil	U.S. Military	美国军事
.net	Network computers	网络计算机
.org	Nonprofit organizations and foundations	非营利组织
.biz	Business firms	商业公司
.info	Information providers	信息供应商

2. 网络架构和治理

洲际高速骨干网传输着互联网数据流，一般速度在 45Mbps ～ 2.5Gbps（见图 7-7）。这些主干线通常属于长途电话公司（称为网络服务供应商）或国家。在美国，本地通信线路属于区域电话公司和有线电视公司。家庭和企业的零售用户通过通信线路连接到互联网。租赁区域网络可以访问 ISP、私营企业和政府机构。

每个组织都要为自己的网络和本地网络连接服务付费，其中一部分要支付给远程中继线的所有者。个人互联网用户需要对使用 ISP 服务付费，无论他们是否经常使用网络，通常都要付一笔订阅费用。目前的争论在于这样的模式是否要继续，那些下载大量视频和音乐文件的网络使用者是否应该为多占用的带宽付费。我们在“互动讨论：组织”部分通过分析网络中立的利弊探讨这个话题。

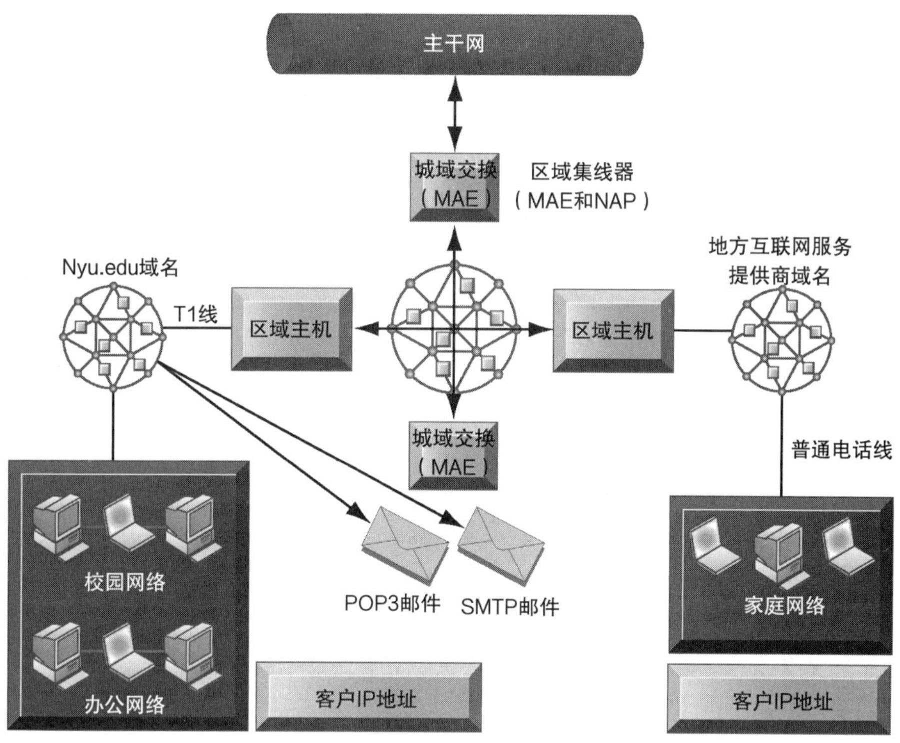

图 7-7 互联网网络结构

互联网的主干网连接区域网，依次帮助接入互联网提供商、大公司和政府机构。网络接入点（NAP）和城域交换（MAE）是主干网交叉区域、地方网络与其他主干网拥有者连接处的中心。

互联网不属于任何人，也没有人对它正式地管理。然而，全球互联网规则由许多专业组织和政府机构建立，包括帮助定义互联网总体结构的互联网架构委员会（Internet Architecture Board，IAB）、互联网名称与数字地址分配机构（Internet Corporation for Assigned Names and Numbers，ICANN）、万维网联盟（World Wide Web Consortium，W3C；负责设置超文本标记语言和其他的 Web 编程标准）。

这些组织影响着政府机关、网络所有者、ISP 和软件开发商，使他们尽可能保持互联网有效率地运作。互联网必须遵守所在的主权民族国家的法律，以及这个国家的技术基础设施。虽然早期的互联网和 Web 立法或行政干预很少，但是随着互联网在传播信息和知识（包括一些不当的内容）中发挥着越来越重要的作用，这种情况正在改变。

⊙互动讨论：组织

网络中立之战

你是哪种互联网使用者？你主要用网络发送一些电子邮件和登录网上银行？或者你整天在线，看 YouTube 视频，下载音乐或玩网络游戏？你只是把 iPhone 当作电视、电影的显示屏？如果你是个资深的互联网或者智能手机用户，你正在消费大量的带宽。成千上万像你一样的人会使互联网速度变慢吗？

Netflix 上的视频流占美国所有使用带宽的 32%；谷歌的 YouTube 在高峰时段占据了 19% 的网络流量。如果用户需求超过网络容量，互联网可能不会停止，但用户可能会面临下载速度和视频传输非常慢的境况。在纽约和旧金山这样的城市地区，大量使用 iPhone 已经降低了 AT&T 无线网络的服务。AT&T 报告称，3/100 的用户占据了 40% 的数据流量。

互联网服务提供商（ISP）断言，网络拥塞是一个严重的问题，扩大网络需要将负担转嫁给消费者。这些公司认为，差别定价方法（包括基于所消耗的带宽计量计费）是为其网络基础设施进行必要投资的最公平的方式。然而，由于关于网络中立的争论一直在持续，计量计费并不被广泛接受。

网络中立是这样的一种观点：不管内容的来源和性质如何，网络服务供应商必须允许客户平等地访问内容和应用。目前，互联网确实是中立的：互联网流量以先到先得的方式平等对待互联网骨干网的所有者。但是，这样会阻碍电信公司和有线电视公司按照基于互联网传送的内容所消费带宽进行差异化收费。

网络中立倡导者的奇怪联盟包括 MoveOn.org、电子前沿基金会（Electronic Frontier Foundation)、基督教联盟（the Christian Coalition)、美国公共图书馆协会（the American Library Association)、数据密集型网络公司（如 Netflix、亚马逊和谷歌)、主要消费群体以及一大批博主和小企业。网络中立主张者认为，差异化的定价会对诸如 YouTube、Skype 等创新服务的大量带宽用户造成巨大的成本，从而阻止高带宽初创公司的发展。网络中立的支持者还认为，没有网络中立性，有线电视公司（如 Comcast）的互联网服务提供商（ISP）会阻止来自 Netflix 或 Hulu 的在线流媒体视频，迫使客户使用有线电视公司的点播电影租赁服务。

网络所有者认为，通过遏制新网络的资本支出和应对互联网和无线流量爆炸性需求的能力，强制执行网络中立的监管将削弱美国的竞争力。美国互联网服务在整体速度、成本和服务质量方面落后于许多其他国家，这增加了这一观点的可信度。此外，若有足够的互联网接入可供选择，不满意的消费者可以简单地切换到那些执行网络中立且对网络使用不加限制的提供商。

2014 年 1 月 14 日，美国哥伦比亚特区上诉法院驳回了联邦通信委员会（FCC）开放互联网规则，要求对互联网流量进行平等对待，并阻止宽带提供商流向某些网站的流量或向占流量多的公司收取特别费用的请求。法院表示，尽管委员会已经明确决定不将宽带归类为电信业务，但它具有与传统的常规电信运营商电信服务（如陆上电话系统）相同的宽带提供商。

奥巴马总统赞成网络中立和开放互联网，并敦促 FCC 实施最强大的规则以保护它。2015 年 2 月 26 日，FCC 主席汤姆·惠勒（Tom Wheeler）宣布将宽带作为公用事业进行管理。该机构将高速互联网作为电信服务而不是信息服务重新分类，使提供商服从“1934 年《通信法》第二章”的规定。2015 年 3 月 12 日，FCC 发布了有关规定的详细信息。

新的规则能够确保没有内容被阻止，互联网不被区别付费，即那些支付得起的互联网和媒体公司使用快速通道，而一般人使用慢速通道，禁止一切封锁内容、减慢传输速度、建立所谓的快速通道的行为。FCC 表示，它更倾向于放松管制，而不像对以前电话公司那样进行严格的管制。一项需要“公正合理”行为的提议，允许 FCC 具体情况具体分析。新的规则适用于除有线线路之外的智能手机和平板电脑的移动数据服务。该法令还包括保护消费者隐私和确保向残疾人、偏远地区提供互联网服务的规定。

2015 年 4 月 13 日，美国电信协会（一个行业贸易集团）提起诉讼，推翻政府的网络中立规则。AT&T、国家有线电视和通信协会以及代表无线运营商的 CTIA 提出了类似的法律挑战。网络中立支持力量要求 FCC 正视“零评级”的实际情况，像 Spotify 和 Netflix 这样的服务应该免除用户数据计划中的使用上限。数字权利活动人士认为，这种数据优先于某些其他类型的数据，违反了网络中立的原则。

2016 年 6 月 14 日，美国哥伦比亚特区上诉法院维持 FCC 关于网络中立的新规则。行业向美国最高法院提出的诉求也很类似。网络中立的战斗还没有结束。

资料来源：John D. McKinnon and Brett Kendall, " FCC's Net- Neutrality Rules Uheld by Appeals Court," Wall Street Journal, June 14, 2016;Darren Orf, " The Next Battle for Net Neutrality Is Getting Bloody, " *Gizmodo*, May 25, 2016; Stephanie Milot, " GOP Moves to Gut Net Neutrality, FCC Budget, " *PC Magazine*, February 26, 2016; Rebecca Ruiz, " FCC Sets Net Neutrality Rules, " *New York Times*, March 12,2015; Rebecca Ruiz and Steve Lohr, " F.C.C. Approves Net Neutrality Rules, Classifying Broadband Internet Service as a Utility," *New York Times*, February. 26, 2015; Robert M. McDowell, " The Turning Point for Internet Freedom, " *Wall Street Journal*, January 19, 2015; Ryan Knutson, "AT&T Sues to Overturn FCC's Net Neutrality Rules," *Wall Street Journal*, April 14, 2015.

案例分析题

1. 什么是网络中立？为什么现在要让互联网在网络中立中运行？
2. 谁支持网络中立？谁反对？为什么？
3. 如果互联网供应商使用分级服务模式，这对个人用户、企业和政府有什么影响？
4. 网络中立是互联网发展中最重要的问题，请讨论这句话的含义。
5. 你是否支持立法强制网络中立？为什么？

3. 未来互联网：IPv6 和 Internet2

最初设计的互联网并不是用来处理大量数据的传输和服务数十亿用户。由于互联网用户的急速增加，若使用旧的地址协定，世界上可用的 IP 地址将要用完。旧的寻址系统要被称为 IPv6(互联网协议第 6 版）的新版本 IP 寻址模式所替代。这个模式包括 128 位地址（2^{128}），换句话说是超过 1 000 万亿个地址。IPv6 与当今销售的大多数调制解调器和路由器兼容。如果 IPv6 在本地网络中不可用，则它将回到旧的寻址系统中。随着系统取代旧设备，过渡到 IPv6 将需要几年的时间。

Internet2 是一个先进的网络技术联盟，代表 500 多个全美大学、私人企业和政府机关，与全美的 66 000 家机构以及来自超过 100 多个国家的国际网络合作伙伴工作。为了连接这些社区，Internet2 开发了一个高容量的 100Gbps 网络，作为可能最终迁移到公共互联网的尖端技术的测试台，包括大型网络性能测量和管理工具、安全识别与访问管理工具以及诸如调度高带宽、高性能电路的功能。

7.3.3 互联网服务和通信工具

互联网基于客户机 / 服务器技术运行。个人通过电脑上诸如 Web 浏览器软件的客户端应用使用互联网控制他们在做的事情。互联网上的数据，包括电子邮件和网页，都存储在服务器中。一个客户在互联网上从远程电脑的 Web 服务器上发出一个请求信息，然后，服务器把请求信息通过互联网返还给客户。如今的客户端平台不仅包括个人电脑和其他电脑，还包括智能手机与平板电脑。

1. 互联网服务

一台连接互联网的个人电脑可以使用很多种类的服务，包括电子邮件、聊天和即时消息、电子讨论组、Telnet、**文本传输协议**（file transfer protocol，FTP）和Web。表7-3对这些服务做出了简短描述。

表 7-3 主要的互联网服务

名称	支持的功能
电子邮件	人与人之间的消息传递，文件共享
聊天和即时通信	交互式会话
新闻组	在电子布告板上进行讨论
Telnet	登录一个计算机系统，在另外一台计算机上工作
文件传输协议（FTP）	在计算机和计算机之间传输文件
万维网	使用超文本链接检索、规定格式和显示信息（包括文本、音频、图形和视频）

互联网服务是由一个或多个软件程序实现的。所有的服务都可以在一台独立的服务器上运行，或者不同的服务被分配到不同的计算机上。图7-8描述了这些服务在一个多层客户机/服务器结构上的运行方式。

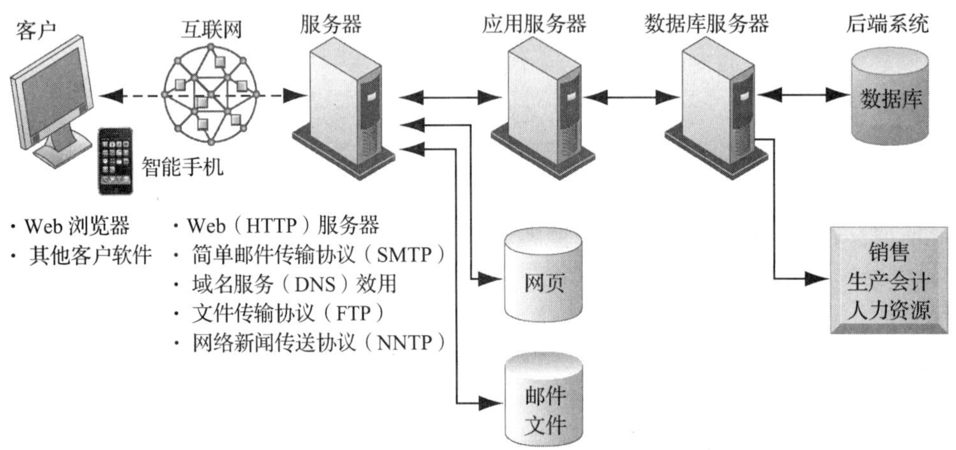

图 7-8 互联网上客户机/服务器处理流程

运行Web浏览器和其他软件的客户机接入互联网服务器上的一组服务。这些服务可能在一个或多个特定的服务器上运行。

电子邮件（E-mail）将消息从一台计算机传送到另一台计算机上，也可以将消息发送给不同的接收者，转发消息，并在消息中附加文本内容或多媒体文件。如今，大多数电子邮件通过互联网传送。电子邮件的成本远远低于等效的语音、邮递或隔夜交货的成本，大多数电子邮件只需几秒钟就可以到达世界上任何地方。

网上聊天可以使两个或两个以上的人同时连接到互联网上，并进行交互式对话。现在聊天系统支持语音聊天、视频聊天以及书面对话。很多网上零售商在他们的网站上提供聊天服务，以吸引访客、鼓励重复购买和改善消费者服务。

即时通信（instant messaging）是能够使参与者创造自己的私人聊天渠道的一种聊天服务。即时通信系统可以提醒用户他的私人通信录上某人上线了，这样用户就可以发起与其他人的聊天会话。面向消费者的即时通信系统包括雅虎的Messenger、谷歌的Hangouts、美国在线的Instant Messenger和Facebook的Chat等。关注安全的公司会使用专用的通信系统，如 IBM 的 Sametime。

新闻组是全球范围内的讨论组，可以使人们在互联网电子公告板上分享信息（如关于放射性物质或摇滚乐队的信息）和观点。任何人都可以将信息放到公告板上供他人阅读。

员工使用电子邮件、即时通信和互联网等工具应该能够提高工作的生产效率，但是“互动讨论：管理”部分的案例表明，情况并非总是如此。现在，许多公司管理者认为他们需要监视甚至控制员工的在线活动。但是这样做道德吗？尽管有很多充分的商业原因可以解释为什么公司需要监视员工的电子邮件和网络活动，但这对员工隐私来说意味着什么呢？

2. IP 语音

互联网已经成为受欢迎的语音传输和企业网络平台。**IP 语音**（voice over IP，VoIP）技术使用分组交换技术以数字形式传送语音信息，避免了本地和长途电话网络的通信费（见图 7-9）。通常，通过公共电话网络传输的语音呼叫会通过互联网协议或公共互联网在公司网络中传送。使用配有麦克风和扬声器的计算机或者支持 VoIP 的电话就能进行语音通话。

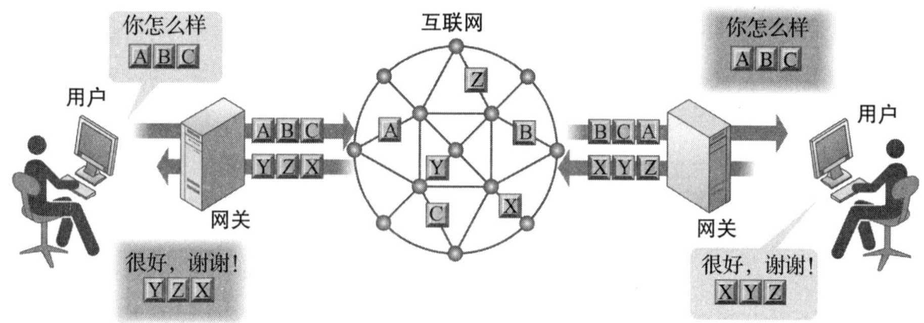

图 7-9 IP 语音如何运行

一个 IP 语音电话可以数字化，将语音消息分成几个数据包。数据包沿着不同的路径传输，在最终目的地重新组合。离呼叫目的地最近的一个处理器，称为闸道，用来安排数据包以适当的顺序和方向传送到对应电话号码的接收者或对应 IP 地址的接收电脑上。

像时代华纳和 Cablevision 这样的有线电视公司，提供了与其高速互联网和有线电视产品捆绑在一起的 IP 语音服务。Skype 使用点对点网络，在全球范围内提供免费的 IP 语音服务，而谷歌则拥有自己免费的 IP 语音服务。

虽然 IP 电话系统需要进行前期投资，但 IP 语音可以将通信和网络管理成本降低 20% ~ 30%。例如，IP 语音每年为维珍娱乐集团（Virgin Entertainment Group）节省 70 万美元的长途电话费用。除了降低长途电话成本和取消个人电话每月的费用外，IP 网络还为电信与计算服务提供了一种简单的语音数据基础设施。企业不再需要维护独立的网络或者为每种类型的网络提供支持服务和人员。

⊙互动讨论：管理

网络监控雇员：不道德的还是正确的商业行为

互联网已经成为一个非常有价值的商业工具，但同时也是人们在工作中的巨大干扰。雇员在工作时间内浏览不合适的网站（Facebook、购物、体育等），发送和接收个人电子邮件，通过在线聊天工具与朋友聊天，下载视频和音乐，浪费宝贵的工作时间。一系列的研究发现，员工每天会花 1 ~ 3 小时在工作时间浏览网页。一家有 1 000 名工作人员的公司，使用互联网的话每年会损失高达 3 500 万美元的生产力，即使工作人员每天只上网 1 小时。

很多公司已经开始对雇员进行电子邮件和互联网使用方面的监控，有时候雇员对此并不知情。现在有许多工具可以用来监控，比如 Spector CNE Investigator、OsMonitor、IMonitor、Work Examiner、Mobistealth 和 Spytech。这些产品能够让公司记录在线搜索，监控文件下载和上传，记录键盘输入，追踪电子邮件标签，创建聊天记录或者在计算机屏幕上显示的某些屏幕截图。即时消息、短信和社交媒体的监控也在增加。虽然美国公司在上班时监督员工使用互联网和电子邮件活动是合法的，但这种监督是不是不道德的，还是一种正确的商业行为？

当员工专注于个人事务而不是公司业务时，经理会担心失去雇员的时间和生产力。员工在个人事务上花费太多时间，会给公司带来损失。有些员工甚至花费时间在网上追求自己的兴趣爱好，而这段时间可能是需要客户付费的，这样就会造成向客户过度收费的现象。

如果公司网络上的个人流量过高，可能会降低公司的网络速度，从而使公司无法正常开展业务。为美国运输行业服务的 GMI 保险公司发现，员工下载了大量音乐和流媒体视频，并将其存储在公司服务器上，造成 GMI 服务器的备份空间不断减少。

当员工在雇主的设施或雇主的设备上使用电子邮件或网络（包括社交网络）时，他们所做的任何事情（包括任何非法行为）都会带有公司名称。因此，雇主可能会被追究责任。许多公司的管理层担心，员工访问的种族歧视、色情内容或其他潜在的冒犯性材料，可能会导致对公司不利的宣传，甚至被提起诉讼。估计有 27% 的《财富》500 强企业不得不面对由不正当的电子邮件所引发的性骚扰事件，以捍卫自己的权利。即使企业被认为不用负责任，但是应对诉讼也可能带来巨额的法律费用。公司还担心由电子邮件或社交网络而泄露企业的保密信息和商业秘密。美国管理协会和电子政策研究所进行的另一项调查发现，14% 的受访员工承认他们向外部人员发送了机密或潜在尴尬的电子邮件。

美国公司有权在工作时间监控员工在公司设备上的行为。问题是电子监控是不是维持有效和积极的工作场所的恰当工具。一些公司试图禁止（零容忍）在企业网络上的所有个人活动。其他一些公司阻止员工访问特定网站或社交网站，密切监控电子邮件或限制员工在网上的时间。

GMI 保险采用 Veriato Investigator 和 Veriato 360 软件以记录与分析每个员工在互联网上的行为及计算机的活动。Veriato Investigator 软件能够识别员工频繁访问哪些网站，员工在这些网站上花费多少时间，员工是否打印、复制机密文档或者用便携式 USB 存储器带回家，以及是否有不适当的沟通对话发生。GMI 及其姊妹公司 CCS，在监测之前已经有了可接受的使用政策（Acceptable Use Policy，AUP），规定员工在公司的计算机资源上允许做什么，不允许做什么。然而，GMI 的 AUP 几乎不可能被执行，直到有了 Veriato Investigator 员工监控软件。为了处理音乐和视频下载，GMI 还制定了“软件下载政策”，必须由员工亲自签名。GMI 和 CCS 的管理层认为，用 Veriato Investigator 软件后，员工的生产力提高了 15% ~ 20%。

一些企业开除了不遵守规则的员工。Proofpoint 的调查发现，有 1/5 的美国大公司开除了违反电子邮件政策的员工。在开除员工滥用互联网的经理中，大多数人这么做是因为员工的电子邮件包含敏感的、机密的或尴尬的信息。

没有解决方案是完美无缺的。许多顾问认为，公司应该明确规定员工的电子邮件、社交媒体和网络使用的政策。这些政策应该明确指出在什么情况下，员工可以使用公司设施处理电子邮件、发博客或上网。这些政策还应该告知员工这些活动是否受到监控，并解释为什么要监控。

IBM 现在拥有“社交计算指南”，规定了员工在 Facebook 和 Twitter 等网站上个人的行为。该指南敦促员工不要隐瞒自己的身份，记住要对自己的发言负个人责任，不要讨论与在 IBM 内的角色无关的有争议话题。

这些规则应该针对特定的业务需求和组织文化。例如，投资公司要允许员工访问其他的投资网站。一家依赖广泛信息共享、创新和独立的公司，可以很好地发现监控员工会产生比解决问题更多的问题。

资料来源：Susan M. Heathfield, “ Surfing the Web at Work, ” About.com,May 27, 2016; Veriato, “ Veriato ‘ Golden’ for GMI Insurance Services, ” 2016; “ Office Slacker Stats, ” www.staffmonitoring.com, ccessed May 28, 2016; “ How Do Employers Monitor Internet Usage at Work? ” wisegeek.org, accessed April 15, 2016; “ Could HR Be Snooping on Your Emails and Web Browsing? What Every Worker Should Know,” Philly.com, March 30, 2015; “ How Do Employers Monitor Internet Usage at Work?” isegeek.org,accessed April 15, 2015; Dune Lawrence, “Companies Are Tracking Employees to Nab Traitors,” *Bloomberg*, March 23, 2015; and “Should Companies Monitor Their Employees’ Social Media?” *Wall Street Journal*, May 11, 2014.

案例分析题

1. 管理人员是否应当监控员工的电子邮件和互联网的使用情况？为什么？
2. 请描述一家公司有效的电子邮件和网络使用政策。
3. 经理是否应当提醒员工，他们的网络行为会受到监控，还是经理应该秘密进行监控？为什么？

3. 统一通信

过去，每家公司的有线和无线数据网络、语音通信和视频会议都是彼此独立的，而且由信息系统部门分开管理。如今，公司可以利用统一通信技术将不同的通信模式合并成一项单一的统一访问服务。**统一通信**（unified communications）是将语音通信、数据通信、即时信息、电子邮件和电子会议等不同渠道集成为用户可以无缝地来回切换的不同的通信模式。仿真技术显示一个人是否可以接听电话。CenterPoint Properties 是芝加哥地区一家主要的工业房地产公司，利用统一通信技术为每一笔房地产交易建立了一个合作网站。每个网站提供单点访问结构化和非结构化数据。集成技术允许团队成员只需要轻轻一点，就可以操作电子邮件、即时消息、电话或者视频会议。

4. 虚拟专用网络

如果你管理一个市场营销团队，负责公司的新产品开发和服务，而团队成员分布在美国各地，你会怎么办？你会希望能够在家里同其他人进行电子邮件及其他方式的通信，且不受外界干扰。过去，解决这个问题的方案是通过大型专用网络公司提供的安全、私密和专用网络进行通信，但这种办法花费颇高。较为经济的方法是在公共互联网上建立虚拟专用网络。

虚拟专用网络（virtual private network，VPN）是一个安全的、加密的专用网络，它在一个公用网络中利用大网络（如互联网）的规模经济和管理设施来配置，从而得以实现（见图 7-10）。VPN 可以给你的公司提供安全的、加密的通信，且成本比由传统的非互联网供应商提供相同功能的安全通信专用网络要低得多。虚拟专用网络同样为集成的语音和数据网络提供网络基础设施。

一些竞争协议用于保护数据在公共互联网上的传输，包括点对点隧道协议（Point-to-Point Tunneling Protocol，PPTP）。在一个称为隧道的流程中，数据包被加密和包装在IP数据包中。通过把网络信息打包来隐藏内容，企业建立了贯穿公共互联网的专有连接。

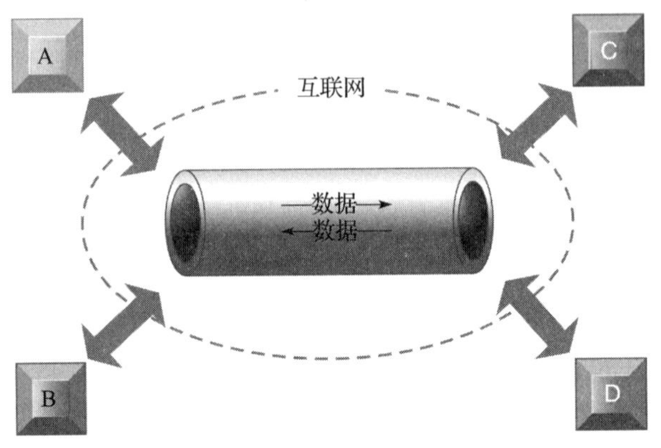

图7-10 在互联网上使用虚拟专用网络

虚拟专用网络是一个用安全通道连接在互联网上的专用计算机网络。它在公共互联网上通过数据编码和在互联网协议范围内打包来保护数据传输。通过把网络消息打包来隐藏内容，企业可以创建一个通过公共互联网的专有连接。

7.3.4 万维网

万维网（Web）是最流行的互联网服务。它是利用公认的标准来存储、检索、格式化和显示信息，使用客户机/服务器结构的一个系统。Web页面的格式通过超文本与另外一个文件进行嵌入式链接，同时将网页链接到其他对象（如声音、视频或动画文件）上。如果你点击一个图像或一个短片播放，那么你就点击了一个超文本。一个典型的**网址**（website）是链接各主页的网页集合。

1. 超文本

Web页面以标准的超文本标记语言（Hypertext Markup Language，HTML）为基础，它可以使文件格式化，并且包含动态链接到存储在相同或远程电脑上的其他文档和图片（见第5章）。Web网页可以通过互联网被访问，这是因为基于**超文本传输协议**（hypertext transfer protocol，HTTP），Web浏览器软件可以操作电脑，向存储在互联网主机服务器的Web页面发出请求。超文本传输协议是在Web上传送页面的通信标准。例如，当在浏览器中输入一个网址（如http://www.sec.gov）时，浏览器会向sec.gov服务器发送一个HTTP请求以访问sec.gov主页。

HTTP是每个Web地址开始的第一组字母，紧随其后的是存储文档的指定组织的服务器域名。大部分公司都有自己的域名，与公司的官方名字相同或相关。目录路径和文件名称是Web地址中两个重要的信息，可以帮助浏览器追踪请求页面。综上所述，这个地址被叫作**统一资源定位**（uniform resource locator，URL）。当在一个浏览器中输入地址时，URL可以准确地告诉浏览器软件去哪里寻找信息。例如在http://www.megacorp.com/content/features/082610.html中，http是展示网页的协议名称；www.megacorp.com是域名；content/features是目录路径，用来标识页面在域名Web服务器中的存储位置；082610.html是文件名和格式的名称（这是一个HTML页面）。

2. Web服务器

Web服务器是用来定位和管理存储网页的软件。它可以在存储网页的电脑里定位一个用户的网页浏览请求，将这些网页分配到该用户的电脑中。服务器应用程序通常在专用的电脑上运行，尽管它们都可以存在于小型组织中的单个计算机里。

如今，最常见的Web服务器是Apache Server，第二位的是微软的互联网信息服务

(Internet Information Services，IIS)。Apache 是一个免费的开源产品，可以在网络上下载。

3. 网上搜索信息

没有人确切地知道网页的真实数量。表层网是 Web 中搜索引擎访问和信息记录的部分。举例来说，谷歌在 2016 年检索了大约 60 万亿个网页，这反映了大部分公开访问的 Web 页面的数量。但是，有一个深层次网络，包含约 1 万亿个附加页面，其中许多是专有的（例如《华尔街日报》在线的页面，如没有订阅或访问密钥则不能访问）或存储在受保护的公司数据库里。在 Facebook 上搜索信息是另外一回事儿。Facebook 拥有超过 16 亿个成员，每个成员都有文字、照片和媒体页面，网页的数量超过大多数人的估计。但是，Facebook 是一个封闭的网页，它的网页不能完全被谷歌或其他搜索引擎搜索到。

搜索引擎　显然，要在如此多的网页中几乎立刻找到对你或你的生意有用的特定网页，是一个重要的问题。问题是你如何在成千上万的网页索引中找到一两个你真正想要和需要的网页呢？**搜索引擎**（search engines）试图解决在 Web 上立即找到有用信息的问题，可以说，它是互联网时代的“杀手级应用”。如今的搜索可以筛选 HTML 文件，微软 Office 应用文件，PDF 文件以及音频、视频和图片文件。在世界上有上百种不同种类的搜索引擎，但是绝大多数的搜索结果是由谷歌、雅虎和微软的必应等搜索引擎提供的（见图 7-11）。虽然我们通常认为亚马逊是一家网上商店，但是它也是强大的产品搜索引擎。

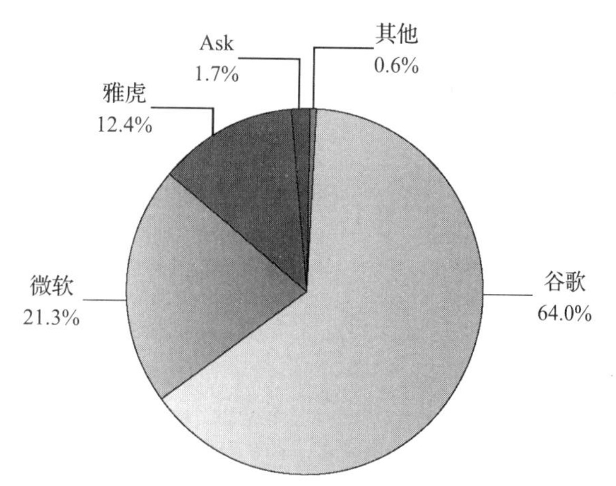

图 7-11　美国最佳 Web 搜索引擎

谷歌是最流行的搜索引擎，在美国处理了 64% 的网页搜索，在欧洲处理了 90% 的网页搜索。

资料来源：Based on data from comScore Inc., February 2016.

Web 搜索引擎始于 20 世纪 90 年代早期，开始是作为浏览新产生的 Web、访问页面并将每个页面的信息内容聚集起来的相对简单的软件程序。第一代搜索引擎以被访问页面的简单关键字为索引，给用户列出那些可能与他们的搜索并不真正相关的页面列表。

1994 年，斯坦福大学计算机科学专业的学生大卫·费罗（David Filo）和杨致远（Jerry Yang）创造了一个自己最喜欢的网页列表，称之为“Yet Another Hierarchical Officious Oracle”或雅虎（Yahoo）。雅虎开始时并不是一个搜索引擎，而是一个经过编辑选择的且被认为有用的信息分类目录。现在，雅虎主要依赖微软必应的搜索结果。

1998 年，另外两个斯坦福大学计算机科学专业的学生拉里·佩奇（Larry Page）和谢尔盖·布林（Sergey Brin），发布了他们的第一个版本的谷歌。这个搜索引擎与之前的不同：它不仅按每个网页的词进行索引，而且还根据每个页面的相关性将搜索结果进行排名。他们的页面排名系统（称为 PageRank 系统）获得了专利，它实质上通过计算页面的链接数量以及它链接的页面数量衡量网页的流行程度。这样做的前提假设是流行的 Web 页面与用户想要的 Web 页面更加相关。布林贡献了一个独特的 Web 爬虫程序，即不仅是以一个页面中的关键字为索引，而且还包括文字组合（如作者和文章的标题）。这两个想法成了谷歌搜索引擎的基础。图 7-12 显示了谷歌是如何工作的。

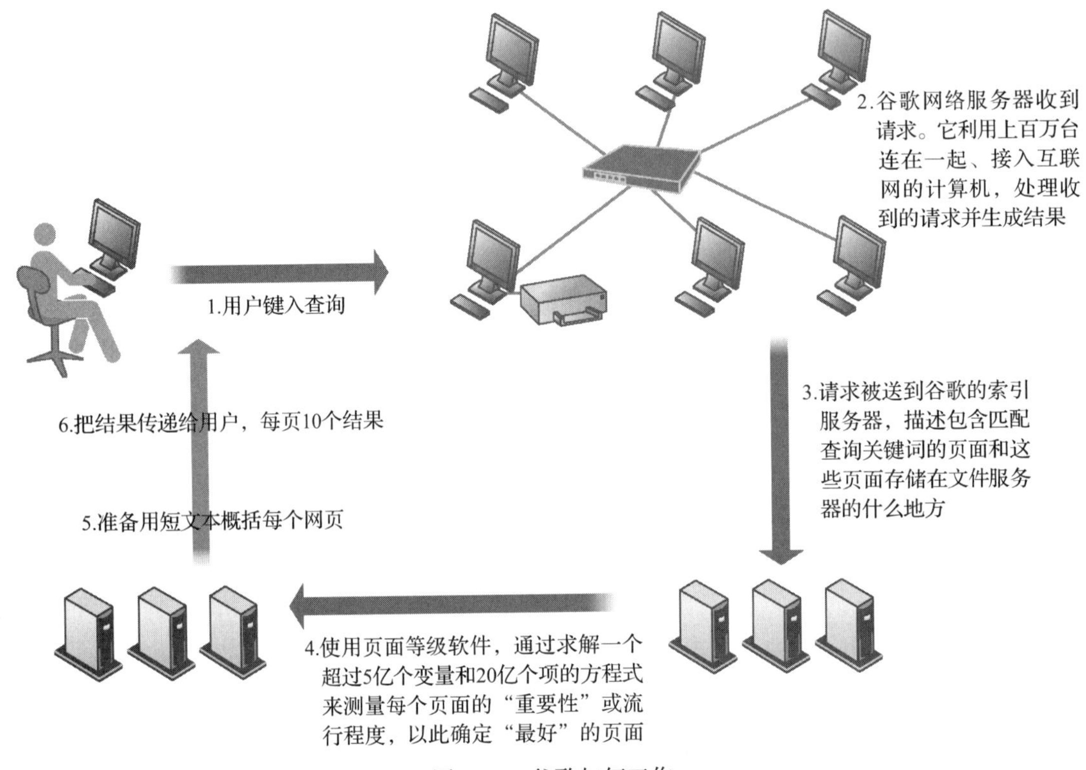

图 7-12 谷歌如何工作

谷歌搜索引擎一直不间断地抓取 Web，对每个网页内容进行索引，计算每个网页的流行程度，存储这些页面，以便它可以快速回应用户的请求，看到页面。整个过程要花费约 1/2 秒。

移动搜索 随着智能手机和平板电脑的增加，约有 2.1 亿美国人通过移动设备访问互联网，电子商务和搜索的本质正在改变。2016 年，从智能手机和平板电脑发出的移动搜索超过整个搜索的 50%，并且在未来几年里将快速增加。谷歌、亚马逊和雅虎都开发了新一代的搜索接口，使在智能手机上的搜索和购物更为方便。虽然智能手机被广泛用于购物，但实际的购买通常在笔记本电脑或台式机（其次是平板电脑）上进行。

语义搜索 使搜索引擎变得更个性化和更有帮助的另外一种方法是使搜索引擎能够理解我们真正想要的是什么。**语义搜索**（semantic search）的目标是建立一个搜索引擎，能真正理解人类的语言和行为。谷歌和其他搜索引擎公司正在尝试优化搜索引擎算法，以获得更多用户想要的内容和实现搜索的意义。2013 年 9 月，谷歌推出了蜂鸟搜索算法。谷歌在语义上通知蜂鸟评估整个句子的意思，而不是在搜索中单独评估每个单词。蜂鸟搜索侧重于单词的含义。例如，如果你搜索的是一个长句，如“2015 年谷歌年度报告的财务数据”，蜂鸟搜索应该能够知道你真正想要的是 2016 年 3 月 31 日谷歌向美国证券交易委员会提交的 SEC 10K 报告。

谷歌搜索也利用知识图（即搜索算法）努力预测你在搜索主题时可能想要了解的更多信息。知识图的结果会显示在屏幕的右侧，并包含你正在搜索的主题或人物的更多信息。例如，如果你搜索“塔霍湖”，搜索引擎将返回关于塔霍湖的基本信息（海拔、平均气温和当地盛产的鱼等)、地图和酒店住宿。谷歌已将预测搜索（predictive search）作为大多数搜索结果的一部分。搜索算法的这一部分还会猜测你正在寻找什么，并在你输入搜索词时对相关的搜索关键词提出建议。

社会化搜索　谷歌和其他搜索引擎共有的一个问题是它们的搜索结果非常详尽。如果输入搜索“ultra computers”，在两秒内就会收到超过 3 亿条回复！搜索引擎没有进行差别化搜索。**社会化搜索**（social search）是基于一个人的社会交际网络，提供更少、更相关和值得信任的搜索结果。对应于使用数学算法找到网页以满足查询的顶级搜索引擎，社会化搜索网站能够评析朋友的推荐（以及他们的朋友的推荐）、他们过去的网页访问和“点赞”的记录。

2013 年 1 月，Facebook 推出了 Graph Search（现在称为 Facebook Search）。它是一种社交网络搜索引擎，可以根据用户的朋友和连接社交网络的信息对用户搜索查询进行响应。Facebook Search 主要依赖 Facebook 上可以与个人和组织链接的大量数据。你可以使用 Facebook Search 搜索你朋友喜欢的波士顿餐馆、南卡罗来纳大学校友、喜欢 Lady Gaga 的校友或 2012 年之前的朋友照片。

谷歌已经开发了 Google+1 作为其现有的社交层搜索引擎。用户可以在他们发现有用的网站旁边放置一个 +1，这时，他们的朋友将得到自动通知。他们的朋友在随后进行的搜索中将会列出页面上朋友推荐的 +1 较高的网站。社交搜索的一个问题是，你的朋友可能没有对你正在探索的主题进行深入的了解，或者他们喜欢的东西你不喜欢，也可能你的朋友并不了解你正在寻找什么。

视觉搜索和视觉网页　尽管搜索引擎最初是为了搜索文本文档而设计的，但是互联网上的照片和视频的爆炸式增长创造了对这些视觉对象搜索和分类的需求。面部识别软件可以创建人脸的数字版本。2012 年，Facebook 推出了与标签相结合的面部识别软件，创建了一个名为 Tag Suggest 的新功能。该软件能够进行数字面部打印，类似于指纹。用户可以在他们的时间轴和他们朋友的时间表上放置自己的标记性照片。一旦一个人的照片被标记，Facebook 可以从一张照片中挑选那个人，并识别照片中的其他人。你也可以通过使用能够发现和识别他们的数字图像在 Facebook 上搜索人。Facebook 正在使用人工智能技术使面部识别功能更准确。

随着网络变得更加可视化，搜索照片、图像和视频变得越来越重要。**视觉网站（Visual Web）**是指诸如 Pinterest 那样的网站。这些网站用图片代替文本文档，用户在这些网站上搜索图片（特别是产品的图片）而不是广告。Pinterest 是一个社交网站，为用户（以及品牌）提供一个有趣图片的在线画板。作为历史上发展最快的网站之一，2016 年 Pinterest 在全球的每月访问量达到 2.7 亿。Instagram 是视觉网页的另一个例子。Instagram 是一个照片和视频的共享网站，允许用户拍摄照片、编辑照片，并与其他社交网站（如 Facebook、Twitter 和 Google+）的朋友分享。2016 年，Instagram 的每月活跃用户达 4 亿名。

购物代理智能机器　第 11 章将描述内置的智能代理软件功能，即可以聚集或筛选信息和执行其他任务以帮助用户。**购物机器**（shopping bot）利用智能代理软件在互联网上搜索购物信息。购物机器（如 MySimon 或 PriceGrabber）可以帮助人们筛选和检索感兴趣的产品，根据用户建立的标准评估竞争产品，并同卖主协商价格和交货条件。许多这样的购物代理可以让用户在 Web 上搜索价格和指定的产品是否有货，并返回出售产品的价格信息的网址和购买链接的列表。

搜索引擎营销 搜索引擎通过提供现在所谓的搜索引擎营销，已成为主要的广告平台和购物工具。搜索信息是网络上最受欢迎的活动之一。2016 年，70% 的美国成年互联网用户每天至少使用一次搜索引擎，每月产生大约 200 亿次查询。此外，1.8 亿名智能手机使用者每月可搜寻 120 亿次。有了这个庞大的群体，搜索引擎是最有利可图的网络营销和广告的基础。当用户在谷歌、必应、雅虎或其他搜索引擎服务的网站中输入搜索关键字时，他们会收到两种类型的列表：赞助商链接，即广告客户已付费列出（通常位于搜索结果页面），以及没有付费的、原始的搜索结果。此外，广告客户可以在搜索结果页面的一边购买小文本框。付费的赞助广告是互联网广告增长最快的广告形式，是强大的新营销工具，可以在恰当的时刻将消费者的兴趣与广告信息进行精确的匹配。搜索引擎营销通过搜索过程的价值获利。2016 年，搜索引擎营销产生了 280 亿美元的收入，近一半由在线广告产生（670 亿美元）。2015 年，谷歌约有 90 亿美元的收入来自在线广告，其中 90% 来自搜索引擎营销（Google，2016）。

由于搜索引擎营销非常有效（它拥有最高的点击率和最高的投资回报率），企业正在寻求对搜索引擎识别的网址进行优化。越好地优化网页，公司网站在搜索引擎的结果列表中的排名就越高。**搜索引擎优化**（search engine optimization，SEO）是利用一系列技术提高网站的质量和网络流量容量的过程。当搜索字段中输入特定的关键词和短语时，这些技术可以帮助网站在主要的搜索引擎上取得更好的排名。其中一项技术是确保用于网站描述的关键词同期望顾客用于搜索的类似关键词相匹配。例如，如果网站用关键词"照明"而不是"灯"，而且大部分目标顾客都搜索"照明"，那么该网站很有可能会在搜索引擎的排名中占得头筹。如果该网站连接着尽可能多的其他网站，那么该网站也有优势，因为搜索引擎会根据这些链接评估该网页的流行程度和它如何链接网络上的其他内容。

搜索引擎可能会被骗子玩弄。他们通过建立上千个空壳网站并将它们链接在一起，或者把它们链接到一个单独的零售商网址，试图欺骗谷歌搜索引擎。公司也可以付钱给这些所谓的"链接农场"，使其链接到公司网址。2012 年，谷歌改变了搜索算法。新的算法的代号为"企鹅"，它更为仔细地检查链接的质量，以降低链接到它们网站上的可疑模式。"企鹅"算法每年更新一次。一般而言，搜索引擎对于无法负担庞大的营销活动的中小公司很有用。这是因为消费者会通过搜索引擎寻找特殊的产品或服务。营销人员称他们为"热前景"，即搜寻信息和有购买冲动的人。此外，搜索引擎只收网站的点击率费用。商人不必为不起作用的广告付费，只需当广告受到一次点击之后付费。消费者受惠于搜索引擎营销，因为商人的广告仅出现在消费者搜寻特定产品的时候。这样，搜索引擎营销节省了消费者的精力，减少了搜索成本（包括人工寻找产品的运输成本）。最近的研究显示，全球商家和消费者的搜索价值超过 8 000 亿美元，其中约有 65% 会使消费者受益，这是因为搜索成本和价格都降低了（McKinsey & Company，2011）。

4. Web2.0

如今的网站不仅包含让人们合作和分享信息的静态内容，还创建了新的服务和在线内容。这种第二代交互式互联网服务称为 Web2.0。如果你在 Pinterest 网站上拼接照片，在 YouTube 上发布视频，创建博客或在 Facebook 页面上添加一个应用程序，那么你就已经在使用这些 Web2.0 服务了。

Web2.0 有四个特征：交互性、实时用户控制、社会参与（分享）和用户生成内容。支持这些特征的技术与服务包括云计算、软件插件和应用、博客、RSS、维基百科以及社交网络。我们已经在第 5 章中描述了云计算、混搭和应用，并在第 2 章中介绍了社交网络。

博客（blog）是网络日志的流行称呼，通常是一个包含一系列按时间顺序排列的作者日志（从新到旧）和相关网站链接的个人网站。博客包括博客链接（链接到其他博客）和转发日志（从其他博客引用并且置顶的日志）。大多数博客允许读者在日志下面写评论。创建一个博客的行为通常被称为"写博客"。博客可由第三方服务提供，如 Blogger.com、TypePad.com 和 Xanga.com。博客特征已经被合并到如 Facebook 一样的社交网络和如 IBM Notes 一样的协同工作平台上。WordPress 是一款领先的开源博客工具和内容管理系统。**微博**（microblogging）和 Twitter 一样，是一种字数在 140 字以内的简短博客。

博客页面通常因博客服务或软件所提供的模板不同而不同。因此，数百万没有 HTML 等技术的人可以在他们自己的网页上发博客，并且与其他人分享内容。博客相关网站的总和通常被称为**博客圈**（blogosphere）。尽管博客已成为流行的个人发表工具，但是它们也有商业用途（见第 2 章和第 10 章）。

如果你是一个狂热的博客阅读者，你可以使用简易信息聚合（RSS）收藏你喜欢的微博，而不用经常检查它们是否更新。**简易信息聚合**（RSS），是 really simple syndication 或 rich site summary 的缩写，是将指定的内容从网站上抽取出来，然后自动地传送到用户的电脑上。RSS 阅读软件把网站上或博客上的材料聚在一起，你可以指定它从这些网站进行搜索，并把更新的信息发给你。RSS 阅读器能在如谷歌和雅虎的网站上被使用，而且已经被嵌入主流的 Web 浏览器和电子邮件程序中。

博客允许访客给原始内容添加评论，但不允许访客改变原始的内容。与此相反，**维基**（wiki）是一个访客可以添加、删除和修改其内容的协作网站，包括以前作者的成果。"维基"这个词源于夏威夷语的"快速"(quick)。

维基软件通常提供已经定义的页面布局和元素模板，展示用户编辑的软件程序代码，然后把内容呈现到基于 HTML 页面的 Web 浏览器上。一些维基软件只允许基础文本格式，而另外一些工具允许使用表格、图片甚至一些交互性的元素，如投票或游戏。大多数维基都有审查其他用户的成果和纠正错误的功能。

维基百科使得信息共享变得很容易，所以它们有很多商业用途。美国国土安全部门的国家计算机安全中心（National Cyber Security Center，NCSC）开发了一个维基软件，用于促进联邦机构在计算机安全方面的合作。皮克斯维基 (Pixar Wiki) 是一个宣传皮克斯动画工作室工作成果的协作交流维基。这个维基条目允许任何人创建或编辑一篇关于皮克斯电影的文章。

社交网络　**社交网络**（social network）网站使用户能够建立包括朋友和公司同事的社交圈。成员通常会创建一个"近况"，即展示照片、视频、音频文件和文本的网页，然后将这些近况分享给标识为朋友或亲密关系的其他人。社交网络网站具有较高的交互性，提供实时的用户控制，依赖用户生成内容，并建立在广泛的社会参与和分享内容与观点的基础上。主要的社交网站包括 Facebook、Twitter（2016 年，分别拥有超过 16 亿和 3.1 亿名月活跃用户）

和 LinkedIn（用于商务人际关系）。

许多人认为，社交网络网站定义了 Web2.0 的应用，已经深深地改变了人们在网上花费时间的方式，人们如何与其他人交流，企业如何同客户、供应商和员工保持联系，商品和服务提供商如何从客户那里学习以及广告主如何吸引潜在消费者。大型的社交网络网站也正在变成应用开发平台，在这里成员可以开发和销售软件应用给社区的其他成员。Facebook 有超过 100 万名外部开发者，他们开发了超过 900 万个用于游戏、视频分享和与朋友及家人通信的应用。2016 年，Facebook 支持了 35 亿个应用的安装。我们在第 2 章和第 10 章中比较多地介绍了社交网络的商业应用。此外，你还可以在本书的其他章节中找到关于社交网络的讨论。你也可以在学习跟踪模块中获得关于 Web2.0 的更详细的讨论。

5. Web3.0 和未来的 Web

互联网的未来，即所谓的 Web3.0 已经初见端倪。Web3.0 的主要功能是具有更多的工具，这些工具让个人在互联网数万亿个页面中或者数百万个智能手机应用中获得更有意义的数据，甚至可以在一个三维（3D）环境中浏览 3D 页面（请回顾本章前面的语义搜索和视觉搜索部分的讨论）。

最能尽快实现的是这样一个无所不在的网络：控制城市的交通信号灯和用水量，控制客厅的灯光、汽车的后视镜以及管理你的行程和约会等。这被称为物联网，以整个物理世界的数十亿互联网传感器为基础。它通过唯一的标识符识别物体、动物或人类，并且不需要人与人或人与机器之间进行交互就能通过网络传输数据。通用电气、IBM、惠普和甲骨文以及数百家小型创业企业，正在探索如何通过广泛使用远程传感器和快速云计算构建智能的机器、工厂和城市。与 Web3.0 相关的开发是新兴的人际互联网（Internet of People，IoP），它以衣服和个人传感器监测到的个人的身体状况与位置状态为基础。我们在后面部分将提供更多的详细信息。

应用互联网是未来网络中的另一个元素。移动平台中的应用增长是惊人的。在美国，超过 80% 的手机使用时间是通过应用产生的，只有 20% 是使用浏览器。App 可以让用户直接访问内容，并且比加载浏览器和搜索内容要快得多。

Web3.0 的其他互补性趋势包括更广泛地使用云计算和软件即服务商业模式，移动平台和互联网接入设备之间无所不在的连接，从分散孤立的应用和内容到一个无缝连接、交互操作的转变。这些美好的未来 Web3.0 的愿景很有可能在短期内实现。

7.4 无线网络、通信和互联网接入的主要技术和标准是什么

欢迎来到无线网络革命！传统 / 智能手机、平板电脑和支持无线的个人电脑已经变成了便携式媒体和计算平台，让你可以像以前一样在桌面上执行很多计算任务，并且它们还有很多其他功能。我们在第 1 章和第 5 章有关移动数字平台的讨论中，已经介绍了智能手机。**智能手机**（smart phone）如 iPhone、安卓手机和黑莓手机，能使手机的功能和移动笔记本电脑的 Wi-Fi 功能结合起来，这使得把音乐、视频、互联网接入和电话服务都集中于一个设备中成为可能。智能手机是增长最快的且支持互联网接入的无线网络设备。大部分互联网正在变成移动的、随处接入并传送视频、音乐和网络搜索的宽带服务。

7.4.1 蜂窝系统

2015 年，全球售出超过 15 亿部手机。在美国，3.51 亿部手机被订购，1.9 亿人有智能手机。约有 1.93 亿人用他们的手机接入 Web（eMarketer，2015）。智能手机，而不是台式电脑，现在负责一半以上的互联网搜索。

数字蜂窝服务使用若干竞争性标准。欧美以外的其他大部分国家使用的标准是全球移动通信系统（Global System for Mobile Communications，GSM）。GSM 的优势在于国际漫游功能。在美国，也有 GSM 手机系统，包括 T-mobile 和 AT&T。

在美国，另一个与 GSM 竞争的标准是码分多址（Code Division Multiple Access，CDMA）。威瑞森和 Sprint 就采用这个系统。CDMA 是在第二次世界大战中由军方开发出来的。它可以传输若干频率，占据整个频段，随着时间变化随机分配给用户一段频率，这使得 CDMA 比 GSM 更有效率。

早期的蜂窝系统版本主要用于语音和有限的数据，以简短的文本信息格式传输。今天的无线网络载体提供 3G 和 4G 网络。对移动中的用户（如在车里）来说，3G 网络（3G networks）的传输速度为 144Kbps；对静止的用户来说，3G 网络的传输速度为 2Mbps。它能为电子邮件、浏览 Web 和在线购物等活动提供平稳的传输速度，但对于视频来说就太慢了。**4G 网络**（4G networks）拥有更快的速度：100 兆位每秒的下载速度和 50 兆位每秒的上传速度（在智能手机上看高清视频也足够了）。LTE（Long Term Evolution）和 WiMax（World Interpoerability for Microwave Access，见下一节）是目前的 4G 标准。

7.4.2 无线电脑网络和互联网接入

有一系列技术能为个人电脑和移动设备提供接入互联网的高速无线网络。这些新的高速服务拓展了互联网接入，使得无数传统的有线互联网服务无法覆盖的地方都有网络，并且使得计算在任何地点、任何时间都可以实现。

1. 蓝牙

蓝牙（bluetooth）是 802.15 无线网络标准的流行称呼，用于创建一个小型的**个人局域网络**（personal area networks，PAN）。它在 10 米以内的区域使用低功率、短波无线电通信，最多可连接 8 台设备，在 2.4GHz 带宽上的传送速度最高可达 722Kbps。

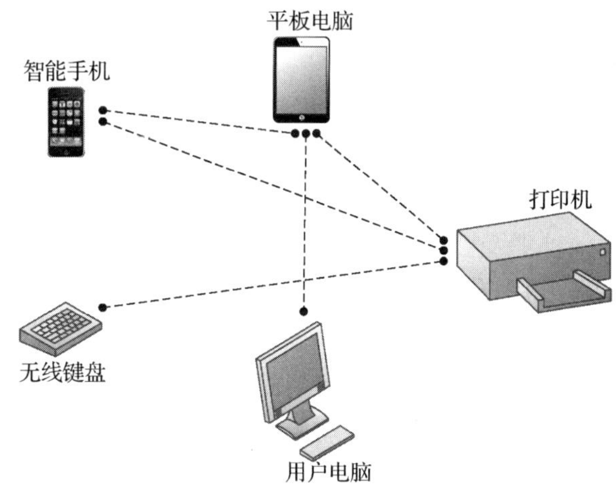

图 7-13　蓝牙网络（PAN）

蓝牙使得一系列设备，包括智能手机、无线键盘、鼠标、电脑和打印机，通过无线网在 10 米的小范围内相互连接在一起。除了连接功能外，蓝牙还可以用于相似的设备间传递数据，例如从一台 PC 传送数据到另一台 PC。

智能手机、电脑、打印机和计算设备使用蓝牙互相通信，甚至不需要用户直接干预就能相互操作（见图 7-13）。例如，一个人可以操作一台笔记本电脑通过无线网发送一个文档文件到一台打印机上。蓝牙可以把无线键盘和鼠标连接到个人电脑或将无线耳机连接到手机上。

蓝牙具有低功耗的特性，比较适合电池供电的手提电脑或手机。

尽管蓝牙只适用于个人网络，但它在大公司也有用武之地。例如，联邦快递的司机用蓝牙将他们手持电脑获取的数据传输到蜂窝发送器中，然后再将数据传送到公司的电脑中。司机不再需要花时间手动将他们的手持设备接入发射器，并且蓝牙为联邦快递每年节省了2 000万美元。

2. Wi-Fi和无线互联网接入

无线局域网和无线互联网接入的802.11系列标准也称为Wi-Fi。在这些标准中，第一个被广泛采用的是802.11b，在不需要许可证的2.4GHz的频带里，传输速度最高可达11Mbps，有效距离为30～50米。802.11g标准在2.4GHz频带上的传输速度最高可达54Mbps。802.11n传输速度可以超过100Mbps。如今的个人电脑和笔记本电脑都可以支持Wi-Fi，就像iPhone、iPad和其他智能手机一样。

在大多数Wi-Fi通信中，无线设备使用接入点与有线局域网进行通信。接入点是一个由无线电接收/发射器和连接有线网络、路由器或集线器的天线组成的盒子。

图7-14显示了一个802.11无线局域网将一些移动设备连接到一个较大的有线局域网，然后连接到互联网。大多数无线设备是客户机。移动客户站的服务器需要在有线局域网上使用。接入点控制了无线站，并作为主干有线局域网和无线局域网之间的桥梁。

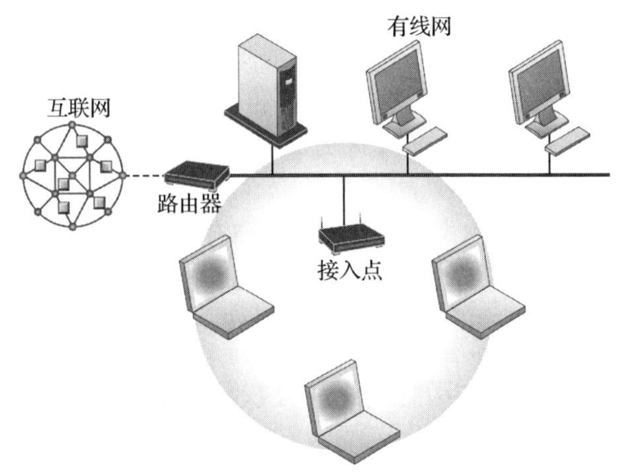

图7-14 802.11标准的无线局域网

装有网卡的移动笔记本电脑通过与接入点通信，连接有线局域网。接入点使用无线电波从有线网络传送网络信号到客户端适配器，将它们转化成移动设备可以理解的数据。然后，客户端适配器从移动设备传送数据到接入点，再转发数据到有线网络。

如今，最受欢迎的Wi-Fi是高速无线互联网服务。在这种情况下，接入点插入一个网络连接，就可能有有线电视服务或DSL电话服务。在无线接入点信号范围内的电脑，通过无线连接接入互联网。

无线热点（hotspot）通常由一个或多个提供公共无线互联网接入的接入点组成。一些无线热点是免费的或不需要额外的软件就可以使用；另一些可能需要通过提供信用卡卡号注册和确认用户的账户才能上网。

不同规模的企业都在使用Wi-Fi网络，以提供低成本的无线局域网和互联网接入。在旅馆、机场休息室、图书馆、咖啡厅和大学校园里有Wi-Fi热点，提供移动接入互联网功能。达特茅斯学院是学生可以使用Wi-Fi进行研究、做作业和娱乐的众多大学之一。

然而，Wi-Fi技术也遇到了若干挑战。其中一个是Wi-Fi的安全问题，它使得这些无线网络很容易受到入侵者的攻击。我们在第8章中会提供更多关于Wi-Fi安全问题的细节。

Wi-Fi的另一个缺点是容易受到附近相同频谱的系统操作的干扰，如无线手机、微波炉或其他无线局域网。然而，基于802.11n标准的无线网络能够解决这个问题，通过使用多个无线天线串联传送和接收数据，技术上称为 MIMO（multiple input multiple output，多输入多输出），以调整多个同步无线电信号。

3. 全球微波互联接入（WiMax）

在美国和全世界有很多地区还没接入 Wi-Fi 或固定宽带连接。Wi-Fi 系统的范围不超过距离基站 300 英尺[㊀]，这使得农村那些没有有线电视或 DSL 服务的人很难利用无线接入访问互联网。

美国电气和电子工程师协会（the Institute of Electrical and Electronics Engineer，IEEE）开发了一个称为 Wimax 的新的标准解决这些问题。WiMax，即全球微波互联接入，是 IEEE 标准 802.16 的流行术语。它的无线接入范围可达 31 英里，传输速度可达 75M bps。

WiMax 的天线足够强大，以至于能支持高速互联网连接到千里之外的家庭和企业屋顶的天线。带有 WiMax 功能的蜂窝手机和笔记本电脑已经在市场上出现了。移动 WiMax 是一项 4G 网络技术，本章前面对该技术已有过讨论。

7.4.3 RFID 和无线传感器网络

移动技术创造了新的工作效率和在整个企业中的工作方式。除了刚刚已经描述过的无线网络系统，射频识别系统和无线传感器网络对企业也有重大的影响。

1. 射频识别（RFID）和近场通信（NFC）

射频识别（radio frequency identification，RFID）系统为供应链追踪商品的活动提供了强大的技术支持。RFID 系统使用一种内嵌微型芯片的小标签。这种标签包含商品及其位置的数据信息，可以在很短的距离内发送无线电信号到 RFID 读卡器中。然后，RFID 阅读器将数据通过网络传送到一台电脑上进行处理。与条形码不同，RFID 标签不需要在视线范围内就可以被读取。

RFID 标签是带有信息的电子程序，能唯一地界定产品和相关的其他信息，如产品所在位置，它是在何时何地被制造出来的，或者在生产中的状态如何。读卡器可以发射从 1 英寸到 100 英尺范围内的无线电波。当 RFID 标签在读卡器的范围内时，标签被激活，并开始发送数据。读卡器捕获这些数据，对它们进行解码，并通过有线或无线网络将其发送回主机以做进一步处理（见图 7-15）。RFID 标签和天线有不同的形状与尺寸。

阅读器单元由一个天线和无线电发射器组成，带有解码功能，被嵌入在固定或便携的设备上。阅读器根据其输出功率、使用的无线电频率和周围的环境条件在 1 英寸到 100 英尺范围内发出无线电波。当一个 RFID 标签进入阅读器的通信范围内时，这个标签就会被激活并且开始发送数据。然后，这个阅读器捕捉到这些数据，对数据进行解码，并将其经有线或无线网络发送到一台主机上，供其处理（见图 7-15）。RFID 标签和天线都有不同的形状和尺寸。

在库存控制和供应链管理中，RFID 系统比条形码系统能捕获和管理仓库或生产过程中更详细的信息。如果大量产品同时运送，RFID 系统可以追踪每个托盘，甚至是装载的每个产品。这项技术通过知晓货物存放在仓库里或零售店货架上的能力，帮助像沃尔玛这样的公

㊀ 1 英尺 = 0.304 8 米。

司改善接收和仓储运营。本章开篇案例中描述的梅西百货公司就在使用 RFID 技术追踪货架上在售的每一件产品。

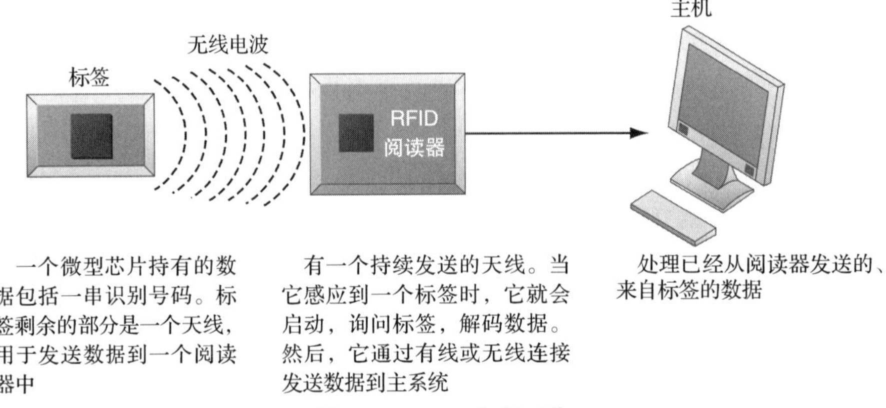

图 7-15 RFID 如何工作

RFID 使用低能量无线电发射器读取存储在标签里的数据，距离范围从 1 英寸到 100 英尺。阅读器获得来自标签的数据，然后将其通过网络发送到主机。

沃尔玛已经在商店的收货处安装了 RFID 阅读器，用来记录带有 RFID 标签的托盘的到达和运送情况。当装有货物的箱子从存储区域到达销售区域的时候，RFID 阅读器读取标签只需一秒钟。软件将沃尔玛 POS 系统的销售数据和 RFID 的库存数据结合起来。该项目可以确定货架上哪些商品将要卖完，并在商品卖完之前自动产生需要从仓库中补货的商品列表。这些信息可以帮助沃尔玛减少缺货的情况，增加销售量，进一步缩减成本。

过去，RFID 标签的成本太高了，以至于难以被广泛应用，但是现在，美国的一个标签大约有 7 美分。随着价格的降低，RFID 对于很多应用来说具有很高的性价比。

除了安装 RFID 阅读器和标签系统，公司需要更新它们的硬件和软件以处理由 RFID 系统产生的大量数据（交易数据多达几万或几十万 G 字节）。

软件用于筛选、聚集并防止 RFID 数据在商业网络与系统应用中超载。应用经常需要被重新设计，以接收大量频繁产生的 RFID 数据，并与其他应用分享这些数据。主要的企业软件供应商现在都可以提供 RFID 的供应链管理应用。

像 Apple Pay 或 Google Wallet 这样的点击式服务使用与 RFID 相关的技术，统称为近场通信（near field communication，NFC）。NFC 是一种短距离无线连接标准，使用电磁场使两个兼容设备在彼此相距几厘米的距离内交换数据。智能手机或其他 NFC 兼容设备射频信号，然后与兼容的读卡器或智能海报中发现的 NFC 标签进行交互。这种信号产生流过 NFC 标签的电流，允许设备和标签之间进行通信。在大多数情况下，标签是被动的，只发送信息，而其他设备（如智能手机）处于主动状态，并且可以发送和接收信息。

NFC 用于无线支付服务、检索信息甚至随时随地与朋友交换视频或信息。当你在有 NFC 标签的海报前摇一下手机时，你可以把网站链接从你的手机上发送到朋友的手机上，或者在博物馆或展览中展示包含 NFC 的标签以观看你想看的内容。

2. 无线传感器网络

如果你的公司想采用先进的技术监视建筑的安全或检测空气中的有害物质，可以开发无线传感器网络。**无线传感器网络**（wireless sensor networks，WSN）是互相连接的无线设备的网络。它们被嵌入物理环境中，以提供在大的空间内的多点测量值。这些设备都有内置的处理、储存与射频传感器和天线。它们都被连接到互联的网络上，将捕获的数据传到电脑中进行分析。

这些网络包含数百个到数千个节点。因为无线传感器设备要被放置在野外，要在没有维护也没有人干扰的情况下持续工作数年，这要求它们的功率必须非常低，电池可持续数年。

图 7-16 显示了无线传感器网络的一种类型，数据从单独节点流经网络到达有更强处理能力的服务器。这个服务器可作为一个基于互联网技术的网络网关。

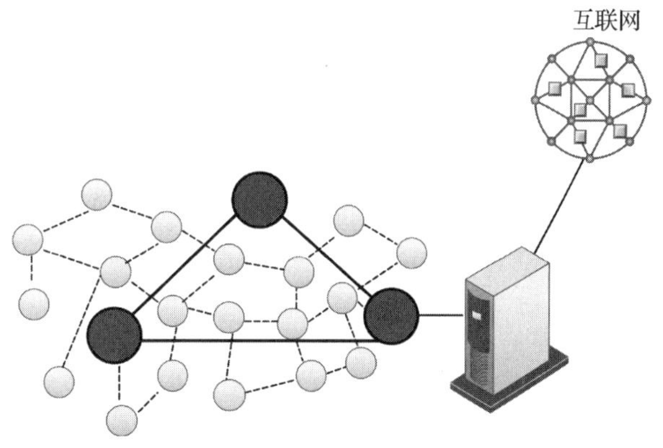

图 7-16 无线传感器网络

小圈代表低等级节点，大圈代表高端节点。低等级节点相互传送或向高端节点传送数据，这样传输数据更快而且可以改善网络性能。

无线传感器网络可应用于很多领域，如监控环境变化、交通或军队活动，保护财产，有效地操作和管理机器、车辆，建立安全边界，监控供应链管理或者检测化学、生物或放射性物质。

RFID 系统和无线网络的输出加速了本章前面介绍的物联网的发展，像喷气发动机、发电厂涡轮机或农业传感器之类的机器，不断收集数据并通过互联网发送数据进行分析。这些数据可能表明相关方需要采取行动，例如更换接近磨损的部件，在商店货架上重新放置产品，启动大豆田的浇水系统或减缓涡轮机等。随着时间的推移，越来越多的日常物品需要连接到互联网，并能够在其他设备中进行识别，当数据变化时可以创建感知和响应的网络。开篇案例中描述的梅西百货的 Pick to the Last Unit 系统，就是物联网应用的一个例子。根据麦肯锡全球研究院的报告，到 2025 年，连接互联网的设备将达到 500 亿台，每年可以增加 3.9 万亿～ 11.1 万亿美元新的企业和社会经济价值（Manyika et al.2015）。你在第 2 章和第 12 章中可以找到更多物联网的案例。

本章小结

1. 电信网络的主要组成部分和关键网络技术是什么？

一个简单的网络由两台以上相互连接的计算机组成。基本的网络组件包括计算机、网络接口、连接介质、网络操作系统软件和集线器或交换机。大公司的网络基础设施包括传统电话系统、移动蜂窝通信、无线局域网、视频会议系统、公司网站、内部网、外部网以及一组本地局域网和广域网，包括互联网。

现代网络（包括互联网）一直受客户机 / 服务器计算的兴起、分组交换的使用、采用传输控制协议 / 网际协议 (TCP/IP) 作为连接不同的网络和计算机通信标准的影响。协议提供一组通用的规则，以确保通信网络中不同组件之间的通信。

2. 不同类型的网络有哪些?

主要的物理传输媒介有弯曲的电话线、同轴铜电缆、光纤电缆和无线传输。

局域网可以将500米以内的计算机和数字设备连接在一起。如今许多企业运用局域网完成企业计算任务。广域网从跨数英里到跨越大陆，可以覆盖很广的地理范围。广域网通常是独立管理的私人网络。城域网跨越单个城市区域。

数字用户线技术、有线网络连接和T1线路通常用于高容量网络连接。

3. 互联网和互联网技术如何工作? 它们如何支持通信和电子商务?

互联网是全球性网络，使用客户机/服务器模式和TCP/IP网络参考模型。互联网上的每一台电脑都分配一个唯一的IP地址。域名地址系统（DNS）将IP地址转变为更加友好的域名。像互联网架构委员会和世界互联网协会等机构建立了全球互联网政策。

主要的互联网服务包括电子邮件、新闻组、聊天、即时通信、远程登录、文件传输协议和网络。网页以超文本标记语言为基础，且可以显示文本、图形、视频和音频。网站目录、搜索引擎和RSS技术可以帮助用户在网络上找到需要的信息。RSS技术、博客、社交网络和维基百科是典型的网络2.0应用。未来的Web3.0将具有更多的语义搜索、视觉搜索、应用流行以及许多不同设备（物联网）的互联。

企业也开始意识到通过IP语音技术传输语音和使用低成本的虚拟专用网络代替私人广域网的经济性。

4. 无线网络、通信和互联网接入的主要技术与标准是什么?

蜂窝网络正在朝高速、高带宽和数字分组交换的传输方式发展。宽带3G网络能够以144kbps ~ 2Mbps的速度传输数据。4G网络可以以100Mbps的速度传输数据。

主要的蜂窝标准包括码分多址（主要用于美国），以及全球移动通信系统（主要用于欧洲和世界上的其他国家）。

无线计算机网络的标准包括应用于小型个人区域网络的蓝牙、局域网内的Wi-Fi以及城域网的WiMax。

> MyMISLab
>
> 完成标有MyMISLab标记的问题，请到MyMISLab的EOC讨论问题部分。

复习题

7-1 电信网络的主要组件和关键网络技术是什么?

- 描述一个简单网络的特征和一家大企业的网络基础设施。
- 指明和描述主要技术与当代电信系统的发展趋势。

7-2 不同类型的网络是什么?

- 定义模拟信号和数字信号。

- 区分 LAN、MAN 和 WAN。

7-3　互联网和互联网技术如何工作，它们如何支持通信与电子商务?

- 定义互联网，说明它如何工作，并解释它如何实现商业价值。
- 解释域名系统和 IP 寻址系统如何工作。
- 列出并说明主要的互联网服务。
- 定义和说明 IP 语音与虚拟专用网络，并解释它们是如何实现商业价值的。
- 列出并说明网络上定位信息的替代方式。
- 描述网络搜索技术如何被用于营销。

7-4　无线网络、通信和互联网接入的主要技术与标准是什么?

- 定义蓝牙、Wi-Fi、WiMax 和 3G 与 4G 网络。
- 描述每种网络的能力以及每种网络分别最适合哪种应用。
- 定义 RFID，解释它如何工作，并描述它如何实现商业价值。
- 定义 WSN，解释它如何工作，并描述使用它的不同应用。

讨论题

7-5 MyMISLab　据说在未来几年中，智能手机将成为我们拥有的最重要并且是唯一的数字设备。请讨论这句话的含义。

7-6 MyMISLab　所有主要的零售和制造业公司都应该应用 RFID 吗？为什么？

7-7 MyMISLab　在确定互联网是否为企业带来竞争优势时，需要考虑哪些问题？

MIS 实践项目

本部分项目能让你亲身体验评估和进行通信技术选择，使用电子表格软件提高电信服务，使用网络搜索引擎做商业研究。请访问 MyMISLab 的多媒体图书馆以获取本章 MIS 实践项目。

管理决策问题

7-8　贵公司为家得宝·劳氏和其他家居建材商店供应陶瓷地砖。你已经被要求在每箱的瓷砖上使用无线射频识别标签，以帮助客户改善对你的产品和其他供应商的商品的仓储管理。利用网络确定公司 RFID 系统的硬件、软件和网络组件的成本，应该考虑哪些因素？关于贵公司是否应该采用这种技术的关键决策是什么？

7-9　BestMed 医疗用品公司销售医疗和外科产品及设备给 700 多个制造商、医院、诊所和医疗办公室。该公司在中西部各州的 7 处不同的地方雇用了 500 人，包括客户经理、客户服务和支持代表以及仓库管理员。员工通过传统的电话语音服务、电子邮件、即时消息和手机进行沟通。管理层正在咨询公司是否应该采用一种统一的通信系统，应该考虑哪些因素，关于是否应该采用这种技术的关键决策是什么。如果有必要，可以使用网络查找更多关于统一通信的信息和成本。

改善决策：使用电子表格软件评估无线服务

软件技能：电子表格公式、格式

业务技能：分析电信服务和成本

7-10 在这个项目中，你将使用网络研究无线服务的选择，并且利用电子表格软件计算一个销售团队的无线服务成本。

你想给位于密苏里州的 St. Louis 公司的 35 人销售团队配备具有语音、短信、互联网接入和照片拍摄与发送等功能的移动手机。利用网络选择两个提供良好的全国性以及地方性的无线服务的供应商。研究每个供应商提供的移动手机的功能和无线计划。假设在 35 人的销售团队中，每人每个工作日需要在上午 8 点到下午 6 点之间花 3 小时进行移动语音通信，每个工作日发送 30 条短信，每月使用 1G 数据流量，每周发送 5 张照片。使用电子表格软件确定每个用户两年内价格最划算的无线服务和手机。鉴于这个练习的目的，你不需要考虑公司折扣。

卓越运营：在商业研究中使用网络搜索引擎

软件技能：网络搜索工具

业务技能：研究新科技

7-11 该项目将培养你在商业研究中使用网络搜索引擎的互联网技能。

使用谷歌和必应以获取关于乙醇作为汽车燃料替代品的信息。如果你愿意，也可以试试别的搜索引擎。比较不同的搜索引擎获得的信息数量和质量。哪个工具最容易使用？哪个能为你的研究提供最好的结果？为什么？

团队协作项目

评估智能手机

7-12 与三四名同学组成一个小组。比较苹果 iPhone 与另一个供应商提供的具有相似功能的智能手机的功能。你的分析应该考虑每个设备的购买成本、可以运行的无线网络、手机成本，以及每个设备可用的服务。你还应考虑每个设备的其他功能，包括可用的软件、安全性能以及与现有公司或 PC 应用集成的能力。你会选择哪个设备？你的选择基于什么样的标准？如果可能，请使用 Google Docs、Google Drive 或 Google Sites，集思广益并制作演示文稿以报告你们的结果。

在 MyMISLab 中，你会发现一个涉及本章概念的协作与团队合作项目。你可以使用谷歌网站、谷歌文档和其他一些开放的源代码协作工具完成任务。

案例研究

谷歌、苹果和 Facebook 互联网体验之战

互联网行业的三大巨头——谷歌、苹果和 Facebook 在史诗般的斗争中主导用户的互联网体验。它们在以下方面开展竞争：搜索、音乐、视频和其他与做这些事情设备相连的媒体、

云计算以及许多其他可能是你生活中心的方面。具有先进功能且能随时随地接入互联网的移动设备，正在迅速超越传统的台式机，成为最受欢迎的计算形式。如今，人们花费超过一半的时间在网上使用移动设备以利用日益增长的云计算能力。毫无疑问，如今的科技巨头正在积极地争取控制这个勇敢的新移动世界。

由个人电脑公司起家的苹果公司，迅速将业务拓展到软件和消费电子领域。随着MP3播放器、iPod和iTunes数字音乐服务的发展，苹果公司以iPhone、iPod Touch和iPad为手段进行了移动计算。现在，苹果希望成为互联网的首选计算平台。

苹果是移动软件应用的领导者，由于App Store的普及，目前拥有超过200万个移动和平板设备的应用程序。应用程序极大地丰富了使用移动设备的体验，无论谁，只要创建了最具吸引力的设备和应用程序，就会获得比竞争对手更大的竞争优势。应用是传统浏览器的新替代。

苹果在创新方面蓬勃发展。2011年，它发布了能够潜在破坏市场的Siri（语音解释和识别界面），这是一种组合搜索/导航工具和个人助理。Siri承诺会提供个性化的建议，因为它可以从口头命令中获得对用户的熟悉程度。谷歌通过快速发布自己的AI工具Google Now进行反击。

在美国和像中国那样的发展中国家中，苹果面临着更加便宜的中国智能手机和三星安卓手机的竞争，这些手机具有更大的屏幕和更低的价格。iPhone的销量开始放缓，但苹果公司并不仅仅依靠硬件设备实现未来的发展。服务一直在苹果生态系统中占有很大的份额，已经成为主要的收入来源。苹果公司拥有超过10亿个活跃的有源设备，创造了一个庞大的愿意购买服务和构成新的收入来源的用户基础。Apple Pay现在在全球超过1 000万个地点提供服务，每周增加100万名新用户。苹果音乐服务开始收费后的4个月，超过1 000万的订阅用户，为苹果增加了12亿美元的保底收入。App Store的收入正在飙升。截至2016年1月3日的两周内，客户在应用和内嵌应用方面支出的费用超过11亿美元。据苹果CEO蒂姆·库克说，苹果已经成为世界上最大的服务企业之一。

这种服务驱动的策略也无法让苹果高枕无忧。谷歌和Facebook在服务领域中进行了激烈的竞争。苹果公司的Siri在设置闹钟或拨打电话方面比较方便，但它不能像竞争对手那样进行对话或者跨越许多应用和服务执行复杂的任务。在Facebook的Messenger中，你可以向朋友汇款、订购Uber服务，或者从United和Delta等航空公司获取客户服务。谷歌适用于iOS和安卓系统的Allo消息应用，能够让用户与助理聊天，使其执行诸如获取新闻、查找旅行时间等任务，能够处理你在网上要办的任何事情，也可以在你与他人对话时提供回复建议或进行网页搜索。

谷歌继续是世界领先的搜索引擎，占世界网络搜索领域3/4的份额。大约90%的收入来自广告，其中大部分来自搜索引擎。谷歌主宰了网络广告的市场。但是，谷歌作为互联网门户的地位正在下降。新的搜索创业公司专注于操作和应用，而不是网络。苹果也成了移动搜索的竞争对手。它的iOS手机操作系统软件可以绕过谷歌，让iPhone和iPad用户使用苹果自己的搜索引擎搜索音乐、应用和本地服务。

2005年，谷歌购买了安卓开源移动操作系统，在移动计算领域中进行竞争。谷歌向智能手机制造商免费提供安卓系统，通过出售应用和广告间接产生收入。许多不同的制造商将安卓系统作为标准。相比之下，苹果只允许自己的设备使用其专有的操作系统，所有销售的应用也只能运行在苹果的产品上。安卓系统可以在全球76%的智能手机上部署，是平板电脑最常见的操作系统，也可以在手表、汽车仪表板和电视机（超过4 000种不同的设备）上运行。谷歌希望将安卓系统扩展到尽可能多的设备上。

谷歌的安卓手机操作系统预计在未来几年将获得更多的市场份额，这对于苹果公司来说可能是一个问题，因为它试图保持客户忠诚度，并将软件开发人员集中在iOS平台上。不管是谁成为智能手机操作系统的主导，都将会通过应用控制智能手机用户在哪里花费大部分时间，并通过内置渠道在移动设备上投放广告。

尽管谷歌搜索技术无法轻松浏览用户花费大部分时间使用的移动应用，但谷歌开始对移动应用中的内容进行索引，并在智能手机中提供指向谷歌搜索结果的链接。由于大约有一半的谷歌搜索用于移动设备，所以公司修改了搜索算法，将“移动友好性”添加到其用于对其搜索引擎上的网站进行排列的200个因素中。这使得用户在智能手机屏幕上看起来更加方便。每次点击付费的移动广告比桌面广告发展缓慢。谷歌开始捆绑PC广告和移动广告进行更改设计，并提供更清洁的移动搜索页面。

谷歌在未来几年使得搜索和相关服务更加强大、用户界面更加友好的努力，取决于公司对人工智能和机器学习的投资。这些技术已经在语音搜索、谷歌翻译和垃圾邮件过滤等应用中实现。这些技术的目标是将搜索转化为更多的智能方面的帮助，使用户根据上下文、实际情况和需求从谷歌获得帮助。Allo是一款智能信息应用，可以随着时间的推移学习你发短信的模式，使对话更具表现力和效率。它可以自动回复收到的邮件。此外，你在聊天过程中可以从它那里获得建议，甚至可以通过它预订餐厅。谷歌助手希望在用户和搜索引擎之间提供持续的对话。

谷歌一直在寻找新的方式将更多的人连接到互联网上，包括小卫星、能够在世界各地飞行的太阳能无人驾驶飞机以及漂浮在平流层的热气球，并以此传播互联网。太空中的这些设备有助于谷歌将互联网传播到目前缺乏互联网接入的不发达地区，这将覆盖大约40亿人口。与谷歌直接相连的人数越多，可以显示的广告就越多。

Facebook是世界上最大的社交网络服务平台，每月活跃用户达16.5亿。人们使用Facebook与朋友、家人保持联系，并发布一些重要的事情。Facebook的Platform使开发人员能够构建与Facebook集成的应用和网站，以接触到全球的用户网络，并构建个性化的社交产品。

Facebook一直致力于将其流行度和用户数据量转化为广告收入，并且期望这些收入越来越多地来自移动智能手机和平板电脑。每天世界各地约有9.89亿人使用移动设备登录Facebook。Facebook的广告允许公司基于客户的真实身份和表达的兴趣锁定目标用户，而不是通过用户浏览网络的习惯和其他在线行为推导出的猜测进行定位。

移动广告收入占Facebook收入的75%左右，这些广告大部分以年龄、性别和其他人口特征定位目标用户。Facebook现在是谷歌在移动广告市场上一个重要的竞争对手，而且试图在新兴的移动平台上竞争。它以20亿美元收购了虚拟现实护目镜制造商Oculus VR公司。

2013年3月，Facebook修改了主页，增加了照片和链接，并允许用户创建专题流。这一举措为广告商提供了与目标市场有关的更多的机会和信息。比如，一张“个性化的报纸”，其中包括具有评论的页面、针对感兴趣的事件和团队发起的体育比赛以及来自家乡的新闻资讯，这将使Facebook的数据库变得更加有用。Facebook还推出了移动应用套件以取代传统的智能手机主屏幕。Facebook Home是一个运行在安卓操作系统上的界面，可以通过Facebook的内容（如照片、消息和状态更新）取代智能手机的典型桌面。

大约在同一时间，Facebook 推出了一个新的搜索工具以挑战谷歌搜索的主导地位。Facebook Search（以前是 Graph Search）挖掘了 Facebook 上广泛的用户数据，并提供了基于社交信号的结果，比如 Facebook 上的“喜欢”和朋友推荐。这是一种比谷歌更“社交”的搜索方式。虽然 Facebook 的搜索与谷歌不在同一个战队，但它可以为用户提供更准确的数据，例如性别、年龄、婚姻状况和兴趣等。Facebook 在全球数字广告收入中的份额一直在增加。

Facebook CEO 马克·扎克伯格相信，社交网络是使用网络并且消费人们可能需要的所有其他内容（包括新闻和视频）的理想方式。这使它成为公司理想的营销平台。但他也知道，Facebook 不能单靠社交网络实现长期增长和繁荣。在过去几年中，Facebook 已经转型为一家提供虚拟现实、即时消息、视频等一体化的公司。Facebook 正在挑战 YouTube 作为个人视频的首选入口，并且通过部署聊天室使其信息“更智能”。聊天室是通过回答问题或执行任务理解你所输入的内容或说出的内容，并在 Facebook 的 Messenger 服务的背景下运行的软件。

扎克伯格表示，他打算通过提供负担得起的网络连接，在发展中国家吸引下一个10亿用户网络。Facebook 在新兴市场上推出了多项服务，如 Free Basics 互联网服务可以让人们上网，以便他们浏览包括社交网络在内的网络应用。Facebook 希望通过使用无人机和卫星以及其他技术将互联网引入尚未联网的地区。扎克伯格认为，Facebook 最终将成为不发达地区的互联网服务供应商。如果 Facebook 可以在这方面与谷歌相匹配，并成功地将自己定位为移动接入，该公司可以很好地在全球广告竞争中占据主导地位。

资料来源：Don Reisinger, “How Mark Zuckerberg Is Shaping the Future of Facebook, Social Media,” *eWeek,* May 16, 2016; Robert McMillan, “Facebook Hopes Chatbots Can Solve App Overload,” *Wall Street Journal,* April 17, 2016; Nathan Olivarez-Giles, “Google Takes on Apple, Facebook with Allo and Duo Chat Apps,” *Wall Street Journal,* May 18, 2016; Eric Emin Wood, “Is a Shift to Being a Service Provider in Apple’s Future?” IT World Canada, May 5, 2016;Joanna Stern, “Dear Apple, Please Make the iPhone Smarter,” *Wall Street Journal*, May 31, 2016; Yoni Heisler, “Apple’s Growth Strategy Is Hiding in Plain Sight,” BGR.com, January 28, 2016; Rolfe Winkler, “Mobile Alters Landscape Where Google Operates,” *Wall Street Journal,* March 26, 2015; Farhad Manjoo, “Google Mighty Now,but Not Forever,” *New York Times,* February 11, 2015; Alistair Barr, “Mobile Devices Upend Google Search,” *Wall Street Journal,* February 25, 2016, and “How Google Aims to Delve Deeper into Users’Lives,” *Wall Street Journal*, May 28, 2015; and Connor Dougherty, “Google Hopes to Take the Web Directly to Billions Lacking Access,” *New York Times*, January 21, 2015, and “Reinventing Google for a Mobile World,” *New York Times*, July 9, 2015.

案例分析题

7-13 请比较苹果、谷歌和 Facebook 的商业模式及核心竞争力。

7-14 为什么移动计算对这三家公司而言如此重要？请评价每家公司的移动战略。

7-15 搜索对于移动计算的成功或失败的意义是什么？苹果和 Facebook 是如何试图与谷歌竞争的？它们的战略会成功吗？

7-16 你认为哪家公司及其商业模式最有可能赢得互联网竞争？为什么？

7-17 如果苹果、谷歌或 Facebook 主导了互联网体验，对商业或个人消费者会产生什么不同的影响？请解释你的回答。

MyMISLab

请到 MyMISLab 的作业部分完成这些写作练习。

7-18 比较 Web2.0 和 Web3.0。

7-19 社交搜索、语义搜索和移动搜索与在网络上使用常规的搜索引擎搜索信息有何不同？

参考文献

Barr, Alistair. "Mobile Devices Upend Google Search." *Wall Street Journal* (February 25, 2016).

Chiang, I. Robert and Jhih-Hua Jhang-Li. "Delivery Consolidation and Service Competition Among Internet Service Providers." *Journal of Management Information Systems* 34 No. 3 (Winter 2014).

Deichmann, Johannes, Matthias Roggendorf, and Dominik Wee. "Preparing IT Systems and Organizations for the Internet of Things." McKinsey & Company (2015).

eMarketer, "It's 2015. What Does Mobile Mean Now?" (February 18, 2015).

Google, Inc. "SEC Form 10k for the Fiscal Year Ending December 31, 2015" (February 11, 2016).

IBM Global Technology Services. "Software-Defined Networking in the New Business Frontier." (July 2015).

Iyer, Bala. "To Project the Trajectory of the Internet of Things, Look to the Software Industry." *Harvard Business Review* (February 25, 2016).

Manjoo, Farhad. "Google Mighty Now, but Not Forever." *New York Times* (February 11, 2015).

Manyika, James, Michael Chui, Peter Bisson, Jonathan Woetzel, Richard Dobbs, Jacques Bughin, and Dan Aharon. "Unlocking the Potential of the Internet of Things." McKinsey Global Institute (2015).

McKinsey & Company. "The Impact of Internet Technologies: Search." (July 2011).

National Telecommunications and Information Agency. "NTIA Announces Intent to Transition Key Internet Domain Name Functions." (March 14, 2014).

Panko, Raymond R. and Julia Panko. *Business Data Networks and Security* 10e. Upper Saddle River, NJ: Prentice-Hall (2015).

Reisinger, Don. "How Mark Zuckerberg Is Shaping the Future of Facebook, Social Media." *eWeek* (May 16, 2016).

Winkler, Rolfe. "Getting More Than Just Words in a Google Search Result." *Wall Street Journal* (Aug. 18, 2014).

Wittman, Art. "Here Comes the Internet of Things" *Information Week* (July 22, 2013).

Wyatt, Edward. "U.S. to Cede Its Oversight of Addresses on Internet." *New York Times* (March 14, 2014).

第8章 信息系统安全

CHAPTER8

学习目标

LEARNING OBJECTIVES

通过阅读本章，你将能够回答如下问题：

- 为什么信息系统容易出现崩溃、出错和滥用？
- 安全与控制的商业价值是什么？
- 安全与控制的组织框架有哪些组成要素？
- 保护信息资源最重要的工具和技术有哪些？

> MyMISLab™
>
> 访问 mymislab.com 来获得模拟、辅导材料和课后问题。

开篇案例 黑客攻击 SWIFT 全球银行系统

代表全球银行间金融通信的组织 SWIFT 被视为网络支付的“劳斯莱斯”。这是世界上 11 000 多家金融机构使用的一种系统，用于授权从一个账户到另一个账户的付款。SWIFT 的安全信息系统一天要发送约 2 500 万条信息，包括付款的订单和确认、证券结算与货币兑换。显然，这是一个非常重要的全球金融体系。如果你收到 SWIFT 的消息，可以确定它是合法的，便可以按预期转钱。

SWIFT 是一个高度安全的系统，但很显然它还不能达到百分之百安全。2016 年年初，出现了多次尝试使用 SWIFT 消息抢夺金融机构的事件。孟加拉国央行披露，2016 年 2 月，它损失了 8 100 万美元，因为黑客侵入了它的安全系统，访问了 SWIFT，并欺骗了纽约联邦储备银行，向菲律宾黑客控制的账户发放了为孟加拉国央行提供的资金。

SWIFT 网络中的每个银行都有一组代码标识。黑客以某种方式设法窃取孟加拉国银行的凭证传输消息，并使用针对 PDF 阅读器的恶意软件进行检查。SWIFT 的核心信息传递系统没有受到影响。安全漏洞发生在与系统相互影响的个别机构的计算机中，这些计算机仍然由个别 SWIFT 成员负责。黑客只能使用受损银行的资金，而不能使用数千家使用 SWIFT 的其他机构的资金。不过，调查人员已经在其他 12 家银行发现了违规行为，包括越南和厄瓜多尔的个别银行。

这怎么可能发生呢？SWIFT 不受银行监管，因为它不持有资金或管理账户。它由比利时国家银行监管，由美国联邦储备委员会、英国央行、欧洲央行、日本央行等主要银行的代表监督。专家指出，SWIFT 系统以灵活性和信任度为基础。银行可以选择让员工从桌面浏览器开启 SWIFT 的主界面。这一特点使 SWIFT 易于使用，但同时也使系统易受黑客攻击。黑客显然能够获得银行的 SWIFT 访问代码，发送经过身份验证但属于欺诈的转移资金请求，并将跟踪隐藏在银行计算机系统上的恶意软件中。这些攻击显示了黑客对目标银行的了解非常深入（这些了解可能是从内部人士、网络攻击中获得的）。

美国大多数银行对与 SWIFT 连接的电脑都采取了特殊的预防措施，包括多个防火墙将 SWIFT 与银行的其他网络隔离开来，甚至在一个独立的、上锁的房间内操作机器。不幸的是，其他国家的一些银行采取的这样的预防措施较少。据专家说，孟加拉国银行可能特别脆弱，使用 10 美元的路由器，并且没有防火墙。

安全公司和情报机构仍在努力了解谁是幕后黑手。赛门铁克是一家领先的安全公司，它认为这次袭击类似于早前针对朝鲜的黑客行为。

SWIFT 计划增强软件需求，扩展使用双重身份验证（提供额外的身份检查），更严格地监控合规性，并提供有关欺诈检测的更多信息。但是，最终 SWIFT 也只能这么做。真正的解决方案必须来自参与银行本身。根据 SWIFT 首席执行官戈特弗里德·莱布兰特（Gottfried Leibbrandt）的说法，充分采取网络防御措施可能需要数年的时间。

资料来源：Michael Corkery, "Hackers' $81 Million Sneak Attack on World Banking," *New York Times*, April 30, 2016; Katy Burne, Robin Sidel, and Syed Zain Al-Mahmood, "Swift Banking Network Struggles with Wave of Cyberattacks," *Wall Street Journal*, May 20, 2016; "What a Bank Heist Reveals About Global Security," *Bloomberg View*, May 31, 2016; John Detrixhe,Gavin Finch, and John Follain, "Swift CEO Expects More Hacking Surprises as Fix Is Years Away," *Bloomberg Business Week,* June 2, 2016.

SWIFT 全球银行网络被入侵而造成的 8 100 万美元被盗的问题，说明了企业为什么需要特别注意信息系统安全。SWIFT 系统是全球业务的主要工具。但从安全的角度来看，正如以上案例所示，系统很容易受到能够访问被保护用户认证数据的黑客的攻击。

下图提出了本案例和本章的重要内容。SWIFT 系统灵活易用，在参与机构之间不需要高度的安全保障。虽然美国使用 SWIFT 网络的主要银行拥有强大的信息系统安全性，但其他 SWIFT 网络成员用于保护全球银行交易的安全性较弱。尽管 SWIFT 网络本身具有强大的安全保障，但犯罪分子能够侵入 SWIFT 成员银行的系统，并向 SWIFT 系统发出虚假指示，将资金非法转入其账户。SWIFT 正在与成员机构合作，提升其安全性，但网络所有参与者都需要数年才能得到充分保护。

以下是一些需要考虑的问题：黑客能够利用哪些安全漏洞？什么样的管理、组织和技术因素对这些安全弱点造成了影响？这些问题的业务影响是什么？

8.1 为什么信息系统容易受到破坏，容易出错和被滥用

你能想象如果没有防火墙和反病毒软件连上互联网会发生什么吗？你的电脑会在几秒内瘫痪，要花很多天才能修复。如果你使用电脑运营业务，当它瘫痪时，你可能无法将货物出

售给客户或向供应商下订单。你可能发现电脑已被外来者入侵，他们也许会盗窃或毁坏你有价值的数据，包括机密的客户付款信息。如果太多数据被毁坏或者泄露，交易可能再也无法进行！

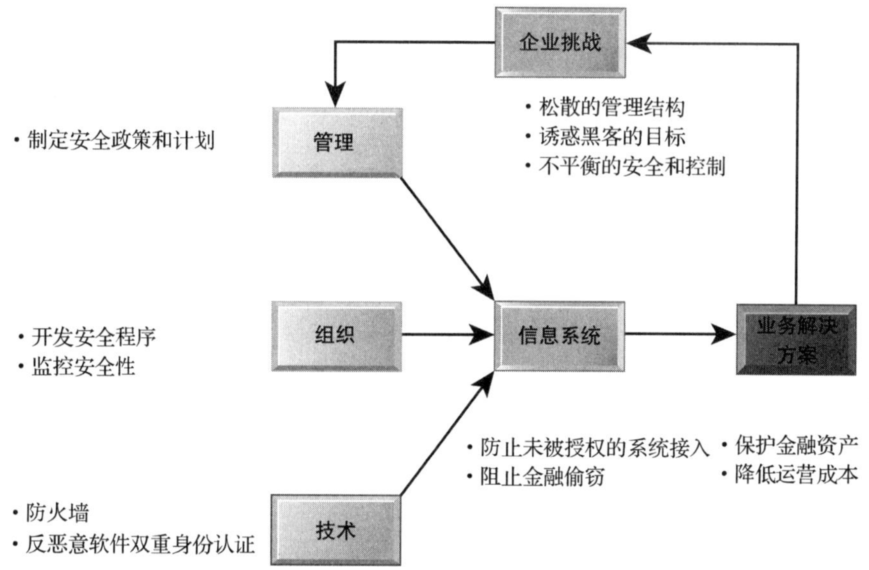

简而言之，如果你经营一家企业，需要确保数据或信息安全与控制设为最高优先级。**安全**（security）是指用来防止对信息系统非授权的访问、更改、盗窃或者物理损害的政策、步骤和技术措施。**控制**（control）是确保组织资产安全的方法、政策和组织流程，要求对资产的记录要准确、可靠，对其处置要符合管理标准。

8.1.1 为什么系统易受到破坏

当大量数据以电子形式存储时，它们受到的破坏威胁远高于存储在手工文档中。通过通信网络，不同地区的信息系统相互连接在一起。非法进入、滥用或者欺诈的潜在威胁不局限于某个区域，而在网络中的任何连接点都存在。图 8-1 列举了当前信息系统最常见的安全挑战和漏洞。其根源来自技术、组织和环境等方面的因素，以及不当的管理决策。在图 8-1 的多层客户机 / 服务器计算环境中，每个层次和层次间的通信都有漏洞。客户机层会因用户引入错误或者未经授权访问而对系统产生损害，也有可能通过网络截取数据流，在传输期间盗取有价值的数据或未经授权而更改消息。同样，辐射也会在各个接入点扰乱网络。入侵者可以发动拒绝服务攻击，或者用恶意软件干扰网站运行，并想方设法侵入企业系统，毁坏或更改企业储存在数据库或文件中的数据。

系统故障如果不是因为配置不当引起计算机硬件崩溃所致，就是因为使用不当或者犯罪行为所造成的。程序错误、安装不当，或未经授权的更改会导致计算机软件失灵。停电、水灾、火灾或者其他自然灾害也会扰乱计算机系统。

如果有价值的信息存储在组织控制之外的网络或计算机上，那么与国内外其他企业的合作也会使系统遭受破坏。没有强大的安全保障，有价值的数据会丢失、毁坏或者错误地落入他人之手，从而泄露重要的商业秘密或者个人隐私信息。

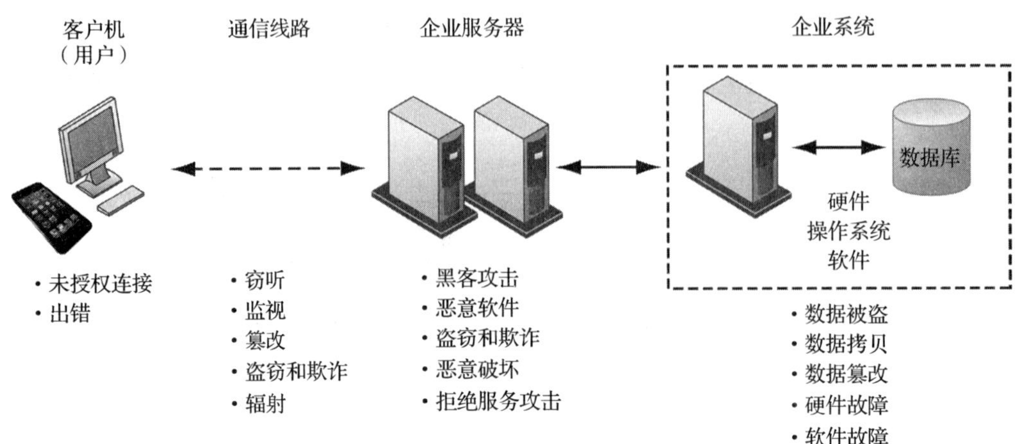

图 8-1 当前安全挑战和漏洞

一个基于 Web 的应用程序体系结构通常包括 Web 客户机、服务器和与数据库连接的企业信息系统。每个组件都有安全挑战和漏洞。水灾、火灾、停电及其他电气问题都会导致网络中任何连接点中断。

越来越多的便携移动设备给企业计算中的应用增添了更多的问题。便携性使得手机、智能手机和平板电脑容易丢失或被盗。智能手机具有与其他互联网设备相同的安全弱点，易受恶意软件和外来者的入侵。企业员工使用的智能手机通常含有一些敏感数据，如销售数量、客户姓名、电话号码和电子邮件地址等，入侵者可以通过这些设备进入企业内部系统。

1. 互联网的漏洞

像互联网这样的大型公用网络，因为对所有人开放，所以会比内部网络更加易受攻击。互联网如此巨大，当滥用发生时，影响会非常深远。当互联网成为企业网络的一部分，组织的信息系统更容易受到外来者侵入。

以互联网技术为基础的电话服务（见第 7 章），如果不是在安全的私有网络中运行，会比语音交换网络更易受攻击。很多由公共互联网传输的 IP 语音的流量并没有加密，因此任何人通过网络都可以窃听谈话。黑客可以通过伪造流量使支持 IP 语音的服务器瘫痪，从而拦截谈话或者关闭语音服务。

电子邮件、即时信息（instant messaging，IM）和 P2P（peer-to-peer）文件共享的广泛使用，也会增加网络的漏洞。电子邮件的附件可能被作为恶意软件或未授权访问企业内部系统的跳板。员工可能会使用电子邮件将有价值的交易机密、财务数据或者客户的保密信息传送给非授权的接收者。消费者大量使用的即时信息软件，对文本信息没有设置安全层，因此当信息在公共互联网上传输时，就有可能被外来者拦截读取。互联网上的即时信息在某些情况下可以被用作进入一些不太安全的网络的后门。通过 P2P 网络共享文件，如非法共享音乐文件，也可能传播恶意软件把个人或企业计算机上的信息向外界泄露。

2. 无线网络的安全挑战

在机场、图书馆或者其他公共场所登录无线网络是否安全？这取决于你有多高的警惕性。即便是你家中的无线网络，也容易受到攻击，因为无线频率的波段很容易被监测到。蓝牙和 Wi-Fi 网络都容易受非法偷听者的入侵。使用 802.11 标准的局域网（LAN）也可以被外部入侵者通过手提电脑、无线网卡、外置天线和黑客软件轻易地侵入。黑客使用这些软件发现没有防护的网络、监视网络流量，在某些情况下还能够进入互联网或企业网络。

Wi-Fi 传输技术使得一个基站能够很容易找到并接听另一个基站。Wi-Fi 网络中识别访问点的服务集标识（service set identifier，SSID）多次广播，能够很容易地被入侵者的监听程序窃取（见图 8-2）。很多地区的无线网络没有基本的保护来抵御驾驶攻击（war driving）。窃听者在外面的建筑物或者公园里进行操纵，以拦截无线网络的流量。

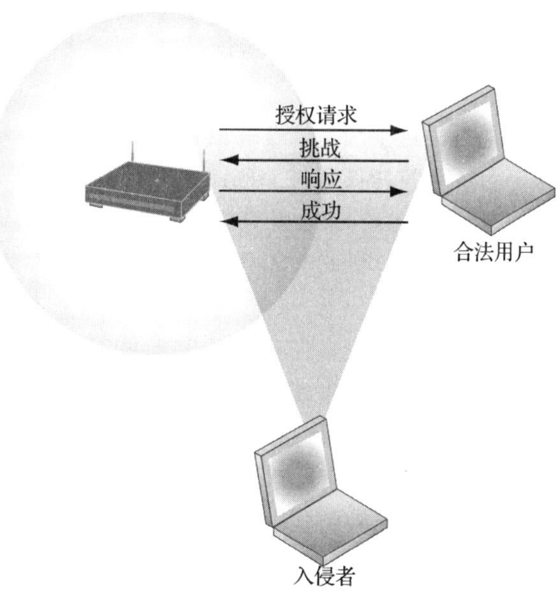

图 8-2 Wi-Fi 的安全挑战

许多 Wi-Fi 网络容易被入侵者渗透，他们利用窃听程序获得地址，从而未经授权便访问网络中的资源。

与一个接入点关联起来的入侵者通过使用正确的 SSID 就能够访问网络上的其他资源。例如，入侵者可以使用 Windows 操作系统，确定还有哪些其他用户连接到网络，然后进入他们的计算机硬盘驱动区，打开或复制他们的文件。

入侵者还会使用另一个不同的无线频道设置欺诈接点以收集信息。该欺诈接点的物理位置与用户靠近，这样强行使用户的无线网络接口控制器（network interface controller，NIC）与该接点关联起来。一旦关联成功，黑客就可以通过欺诈接点捕获不知情的用户的用户名和密码。

8.1.2 恶意软件：病毒、蠕虫、特洛伊木马和间谍软件

含有恶意代码的软件称为**恶意软件**（malware）。它包含各种形式的威胁，如计算机病毒、蠕虫和特洛伊木马（见表 8-1）。**计算机病毒**（computer virus）是一种通常在用户不知情的情况下，附着在其他软件程序或数据文件上执行的欺诈性软件程序。绝大多数计算机病毒

表 8-1 恶意代码示例

名　字	类　型	描　述
Cryptolocker	勒索软件 / 木马	劫持用户的照片、视频和文本文档；用几乎不可破坏的非对称加密方式进行加密；要求用户支付赎金
Conficker	蠕虫	它于 2008 年 11 月首次出现，至今仍然是一个问题。在 Windows 软件中用缺陷接管机器，并将它们连接到可以远程命令的虚拟计算机中。全球有超过 500 万台计算机在它的控制之下。它很难被去除
Sasser.ftp	蠕虫	它于 2004 年 5 月首次出现。通过攻击随机 IP 地址在互联网上扩散，导致计算机不断崩溃并重新启动，并且感染的计算机会寻找更多的受害者。全球受影响的计算机有数百万台，损失估计为 148 亿～ 186 亿美元
ILOVEYOU	病毒	它首次出现在 2000 年 5 月 3 日，是以 Visual Basic 脚本编写的脚本病毒，并作为主题为 ILOVEYOU 电子邮件的附件发送。它用自己的副本覆盖音乐、图像和其他文件，估计损失为 100 亿～ 150 亿美元

会产生有效载荷（payload)。这种有效载荷相对而言是无恶意的，例如发出显示消息或图片的命令，但是有的则具有极强的破坏性，可以毁坏程序和数据，阻塞计算机内存，格式化计算机硬盘，或者导致程序运行不当。当人们进行如发送带有附件的电子邮件或者复制已感染病毒的文件这类操作时，病毒就会从一台计算机传到另一台计算机上。

最近的许多攻击来自**蠕虫**(worms)，它是一种独立的计算机程序，可以在网络上将自己从一台计算机拷贝到另一台计算机上。与病毒不同，蠕虫不附着在其他计算机程序文件上，可以自己运行，并且在计算机之间扩散时，对人的行为的依赖性不强。这也解释了为什么计算机蠕虫比计算机病毒传播得更快。蠕虫会毁坏数据和程序，同样也扰乱甚至中断计算机网络的运行。

蠕虫和病毒通常在互联网上通过下载的软件文件、电子邮件传送的附件文件、电子邮件附加信息、在线广告或即时信息进行扩散。病毒同样从感染的硬盘或者机器入侵计算机信息系统。如今，最为盛行的病毒是**下载驱动**（drive-by download)，它是指用户有意或无意间得到的下载文件中含有恶意软件。

黑客可以像对待任意互联网设备那样对待智能手机：在用户不知情的情况下，使其下载恶意文件、删除文件和传输文件，并在后台安装运行程序监控用户操作，并有可能将智能手机转换成僵尸网中自动发送机以向他人发送电子邮件和短信。随着智能手机的销量超过个人电脑，并且越来越多地被用作支付设备，智能手机会成为恶意软件发挥作用的一个主要渠道。

根据 IT 安全专家的说法，现在移动设备具有最大的安全风险，甚至已经超过了计算机。到 2015 年年底，安全公司迈克菲（McAfee）发现了近 600 万个移动恶意软件的例子（Snell，2016)。Android 是世界领先的移动操作系统，也是大多数黑客攻击的平台。移动设备病毒对企业计算构成了严重的威胁，因为现在有许多无线设备与企业信息系统相连（参见第 8.4 节中的“互动讨论：技术”部分)。

博客、维基以及像 Facebook、Twitter 和 LinkedIn 这样的社交网站，已经成为恶意软件发挥作用的新渠道。即使一些沟通是不合情理的，但是网站的会员也会更加信任从朋友那里收到的信息。2015 年春天，出现了一个恶意诈骗软件。它从一个朋友的页面发送一个链接，说“这真棒”。如果收件人点击了链接，则会出现一个弹出窗口，并提示单击“Adobe Flash Player”更新以继续。这并不是下载播放器，而是恶意软件接管了用户的电脑，寻找银行账号、医疗记录和其他个人数据（Thompson，2015)。

在公司内部和互联网上，连接互联网的设备数量猛增势必会增加安全的风险。物联网设备及其平台和操作系统、通信，甚至是它们连接的系统都在面临新的安全挑战。企业需要额外的安全工具保护物联网设备和平台免受信息攻击与物理篡改，需要加密设备之间的通信，而且还要应对其他新的挑战，比如电池泄漏的攻击。许多物联网设备（如传感器）具有简单的处理器和不支持复杂安全方法的操作系统。

Panda Security 报告说，在 2015 年确定并废止了超过 8 400 万个新的恶意软件样本，并且每天检测到 23 万个新的恶意软件样本。超过 27% 的恶意软件样本都是在一年内创建的（Panda Security，2016)。

Panda Security 发现超过 51% 的病毒是被特洛伊木马感染的。**特洛伊木马**（Trojan horse）是一个软件程序，一开始似乎是良性的，但后来就不一样了。特洛伊木马本身并不是病毒，因为它不会复制，但它通常是将病毒或其他恶意代码引入计算机系统的方式。“特洛伊木马”这个词来自希腊人在特洛伊战争期间，用来欺骗特洛伊人打开大门的大木马。一旦进入城墙，隐藏在木马上的希腊士兵就会出现，最后攻打下这座城市。

现代特洛伊木马的一个例子是宙斯木马。它通常在人们使用计算机时秘密捕获人们的击键以窃取登录凭据进行银行业务操作。宙斯主要通过驱动下载和网络钓鱼扩散，最近的变种就连防恶意软件的工具都很难检测到。

SQL注入攻击（SQL injection attacks）已成为主要的恶意软件威胁。SQL注入攻击利用编码较差的Web应用软件中的漏洞，将恶意程序代码引入公司的系统和网络。当用户在网页上输入数据时，Web应用程序无法正确验证或过滤，就会发生这些漏洞，这种情况在网上订购时很有可能发生。攻击者利用输入验证错误，将“流氓SQL查询”发送到底层数据库以访问数据库，植入恶意代码或访问网络上的其他系统。大型Web应用程序有数百个输入用户数据的地方，每个地方都为SQL注入攻击创造了机会。

被称为Ransomware的恶意软件在桌面设备和移动设备上疯狂增长。Ransomware试图通过控制电脑或显示恼人的弹出信息敲诈用户。一个令人讨厌的例子是CryptoLocker加密受感染的计算机文件，迫使用户支付数百美元以重新获得访问权限。你有可能通过下载受感染的附件、点击电子邮件中的链接或访问错误的网站获取Ransomware。

某些类型的**间谍软件**（spyware）也是恶意软件。这些小程序在电脑上偷偷被安装，监控用户浏览的网页，并投放广告。已经记录在册的间谍软件有数千种。

许多用户发现这种间谍软件令人烦恼，有些评论家担心它侵犯了计算机用户的隐私。某些形式的间谍软件特别可恶。**键盘记录**（keylogger）能够记录计算机上的每个按键，窃取软件的序列号，进行互联网攻击，访问电子邮件账户，获取受保护的计算机系统的密码或者接收个人信息，如信用卡或银行账户数字等。前面描述的宙斯木马就使用键盘记录。其他一些间谍程序能够重置Web浏览器主页，重新定向搜索请求或占用很多的内存，使计算机运行缓慢。

8.1.3 黑客与计算机犯罪

黑客（hacker）是企图在未授权的情况下访问计算机系统的个人。在黑客团体内，“骇客”或“破袭者”（cracker）一词专门用来形容具有犯罪意图的黑客。而在公共舆论环境中，二者通常不被区分。黑客与骇客，通常利用互联网的开放性和易用性等特点，通过寻找网站与计算机系统安全防御的弱点进行非授权访问。黑客的活动不仅仅是系统入侵，而且扩大到包括盗窃货物和信息，损坏系统与恶意破坏网络，故意破坏、污染网站或公司信息系统。

1. 电子欺骗和嗅探器

黑客通常通过伪造的电子邮件地址或者假冒他人伪装自己，以隐藏自己的真实身份。**电子欺骗**（spoofing）是指通过把欺骗网站伪装成目的网站，从而把网页链接误导入另一个与用户实际希望访问的网站不同的地址。例如，如果黑客把用户误导入一个伪装的、看似与真实网站无异的网站，他们就能收集和处理订单，从而有效地从真实网站中偷走业务及客户的敏感信息。之后，我们将对电子欺骗的形式进行更详细的讨论。

嗅探器（sniffer）是一种在网络中监控信息传输的窃听程序。在合法使用的情况下，嗅探器程序能帮助发现网络中潜在的问题或者网络犯罪活动。而如果以犯罪为目的，它会具有伤害性并且十分难以发现。嗅探器程序使黑客能够从网络中盗取有价值的私有信息，包括电子邮件消息、公司文件和机密报告等。

2. 拒绝服务攻击

在**拒绝服务攻击**（denial-of-service attack，DoS）中，黑客向网络服务器或 Web 服务器发送成千上万个虚假信息或请求，造成网络崩溃。网络接收到如此多的请求，以致跟不上这些请求，这样对合法的请求也不能及时处理。**分布式拒绝服务攻击**（distributed denial-of-service，DDoS）使用许多计算机，从无数的发射点淹没网络。

尽管 DoS 攻击不会破坏信息或者访问公司限制区域的信息系统，但它们通常会导致网站关闭，使合法用户不能访问网站。例如，2015 年 4 月 27 日，夏威夷州和 Thirty Meter Telescope（TMT）被一个叫作 Operation Green Rights 的组织进行 Dos 攻击（TMT 组织在夏威夷组建了一个世界上最大的天文望远台）。那一天这两个组织的网站上充斥着非常多的非法流量，直到第二天才能被使用（Wakida，2015）。

对于交易繁忙的电子商务网站，这种攻击产生的代价极为高昂；在网站关闭期间，用户不能进行交易。对于那些网络保护能力比大型企业更弱的中小企业来说，它们的网络更容易受到攻击。

分布式拒绝服务攻击的肇事者经常在网络所有者不知情的情况下，使用成千上万感染了恶意软件的“僵尸”计算机，把它们组织成一个**僵尸网**（botnet）。黑客用机器人恶意软件感染其他人的电脑以创建这些僵尸网络，然后打开一个后门，攻击者就可以通过这个恶意软件发出指令。受感染的计算机成为奴隶或僵尸，服务于属于其他人的主计算机。一旦黑客感染了足够多的计算机，就可以利用积累起来的僵尸网资源发起 DDoS 攻击、网络钓鱼攻击或者发送“垃圾邮件”。

世界上 90% 的垃圾邮件和 80% 的恶意软件都是由僵尸网发送的。例如，2015 年春季出现了新版 Pushdo 垃圾邮件僵尸网络。50 多个国家的电脑都受到了感染。从 2007 年以来，Pushdo 就已经存在（尽管人们多次尝试关闭它）。Pushdo 最新的版本一直在推送恶意软件，窃取登录凭据，并访问网上银行系统。曾经，Pushdo 感染的电脑每天发送多达 77 亿封垃圾邮件（Kirk，2015）。

3. 计算机犯罪

大多数黑客活动都是犯罪行为，上述讨论的系统漏洞成为**计算机犯罪**（computer crime）的目标。计算机犯罪被美国司法部定义为“任何涉及利用计算机技术知识实施的刑事违法行为，可以对其调查和起诉”。表 8-2 给出了把计算机作为犯罪目标和工具的例子。本章开篇案例描述了迄今为止报告的最大的金融计算机犯罪案件。

没有人知道计算机犯罪问题危害程度的严重性，有多少系统被入侵，有多少人参与了犯罪活动或者带来了多大的经济损失。Ponemon Institute 2015 年网络犯罪成本研究的年度报告指出，美国公司每年的平均网络犯罪成本达到 1 500 万美元。许多公司都不愿意报告它们发生的计算机犯罪，因为计算机犯罪可能涉及它们的员工，或它们担心公开计算机的易攻击性会使公司的声誉受损。在计算机犯罪中，最廉价的攻击类型是 DoS 攻击、植入病毒和基于网络的攻击。

表 8-2　计算机犯罪举例

以计算机为犯罪目标
攻破被保护的计算机保密数据
未经授权进入计算机系统
进入受保护的计算机蓄意诈骗
蓄意进入受保护的计算机，肆无忌惮地破坏
蓄意发送程序、程序代码或命令破坏受保护的计算机
恐吓要去破坏受保护的计算机
以计算机为犯罪工具
盗取商业秘密
非法拷贝软件、受版权保护的知识产权，如文章、书籍、音乐和影像
谋划诈骗
使用电子邮件恐吓或骚扰他人
蓄意拦截电子通信
非法访问电子通信记录，如电子邮件、语音邮件
利用计算机传播和处理儿童色情作品

4. 身份盗用

随着互联网和电子商务的发展，身份盗用已经成为一个极为棘手的问题。**身份盗用**（identity theft）是一种冒名获得个人关键信息，如社会安全号、驾照号、信用卡号等，以假冒他人名义实施的犯罪。这些信息可能被用来以受害者的名字获得信贷、商品或服务，或者给盗用者提供虚假证件。

身份盗用在互联网上肆意蔓延，其中信用卡文件是网络黑客攻击的主要目标。根据贾夫林战略调查公司（Javelin Strategy & Research）的一份身份欺诈调查报告，2015 年，由于身份盗用，1 310 万名消费者损失了 150 亿美元（Javelin，2016）。电子商务网站是客户个人信息很好的来源，包括姓名、地址和电话号码等。有了这些信息，罪犯分子能够用新的身份开设信用卡并为其所用。

网络钓鱼（phishing）是一种越来越普遍的电子欺骗手段。网络钓鱼包括仿冒合法企业设置虚假网站，或发送电子邮件以获取用户的个人保密数据。邮件内容通常是要求接收者通过回复邮件或者进入一个虚假网站，填写信息或回拨某个电话号码，以更新或确认某一记录，从而获取接收者的社保号、银行和信用卡信息以及其他保密数据。eBay、PayPal、亚马逊、沃尔玛和很多银行都极易被钓鱼网站盯上。有一种称为鱼叉式网络钓鱼（spear phishing）的欺骗方式更具有针对性，其信息的来源似乎很可信，例如来自收件人自己公司的同事或者朋友。

被称为“邪恶双胞”和“嫁接”的网络钓鱼技术很难被发现。**邪恶双胞**（evil twin）是一种在机场休息室、酒店或咖啡店等场合，伪装成提供可信的 Wi-Fi 互联网连接的无线网络。这种欺骗网络看起来与合法的公共网络完全相同。当用户登录网络时，欺骗者试图在用户不知不觉中获取其密码或信用卡号码。

嫁接（pharming）能将用户引导到一个欺骗性的网页上，即便用户在使用的浏览器中输入正确的网址。如果嫁接欺骗者能够访问互联网服务供应商（ISP）存储的加速网页浏览的互联网地址信息，而 ISP 公司的服务器上运行的软件有缺陷，欺骗者就有可能侵入系统并更改这些网址。

Ponemon Institute 2015 年数据泄露成本报告指出，数据泄露事故使美国公司花费的平均成本高达 350 万美元（Ponemon，2015）。此外，数据泄露事件对品牌的伤害也很大，而且难以量化。除了本章章首和章末案例中描述的数据泄露事件，表 8-3 列出了其他一些主要的数据泄露事件。

表 8-3 主要的数据泄露案

数据泄露事件	简　况
Anthem 健康保险公司	2015 年 2 月，黑客窃取 Anthem 健康保险公司 8 000 多万名客户的个人信息，包括姓名、生日、医疗证件、社会保险号码和收入数据。没有医疗或信用信息被盗。这是迄今为止最大的医疗保健数据泄露事件
索尼公司	2014 年 11 月，黑客窃取超过 100TB 的企业数据，包括商业秘密、电子邮件、人事记录和尚未发布的电影副本。恶意软件擦除了索尼公司系统的数据，导致数亿美元的损失，也玷污了企业品牌形象。2011 年 4 月初，索尼被黑客入侵时，入侵者从超过 1 亿的 PlayStation 网络用户和索尼在线娱乐用户中获取个人信息，包括信用卡、借记卡和银行账号
家得宝	2014 年被恶意软件程序入侵，窃取了商店的注册用户，同时伪装成防病毒软件。560 万张信用卡账户被盗用，5 300 万个客户电子邮件地址被盗
塔吉特	2013 年年底，被偷偷安装在安全和支付系统上的恶意软件窃取了塔吉特客户的信用卡号码，并识别出了 4 000 万名客户和 7 000 万个电子邮件地址
eBay	2014 年 2 月和 3 月期间，eBay 服务器受到网络攻击，包含客户名称、加密密码、电子邮件地址、物理地址、电话号码和出生日期；有 1.45 亿人受到影响

美国国会在 1986 年的《计算机欺诈与滥用法案》中对计算机犯罪威胁做出了司法解释，认定未经授权进入计算机系统为非法。大多数州也有类似的法律，欧洲国家也有类似的立法。美国国会 1996 年通过了《国家信息基础设施保护法案》，该法案认定在全美联邦内传播恶意软件和黑客攻击网站的行为都是犯罪行为。

美国的相关法律，比如《窃听法》《电信欺诈法》《经济间谍法》《电子通信隐私法》《电子邮件威胁和骚扰法》和《儿童色情法》，涵盖了各种计算机犯罪，包括拦截电子通信，使用电子通信进行欺诈，窃取商业秘密，非法访问电子通信，使用电子邮件进行威胁或骚扰，传送或保存儿童色情作品等。一项提议中的《联邦数据安全与泄露通知法》将强制要求拥有个人信息的各种组织采取“适当”的安全措施保护数据安全，如发生数据泄露应通知受其影响者，但该法案尚未生效。

5. 点击欺诈

在搜索引擎中，当你点击一则显示出来的广告时，就意味着你是该产品的潜在买家，广告商通常就要为每次点击付费。**点击欺诈**（click fraud）是指在不了解广告商或想要购买的情况下，个人或计算机程序被欺骗性地点击了在线广告。在谷歌和其他网站按点击次数付费的在线广告中，点击欺诈是一个严重的问题。

一些公司雇用第三方（通常来自低收入国家）欺骗性点击竞争对手的广告，通过抬高其营销成本削弱竞争对手。点击欺诈也可以用软件程序进行点击，僵尸网常用于此目的。像谷歌这样的搜索引擎试图监视点击欺诈，对抑制这一现象起到了一些作用。

6. 全球威胁：网络恐怖主义和网络战

上述提到的发布恶意软件、拒绝服务攻击、网络钓鱼等网络犯罪活动是无国界的。恶意软件攻击服务器出现在 200 多个国家和地区。恶意软件攻击来源最多的国家包括美国、印度、德国、韩国、荷兰和英国等。互联网的全球化特征使得网络犯罪可以在全世界任何地方实施，危及全世界的何地方。

互联网漏洞使个人甚至整个国家极易成为以政治目的为动机的破坏活动和间谍活动的目标。**网络战**（cyberwarfare）是一种国家支持的活动，旨在通过入侵他国的计算机或网络造成伤害和破坏，以削弱与击败另一个国家。网络战还包括防御这种类型的攻击。

网络战比传统战争更加复杂。虽然许多潜在的目标是军队，但一个国家的电网、金融系统和通信网络也会被削弱。像恐怖分子或犯罪集团这样的非国家行动者，可能会发动袭击事件。我们对此往往难以判断谁应该负责。各国必须不断警惕新的恶意软件和其他可能被利用的技术。

网络战已经变得越来越广泛、复杂，并且具有极强的潜在破坏性。2011 ～ 2015 年，外国黑客窃取了美国石油管道、水管道和电网的源代码与蓝图，并侵入了能源部的网络 150 次（Perlroth，2015）。多年来，黑客偷走了导弹跟踪系统、卫星导航装置、监视无人机以及领航喷气式战机的计划。

2015 年的一份报告指出具有正式的军事和情报部门的 29 个国家正致力于打赢这场网络战。它们的网络硬件包括恶意软件收集，用于渗透工业、军事和关键民用基础设施控制器，电子邮件列表，并用于重要目标的网络钓鱼攻击的文本以及 DoS 攻击的算法。美国网络战的努力集中在美国网络司令部，它负责协调和指导国防部信息网络的运作和防御，并准备进行军事网络空间业务。网络战对现代社会的基础设施构成严重威胁，因为主要的金融、卫生、政府和工业机构都依赖互联网开展日常业务。

8.1.4　内部威胁：员工

通常，人们认为安全威胁来自组织外部。事实上，企业内部人员带来的安全问题也很严重。员工具有访问内部信息的权利，如果安全措施不到位，他们就能够遍历组织的整个系统，而不留一丝痕迹。

有研究发现，网络安全被侵害的一个最主要的原因是用户缺乏安全知识。许多员工会忘记访问计算机系统的密码或者允许同事使用他的系统，这会对系统造成危害。恶意入侵者有时会假装成公司的合法员工，因需要信息而向他人骗取密码。这种做法称为**社交工程**（social engineering）。

终端用户和信息系统专家也是导致信息系统出错的一个主要来源。终端用户因为输入错误数据或是不按使用说明处理数据及使用计算机设备而导致计算机出错。信息系统专家也会在设计和开发新的软件或是维护现有程序时引发软件错误。

8.1.5　软件漏洞

软件错误对信息系统是一种常见的威胁，会造成无法估量的损失，有时候会让那些使用或依赖系统的人处于危险中。软件的复杂性日益增加，规模不断扩大，再加上市场需求的即时性，是造成软件缺陷或漏洞不断增加的原因。例如，2015 年 4 月 29 日，美国航空公司不得不延迟 40 班航班，这是因为飞行员用来检查机场地图和导航文件的 iPad 发生了软件故障。最后飞行员删除了故障应用程序并重新安装，问题才得到解决（Bajaj，2015）。

软件的一个重大问题是存在着隐藏的漏洞或程序代码缺陷。研究表明，从大型程序中消除所有的漏洞几乎是不可能的。漏洞的主要来源是选择代码的复杂性。一个只有几百行代码、相对较小的程序会有几十条选择代码，导致数百条甚至数千条不同的执行路径。大多数公司的重要程序通常更大，有上万甚至数以百万计的代码，其中的选择代码和执行路径是较小程序的好几倍。

较大的程序是无法实现零缺陷的。另外，人们也根本不可能对软件进行完整的测试。如果对包含数以千计的选择代码和数以百万计的执行路径的程序进行充分测试，耗时可能需要多达数千年。即使是进行严格的测试，我们也只有到该软件被长时间大量实际使用后，才能知道哪段程序代码是可靠的。

商业软件的缺陷不仅会降低其性能，而且会造成安全漏洞，给网络入侵者有可乘之机。安全公司每年都会在互联网和 PC 软件中发现上千种软件漏洞。最近的一个例子是 Heartbleed bug，这是一个 OpenSSL 的缺陷。OpenSSL 是一种大约有 2/3 的 Web 服务器使用的开源加密技术。黑客可以利用这个错误访问用户的个人数据以及网站的加密密钥，用来收集更多受保护的数据。

特别麻烦的是**零日漏洞**（zero-day vulnerabilities），这是软件创建者都未知的漏洞。而在供应商意识到这个问题并急于解决这个问题之前，黑客会利用这个安全漏洞。这种类型的漏洞被称为零日，因为软件的创建者在了解软件有漏洞，并会被利用实施攻击之后，只有零天的时间修补代码。有时候，安全研究人员会发现软件漏洞，但是更多的是在发生攻击之前，它们仍然未被发现。

为了修复发现的软件缺陷，供应商会编写出被称为**补丁**（patch）的缺陷修复小程序，而不会影响软件的正常运行。对这些漏洞的跟踪、测试，以及安装这些补丁程序则由用户自行处理，这一过程为补丁管理。

由于企业的 IT 基础设施通常满载了多个业务应用程序，操作系统的安装、其他系统服务的提供、对企业使用的所有设备和服务安装补丁等，通常不仅耗时而且成本高昂。恶意软件的产生非常迅速，在发现漏洞和得到补丁程序之前，恶意软件可能就会利用漏洞发起攻击。在此之前，企业难有充分的时间做出响应。

8.2 什么是安全与控制的商业价值

企业的信息资产非常宝贵，需要采取有效的安全措施进行保护。企业系统通常存储着保密信息，例如个人税收、财务资产、医疗记录和工作绩效考核记录，也可能存储着企业的业务信息，包括商业秘密、新产品开发计划和营销策略。政府部门的系统可能存储着武器系统、情报行动和军事目标的信息。这些信息具有巨大的价值，一旦丢失、毁坏或者被图谋不轨者利用，其影响是灾难性的。由于安全侵害、天灾或不良技术导致系统无法工作，进而会对企业的财务状况产生持久性的影响。一些专家认为，如果在系统受损后三天内不能恢复其功能或者损失的数据，有 40% 的企业将难以恢复元气。

安全和控制上的不足会导致企业承担严厉的法律责任。企业不仅要保护其信息资产，还要保护客户、员工和合作伙伴的信息。做不到这一点，企业将会卷入因数据泄露和失窃导致的代价高昂的法律诉讼中。企业需要对因为没有采取适当的保护措施防止保密信息泄露、数据被毁坏或者隐私权被侵害等不必要的风险和伤害承担法律责任。例如，塔吉特必须支付 3 900 万美元给美国万事达卡的几家银行，因为在 2013 年，黑客攻击了塔吉特的支付系统，影响了 4 000 万人。这些银行被迫为塔吉特客户的损失支付数百万美元。塔吉特还因数据攻击向维萨支付了 6 700 万美元，另有 1 000 万美元用于解决塔吉特客户的集体诉讼。拥有良好的安全与控制系统以保护企业信息资产，能够产生较高的投资回报。强有力的安全与控制措施还能够提高员工的工作效率，降低运营成本。

8.2.1 电子档案管理的法律和监管要求

美国政府条例强制要求企业采取更严格的安全与控制措施，保护数据不被滥用、泄露以及未经授权的访问。企业在保留和存储电子档案、隐私保护方面都面临着新的法律责任。

在美国，如果你在医疗行业工作，所在企业必须遵守 1996 年颁布的《健康保险携带和责任法案》(Health Insurance Privacy and Portability Act，HIPPA)。HIPPA 法案概括了医疗安全和隐私的规则与程序，简化了医疗账单管理，使医疗数据在医疗服务提供机构、结算中心和医疗方案制订机构之间自动传输。法案要求医疗行业的成员单位必须保存病人信息档案六年，并确保这些记录的私密性。法案规定了医疗服务提供机构对病人信息的保密性、安全性和电子事务处理的标准；对违反医疗信息保密要求的电子邮件或者未经授权的网络访问，以及泄露病人记录的行为给予处罚。

如果你在金融服务公司工作，所在企业必须遵守 1999 年颁布的《金融服务现代化法案》。按其在国会的倡议者的名字来命名，该法案亦称作《格雷姆里奇 – 比利雷法案》。法案规定金融机构要确保客户数据安全，数据必须保存在安全的存储介质中，并且必须采取特殊的安全措施加强数据在存储介质及其传输中的安全保护。

如果你在公众贸易公司工作，所在公司必须遵守 2002 年颁布的《公众公司会计改革和投资者保护法案》。该法案由美国马里兰州参议员保罗・萨班斯 (Paul Sarbanes) 和俄亥俄州众议员迈克尔・奥克斯利 (Michael Oxley) 提议立案，因此也称为《萨班斯 – 奥克斯利法案》(Sarbanes-Oxley Act)。在安然公司、世界电信公司及其他社会公众企业发生的财务丑闻事件之后，该法案出台，旨在保护投资者的利益。法案强制要求公司及其管理层要承担责任，确保内部使用和对外公开的财务信息的准确性与完整性。本章的学习跟踪模块中有详细讨论《萨班斯 – 奥克斯利法案》的内容。

《萨班斯 – 奥克斯利法案》试图从根本上保障内部控制在监督财务陈述信息的产生和文档保存中发挥的作用。因为信息系统用来产生、存储和传输这些数据，法案要求企业增强其信息系统的安全性，采取措施保证其数据的完整性、保密性和准确性。对于每个涉及重要财务报告数据的信息系统，企业必须采取措施以保证数据的准确性。企业同样需要采取措施保证企业网络安全，防止对系统和数据未经授权访问。在灾难事件或其他服务中断事件发生时，确保数据的完整性和可用性也十分重要。

8.2.2 电子证据和计算机取证

在法律诉讼中，安全、控制和电子档案管理至关重要。今天很多涉及股票欺诈、贪污、盗窃企业商业秘密、计算机犯罪，以及很多民事案件的证据都是数字证据。除了打印的纸质资料，现在的法律诉讼越来越依靠存储在移动软盘、CD和计算机硬盘上的电子数据，以及电子邮件、即时信息和互联网上电子商务交易记录等方面的数据。电子邮件是最常见的电子证据。

在法律诉讼中，企业有义务对诉讼方提出的信息查询请求做出响应，这些数据可能被用作证据。法律要求企业必须提供这些数据。如果企业无法收集、整理这些所要求的数据，或是数据受损或已经销毁，那么为满足这种数据查询要求，它将会付出巨大的代价。法庭会对造成电子档案的不当损坏给予严厉的经济甚至刑事处罚。

有效的电子档案保存措施能够确保在适当的保存期限内对电子文件、电子邮件和其他文档记录的有序保存，并确保其方便使用。这也体现出要具有为可能发生的计算机取证保留好证据的意识。**计算机取证**（computer forensics）是指对存储在计算机介质或从计算机介质中提取到的数据进行科学收集、审查、授权、保存和分析，使其可以在法律诉讼中作为证据使用。它涉及如下问题：

- 在保护证据的完整性前提下从计算机中恢复数据
- 安全地存储和处理恢复的电子数据
- 在大量电子数据中寻找重要信息
- 向法庭提交信息

电子证据可能以文件或环境数据的形式留存在计算机存储介质中。环境数据是对一般用户不可见的数据，例如计算机硬盘中删除的文件就属于环境数据。用户删除的计算机存储介质上的数据，可以通过一些技术手段进行恢复。计算机取证专家可以尽可能恢复此类隐藏数据以作为证据。

计算机取证意识应该反映在企业应急处理预案中。CIO、安全专家、信息系统维护人员和企业法律顾问应该共同合作，制定出在处理法律事务时开展相关工作的计划。读者在本章学习跟踪模块中可以找到有关计算机取证的更多资料。

8.3 什么是安全与控制组织框架的组件

即使有最好的安全工具，除非你知道怎样、在哪里部署信息，否则信息系统也不能够做到安全可靠。企业必须要知道在哪些方面存在风险，以及要采取什么样的控制措施保护信息系统的安全。如果企业的信息系统运行不正常，就需要制定安全措施和计划，维持企业事务的正常运行。

8.3.1 信息系统控制

信息系统控制可以是手工控制，也可以是自动控制，它由一般控制和应用软件控制构成。**一般控制**（general control）是针对计算机程序的设计、安全和使用，以及遍布在组织IT基础设施中的一般数据文件的安全等方面的管理。总体来说，一般控制适用于所有与计算机应用相关的环境，以建立总体控制环境为目的，由硬件、软件以及手工程序等方面组成。

一般控制包括软件控制、物理硬件控制、计算机运行控制、数据安全控制、系统实施过程控制以及管理控制。表 8-4 描述了各类一般控制的作用。

表 8-4　一般控制

一般控制类型	说　明
软件控制	监控系统软件的使用，防止未经授权对应用软件、系统软件及其他计算机程序的访问
硬件控制	确保计算机硬件的物理安全，并检查设备故障。高度依赖计算机系统的企业还必须做出系统备份和保障不间断服务的规定
计算机运行控制	监督计算机部门的工作，确保数据的存储和处理过程中所遵循的程序化措施的一致性和正确性。包括对计算机处理作业安装以及异常中断的备份和恢复过程的控制
数据安全控制	确保在磁盘或磁带上存储的有价值的商业数据文件，无论是在使用中还是在存储介质上，都不受未经许可的访问、更改或破坏
实施控制	对系统开发过程的各个环节进行审计，确保系统开发过程得到适当的控制和管理
管理控制	规范标准、规则、步骤和控制规则，确保组织的总体控制和应用软件控制得到正确执行和强化

应用控制（application control）是针对每个计算机应用软件特有的专门控制，比如薪酬计算和订单处理。应用控制包括自动措施和人为措施，以确保只有经过认可的数据才能被应用软件完全准确地处理。应用控制分为：①输入控制；②过程控制；③输出控制。

当数据输入时，输入控制会检查数据的准确性和完整性。有专门的输入控制负责处理输入权限、数据转换、数据编辑和出错处理等问题。过程控制可以保证数据在更新过程中的完整性和准确性。输出控制确保计算机处理结果的准确性、完整性及其使用去向的正确性。读者在学习跟踪模块中可以找到更多的关于应用控制和一般控制的详细内容。

信息系统控制不应该是事后控制。信息系统控制应该纳入系统的设计过程中，不仅要考虑系统在所有可能条件下的运行情况，还要考虑使用系统的组织和人员的行为。“互动讨论：组织”部分描述了许多组织和人员进行电子交易的系统的控制弱点，以及在 2010 年闪电暴跌中它们的作用。

⊙互动讨论：组织

快速崩溃：新的罪魁祸首

2010 年 5 月 6 日下午 2:42，美国股市遭遇了万亿美元的股市崩盘，持续了 26 分钟。在短暂的瞬间，代表美国最大的 30 家公司的道琼斯工业平均指数在不到 5 分钟的时间里下跌了 600 多点。宝洁和埃森哲等一些知名公司的股价下跌至 1 美分或高达 10 万美元。下午 3:07，市场恢复了当天下午失去的所有点。然而，有些人因此遭受巨大的损失，而另一些人获得了巨额利润，美国公众对股市的信心被严重动摇。

这怎么可能会发生呢？几家金融公司，如 Universa Investments 和 Waddell & Reed，下很大的赌注认为标准普尔 500 指数将下跌。在这些交易之后，随着其他投资者迅速跟进，卖出或自己下注降低风险，市场中没有合法的买家使这些卖单成交，股票市场被卖单淹没。

最初，专家将崩溃归因于电子交易系统的结构和组织特征。这些交易系统执行了道琼斯指数和世界其他主要证券交易所的大部分交易。由于高速计算机化交易程序，巨大的闪电暴跌浪潮导致订单加剧。高频交易员（high-frequency traders，HFT）承担了一些股票交易专家和市场交易人员的职责，而这些人的工作是提供股票市场的流动性。但是高频交易员使用的许多电子系统是自动化的，他们使用算法进行近乎即时的交易。在闪电暴跌的情况下，当算法不足以应对正在进行的事件的复杂性时，电子交易系统有可能使恶劣的情况更糟糕。

5年后，出现了另外一种解释：一位家住西伦敦的单身人士对此事负责。2015年4月21日，美国司法部让英国当局逮捕了36岁的纳维达·萨劳（Navinder Sarao），指控他在2009～2014年大胆操纵市场，并采用非法交易策略，从闪电暴跌中获利。他被指控在数百个交易日内，下单、撤回数千个价值数千万美元的订单，推低了与标准普尔500指数价值相关的期货合约价格（期货合约是将来以预定的价格买卖特定商品或金融工具的协议）。当价格下跌时，萨劳购买期货合同并获得了利润。

在闪电暴跌事件当天，萨劳不停地下订单，价值在1.7亿到2亿多美元，然后在订单执行前取消了这些订单，这使得市场更加脆弱，尤其是当天有其他投资者进行了大笔交易时。萨劳正在交易的期货合约的价格下跌蔓延到相关的市场，引发了一系列交易下跌，道琼斯工业平均指数下跌600点。

这种技术被称为欺骗或分层，是非法的。一个交易商利用大订单的买卖合约诱骗其他交易者，使他们认为价格会上涨或下跌。然后，那个交易者很快取消了原来的订单，并且在价格变动的过程中下了其他的订单。这种非法的策略可以在几秒钟内完成执行，使得监管非常困难。

政府当局表示，萨劳在2010～2014年通过这样的操作，赚了4 000万美元的利润，其中包括闪电暴跌当天的879 000美元。他们认为萨劳修改了商业软件，创建了一个自动交易的算法，能使他立即下订单和取消订单。萨劳声称他是一个“老派点击”的交易者，他的反应和直觉都非常好，手动取消了大量的订单，而没有使用自动交易程序的帮助。他还指出，他向芝加哥商品交易所投诉了100多次。他在那里交易期货合约，以及其他的HFT操纵交易。

在闪电暴跌发生之前的很长一段时间内，交易所已经质疑萨劳的交易活动，但交易所并没有采取任何行动。萨劳继续进行交易活动，一直到2015年4月。最后，一名举报人向商品期货交易委员会（Commodity Futures Trading Commission，CFTC）提供了新的信息，以监督期货市场。这名不愿透露姓名的举报人花了数百个小时的时间分析数据。来自美国司法部和商品期货交易委员会的一个新的调查团队工作了两年多，针对萨劳构建了一个操纵市场、引发闪电暴跌事件的案例。

商品期货交易委员会并没有把责任归咎于萨劳，而是根据委员会执法主任艾坦·戈尔曼（Aitan Goelman）的说法，萨劳的行为对导致事故的秩序不平衡负有重大责任。萨劳的律师认为，这次事故是由其他因素和市场参与者造成的。如果所有指控被定罪，萨劳可能会被判处300多年的监禁。

现在可以相信，调查人员忽视了闪电暴跌之后几个小时内将他们引向萨劳的证据。当时，调查人员可以从闪电暴跌当天获取全套数据，但他们仅关注与实际交易相关的数据。如果他们关注所有的出价和报价，他们就会注意到萨劳的市场操纵模式。

闪电暴跌之后，政府当局实施了若干项改革措施，其中包括一个系统：如果股票变得过度波动，就会减缓股票交易，并要求交易公司向市场发出订单以收紧风险控制。金融行业也正在制定一个综合审计线索（consolidated audit trail，CAT），使监管机构能够实时监控股票和期权订单，并迅速找出操纵者。综合审计线索目前尚未被完成。

资料来源：Aruna Chad Bray, " Judge Orders Extradition to U.S. in ' Flash Crash' Case," *New York Times*, March 23, 2016; Aruna Viswanatha,Bradley Hope, and Chiara Albanese, " Accused Trader Accused His Rivals," *Wall Street Journal*, May 14, 2015; Aruna Viswatnatha, Bradley Hope, and Jenny Strasburg, " ' Flash Crash' Charges Filed, " *Wall Street Journal*, April 21, 2015; Bradley Hope and Andrew Ackerman, " ' Flash Crash' Overhaul Is Snarled in Red Tape, " *Wall Street Journal*,May 5, 2015; Nathaniel Popper and Jenny Anderson, " Trader Arrested in Manipulation That Contributed to 2010 ' Flash Crash,' " *New York Times*, April 21, 2015; Bradley Hope and Andrew Ackerman, " ' Flash Crash' Investigators Likely Missed Clues," *Wall Street Journal*, April 26, 2015.

案例分析题

1. 确定案例中描述的问题和控制弱点。
2. 这个问题是由哪些管理、组织和技术因素引起的？在多大程度上，它是一个技术问题？在多大程度上，它是一个管理和组织问题？
3. 萨劳在多大程度上需要负责？请解释你的答案。
4. 这个问题有没有有效的解决办法？是否可以防止下一次闪电暴跌？请解释你的答案。

8.3.2　风险评估

在把公司资源用于安全和信息系统控制之前，需要知道哪些资产需要保护以及这些资产容易受到损害的程度。风险评估有助于回答这些问题，并确定保护这些资产的最佳成本 - 效益控制集。

风险评估（risk assessment）可以确定如果一个活动或过程没有控制好，将会给企业带来的风险程度。并非所有的风险都能够被预测到并能够被度量，但是大部分企业能够对它们面临的风险有一定的了解。企业管理人员和信息系统专家应该通力合作，对信息资产的价值、容易出现问题的地方、问题可能发生的频率，以及潜在的危害等做出判断。例如，如果一个事件一年发生的次数不会超过一次，对组织造成的损失最多不超过 1 000 美元，就没必要花 20 000 美元设计和维持防止该事件发生的控制措施。但是，如果同类事件每天至少会发生一次，一年造成的损失会在 300 000 美元以上，在控制上花费 100 000 美元就完全合理。

表 8-5 给出了对一个在线订单处理系统进行风险评估后得到的结果。该系统每天处理 30 000 份订单。一年内发生的各种风险事件的可能性用百分比表示。第三列表示各种风险事件每次发生时，预期可能产生的最高和最低损失，括号内是把最高和最低损失相加除以 2 得到的平均损失。最后一列是每种风险事件产生的年预期损失，可以用平均损失乘以它发生的概率计算出来。

表 8-5　在线订单处理系统风险评估

风险事件	发生概率（%）	损失范围及平均值（美元）	年预期损失（美元）
电源故障	30	5 000 ～ 200 000 (102 500)	30 750
盗用	5	1 000 ～ 50 000 (25 500)	1 275
用户错误	98	200 ～ 40 000 (20 100)	19 698

这张风险评估表表明，一年内发生电力故障的概率为 30%，每次造成订单交易损失的范围在 5 000 ～ 200 000 美元（平均为 102 500 美元）。损失大小取决于处理电力故障的时

间。一年内发生盗用事件的概率约为 5%，每次发生时潜在的损失范围在 1 000 ～ 50 000 美元（平均为 25 500 美元）。一年内发生用户错误的概率为 98%，每次发生造成的损失范围为 200 ～ 40 000 美元（平均为 20 100 美元）。

风险评估完成后，系统建设者会把精力放在最容易出现问题和潜在损失最大的控制点上。在上述例子中，企业必须采取控制措施使电源故障和用户错误的风险最小化，因为在这些方面每年预计造成的损失最大。

8.3.3 安全措施

一旦确认了信息系统的主要风险，就需要为保护公司财产制定安全措施。**安全措施**（security policy）由陈述信息风险、阐述可接受的安全目标以及达成这些目标的机制等构成。什么是企业最重要的信息资产？这些信息由谁产生、由谁控制？现有的保护信息的安全措施有哪些？对于每种资产，管理层可以接受的风险等级是什么？例如，是否可以接受 10 年丢失一次客户信用数据的情况？或者是否要为信用卡数据建立可以经受百年一遇的灾难的安全系统？管理层必须对达到可接受的风险等级需要付出的代价做出估算。

安全措施能够促使企业制定出其他一些相关措施，以明确哪些使用企业信息资源的行为是可以接受的，以及哪些企业成员能够访问这些信息资源。**可接受使用策略**（acceptable use policy，AUP）规定使用公司的信息资源和计算机设施的可接受行为，包括对台式计算机、便携式电脑、无线设备、电话和互联网等的使用。一个良好的可接受使用策略需要对每个用户可接受和不可接受的行为做出界定，并对违反规定的行为后果给出说明。

安全措施还包括身份管理的各项规定。**身份管理**（identity management）包括识别一个系统的有效用户和控制他们接入系统资源的业务流程和软件工具。身份管理措施还包括对不同类型的用户的识别和授权，指定每个用户允许访问的系统或系统功能，规定鉴定及保护用户身份的过程和技术。

图 8-3 给出了在人力资源功能模块中，一个身份管理系统如何获取不同层级的用户的访问规则。它显示了人力资源数据库中每个用户在什么程度上能够被允许访问。数据库中包含个人的敏感信息，如员工的薪金、福利和病史等。

图 8-3 所示的访问规则针对两组用户。其中一组用户是处理办公室事务（将员工数据录入系统）的所有职员。拥有这类配置文件权限的所有人员可以对系统数据进行更新，但无法读取和更改敏感数据，如薪金、病史或者收入等。另一个配置文件用于部门经理。他不能更新系统数据，但可以读取其部门员工的所有字段的数据，包括病史和薪金。本章后续内容将会对用于用户身份认证的技术进行详细讨论。

8.3.4 故障恢复与业务持续规划

如果要运营一家企业，就需要针对一些事件（例如停电、洪灾、地震和恐怖袭击等）做出规划。这些事件会妨碍企业信息系统和业务运作的正常运行。**故障恢复计划**（disaster recovery planning）是指制定出当计算和通信服务被破坏后，能够使其恢复工作的计划。故障恢复计划主要专注于维持系统正常运行方面的技术性问题，例如明确哪些文件需要备份以及后备计算机系统或故障恢复服务的维护等问题。

SECURITY PROFILE 1

User: Personnel Dept. Clerk

Location: Division 1

Employee Identification Codes with This Profile: 00753, 27834, 37665, 44116

Data Field Restrictions	Type of Access
All employee data for Division 1 only	Read and Update
• Medical history data	None
• Salary	None
• Pensionable earnings	None

SECURITY PROFILE 2

User: Divisional Personnel Manager

Location: Division 1

Employee Identification Codes with This Profile: 27321

Data Field Restrictions	Type of Access
All employee data for Division 1 only	Read Only

图 8-3　人事系统的访问规则

这两个例子代表了在一个人事系统中可能使用的两个安全配置文件或者数据安全模式样例。根据安全配置文件，用户会在要访问的系统、访问位置或者组织的数据等方面受到一定的限制。

例如，万事达卡公司在密苏里州堪萨斯市建立了一个计算机中心，作为它位于圣路易斯的主计算机中心的紧急备份系统。然而很多企业并没有建立自己的备份设施，而是与专业的故障恢复公司（如 Sungard Availability Service 和 Acronis）签订合同。这些故障恢复公司在全美各地建立了装有空闲计算机的热站（hot site，一种商业灾难恢复服务，用于当计算机或设备突然瘫痪时通过恢复工作支持计算机和网络操作的正常运行），供需要订购服务的企业在紧急情况下运行其关键应用。例如，Champion Technologies 是一家提供用于石油和天然气生产的化学制品公司，它可以在两小时内将其企业信息系统从休斯敦转移到 SunGard 公司在亚利桑那州斯科茨代尔的数据中心。

业务持续计划（business continuity planning）专注于解决经过故障冲击后，企业怎样恢复其业务运行的问题。业务持续计划在系统因故障中断时，识别关键业务流程，并为企业关键职能制订行动方案。例如，德意志银行在 74 个不同的国家和地区提供投资和资产管理服务。它制定了一个良好的不断更新和完善的业务持续计划。它在新加坡、中国香港、日本、印度和澳大利亚等国家或地区有一个全天候的团队，协调处理涉及设施、人事、关键系统等方面损失的计划。该计划确保当灾难发生时，公司也能够持续运行。德意志银行的计划明确了业务延续的关键流程与危机支持的关键流程，并与公司计算机中心的故障恢复计划相协调。

在上述两类规划中，业务管理人员和信息技术专家必须合作，一起确定哪些系统和业务流程对企业至关重要。他们需要进行业务影响分析以确定企业最关键的系统以及系统中断时对业务产生的影响。管理层必须确定公司在系统中断时业务处理能够承受的最高时限，以及哪些业务要最先恢复。

8.3.5 防火墙、入侵检测系统和反病毒软件

没有针对恶意软件和入侵者的保护措施就接入互联网是很危险的。防火墙、入侵检测系统和反病毒软件已成为企业必不可少的工具。

1. 防火墙

防火墙（firewall）不允许未经授权的用户访问私有网络。防火墙是一种软件和硬件的组合，用来控制传入与传出的网络流量。虽然防火墙也能用于企业内部网络以保护其中一部分与其余部分的连接，但是它通常被放置在组织的私有内部网络与像互联网这样信任度不高的外部网络之间（见图 8-4）。

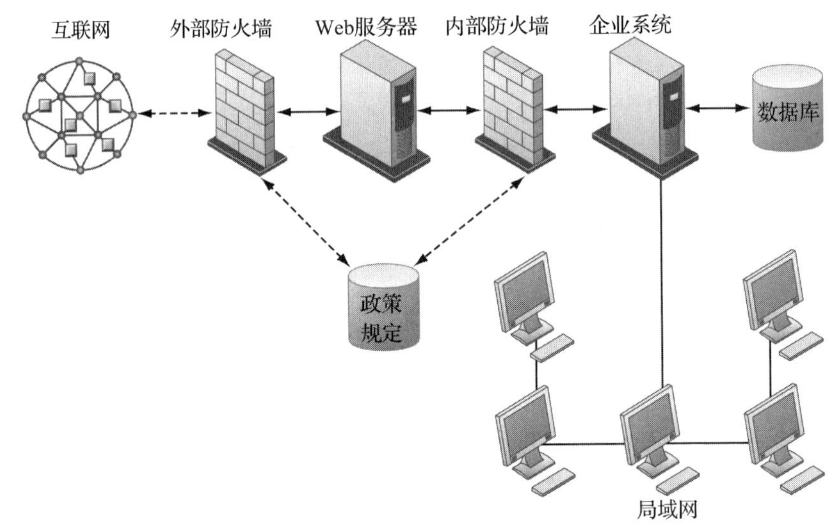

图 8-4 企业防火墙

防火墙被放置在公司私有网络和公共互联网或者其他信任度不高的网络之间，用来阻止未授权的通信。

防火墙就像一个守卫，在每个用户访问该网络前检查其身份。防火墙识别用户名、IP 地址、应用程序以及传入流量的其他特征。防火墙根据已经由网络管理员编入系统的访问规则对这些信息进行检查。防火墙阻止未被授权的流入和流出的网络通信。

在大型组织中，防火墙通常被放在一个特定的与网络其他部分分开的计算机上，因此没有任何传入的请求能够直接访问私有网络资源。目前存在许多防火墙屏蔽技术，包括静态包过滤、状态检测、网络地址转换和应用代理过滤。这些技术通常组合起来用作防火墙保护。

数据包过滤可以对在可信网络和互联网之间来回流动的数据包的数据头的特定字段进行检查，并对隔离的数据包进行检查。这种过滤技术可能会漏掉很多类型的攻击。

状态检测通过确定数据包是不是一个发送端和接收端之间正在进行会话的一部分来提供额外的安全保证。它建立状态表以跟踪多个数据包之间的信息。数据包的接受或拒绝基于它们是不是授权会话的一部分，或者是不是在尝试建立一个合法的链接以做出判断。

在使用静态数据包过滤和进行状态检测的时候，网络地址转换（Network Address Translation，NAT）可以提供另一个保护层。NAT 通过将组织内部主机的 IP 地址隐藏起来，以防

止防火墙外部的嗅探器程序确定这些主机的 IP 地址，并使用这些信息入侵内部系统。

应用代理过滤检查数据包的内容。代理服务器阻止来自组织外部的数据包，对其进行检查，并把它们传送到防火墙另一端的代理服务器上。如果企业外部的用户想要与内部的用户建立通信，外部用户先与代理应用程序“会话”，然后代理应用程序再与企业内部计算机建立通信。同样，内部的计算机用户可以通过代理服务器与外部计算机建立通信。

为了创建一个良好的防火墙，管理员必须维护详细的内部规则以识别用户、应用程序或者地址哪些允许接受，哪些需要拒绝。防火墙可以阻止但不能完全阻断网络外来者的入侵，它应该被视为整体安全措施的一部分。

2. 入侵检测系统

除了防火墙，商用安全产品供应商现在还提供了入侵检测工具和服务，以防止可疑的网络流量对文件与数据库的试探性访问。**入侵检测系统**（intrusion detection systems）具有全天候监测工具的特点，被放置在最易受攻击的连接点或者企业网络的热点节点上，以检测和阻止入侵者的不断入侵。如果发现可疑或者异常的事件，系统就会发出警报。检测软件寻找类似于错误密码这样已知的计算机攻击方式的模式特征，检查是否有重要文件被删除或者被修改，并且发出系统遭破坏或者系统管理出错之类的警告。入侵检测工具也可以定制为当接收到未经授权的流量时，关闭网络中特别敏感的部分。

3. 反病毒软件与反间谍软件

个人和企业的防御技术规划中必须包括每台计算机都要有防恶意软件的保护措施。**反病毒软件**（antivirus software）能防止、检测并删除恶意软件，包括计算机病毒、蠕虫、特洛伊木马、间谍软件和广告插件。然而，大部分反病毒软件只针对编写程序时已知的恶意软件有效。为了保持反病毒软件的有效性，企业必须不断对其更新。即使这样，反病毒软件也不总是有效的，因为有些恶意软件可以逃避防病毒检测。为了更好地保护计算机，企业需要使用额外的恶意软件检测工具。

4. 一体化威胁管理系统

为了帮助企业降低成本和提高可管理性，安全产品供应商需要把各种安全工具合并成一个单一的工具包。这些安全工具包括防火墙、虚拟专用网络、入侵检测系统、网页内容过滤和反垃圾邮件软件。这种集成的安全管理产品称为**一体化威胁管理**（unified threat management，UTM）系统。UTM 产品适用于各种规模的网络。主要 UTM 厂商包括 Fortinent、Sophos 和 Check Point，并且如思科和瞻博网络这样的网络产品供应商在它们的产品中也会提供一些 UTM 功能。

8.3.6 审计的作用

管理层如何知道哪些信息系统的安全与控制措施是有效的呢？为了回答这个问题，组织必须进行全面综合的审计。**信息系统审计**（infromation systems audit）是指对企业的总体安全环境以及针对单个信息系统的控制措施进行检查。审计人员要跟踪样本数据在系统中的流动并进行测试。在有条件的情况下，企业可采用自动审计软件。信息系统审计可能也需要检查数据的质量。

安全审计会对技术、步骤、文档、培训和人事等进行检查。完全彻底的审计甚至会模拟攻击或灾难事件以测试技术、信息系统人员和公司员工的响应情况。

安全审计会把控制措施中的所有缺陷逐一列举出来，并评估它们发生的可能性，然后再评价每种缺陷对组织产生的经济上的和组织上的影响。图 8-5 给出了一个借贷系统的控制措施缺陷样本清单的例子。其中，有专门的栏目用来记录将这些缺陷告知管理层的通知以及管理层的处理回复。对有重大影响的缺陷，管理层需要制定应对措施使其在控制之中。

Function: Loans **Prepared by: J. Ericson** **Received by: T. Benson**
Location: Peoria, IL **Date: June 16, 2016** **Review date: June 28, 2016**

Nature of Weakness and Impact	Chance for Error/Abuse		Notification to Management	
	Yes/No	Justification	Report date	Management response
User accounts with missing passwords	Yes	Leaves system open to unauthorized outsiders or attackers	5/10/16	Eliminate accounts without passwords
Network configured to allow some sharing of system files	Yes	Exposes critical system files to hostile parties connected to the network	5/10/16	Ensure only required directories are shared and that they are protected with strong passwords
Software patches can update production programs without final approval from Standards and Controls group	No	All production programs require management approval; Standards and Controls group assigns such cases to a temporary production status		

图 8-5 控制措施缺陷审计清单样例

该图提供了某地商业银行借贷系统中常见的控制缺陷审计清单的例子。该表单可以帮助审计人员记录和评估控制措施的缺陷，将结果通知管理层，并记录管理层采取的纠正措施。

8.4 保护信息资源最重要的工具和技术是什么

企业采用一系列技术保护其信息资源，包括管理用户身份、防止未授权的系统和数据访问、确保系统有效性与软件质量等方面的技术。

8.4.1 身份管理与认证

大中型企业拥有复杂的 IT 基础设施和很多不同的系统，每一个系统都有自己的用户群。身份管理软件会自动保留用户的使用记录及其系统权限，并为每个用户访问每个系统分配一个唯一的数字标识。它还包括用户身份认证、用户身份保护以及系统资源的访问控制等工具。

要进入一个系统，用户必须得到授权和身份认证。**身份认证**（authentication）是指能够分辨一个人所声称的身份。身份认证通常通过只有授权用户才知道的**密码**（password）进行确认。终端用户使用密码登录计算机系统，也可以使用密码访问特定的系统和文件。但是，用户经常会忘记密码、共享密码或者使用容易猜到的简单密码，这会削弱系统的安全性。过于严格的密码系统会降低员工的使用效率。如果员工必须频繁修改复杂的密码，他们常常会走捷径，如选择容易被猜到的密码或是干脆把密码以普通方式保存在工作电脑中。如果通过网络传输，密码还可能被“嗅探”出来，或是通过社交网络被盗取。

一些新的认证技术，如令牌、智能卡和生物身份认证等，克服了身份认证中的一些问题。**令牌**（token）是一种类似于身份证的物理装置，专门设计以证明一个用户的身份。令牌是一种特别适合于挂在钥匙环扣上的小玩意，它显示的密码经常会更改。**智能卡**（smart card）是与信用卡一般大小的一个小装置，其中内置了一个访问许可和其他数据的芯片（智能卡还可用于电子支付系统）。读卡器读取智能卡上的数据，以判断是允许或拒绝其访问。

生物身份认证（biometric authentication）系统读取和分析如指纹、虹膜和声音等这样的个人身体特征，就许可或拒绝对系统的访问做出判断。生物认证以测量每个人独一无二的身体和行为特征为基础。它把个人的独有特征，如指纹、面部或者视网膜图像，与存储起来的特征资料相比对，以判断二者之间是否有差异。如果二者相匹配，则允许访问。指纹和面部识别技术在安全中的应用刚开始：很多笔记本电脑（以及智能手机）配备了指纹识别装置；有些型号的笔记本电脑安装了内置网络摄像机和人脸识别软件。

黑客破解传统密码的事件不断发生，这表明需要更加安全的认证方式。双因素认证通过多步骤过程验证用户，从而提高了安全性。要进行身份验证，用户必须提供两种识别方式：一种通常是物理标记，例如智能卡或智能芯片银行卡；另一种通常是数据，如密码或个人识别码（personal identification number，PIN）。生物数据，诸如指纹、虹膜或语音数据也可以被用作一种认证机制。双因素认证的常见例子是银行卡：银行卡本身就是物理物品，而 PIN 是附属在卡上的数据。

8.4.2 无线网络安全

最初为 Wi-Fi 开发的安全标准并不很有效，这是由于它的加密密钥比较容易被破解。该标准称为有线等效保密（wired equivalent privacy，WEP）。WEP 提供了某种程度的安全性，但是用户通常忘记启用它。当访问企业内部数据的时候，我们可以通过把 WEP 与虚拟专用网技术（VPN）联合起来使用，进一步提高 Wi-Fi 网络的安全性。

2004 年 6 月，Wi-Fi 联盟行业贸易组织最终完成了 802.11i 规范（也被称为 Wi-Fi 保护访问 2 或 WPA2），并且用这个更强的安全标准替代了 WEP。它没有采用 WEP 使用的静态加密密钥，而使用了不断变化的、更长的密钥，使得它们更难以被破解。

8.4.3 加密及公钥基础设施

很多企业利用密码系统保护其存储、物理传输或通过互联网发送的数字信息。**加密**（encryption）是一种将明码文本或数据变成暗码文本的过程。除了发送者和目标接收者以外，暗码文本不能被其他任何人阅读。数据通过秘密的数字代码加密，这种将明码数据转换成暗码文本的秘密数字代码称为密钥。接收者必须将接收到的信息解密。

SSL 和 S-TPTP 是对网络中流量信息加密的两种方法。**安全套接层协议**（secure sockets layer，SSL）及后来的**传输层安全协议**（transport layer security，TLS），可以使客户机和服务器管理它们在安全的网络会话期间，相互之间通信的加密和解密活动。**安全超文本传输协议**（secure hypertext transfer protocol，S-HTTP）是另一种用来对在互联网上传输数据进行加密的协议，但是它仅限于对单个信息进行加密。而SSL和TLS则是为两台计算机之间建立安全连接而设计的。

互联网客户机浏览器软件和服务器中嵌入了生成安全会话的能力。客户机和服务器之间协商要使用什么样的密钥和什么层次的安全。一旦客户机和服务器之间建立起安全会话，会话期间的所有信息就都会被加密。

有两种加密方法：对称密钥加密和公钥加密。在对称密钥加密中，发送者和接收者通过创建一个单一密钥，建立一个安全的网络会话，然后将密钥发送给接收者，这样发送者和接收者就享有同样的密钥。密钥的加密能力以其位长进行衡量。目前，根据所需的安全级别，典型的密钥长度是56～256位（56～256个二进制数字组成的字符串）。密钥长度越长，破解密钥就越困难。这种方法的缺点是密钥长度越长，合法用户处理信息所需的计算能力就越强。

所有对称加密方案都存在一个问题：密钥本身必须能够被发送者和接收者共用，这使得密钥可能会被外来者拦截并破解。另一种更安全的加密方式为**公钥加密**（public key encryption）。它使用两个密钥，其中一个为共享密钥（或公钥），另外一个则完全私有，如图8-6所示。两个密钥在数学上相互关联，这样能够保证用一个密钥加密的数据只能用另一个密钥解密。为了发送和接收信息，通信双方首先要独自创建一对私钥和公钥。公钥被保存在一个目录中，而私钥则被秘密保存起来。发送者利用接收者的公钥对信息加密。接收到信息以后，接收者利用自己的私钥解密。

图8-6 公钥加密

公钥加密系统可被看作一系列公钥和私钥，分别在数据传输时给数据加锁而在接收数据时给数据解锁。发送者在目录中找到接收者的公钥并用它给信息加密。信息以加密的形式通过互联网或者专用网络传输。当加密信息到达时，接收者就用自己的私钥解密数据并读出信息。

数字证书（digital certificate）是为了保护在线交易，用来辨别用户身份和电子资产的一种数据文件（见图8-7）。数字证书系统利用可信赖的第三方机构即认证中心（certification authority，CA），验证用户身份的合法性。在美国和世界各地有许多认证中心，如赛门铁克、GoDaddy和Comodo等。

认证中心通过线下核查数字证书，以验证用户的身份。数字证书信息被输入认证中心的服务器后，认证中心的服务器会产生一个加密的数字证书，其中包括证书持有者的身份信息和一份持有者的公钥备份。认证中心对此公钥是否属于所鉴定的持有者做出认证。认证中心的公钥以纸质形式或者在互联网上向社会公众公布。加密信息的接收者利用认证中心的公钥破解接收到的信息中的数字证书，并核实信息是不是由认证中心发出，然后获取发送者的公钥和包含在证书中的身份信息。利用这些信息，接收者就可以发送加密回复。例如，数字认证系统可以使信用卡用户和商家在交换数据前，验证他们的数字证书是不是由权威且可信的第三方机构所颁发的。使用公钥加密技术与认证中心合作的**公钥加密基础设施**（public key infrastructure，PKI），目前在电子商务中应用广泛。

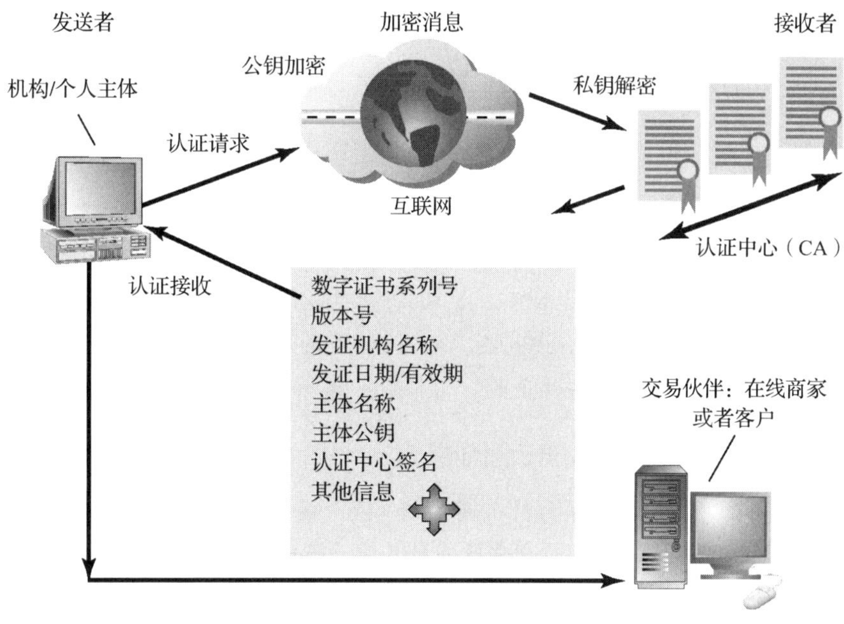

图 8-7 数字证书

数字证书帮助证实用户和电子资产的身份，通过提供安全、加密的在线通信保护在线交易。

8.4.4 确保系统的可用性

随着企业的收入和运营越来越依赖数字网络，企业需要采取额外的措施确保系统和应用总是可用的。像民航和金融服务行业，这些企业对在线交易处理有重要的应用需求，多年来一直采用传统的容错计算机系统，以确保其在线交易处理能够完全可用。在**在线交易处理**（online transaction processing）中，计算机会对在线输入的数据进行及时处理。数据库信息的批量更新、生成报告请求以及信息查询请求等都需要及时处理。

容错计算机系统（fault-tolerant computer system）包括冗余的硬件、软件和电源保障等组成部分，这些组成部分可以建立起一个可提供连续不间断服务的环境。容错计算机系统使用特殊的软件程序或者嵌入电路系统的自检逻辑程序以检查硬件故障，并能自动转换到备份系统中。其中部分计算机还可以被移除或进行检修，而不会干扰系统的正常运行或宕机。宕机（downtime）是指系统不能运行的时间段。

1. 控制网络流量：深度包检测

你是否在使用校园网时发现它很慢？这可能是因为你的同学正在网上下载音乐或是观看在线电影。文件共享、网络电话以及在线电影等，这些都是耗费宽带的应用，它们能够使企业的网络拥堵、网速减慢，降低其性能。例如，位于印第安纳州曼西的鲍尔州立大学（Ball State University）发现其校园网的网速变慢，其原因是少数学生在使用 P2P 文件共享程序下载电影和音乐。

一项称为**深度包检测**（deep packet inspection，DPI）的技术有助于解决上述问题。深度包检测技术可用于检查数据文件，并将权限较低的在线文件分拣出来，同时对重要的业务文件赋予较高的优先权。根据网络操作员确定的这种优先权，企业就可以决定一个数据包是否能够继续向其目的地发送，或者当有更为重要的流量要通过时，它是应该被封堵还是延迟发送。鲍尔州立大学使用了 Allot 通信公司的 DPI 系统以后，能够捕获所有文件共享的流量，并给它们赋予一个较低的优先权。这样，具有优先等级的网络流量就能使网速加快。

2. 安全性外包

许多企业，特别是小型企业，因为缺乏资源或专业技能，难以靠自身能力提供一个安全的、高可用性的计算环境。这些企业可以把很多安全职能外包给**安全管理服务供应商**（managed security service provider，MSSP）。安全管理服务供应商可以对网络活动进行监控，并进行漏洞检测和入侵检测。SecureWorks、AT&T、威瑞森、IBM、Perimeter eSecurity 以及赛门铁克等是提供 MSSP 服务的主要企业。

8.4.5 云计算与移动数字平台的安全问题

尽管云计算和新兴移动数字平台具有能够产生巨大效益的潜力，但是它们给系统的安全性和可靠性带来了新的挑战。我们对这些挑战及其应对措施讨论如下。

1. 云计算的安全性

在云中处理数据时，保护敏感数据的责任和义务仍然由数据所有者承担。了解云计算供应商如何组织其服务和管理数据是非常重要的。

云计算是高度分散的。云应用驻留在远程大型的数据中心和服务器群中，这些数据中心和服务器群为多家企业客户提供业务服务和数据管理。为了降低成本，云计算提供商通常在全球各地将处理任务分配到能够最有效地完成该任务的数据中心。当使用云计算的时候，你可能不能准确地知道你的数据被送到哪里处理。

云计算的分散性使得很难跟踪未经授权的活动。几乎所有的云提供商都使用加密技术，如安全套接层协议，以确保他们处理的数据在传输时的安全性。但是，如果存储数据的设备也存放着其他公司的数据，那么对这些存储的数据进行加密也同样重要。根据 Alert Logic 的研究，云计算的攻击每年同比增长 45%。DDoS 攻击是最为有害的，因为它使得合法客户不能使用云服务。

企业通常期望它们的系统可以全天候运行。云供应商仍然会偶尔中断，但是其可靠性已经提高到一些大型公司为其部分 IT 基础架构使用云服务的水平。大多数公司的关键系统仍被保留在企业内部。

云计算用户必须要确认，无论他们的数据存储在哪里，对数据的保护必须达到企业要求的水平。他们必须约定云计算提供商对数据的存储和处理，必须符合法律规定的相关保密条款。云计算客户应该知道云计算提供商是怎样将自己的数据与其他公司的数据隔离开的，并要求提供有良好加密机制的证据。同样重要的是，需要知道在灾难事件发生时，云计算提供商将会做出怎样的响应、是否能够完全恢复你的数据以及需要多长时间等。云计算用户还必须要求云计算提供商进行外部审计和安全认证。在与云计算提供商签署协议之前，这些控制措施都应当写入服务等级协议中。云安全联盟（Cloud Security Alliance，CSA）已经制定了行业范围内的云安全标准，规定了保护云计算的最佳做法。

2. 移动平台安全

如果移动设备执行了计算机的许多功能，它们就需要像笔记本电脑和台式电脑那样被安全地保护起来，如预防恶意软件、盗用、意外损失、未经授权的访问和黑客攻击等。下面的“互动讨论：技术”部分将深入讨论移动应用的漏洞及其对个人和企业的意义。

⊙互动讨论：技术

BYOD：安全的梦魇？

自带设备（BYOD）已经成为一个大趋势，在全球有一半的员工会在工作场所使用自己的移动计算工具。未来几年，这个数字将会进一步增加。但是，随着在工作场所使用iPhone、iPad和其他移动计算设备的增多，与之相随的安全问题也在增加。相当少的安全专家认为，智能手机等移动设备现在是一个最严重的安全威胁。

不管是公司分配的还是员工自己的，移动设备的使用正在打开需要访问密切监控和保护的公司数据的新途径。通过移动设备，敏感数据以物理和电子的方式，从办公室到家里以及其他可能的地方“旅行”。根据2016年2月Ponemon Institute对588名美国IT和安全专业人士的研究，67%的受访者报告说，员工使用手机访问机密公司数据可能导致数据泄露。不幸的是，只有41%的受访者表示，他们的公司有从移动设备访问公司数据的政策。

超过一半的安全漏洞发生在设备丢失或被盗时。这使得存储在设备上的所有个人和企业数据，以及远程服务器上的公司数据，处于危险之中。移动设备的物理访问可能比黑客入侵网络中的威胁更大，因为移动设备很容易就能接入网络。经验丰富的攻击者可以轻松绕过移动设备上的密码锁定，或者访问加密的数据。此外，许多智能手机用户开始时完全不保护手机，或不能将其设备的安全功能不断更新。在Websense和Ponemon Institute进行的全球移动风险研究中，59%的受访者表示员工绕过或禁用了密码和钥匙锁等安全功能。

如今的另一个担忧是：使用云计算服务造成的大规模数据泄漏。员工越来越多地使用Google Drive或Dropbox等公共云服务，进行文件共享和协作。Valiant Entertainment、Cenoric Project、Vita Coco和BCBGMAXAZRIAGROUP允许员工和自由承包商使用Dropbox企业版发布和共享文件。在很多情况下，员工使用Dropbox存储和交换文件，无须雇主的批准。2015年年初，Dropbox修复了一个安全漏洞，这个漏洞允许网络攻击者通过Android设备使用Dropbox服务的受损第三方应用，窃取上传到账户里的新信息。公司很难防止被允许使用智能手机的员工下载公司数据，以便远程处理这些数据。

短信和其他移动信息技术正被用来进行各种诈骗活动，例如成人内容、流氓药房网站、钓鱼网站和银行诈骗，而短信也是特洛伊木马和蠕虫的传播媒介。恶意来源现在能够发送短信，这类短信能在默认情况下打开移动浏览器，以方便地利用接收者。

到目前为止，对移动设备展开的故意的黑客攻击的范围和影响都得到了控制，但是这种情况正在恶化。Android现在是世界上最受欢迎的手机设备操作系统，占全球市场的81%，但是大多数手机恶意软件是针对Android平台设计的。当企业和个人的数据存储在同一设备上时，用户无意间安装的移动恶意软件可以进入企业网络中。

苹果公司使用封闭的“围墙花园”模式管理应用程序，并在App Store发布之前对其进行评审。Android应用程序的安全性比苹果设备弱，但正在改善。Android应用程序使用沙箱，这限制了应用程序，尽量降低了彼此的影响，或者在没有用户许可的情况下操纵设备功能。

谷歌会删除任何违反 Google Play 恶意活动规则的应用。Google Play 的数字分发平台可作为 Android 操作系统的官方应用商店。谷歌还审查开发人员的背景资料。最新的 Android 安全增强功能包括：为每个应用程序分配不同级别的信任，指定应用程序可以在其受限域中访问哪种数据，提供更强大的方法存储用于访问敏感信息和资源的加密凭据。

Google Play 现在可以提供所有应用程序的安全扫描，只要这些应用程序可以下载，就能进行安全检查，并且为在它之外安装的应用程序提供移动设备保护的 Verify Apps 服务。不过，Android 系统的改进仅限于使用手机或平板电脑运行最新版本 Android 的用户，并且应用的下载仅限于在谷歌自己的 Play 商店中购买的应用程序。

公司需要制定移动安全策略，在提高员工生产力和有效的信息安全之间取得平衡。Aetna 的首席安全执行官（Chief Security Officer，CSO）吉姆·劳思（Jim Routh）表示，无论设备是公司配备的还是个人的，都需要一定的移动安全级别。Aetna 拥有约 6 000 名用户，配备了由个人拥有或公司发放的移动设备。每个设备都具有强制保护功能，可以在不安全的 Wi-Fi 网络中提供加密通道。当设备安装恶意应用程序时，该功能启动，会向用户和公司发出警报。

VMWare AirWatch 的安全和最佳实践主管科林·米尼汉（Colin Minihan）认为，了解用户及其需求有助于进一步推动移动安全策略的发展。VmAirWatch 对类似的用户群和设备群进行分类，为每个群制订具体的行动计划，并为相关工作选择合适的工具。

诺德斯特龙前安全总监帕特里克·海韦希（Patrick Hevesi）说，如果用户需要访问必须受到保护的关键企业数据，公司应该只允许那些完全受管理、受控制且被批准类型的设备访问。那些只用移动工具发送邮件和联系的用户，可以更轻松地携带自己的设备。公司要问的关键问题叫作“3W”：谁需要访问？他们需要访问什么？设备的安全状态是什么？

资料来源：Michael Heller, “Mobile Security Strategy Matures with BYOD,” and Kathleen Richards, “CISOs Battle to Control Mobile Risk in the Workplace,” *Information Security Magazine,* June 1, 2016;Nathan Olivarez-Giles, “Android's Security Improves—for the Few,” *Wall Street Journal,* April 21, 2016; Ponemon Institute, “The Economic Risk of Confidential Data on Mobile Devices in the Workplace,” February, 2016; McAfee Inc., “Mobile Threat Report: What's on the Horizon for 2016,” 2016; Charlie Osborne, “Dropbox Patches Android Security Flaw,” *Zero Day,* March 11, 2015; Edel Creely, “5 BYOD Security Implications and How to Overcome Them,” Trilogy Technologies,May 26, 2015; Tony Kontzer, “Most of Your Mobile Apps Have Been Hacked,” *Baseline*, January 16, 2015; and Ponemon Institute,Global Study on Mobility Risks (February 2012).

案例分析题

1. 据说智能手机就是你手中的电脑。讨论这句话中隐含的安全方面的含义。
2. 移动计算设备会带来什么样的安全问题？
3. 关于智能手机安全，我们必须解决哪些管理、组织和技术问题？
4. 个人和企业采取什么措施可以使智能手机更安全？

移动设备在访问企业系统和数据时需要特殊的保护措施。企业应确保将移动设备的使用纳入其安全措施计划中，对如何支持、保护和使用移动设备要做出额外详尽的规定。企业需要移动设备管理工具对所有使用的移动设备授权；维护所有移动设备、用户和应用中的准确的库存记录；控制应用程序的更新；锁定或删除丢失或被盗的设备，使其不能对企业系统产生危害。数据丢失预防技术可以识别哪些关键数据被保存，谁在访问这些数据，数据是如何离开公司的，以及数据流向了哪里。企业还应该制定指导原则，对允许使用的移动平台、应用软件，以及远程访问企业系统需要的软件和访问步骤等，做出明文规定。企业的移动安全政策应该禁止员工使用不安全的、基于消费者的应用程序以转移和存储公司的文档与文件，或者没有加密地通过电子邮件将这些文档和文件发送给自己。

企业应该尽可能对通信加密。所有移动设备用户都应该被要求使用智能手机中的密码功能。卡巴斯基、赛门铁克、Trend Micro 和 McAfee 等公司都提供了移动安全产品。

8.4.6 确保软件质量

除了实施有效的安全与控制措施，组织还可以通过采用软件度量和严格的软件测试提高系统的质量和可靠性。软件度量（software metrics）是一种以定量指标的形式对系统进行客观的评价。持续进行软件度量能够让信息系统部门和终端用户共同测量系统的性能，并及时发现所产生的问题。软件度量的例子包括在一个特定时间内能被处理的交易数量、在线响应时间、每小时打印的工资支票数量，以及每百行程序代码发现的错误数量等。要成功应用软件度量方法，对各项指标需要认真设计，做到规范、客观，而且保持前后使用的一致性。

企业尽早进行定期且全面的测试能够显著提高系统质量。很多观点认为测试是一种证明自己所做工作正确性的方法。事实上，众所周知，所有大型软件都充斥着错误，必须对其进行测试以发现这些错误。

良好的测试在软件程序写好之前就已经开始了，通过走查法（walkthrough）进行。这种方法针对具体测试目的，精心挑选出一组具有所需技能的人员，对系统开发说明书和设计文档进行演示审阅。当编程人员开始写软件代码时，代码走查法同样可以用来回顾程序代码。但是，代码必须通过计算机运行进行测试。当发现错误时，企业通过调试（debugging）过程发现并消除错误源。第 13 章将详细介绍信息系统由设计开发到投入实际使用所需经历的各个测试阶段。本章的学习跟踪模块中也包含有关软件系统的开发方法的介绍，这些方法同样有助于提高软件质量。

本章小结

1. 为什么信息系统容易出现系统毁坏、出错和滥用现象？

数字数据容易出现损毁、使用不当、出错、欺诈，以及硬件和软件故障。互联网是开放系统，使得企业内部系统易受外来者侵入。黑客能够发动拒绝服务攻击或渗透进企业网络，从而造成严重的系统瘫痪。入侵者利用嗅探器程序可以很容易地获得访问网络资源的地址，从而渗透进 Wi-Fi 网络。计算机病毒和蠕虫能使系统与网络瘫痪。云计算的分散性特点使得对未经授权的活动难以跟踪或从远程对其控制。软件存在的问题是程序错误无法消除，并且软件漏洞能够被黑客和恶意软件所利用。终端用户也会引入错误。

2. 安全与控制的商业价值是什么？

依靠计算机系统开展其核心业务的企业，如果没有良好的安全与控制措施，将会丧失销售和生产能力。信息资产，如保密的员工记录、交易秘密、商业计划等，一旦外泄，将造成重大损失甚至使企业卷入法律纠纷。美国新出台的法律，如《健康保险携带和责任法案》《萨班斯－奥克斯利法案》《格雷姆－里奇－比利雷法案》等，要求企业对其电子档案实行严格的管理，使其符合关于安全、保密和控制的严格标准。涉及电子证据和计算机取证的法律行为同样要求企业加强安全与电子档案的管理。

3. 安全与控制的组织框架的组成要素有哪些?

企业需要为自己的信息系统建立良好的一整套总体控制及应用软件控制措施。风险评估对信息资产进行评价，识别控制点并发现控制缺陷，确定最佳成本－效益控制集。企业必须制定协调一致的企业安全措施和计划，以保证在灾难或系统中断事件发生时业务的持续性。安全措施包括使用权限规定和身份管理规定。全面系统的信息系统审计有助于企业认识其信息系统安全与控制的有效性。

4. 确保信息资源安全的重要工具和技术有哪些?

防火墙可以防止未授权的用户访问接入互联网的私有网络。侵入检测系统从可疑的网络流量和尝试访问企业系统的请求中监控私有网络。密码、令牌、智能卡和生物认证技术用来识别系统用户身份。反病毒软件检查计算机系统是否受到病毒和蠕虫的侵害，通常能够清除恶意软件。反间谍软件用来阻止有害的间谍软件程序的侵入。加密，即对信息的编码和保密，是一种广泛用在未保护的网络中保障电子传输安全的技术。数字证书和公钥加密技术通过识别用户身份对电子传输安全提供了进一步的保护。企业可以使用容错计算机系统确保其信息系统持续可用。软件度量和严格的软件测试有助于提高软件质量与可靠性。

MyMISLab

完成标有 MyMISLab 标记的问题，请到 MyMISLab 的 EOC 讨论问题部分。

复习题

8-1 为什么信息系统容易出现系统毁坏、出错和滥用现象?

- 列出并简述最常见的当前信息系统的几种威胁。
- 给出恶意软件的定义，并比较病毒、蠕虫、特洛伊木马之间的区别。
- 给出黑客的定义，解释黑客如何带来安全和系统危害问题。
- 给出计算机犯罪的定义。分别给出两个把计算机作为犯罪目标的例子和把计算机作为工具进行犯罪的例子。
- 给出身份盗用和网络钓鱼的定义，并解释身份盗用为什么会成为今天的一大问题。
- 简述员工产生的安全和系统可靠性问题。
- 解释软件缺陷如何影响系统稳定性和安全性。

8-2 安全与控制的商业价值是什么?

- 解释安全与控制怎样创造商业价值。
- 简述安全和控制与美国政府最新出台的有关法律法规以及计算机取证之间的关系。

8-3 安全与控制的组织框架的组成要素有哪些?

- 给出一般控制的定义，并简述其各种类型。
- 给出应用控制的定义，并简述其各种类型。

- 简述风险评估的作用，并说明对信息系统如何进行评估。
- 给出以下名词的定义并做简要说明：安全措施、可接受使用策略、身份管理。
- 解释信息系统审计如何强化安全与控制。

8-4 保护信息资源安全最重要的工具和技术有哪些？

- 列举并简述三种认证方法。
- 简述防火墙、侵入检测系统、反病毒软件在加强安全防御中的作用。
- 解释加密技术如何保护信息。
- 简述在公钥加密体系中加密和数字证书的作用。
- 分别对容错计算与高可靠性计算、故障恢复计划与业务持续计划进行区分。
- 简述由云计算引起的安全问题。
- 简述提高软件质量与可靠性的测量方法。

讨论题

8-5 MyMISLab 安全不仅仅是技术问题，还是一个业务问题，请对此进行讨论。

8-6 MyMISLab 如果你在为你的公司制订业务持续计划，那么第一步要做什么？计划中要解决的业务问题有哪些？

8-7 MyMISLab 假设你公司有一个电子商务网站用来销售商品并接受信用卡支付。请讨论对于该网站主要的安全威胁及其潜在的影响是什么，用什么措施可以降低这些威胁？

MIS 实践项目

本节需要你完成如下任务：分析安全漏洞，使用电子制表软件进行风险分析，用网络工具搜索安全外包服务。请访问 MyMISLab 的多媒体图书馆以获取本章 MIS 实践项目。

管理决策问题

8-8 Reloaded Games 是一个在线游戏平台，为大型多人在线游戏提供服务。Reloaded Games 平台为超过 3 000 万名用户服务。这些游戏可以同时容纳数百万玩家，并且世界各地的玩家可以同时玩。为这家基于互联网的企业准备一项安全分析。你能预测到什么样的威胁？这些威胁对业务的影响是什么？可以采取哪些步骤防止网站的毁坏和持续的运营？

8-9 经过调查发现你公司的 IT 基础设施存在一些安全漏洞，重新检视这些漏洞的数据（这些数据被存放在 MyMISLab 的一个表格中）。根据该表回答下列问题：

- 计算每个平台漏洞的总数目。每个平台中存在的安全问题对组织的潜在影响是什么？
- 如果只有一个信息系统安全专家负责安全问题，他应该先着手消除哪个平台上的漏洞？第二步、第三步处理哪个平台？最后处理哪一个？为什么要这样做？
- 这些漏洞暴露出存在哪些类型的控制问题？阐述应该采取的解决措施。
- 如果忽视了这些已识别的安全漏洞，公司会存在什么样的风险？

改善决策：使用电子制表软件进行安全风险评估

软件技能：使用电子表格公式和图形

业务技能：风险评估

8-10 本项目使用电子表格计算一家小型企业各种已知的安全威胁会造成的年损失。

Mercer Paint 公司是一家位于亚拉巴马州的油漆制造商，通过网络进行业务运作。它在一次管理层要求进行的安全风险评价中发现了许多潜在的威胁。这些威胁的类型、发生的概率以及估计的平均损失已经被汇总成表，放在 MyMISLab 中，用该表回答下列问题：

- 除了表中列出的潜在威胁，至少再给出其他 3 种对 Mercer Paint 公司可能产生的威胁，分析其发生的概率并估算出损失范围。
- 使用电子制表软件和风险评估数据计算每种威胁会产生的年预期损失。
- 用图表展示结果，哪些控制点具有最大的漏洞？你会对 Mercer Paint 公司提出哪些建议？撰写一份报告，总结、阐述你得到的结果和建议。

改善决策：外包服务安全评估

软件技能：使用网页浏览器和展示软件

业务技能：评估业务外包服务

8-11 本项目有助于培养使用网站进行外包服务安全调查和评估的技能。

管理层需要决定是否将安全事务外包，还是把保障安全的相关职能保留在公司内部？他们可通过搜索网站获得的信息决定是否将安全事务外包，并查找能够获得的安全外包服务有哪些。

- 简要概述支持和反对将公司计算机安全外包的理由。
- 挑选两家提供安全外包服务的公司，对这两家公司及其提供的安全外包服务进行比较。
- 制作一份电子展示文档，向管理层报告你的结果。结合案例说明公司应当或不应当将计算机安全工作外包。如果你认为应当外包，必须说明你选择什么样的安全外包服务，并证明你的选择是合理的。

团队协作项目

评估安全软件工具

8-12 与三四名同学组成一个小组，使用网络研究和评估来自两个竞争厂商的安全产品，例如防病毒软件、防火墙或反间谍软件。对于每个产品，描述其功能，确定最适合哪种类型的业务，以及购买和安装的成本。哪一个是最好的产品？为什么？如有可能，请使用 Google Docs、Google Drive 或 Google Sites，集思广益并制作演示文稿报告你们的结果。

案例研究

美国人事管理局数据破坏：没有常规的黑客

美国人事管理局（OPM）负责招聘和留住为美国人民服务的、世界一流的员工队伍，并负责对目标员工进行背景和安全调查。2015年6月，OPM宣称有关400多万人记录的数据已经泄露。在接下来的几个月里，被盗记录的人的数量上升到2 150万。这不是常规的黑客。联邦官员认为，这次数据泄露是美国历史上最大的政府数据泄漏。

泄漏的数据信息包括个人身份信息，如社会保障号及姓名、出生日期和地点以及住址，还包括详细的与安全调查相关的背景资料，包括经过背景调查，但并不是现任或前任政府雇员的记录。

数据泄露始于2014年3月，也许更早，直到2015年4月才被OPM发现。目前，我们还不清楚是如何被发现的。入侵发生在OPM完成实施新的安全程序之前，这些新的安全程序会限制网络管理员的远程访问，并检查所有与外界的互联网连接。

黑客从承包商KeyPoint Government Solutions公司窃取用户身份，访问OPM网络，看上去更像通过社会工程的渠道展开的。然后，黑客将恶意软件安装在OPM网络中，并建立了一个用于掠夺数据的后门。从那里，黑客升级了他们的权限，获得了各种OPM系统的访问权限。

黑客最大的收获可能是20多年高度敏感的长达127页的标准表格——SF-86。SF-86是国家安全职位问卷调查的背景调查数据。SF-86包含家庭成员、大学室友、国外联系人和心理信息等。OPM的系统泄露了包含现任、前任和未来联邦政府雇员背景相关的信息，包括美国军队人员，以及被执行联邦背景调查的那些人。美国官方认为，安全调查信息的曝光可能在以后很多年都会带来问题。

中央情报局（Central Intelligence Agency，CIA）不使用OPM系统，它的记录在信息泄露时被保护了起来。不过，情报和国会官员担心黑客仍然可以利用他们获得的OPM的详细信息，通过排除法识别美国间谍。如果将被盗数据与一段时间以来收集的其他信息相结合，他们就可以使用大数据分析识别操作人员。

美国情报人员潜在的身份暴露可能会阻止许多人再次出国执行任务。国家安全局局长迈克尔·罗杰斯（Michael S. Rogers）建议，这些人事数据也可用于对政府官员进行“网络钓鱼”攻击。在这种攻击中，受害者被愚弄点击他们所知道的人的电子邮件，从而使恶意软件侵入他们的计算机网络中。

被盗的数据还包括560万套指纹。生物特征专家拉梅什·科萨努帕利（Ramesh Kesanupalli）认为，这可能会危及秘密特工的安全，因为即使他们的姓名已经改变，他们也可能通过指纹被识别出来。

OPM已经多次受到安全漏洞和缺陷的警告。在2015年3月的OPM监察长办公室向国会提交的半年度报告中，提到了OPM信息系统安全计划的持续投入不足，所涉问题包括不完整的安全授权软件包、测试信息安全控制的缺陷以及不准确的行动计划和里程碑。

安全专家表示，信息泄露的最大问题不在于OPM未能防止远程入侵，而是没有机制检测外部入侵和敏感数据的加密。网络安全和通信部助理秘书安迪·奥兹门特（Andy Ozment）指出，如果有人拥有网络用户的身份信息，那么即使信息加密了，他们也可以访问数据，因此在这种情况下加密不会保护OPM数据。

OPM一直遭受技术过时和管理薄弱的困扰。美国国土安全部《联邦信息安全管理法案》（Federal Information Security Management Act，FISMA）2014财年的审计和监察长办公室的审计也发现了OPM网络的严重缺陷及其管理方式问题。OPM没有维护系统和基准配置的清单，11台服务器也没有有效的授权。审计员无法独立验证OPM所有服务器每月自动漏洞扫描程序的缺陷。OPM也没有专门负责网络安全的高级信息安全专家或首席信息安全官（Chief Information Security Officer，CISO）。OPM缺乏有效的多因素认证策略，对用户的权限管理不善，对多个系统的监控不足，有许多未打补丁的计算机以及网络安全功能分散和无效。敏感数据未加密，并被存储在易受攻击的旧数据库系统中。自2007年FISMA审计以来，OPM一再反映出这些缺陷。OPM系统有漏洞，缺乏以安全为导向的领导力。

一些安全专家认为OPM的漏洞是时代的标志，反映了数据数量大、当代网络复杂、组织和文化实践薄弱以及过时和编写不良软件的问题。正如标准普尔评级公司首席信息官托马斯·拜耳（Thomas Bayer）解释的那样，直到你有一次严重的数据泄露，如OPM被黑客攻击，你才会对此重视。只有当大规模数据泄露发生时，组织才会关注其基础架构。阻止或放缓OPM等网络攻击的专业知识和技术并不是一个谜，许多公司和一些政府组织正在有效地捍卫自己的系统安全，以面对大多数风险。

OPM缺乏领导和问责制。每个人的普遍的心态是让大家坐下来打发时光。而私人企业的首席执行官（CEO）、首席信息官（CIO）和首席信息安全官（CISO）将由董事会负责。

OPM是一个非常重要的组织，拥有一个庞大的管理层高级顾问团。OPM没有列出详细的首席信息安全官的职能。OPM的董事会共由62名资深领导组成，分成4组。许多OPM经理被任命后，缺乏对网络安全做出知情决定的专业知识。只有当一个组织的管理人员了解和懂得信息安全风险时，他们才会授权IT部门开发一套有效的控制措施。

美国政府的大多数主管都不具备专门的知识和权力进行变革，而且许多工作人员并不适合他们的工作。OPM主管凯瑟琳·阿丘利塔（Katherine Archuleta）曾经担任贝拉克·奥巴马2012年总统竞选活动的国家政治主任。CIO唐纳·西摩（Donna Seymour）是一个在政府机构工作超过34年的职业政府雇员，她曾给阿丘利塔建议如何管理IT系统的风险。她在国防部和其他机构担任IT和管理职务，拥有计算机科学学位，但没有具体的网络安全技能。由于联邦政府的薪资水平非常低，难以引进经验丰富的经营管理人员。联邦政府的首席信息官（CIO）或首席信息安全官（CISO）的年薪约为16.8万美元，而私营部门的同等职位可能每年可获得40万美元的薪酬。

自泄露事件以来，OPM做出了大量的工作纠正多年的IT管理不善现象。OPM正朝着更加集中的安全管理方向发展。信息系统安全官员（Information System Security Officers，ISSO）直接向首席信息安全官报告。这些职位需要由具有专业安全背景的人担任。OPM雇用了一名网络安全顾问克利夫顿·特里普利特（Clifton Triplett），并将其IT现代化预算从3 100万美元增加到了8 700万美元，另外计划在2016年增加2 100万美元。

OPM告诉当前和以前的联邦雇员，他们有18个月免费的信用监控，以确保他们的身份没有被盗用，但是遭受了许多来自受害者的诉讼。西摩因为未能保护数以百万计的雇员资料档案而面临诉讼，阿丘利塔则不得不辞职。

联邦调查局和国土安全部发布了一个“网络警报”的备忘录，描述了OPM被黑客攻击的经验教训。备忘录列出了普遍推荐的OPM安全措施，包括采用加密数据，在代理工作站上激活个人防火墙，监控用户的在线习惯，以及阻止潜在的恶意站点。奥巴马政府下令在所有机构进行为期30天的网络安全冲刺，试图解决这个大问题。没有坚实的基础，从长期来看这种投资可能是徒劳的。OPM和联邦政府整体需要更多地投资于具有IT安全专业知识的管理人员，并给予这些人真正的权力做事。

奥巴马政府正试图确定其他保存敏感信息的联邦机构是否处于弱保护之中。在 OPM 事件发生之前，国家税务局、核管理委员会、能源部、证券交易委员会，甚至是国土安全部，负责保护国家关键网络和基础设施的安全性。尽管自 2006 年以来，政府在安全性方面至少投入了 650 亿美元，但计算机安全方面的威胁依然存在。

资料来源：Sean Lyngaas, "What DHS and the FBI Learned from the OPM Breach," *FCW*, January 11, 2016; Adam Rice, "Warnings, Neglect and a Massive OPM Breach," SearchSecurity.com,accessed June 15, 2016; Steve Rosenbush, "The Morning Download:Outdated Tech Infrastructure Led to Massive OPM Breach,*Wall Street Journal*, July 10, 2015; Mark Mazzette and David E.Sanger, "U.S. Fears Data Stolen by Chinese Hacker Could Identify Spies," *New York Times,* July 24, 2015; Damian Paletta and Danny Yadron, "OPM Ratches Up Estimate of Hack's Scope" *Wall Street Journal*, July 9, 2015; David E. Sanger, Nicole Perlroth, and Michael D. Shear, "Attack Gave Chinese Hackers Privileged Access to U.S.Systems," *New York Times*, June 20, 2015; and David E. Sanger and Julie Hirschfield, "Hacking Linked to China Exposes Millions of U.S. Workers," *New York Times*, June 4, 2015.

案例分析题

8-13 列出并描述本案例中 OPM 的安全和控制的弱点。

8-14 这些问题是由哪些管理、组织和技术原因造成的？管理层应该负多大责任？

8-15 OPM 被黑客攻击的影响是什么？

8-16 有没有方法解决这个问题？请解释你的答案。

MyMISLab

请到 MyMISLab 的作业部分完成这些写作练习。

8-17 请描述使用信息系统造成身份盗用的三种欺骗手段。

8-18 请描述在业务中使用移动设备难以确保安全的四个原因。

参考文献

Bajaj, Vikas. "The Perils of Automated Flight." *New York Times* (April 30, 2015).

Boss, Scott R., Dennis F. Galletta, Paul Benjamin Lowry, Gregory D. Moody, and Peter Polak. "What Do Systems Users Have to Fear? Using Fear Appeals to Engender Threats and Fear that Motivate Protective Security Behaviors. MIS Quarterly 39, No. 4 (December 2015).

Boyle, Randall J. and Raymond R. Panko. *Corporate Computer Security* (4th ed.). Upper Saddle River, NJ: Prentice-Hall (2015).

Chen, Yan and Fatemeh Mariam Zahedi. "Individuals' Internet Security Perceptions and Behaviors: Polycontextual Contrasts Between the United States and China" *MIS Quarterly* 40, No. 1 (March 2016).

Chen, Yan, K. Ram Ramamurthy, and Kuang-Wei Wen. "Organizations' Information Security Policy Compliance: Stick or Carrot Approach?" *Journal of Management Information Systems* 29, No. 3 (Winter 2013).

CSA Top Threats Working Group. "The Treacherous Twelve: CSA's Cloud Computing Top Threats in 2016." Cloud Security Alliance (February 2016).

FireEye. "Out of Pocket: A Comprehensive Mobile Threat Assessment of 7 Million iOS and Android Apps." (February 2015).

Focus Research. "Devastating Downtime: The Surprising Cost of Human Error and Unforeseen Events." (October 2010).

Galbreth, Michael R. and Mikhael Shor. "The Impact of Malicious Agents on the Enterprise Software Industry." *MIS Quarterly* 34, No. 3 (September 2010).

Hui, Kai Lung, Wendy Hui and Wei T. Yue. "Information Security Outsourcing with System Interdependency and Mandatory Security Requirement." *Journal of Management Information Systems* 29, No. 3 (Winter 2013).

Javelin Strategy & Research. "2016 Identity Fraud Study." (February 2, 2016).

Kaplan, James, Chris Rezek, and Kara Sprague. "Protecting Information in the Cloud." *McKinsey Quarterly* (January 2013).

Karlovsky, Brian. "FireEye Names Malware's Favorite Targets, Sources." *Australian Reseller News* (March 2, 2014).

Kirk, Jeremy. "Pushdo Spamming Botnet Gains Strength Again." IDG News Service (April 20, 2015).

Osterman Research. "The Risks of Social Media and What Can Be Done to Manage Them." Commvault (June 2011).

Paletta, Damian, Danny Yadron, and Jennifer Valentino-Devries. "Cyberwar Ignites a New Arms Race." *Wall Street Journal* (October 11, 2015).

Panda Security. "PandaLabs 2015 Annual Report." (January 28, 2016).

Panko, Raymond R. and Julie L. Panko. *Business Data Networks and Security*. Upper Saddle River, NJ: Pearson (2015).

Perlroth, Nicole. "Online Attacks on Infrastructure Are Increasing at a Worrying Pace," *New York Times* (October 1, 2015).

Ponemon Institute. "2015 Cost of Cybercrime Study: United States"

(October 9, 2015).

________. "2015 Cost of Data Breach Study: United States" (2015).

________. "The Cost of Malware Containment" (January 2015).

Poremba, Sue Marquette. "Hackers Targeting the Cloud at Higher Rates Than Ever." *IT Business Edge* (October 15, 2015).

Posey, Clay, Tom L. Roberts, and Paul Benjamin Lowry. "The Impact of Organizational Commitment on Insiders' Motivation to Protect Organizational Information Assets." *Journal of Management Information Systems* 32 No. 4 (2015).

Reisinger, Don. "Android Security Remains a Glaring Problem: 10 Reasons Why." *eWeek* (March 2, 2014).

Ribeiro, John. "Hacker Group Targets Skype Social Media Accounts," *Computer World* (January 2, 2014).

Sadeh, Norman M. "Phish Isn't Spam." *Information Week* (June 25, 2012).

Samuel, Alexandra. "Online Security as Herd Immunity." *Harvard Business Review* (March 13, 2014).

Scharr, Jill. "Fake Instagram 'Image Viewers' Are Latest Malware Fad." *Tom's Guide* (May 8, 2014).

Schwartz, Matthew J. "Android Trojan Looks, Acts Like Windows Malware." *Information Week* (June 7, 2013).

Sen, Ravi and Sharad Borle. "Estimating the Contextual Risk of Data Breach: An Empirical Approach." *Journal of Management Information Systems* 32, No. 2 (2015).

Sengupta, Somini. "Machines That Know You Without Using a Password." *New York Times* (September 10, 2013).

Snell, Bruce. "Mobile Threat Report." McAfee Inc. (2016).

Solutionary. "Solutionary Security Engineering Research Team Unveils Annual Global Threat Intelligence Report." (March 12, 2013).

Spears, Janine L. and Henri Barki. "User Participation in Information Systems Security Risk Management." *MIS Quarterly* 34, No. 3 (September 2010).

Temizkan, Orcun, Ram L. Kumar, Sungjune Park, and Chandrasekar Subramaniam. "Patch Release Behaviors of Software Vendors in Response to Vulnerabilities: An Empirical Analysis. " *Journal of Management Information Systems* 28, No. 4 (Spring 2012).

Thompson, Jadiann. "Scam Alert: Two Clicks on Facebook Could Leak All Your Personal Info to an International Scammer." Kshb.com (April 30, 2015).

Vance, Anthony, Paul Benjamin Lowry, and Dennis Eggett. "Using Accountability to Reduce Access Policy Violations in Information Systems." *Journal of Management Information Systems* 29, No. 4 (Spring 2013).

Verizon. "2016 Data Breach Investigations Report." (2016).

Wakida, Clayton. "Anonymous Accused of Hacking TMT Web Site." KMTV.com (April 27, 2015).

Wang, Jingguo, Manish Gupta, and H. Raghav Rao. "Insider Threats in a Financial Institution: Analysis of Attack-Proneness of Information Systems Applications." *MIS Quarterly* 39, No. 1 (March 2015).

Young, Carl S. "The Enemies of Data Security: Convenience and Collaboration." *Harvard Business Review* (February 11, 2015).

Zhao, Xia, Ling Xue, and Andrew B. Whinston. "Managing Interdependent Information Security Risks: Cyberinsurance, Managed Security Services, and Risk Pooling Arrangements." *Journal of Management Information Systems* 30, No. 1 (Summer 2013).

PART 3

第三部分

数字化时代的关键系统应用

第三部分将探讨现代企业使用的核心信息系统应用，以帮助提高运营水平和增强决策能力。这些应用包括企业系统、供应链管理系统、客户关系管理系统与知识管理系统、电子商务应用以及商业智能系统。本部分将回答这样的问题：企业应用系统如何提升企业的业务绩效？企业如何利用电子商务拓展业务范围？企业如何利用系统改善企业决策，帮助企业更好地利用它们的知识资产？

CHAPTER9

第9章 实现运营优化和客户亲密：企业应用

LEARNING OBJECTIVES

学习目标

通过阅读本章，你将能回答以下问题：

- 企业系统如何帮助公司实现业务运营优化？
- 供应链管理系统如何协调计划、生产和物流配送？
- 客户关系管理系统如何帮助企业提升客户亲密度？
- 企业应用系统面临哪些挑战？企业应用如何利用新的技术？

MyMISLab™

访问 mymislab.com 来获得模拟、辅导材料和课后问题。

开篇案例 斯酷凯蒂公司云中的 ERP

你的移动手机绚丽缤纷的前卫耳机可能就来自斯酷凯蒂（Skullcandy）公司，它是生产用于音频和游戏的耳机、耳塞、扬声器与其他配件等领先的制造商。斯酷凯蒂公司成立于2003年，主营运送滑雪者上下的升降机，当时创始人里克·奥尔登（Rick Alden）提出了生产一种可以控制手机和MP3音乐播放器设备的想法，这种设备内置一套耳机。斯酷凯蒂公司大胆的颜色选用和设计，以及可以直接集成到头盔和背包中的产品，使这一品牌成为滑雪者、冲浪者、滑冰者和其他运动爱好者的最爱。斯酷凯蒂公司在全球范围内广受欢迎，收入每年增长200%，如今的年收入达2.5亿美元。

随着这种爆炸式增长的继续，该公司的分销模式不再适用，原来的分销模式是奥尔登亲自从地下室向犹他州帕克城（公司总部所在地）的滑雪和滑冰商店提供产品。斯酷凯蒂公司的业务流程主要是手工操作，个人电子表格作为其业务交易的记录系统。为了成为每年可以生产100万件商品的公司，斯酷凯蒂公司需要进行流程自动化，并使用一套新的信息系统支持业务发展。

2008 年，公司开始使用基于云的 SAP Business ByDesign 软件代替电子数据表格和手动流程，提供支持财务、计划、采购、库存管理和订单管理的简单企业资源规划（ERP）系统。Business ByDesign 是为中小企业设计的企业资源规划和业务管理软件产品。该软件旨在跟踪端到端的财务管理、项目管理、供应链管理、供应商关系管理、人力资源管理、客户关系管理、执行管理支持和合规管理的业务流程。这些应用程序都是集成的，并且系统是追踪公司所有交易的主力。随着斯酷凯蒂公司的持续增长，它应用了其他的 Business ByDesign 功能，用于管理第三方物流（3PL）供应商、全渠道销售和其他财务流程（无论客户是通过桌面或移动设备、电话，还是从实体店购物，全渠道销售旨在为客户提供无缝购物体验）。斯酷凯蒂公司使用在 SAP 云计算中心运行的 Business ByDesign 软件，它不需要自己的计算机中心运行这些软件，也不需要 IT 部门的人员。

新的 ERP 应用程序是如何工作的？它是根据斯酷凯蒂公司的管理进行的。新的系统功能能够帮助企业进行战略收购和在国际上拓展，并大幅增加客户群。2011 年，斯酷凯蒂公司收购了位于旧金山的高级游戏耳机公司 Astro Gaming。Business ByDesign 系统能够进行此次收购，并将其作为新的、独立的法律实体进行交易。该系统还支持《萨班斯 – 奥克斯利法案》，这是对于上市公司的要求之一，为斯酷凯蒂公司首次公开发行（IPO）铺平了道路。

上市后不久，斯酷凯蒂公司在瑞士苏黎世成立了欧洲总部。该公司还在加拿大、墨西哥、日本和中国设有办事处。Business ByDesign 已经纳入斯酷凯蒂公司在每个国家经营的法规。斯酷凯蒂公司没有必要实施另一个系统处理欧元或处理增值税。该功能已经包含在 Business ByDesign 软件中，因此斯酷凯蒂公司可以轻松地在其他国家 / 地区使用当地的法律、法规、语言和货币进行操作。

斯酷凯蒂公司的分销渠道不断扩大。百思买、塔吉特和沃尔玛开始销售其产品。今天，斯酷凯蒂公司近 80% 的交易从销售点到交货完全自动化。一切都是如此的相互关联和自动化，自客户点击“购买”之后，交易通过斯酷凯蒂公司的系统进行信用检查、欺诈检查，与 SAP Business ByDesign 进行连接，检查商品的可用性，并在仓库完成订单，整个过程不到一个半小时就可以完成。此外，随着斯酷凯蒂公司的发展，该系统可以更好地管理库存、账户和信息。

资料来源：Ken Murphy, “ Skullcandy Rocks the Cloud, ” *SAP Insider Profiles* 7, No. 1 (January 2016); “ Every Revolution Needs a Soundtrack ” and “ Case Study: Skullcandy Inc., ” www.sap. com, accessed February 27, 2016; and www.Skullcandy.com, accessed February 27, 2016.

斯酷凯蒂公司的遗留系统问题及其需要找到集成系统支持其新的分销模式和全球增长的战略，说明了公司为什么需要企业应用程序。企业资源规划（ERP）系统、供应链管理系统和客户关系管理系统可以整合不同的业务功能，并在全公司提供一致的信息，这大大提高了运营效率和决策速度。

本章的章首案例图提出了本案例和本章需要关注的重点。斯酷凯蒂公司作为一家向当地滑雪和滑冰店销售产品的小公司，其主要根据老的分销模式设计的系统已经过时了，限制了它的业务表现和扩展到国内外新兴市场的能力。基于电子表格的系统和手动流程使得公司的不同部门难以合作以应对新的市场机会。这些系统使公司的运作效率低下，无法满足新的业务目标。通过实施 SAP Business ByDesign 企业应用程序，斯酷凯蒂公司能够过渡到更有效的业务流程，并协调其新的业务模式，包括预测、规划、盈利能力分析和新产品开发，而且可以支持新的战略并购。

斯酷凯蒂公司的新系统使它更有效地运行业务，并具有支持全球扩展的功能。然而，为了从企业软件中获得好处，斯酷凯蒂公司必须改变一些过时的业务流程和旧系统。

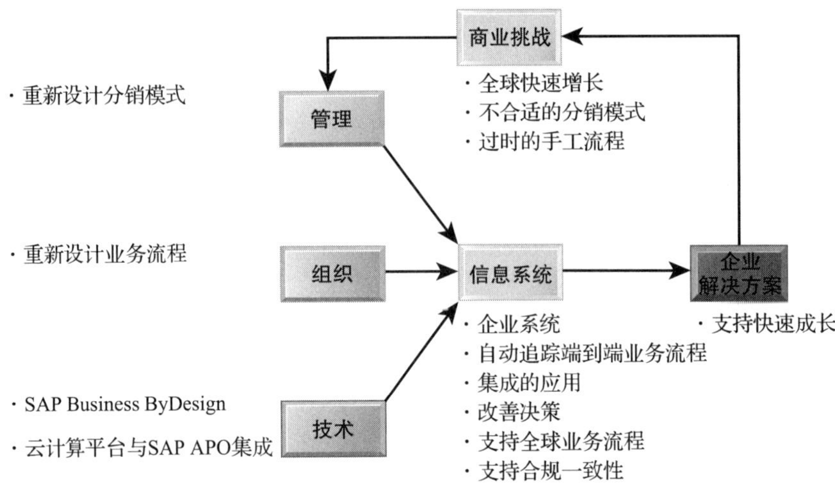

以下是一些需要考虑的问题：斯酷凯蒂公司通过实施 Business ByDesign 解决了哪些问题？新系统如何改变斯酷凯蒂公司的经营方式？斯酷凯蒂公司使用基于云的软件的解决方案有什么好处？

9.1 企业系统如何帮助企业实现运营卓越

在全球范围内，许多公司正在增加自身内部以及与其他公司的连通性。当某个顾客下了一笔大订单时，或者供应商的供货产生延迟时，你若是企业的经营者，尤其是一家大公司的经营者，你一定希望能立即得到信息，了解这个事件对公司内各部门的影响，以及公司该如何进行应对。企业系统使之成为可能。让我们来看看它们是如何工作的，以及可以为企业做些什么。

9.1.1 什么是企业系统

设想你运营一家企业，一家拥有几十甚至上百个数据库和系统的企业，这些系统之间彼此互不相连。假设你的公司有 10 条不同的主要产品线，每条生产线在一家独立的工厂生产，每家工厂由独立的、不兼容的系统控制生产、仓储和分配。

你在做决策时，常常需要花费大量的时间收集数据，并根据手工分析报告进行决策。这样你的决策就会落后于企业实际运作，由此难以从整体上真正了解你的企业到底发生了什么。企业销售人员在签订单时可能都不知道订购的产品是否有库存，生产人员不能轻易根据销售数据制订生产计划。现在你应该知道为什么企业需要企业系统集成信息了吧。

在第 2 章中，我们已经介绍了企业系统，它由一套集成的软件模块和一个中央数据库组成，也被称之为企业资源计划（ERP）。企业系统的中央数据库从各个不同的部门及制造和生产、财务和会计、销售和市场、人力资源等关键业务流程中收集数据，以此为企业所有内部业务活动提供数据支持。一旦在一个流程中输入了新的信息，其他的业务流程就可立即使用它，如图 9-1 所示。

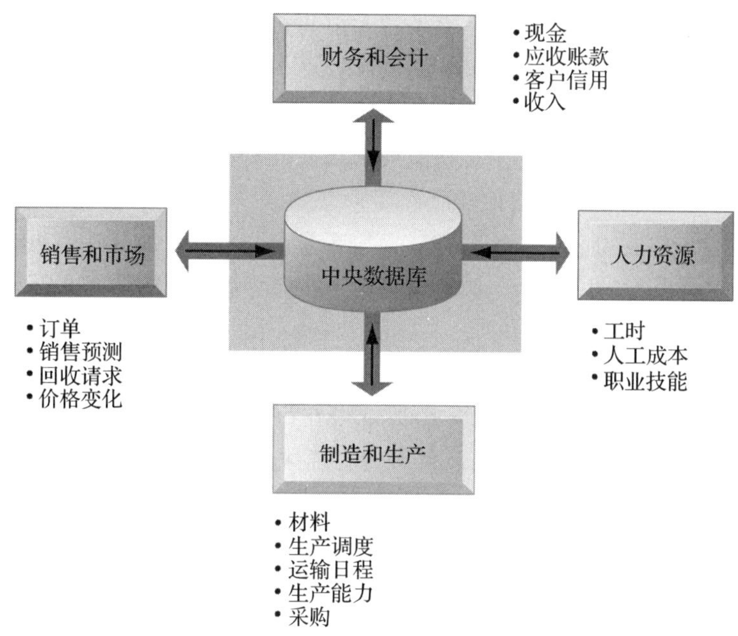

图 9-1　企业系统的工作原理

企业系统由一系列集成的软件模块和一个中央数据库组成，使数据能在企业不同的业务流程和功能领域中共享。

例如，当一个销售代表签订了一笔轮辋的订单时，系统将验证该客户的信贷限额，调整运输计划，识别最佳配送路线，并在库存中预设需求信息。如果现有库存无法满足该订单，系统将调度生产更多的轮辋，并从供应商那里订购所需的原材料和配件。销售和生产预测将会立即自动更新。公司总账与现金流也将根据订单收益和成本信息自动核算与更新。客户可随时登录企业系统查询其订单情况。公司管理人员也可随时获得公司业务运营的情况，并根据系统生成的企业级数据，进行成本和利润的管理分析。

9.1.2　企业软件

企业软件（enterprise software）是围绕着几千个反映最佳实践的业务流程创建而成的。表 9-1 描述了由企业软件支持的几种主要业务流程。

表 9-1　企业系统支持的业务流程

业务流程
财务和会计流程（financial and accounting process）
包括总账、应付账款、应收账款、固定资产、现金管理和预测、产品成本会计、成本中心会计、资产会计、税收会计、信用管理和财务报表
人力资源流程（human resource process）
包括人事管理、工时管理、工资、人员规划与发展、福利管理、应聘跟踪、时间管理、报酬管理、人力规划、绩效管理、差旅花费报告
制造和生产流程（manufacturing and production process）
包括采购、库存管理、采购运输、生产计划、生产调度、材料需求计划、质量控制、分配、运输执行、工厂和设备维护
销售和市场流程（sales and marketing process）
包括订单处理、估价、合同、产品配置、定价、账单、信用审查、激励和委托管理、销售计划

企业要实施这个软件，首先需要选择希望实现的系统功能，随后在软件预定义业务流程中勾画出相应的业务流程（学习追踪模块展示了 SAP 企业软件如何处理新设备的采购流程）。企业可以使用软件供应商提供的配置表修改系统的具体操作，使之与企业的实际业务运作方式更加匹配。例如，企业可以使用设置功能来选择是否想要按照产品线、地理位置或分销渠道跟踪收入。

如果企业软件不能支持公司的运营方式，那么公司可以重写部分软件功能以支持公司运营。但是，企业软件一般非常复杂，额外的定制可能会降低系统的性能，影响信息和流程的集成，而这恰恰是企业软件最大的好处。因此，如果公司想要获取企业软件的最大效用，必须改变原有的业务流程以符合软件设置的业务流程。

为了实施一个新的企业系统，Tasty Baking 公司识别了现有的业务流程，然后把这些业务流程转换成 SAP ERP 软件中的业务流程。为了确保从企业软件中获得最大的收益，Tasty Baking 公司计划将系统的定制化控制在 5% 以内，只对 SAP 软件本身进行很少的修改，尽量使用 SAP 软件中已有的工具和性能。SAP 企业系统软件通常包含 3 000 多个功能设置表格。

主要的企业软件供应商包括 SAP、甲骨文、IBM、Infor Global Solutions 和微软。它们提供不同版本的软件包，有专为中小企业设计的，也有基于云计算的按需配置的定制版本（详见开篇案例和第 9.4 节）。

9.1.3 企业系统的商业价值

企业系统的商业价值主要体现在两个方面：一是提高业务运行效率，二是提供全面的企业信息，帮助管理人员做出更好的决策。对于跨国、跨地区的大型企业来说，借助企业系统可提升业务与数据的标准化，使世界各地的员工都可以采用同样的方式进行工作。

以可口可乐公司为例，它利用 SAP 企业系统，实现了在 200 个国家的企业关键业务流程的标准化。如果缺少标准，不仅会降低公司在全球范围内寻找低价原材料的能力，还会影响公司抓住针对市场变化做出快速响应的机会。正如第 15 章结尾的案例研究中描述的那样，卡骆驰公司（Crocs）使用 ERP 达到了类似的目的。

企业系统可以帮助公司快速响应客户对于信息或产品的需求。由于系统集成了订单、制造和运输数据，企业可实现按需生产和采购，将产品库存量和库存时间降至最低。

美国铝业公司（Alcoa）是世界领先的铝制品生产商。公司早期根据业务需求在 31 个国家设立了 200 多个运营点，每个运营点都有一套自己的信息系统。这些系统大多重复且低效。美国铝业公司执行支付和财务流程的成本高出同行其他公司很多，而且业务流程处理周期也更长（处理周期是指一个流程从开始到结束的整个耗时）。因此，公司无法实现全球范围内单一实体的运营模式。

自从实施了甲骨文的企业系统之后，美国铝业公司减少了许多冗余的流程和系统。企业系统帮助该公司完成了验货和自动生成支付单据，缩短了支付的处理周期，将美国铝业公司的应付账款交易流程的时间降低了 89%，降低了公司在全世界范围内近 20% 的成本，使其能够将财务和处理活动集中化。

企业系统为公司提供了改善管理决策更有价值的信息。公司总部能在 1 分钟内访问销售、库存和生产数据，用这些数据可以更加准确地预测产品销售与生产。企业软件包含分析工具，利用系统收集的数据评价公司的整体绩效。在企业系统中，数据按照通用标准和格式定义，保证了在企业内部的有效共享。绩效指标的定义与使用同样如此，借助企业系统，高层管人员可随时发现组织单元的运营情况，确定哪些产品的利润最多或最少，并计算公司整体的运营成本。

例如，美国铝业公司的企业系统具有全球人力资源管理功能，能指出员工培训的投入和绩效之间的关联性；评估公司为员工提供服务所付出的成本；评估员工招聘、薪酬激励与培训的效果。

9.2　供应链管理系统如何协调计划、生产和物流配送

如果你管理一家小公司，只生产很少的产品，提供简单的服务，只有很少的供应商，那么你可以使用电话和传真机协调供应商的订单和物流。但如果你管理的是一家大公司，要提供相对复杂的产品和服务，拥有几百个供应商，且每个供应商又有其自己的一群供应商，那么在提供一个紧急的产品或服务时，你可能需要协调几百个甚至几千个其他公司的活动，这时你该如何应对？我们在第 2 章中介绍的供应链管理（SCM）系统就是针对复杂的、大规模的供应链管理所提出的解决方案。

9.2.1　供应链

企业的**供应链**（supply chain）是由组织和业务流程组成的网络，包括原材料采购、原材料向半成品和成品转换、成品分销至客户等过程。它联结供应商、制造厂、分销中心、零售店和客户，涵盖从源头到最终消费的产品供应和服务全过程。供应链中的物流、信息流、资金流都是双向的。

在供应链中，产品从原材料开始，先被转换为半成品（也被称为配件或零件），最后成为成品。成品被运输至分销中心，再流向零售店和顾客。退还的商品则沿着相反的方向，从买家返回到卖家。

让我们看看耐克鞋的供应链。耐克专营于设计、推广和销售运动鞋、袜子与运动衣等。它的主要合同供应商来自中国、泰国、印度尼西亚、巴西等国家。这些供应商为耐克公司生产产品。

耐克的合同供应商并不独自生产运动鞋，而是从其他供应商处获得运动鞋的配件，比如鞋带、孔眼、鞋帮、鞋底，将这些配件组装成为成品运动鞋。同样，生产配件的供应商也有它们的供应商。例如，鞋底的供应商有提供合成胶、溶化橡胶的化学药剂、灌注橡胶的模具等原材料供应商，鞋带的供应商有提供线、染色剂、鞋带头塑料制品的原料供应商。

图 9-2 是耐克鞋供应链的一个简化示意图。它展示了信息流和物流在供应商、耐克、分销商、零售商和客户间的流动过程。耐克的合同供应商是它的直接供应商，鞋底、孔眼、鞋帮、鞋带等配件产品的供应商是二级供应商，配件产品原材料的供应商是三级供应商。

供应链的上游由公司供应商、供应商的供应商和管理供应商关系的流程组成，下游由分销和运输产品到最终顾客的组织与流程组成。耐克鞋的合同供应商作为生产企业，也拥有内部的供应链流程，将其供应商提供的原材料、配件和服务转换为成品或半成品（配件或组件），提供给企业的客户，并管理企业的物料与库存。

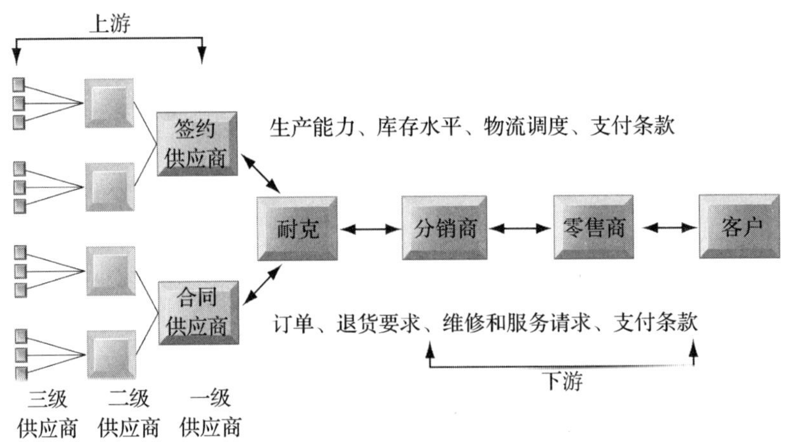

图 9-2 耐克鞋的供应链

该图展示了耐克公司供应链中的主要实体，以及用以协调购买、生产和运输产品相关活动的上下游信息流。该图展示的是一个简化的供应链，上游部分仅关注了运动鞋和鞋底的供应商。

图 9-2 的供应链经过简化，仅显示了运动鞋的两个合同制造商和鞋底的上游供应链。耐克有几百个合同生产商生产成品运动鞋、袜子和运动服，每个供应商均有自己的一系列供应商，因此耐克供应链的上游部分实际上由几千个实体组成。耐克还拥有大量的分销商和几千个销售运动鞋的零售店，所以其供应链的下游部分也十分庞大与复杂。

9.2.2 信息系统和供应链管理

不正确或不及时的信息会造成供应链低效运行，造成零件短缺、生产能力利用不足、过多的成品库存、过高的物流成本等现象，比如生产制造商保存过多的零件是因为他们不知道供应商下一批次零件运到的准确时间。当然，由于没有准确的需求信息，供应商也可能订购太少的原材料。这些供应链的低效可能浪费企业高达 25% 的运营成本。

如果一个制造商能准确地知道客户需要多少产品、何时需要、何时进行生产，就可以实现高效率的**准时制策略**（just-in-time strategy），即配件在需要的时刻刚好到达，成品在刚下线时就被运走。

在供应链中，由于许多事情无法准确被预测，不确定性总是存在的，如不确定的产品需求、来自供应商的运输延误、有缺陷的原材料或零件、生产过程中断等。为了使客户满意，制造商往往在其库存中保持比他们实际需求量更多一些的库存，以应对供应链中的不确定性和不可预测性。这种超额库存被称为安全库存，在供应链中起着重要的缓冲作用。尽管超额库存会带来高成本，但无法满足客户造成订单取消的损失也是非常大的。

供应链管理中一个反复发生的问题是**牛鞭效应**（bullwhip effect），即需求信息在从供应链中的一个实体传递到另一个实体时被扭曲了。一件商品需求的轻微上升，可能引起供应链中的不同成员——分销商、制造商、供应商、二级供应商（供应商的供应商）和三级供应商（供应商的供应商的供应商）存储大批库存，使每个成员均有足够的库存“以防万一”。这些变化经过供应链传递，最初计划订单的微小变化被无限放大，导致超额的库存、生产、仓储和运输成本（见图 9-3）。

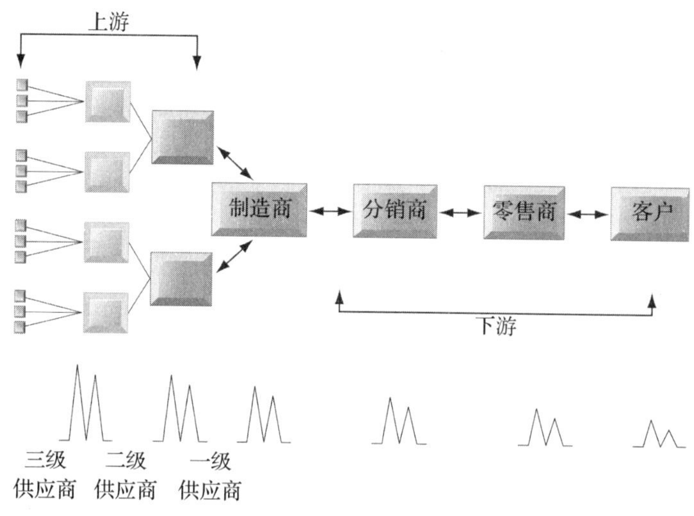

图 9-3　牛鞭效应

不准确的信息会造成产品需求的小波动，随着供应链的传递逐渐放大。产品零售中的小波动会造成分销商、制造商与供应商的大量库存。

例如，由于信息的扭曲，宝洁公司（P&G）供应链的各个环节都为一次性尿布保有超额库存。虽然客户在各商店的购买量是相对稳定的，但当宝洁公司提供较大规模的价格促销活动时，分销商的订货数量仍会达到高峰。此时超额成品和配件沿着供应链在仓库中堆积，试图满足一个实际上可能并不存在的需求。为了解决这个问题，宝洁公司修改了市场营销、销售和供应链流程，实现更加准确的需求预测。

当供应链中的所有成员都有准确且及时的信息时，企业可以通过减少需求与供应的不确定性克服牛鞭效应。如果所有供应链成员都可以共享其库存水平、生产预测计划、运输动态信息，那么各方将会有更精确的信息以调整相应的原料储备、制造计划与资源分配计划。供应链管理系统提供的正是这样的信息共享支持，以帮助供应链成员做出更好的原料采购和生产调度决策。

9.2.3　供应链管理软件

供应链软件可分为规划供应链计划的软件和执行供应链计划的软件。**供应链计划系统**（supply chain planning systems）模拟公司目前的供应链，生成产品的需求预测，制订最佳的采购和生产计划。这样的系统能帮助公司做出更好的决策，如在给定的时间生产多少这种产品，确定原材料、半成品、成品的库存水平，确定在何处存放成品，并选择适于分配产品的物流模式等。

例如，如果一个大客户订购一笔比往常更大的订单或临时通知要修改订单，都可能对整个供应链造成严重的影响。供应商可能要补订原材料或需要不同的原材料组合；制造商可能要修改生产工作安排；运输单位可能要重新进行运输调度。供应链计划软件可以完成这些必要的生产和分销计划的调整工作，在相关的供应链成员间共享变化的信息，协调相关工作。**需求计划**（demand planning）是供应链管理中最重要也是最复杂的功能，它确定企业应生产多少产品来满足所有客户的需求。JDA 软件、SAP、甲骨文都提供供应链管理的解决方案。

供应链执行系统（supply chain execution systems）负责管理分销中心和仓库的物流，保证以最高效的方式将产品送到正确的地点。它们跟踪货品的物理状态、物料管理、仓储和运输管理和涉及所有参与单位的财务信息。Haworth 公司使用的**仓储管理系统**（warehouse management system，WMS）就是这样的一个例子。Haworth 公司是一家全球领先的办公家具制造商和设计公司，在美国 4 个州设有分销中心。Haworth 公司采用仓储管理系统控制与跟踪产品成品从 Haworth 公司分销中心配送给其顾客的物流过程。仓储管理系统根据地理位置、设备、库存和人员的即时情况，指导商品的搬运，制订顾客订单的执行和运输计划。

9.2.4 全球供应链和互联网

在互联网出现之前，采购、材料管理、制造、物流等孤立的内部供应链系统间的信息集成与传递十分困难，无法实现供应链的协调配合。同样，由于供应商、分销商、物流提供商的系统基于不兼容的技术平台和标准，企业与外部供应链伙伴之间也难以共享信息。互联网技术的出现，在一定程度上提升了企业供应链管理系统的集成度。

管理人员可以通过网络界面登录供应商的系统，判断其库存和生产能力能否满足公司的需求。业务伙伴可以使用基于网络的供应链管理工具，在线合作并做出预测。销售代表可以访问供应商的生产调度和物流信息系统，跟踪客户订单的状态。

1. 全球供应链问题

随着越来越多的公司进入国际市场，将制造业务外包、在其他国家中寻找供应商、销售产品到国外已成为商业活动的主要形态。企业的供应链扩展到多个国家和区域，而管理一个全球化的供应链会带来更多的复杂性与挑战。

与国内供应链相比，全球供应链通常跨越更大的地理距离和时间差异，供应链成员来自多个不同的国家，绩效标准在各个国家或地区间可能有所不同，因此供应链管理需要考虑国外政府的法律法规以及文化差异。

互联网帮助企业管理全球供应链的多个方面，包括采购、运输、沟通和国际财务。例如，当今的服装业严重依赖中国和其他低生产成本国家的合同制造商，服装公司开始使用网络解决它们的全球供应链与生产问题（请回顾第 3 章中关于利丰集团的讨论）。

除了生产制造外，全球化还推动了仓库外包管理、运输管理、第三方物流提供商的发展，如 UPS 的供应链解决方案和施奈德公司的物流服务。这些物流服务公司提供基于网络的软件系统，使客户能更好地了解和掌控他们的全球供应链，登录网站安全地跟踪库存和物流情况，更高效地管理全球供应链。

2. 需求驱动供应链：从推到拉的生产和高效的客户响应

除了降低成本外，供应链管理系统还能带来高效的客户响应能力，实现客户需求驱动业务（我们在第 3 章中已经介绍了高效率的客户响应系统）。

传统的供应链管理系统由基于推动的供应链模型所驱动（也被称为基于库存的生产）。在**推动模型**（push-based model）中，主生产计划基于预测或对产品需求的最佳猜测被制订，生产出的产品被“推向”客户。而基于网络的工具使信息集成成为可能，供应链管理可以更容易地实现基于拉动的供应链模型驱动。**拉动模型**（pull-based model）也被称为需求驱动或按订单生产模型，由实际的客户订单或采购行为触发供应链的运转。根据客户订单形成的生产计划和运输计划逆供应链而上，从零售商到分销商、制造商，最终到达供应商。生产出来的产品顺着供应链回到零售商。制造商根据实际订单的需求信息，驱动其生产计划和原材料采购，安排生产活动（过程详见图9-4）。在第3章中，沃尔玛的不间断补货系统就是基于拉动模型的例子。

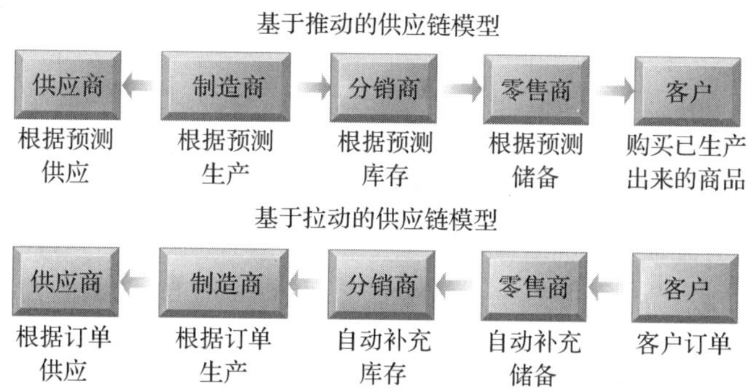

图9-4 基于推动及拉动的供应链模型

基于推动和拉动的供应链模型的区别可以总结为一句话：生产我们所卖的，不卖我们生产的。

互联网和互联网技术使得顺序供应链向并行供应链转变成为可能：在顺序供应链中，信息流和物流依次从一家公司流到另一家公司，而在并行供应链中，信息可在供应链网络各成员间实现同时多向的流动。由制造商、物流提供商、外包制造商、零售商、分销商组成的复杂供应网络，可以根据计划或订单的变化及时调整。最终，互联网可以创造一个贯穿整个供应链的“数字物流神经系统”（见图9-5）。

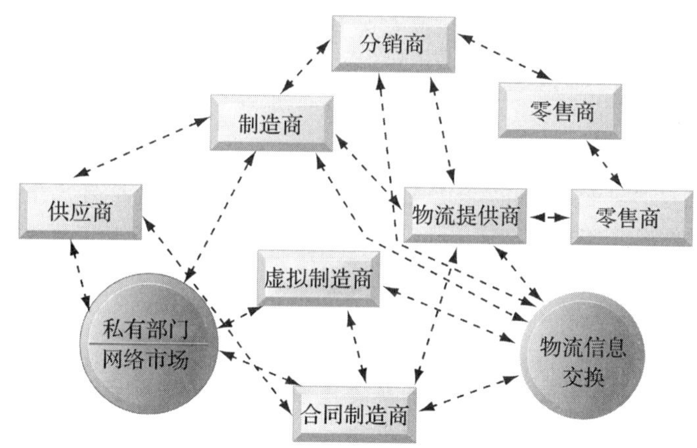

图9-5 新兴的互联网驱动的供应链

新兴的互联网驱动供应链像一个数字物流神经系统一样运行。它为公司、公司网、电子市场提供了多向的沟通，供应链中的业务伙伴能够及时调整库存、订单和生产能力。

9.2.5 供应链管理系统的商业价值

你刚才已经看到了供应链管理系统是如何贯通公司的内部和外部供应链过程，并为管理层提供准确的生产、储存、运输信息的。通过实施一个网络化的集成供应链管理系统，公司可以实现供应与需求的匹配，减少库存水平，改善物流服务，加快产品上市，并能更有效地利用资产（详见“互动讨论：管理”部分）。

供应链成本占据企业运营成本的主要份额，在某些行业中甚至达到总运营预算的75%，因此减少供应链的成本对公司的收益率有着巨大的影响。

除了降低成本以外，供应链管理系统还可以帮助企业增加销量。一旦顾客需要的产品出现缺货状况，顾客往往会选择到别处购买，因此更加精准地控制供应链，就等于提高了企业让顾客在合适的时间买到合适的产品的能力。

⊙互动讨论：管理

LG 电子的物流和运输管理

LG 电子作为韩国电子产业的先驱，也是韩国第一个全球出口商。LG 电子具有很高的全球知名度，其生产厂家遍布中国、印度、墨西哥、巴西、波兰和俄罗斯，并在全球 49 个国家设有制造基地。公司总部位于韩国首尔，在全球 112 个地区拥有 8.4 万名员工，其中包括 81 家子公司。LG 电子因其高质量的手机而闻名于世，同时它也是世界顶级的平板电视、空调、洗衣机和冰箱制造商之一。

过去 15 年来，平板电视和手机的需求呈爆炸式增长，LG 电子的欧洲业务呈指数级增长。到 2015 年，以上现象突显了物流网络的不足、负担过重问题。LG 电子的大部分运输需求都被外包给了第三方物流（3PL）供应商。公司内部不存在与物流相关的知识储备和专家。LG 电子欧洲公司希望改变这种现状。通过与合作伙伴的共同努力，LG 电子相信它可以更好地控制运输网络，实现总成本的降低。

管理层要求增加物流的透明度，以便克服瓶颈问题，而不是返工，因为这种返工往往是不切实际的补救措施。依靠第三方物流提供商，管理者几乎无法控制运输计划。外包系统中固定的路线削弱了管理层优化运营商、负载和总体容量的能力。为了控制绩效和成本，LG 电子欧洲公司必须控制物流系统，并采用强大的绩效评估工具，以便不断地调整和修正运输决策。

LG 电子已经与供应链管理系统的领先供应商 JDA Software 建立了合作关系，并在全球各地使用它的产品。LG 电子欧洲公司对 JDA Software 全球业务印象深刻，并与其他部门建立了良好的合作关系，选择了 JDA Software 的 Intelligent Fulfillment 解决方案，包括：运输建模、运输管理和运输计划模块。这个统一的供应链计划、优化和业务分析平台的易用性和出色的数据共享能力，立即获得了良好的评价。

当所有的管理人员都可以获得单一来源、共享的物流数据时，他们就可以互相协作，找到最有效、最具成本效益的运输方式。如今的运输策略非常灵活，而且很容易适应产品需求的波动、运输费率、燃料成本和其他因素的变化。

LG 电子使用 JDA Software 的运输建模模块来建立一个理想的物流系统模型，以成本和服务水平为基础，灵活地整合订单、建立交通枢纽和选定运营商。利用运输建模模块，LG 电子欧洲公司可以评估替代交通和相关运营商的能力，优化订单的合并。情景分析假设了各种要求和目标，以设计可能的网络，并概述运行它们的最佳方法。

物流系统模型被建立后，就能在运输管理模块中运行，以创建一个新的网络。运输订单可以被动态地管理。此外，跨公司的工作流将 LG 电子欧洲公司与它的供应商网络相连。LG 电子并没有放弃对第三方物流供应商的控制，而是与其合作。货运审计显示了物流支出的全面统计分析。卡车装载效率比用来优化运输所需的车辆里程，如货运车的吨位。合并比率显示了如何组合两种或更多的货物，以节省更多的成本。

然后，运输计划模块可用来权衡产品的可用性、客户交付承诺、设施、库存和运输网络限制，以创建目标基准。企业通过把管理注意力集中在那些不符合公认准则的活动上，使劳动生产率实现最优化。这种内置的、基于异常管理的功能，最大限度地减少了人为的干预和审查的需要。

这个系统能够自动构建三维装载，使用订单的数据优化配置托盘，同时考虑装载的重量、尺寸、堆叠协议和其他因素。企业定制的三维视图显示在一个支持 Web 的界面上，并且甘特图显示了码头和车辆利用率的项目时间表。所有运输计划都被存档，以便在历史分析和未来假设情景建设中使用，并且以前的资产分配和运输分配在创建新的运输计划时会被考虑。系统能够支持多个用户访问，并能编辑任何有效的计划。

LG 电子欧洲公司的用户对该系统的满意度越来越高，他们使用它完成除基本任务以外的其他任务，比如解决在卡车装货和安排交付过程中遇到的更复杂的问题，包括管理费率、检查发票是否重复等。实时访问信息的能力以及为本地环境量身定制物流的能力，有助于提升系统工作负荷的效率。管理人员对物流决策充满了信心。

LG 电子欧洲公司投资于 JDA Software 的服务（咨询、教育、绩效工程和支持服务），为系统实施提供了宝贵的支持。伴随着全面的培训方案的形成，产生了系统性的变革，LG 电子欧洲公司的运输经理门诺・克莱顿（Menno Cleton）在 JDA Software 企业方法（JEM）七步骤中的最后三步（部署、过渡和发展）实施过程中，非常感谢 JDA Software 的顾问。这些专家详细讲解了设备使用、界面细节、工具使用细节和其他问题，非常贴近用户。此外，LG 电子还参与了 JDA Software 的特别兴趣小组（special interest group，SIG），该小组主要组织和监督与其他 JDA Software 客户的小组会议，分享经验并提供点对点支持。

LG 电子的真正的供应链运输知识库，迅速提升了 LG 运输网络的可视性，大大节约了成本，获得了丰厚的利润。使用内置的商业智能（BI）工具进行专门的性能分析，改善了所有的运输指标。现在，管理人员可以通过直接在运输工作流程中选择报告或仪表板，查看装载计划与实际实施成本相比优化的成本，或者在现有的运输工作流中，从选择的报告或仪表盘上直接显示装载量和 60 个计算运输成本的关键指标。LG 电子通过系统已经达到了提高服务（库存）水平、缩短订单周期、缩短实施时间、改进货运审计流程的目标。

LG 电子欧洲公司现在还可以评估运营商的绩效，并相应地分配负载。服务水平的提高提升了客户满意度。所有实施方案的整合率提高了 10%，优化的负载配置提高了卡车装载效率比。与第三方物流提供商合作，LG 电子欧洲公司准备不断提高服务水平和采用额外的 JDA Software 解决方案。

资料来源："JDA Intelligent Fulfillment: Transportation & Logistics Management," JDA Software Group Inc., June 4, 2015; "LG Life's Good: Taking Control: LG Electronics Optimizes Its European Logistics with JDA Transportation Solutions," JDA Software Group Inc., July 8. 2015; "JDA Transportation Modeler," www.jda.com, accessed February 28, 2016; "LG History," www.lg.com, accessed March 4, 2016.

案例分析题

1. 请描述 LG 电子面临的供应链管理问题。如果企业无法很好地管理供应链，产生的影响是什么？
2. 什么样的管理、组织和技术因素导致了 LG 电子的供应链问题？
3. 实施 JDA Software 的解决方案如何改变 LG 电子经营业务的方式？
4. LG 电子新的物流和运输管理系统如何改善管理决策？请描述新系统解决方案改善的两项决策。

9.3 客户关系管理系统如何帮助企业提高客户亲密度

你或许听到过这样的话语："客户总是对的"或者"客户第一"，如今这些话比以往显得更加正确，因为创新产品或服务所带来的竞争优势持续时间可能很短，唯一能长久保持的竞争优势，来自企业和客户之间的关系。竞争的基础已由谁能销售最多的产品和服务，转到谁能"拥有"最多的客户，因此客户关系代表了公司最有价值的资产。

9.3.1 什么是客户关系管理

你需要什么样的信息才能与客户建立并维持长久的关系？你希望准确地知道谁是你的客户，如何与他们联络，服务或销售产品给他们的成本是否很高，他们感兴趣的产品和服务是什么样的，他们在你的公司花了多少钱，等等。如果你在一个小镇上经营商店，你一定很想充分地了解你的每一个客户，让你的客户感觉到他们是特别与众不同的。

小区里的小店老板可以通过面对面的交流真正了解他们的客户，但是经营范围在城市、地区、国家甚至全球层面的大公司，就不可能以这种亲密的方式"了解客户"。大企业拥有更多的客户，客户和公司间又有各种联系途径（通过网络、电话、电子邮件、博客、当面交流等）。从所有这些源头集成信息、与大量的客户打交道是极其困难的工作。

对大企业来说，销售、客户服务和市场营销的流程逐渐高度分散化，这些部门不能共享客户的许多重要信息。某个客户的信息可能以个人账户的形式存在于公司中，而关于这个客户的其他信息则可能体现在他购买产品的过程中。在传统的商业环境中，没有便捷的方法能将这些信息集成起来，在公司层面形成关于该客户统一的视角。

这正是客户关系管理系统体现价值的地方。第 2 章已经介绍了客户关系管理（CRM）系统，它从公司各处收集和集成客户的数据，整合数据，分析数据，并将结果传递到企业各个系统以及与客户有接触的地方。**接触点**（touch point，也被称为联系点）是指与客户交互的一种方式，如电话、电子邮件、顾客服务台、传统信件、Facebook、Twitter、网络、无线设备或零售商店等。设计良好的 CRM 系统能为公司提供统一、完整的客户信息，这对改进销售和客户服务两个方面都很有帮助（见图 9-6）。

好的 CRM 系统能提供数据和分析工具以回答如下问题：在企业服务客户的过程中，特定类型的客户对公司的价值体现在哪里？谁是公司最忠诚的客户？谁是贡献利润最多的客户？这些高价值的客户想买什么？公司利用这些答案去寻找新客户，为现有客户提供更好的服务和支持，提供符合客户偏好的、有针对性的服务，为维护优质客户提供持续的价值。

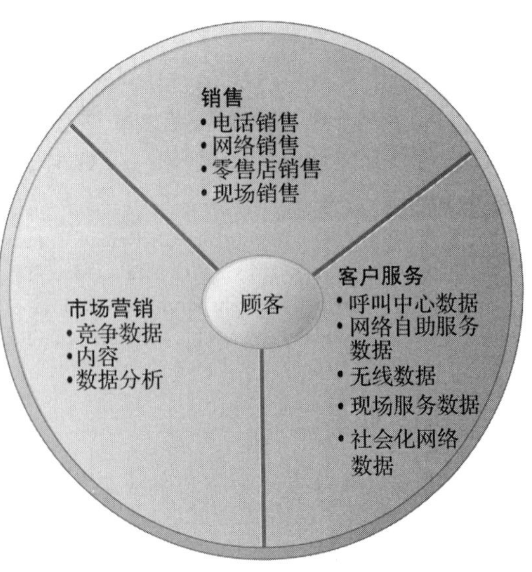

图 9-6 客户关系管理

CRM 系统从多维度分析客户，利用一系列集成应用系统处理客户管理的各个方面，包括客户服务、销售和市场营销。

9.3.2　客户关系管理软件

商业 CRM 软件包的范围很广，有针对某些特定功能的专用工具，比如为特殊客户建立个性化的网站，也有大规模企业应用，收集与客户的交互数据，用复杂的报表工具分析它们，并和其他企业应用集成共享，如供应链管理系统和企业系统。更复杂的 CRM 软件包还包含**合作伙伴关系管理**（partner relationship management，PRM）和**员工关系管理**（employee relationship management，ERM）模块。

与大多数客户关系管理软件相同，PRM 使用客户数据与相关工具系统加强公司和销售伙伴间的合作。如果公司不将产品直接销售给终端客户，而是通过分销商或零售商，PRM 可以帮助这些销售伙伴更好地向客户销售。PRM 为公司和销售伙伴提供了交易信息、共享潜在客户数据的能力，整合了潜在客户、定价、促销、订单设置和产品可用性的信息。同时，PRM 还为公司提供了评价合作伙伴绩效的工具，从而保证公司最佳合作伙伴能获得所需要的支持，抓住更多的商机。

ERM 软件关注 CRM 系统中的员工问题，如员工目标设定、员工绩效管理、绩效报酬管理、员工培训等。主要的 CRM 应用软件提供商包括甲骨文、SAP、Saleforce.com、微软 Dynamics CRM 等。

客户关系管理系统通常为销售、客户服务和市场营销活动提供软件与在线工具，我们简单介绍一下该系统的以下几个特征。

1. 销售自动化

CRM 系统中的**销售自动化**（sales force automation，SFA）模块能够帮助销售人员提高他们的效率，集中于最赚钱的客户——这类客户是开展销售和服务的最合适人选。SFA 模块提供了销售预测、联络信息、产品信息、产品配置能力、销售额生成等工具支持。软件可以汇总某个客户过去所有的购买经历，帮助销售人员做出个性化的推荐。SFA 模块便于客户和潜在客户的信息在销售、市场和运输等业务部门间共享。SFA 模块通过减少每次销售的成本而提高每个销售人员的效率，同时降低寻找新客户和留住老客户的成本。此外，SFA 模块还提供了销售预测、区域管理、团队销售能力管理等功能。

2. 客户服务

CRM 系统中的**客户服务**（customer service）模块为呼叫中心、咨询帮助台和客户支持人员提高效率提供了信息和工具。这些工具能够有效分配和管理客户服务请求。

指定或建议电话线路就是这样一种能力。当一个用户拨打客户服务电话号码时，系统将电话分配给一个合适的服务人员，服务人员仅需在系统内输入一次该客户的信息。一旦客户的数据进入系统，任何客服代表都可为该用户提供服务，并且每个客服人员都能获得关于该用户的准确信息。CRM 系统不仅可以帮助呼叫中心每天处理更多的呼叫，还减少了每次通话的持续时间，提高了呼叫中心和客户服务小组的工作效率，减少了处理时间，实现了在较低运营成本下服务质量的提升。同时，客户也不用每次都对客服代表重复讲述他们的问题，可以花费较少的时间解决问题，服务体验更好。

CRM 系统还提供基于网络的自助服务能力：公司网站可以给客户提供个性化查询的信息支持功能，为用户提供除电话客服渠道以外的服务选项。

3. 市场营销

CRM 系统全面支持企业的市场营销活动，包括把握市场前景与潜在客户，提供产品和服务信息，提供针对目标市场的营销活动建议，以及安排和追踪直接电子邮件等（见图 9-7）。市场营销模块还提供分析工具，包括分析市场和客户数据、识别有商业价值的客户、为特殊客户定制产品和服务、识别交叉销售机会等。

交叉销售（cross-selling）是指将互补产品推销给客户的一种营销策略（例如，在金融服务方面，可以向拥有支票账户的客户推销货币市场账户或家庭贷款服务）。CRM 工具还能帮助公司管理和推进市场营销活动的各个阶段，从计划执行到每个营销活动成功率的评估。

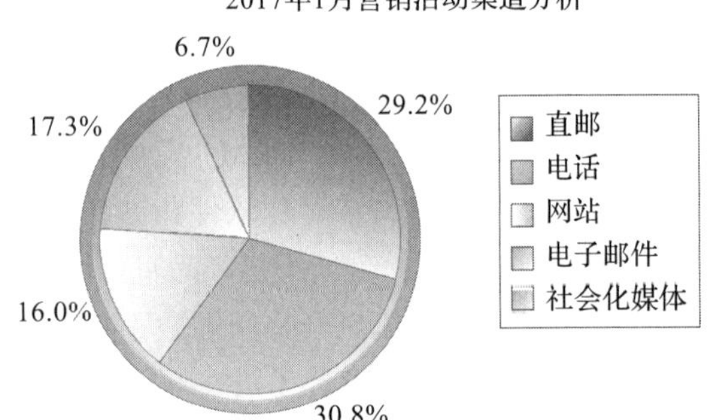

图 9-7 CRM 系统如何支持市场营销

客户关系管理软件为用户提供单一接触点，管理和评估多渠道市场营销方案，包括电子邮件、直邮、电话、网站、社会化媒体等。

图 9-8 展示了在常见 CRM 软件产品中具备的销售、客户服务和营销功能。与企业软件一样，这些软件也是业务流程驱动的，整合了几百个代表该领域最佳实践的业务流程。为实现收益最大化，公司需要对其业务流程进行修改和建模，以保持与 CRM 软件中最佳实践业务流程的一致性。

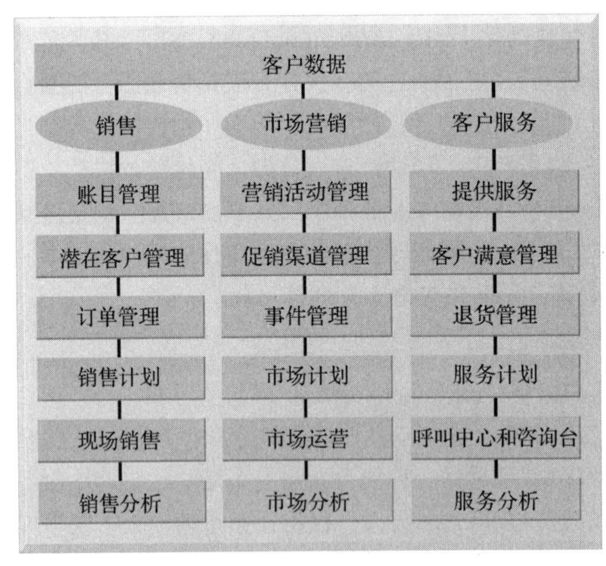

图 9-8 CRM 软件功能

主要的 CRM 软件产品支持销售、客户服务和市场营销流程，集成多个来源的客户信息，同时支持运营与分析。

图 9-9 展示了 CRM 软件为客户提供服务、增加客户忠诚度的最佳实践流程。直接服务客户增加了公司留住客户的机会。针对那些长期来说最赚钱的客户，企业应该进行优先处理。CRM 软件基于客户对公司的价值和忠诚度，给每个客户一个评分，并提供给呼叫中心，将客户安排给最合适的客服。系统自动为客服人员提供客户的详细情况，包括对客户的价值度和

忠诚度进行评分。客服人员根据这些信息，为客户提供有针对性的优惠或附加服务，鼓励客户继续和公司做生意。你将在学习跟踪部分找到更多 CRM 系统中最佳实践业务流程的信息。

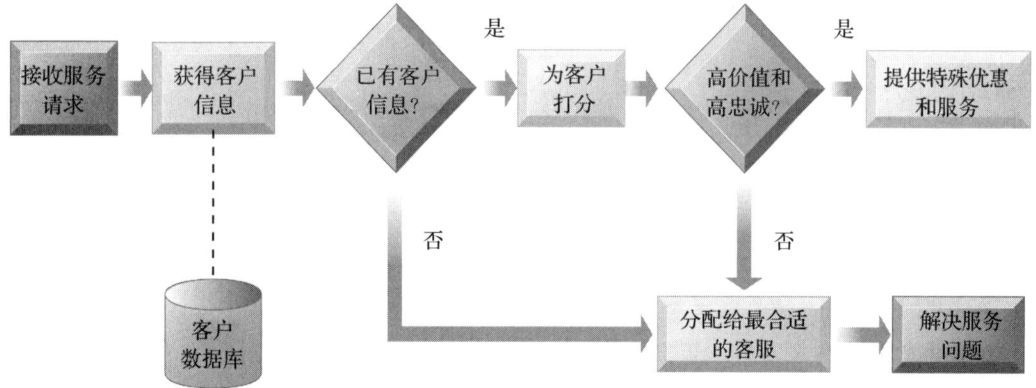

图 9-9　客户忠诚度管理流程图

这个流程图展示了 CRM 如何为客户提供服务以增加忠诚度。CRM 软件帮助公司识别高价值客户，并为他们提供优先处理。

9.3.3　运营型 CRM 和分析型 CRM

我们刚才讨论过的 CRM 系统分为运营型 CRM 和分析型 CRM。**运营型 CRM**（operational CRM）主要指面对客户的应用，如销售团队自动化、呼叫中心和客户服务支持、市场营销自动化等工具。**分析型 CRM**（analytical CRM）主要对运营型 CRM 系统产生的客户数据进行分析，为改善企业绩效提供信息。

分析型 CRM 系统的数据源于运营型 CRM 系统、与客户的直接接触和其他来源，通过数据仓库或分析平台进行在线分析处理（OLAP）、数据挖掘和其他数据分析技术处理（详见第 6 章）。企业收集的客户数据可与其他来源的数据集成，例如为了开展直接营销活动从其他公司购买的人口统计数据和客户列表。分析这些数据可以用来识别购买模式，构建目标细分市场，识别可获利与非获利客户（见图 9-10）。

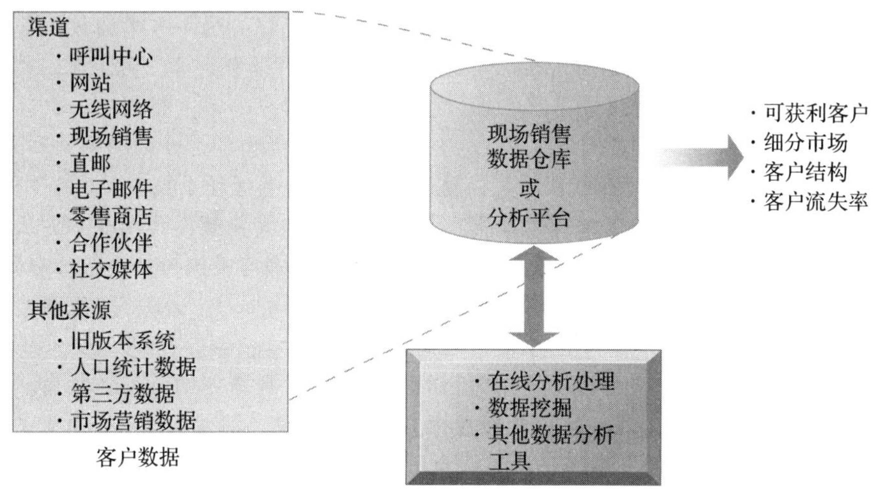

图 9-10　分析型 CRM

分析型 CRM 利用客户数据仓库与数据分析平台工具，分析公司直接获得或从其他来源处收集的客户数据。

分析型CRM的另一个重要输出是公司的客户生命周期价值。**客户生命周期价值**（customer lifetime value，CLTV）用于全方位衡量客户价值，包括客户为公司带来的收益、寻找和服务这个客户所产生的费用、客户与公司保持合作关系的时间周期等。

⊙互动讨论：组织

客户关系管理帮助西尔康公司成为第一名

西尔康公司（Celcom）是马来西亚历史最悠久、最大的移动通信公司，在质量和可靠性方面享有无与伦比的声誉。尽管如此，保持竞争优势已经成为该公司的一个难题。2006年，西尔康公司在马来西亚移动电话供应商中排名第三。从那时起，管理层一直想要改变公司，重新夺回市场第一的地位。这种转变需要新的技术和业务流程管理客户体验。

为了再次成为马来西亚市场上的第一名，西尔康公司的高层管理人员知道，公司必须更积极地建立更好的网络和市场，但成功的关键在于改善客户体验。西尔康公司首席运营官苏雷什·锡德（Suresh Sidhu）认为，总会有竞争对手在价格甚至创新方面打败你。但是，竞争对手要破坏公司与现有客户之间已经存在的稳固而积极的关系，则要困难得多。西尔康公司相信这是最大的市场优势。

马来西亚电信市场相当成熟，发展新客户的机会非常少。客户保留是必不可少的手段，正如让客户远离竞争对手一样。马来西亚拥有1 400万的客户群，这个群体庞大而需求多样，需要多种方法与他们进行互动。老客户更喜欢西尔康公司经销商或零售店的面对面服务，而高端的年轻城市用户更喜欢在线开展业务。所有的客户都希望获得可靠的移动服务。

西尔康公司以前的信息技术架构和业务流程是孤立的，无法提供完整的客户视图。例如，来自一个系统（例如账单）的客户数据不易被像库存之类的其他系统使用。对于移动运营商来说，这是一个常见的问题，因为运营商传统上是通过查看SIM卡（手机中的用户识别模块）的ID统计客户的。然而，许多客户有多个设备和SIM卡供个人与工作使用。西尔康公司需要系统能够识别和服务每个客户，而不是那个人的SIM卡，否则，西尔康公司的服务代表将会浪费大量的时间，识别分散在不同系统中客户的多个SIM卡ID。公司希望能够将客户视为一个特定的人，而不是SIM卡或一个号码。

西尔康公司的解决方案涉及公司技术、流程和人员的变化。这一方案的核心是基于甲骨文公司的业务支持系统（business support system，BSS），它可以整合客户的记录，将库存集中管理，并加快业务流程的执行。该系统将客户信息整合到客户的单一视图中，改善了在线网络、呼叫中心和零售渠道的客户服务。甲骨文的系统实施包括新的客户门户网站和零售商店、Oracle Siebel呼叫中心系统、库存管理系统以及通信订单和服务管理系统。

BSS项目团队向客户服务部门、零售部门、营销部门和其他部门约700名员工询问了用户与经销商想要的十大体验，如快速激活、减少文书工作、拥有最流行的手机库存等。然后，BSS项目团队根据前十大体验列表，制定了技术和业务流程需求，并比较了几家供应商提供的产品。

西尔康公司最终选择了甲骨文公司作为新的客户体验管理系统的技术提供商。公司希望拥有最完整的客户关系管理工具套件，能够支持多渠道和跨渠道的营销工作。甲骨文公司似乎是最合适的选择，因为它内置了最多的功能，也不需要额外的修改。

西尔康公司的变革计划需要保留现有的一些系统，而西尔康公司的团队更喜欢Oracle Communications这一产品的模块化、互动性和跨渠道的功能。Oracle Communications是一个跨渠道的产品套件，提供各种服务，包括宽带数据、无线数据和移动语音服务。它可以帮助像西尔康公司这样的通信服务提供商管理和集成多渠道的客户交互，从而改善客户支持，缩短问题解决时间，定制营销以缩小细分市场，加快新产品和服务的上市时间。西尔康公司知道跨渠道客户体验的重要性，并希望通过跨渠道服务使其在竞争对手中脱颖而出。西尔康公司的系统解决方案使客户互动能够在零售店、在线商店、呼叫中心和合作伙伴 / 经销商等各个渠道之间无缝衔接。

BSS 也提供单一的客户记录，无论客户购买了多少服务（移动、固定电话和数据）和设备，都有来自不同接触点的数据。通过将客户数据整合到统一的客户记录中，西尔康公司可以根据客户的个人历史消费，提供实时的、量身定制的促销优惠。西尔康公司对客户的整体观也包括家庭关系，这对亚洲营销市场具有特殊意义。公司能够看到每个客户使用服务的各个方面，这对于交叉营销和提高销售额更有效率。

西尔康公司在 18 个月内完成了 BSS 的实施，用一个 7 模块的甲骨文系统取代了原来 17 个独立的系统。

西尔康公司管理方明确规定让员工参与新系统，确保系统与业务保持一致。公司招聘了来自业务部门和 IT 部门的项目总监。由销售和市场部门的代表主导技术选择委员会，可以确保 IT 以外的人员能够理解项目。销售和市场部门负责人与西尔康公司首席执行官等高层管理人员，每两周举行一次会面，是客户体验管理指导委员会的重要成员。

西尔康公司的集成系统使呼叫中心的代表能够更迅速地响应客户的询问。过去，客户代表需要在 2 ～ 5 个屏幕之间切换才能完成工作，现在他们只用一个屏幕，提高了工作效率。使用更少的屏幕使平均呼叫处理时间减少了 15% ～ 20%。BSS 为西尔康公司经销商提供了一个新的、基于平板电脑的应用程序，使得经销商能够完全无纸化地为新手机注册。新手机的激活时间从 2 小时缩短到 2 分钟。激活不再需要手动跟进。西尔康公司的经销商和客户对这些服务感到满意。

西尔康公司的设备库存和经销商店里的手机库存现在也通过 BSS 集中管理。经销商可以查看西尔康公司的库存情况，西尔康公司库存管理人员可以监测到经销商货架上的库存情况。更详细的库存控制有助于西尔康公司运输更多的产品，因为它可以在产品出现短缺之前，快速将销售的产品发送给经销商，或者让营销人员将特定产品运输到相应的地区进行促销。这在以前是不可能实现的。销售人员开始使用 BSS 收集的大数据以更好地管理各地区的销售。

西尔康公司现在更加接近实现它的品牌愿景：取悦客户并超越他们的期望。

资料来源：Jessica Sirkin, "Oracle Implementation at Celcom Brings IT, Business Together," searchoracle.techtarget.com, accessed January 17, 2016; www.celcom.com, accessed January 18, 2016; Fred Sandsmark, "Customers First," *Profit Magazine*, May 2014; and Oracle Corporation, "Celcom Transforms Its Customer Experience with Industry Leading Oracle Communications Suite," March 31, 2014.

案例分析题

1. 本案例中描述的西尔康公司的问题是什么？管理、组织和技术方面的哪些因素导致了这个问题？
2. 西尔康公司的企业战略是什么？客户关系管理在这个战略中的作用是什么？
3. 请描述西尔康公司问题的解决方案。管理、组织和技术方面的什么问题必须通过解决方案解决？
4. 这个解决方案的有效程度如何？它是如何影响西尔康公司的业务运营和企业绩效的？

9.3.4 客户关系管理系统的商业价值

有效的客户关系管理系统将为公司带来更多的收益，包括提高客户满意度、减少直接营销成本、开展更有效的市场营销、以较低的成本寻找客户和保留客户。来自 CRM 系统的信息分析，可帮助企业识别最有价值的客户，并找到最适合开展焦点营销与交叉销售的细分市场，从而增加销售收入。

如果公司的销售、客户服务和市场营销活动更好地响应了客户需求，客户流失率就会减小。**客户流失率**（churn rate）体现了停止使用和购买公司产品或服务的顾客人数，是公司客户群增长或减少的重要指标。

9.4 企业应用的挑战是什么？企业应用如何利用新技术

许多企业已经实施了企业系统和支持供应链、客户关系管理的信息系统，这些系统是帮助企业获得运营最优和改善决策水平的强大工具。但同时，这些系统改变了企业原有的工作方式，因此也给系统的实施工作带来了挑战。我们简单地研究其中的某些挑战，并寻找从这些系统中获得价值的新方式。

9.4.1 企业应用挑战

由于可以极大地降低库存成本、缩短订单交货时间、带来更高效的客户响应和更高的产品利润，企业系统和支持供应链管理、客户关系管理的信息系统非常引人注目。但是为了获得这些价值，你必须清楚地了解应该如何进行组织变革，以便更有效地实施与应用这些系统。

企业应用包含复杂的软件，因此企业购买和实施这些应用代价高昂。一家世界 500 强公司可能要花费几年的时间实施一个大规模的企业系统、SCM 系统或 CRM 系统。2015 年，根据 Panorama Consulting Solutions 对 562 家公司进行的调查，ERP 项目的平均实施成本为 610 万美元。项目平均花费 15.7 个月完成，53% 的项目交付后的收益是预期的 50% 或更少。在这些项目中，约 58% 的项目超出了预算，65% 的项目出现超时（Panorama Consulting Solutions，2015）。项目范围的改变和额外的定制工作还会给实施带来延期和额外的成本。

企业应用不仅要求进行深度的技术变革，还要求企业运作方式做出根本性改变。公司必须对业务流程进行全面的变革以配合软件的运作。员工必须接受新的岗位职能和责任，必须学习如何完成一系列新的工作流程，并了解他们输入系统的信息将会如何影响公司其他部门的工作。这些都要求开展新的组织学习工作，并应被纳入 ERP 实施成本的考虑范畴。

供应链管理系统要求多个组织共享信息和业务流程。系统中的每一个参与者可能都需要改变一部分流程和使用信息的方式，从而创建一个服务整体供应链的最佳系统。

一些公司在最开始实施企业应用系统时就面临大量的运营问题，这是由于它们没有意识到系统实施带来的组织变革。例如，凯马特刚开始实施 i2 Technologies（现在是 JDA Software）公司的供应链管理软件时，在产品摆上货架时遇到了麻烦。该软件不能很好地和凯马特的推销驱动业务模型匹配起来，导致产品需求剧烈波动。公司在用甲骨文公司的企业系统替代原来自己开发的系统时，其 Overstock.com 网站的订单跟踪系统整整一个星期无法工作。公司急于实施系统，没有将甲骨文软件中记录客户退款的流程与应收账款系统集成起来。本章末尾的案例研究也显示了塔吉特加拿大分公司匆忙实施企业系统，导致其业务失败。

企业应用还会带来“转换成本。”一旦你选用某个供应商，如 SAP、甲骨文或其他软件供应商，要想再更换供应商，成本就会很高，公司只能依赖该供应商更新产品和维护系统。

企业应用系统会使用组织范围内的数据，此时管理者需要准确理解企业如何利用这些数据，这些数据是如何在客户关系管理、供应链管理、企业系统中被组织的。CRM 系统通常需要一些数据清洗的工作。

企业软件供应商通过提供软件的简化版，为中小企业提供“快速启动”程序，为大型企业提供最佳实践指导，帮助它们解决实施中的问题。对于企业软件中没有的一些应用，通过云计算的方式获得，使企业获得了更大的灵活性，从而不会受到单一类型系统的限制。

公司选用企业应用系统还可以尽量减少定制化，节约时间和成本。例如，肯纳金属公司（Kennametal）是一家坐落于宾夕法尼亚州的金属加工工具公司，价值 2 亿美元。在 13 年间，公司在 ERP 系统的运营和维护上花费了 1 000 万美元，进行了 6 400 多次定制。如今公司用一个无定制化的 SAP 企业软件替代了原来的系统，并通过调整自身业务流程适应这个软件。

9.4.2　下一代企业应用

如今，企业应用系统的供应商正提供更加灵活的、基于网络的、与其他系统集成能力更强的、更有价值的系统。单个企业系统、客户关系管理系统、供应链管理系统将成为过去。主流的企业软件供应商已开发了“企业解决方案”“企业套件”或“电子商务套件”，实现 CRM、SCM 和 ERP 系统相互更紧密的工作体系，并与企业的客户、供应商的系统连接在一起。SAP 的商业套件、甲骨文的电子商务套件、微软的动态套件（瞄准中型企业）就是这样的例子，它们都采用了网络服务和面向服务的架构（service-oriented architecture，SOA）（详见第 5 章）。

SAP 的下一代企业应用系统基于 SOA 标准，能将 SAP 自己的应用与其他软件提供商开发的网络服务整合在一起。甲骨文也将 SOA 和业务流程管理能力涵盖在其 Fusion 中间件产品中。企业可以利用这些工具搭建平台，通过新的或者改进的业务流程集成多个应用的信息。

下一代的企业应用系统也包括开放源代码和按需实施的解决方案，并提供基于移动平台的更多功能。开放源代码的产品，如 Compiere、Apache Open for Business（OFBiz）和 Openbravo，虽然没有大型商业化的企业应用软件那么完善的支持功能，但由于成本低，对一些小型制造企业仍然具有一定的吸引力。

针对一些中小企业，SAP 提供了基于云的 Business One 和 Business ByDesign 企业软件解决方案（参见开篇案例）。规模较小的供应商，如 NetSuite 和 Plex Online，也开始提供基于云的企业系统，但是这些产品没有基于云的 CRM 产品那么受欢迎。Salesforce 是全球基于云的 CRM 系统领域中无可争议的领导者，拥有超过 10 万名客户。Salesforce 通过联网的计算机或移动设备提供服务，被大、中、小型企业广泛使用。随着基于云的产品越来越成熟，越来越多的公司会根据需要选择在云中运行全部或部分企业应用。几家财富 500 强公司正计划在未来 5 年内，将大部分企业软件转移到基于云的平台上，那样就不会产生维护自己硬件的成本，软件也将按使用收费。

1. 社交型 CRM 和商务智能

CRM 软件提供商利用社交网络技术改进其产品，这些社交网络手段可以帮助公司更快地识别新想法，改进团队生产力，加深与客户间的互动（参见第 10 章）。通过使用社交型 CRM 工具，企业可以更好地与客户进行沟通，例如了解客户对产品和服务的看法。

社交型 CRM（social CRM）工具使企业将社交网络中的客户评论、社交关系与 CRM 流程联系在一起。主要的 CRM 供应商现在都提供了将社交网络数据载入 CRM 软件的工具。现在，SAP、Salesforce 和甲骨文的 CRM 产品都采用了相关技术监控、跟踪和分析 Facebook、LinkedIn、Twitter、YouTube 和其他网站上的社交媒体活动。像 SAS 这样的商业智能和分析软件供应商，还具备了社交媒体分析功能（通过各种社交网络与客户互动的多种衡量标准），用于测试和优化社交以及传统的基于 Web 的活动管理工具。

Salesforce 通过社交媒体和社交媒体营销工具连接其系统，跟踪销售过程中的销售线索，使用户能够将社交营销资金投入核心客户中，并观察结果。如果一家广告公司希望投放一则有针对性的 Facebook 或 Twitter 上的广告，这些功能就可以在 CRM 系统中跟踪已有的目标客户，把广告投放在专门针对这些客户的渠道中。用户能够实时查看推文，并可能发现新的信息。他们还可以管理多个广告系列并进行比较，找出哪些广告产生最高的点击率和每次的点击费用。

2. 企业应用中的商业智能

企业应用系统供应商已经增加了商业智能的功能，帮助管理人员从这些系统产生的海量数据中获得更有意义的信息。SAP 现在使用 HANA 内存计算技术，以便能够进行更快速、更复杂的数据分析，包括灵活报告、即席分析、交互式仪表板、假设情景分析和数据可视化等工具。供应商并没有要求用户离开应用系统，并启动单独的报告和分析工具，而是将分析嵌入应用系统的情景中。供应商还提供额外的分析产品，如 SAP 的 Business Objects 和甲骨文的商业智能企业版。

主要的企业应用系统供应商也提供在移动设备上工作的部分产品。你可以在学习跟踪部分中的客户关系管理、供应链管理和医疗保健的无线应用中找到与此主题相关的更多信息。

本章小结

1. 企业系统如何帮助企业实现最优化运营?

企业系统由一系列集成的软件模块和通用中央数据库组成。数据库从大量的应用中收集数据并向这些应用提供数据，支持组织内部几乎所有的业务活动。当一个流程产生新信息时，其他业务流程能够立刻使用该信息。

借助实行数据标准化、覆盖企业所有业务流程、独立统一的技术平台，企业系统可以实现对企业的集中化管理。由企业系统产生的涵盖整个公司范围的数据，可以帮助管理者监控、评估组织绩效。

2. 供应链管理系统如何与供应商协调计划、生产和物流?

供应链管理系统使供应链成员间的信息流实现自动化，支持各成员更好地决策什么时候采购、生产、运输，以及采购、生产、运输多少量。供应链管理系统提供更加精确的信息，能减少企业运营的不确定性，并降低牛鞭效应的影响。

供应链管理（SCM）软件包括供应链规划和供应链执行软件。互联网技术有助于实现全球供应链管理，为处于不同国家和地区的组织提供连接支持，共享供应链信息。借助 CRM 系统，企业可以极大地改善供应链成员间的信息沟通，实现更有效的顾客响应和向“需求驱动”模式的转变。

3. 客户关系管理系统如何帮助公司提升客户亲密度?

客户关系管理（CRM）系统集成了销售、市场营销和客户服务的流程，使这些流程实现自动化，并从企业层面全面分析客户。与客户交互时，企业可使用这些客户知识，为客户提供更好的服务，销售新的产品和服务。这些系统还能识别客户价值（可获利或不可获利），帮助企业减少客户流失率。

主要的客户关系管理软件包同时提供运营型 CRM 和分析型 CRM 两个方面的功能，通常还包括销售伙伴关系管理模块和员工关系管理模块。

4. 企业应用可能带来哪些挑战? 企业应用如何利用新技术?

成功实施企业应用系统是很困难的，既要求大范围的组织变革、大量的软硬件投资，还要求仔细评估系统将如何提高组织绩效。如果系统实施的流程有缺陷，或者公司不知道如何利用这些系统评估绩效的改进，企业应用系统将不能带来价值。员工需要通过培训为新的工作程序和角色做准备。此外，数据管理工作也需要得到特别的关注。

如今，基于网络服务和面向服务的架构（SOA），企业应用变得更加柔性化、更加容易与其他系统集成。企业应用系统还提供开放源代码和基于需求实施的版本，能在云计算技术架构或移动平台上运行。CRM 软件增加了社交网络功能，从而增强内部协同、加深与客户的交互、有效利用来自社交网络站点的数据资源。一些企业系统供应商的软件产品已推出开放源代码、基于移动平台和云服务的版本。

MyMISLab

完成标有 MyMISLab 标记的问题，请到 MyMISLab 的 EOC 讨论问题部分。

复习题

9-1 企业系统如何帮助企业实现最优化运营?

- 定义企业系统并阐述企业软件如何工作。
- 描述企业系统如何为企业提供价值。

9-2 供应链管理系统如何与供应商协调计划、生产和物流?

- 定义一个供应链及其每一个组成部分。
- 解释供应链管理系统如何帮助减少牛鞭效应，如何为企业创造价值。

- 定义和比较供应链计划系统与供应链执行系统。
- 描述全球供应链带来的挑战，互联网技术如何能帮助公司更好地管理全球供应链。
- 比较基于推动和基于拉动模型的供应链管理，解释当代供应链管理系统如何促进基于拉动模型的实现。

9-3 客户关系管理系统是如何帮助公司提升客户亲密度的?

- 定义客户关系管理，解释当今客户关系为何如此重要。
- 描述合作伙伴关系（PRM)、员工关系管理（ERM）与客户关系管理（CRM）之间的关系。
- 描述客户关系管理软件在销售、市场营销及客户服务方面的工具和能力。
- 比较运营型 CRM 和分析型 CRM。

9-4 企业应用可能带来哪些挑战？企业应用如何利用新技术?

- 列举并描述企业应用带来的挑战。
- 解释如何应对这些挑战。
- 描述企业应用如何利用 SOA、云计算和开放源代码软件。
- 定义社交型 CRM，解释客户关系管理系统如何利用社交网络创造价值。

讨论题

9-5 MyMISLab 供应链管理较少管理物品的物理移动，更多的是管理信息。请讨论和解释这个观点。

9-6 MyMISLab 如果公司计划实施企业系统，最好先做好功课。请讨论和解释这个观点。

9-7 MyMISLab 企业应先实施下列哪个企业应用：ERP、SCM 还是 CRM？请解释你的观点。

MIS 实践项目

本部分的项目练习将为你提供有关企业系统的实践经验，包括分析企业流程的方法、实施供应链管理和客户关系管理的建议、利用数据库软件管理客户服务请求、评价供应链管理的服务效果等。请访问 MyMISLab 的多媒体图书馆获取本章 MIS 实践项目。

管理决策问题

9-8 总部位于加拿大多伦多的梅赛德斯 - 奔驰公司，拥有含 55 个经销商的经销网络，但它对其客户的了解程度远远不够。经销商不定期为公司提供客户数据，而该公司并没有明确规定要求经销商上报这些信息。对于经销商来说，和公司共享这些数据也没有实际的好处。在这种情况下，CRM 和 PRM 系统能如何帮助公司解决这个问题?

9-9 Office Depot 公司在美国和全球范围提供各种办公产品和服务。公司试图通过实施及时补货与准时制库存控制系统，供应比其他零售商更低成本的办公用品，依靠需求预测系统的信息和销售网点数据为其 1 600 家零售店补充库存。请解释这些系统如何帮助 Office Depot 公司实现最小化成本并带来其他效益。请给出其他能为 Office Depot 公司带来帮助的供应链管理应用。

改善决策：使用数据库软件管理客户服务请求

软件技能：数据库设计；查询与生成报表

业务技能：客户服务分析

9-10 在这个练习中，你将使用数据库软件开发一个应用，跟踪客户服务请求，并分析客户数据以识别值得优先处理的顾客。

Prime 服务公司是一家大型服务公司，为纽约、新泽西和康涅狄格州近 1 200 家企业提供维修服务。公司的客户包括各种规模的企业。当公司的客户有服务需要时，它们会打电话到客户服务部门，要求修理加热器、打破的窗户、漏雨的屋顶、损坏的水管和解决其他问题。公司为每一个维修请求分配一个编号，记录下服务情况编号、客户编号、请求发起的时间、需要维修的设备类型以及问题的简单描述。服务请求按先来先服务的顺序被处理。服务完成后，Prime 服务公司计算出工作的成本，把价格添加到服务请求表中，并把账单寄给客户。在这一系列安排上，Prime 服务公司平等对待重要的客户（账户额超过 7 万美元）和一般小客户。但管理层希望找到一种方式，能够给重要的客户提供优先的和更好的服务。管理层还希望知道哪个类型的服务问题最常出现，以保证有足够的资源应对这样的问题。

你在 MyMISLab 中可以找到一个小型数据库，里面存储了 Prime 服务公司客户的账户信息。使用数据库软件设计一个解决方案，使 Prime 服务公司的客户服务代表能够识别最重要的客户，为其提供优先服务。你的解决方案需要不止一个表格。你需要在自己的数据库里加入最少 10 个服务请求。创建几个管理人员感兴趣的报告，例如拥有最高优先级和最低优先级的账户列表、经常发生的服务问题报告等。创建一个在某个特定日期，客户服务代表应该最先响应的服务电话列表。

卓越运营：评价供应链管理服务

软件技能：网络浏览器和演讲软件

业务技能：评价供应链管理服务

9-11 除了将物品从一个地方运到另一个地方外，一些汽车货运公司还提供供应链管理服务，帮助它们的顾客管理信息。在这个练习中，你将利用网络研究和评价其中两种业务服务。研究 UPS 和施奈德这两家物流公司的网站，分析如何将这两家公司的服务用于企业的供应链管理活动中，并回答下列问题：

- 这两家公司能为客户提供哪些供应链流程的支持？
- 顾客如何利用这两家公司的网站帮助自身进行供应链管理？
- 比较这两家公司提供的供应链管理服务，你会选择哪家公司帮助你的企业管理供应链？为什么？

团队协作项目

分析企业应用供应商

9-12 与三四名同学组成一个小组，使用网络研究和评估两个企业应用软件供应商的产品。例如，你们可以比较 SAP 和甲骨文公司的企业系统、JDA Software 和 SAP 的供应链管理系统或甲骨文和 Salesforce 的客户关系管理系统。使用这些公司网站的信息，比较所选择的软件产品在支持的业务功能、技术平台、成本和易用性等方面的区别。你会选择哪个厂商？为什么？你会为一家小企业（50 ～ 300 名雇员）和一家大企业选择同一个供应商吗？如果可能的话，请使用 Google Docs、Google Drive 或 Google Sites，集思广益并制作演示文稿报告你们的结果。

案例研究

供应链管理问题是如何使加拿大塔吉特公司毁灭的

塔吉特是世界上最成功的百货零售商之一，拥有 1 801 家零售店铺，并拥有强大的品牌形象，成为时尚前卫的折扣店。它并不像沃尔玛那么大或遥不可及，其年收入为 740 亿美元，而沃尔玛的年收入为 4 820 亿美元。塔吉特公司所有的商店都位于美国，而沃尔玛在世界各地拥有 11 600 家门店。塔吉特公司非常优秀，在理想的情况下，会像沃尔玛一样成长。2011 年，塔吉特公司决定首先在加拿大开设零售店，进军全球市场。那一年，塔吉特公司以 18 亿美元的价格收购了哈德逊湾（Hudson's Bay）公司旗下的泽勒斯（Zellers）折扣连锁店经营的 189 个门店的租赁权，希望在 2013 年年底之前在 124 家门店开设塔吉特商店。这是一个非常雄心勃勃且可能不现实的时间表。

塔吉特于 2013 年 3 月开设了第一家加拿大分店。塔吉特进军加拿大市场受到消费者的高度期待，也让竞争对手表现出了担忧，但惨遭失败。2015 年 1 月 15 日，加拿大塔吉特公司申请破产保护，宣布关闭 133 家加拿大商店，并开始清理库存。所有加拿大塔吉特公司的商店都在 2015 年 4 月 12 日前关闭。有些专家认为，加拿大塔吉特公司不是一个零售商进入新市场时应该学习的典型案例。

塔吉特公司在加拿大迅速建立了三个新的、巨大的分销中心（分销中心是成千上万个供应商的产品经过分类和准备运送到零售商店的地方）。不幸的是，加拿大塔吉特公司无法跟踪其产品或确保订购、存储并发出正确数量的产品。一开始几乎没有产品到达配送中心，使得货架空空荡荡，加拿大客户空手而归。随后，配送中心因产品太多而变得不堪重负。塔吉特公司的信息系统无法正确计算货架位置。塔吉特公司有存货，但在配送中心被卡住了，商店的货架上依然是空的。更糟的是，零售店的结账系统是不可靠的，不能正确处理交易。加拿大塔吉特公司的产品价格也要比美国塔吉特公司高，而且产品种类更少。加拿大塔吉特公司的销售从未有所好转，所以它不得不在加拿大结束业务。

这是怎么发生的呢？首先，塔吉特公司的业务主要在美国国内运营。要在加拿大运营，信息系统必须能够以加拿大货币计价——加元价格大约是美元的 72%，汇率在不断地波动。加拿大使用公制系统，因此系统必须能够将英寸和英尺转换成厘米和米。了解一个物品和包装的大小是库存货架与库存管理的关键。塔吉特的供应链管理和定价软件不得不进行修改，以处理多个测量系统与货币。除了复杂性之外，塔吉特在加拿大市场上的产品与美国市场上的产品规格不同。美国市场上的一箱浴帘挂钩可能长 12 英寸，而加拿大的只有 11.5 英寸（要用厘米表示）。换句话说，国际化系统的完善需要做大量的工作和规划。

塔吉特公司的美国业务部门使用定制系统从供应商处订购产品，从仓库将货物运输到仓储货架上。这些系统运行得非常好，塔吉特公司的 IT 人员和业务终端用户在使用这些系统方面经验丰富。塔吉特公司的管理层必须决定是否定制这些国内系统，以便在国外工作，或者在加拿大采用全新的系统。由于这些系统需要大量的时间和精力实现国际化，因此塔吉特公司的管理层选择了一种新的、现成软件包的解决方案，认为即使使用新系统的经验不足，也可以很快地实施。

由于 SAP 在企业资源计划（ERP）和供应链管理方面的功能，以及支持不同的语言和货币功能，SAP 被选中了。加拿大塔吉特公司中的产品数据从 SAP 系统提供给其他系统，被用来预测产品需求、管理配送中心和补充店内库存。塔吉特公司希望最终可以用 SAP 取代其定制的本土系统，以便整个公司在全球拥有相同的系统。但是，大型公司实施 SAP 通常需要很长的时间（一般是 3 ～ 5 年），而且需要花费数百万美元。塔吉特公司希望只用两年时间就能把 SAP 用起来。这是不切实际的幻想，但管理层认为借助在 SAP 实施方面经验丰富的埃森哲咨询顾问的力量会加快速度。

2012 年，塔吉特公司开始订购加拿大的待售商品，海外的长期交货项目停滞不前。如预期的那样，产品不适合装运集装箱、关税代码缺失或不完整。另外一些物品不能正确地被放在货架上。塔吉特供应链管理软件使用的数据到处是缺陷，但系统要求只有正确的数据才能正常运行，进而才能确保产品按照预期方式运输。产品尺寸以英寸为单位，不以厘米为单位，且不能以错误的顺序输入。塔吉特公司有时会使用错误的货币，还会出现重要的信息丢失现象，存在很多错误。

塔吉特公司向供应商施压，让其就大约 75 000 种不同的产品快速地向 SAP 输入数据。数据要么从其他系统中导入，要么从头开始输入。单个项目记录可能有几十个字段要填写，例如制造商名称、型号、尺寸、重量以及装运箱的数量等。大部分数据的输入都不正确。有时候供应商输入的是宽度而不是长度，且价格和项目描述也会被错误地输入。负责从供应商那里获得详细信息的年轻销售助理，往往没有足够的经验保证供应商提供的产品信息的准确性。加拿大塔吉特公司系统中的信息估计只有 30% 是准确的，而美国公司类似数据的准确率高达 98% ～ 99%。

另外，公司进行仓库管理的软件 Manhattan 与 SAP 也没有很好地连接。例如，总部的一名员工可能已经订购了 1 000 把牙刷，但错误地输入了 SAP 的数据，该数据就变成了 10 盒 100 把牙刷。这些牙刷在运输的时候，可能被配置在 4 个大包装里，每个包装包含 250 把牙刷。加拿大塔吉特公司的分销系统会把这批货物视为不存在，不能处理这些信息。它会把货物确定为“问题区域”。的确，所有的仓库都会出现这类问题，但在塔吉特加拿大公司这种问题太频繁了。

塔吉特公司已经从 JDA Software 公司购买了一个复杂的、高度受重视的系统进行供应链预测和补货。但是，该软件通常需要多年的历史数据才能提供准确的销售预测。由于缺乏这样的数据支持这个系统，塔吉特的采购团队就采用了非常乐观的预测，认为即使加拿大塔吉特公司还没有建立起来，加拿大商店的销售额会和美国商店的销售额一样高。

对于加拿大塔吉特系统而言，雪上加霜的问题是，POS 系统不能正常工作。现金支付终端经常需要很长的时间才能启动，有时会冻结，不能扫描货物，自助付费点找错零钱或者 POS 系统无法提供正确的价格等。加拿大塔吉特公司从一家名为 Retalix 的以色列公司购买了 POS 软件。与 SAP 不同的是，Retalix 不是行业的标准。塔吉特公司选择这个软件包是因为这家公司吹捧具有在移动设备上处理支付问题的能力。加拿大塔吉特公司没有时间更换这个软件，并继续着这些错误。

直到 2013 年秋季，塔吉特公司的三个配送中心堆满了货物。塔吉特必须租用额外的仓储设施，适应库存的溢出，这使得追踪货物更加困难。塔吉特商店里有些商品太多，有些商品则太少。跟踪商店库存情况的自动补货系统也运行不正常。加拿大塔吉特公司的系统需要关于每个产品和每个货架准确的尺寸数据，以便计算是否需要填充货架。但它的大部分数据是不正确的，因此系统无法做出准确的计算。自动补货系统的表现如此糟糕，以至于塔吉特公司在三家测试商店关闭了系统，并让员工手动进行补货。自动补货直到几个月后才恢复。

还有另外一个原因是总部库存的货物与实际缺失的货物之间存在差异。加拿大塔吉特公司的补货系统有这样一个功能：当一家商店的商品卖完了，可以通知分销中心运送更多的商品。然而，负责这个功能的一些业务分析师故意将其关闭。这些业务分析师是根据他们在任意时间内库存产品的百分比来判断的。当自动补货开关关闭时，系统不再报告缺货问题，所以分析员的数字在纸面上看起来不错。为了防止被系统进一步戏弄，塔吉特公司的 IT 团队构建了一个报告系统何时开启或关闭的工具，并确定是否有正当理由关闭系统（例如，某个商品是季节性的）。公司也取消了分析员对这些控制的授权。

2014 年，塔吉特公司的 IT 人员终于能够安装一个自动验证工具，以便判断进入 SAP 之前收集到的不良数据。在员工输入正确的产品代码数据之前，系统不允许采购订单继续。但问题是这个自动验证工具部署得太晚了。2015 年 1 月 15 日，加拿大塔吉特公司宣布申请破产保护。公司花费了 70 亿美元将业务扩展到加拿大，预计到 2021 年才会盈利。而加拿大塔吉特公司在 2015 年关闭了全部门店（133 家），造成 17 600 名员工失业。

资料来源：David Gewirtz, " Billion Dollar Mistake: How Inferior IT Killed Target Canada, " *ZDNet,* February 11, 2016; Joe Castaldo, " The Last Days of Target, " www.canadianbusiness.com, accessed February 12, 2016; www.target.com, accessed March 1, 2016; and Marc Wulfraat, " The Aftermath of Target Canada's Collapse," Canadian Grocer, March 10, 2015.

案例分析题

9-13 加拿大塔吉特公司的供应链管理有多重要？这与它的商业模式有什么关系？请解释你的答案。

9-14 请列出加拿大塔吉特公司无法成为成功的零售商所遇到的所有问题。造成这些问题的管理、组织和技术方面的因素是什么？

9-15 加拿大塔吉特公司的问题有多少是以技术为基础的？请解释你的答案。

9-16 加拿大塔吉特公司的管理层应如何负责任？请解释你的答案。

9-17 加拿大塔吉特公司应该做些什么样的事情才能取得成功？

MyMISLab

请到 MyMISLab 的作业部分完成这些书面练习。

9-18 公司希望实施企业资源规划（ERP）系统的三个原因是什么？不希望实施 ERP 系统的两个原因是什么？

9-19 什么是分析型 CRM 系统的数据来源？请列举分析型 CRM 系统输出结果的三个例子。

参考文献

Bozarth, Cecil, and Robert B. Handfield. *Introduction to Operations and Supply Chain Management* (4th ed.). (Upper Saddle River, NJ: Prentice-Hall, 2016.)

Cole, Brenda. "Cloud ERP Users Say Up, Up and Away." *Business Information* (February 2014).

D'Avanzo, Robert, Hans von Lewinski, and Luk N. Van Wassenhove. "The Link Between Supply Chain and Financial Performance." *Supply Chain Management Review* (November 1, 2003).

Davenport, Thomas H. *Mission Critical: Realizing the Promise of Enterprise Systems.* (Boston: Harvard Business School Press, 2000.)

Davenport, Thomas H., Leandro Dalle Mule, and John Lucke. "Know What Your Customers Want Before They Do." *Harvard Business Review* (December 2011).

Essex, David. "Tomorrow's ERP Raises New Hopes, Fears." *Business Information* (February 2014).

Hitt, Lorin, D. J. Wu, and Xiaoge Zhou. "Investment in Enterprise Resource Planning: Business Impact and Productivity Measures." *Journal of Management Information Systems* 19, No. 1 (Summer 2002).

Hu, Michael and Sean T. Monahan. "Sharing Supply Chain Data in the Digital Era." *MIT Sloan Management Review* (Fall 2015).

Kanaracus, Chris. "ERP Software Project Woes Continue to Mount, Survey Says." *IT World* (February 20, 2013).

Kimberling, Eric. "5 Lessons from Successful CRM Implementations." Panorama-consulting.com (January 28, 2015).

Klein, Richard, and Arun Rai. "Interfirm Strategic Information Flows in Logistics Supply Chain Relationships." *MIS Quarterly* 33, No. 4 (December 2009).

Laudon, Kenneth C. "The Promise and Potential of Enterprise Systems and Industrial Networks." Working paper, The Concours Group. Copyright Kenneth C. Laudon (1999).

Lee, Hau, L., V. Padmanabhan, and Seugin Whang. "The Bullwhip Effect in Supply Chains." *Sloan Management Review* (Spring 1997).

Liang, Huigang, Nilesh Sharaf, Quing Hu, and Yajiong Xue. "Assimilation of Enterprise Systems: The Effect of Institutional Pressures and the Mediating Role of Top Management." *MIS Quarterly* 31, No. 1 (March 2007).

Liang, Huigang, Zeyu Peng, Yajiong Xue, Xitong Guo, and Nengmin Wang. "Employees' Exploration of Complex Systems: An Integrative View." *Journal of Management Information Systems* 32, No. 1 (2015).

Maklan, Stan, Simon Knox, and Joe Peppard. "When CRM Fails." *MIT Sloan Management Review* 52, No. 4 (Summer 2011).

Malik, Yogesh, Alex Niemeyer, and Brian Ruwadi. "Building the Supply Chain of the Future." *McKinsey Quarterly* (January 2011).

Mehta, Krishna. "Best Practices for Developing a Customer Lifetime Value Program." *Information Management* (July 28, 2011).

Morrison, Tod. "Custom ERP No Longer in Vogue." *Business Information* (February 2014).

Maurno, Dann Anthony. "The New Word on ERP." *CFO Magazine* (July 25, 2014).

Oracle Corporation. "Alcoa Implements Oracle Solution 20% Below Projected Cost, Eliminates 43 Legacy Systems." www.oracle.com, accessed August 21, 2005.

Panorama Consulting Solutions. "2015 ERP Report." (2015).

Rai, Arun, Paul A. Pavlou, Ghiyoung Im, and Steve Du. "Interfirm IT Capability Profiles and Communications for Cocreating Relational Value: Evidence from the Logistics Industry." *MIS Quarterly* 36, No. 1 (March 2012).

Rai, Arun, Ravi Patnayakuni, and Nainika Seth. "Firm Performance Impacts of Digitally Enabled Supply Chain Integration Capabilities." *MIS Quarterly* 30, No. 2 (June 2006).

Ranganathan, C., and Carol V. Brown. "ERP Investments and the Market Value of Firms: Toward an Understanding of Influential ERP Project Variables." *Information Systems Research* 17, No. 2 (June 2006).

Sarker, Supreteek, Saonee Sarker, Arvin Sahaym, and Bjørn-Andersen. "Exploring Value Cocreation in Relationships Between an ERP Vendor and its Partners: A Revelatory Case Study." *MIS Quarterly* 36, No. 1 (March 2012).

Seldon, Peter B., Cheryl Calvert, and Song Yang. "A Multi-Project Model of Key Factors Affecting Organizational Benefits from Enterprise Systems." *MIS Quarterly 34,* No. 2 (June 2010).

Strong, Diane M., and Olga Volkoff. "Understanding Organization-Enterprise System Fit: A Path to Theorizing the Information Technology Artifact." *MIS Quarterly* 34, No. 4 (December 2010).

SupplyChainBrain. "Trends in Enterprise Resource Planning Cloud Technology." (February 25, 2015).

Sussin, Jenny. "Top Use Cases and Benefits of Social for CRM in 2015." Gartner, Inc. (February 12, 2015).

Sykes, Tracy Ann, Viswanath Venkatesh, and Jonathan L. Johnson. "Enterprise System Implementation and Employee Job Performance: Understanding the Role of Advice Networks." *MIS Quarterly* 38, No. 1 (March 2014).

Tate, Wendy L., Diane Mollenkopf, Theodore Stank, and Andrea Lago da Silva. "Integrating Supply and Demand." *MIT Sloan Management Review* (Summer 2015).

Tian, Feng, and Sean Xin Xu. "How Do Enterprise Resource Planning Systems Affect Firm Risk? Post-Implementation Impact." *MIS Quarterly* 39, No. 1 (March 2015).

"Top 5 Reasons ERP Implementations Fail and What You Can Do About It." Ziff Davis (2013).

"Trends in Enterprise Resource Planning Cloud Technology." *SupplyChainBrain* (February 25, 2015).

Van Caeneghem, Alexander and Jean-Marie Becquevort. "Turning on ERP Systems Can Turn Off People." *CFO* (February 5, 2016).

Wong, Christina W.Y., Lai, Kee-Hung, and Cheng, T.C.E. "Value of Information Integration to Supply Chain Management: Roles of Internal and External Contingencies." *Journal of Management Information Systems* 28, No. 3 (Winter 2012).

CHAPTER10

第10章 电子商务：数字化市场、数字化产品

LEARNING OBJECTIVES

学习目标

通过阅读本章，你将能回答以下问题：

- 电子商务、数字化市场和数字化产品的特征是什么？
- 电子商务的商业模式和盈利模式主要有哪些？
- 电子商务如何改变传统市场？
- 电子商务怎样影响企业之间的交易活动？
- 移动商务在公司业务活动中扮演了怎样的角色？最重要的移动商务应用是什么？
- 企业构建电子商务时需要解决哪些问题？

MyMISLab™

访问 mymislab.com 来获得模拟、辅导材料和课后问题。

| 开篇案例 | 优步数字化地破坏了出租车行业

当你在纽约、巴黎、芝加哥或其他主要城市需要搭车的时候，你一般不会叫出租车，而是拿出你的智能手机，点击优步应用程序。这时，手机上会弹出谷歌地图，显示周围的情况。你在屏幕上选择一个指定的驾驶员，应用程序会保证你的坐车过程，显示需要多长时间到达、花多少钱。一旦到达目的地，费用将自动从你的信用卡中扣除，你也不用到处找零钱。

优步的价格是由时间和距离两大因素决定的，同时也会考虑客户的特殊需求。优步软件可以预测在一天中的不同时间段，用车需求高的区域在哪里。这些信息会显示在司机的智能手机上，以便司机知道在哪里逗留，在理想情况下几分钟内能接到发出乘车需求的客人。优步还为商务主管提供高价位的城市汽车服务，并提供共享车服务。

优步比传统的出租车公司要精简得多。优步不拥有自己的出租车，没有维护和融资

成本。它也没有雇员，由司机独立承包，只是从每个司机的收入中抽成。它不受员工成本的影响，比如员工报酬、最低工资要求、驾驶员背景调查、驾驶员培训、健康保险或商业许可费用等。它已经把出租车服务的成本完全转移到司机和使用手机的客户身上。它所做的只是提供一个基于智能手机的平台，使那些想要服务（如需要出租车服务）的人找到能够满足这种需求的供应商。

优步依靠用户评论和乘坐体验识别有问题的驾驶员，同时依靠驾驶员评论识别有问题的乘客。优步也设定了相关的清洁标准。优步使用评论了解司机，并且不会公开报告系统中有多少差评的司机或乘客。优步还使用监控驾驶员智能手机的传感器软件监控驾驶行为。

总部位于旧金山的优步由特拉维斯·卡兰尼克（Travis Kalanick）和加勒特·坎普（Garrett Camp）于 2009 年创立。到 2016 年，在 400 多个城市中有 40 多万名司机为其工作，在 60 个国家预计收入达到 100 亿美元，并且总收入（在支付给司机之后，但不包括营销和其他营业费用）为 20 亿美元。如果计算其他的费用，优步每年的损失约为 10 亿美元。超过 800 万人定期使用优步。但是，优步的成功带来了一系列挑战。

优步通过数字化颠覆了传统的且受到高度监管的行业，引发了美国乃至全球现有出租车服务行业的反对。当乘客对出租车的需求低的时候，谁能以 40% 的价格折扣和一家新创公司竞争呢？而当需求旺盛时，优步的价格也会大幅上涨。哪些城市或国家会想要放弃对乘客安全、防止犯罪分子、驾驶员培训以及向出租车公司收取出租车执照而产生的稳定收入来源的监管呢？

如果优步是新型的、按需经济的代表，那么这也是与这种新型商业模式相关的社会成本和冲突的一个标志性例子。优步被指责通过把员工当作承包商，剥夺司机作为员工身份的利益；违反了整个美国乃至世界的公共交通法律法规；滥用收集到的个人信息；拒绝对司机进行刑事、医疗和金融背景调查而未能保护公共安全。

批评者担心，优步和其他按需服务的公司一样，可能创造一种兼职的、低薪的、临时的社会工作，从而取代传统的、全职的、有保障的工作——这就是所谓的工作的优步化（Uberization of work）。优步对这种恐惧做出了回应，称它正在降低运输成本，增加乘客对乘车服务的需求，并增加了与出租车司机薪酬相当的汽车司机的工作机会。

优步有一个可持续的商业模式吗？如果它每年的收入继续翻 3 倍，答案是肯定的，但是优步也有竞争对手，包括美国的 Lyft 和亚洲、欧洲的本地公司。一些基于应用提供出租车服务的小型竞争公司正在出现，包括 Sidecar、Via、Tipda 和 Shuddl。在纽约和其他城市成立的出租车公司，正在推出自己的应用程序，并宣称采用固定费率的价格。目前，优步正在紧锣密鼓地推出一项“当天交付”的新服务，并继续打乱已建立的行业。

资料来源：Rob Berger, “Uber Settlement Takes Customers for a Ride,” *Forbes,* April 22, 2016;Mike Isaac and Noam Scheiber, “Uber Settles Cases with Concessions, but Drivers Stay Freelancers,” *New York Times,* April 21, 2016; Brian Solomon, “Leaked: Uber’s Financials Show Huge Growth, Even Bigger Losses,” *Forbes*, January 12, 2016; Douglas MacMillan, “Uber’s App Will Soon Begin Tracking Driving Behavior,” *Wall Street Journal,* June 29, 2016; Christopher Mims, “How Everyone Misjudges the Sharing Economy,” *Wall Street Journal*, May 26, 2015; Douglas Macmillan, “Icahn Puts Big Wager on Uber Rival Lyft,” *Wall Street Journal*, May 16, 2015; and Douglas MacMillan, “The $50 Billion Question: Can Uber Deliver?” *Wall Street Journal*, June 15, 2015.

优步是当今电子商务两大主流趋势的典型例子：这种电子商务业务由几乎无处不在的移动智能手机驱动，是按需服务的公司之一，比如 Lyber（优步的主要竞争对手）、Airbnb（房屋出租）、Handy 和 Homejoy（这两家都是兼职家政服务公司）、Instacart（杂货店）和 Washio（洗衣服）。这些按需服务的公司本身不销售商品，相反，它们建立了一个平台，让想要服务

（如需要出租车服务）的人能找到一个供应商满足需求。按需服务的公司目前被认为是电子商务中最炙手可热的商业模式，并且正在扰乱传统的行业。

下图提出了这个案例中需要关注的重点。优步面临的业务挑战是如何变成一家基于新的按需服务的盈利公司。优步的管理层决定将其业务建立在连接出租车服务买卖双方的无线智能手机和应用的基础上。企业通过向用户的信用卡收取费用获得收入，并向司机提供按一定百分比计算的提成，同时可以按照需求状况动态改变价格。优步的成本比传统的出租车公司要低很多，因为它不需要支付员工的工资福利、车险、燃料和许可证费用等。参与的司机支付他们自己的购车费用、燃料和保险费用。在一定条件下，如果需求大，优步可能比出租车更贵，但它已经打乱了出租车行业，因为它提供了一种比传统出租车公司更加可靠、快捷的替代方式。传统的方式是用户使用电话预订出租车，然后有一个中央调度室使用陈旧的无线电通信和司机沟通，或者用户只能站在街头试图拦下出租车。优步的增长是疯狂的，但公司必须与许多竞争对手和保护工人的行业政策监管对抗。优步和其他按需服务业务是否会成功还为时尚早。

以下是需要思考的一些问题：你认为优步的商业模式是否可行？为什么？与传统的出租车相比，你觉得使用优步怎么样？

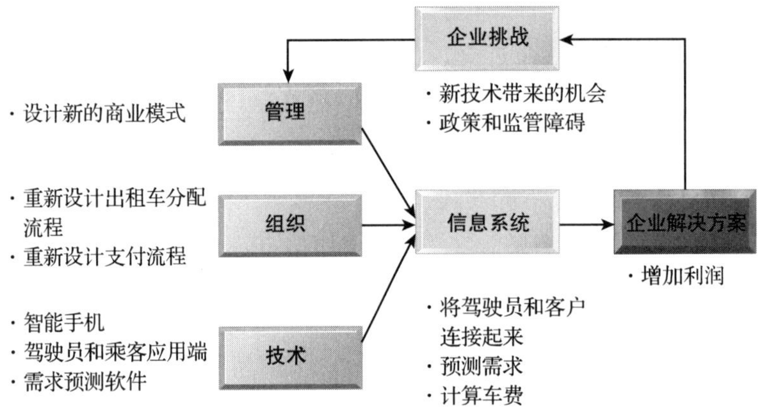

10.1 什么是电子商务、数字化市场和数字化产品独有的特征

2017年，人们通过智能手机、平板电脑和台式电脑在线购买商品与服务的现象已经无处不在。2017年，估计有2.17亿美国人在网上浏览商品，其中1.85亿在网上下单购买，在全球其他地方也有数百万人通过网上购物。虽然大部分购买行为依然采用传统的渠道进行，但电子商务仍在迅速发展，并改变了许多公司的业务方式。2017年，商品、服务、旅游和在线内容的电子商务消费，约为5.6万亿美元，是总零售额的12%，而且每年以15%的速度增长（相比之下，传统零售商只占3%的零售额）（eMarketer，2016a）。电子商务已经从桌面电脑和家用电脑扩展到移动设备，从孤立的活动扩展到新的社会化商务，从拥有全美市场财富1 000强的商家，到移动设备能够感知到的当地商家和消费者。在排名前100位的电子商务零售网站上，尽管大多数人还是使用个人电脑或平板电脑进行购买，但是超过一半的网上购物已经来自智能手机。2017年新的电子商务的关键词将是“社交、移动和本地化”。

10.1.1　当今的电子商务

电子商务指的是利用互联网和网站进行的商务交易。更正式的表述是，电子商务是组织和个人之间以数字化形式进行的商务交易。通常而言，这意味着交易是通过互联网和网站发生的。交易包含组织或个人之间用价值（如金钱）换取产品和服务的过程。

电子商务始于 1995 年，当时最早的互联网门户网站之一 Netscape.com，接到了来自大公司的第一单广告业务，同时它推广了这样一个理念：网站可以看作广告和销售领域的新型媒介。当时没有人预见到电子商务销售额的成倍增长，以及后来呈现的指数型增长曲线。在 2008 ～ 2009 年全球经济衰退之前，电子商务一直以两位数的年增长率增长。2008 ～ 2009 年，电子商务销售收入增长停滞（见图 10-1），但相比传统零售额每年缩水 5% 的情况要好得多。实际上，电子商务是经济衰退过程中零售业唯一保持平稳的部分。

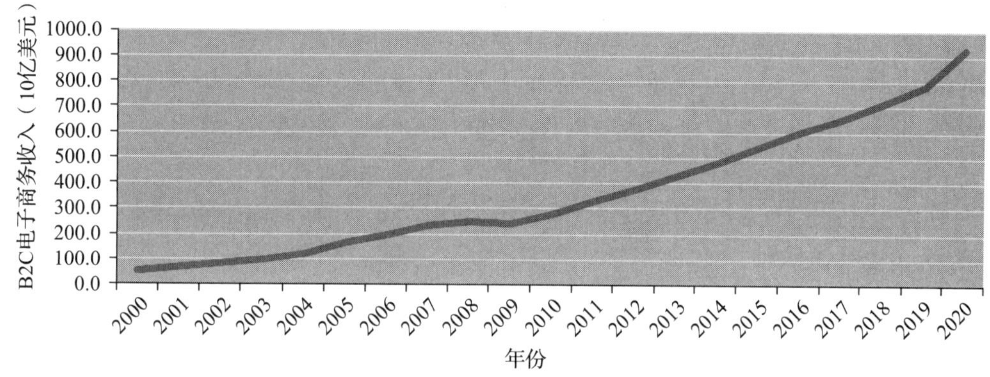

图 10-1　电子商务的成长

在 2008 ～ 2009 经济衰退之前，电子商务零售额以 15% ～ 25% 的年增长率发展，到经济衰退时明显放缓。2016 年，电子商务零售额年增长率达到了 15%。

资料来源：Based on data from eMarketer, "US Retail Ecommerce Sales, 2014–2020," 2016; eMarketer, "US Digital Travel Sales, 2014–2020," 2016; and eMarketer chart, "US Mobile Downloads and In-App Revenues, 2013–2016," 2016.

电子商务初期的高速增长使电子商务股票产生了市场泡沫。如同其他市场泡沫一样，互联网泡沫的破裂造成了大量电子商务公司的消失（2001 年 3 月）。然而对于一些公司而言，如亚马逊、eBay、Expedia 和谷歌，结果却是正向的：不断增加的收入、商业模式改善产生的大量利润，以及节节攀升的股价。到 2006 年，电子商务重新恢复了稳定的增长，并且在美国、欧洲和亚洲一直是增长最为迅猛的零售商业模式。

- 在线消费品零售总额 2017 年预计将增长到 6 690 亿美元，比 2016 年增长 15% 以上（包括旅游服务和数字化产品下载）。有 1.85 亿人在线购买了商品，此外还有 2.17 亿人在网上逛商店和收集信息，但没有最终购买商品（eMarketer，2016a）。互联网影响了超过 1.3 万亿美元的实体店零售额。
- 美国各年龄层的上网人数从 2004 年的 1.47 亿增长为 2017 年的 2.7 亿。在全球范围内，超过 33 亿人能够连接在互联网上。互联网用户数的增加刺激了电子商务的发展（Internet World Stats，2016）。

- 2017年，大约有9 600万个家庭通过宽带连接访问互联网，占家庭总数的78%左右。
- 约有2.23亿美国人通过智能手机访问互联网。基于应用、铃声、娱乐下载和位置服务的移动电子商务已经开始快速增长。2017年，移动电子商务所产生的收入约为1 700亿美元，占所有电子商务的25%，占所有零售电子商务的50%。几年后，手机和平板电脑将成为最常见的互联网接入设备。目前，所有手机用户中有80%以上使用手机上网（eMarketer，2016b）。
- B2B电子商务（利用互联网在合作伙伴之间进行的企业与企业之间的商务和协作）增加到7万亿美元以上。表10-1给出了这些新的电子商务的发展。

表10-1 新的电子商务的发展

商业转型
• 相比实体零售商店、服务和娱乐行业，电子商务仍然是增长最快的商业模式。社交、移动和本地商务已经成为发展最快的电子商务形式 • 电子商务产品的广度不断扩大，尤其是在社交网络、旅游、娱乐、零售服饰、珠宝、家电和家具的服务经济中 • 购物者的在线人口统计数量与普通消费者的数量相当 • 纯电子商务模式进一步完善，实现了更高的盈利水平，而像沃尔玛、西尔斯、彭尼百货、L.L.Bean和梅西百货这样的传统零售品牌，利用电子商务保持其主要的零售业务。世界上最大的零售商沃尔玛已决定认真对待电子商务，并以超过10亿美元的电子商务投资超过了亚马逊（见章末案例研究） • 小企业和企业家在电子商务市场中不断涌现，他们依赖亚马逊、苹果和谷歌等行业巨头的基础设施，并越来越多地利用云计算资源 • 移动电子商务已经在美国脱颖而出，包括基于位置的服务和娱乐下载（包括电子书、电影、音乐和电视节目）。2017年，移动电子商务产生了超过1 700亿美元的收入
技术基础
• 无线互联网连接（Wi-Fi、WiMax和4G智能手机）迅速增长 • 功能强大的智能手机和平板电脑提供音乐、网上冲浪、娱乐以及语音通信。播客和流媒体作为媒体传播视频、广播和用户生成的内容 • 移动设备扩展到包括Apple Watch和Fitbit跟踪器等可穿戴设备。随着传输价格下降，互联网宽带基础设施在家庭和企业中变得更加强大 • 社交网络和网站，如Facebook、Twitter、LinkedIn、Instagram等力求成为电子商务、市场营销和广告领域中重要的新平台。Facebook在全球拥有16.5亿用户，在美国拥有2.22亿（Facebook，2016）。1.9亿美国人使用社交网络，约占互联网用户的70% • 基于互联网的计算模型，如智能手机应用、云计算、软件即服务（SaaS）和数据库软件大大降低了电子商务网站的成本
新商业模式的产生
• 超过70%的互联网用户加入在线社交网络，创建博客，分享照片和音乐。各网站共同创造了一个像电视那样吸引营销者的在线观众群。2017年，人们在社交网络上的时间估计占在线时间的28%。社交网站已成为新闻、音乐和越来越多产品的主要互联网门户 • 网络广告的增长速度是电视和平面广告的两倍，传统的广告业被打乱；谷歌、雅虎和Facebook每年有近1万亿则广告。优步和Airbnb等按需服务的电子商务网站将市场创新者的商业模式延伸到新的经济领域 • 报纸和其他传统媒体也采用了在线互动模式，尽管它们获得了网上阅读者，但还是失去了广告收入。《纽约时报》的在线版本采用付费的方式，并成功获得了超过100万名用户，每年增长15%。由于电子书的增长和传统书籍的吸引力，图书出版业蓬勃发展 • 提供电视、电影、音乐和游戏的在线娱乐业务模式，与好莱坞和纽约的主要版权所有者，以及苹果、亚马逊、谷歌、YouTube和Facebook等互联网分销商合作。在线分销商越来越多地转向电影和电视制作

10.1.2　新电子商务：社会化、移动化、本地化

电子商务最大的变化是在很大程度上变得更社交化、移动化和本地化。在线营销主要包括创建企业网站，购买雅虎展示广告，在谷歌上购买关键词以及发送电子邮件等。在线营销的主要工作还是展示广告，但它越来越以视频广告的形成出现，因为视频广告更加有效。在互联网初始阶段中，展示广告以电视广告为基础，品牌信息在数百万用户之前一闪而过，公司不期望立即得到回应。如果广告不起作用，解决方案通常是不断地播放广告。广告成功的主要标准是一个网站吸引了多少眼球（独立访问者），一个营销活动产生了多大印象（印象是向一个人展示的一则广告）。这些措施都是电视领域的手段，从观众数量和广告点击率两个方面衡量营销的结果。

1. 从眼球到对话：对话商务

2007 年以后，随着 Facebook 等社交网站的快速发展，从苹果 iPhone 开始，智能手机呈现爆炸式增长，广告商对本地营销的兴趣也日益浓厚，这一切都在慢慢发生变化。新的社交 - 移动 - 本地的电子商务世界的不同之处在于它是双向的、相关的对话和互动。用通俗的话来说，这被称作对话商务。这个时期的营销基于与客户、潜在客户甚至批评家进行的多重在线对话。在网络和社交媒体上讨论你的品牌（这是对话部分），对你的公司进行营销，建立和恢复你的品牌地位，必须要定位、识别和参与这些对话。社交营销意味着所有的事物都是能进行社交的，包括听、讨论、互动、移情和参与。网络营销的重点已经从注重眼球转向关注参与客户引导的谈话。从这个意义上说，社交营销不仅是一个新的广告渠道，而且是一系列基于技术的、与消费者沟通的工具。领先的社交商务平台有 Facebook、Instagram 和 Pinterest。

过去，企业可以严格控制自己的品牌信息，并引导消费者进行购买。社交营销并非如此。消费者购买决策的制定越来越多地受到他们所在社交网络的对话、选择、品位和观点的驱使。社交营销涉及企业参与和塑造社交过程。

2. 从台式机到智能手机

传统的在线营销（基于浏览器、搜索、展示广告、视频广告、电子邮件和游戏）仍占所有在线营销的绝大部分（63%，770 亿美元），但它的增长速度远比社交 - 移动 - 本地营销慢得多。客户和购物者带来的营销收入开始从 PC 机转向移动设备。

社交的、移动的和本地的电子商务是相互关联的。移动设备变得越来越强大，所以它们在访问 Facebook 和其他社交网站时变得越来越有用。移动设备已经被广泛采用，顾客可以利用这些设备找到当地的商家，同时商家可以利用这些设备提醒顾客附近的特价商品。

10.1.3　为什么电子商务与众不同

为什么电子商务发展得如此快速？答案来自互联网和网站的独特性。简单来说，和以前收音机、电视和电话等技术革新相比，互联网和电子商务技术更加丰富与强大。表 10-2 描述了电子商务技术的独特特征。接下来我们将更为详细地逐一探究这些特征。

表 10-2 电子商务技术的独特特征

电子商务技术	商业意义
无所不在（ubiquity）：互联网技术随处可得，比如工作场所、家里以及具有桌面电脑和移动设备的任何地方。移动设备拓展了提供服务的区域和商家	市场拓展超越了传统的时间和空间边界，产生了无时无刻不在的“市场空间”，使得购物可在任何地方进行，提高了消费者购物的便利性，节约了购物成本
全球化（global reach）：技术可以超越国界，环绕全球	商业无缝地跨越文化和国界，且无须经过修饰。潜在的市场空间包括世界范围内数以亿计的消费者和数以百万的企业
统一标准（universal standards）：有一组技术标准，称为互联网标准	在一组跨越全球的技术标准支持下，不同的计算机系统之间能够互相通信
丰富性（richness）：影像、声音和文本信息均可被传递	将影视、声音和文本等营销信息集成为单一的营销信息和客户体验（consumer experience）
交互性（interactivity）：该技术可以和用户进行交互	消费者参与到和商家的对话中，获得动态的体验，成为产品向市场传递过程中的联合参与者
信息密度（information density）：该技术减少了信息成本，提高了质量	信息的处理、存储、沟通成本显著降低，而流通性、准确性和及时性得到了极大的改善。信息变得丰富、便宜，同时更为准确
个性化（personalization）/ 客户化（customization）：该技术可以将个性化的信息传递给消费者个体和群体	基于个体特征的个性化营销信息、定制和客户化的产品与服务
社交技术（social technology）：该技术支持内容产生和社交网络	新的互联网社交和商业模式使用户可以创建、传播内容，并维护社交网络

1. 无所不在

在传统商务中，市场是一个实实在在的地方，比如一家零售商店——你可以去这个地方进行商务交易。而电子商务具有无所不在的特性，即意味着电子商务可以随时随地进行。这使得你在家或在工作场所甚至坐在自己的车里，都可以使用智能手机进行购物。无所不在的电子商务造就了一个**市场空间**（market space），一个超越了传统意义上时间和地理界限的市场。

从消费者的角度来看，无所不在的特性降低了**交易成本**（transaction costs），即参与市场交易的成本。你不再需要花费时间或金钱跑到某个市场去完成交易，选购商品需要耗费的精力也更少了。

2. 全球化

相比传统商业，电子商务技术使跨文化和国界的商业交易更加便利与经济。因此，对从事电子商务的商家而言，潜在的市场规模大约等于全世界的上网人数（据估算已经超过 20 亿）。

相比之下，绝大多数传统商业是地方性或区域性的，即只涉及地方或国内商家在当地的店面，如电视、电台和报纸基本都是地方性或区域性的，而有限但强大的全国性网络可以吸引来自全国的受众，但很难超越国界去吸引全球性的受众。

3. 统一标准

电子商务技术具有一项显著的特性，那就是互联网的技术标准，即开展电子商务的技术标准是全球通用的。这一标准被全球各国共享，使得任何两台计算机之间能够互联而不必考虑各自使用的技术平台。相比之下，绝大多数传统商业技术从一个国家到另一国家总有不尽相同之处，如各国电视和电台的广播标准有很大的差异，手机技术也是如此。

互联网和电子商务全球通用的技术标准极大地降低了**市场准入成本**（market entry costs），

即商家将商品带入市场就必须付出的成本。同时对消费者而言，通用标准降低了**搜索成本**（search costs），即寻找称心商品所花费的精力。

4. 丰富性

信息**丰富性**（richness）指的是信息内容的复杂性和多样化。在传统市场中，不论是全国性的营销人员还是小型的零售商店，都具有信息丰富性的特点。在销售产品时，他们利用听觉和视觉为消费者提供个性化的、面对面的服务。传统市场丰富多彩的表达方式使其成为强有力的销售和商业环境。在网站得到充分发展之前，信息丰富性和可达范围是成反比的：信息的接收范围越广，信息的丰富性往往越低。而网站的发展则使得同时向大量人群传递内容丰富的文字、声音和视频信息成为可能。

5. 交互性

与 20 世纪任何一种商业技术不同（或许电话除外），电子商务技术具有交互性。这意味着在电子商务中，商家和消费者之间可以进行双向交流，朋友之间也能双向沟通。以电视为例，电视无法向观众提问或与观众进行交谈，同样电视也无法要求消费者将反馈信息填写到表格中。与此相比，这些活动在电子商务网站上都可以实现。电子商务的交互性使得商家可以通过网络与全球的消费者进行类似面对面的交流。

6. 信息密度

互联网和网站极大地提高了**信息密度**，即所有市场参与者（如消费者和商家）能够获得的信息数量和质量。电子商务技术降低了信息的收集、储存、处理和通信的成本，并极大地提高了信息的流通性、准确性和及时性。

电子商务市场中的信息密度使得价格和成本更加透明化。**价格透明**（price transparency）是指消费者可以轻松地在市场上找到各种不同的价格。**成本透明**（cost transparency）是指消费者发现产品真实成本的能力。

信息密度的增加也可以使商家受益。相比从前，商家通过网络可以更多地了解消费者。这使得商家可以把市场细分为具有不同价格偏好的消费群体，并对其实施**价格歧视**（price discrimination），即以不同的价格将相同或基本相同的商品销售给不同的目标群体。例如，一个网络商家发现某位消费者热切期盼昂贵的国外度假游，便以较高的价格向该消费者提供高档次的旅行计划，因为商家知道这位消费者愿意为这样的度假旅行支付额外的费用。同时，商家还可以以较低的价格，将同样的旅行计划提供给对价格更敏感的消费者。信息密度的提升还可以帮助商家根据成本、品牌和质量对其产品进行差异化处理。

7. 个性化 / 客户化

电子商务技术可以提供**个性化**（personalization）的服务，即根据消费者的点击行为、姓名、兴趣爱好和购物记录，商家可以调整信息，将特定的营销信息传递给特定的消费者个体。电子商务技术同样可以提供**定制化**（customization）的服务，即根据消费者的偏好和行为记录，为消费者提供不同的产品或服务。由于电子商务技术具有交互性，市场中很多关于消费者的信息可以在消费者购物的那一刻被收集。随着信息密度的增加，网络商家可以储存并利用大量有关消费者以往购物行为的信息。

电子商务的这些特征造就了传统商务技术无法实现的个性化和定制化服务。例如，你也许可以通过切换频道选择电视上看到的东西，但你无法改变你选择的频道播放的内容。相比之下，在“《华尔街日报》在线”（Wall Street Journal Online）网站上，你可以选择先看哪一类新闻，你还可以让网站在某一类事件发生时及时提醒你。

8. 社交技术：用户内容的创建和社交网络

与以往的技术相比，互联网和电子商务技术变得更具社交性，允许用户创建文本、视频、音乐和照片等形式的内容，并且将这些内容与他们的朋友以及世界范围内更大的社交圈共享。运用这些形式的交流，用户可以创建新的社交网络，巩固现有的社交网络。

现代历史上所有的大众媒体，包括印刷出版物，采用的都是广播的传播模式，即一对多的模式。在这种模式中，内容由职业作家、编辑、导演和制片人等处于核心位置的专家创造，大量的观众则聚集在一起消费这些标准化的产品。全新的互联网和电子商务赋予了普通用户大规模创建和传播内容的能力，并允许用户安排属于自己的内容消费方式。互联网提供了一种独特的、多对多模式的大众交流方式。

10.1.4 电子商务的重要概念：全球市场的数字化市场和数字化产品

商业进行的地点、时间和营收模式在某种程度上取决于信息的成本和传播方式。互联网创建了一个数字市场，在这个市场中，全世界数以百万计的人可以直接地、实时地、免费地交换大量信息。这一变化不仅改变了公司开展业务的方式，还拓展了它们在全球的市场范围。

互联网降低了**信息不对称**（information asymmetry）。当参与交易的一方比另一方拥有更多对交易有用的信息时，就产生了信息不对称的现象。这些不对称的信息影响了交易双方的议价能力。在数字市场中，消费者和供应商可以“看到”商品的价格。从这个意义上讲，数字市场可以说比传统市场更加“透明”。

例如，在出现汽车销售网站之前，汽车经销商和消费者之间存在着明显的信息不对称。只有汽车经销商才知道生产商的出厂价，而消费者很难通过货比三家获取最优惠的价格。汽车经销商的利润依赖于这种不对称的信息。现在，消费者可以访问大量提供竞争性价格信息的网站，并且有 3/4 的美国汽车购买者通过互联网比价寻找最划算的价格。由此可见，网站的出现降低了购买汽车过程中的信息不对称现象。互联网同样还帮助企业在采购过程中降低信息不对称，并获得更有利的价格和合同条款。

数字市场十分灵活和高效，这是因为数字市场的运行具有较低的搜寻成本、交易成本和**菜单成本**（menu costs，即商家调整价格的成本）、更高程度的价格歧视，以及根据市场情况动态调整价格的能力。在**动态定价**（dynamic pricing）中，产品的价格随着消费者的需求特征和供应商的供货情况不断变化。例如，在线零售商亚马逊或沃尔玛，会根据不同的时段、产品的需求情况以及消费者之前在网站上对商品的浏览情况调整多种商品的价格。利用大数据分析，一些在线公司可以基于行为目标参数调整个人层面的价格，例如消费者是一个喜欢砍价的人（获得更低的报价），还是一个接受报价并不去搜索较低价格的人。价格也可以根据邮政编码而有所不同，比如在较差的社区设定较高的价格。优步和其他出租车服务提供者一样，根据市场需求的大小，通过加价调整价格（在狂风暴雨的天气和主要会议期间，部分商品的价格总会升高）。

基于出售商品或服务的性质，数字市场可能降低或提高转移成本（switching cost），并由于运输而造成满足感延迟。和实体市场不同，你无法立即消费从网上购买的产品，比如衣服（虽然对于数字音乐下载或其他数字化产品来说即时消费是可能的）。

数字市场提供了许多越过中间商（如分销商和零售店铺），向消费者直接销售商品的机会。去除分销渠道中的中间商，可以显著地降低购物过程中的交易成本。为支付传统分销渠道中所有环节的费用，商品的售价可能要比出厂价高 135%。

图 10-2 展示了减少分销渠道中的每一个环节可以节省的成本。通过直销或减少中间渠道商，制造商可以在降低销售价格的同时获得更高的利润。这种去除价值链上那些负责中间环节的组织和商业流程的做法称为**去中介化**（disintermediation）。电子商务还造就了一系列全新的中间商，如亚马逊、eBay、PayPal 和 Blue Nile 等。因此，不同行业的去中介化是不同的。

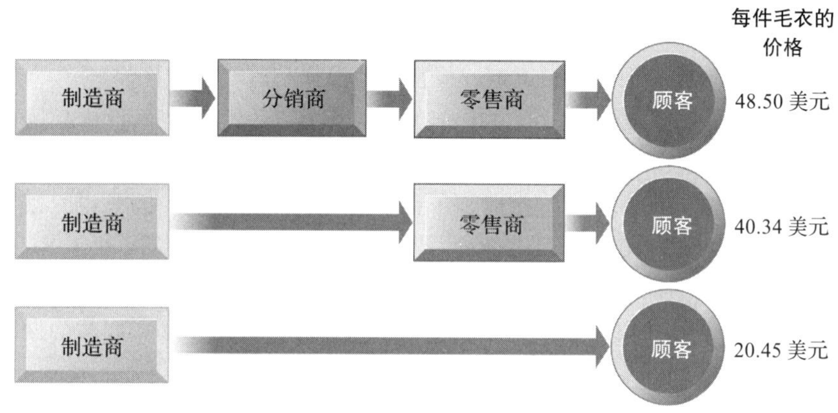

图 10-2 去中介化为消费者带来的收益

在一个典型的分销渠道中常常具有多个中间环节，每一个环节都增加了毛衣的成本。去除中间环节能够降低消费者需要付出的最终成本。

去中介化正在改变服务业市场。由于去除了中间的旅行代理商，那些使用自有在线预订网站的航空公司和宾馆获取了更高的单位利润。表 10-3 总结了数字化市场和传统市场之间的差异。

表 10-3 数字化市场和传统市场的比较

	数字化市场	传统市场
信息不对称	不对称性低	不对称性高
搜索成本	低	高
交易成本	低（有时没有）	高（时间，运输）
满足感延迟	高（当商品为数字化产品时低）	较低（现货购买）
菜单成本	低	高
动态定价	低成本，即时	高成本，延迟
价格歧视	低成本，即时	高成本，延迟
市场细分	低成本，精确性中等	高成本，精确性较低
转移成本	高 / 低（取决于产品特性）	高
网络效应	强	较弱
去中介化	可行性较高	可行性较低

数字化产品

基于互联网的数字化市场极大地促进了数字产品的销售。**数字化产品**（digital product）是指可以通过数字化网络交付的产品。流行音乐、视频、好莱坞电影、软件、报纸、杂志和书籍都能够以纯数字化产品的形式进行展示、储存、传输和销售。数字化产品大部分是知识产权产品，被定义为“心灵的作品”。知识产权受版权、专利、商标和商业秘密等法律的保护（见第 4 章）。今天，所有这些商品以数字流或下载的方式进行交付，同时与之对应的实体产品的销售量则下降了。

一般而言，生产一件数字化产品的边际成本几乎为零（复制一份音乐文档基本不需要任何花费）。然而，制作原始的第一份数字化产品的成本则相对较高。事实上，由于几乎没有什么储存和运输成本，制作第一份数字化产品的成本基本上就等于生产该产品的总成本。通过互联网传输数字化产品的成本非常低，市场营销的成本几乎不变，而定价的自由度很大。在互联网上，由于菜单成本很低，商家可以经常性地根据需要改变价格。

互联网对于市场上这些数字化产品的影响毫无疑问是革命性的，而且我们每天都可以看到这种影响造成的结果。那些以销售实体产品为业务的商家，如书店、音乐商店、出版商、唱片发行公司和电影制片厂，都可能遭遇销售量下滑甚至业务毁灭。报纸和杂志的订阅者正在减少，同时在线读者和订阅者在不断增加。

整个唱片发行行业的销售收入已经从 1999 年的 140 亿美元减少为 2016 年的 69 亿美元，减少了 50%。减少的主要原因包括唱片销售量的下滑，以及数字化音乐服务的增长（包括合法的复制和非法的音乐盗版行为）。从好的方面看，苹果公司的 iTunes 商店自 2003 年起，已经以每首歌曲 99 美分的价格销售了 350 亿首歌曲，为唱片发行行业带来了数字化营销的新模式，找回了部分因数字化音乐渠道造成的收入损失。因为 iTunes 的出现，非法的下载行为减少了一半，合法的在线音乐销售额（包括下载和数据流）2016 年大约可以达到 45 亿美元。随着云流服务（cloud streaming services）的扩展，非法的下载将进一步减少。数字音乐销售占所有音乐收入的 70% 以上。然而，音乐唱片公司只从单曲下载中得到大约 32 美分，而从数据流播放曲目中只得到 0.5 美分。尽管唱片公司可以从歌曲的所有权（包括文字和音乐）中获得收益，但是从事音乐的艺术家几乎不会从流媒体音乐中获益。

好莱坞没有受到数字发行平台的干扰，部分原因在于要下载高质量的盗版电影很难，并且低成本、高质量的合法电影也很容易获得。为了避免音乐产业的命运，好莱坞已经与 Netflix、谷歌、Hulu、亚马逊和苹果公司达成利润丰厚的分销协议，方便下载和支付高质量的电影与电视剧。但是，这些努力还是不够的，还不足以完全弥补 DVD 销售的损失。尽管 Netflix 等在线分销商为高质量的好莱坞电影支付了数百万美元，但是 2006 ～ 2015 年，DVD 销售收入仍下降了 50%。2017 年，消费者将第一次看到更多付费的、基于网络的电影下载、出租和流媒体，而不是 DVD 或相关的实物产品。与电视剧类似，人们对好莱坞电影长度的需求似乎也在扩大，部分原因是智能手机和平板电脑使得人们在不同地方观看电影变得更加容易。另外，由 VEVO 网站引领的音乐录像带的惊人复兴，吸引了数百万年轻的智能手机和平板电脑观众。

随着宽带服务在全国范围的普及，在线电影观看业务在 2010 年呈现出井喷式的增长。2017 年，预计有 1.26 亿互联网用户观看电影，约占成年互联网观众的一半。虽然这种快速增长不会永久持续下去，但毫无疑问，互联网正成为与有线电视相媲美的电影发行和电视频道，有一天可能完全取代有线电视。表 10-4 描述了数字商品以及它们与传统实物商品的区别。

表 10-4 互联网如何改变数字化产品市场

	数字化产品	传统产品
边际成本 / 单位	0	大于 0，高
生产成本	高（占总成本的绝大部分）	可变
复制成本	近于 0	大于 0，高
分发递送成本	低	高
库存成本	低	高
营销成本	可变	可变
定价	可变性较高（绑定，随机定价）	固定，基于单位成本

10.2 什么是电子商务原则和收入模式

电子商务自 1995 年早期门户网站上弹出的少量广告业务，发展到 2017 年交易额占零售商品交易总额 12% 的规模（据估算大约为 6 690 亿美元），已经远远超过了邮购目录业务的规模。电子商务是商业模式和新兴信息技术的巧妙结合。首先，我们来了解一下电子商务的基本类型，然后对电子商务的商业模式和盈利模式进行描述。

10.2.1 电子商务的类型

划分电子商务交易的方法有很多种，其中一种划分方法的根据是电子商务交易参与者的性质。这种方法将电子商务分为三类，分别是：企业对消费者（B2C）电子商务、企业对企业（B2B）电子商务和消费者对消费者（C2C）电子商务。

- **企业对消费者**（business-to-consumer，B2C）电子商务是指企业向个体购物者出售产品及服务。亚马逊、沃尔玛和 iTunes 是 B2C 的例子。向个人消费者出售书籍、软件和音乐的 BarnesandNoble.com 就是 B2C 电子商务的典型例子。
- **企业对企业**（business-to-business，B2B）电子商务是指企业之间销售产品和服务。购买和销售化工产品与能源的网站 Elemica 就是 B2B 电子商务的一个例子。
- **消费者对消费者**（consumer-to-consumer，C2C）电子商务是指消费者个体之间直接的买卖。比如，作为大型网上拍卖网站，eBay 使得人们可以通过拍卖的方式把商品销售给那些出价最高的竞买者，或者以固定的价格销售商品。eBay 通过创建一个数字化平台，在个人商务之间充当中间商的角色。Craigslist 网站也是消费者买卖商品广泛使用的网络平台。

另一种划分电子商务交易的方式是根据参与者进行交易时使用的平台进行划分。直到最近，大部分电子商务交易都是使用个人电脑通过有线网络进行的。如今，出现了智能手机和平板电脑等无线移动替代品。这种使用便携式无线设备随处购买商品或服务的方式被称为**移**

动商务（mobile commerce 或 m-commerce）。以上三种类型的电子商务交易都可以使用移动商务技术进行。对此，我们将在第 10.3 节中详细讨论。

10.2.2 电子商务的商业模式

如前所述，信息经济的变化为全新商业模式的出现创造了条件，同时许多老的商业模式则难以为继。表 10-5 描述了迄今为止出现的最重要的互联网商业模式。所有这些商业模式都以某种方式利用互联网（包括移动设备上的应用程序）为现有产品或服务带来额外的价值，或为新的产品或服务提供基础。

表 10-5 互联网商业模式

类别	描述	例子
门户网站	提供进入网站的初始接入点以及有特色的内容和服务	雅虎 必应 谷歌
网络零售商	直接销售实物产品给消费者或个体企业	亚马逊 BlueNile
内容提供商	通过在网站上提供新闻、音乐、图片、视频等数字内容获取收益。客户可能需要为访问的内容付费，或通过收取广告投放费用产生收益	WSJ.com Gettylmages.com iTunes.com Games.com
交易代理商	通过在线交易节省用户的钱和时间，对每一项发生的交易收费	Etrade.com Expedia
市场创建者	提供一个数字环境，在这个环境中买卖双方可会晤、搜寻产品、展示产品、为产品设置价格。可服务于消费者或 B2B 电子商务，通过收取交易费获益	eBay Priceline.com Exostar Elemica
服务提供商	提供如照片分享、视频分享、用户原创内容等应用服务，以及在线数据存储和备份等其他服务	谷歌 Apps Photobucket.com Dropbox
社区提供商	提供在线会议的场所，具有相似兴趣的人可以相互交流，获得有用的信息	Facebook Google+ 推特

1. 门户网站

门户网站指的是网站的入口，通常被定义为那些被用户设为主页的网站，也包括谷歌、必应等很少被客户设为主页的搜索引擎。雅虎、Facebook、MSN 和美国在线（AOL）等这些门户网站提供了强有力的网站搜索工具，还提供了新闻、邮箱、即时信息、地图、日历、购物、音乐下载、视频流等内容和服务，这些内容和服务都整合在一个页面中。现在，门户网站的商业模式提供了一个目的地网站，用户可以在门户网站上进行搜索网页、随时随地阅读新闻、寻找娱乐节目、接触其他人，当然还可以接触广告，这是支持门户网站的收入来源。Facebook 是一个非常不同的基于社交网络的门户。门户网站主要通过吸引大量的受众、向广告商收取展示广告位置的费用（类似于传统报纸）、收取转介客户到其他网站的转介费以及提供优质服务获取收益。2017 年，门户网站（不包括谷歌或必应）产生了约 370 亿美元的展示广告收入。虽然有数百个门户 / 搜索引擎网站，但前四大门户网站（雅虎、Facebook、MSN 和美国在线）占据了超过 95% 的互联网门户网站流量，因为这些网站品牌知名度非常高。

2. 网络零售商

在线零售商店通常也称为**网络零售商**（e-tailer），从 2015 年收入超过 1 070 亿美元的亚马逊到拥有各自网站的小型地方性商店，都具有不同的规模。除了为消费者提供在线查询和下订单的服务外，网络零售商和典型的传统实体商店十分类似。2017 年，网络零售收入达到 4 570 亿美元。网络零售商的价值定位是为客户提供方便、低成本、7 天 24 小时（24/7）全天候的购物服务及更多的消费选择。一些网络零售商，如沃尔玛或史泰博，属于传统商业模式与互联网商业模式结合的传统产业，与已有的实体店出售相同的产品，是已有实体店的分支。然而，还有一些网络零售商，如亚马逊、BlueNile.com 和 Drugstore.com，只在虚拟世界中运作，与实体场所没有任何联系。当然，目前也存在其他不同形式的网络零售商，如在线邮购目录、在线商城和厂商在线直销等形式。

3. 内容提供商

电子商务在成为商品零售渠道的同时，也逐渐成为全球内容的传播渠道。这里的“内容”指的是所有具有知识产权的表现形式。**知识产权**（intellectual property）是指创造者主张产权的有形和无形产品。内容提供商在网络上发布信息内容，如数字视频、音乐、图片、文本和艺术品等。在线内容提供商的价值定位是使消费者通过多种电脑设备或智能手机，可在线便捷地找到大量的内容并廉价地购买这些内容，从而达到娱乐和观赏的目的。

内容提供商不必是内容的原创者（虽然有时候它们也是内容的原创者，如 Disney.com），更像基于互联网传播创作内容的发行者。例如，苹果公司在 iTunes 商店里出售音乐唱片，但它并不负责创作或制作音乐。

大受欢迎的 iTunes 商店和 iPhone、iPod、iPad 等智能设备，促生了从播客到流媒体的数字化内容传送新模式。**播客**（podcasting）是通过互联网发布音频或视频广播的一种方式，允许订阅用户将音频或视频文件下载到他们自己的电脑或者便携音乐播放器上。**流媒体**（streaming）也是一种音乐和视频文件的发布方式，通过不间断的媒体流将内容传输到用户的设备上而无须进行本地保存。

2017 年在线内容总收益大约为 240 亿美元，是电子商务中增长最快的部分，年增长速度可达到 18%。

4. 交易代理商

通过人、电话或电子邮件为消费者处理交易的网站通常被称为交易代理商（transaction broker）。应用这种模式最大的产业是金融服务和旅游服务。在线交易代理商基本的价值定位是节省金钱和时间，在单一的地点提供各种各样的金融产品与旅游套餐。相比通过传统形式提供的相同服务，在线股票代理商和旅游预订服务所收取的费用要少得多。富达金融服务和 Expedia 是基于交易经纪人模式的最大在线金融和旅游服务公司。

5. 市场创建者

市场创建者是通过建立一个数字环境，让买家和卖家在此会晤、展示商品、寻找商品以及设定价格。市场创建者的价值定位在于提供一个卖家可以轻松展示产品、买家可以直接购买商品的平台，如 eBay 和 Priceline 的在线拍卖平台，是市场创建者的最好例子。再如亚马逊的招商平台（和 eBay 类似的项目），通过它，商家可以在亚马逊网站上建立自己的商店，给消费者设置一个固定价格以销售商品。像优步（在开篇案例中描述的）和 Airbnb 就是所谓的按需经济的例子（错误地被称为共享经济），其基础是市场创建者构建的数字平台，使需求和供应相匹配，例如使具有备用汽车或房间租赁能力的人找到需要交通或住宿的人。像 Kickstarter.com 和 Mosaic Inc. 这样的融资市场，将私募股权投资者和企业家聚集在一起。这两者都是 B2B 金融市场的例子。

6. 服务提供商

网络零售商在线销售产品，服务提供商则在线提供服务。照片共享、在线提供数据备份和存储的网站都是服务提供商的商业模式。软件不再是一张放在 CD 盒里的实体产品，慢慢变成了一种通过在线订购而不是从零售商（如 Office 365）那里购买的软件即服务（SaaS）。谷歌在开发在线软件方面处于领先地位，相关的服务应用如 Google Apps、Google Sites、Gmail 和在线数据存储服务等。Salesforce 是基于云的客户管理软件的主要提供商（参见第 5 章）。

7. 社区提供商（社会化网络）

社区提供商（community providers）提供一个数字化的网络环境，在这个环境中，具有相似爱好的人们可以交易（买卖商品），分享兴趣、图片、视频，与志同道合的人沟通，接收感兴趣的信息，甚至通过定义在线的人物形象将自己置身于虚幻的想象中。像 Facebook、Google+、Tumblr、Instagram、LinkedIn 和 Twitter 这样的社交网络网站，以及几百个像 Sportsvite 这样的数以百计、小型的专营网站，都为用户提供了建立社区的工具和服务。社交网络网站已成为近几年成长最快的网站，通常一年用户规模就能翻倍。

10.2.3 电子商务的盈利模式

一家公司的**盈利模式**（revenue model）描述了这家公司是怎样获得收入、赚取利润，通过投资获取较高回报的。尽管至今已发展出很多种不同的电子商务盈利模式，但许多公司都依赖于以下六种盈利模式中的某一种或者某几种的组合：广告收益模式、销售收益模式、订阅收益模式、免费 / 免费增值收益模式、交易费收益模式以及合作收益模式。

1. 广告收益模式

在**广告收益模式**（advertising revenue model）中，互联网网站的收益方式是通过吸引大量的访问者并使他们能够阅读广告信息。在电子商务中，广告模式是使用最为广泛的盈利模式，可以说，没有广告收益，互联网体验将会与现在大为不同，因为人们获得内容就要支付费用。互联网上的内容（从新闻到视频和评论的所有内容）都是免费提供给访问者的，因为广告客户为了获得向访问者播放广告的权利，支付了内容的生产和发布成本。2017 年，公司在广告方面的花费将达到约 773 亿美元（以网站上的付费消息、付费搜索列表、视频、应用、游戏或其他网上媒介的形式进行）。其中大约有 530 亿美元用于移动广告。移动广告占所有数字广告的 68%。在过去 5 年中，广告商增加了在线支出，削减了广播和报纸等传统渠道的支出。2017 年，在线广告增长 15%，占美国所有广告的 38%（eMarketer，2016d）。

拥有大量访问者或高度专业化、具有区别于一般访问群体的网站能够保持用户的黏性，并能收取较高的广告费。例如，雅虎公司所有的收益几乎都来自陈列式广告（banner ads）、视频广告以及少量搜索引擎文本广告；谷歌公司 95% 的收益都来自广告，包括销售关键字（AdWord）、广告空间（AdSense）和陈列式广告空间给广告客户（DoubleClick）；Facebook 2016 年的广告占所有网站万亿陈列式广告量的 1/3。Facebook 用户平均每周在网站上逗留的时间超过 6 个小时，远远超过其他门户网站。相比之下，美国人平均每天花 5 个小时看电视（eMarketer，2016e）

2. 销售收益模式

在**销售收益模式**（sales revenue model）中，公司通过向消费者销售产品、信息或者服务获取利润。例如，亚马逊（销售书籍、音乐和其他产品）、LLBean.com 和 Gap.com 等公司采用的都是销售收益模式。内容提供商通过收取下载音乐唱片（如 iTunes 商店）或书籍等完整文件的费用，或者通过收取音乐和视频流量费用（如 Hulu.com TV shows）获得收益。苹果公司率先开展了小额支付业务。**小额支付系统**（micropayment systems）向内容提供商提供了一种具有成本效益的方法以进行大量小额现金交易（每笔交易从 0.25 美元到 5 美元不等）。互联网上最大的小额支付系统是苹果的 iTunes 商店——它在全球拥有超过 8 亿名客户，他们频繁地在商店中以 99 美分的价格购买音乐单曲以及以不同的价格购买一定长度的电影。学习跟踪部分有关于小额支付和其他电子商务支付系统（如比特币）更详细的细节。

3. 订阅收益模式

在**订阅收益模式**（subscription revenue model）中，网站对它所提供的内容和服务收取订阅费用，即订阅者只有在支付费用后才可以访问某些或所有该网站提供的原创内容或服务。内容提供商通常使用这种盈利模式。例如，《消费者报告》（*Consumer Reports*）提供只对订阅者开放的高级内容，如详细的评级、评论和推荐，订阅者想要访问这些内容，可以选择每月支付 7.99 ～ 12.99 美元不等的订阅费，或者全年 30 美元的订阅费。Netflix 是最成功的订阅网站之一，2016 年拥有超过 7 500 万名订阅者。2016 年，《纽约时报》（*the New York Times*）大约拥有 130 万个在线付费订阅用户，《华尔街日报》（*the Wall Street Journal*）大约拥有 100 万个用户。为了获得成功，订阅收益模式要求提供的内容有很高的附加价值，这些内容区别于普通信息，是不能随处可得的，也不能轻易被复制。提供在线内容和服务订阅模式获得成功的公司包括 Match.com 和 eHarmony（约会服务）、Ancetry.com 和 Genealogy.com（家谱查询）以及 Microsoft XboxLive（视频游戏）。

4. 免费 / 免费增值收益模式

在**免费 / 免费增值收益模式**（free/freemium revenue model）中，公司免费提供基础的服务和内容，但对那些高级的或特殊的服务收费。例如，谷歌公司提供免费的应用，但增值服务需要收费。提供订阅广播服务的电台 Pandora，对有限的点播和广告服务是免费的，而对于无限制的点播是收费的。Spotify 音乐服务也使用免费 / 免费增值收益模式。它通过免费服务吸引大量的观众，然后将一些观众转换为支付高级服务费的用户。这种模式的一个问题是将人们从免费用户转换为付费客户比较困难，同时“免费”可能会导致亏损。迄今为止，免费音乐流媒体网站都还没有盈利。不过，它们发现，通过广告盈利的免费服务比付费用户的业务更加有利可图。

5. 交易费收益模式

在**交易费收益模式**（transaction fee revenue model）中，公司对支持或履行的交易收取费用。例如，eBay提供了一个在线拍卖市场，对那些成功销售物品的卖家收取小额的交易费；在线股票代理商E*Trade每次代表消费者进行一次股票交易后，都会收取一定的交易费用。交易费收益模式被广泛接受的部分原因是使用这些平台的真正成本不会被用户立即感受到。

6. 合作收益模式

在**合作收益模式**（affiliate revenue model）中，网站（称为“加盟网站”）将访问者引导到其他网站，同时通过收取转介费（referral fee）或是按比例收取销售收益获得回报。转介费也是主要的代收费。例如，MyPoints通过向会员提供特价商品将潜在消费者和公司连接起来以获得收益。当会员对提供的特价商品感兴趣并购买了商品时，他将会赢得一些网站提供的“积分”（points），这些“积分”可以用来兑换免费的产品和服务。与此同时，MyPoints将获得相应的介绍费。社区反馈网站，比如Epinions和Yelp通过引导潜在消费者到购物网站上购买商品来获得收益。亚马逊利用合作的方式，将亚马逊的商标放在联营者的博客上，从而为亚马逊带来业务。一些博主通过赞赏某些产品并提供销售渠道的链接，直接从厂家收取费用或接受免费产品。

10.3 电子商务如何改变市场

尽管电子商务和互联网已经改变了整个行业，创造了新的商业模式，但没有一个行业受到的影响比市场营销和营销沟通更大了。

互联网为市场营销人员提供了远低于使用传统媒体（包括搜索引擎营销、数据挖掘、推荐系统和有针对性的电子邮件）所产生的成本的新方法，使他们与成千上万的潜在客户建立联系并进行交流。互联网促生了**长尾营销**（long tail marketing）。在互联网出现之前，要赢得大批受众的代价是非常高昂的，营销人员不得不把重点放在用音乐、好莱坞电影、书籍或汽车等热门产品吸引消费者上。相反，互联网使营销人员能够以低廉的价格，便宜地找到潜在客户。例如，互联网可以将独特的音乐高价销售给非常小众的市场。对任何产品而言，需求都是存在的。我们将长尾销售串起来，就形成了一个有利可图的行业。

互联网还为从消费者那里收集信息、调整产品供应以及提高客户价值提供了一些新方法——这些方法通常是瞬时的和自发的。表10-6描述了电子商务中领先的在线营销和广告形式。

表10-6 在线营销和广告形式 （单位：10亿美元）

营销方式	2015年收入	描　述
搜索引擎	30	与消费者逛街购物时想要找的商品精确匹配的文本广告，可用于销售导向
陈列式广告	33	带有互动功能的横幅广告（弹出窗口和留言）；更多地针对个体的互联网活动，可用于品牌培育和销售导向，包括社交媒体和博客展示广告
视频	9.8	增长最快的广告形式，能够吸引眼球，具有娱乐性；针对用户的行为，具有交互性；可用于品牌和销售导向
分类广告	3.1	求职、地产和服务广告；具有互动性、富媒体特性、个性化的用户搜索；可用于销售和品牌导向

（续）

营销方式	2015 年收入	描　　述
富媒体	7.6	动画、游戏和智力谜题；具有互动性、针对性和娱乐性；可用于品牌导向
潜在客户挖掘	2.1	营销公司在线收集销售和营销数据，并把这些信息销售给营销者用以组织各种促销活动；用于销售或品牌导向
赞助商	1.8	企业通过赞助在线游戏、智力谜题、竞赛和折扣券网站等进行产品促销；可用于销售导向
电子邮件	0.3	高效的、针对目标的营销工具，具有互动性、富媒体潜质；可用于销售导向

10.3.1　行为定向

许多电子商务营销企业使用**行为定向**（behavioral targeting）技术来增加条幅、富媒体和视频广告的有效性。行为定向是指追踪成千上万个网站上个人的点击流（点击行为的历史），了解他们的兴趣和意图，并推送适合他们行为的广告。营销人员和大多数研究人员认为，更准确地了解客户会带来更高效的营销（企业只向那些对自己的产品感兴趣的消费者支付广告费用），销售额和销售收入也会随之增加。不幸的是，数百万网络用户的行为定向因为未经用户同意而侵犯了个人隐私。当消费者失去对网络体验的信任时，他们往往不会购买任何东西。随着消费者寻求更安全的采购和消息传递空间，反对使用个人信息的呼声日益强烈。Snapchat 会提供“消失的消息”，而 Facebook 甚至将“只为朋友开放”（for friends only）设置为默认选项。

大众化网站在主页上有数百个信标程序，这些程序收集有关访问者行为的数据，并将访问者行为报告发送给后台数据库。这些信息经常被出售给数据经纪公司——这些公司从每个美国消费者和家庭中收集数十亿数据元素，并将在线和离线的购买信息结合起来。反过来，数据经纪公司将这些信息出售给想要在网页上放置广告的广告商。联邦贸易委员会（Federal Trade Commission）最近发布的一份关于 9 家数据经纪公司的报告，发现一家数据经纪公司的数据库拥有 14 亿消费者的交易数据和超过 7 000 亿汇总数据元素。另一家数据经纪公司对美国几乎每个消费者都有 3 000 个数据测量指标（FTC，2014）。

行为定向发生在两个层面：追踪用户在单个网站上的行为，以及追踪由用户浏览过的大量网站组成的广告网络。所有的互联网站都会收集用户浏览的数据，并把它们存储在数据库中。它们有工具记录用户访问该网页前所浏览的网页，用户离开这个网页之后所浏览的网页，用户使用的操作系统、浏览器信息，甚至一些与位置相关的数据。它们还会记录用户在特定网站上访问的具体页面、在网站每个页面上的停留时间、访问的页面类型以及访问者购买的东西（见图 10-3）。企业通过分析这些与消费者兴趣和行为有关的信息对现有消费者与潜在消费者进行精确的描绘。此外，大多数主流网站在它们的主页上都设置了大量的跟踪程序，这些程序跟着你从一个网页到另一个网页，追踪你在网上的点击行为，并通过在不同的网站上向你展示相同的广告来寻找适合你的目标广告。位居前列的在线广告网络是谷歌的 DoubleClick、雅虎的 RightMedia 和 AOL 的 Ad Network。Ad Networks 代表有广告空间可以销售的发行商，以及需要进行在线营销的广告客户。促成两者之间交易的润滑剂是成千上万条网络购物者的信息，这些信息帮助广告客户将其广告精确地定位于需要的群体和个体。

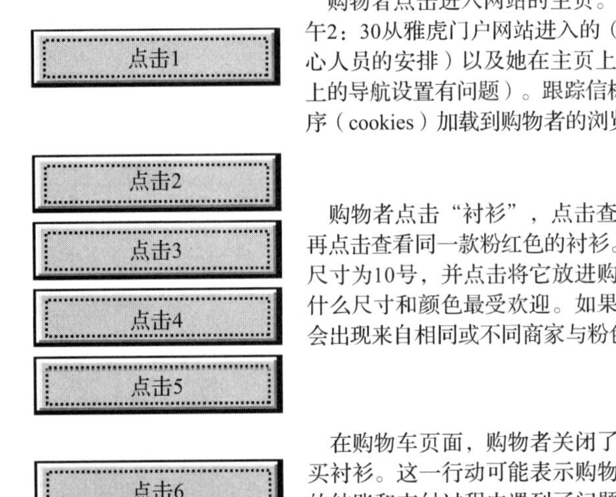

图 10-3 网站访问者跟踪示意图

类似谷歌 Double Click 这样的电子商务网站和广告平台，拥有能够追踪购物者在一家网络商店中的每一个行为且跟随购物者在网站之间穿梭的工具。对消费者在一家销售女式服装网站上行为的详细分析，展示了商店在每一个行为中能够了解到的信息，以及采取什么样的措施可以增加销量。

这类信息使企业能够了解它们网站的运行情况是否良好，产生独具特色且针对每一个用户特殊兴趣爱好展示特定产品与服务广告内容的个性化网页，提升用户体验，通过增加对购物者的了解创造附加价值（见图 10-4）。通过使用个性化技术调整显示给每个消费者的页面，营销者因为从销售人员方面节省的大量成本而获益。例如，通用汽车的雪佛兰汽车条幅广告，在向女性展示时会突出该车的安全性和实用性，而向男性展示时则会强调速度和坚固性。

从广告网络到程序化广告，这只是一小步。广告网络创建了实时出价的平台（RTB），营销人员可以在自动化的环境中，为网页发布商提供针对性极强的广告位投标。在这里，广告平台可以预测有多少目标用户可以看到广告，而广告购买者也可以估计这种广告对他们来说有多大价值。

如果你所在公司是一家大型的全国性广告公司，而公司大量的客户都希望与大量的消费者建立联系，该怎么办呢？如果你所在公司是一家大型的全球性制造厂商，想与产品的潜在消费者建立联系，又该怎么办呢？由于存在数以万计的网站，企业与每一个网站都建立联系是不可能实现的。广告网络的解决办法是通过将几千个访问量高达数百万的流行网站组成一个网络，追踪数百万用户在整个网络中的行为，为每一个用户建立描述其行为的文件，然后再将这些文件出售给广告客户。组成广告网络的这些流行网站，则会加载几十种网页追踪程序、窃听器及信标，并将收集到的用户网络行为传递给对用户毫无了解的远程服务器。你是在寻找住在东北部、年龄在 18 ～ 34 岁、拥有大学学历、对购买欧洲轿车感兴趣的、年轻的单身消费者吗？没问题。广告网络可以辨别和发现大量符合这些条件的人，并在他们从一个网站转向下一个网站的过程中，向他们展示这款欧洲轿车的广告。虽然估计值略有不同，但行为定向广告对消费者的响应大致来说比随机的条幅或视频广告高 10 倍（见图 10-5）。所谓的广告交换（advertising exchanges）就是用这样的技术在几毫秒内接触用户以收集信息，并将生成的用户文件拍卖给广告商。2016 年，大约 50% 的在线展示广告都是定向投放的，剩余的则与购物者访问的网页内容以及访问者的人口统计学数据有关，还有一种所谓的“爆炸式分发”（blast and scatter）广告，这种广告被随机地投放在任何一个可见的页面上，只在时间段或季节性等方面进行最低限度的设定。

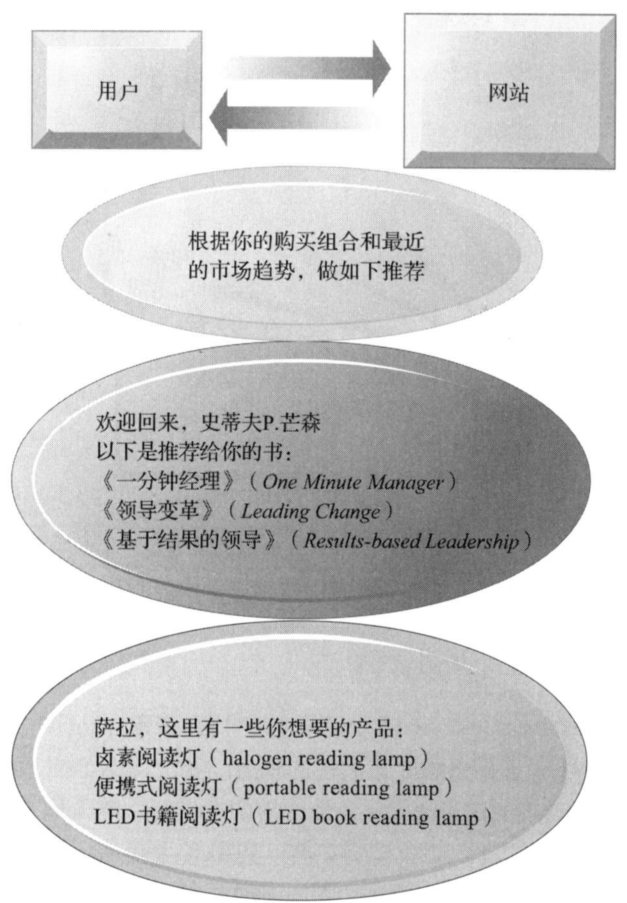

图 10-4　个性化的网站

企业可以产生独具特色的个性化网页，针对每一个用户的特殊兴趣爱好展示与特定产品和服务有关的广告内容，改善消费者体验并创造附加价值。

原生广告（native advertising）又是另外一个话题。原生广告涉及将广告放置在社交网络新闻传播或传统编辑内容中（例如报纸文章），也被称为有机广告，其内容和广告非常接近或被整合在一起。

接近 2/3（68%）的互联网用户不赞成搜索引擎和网站跟踪他们的在线行为，并将针对性的广告投放给他们。受访者中有 28% 的人赞成行为定向，因为他们相信这会产生更多相关的广告和信息。大多数美国人希望在浏览器中使用“不追踪”（Do Not Track）的选项，阻止网站收集关于他们在线行为的信息。超过 50% 的人非常关心在线个人数据的丰富性；86% 的人已经采取措施隐藏他们的在线行为；25% 的网络用户使用广告拦截软件。仅次于黑客，美国人试图避免广告客户在网上追踪他们——有 64% 的阻止追踪插件（block cookies）使得追踪更加困难（Rainie and Duggan，2016）。

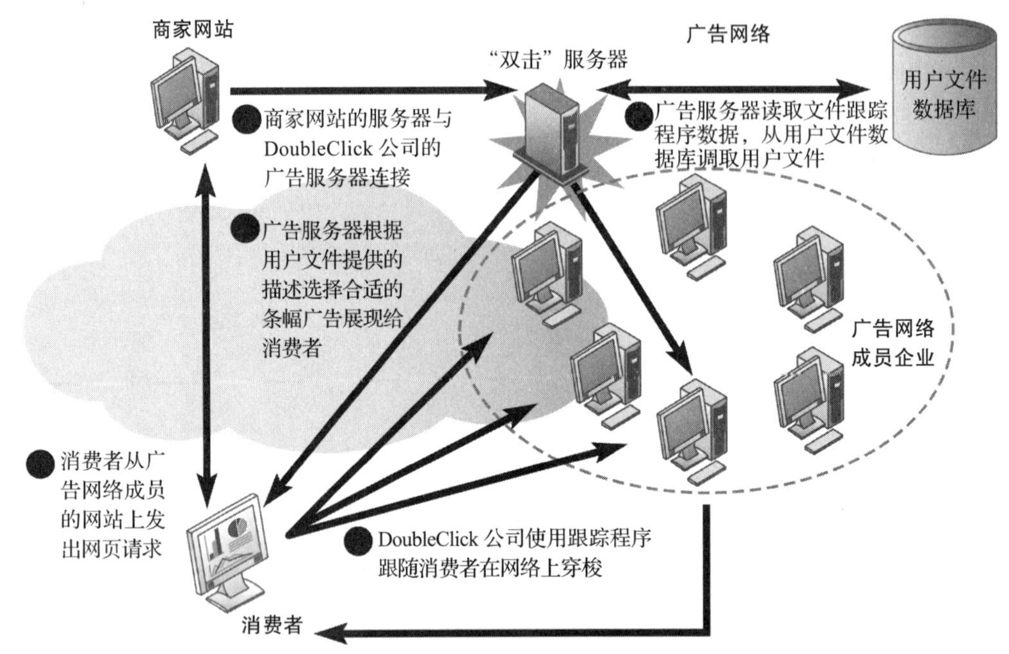

图 10-5 DoubleClick 这样的广告网络如何运行

随着隐私保护运动的兴起，广告网络和它们使用的追踪程序变得具有争议性，因为这些追踪程序具有在网络上追踪消费者个体的能力。

10.3.2 社交电子商务和社交网络营销

社交电子商务（social e-commerce）是基于数字**社交图谱**（social graph）的一种商务模式。数字社交图谱是对所有重要在线社交关系的映射。社交图谱等同于描述线下关系的“社交网络”。你可以通过将你与你认识的 10 个最亲密的人连线，制作属于自己的社交图谱（网络）。如果这 10 个人之间也相互认识，则需要在认识的人之间连线。如果你不满足于此，还可以让这 10 位朋友也列出与他们最亲密的 10 个人的名字，并画出这些人之间的联系。通过这个练习，你得到的是自己社交网络最初级的图谱。现在，想象一下如果互联网上每一个用户都进行同样的操作，并把结果上传到同一个网站上的一个大型数据库中。最终，你将获得一个类似于 Facebook 的网站。所有这些个人社交网络的集合称为“社交图谱”。

根据小世界理论（small word theory，又称为六度分割理论），你和任何一个陌生人之间间隔的人不会超过 6 个。如果你进入自己的通讯簿，假设上面一共有 100 个名字，你将这张列有 100 个名字的单子发送给你的朋友，然后他们每个人给你的单子增加 50 个新朋友的名字，这样只要经过 6 次，网络中包含的人将超过 310 亿！因此，我们可以说社交图谱是所有个人社交图谱的汇总（所有的人都在其中）。因此，世界实际上是一个小世界，我们之间的联系比我们想象中的要紧密得多。

如果你理解了人们之间的相互联系，你会发现这一概念对电子商务具有多么重要的意义：你购买的产品和服务会对你朋友的购买决策产生影响，同时他们的决策也会反过来对你起作用。如果你是一个尝试建立和强化品牌的营销人员，这种影响是显而易见的：利用人们处于社交网络中的事实，分享兴趣和价值，相互交流与影响。作为一个营销人员，你的目标观众不是 100 万个观看电视节目的孤立个体，而是由观看节目的观众组成的社交网络，以及观众的个人网络。表 10-7 描述了社交电子商务的要素。

表 10-7 社交电子商务的要素

社交商务要素	描述
消息来源	社交用户在主页上找到来自朋友和广告商的通知流
时间轴	过去为用户创建的个人历史照片和事件流，可以与朋友分享
社交组群登录	网站允许用户通过 Facebook 或其他社交网站的网络页面进行登录，使这些网站可以从 Facebook 等网站获得大量的社交用户信息，并将这些信息用于营销
协同购物	通过展示产品、聊天或短信创建消费者之间可以彼此分享自身购物经验的环境。朋友之间可以在线谈论品牌、产品和服务
网络通知	消费者可以在一个环境中分享对产品、服务、内容的评价，或者通知朋友自己所处的地理位置，比如一家餐厅或俱乐部。此类例子包括众所周知的 Facebook 的“Like”按钮，以及 Twitter 的“tweets”和“followers”按钮
社交搜索（推荐）	消费者可以向朋友征询与想购买产品、服务或内容有关的建议。谷歌可以帮你找到想要的商品，社交搜索则可以帮你通过听取来自朋友（或朋友的朋友）的评价了解商品的质量。例如，亚马逊上的社交推荐系统可以使用你 Facebook 上的社交简介为你推荐产品

2017 年，社交媒体是致力于品牌建设和营销的媒体中成长最快的媒体之一。2017 年，公司花费约 165 亿美元，利用 Facebook 等社交网络覆盖数百万在 Facebook 上每天花费数小时的消费者。Facebook 占美国所有社交营销的 74%。社交媒体营销的成本比电视、杂志甚至报纸都低得多，但这一点未来将会改变。线下世界中的社交网络是由长时间自愿沟通的人群组成的。Facebook、LinkedIn、Twitter、Tumblr 和 Google+ 等在线社交网络，以及其他具有社交组件的网站都可以让用户之间相互交流，形成团体和个人的关系，分享各自的兴趣爱好、价值和观点。用户使用文本和照片建立了在线个人资料，创建了他们希望他人看到的在线个人资料，然后邀请他们的朋友链接到他们的个人资料中。网站通过口碑和电子邮件链接迅速发展。Facebook 在美国每月的访问量为 2.58 亿人次，受到了绝大部分社交网络公众的关注，但其他四大社交网站的访问量也在增加，尽管速度比过去缓慢。在美国，Facebook 的用户增长已经放缓。2015 年，LinkedIn 的增长速度放缓至 40%，2016 年每月访问量达 1.19 亿人次。Twitter 已经增长到 1.18 亿个活跃用户，海外的增长强于美国。Pinterest 已经排在前 50 名，拥有 6 300 万个用户。根据 ComScore 的统计，在美国人上网的总时间中，大约 28% 的时间被花在社交网站上，这是最常见的在线活动（ComScore，2016）。智能手机应用增长最快的是社交网络应用，近一半的智能手机用户每天访问社交网站。在 2016 年所有访问 Facebook 的网站中，超过 60% 的访问来自智能手机。

在 Pinterest 和 Kaboodle 等社交购物网站上，你可以与朋友交换购物想法。Facebook 提供了“Like”按钮，谷歌提供了“+1”按钮，让你的朋友知道你所欣赏的产品、服务或内容，并在某些情况下也在网上购物。Facebook 每天处理约 45 亿次“Like”按钮。在线社区也是使用病毒营销技术的理想场所。在线病毒营销就像传统的口碑营销，只不过这个词能够以光速在网上社区传播，并且在地理上比较小的朋友圈中影响更加广泛。

群体智慧

那些数千人甚至数万人可以一起互动的网站的出现，为商业公司提供了新的营销和广告渠道，并帮助公司发现哪些人喜欢或讨厌它们的产品。在一种被称为**群体智慧**（wisdom of crowds）的现象中，一些人认为当面对多种多样的主题或商品时，一大群人可以比一个人甚至一小群专家做出更恰当的决策。

当然这并不适用于所有情况，但这种现象可以以有趣的方式发生。在营销领域中，群体智慧的理念建议公司应该首先与大量客户建立联系，然后更好地了解它们的产品和服务是如何被使用和赞赏（或拒绝）的。积极向客户征求建议能够获得客户的信任，并向客户传递这样的信息：公司很在乎他们的想法，也需要他们的建议。

除了单纯地征求建议外，公司还可以运用**众包**（crowdsourcing）的方式获得一些积极的帮助，从而解决一些商业问题。例如，宝马启动了众包项目，帮助客户设计一辆2025年的城市车辆。Kickstarter.com可以说是最著名的电子商务众筹网站之一，其访问者可以投资一些初创公司。其他的例子包括卡特彼勒（Caterpillar）与客户合作设计更好的机器，宜家与客户一起设计家具，百事可乐利用超级碗（Super Bowl）的观众制作在线视频。

通过社交媒体进行营销仍处于早期阶段，各公司正在尝试寻找一个成功的公式。社交互动和客户情绪并不总是那么容易管理，这对急于保护品牌的公司提出了新的挑战。“互动讨论：技术”部分提供了使用Facebook和Twitter的社交营销工作的具体例子。

⊙互动讨论：技术

和客户进行社交

各种规模的企业都在寻找Facebook、Twitter和其他社交媒体，并把这些社交媒体当作吸引客户、扩大产品信息、发现趋势和影响力、建立品牌知名度，并采取措施满足客户需求和建议的有力工具。所有Twitter用户中有一半会在Twitter上推荐产品。

全世界约有16亿人在使用Facebook，有3 000多万家企业拥有活跃的品牌页面，使用户能够通过博客、评论页面、比赛和品牌页面与该品牌进行互动。“Like”按钮让用户有机会与他们的社交网络分享他们对正在浏览的内容和其他对象的感受。通过数百万个网站上的“Like”按钮，Facebook可以跟踪其他网站上的用户行为，然后将这些信息出售给营销人员。Facebook还在用户主页右侧列表和其他页面（如照片和应用程序）中销售展示广告的位置。

Twitter已经开发了许多新产品来吸引广告客户，比如“推广推文”和“推广趋势”。这些功能让广告商能够在Twitter用户搜索特定关键字时显示其推文。许多大广告商正在使用Twitter的Vine服务，该服务允许用户通过手机应用程序重复分享简短的视频，或将其发布到其他平台（如Facebook）上。

劳氏正在使用Facebook的移动视频和Snapchat的图像短信，帮助首次购买房屋的人学习家装技巧。2016年4月，家装零售商推出了一系列新的社交视频，展示春季大扫除和DIY项目。劳氏认为，这是一种更直接和互动的方式，能够接触到将时间越来越多地花在视觉驱动的社交媒体平台上的年轻消费者。

劳氏的“FlipSide”视频是简短的双向实景视频，如果房主没有清洁排水沟和空气过滤器，或者没有修剪过长的灌木，那么就可以同时显示可能发生的情况。这些视频利用 Facebook 移动端提供的翻转视频应用程序，使用户能够更改视频方向，并将视频链接到劳氏的网站上。

劳氏“In-a-Snap”下的 Snapchat 系列，鼓励年轻的房主和租客进行简单的家庭装修，比如安装一个架子建立一个学习角。在劳氏的 Snapchat 故事中，用户可以点击屏幕，把钉子钉在墙上或凿掉的旧瓷砖上。劳氏正在开发 Facebook 和 Instagram 上另外一个系列的视频教程，名为“家庭学校”，用粉笔艺术家的图画将装修项目制作成动画。

劳氏的社交媒体活动有助于提高品牌参与度。虽然该公司开展的社交活动旨在培训首次购房者或年轻房客进行家居装修，但该公司也希望能够鼓励消费者对产品和服务之外的品牌进行不同的思考。管理层认为，正在成为首次购房者的千禧一代希望知道公司努力的更深层意义，而不仅仅是提供产品和服务。

估计 90% 的客户受到在线评论的影响，近一半的美国社交媒体用户通过社交媒体积极寻求客户服务。因此，现在的营销更加强调客户满意度和客户服务。社交媒体监测可以帮助营销人员和企业更多地了解客户关心的东西：对产品喜欢、不喜欢和抱怨的地方，客户希望获得的额外产品或对产品的修改，以及人们如何谈论某个品牌（积极或消极情绪）。

通用汽车公司（GM）仅在北美就有 26 名全职社交媒体客户关怀顾问，覆盖通用、雪佛兰、别克、GMC 和凯迪拉克等品牌在内的 150 多个公司社交渠道，以及汽车爱好者论坛等 85 个网点。这些顾问每周 7 天协助客户，每天工作 16 个小时。通用汽车认为，确定和解决质量问题的过程是非常重要的。

通用汽车很早就认识到，在线车主论坛中有丰富的信息可以用于产品开发。通用汽车的社交媒体顾问积极监测车主论坛和其他社交媒体平台以发现潜在问题，为公司品牌质量和工程的领导提供实时的客户反馈。在某些情况下，通用汽车的社交媒体顾问能够比传统调查或经销商更早地反馈发现的问题。

例如，当客户在自己的博客上抱怨时，通用汽车的社交媒体小组可能会由此发现一个气候控制部件的缺陷。客户对于这一缺陷的投诉收到了数十个回复和数千条意见，促使通用汽车做出进一步的调查。一旦通用汽车的专家确定了问题的根源，公司就向所有的经销商发布技术服务通知，替换受影响车辆的 HVAC 控制模块。通用汽车在 10 天内对原有客户的车辆进行了修理，并调整了生产，确保不会有其他客户受到影响。

尽管如此，一些公司也知道，社交展示（social presence）的结果可能是不可预测的，而且并不总是有好处的。2014 年 10 月，微软 CEO 萨蒂亚·纳德拉（Satya Nadella）在 Twitter 上发表了消极反应，他谈到女性不需要在工作中加薪，以及如何相信就业体系。纳德拉后来通过 Twitter 道歉。2015 年 3 月，社交媒体为“星际争霸”活动提供了一个反对星巴克的愤怒平台。之前，星巴克已经碰到了一些敏感的社会问题，并开展了一场运动，鼓励与客户谈论种族关系。批评者在社交媒体上试图利用美国的种族紧张局势来敲诈星巴克。

各地的企业都急于创建 Facebook 页面和 Twitter 账户，但许多人仍然不明白如何有效利用这些社交媒体工具。虽然大公司已经学会了如何在社交网络上脱颖而出，并从 Facebook 和 Twitter 等网站上获得大量的帮助，但大多数本地企业仍然被社交营销难倒了。汽车行业也是如此，包括现代、福特汽车在内的汽车制造商，已经接受了社交媒体，并花费数千万美元进行复杂的营销活动。然而，当地的许多经销商几乎没有一个 Facebook 页面，同时在社交营销上的销售收入很少或根本没有收益。

传统的营销主要使用单向的沟通来创建和传递信息。社交媒体营销是双向沟通的、互动的，能够使企业立即收到信息，并在必要时做出反应和更改信息。但许多公司仍然不了解这种差异。

资料来源：Claudia Kubowicz Malhotra, and Arvind Malhotra, " How CEOs Can Leverage Twitter, " *MIT Sloan Management Review*, Winter 2016; Daniel Matthews, " Social Customer Service Metrics: 3 Case Studies," Ducttapemarketing.com, accessed July 1, 2016; Nathalie Tadena, " Lowe's Enlists Snapchat, Facebook Mobile Video in New Push to Reach Millennials," *Wall Street Journal*, April 25, 2016; Vindu Goel, " The Gap Between Auto Dealers and Social Media, " *New York Times*, April 9, 2015; and Ben DiPetro, " The Morning Risk Report:Takeaways from Starbucks' Race Relations Gambit," *Wall Street Journal*, March 24, 2015.

案例分析题

1. 请评估利用社交媒体技术与客户互动的管理、组织和技术问题。
2. 用社交媒体做广告、建品牌、做市场研究和进行客户服务有哪些优点与缺点？
3. 举例说明这个案例中利用社交媒体与客户互动的商业决策。
4. 所有的公司都能用社交媒体技术进行客户服务和市场推广吗？为什么？什么样的公司最适合使用这些平台？

10.4 电子商务如何影响 B2B 交易

企业间的贸易（企业对企业商务，或 B2B）代表着一个巨大的市场。2015 年，全美 B2B 贸易的总量达到约 14.6 万亿美元，其中 B2B 电子商务（在线 B2B）贡献了 6.2 万亿美元（U.S.Bureau of Census，2015；authors' estimates）。到 2019 年，B2B 电子商务在美国应该能达到 8.6 万亿美元。企业之间进行交易的过程是十分复杂的，需要大量的人员参与，因此也消耗了大量的资源。一些企业估计，为支持企业采购所需要的产品，平均每一份订单至少需要支付 100 美元的间接管理费（administrative overhead）。这些间接管理费包括处理纸张、审批购买决策、用电话和传真寻找产品与安排采购所花费的时间、运输安排、接收商品等。在整个经济运行过程中，每年各种间接管理费用总计可达上万亿美元，而这些花费在采购过程中其实是可以通过自动化完成的。即使只有一小部分企业内部的交易，也可以采用自动化，同时整个采购流程中的一部分在互联网的协助下进行，大量的管理成本就可以被有效地利用，消费者面对的商品价格会下降，生产力会提升，国家的经济财富也将得到扩张。这就是 B2B 电子商务的前景。B2B 电子商务的挑战在于改变现有的模式和采购系统，并且设计与实施基于互联网的新 B2B 解决方案。

10.4.1 电子数据交换（EDI）

B2B 电子商务是指发生在企业之间的商业贸易。这些交易正在越来越多地通过互联网的装置实现。大约 80% 的在线 B2B 电子商务仍然通过**电子数据交换**（electronic data interchange，EDI）专用系统进行。电子数据交换使两个组织之间能够通过计算机数据交换标准化的交易数据，比如发票、提单、货运时间表和购买订单。交易数据通过网络自动从一个信息系统传输到另一个信息系统，这样避免了一端的文件打印和处理与另一端的数据输入过程。美国的每个主要行业，以及世界其他地方的很多行业都有 EDI 标准，这些标准定义了各个行业电子文档的结构和信息领域。

电子数据交换最初的作用是实现一些文档（比如订单、发票和运货通知）的自动化交换。尽管很多公司仍然为实现文档自动化交换使用电子数据交换，但是那些追求零库存补货管理和进行流水线生产的企业则把电子数据交换当作持续补货系统使用。通过预先设定的权限，供货商可以在线访问部分购货公司的生产和送货时间表，从而在不需要购货公司采购代理参与的情况下，自动发送物料和商品以满足事先预定的目标，如图 10-6 所示。

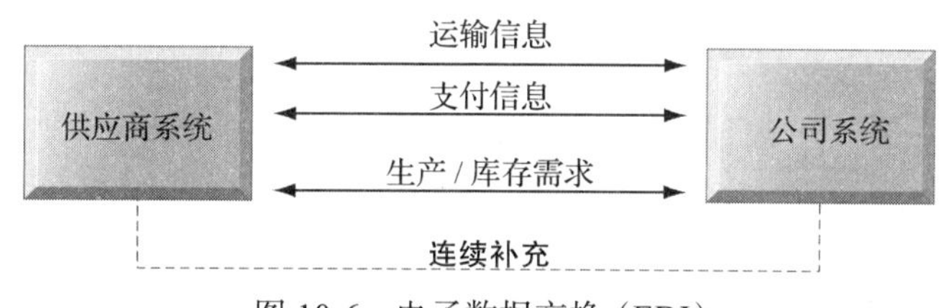

图 10-6　电子数据交换（EDI）

企业使用 EDI 进行自动化的企业对企业（B2B）电子商务和不间断的库存补充。供应商可以自动地将货运数据发给购买货物的公司。购买货物的公司也可以使用 EDI 将生产和库存的需求以及付款数据提供给供应商。

尽管许多组织仍然使用私有的专用网络进行电子数据交换，但更多的企业开始使用互联网，这是因为互联网技术为企业之间的连接提供了更为灵活和成本更低的方式。企业能够将数字技术应用到更多的业务活动中，同时企业的交易伙伴范围也得到了拓展。

以采购业务为例。采购业务不仅包括商品和原材料的购买，也包括商品寻源、与供货商洽谈、付款以及安排运输。今天，企业可以通过互联网找到供货成本最低的供货商，搜索供应商产品的在线目录，与供应商洽谈，下订单，支付货款和组织运输。通过互联网，企业可以不局限于与传统 EDI 网络中的合作伙伴打交道。

10.4.2　B2B 购买和销售的新方法

互联网和网页技术使得企业可以应用多媒体图像以及类似 B2C 电子商务中的交互特性，建立新的电子商店并向其他企业销售产品。此外，企业也可以选择使用互联网技术建设企业外部网或电子市场，通过这些渠道与其他企业进行连接，开展采购和销售等交易。

一个典型的**专有行业网络**（private industrial network）通常由一家大型企业通过安全的网站连接它的供应商和主要商业伙伴组成（见图 10-7）。网络由买家企业所有，并允许指定的供应商、分销商和其他业务伙伴一起分享产品的设计和开发、营销、生产进度安排、库存管理，以及以图像和邮件等形式进行的非结构化沟通。专有行业网络的另一种表述为**专有交换**（private exchange）。

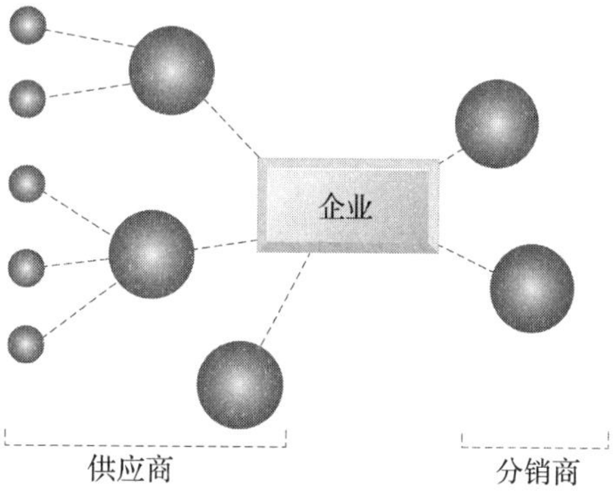

图 10-7　专有行业网络

企业通过专有行业网络（或私有交换）连接企业的供应商、分销商以及其他关键业务伙伴，开展有效的供应链管理和其他协同商务活动。

VW Group Supply 是专有行业网络的一个例子，它连接了大众汽车集团和集团的供应商。VW Group Supply 为大众汽车处理全球 90% 的采购业务，包括所有汽车和部分组件。

网络集市（net marketplaces），有时也称为电子集市（e-hubs），为数量众多的买家和卖家提供了一个建立在互联网技术上的单一数字化市场（见图 10-8）。这些市场是具有行业性的，或者由独立于买家和卖家的中间商运营。网络集市通过买卖交易以及向客户提供其他服务获取收益。网络集市上的参与者可以通过在线谈判、拍卖、询价等方式设定价格，或者设定固定的价格。

网络集市有很多不同的种类和划分方式。有些网络集市销售直接商品，而另一些则销售间接商品。**直接商品**（direct goods）是指生产过程中所使用的商品，比如用于制造车身的钢板。**间接商品**（indirect goods）是指所有不直接参与生产过程的商品，比如办公用品以及用于保养和维护的配件。有些网络集市支持按合同从指定的供货商处长期采购，而另一些网络集市则支持短期现货采购，即根据即时需求采购商品，而且经常是向不同的供货商购买。

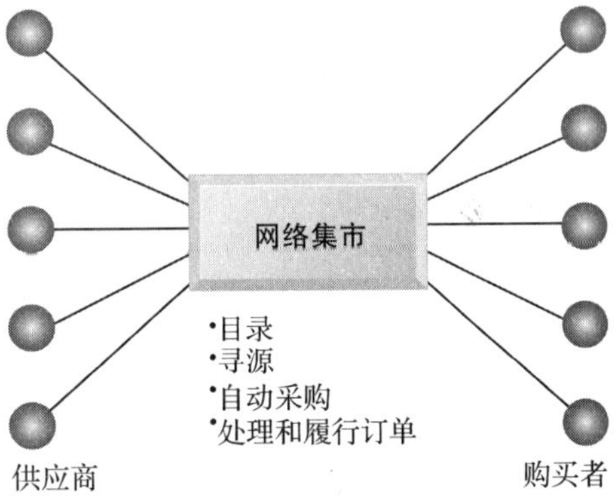

图 10-8 一个网络集市

网络集市是在线的市场，数量众多的买家可以从同样数量众多的卖家那里购买东西。

有些网络集市服务于特定行业的垂直市场，比如汽车业、电信业和机械工具，而另外一些网络集市则服务于水平市场，可以提供很多来自不同行业的商品和服务，比如办公设备和运输工具。

Exostar 是一个行业网络集市的例子，侧重于长期的合同式采购，并致力于通过提供通用的网络和计算机平台改善供应链的低效率状况。Exostar 是航天和国防产业赞助的网络集市，由英国 BAE 系统公司、波音、洛克希德·马丁公司（Lockheed Martin）、雷神公司（Raytheon）和劳斯莱斯联合组建而成。通过这个网络集市，这些公司和它们的供货商及合作者相互联系。来自商业领域、军事领域和政府部门超过 10 000 个贸易伙伴使用 Exostar 提供的寻源、电子采购和协作工具来购买直接和间接商品。

交换市场（exchanges）是独立的且由第三方运营的网络集市，成千上万的供应商和采购者在此进行现货采购交易。许多交换市场是特定行业的纵向市场，比如食品、电器和工业设备等，并且在这些市场上销售的主要是直接商品。例如，Go2Paper 为来自超过 75 个国家的纸制品行业中的买家和卖家提供纸张、纸板与牛皮纸等现货交易。

交换市场在电子商务的早期曾蓬勃发展，但其中很多可能已经失败了。供应商不愿意加入交换市场，因为交换市场鼓励价格竞争，这使得价格下降了，难以与买家维持长期的关系。许多必需品的直接采购并不是通过现货采购进行的，因为必需品的采购需要合同，同时必须考虑送货时间、定制化以及产品质量等问题。

10.5 移动商务在电子商务中的角色是什么？最重要的移动电子商务应用是什么

随意地走在一个大都市的街头，数一数多少人在低头摆弄他们的 iPhone 手机、三星手机或黑莓手机。搭乘火车、飞机时，你会看到与你同行的旅客正在阅读网络报纸，在手机上观看视频，或者在 Kindle（亚马逊推出的电子阅读器）上阅读小说。5 年之内，美国绝大多数互联网用户主要通过移动设备访问互联网。随着移动用户的快速增加，移动广告和移动商务蓬勃发展。

2017 年，移动电子商务约占所有电子商务的 37%，零售商品和服务、应用程序、广告、音乐、视频、铃声、电影、电视以及基于位置的服务（如当地餐馆的定位和交通更新）产生的年收入约为 1 700 亿美元。然而，移动电子商务是电子商务增长最快的形式，每年以 50% 以上的速度增长，预计到 2020 年将增长到 3 000 亿美元（见图 10-9）（eMarketer，2016c）。

移动电子商务增长的主要领域是大众市场零售，如亚马逊（168 亿美元）和苹果（约 140 亿美元）；销售音乐、电视节目、电影和电子书等数字内容（约 60 亿美元）；移动设备应用的销售（约 70 亿美元）（eMarketer，2016d）。这些估计不包括移动广告或基于位置的服务。像优步和 Airbnb 这样按需服务的公司（在开篇案例中描述的）都提供基于位置的服务，当然它们也是移动商务的例子。

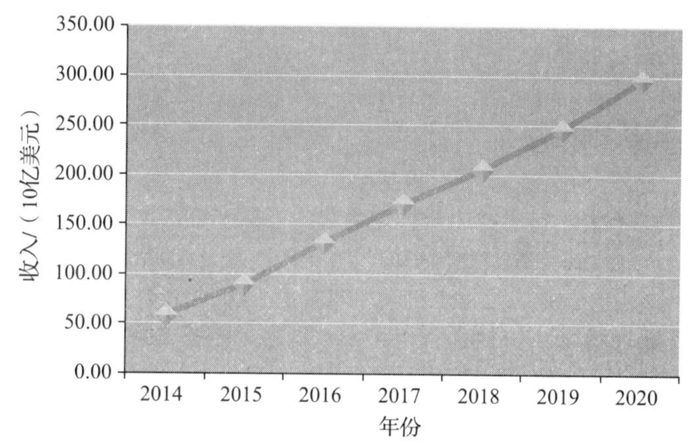

图 10-9　移动零售商务收入

移动电子商务是 B2C 电子商务中发展最快的类型，2016 年占所有电子商务的近 33%。

资料来源：Data from e-Marketer chart, "US Retail Mcommerce Sales, 2013-2019," May 2015.

10.5.1 基于位置的服务和应用

基于位置的服务（location-based service）包括地理社交（geosocial）服务、基于位置的广告（geoadvertising）服务和基于位置的信息（geoinformation）服务。74% 的智能手机用户使用基于位置的服务。将这些活动联系起来并作为移动商务基础的是全球定位系统（global positioning system，GPS）。用户通过 GPS 可以在智能手机上使用地图服务。**地理定位服务**（geosocial service）可以告诉你在哪里与朋友见面。**基于位置的广告服务**（geoadvertising service）可以帮助你找到最近的印度餐馆。**基于位置的信息服务**（geoinformation service）可以告诉你正在关注的楼盘价格，或者告诉你路过的博物馆里哪些展览正在进行。2017 年，增长最快和最受欢迎的基于位置的服务提供者是按需服务公司，如优步、Lyft、Airbnb、Instacart（参见“互动讨论：组织”部分），还有数百家为当地用户提供服务的公司，都是基于用户的位置。

⊙互动讨论：组织

Instacart 能送货吗

网上杂货店 Webvan 可能是第一次互联网热潮时期最著名的例子。2001 年它的倒闭使许多专家和投资者认为网上食品的商业模式是站不住脚的。

但是，Webvan 的倒台主要是由于追求先发优势的战略。它花了 10 多亿美元建造了庞大的配送仓库，购买了运输车队，并大力投资于市场营销。然后，它对任何时间、任何规模的订单都提供免费送货服务，而且价格高于实体竞争对手。这不是一种赚钱的方式。

近年来，一些公司再次试水网上食品杂货销售。纽约市的 Fresh Direct 公司成功地将当地新鲜的农产品、有机食品和犹太食品、定制食品与标准杂货店食品相结合。包括 Albertson's、西夫韦和 Peapod.com（是 Stop & Shop 和 Giant 的在线实体公司）这样的实体公司也接受了纯粹的在线公司。

最新的进入者 Instacart 利用一大批独立承包商和当地食品零售商，绕开了仓储和运输的开支。一些专门的个人购物者通过 Instacart 智能手机应用程序接收订单，然后到杂货店里购买订单上的东西，并使用自己的车辆把货物交付给客户。与优步这样的“分享经济”一样，Instacart 要求个人购物者支付自己的汽车、健康保险以及社会保险费用，最大限度地减少劳动力成本。据说 Instacart 每小时支付个人购物者 15 ～ 20 美元不等，这取决于他们能够多快地完成和交付订单，大部分 Instacart 的购物者都是在灵活的时间内做兼职工作的。

Instacart 的联合创始人兼首席执行官阿普瓦・梅塔（Apoorva Mehta）认为，Instacart 的竞争优势是双重的。首先，客户不仅限于从单一的供应商处选择商品，这就意味着 Instacart 可以将多个商店的商品合并为一个订单，因此，产品选择是真正定制化的（Instacart 使用特殊的软件，可以跟踪多家超市的库存)。此外，个人购物服务者 24 小时随时待命，所以客户不必提前很长时间下订单，也不必等待送货窗口。事实上，客户可以在不到一个小时的时间内完成购物清单的交付。

Instacart 的应用程序提供了本地机构的详细地图，包括商店通道的情况。客户的购物清单通过网站或应用程序中的下拉菜单进行编制，并且由商户最高效率地完成订单。所有 Instacart 下属商户都会跟踪库存。当你走过杂货店的过道时，你会看到一件亮绿色的 T 恤，闪耀着珠光宝气的标志。该软件还可以计划交付的路线和预测未来的客户订单。

iPhone 用户可以从世界上最大的食谱搜索引擎 Yummly 连接到 Instacart 应用程序，并且将晚餐食材及时送到。Food Network 网站的访问者（拥有超过 50 万份食谱）可以在线浏览食谱，然后点击一个按钮，将他们需要的东西添加到他们的 Instacart 购物车里。Instacart 应用程序与谷歌的 Now 卡集成在一起，因此 Android 用户可以使用应用程序中生成的令牌下订单，以进行交付或取货。

因此，Instacart 的核心竞争力决定了其目标市场：对价格不敏感、贪图便利的购物者。起初，东西的价格被标记并被收取 3.99 美元的送货费。与亚马逊的 Prime 类似，Instacart 推出了 Express 服务，需要一定的业务量和每年 99 美元的费用换取免费送货。Webvan 最大的一个大错误是追求大众市场战略。以最低廉的价格提供高质量的产品和免费送货，永远不可能扭亏为盈。相反，Instacart 迎合了愿意支付高价获得高品质产品和选择的客户需求。

到 2015 年，Instacart 在纽约、洛杉矶、旧金山、圣何塞、华盛顿特区、芝加哥、波士顿、奥斯汀、西雅图、费城、亚特兰大、博尔德、丹佛、休斯敦和俄勒冈州的波特兰拥有 200 名员工和 4 000 名个人购物者，并且还在继续扩大范围。杂货店供应商从大型连锁店，如好市多、BJ 批发俱乐部、西夫韦、克罗格、Super Fresh、Trader Joe’s 和全食，到当地小型的特别杂货商，如 LA 的 Erewhon Organic Grocer & Café、丹佛的 Marczyk Fine Foods 和波特兰的 Green Zebra。在亚马逊的子公司 Amazon Fresh 全面推出之前，这些商店都欢迎 Instacart 作为一种方式拓展它们的客户基础。

虽然许多分析师预测，亚马逊和沃尔玛的低价策略是不可避免的，但 Instacart 正在改变其商业模式。Instacart 与得克萨斯州奥斯汀的 Petco 和 Tomlinson 宠物用品公司的合作关系，扩展了其产品领域，而梅塔推测，其业务扩展到一般物流领域也是可以想象的。

Instacart 的许多杂货店的合作伙伴现在都设定了自己的价格，向 Instacart 支付每笔订单的费用。这使 Instacart 摆脱了加价的压力，免受变幻莫测的食品价格变动的影响，并提供了更稳定的利润结构。零售商也愿意向 Instacart 付费，以获得更多的业务，因为 Instacart 使单一商店能够为更大区域的客户提供服务。合作的零售商已经开始盈利，尽管数量不多。业务发展和战略主管 Nilam Ganenthiran 认为，不同类型的协议已经达成，但他拒绝透露指定的合作伙伴是否将其电子商务外包给 Instacart，并每月给 Instacart 付费，或按购买的商品、每份订单或服务的每个客户收取一定的费用。

由于全国连锁店在杂货店交货时的利润率只有 1% ～ 2%，Instacart 在现有杂货店基础设施上设置的分层劳动力模型还没有得到证实。根据《华尔街日报》的分析，从旧金山西夫韦商店购买的冷冻豌豆、牛奶、麦片和新鲜水果等 15 种常见商品只需要 68 美元，可以为 Instacart 带来 1.5 美元的利润。如果这个订单少了一瓶 28 盎司[㊀]的花生酱，Instacart 就会收支平衡，可以说一个较小的订单可能会使其亏本。如果参与商家未给出价格优惠，Instacart 可以吸引足够多的客户吗？它能保持一定的规模，以确保目标市场所要求的一流客户服务吗？它还能赚钱吗？ Instacart 的零售商销售收益能否持续下去？ Instacart 可能是一个好主意，但这是一个非常大的赌注。

资料来源：Sarah Perez, " Instacart Becomes the Default Ingredients-Buying App for Food Network's Websites," TechCrunch.com, June 2, 2016; Megan Rose Dickey, " Instacart Cutting Wages for Shoppers Starting March 14, " TechCrunch.com, March 11, 2016; Brad Stone, "Instacart Rings Up $220 Million More for its Grocery Delivery Service," *Bloomberg Business*, January 13, 2015; Carmel DeAmicis, " On the Way to $220M in Funding, Instacart Quietly Changed Its Business Model," gigaom.com, January 14, 2015; Farhad Manjoo, " Instacart's Bet on Online Grocery Shopping, *New York Times*, April 29, 2015 and "Grocery Deliveries in the Sharing Economy," *New York Times*, May 21, 2014.

案例分析题

1. 使用价值链和竞争力模型分析 Instacart 公司，该公司需要具备什么样的竞争力？它的价值主张是什么？
2. 请解释 Instacart 的商业模式是如何运作的？公司是如何产生收入的？
3. 信息技术在 Instacart 商业模式中的作用是什么？
4. Instacart 的网上杂货销售模式是否可行？为什么？

Waze 是流行的社交地理信息服务的一个例子。Waze 是智能手机基于 GPS 地图和导航的一种应用程序，目前已被谷歌收购。Waze 使用 GPS 将用户的汽车定位在数字地图上，并像其他导航程序一样持续收集用户的速度和方向信息。Waze 的与众不同之处在于它收集了来自事故报告、速度陷阱、地标、街头集市、抗议活动甚至是用户的交通信息。Waze 使用这些信息给用户提出建议的替代路线、旅行时间和警告，甚至提供有关加油站的建议。优步和 Lyft 的司机以及美国超过 2 500 万个司机都使用 Waze 应用程序。

Foursquare、Facebook 和谷歌提供的新产品是地理社会服务的例子。地理社会服务可以帮助你找到朋友或帮助你的朋友找到你，通过“登入”这项服务，可以显示你在餐厅或其他地方，你的朋友会立即被通知。约 20% 的智能手机用户使用地理社交服务。

㊀ 1 盎司 = 28.349 5 克。

Foursquare 为 6 000 万个注册用户提供基于位置的社交网络服务，使这些用户可以与朋友联系，更新他们的位置，并提供关于这个地方的评论和提示。你在目的地登记后，就会有积分奖励。用户可以选择在 Twitter 和 Facebook 账户中公开他们的登记信息，还可以在具有特定标签的地点办理登记手续，获得徽章奖励。全球有超过 50 万个当地商家使用商家平台进行市场推广。

以地理广告的形式将人们与当地商家联系起来是移动商务的经济基础。地理广告根据 GPS 位置向用户发送广告。智能手机将位置报告给谷歌和苹果公司。当用户进入商户范围时，商家可以购买这些用户信息。例如，化妆品零售商科颜氏（Kiehl）向店内 100 码[⊖]范围内的顾客发送特别优惠信息和公告。

10.5.2 其他移动商务服务

银行和信用卡公司推出了能使顾客通过移动设备管理银行账户的服务。摩根大通和美国银行的客户可以使用手机查询账户余额、转账和支付账单。针对 iPhone 6 和 Apple Watch 的 Apple Pay，以及其他 Android 和 Windows 智能手机，允许用户通过扫描手机，从信用卡账户中付费（请参阅学习跟踪部分的移动支付系统）。

移动广告市场是发展最快的在线广告平台，2017 年广告收入达到 520 亿美元，年均增长 21%。广告最终会转移到“眼球”所在的位置，即广告越来越多地出现在移动电话和平板电脑上。谷歌是全球最大的移动广告市场，在移动广告上投入了大约 100 亿美元；Facebook 排名第二，达到 49 亿美元。雅虎在它的移动主页上显示诸如百事可乐、宝洁、希尔顿、日产和英特尔等公司的广告。谷歌会显示与其搜索引擎移动版用户关联的手机搜索链接。微软在其美国的 MSN 移动门户上提供横幅广告和文字广告。广告嵌入被应用在游戏、视频和其他移动应用程序中。

Shopkick 是一款移动应用软件。通过该软件，百思买、Sports Authority 和梅西百货等零售商可以在人们进入商店时提供折扣券。使用者在进入与 Shopkick 有合约的零售商店时，能够被自动识别，并被给予一定数量的虚拟货币。这种虚拟货币可以用来兑换 Facebook 的信用等级、iTunes 的礼品卡、旅游消费券、DVD，或者在任何一个合作商户那里即时获得现金返还。

如今，有 55% 的在线零售商拥有移动商务网站——通常是可以使购物者通过手机下订单的互联网站的简化版。丽莉·普利策（Lilly Pulitzer）和阿玛尼（Armani Exchange）等服装零售商、家得宝、亚马逊、沃尔玛以及 1-800 Flowers 都是开展移动商务应用的公司。2016 年，移动互联网浏览器中有超过一半的移动电子商务销售发生在应用程序中。

10.6 建立电子商务必须考虑什么问题

要构建一个成功的电子商务，企业需要对业务、技术、社会事件以及系统方法进行深入的理解。今天，电子商务网站不仅是一家公司的站点，还包括 Facebook 上的一个社交网络站点、微博上的公司账号、智能手机上的应用。通过这些方式，客户可以获得公司服务。但开发和协调所有这些不同的客户接触点是十分困难的。这些话题超出了本书的范围，有兴趣的同学可以阅读专门介绍该话题的书籍材料（Laudon and Traver，2016）。企业要构建一个成功的电子

⊖ 1 码 = 0.914 4 米。

商务面临两个最重要的管理挑战：①清晰地理解业务目标；②知道如何选择正确的技术以实现这些目标。

10.6.1　开发电子商务展示地图

电子商务已经从网上以个人电脑为中心开展的活动，转变为基于手机和平板电脑开展的活动。目前，美国的大多数互联网用户使用智能手机和平板电脑查看商品与服务、价格，进行娱乐，访问社交网站，而不仅仅是购物。潜在客户在一天中的不同时间使用不同的设备并参与不同的对话，具体取决于他们正在做什么，比如与朋友联系、发微博或阅读博客。其中每一个都是接触点，你可以与客户见面，而且必须考虑如何在这些不同的虚拟场所开展业务。图 10-10 提供了开发电子商务时需要考虑的平台和相关活动的路线图。

图 10-10 展示了四种电子商务：网站、电子邮件、社交媒体和离线媒体。你必须针对每种类型选择不同的平台。例如，在网站的情况下，有三个平台：传统桌面、平板电脑和智能手机，每个平台都具有不同的功能。此外，每种类型的电子商务都有相关的活动需要考虑。例如，在网站的情况下，你需要参与搜索、展示、合作和赞助等活动。离线媒体是第四种类型的电子商务，因为许多公司使用多平台或整合营销，通过平面广告将客户引向网站。

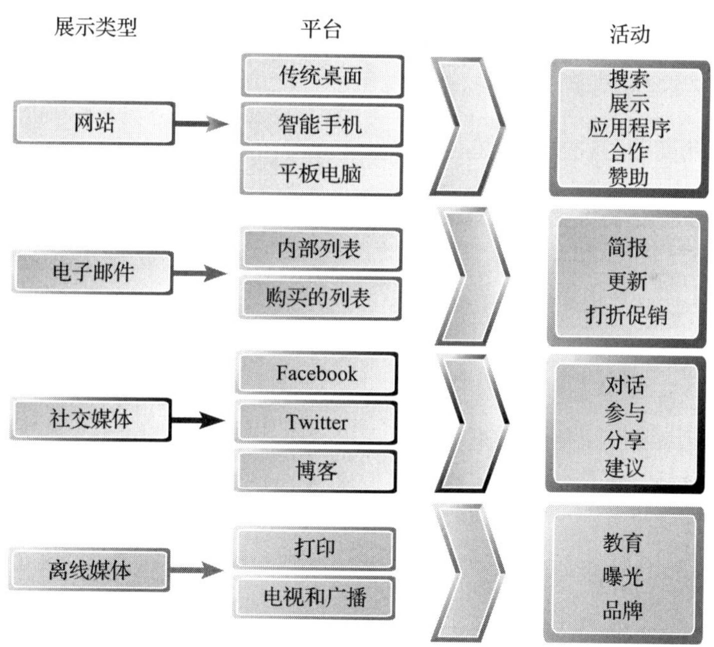

图 10-10　电子商务展示地图

电子商务展示需要考虑四种展示类型以及各自相应的平台和活动。

10.6.2　制定时间表：里程碑

你想从哪一年开始？当你开始开发电子商务展示时，有一个大概的时间框架是非常有帮助的。你应该把你的项目分成几个阶段，并在规定的时间内完成。表 10-8 给出了一家致力于青少年时尚的创业公司开发电子商务的一年时间表。你还可以在本章的学习跟踪部分找到有关开发电子商务网站的更多详细信息。

表 10-8 电子商务展示时间表

阶段	活动	里程碑
阶段 1：规划	构建网站愿景；确定人员	网站使命陈述
阶段 2：网站开发	获得内容；开发网站设计；安排网站运作	网站规划书
阶段 3：网站实施	开发关键字和元标记；聚焦于搜索引擎优化；识别潜在的赞助商	功能性网站
阶段 4：社交媒体规划	为你的产品和服务识别合适的社交平台与内容	社交媒体规划书
阶段 5：社交媒体实施	开发 Facebook、Twitter 和 Pinterest 网站	功能性社交媒体展示
阶段 6：移动规划	开发移动规划书；考虑在智能手机上显示网站的不同选择	移动媒体规划书

本章小结

1. 电子商务、数字化市场、数字化产品有什么独有的特征？

电子商务使组织和个人之间的数字化商业交易成为可能。电子商务技术的独特之处包括无处不在、全球化、统一标准、丰富性、交互性、信息密度、个性化以及社交技术。

数字化市场比传统市场有更高的“可见性”，更低的信息不对称、检索成本、交易成本、菜单成本，同时还具有基于市场情况大幅度调整价格的能力。数字产品，如音乐、影像、软件和书籍，能在数字网络中传递。数字商品一旦被生产后，数字化传递产品的成本就会变得很低。

2. 电子商务主要的商业和收益模式是什么？

电子商务商业模式包括网络零售商、交易代理商、市场创建者、内容提供商、社区提供商、服务提供商和门户网站。电子商务收益模式包括广告、销售、订阅、免费 / 免费增值、交易费、合作。

3. 电子商务如何改变市场？

互联网为市场提供识别潜在顾客并与上百万潜在顾客沟通的新方式，且成本远低于传统媒体。利用“群体智慧”的众包帮助企业从顾客学习中改进产品交付，增加顾客价值。行为定向技术增加了横幅、富媒体和影视广告的有效性。社交电子商务利用社交网络和社交网站提高产品与服务的命中率。

4. 电子商务如何影响 B2B 交易？

B2B 电子商务通过帮助企业确定供应商、招投标、配置订单、跟踪运输过程中的货物提高效率。网络市场为很多买家和卖家提供了单一的数字化市场。私有工业网络将公司与供应商和其他战略伙伴相连接，从而建设高效率、高响应的供应链。

5. 移动商务在业务中角色是什么？最重要的移动商务应用是什么？

移动商务特别适合基于位置的应用，例如寻找本地旅馆和餐厅，跟踪本地交通与天气状况，提供个性化的基于位置的市场。手机和手持设备被用来支付手机费，处理银行业务，安全交易，更新交通计划以及下载数字内容（例如音乐、游戏和视频）。移动商务需要无线接入设备和能处理微支付的特殊数字支付系统。智能手机的全球定位系统功能使基于位置的广告、社交和信息服务成为可能。

6. 构建一个电子商务网站时需要考虑哪些问题?

企业要建设一个成功的电子商务站点需要对业务目标有清晰的理解，并选择正确的平台、活动和时间表以实现这些目标。电子商务不仅包括奇缘网站，而且包括 Facebook、Twitter 和其他社交网络站点以及智能手机应用。

MyMISLab

完成标有 MyMISLab 标记的问题，请到 MyMISLab 的 EOC 讨论问题部分。

复习题

10-1　电子商务、数字化市场、数字化产品有什么独有的特征?

- 描述形成电子商务的 4 种商业趋势和 3 种技术趋势。
- 列举并描述 8 种电子商务的各自特点。
- 定义数字化市场和数字化产品，并描述它们的特点。

10-2　什么是主要的电子商务业务和收益模式?

- 描述主要的电子商务业务模式。
- 描述电子商务收益模式。

10-3　电子商务如何改变市场?

- 解释社交网络和“群体智慧”如何帮助企业改进市场营销。
- 定义行为定向，并解释它是如何在个人网站和广告网站上工作的。
- 定义社交图谱，并解释如何将其用到电子商务市场上。

10-4　电子商务如何影响 B2B 交易?

- 解释信息技术如何支持 B2B 电子商务。
- 定义并描述网络市场，并解释与私有工业网络（私有交易）的区别。

10-5　移动商务在企业中的角色是什么? 最重要的移动商务应用是什么?

- 列举并描述移动商务服务和应用的重要类型。

10-6　构建一个电子商务网站时需要考虑哪些问题?

- 列举并描述构建电子商务网站的 4 种类型。

讨论题

10-7 MyMISLab　互联网是如何改变消费者和供应商之间的关系的?

10-8 MyMISLab　互联网可能让企业不过时，但企业必须改变业务模式。你同意吗？为什么？

10-9 MyMISLab　社交技术如何改变电子商务?

MIS 实践项目

该部分的项目为你提供开发电子商务的战略，使你利用电子表格软件研究一家电子商务企业的盈利性，利用网络工具研究并评估电子商务运维服务的实践经验。请访问 MyMISLab 的多媒体图书馆获取本章 MIS 实践项目。

管理决策问题

10-10 哥伦比亚纳（Columbiana）是加勒比海（Caribbean）中一个独立的小岛，拥有很多历史悠久的建筑、城堡和其他景点（包括雨林和出众的山脉）。沿着岛上美丽的白沙滩，坐落着几家顶级酒店和数十家价位适中的旅馆。主流的大型航空公司和一些小型航空公司都有飞往哥伦比亚纳的常规航班。哥伦比亚纳政府希望促进旅游业发展，并为本国的热带农作物产品开发新的市场。网络店铺能提供什么样的帮助？什么样的互联网商业模型比较合适？网络平台应该有些什么功能？

10-11 浏览下列公司的网站：Blue Nile、Swatch、劳氏和 Priceline。判断上述哪个网站通过增加一个公司赞助的博客可以获得的收益最多。列出这个博客能给公司带来的商业利益。列举这个博客可能的观众。决定该由谁来编写这个博客，并为博客选择一些主题。

改善决策：用电子表格软件分析“.com”业务

软件技能：电子表格下载、设计格式和使用公式

业务技能：财务报表分析

10-12 在互联网上选择一家电子商务网站，比如 Ashford、Yahoo 或者 Priceline。阅读网站上对于公司、目标和结构的介绍。在互联网上找到评价这家公司的文章。然后到证券交易委员会（Securities and Exchange Commission）的网站上（www.sec.gov）寻该公司 10-K（年报）表，包括损益表 / 利润表和资产负债表。选择 10-K 表中你将要分析的财务报表部分内容，并下载到电子表格中（MyMISLab 提供了关于如何将 10-K 数据导入电子表格的更详细的说明）。建立该公司过去三年利润表和资产负债表的简化版电子表格。

- 这个公司是“.com”行业的成功案例、普通案例还是失败案例？你的判断基于哪些信息？为什么？在回答这些问题时，特别注意公司三年来收入、销售成本、毛利润、运营成本和净利润方面的变化趋势。
- 准备一个演讲（至少 5 页 PPT），包括合适的电子表格或图表，并把你的工作向教授和同学展示。

卓越运营：评价电子商务的托管服务

软件技能：网页浏览软件

业务技能：评估电子商务主机服务

10-13 这个项目能帮助你提高互联网技能，对那些向小型创业企业提供电子商务网站托管服务的商业服务进行评估。

你想建立一个网站来销售毛巾、家庭日用织品、陶器和来自葡萄牙的餐具，为此你要考察为小型企业提供互联网店面的托管服务。你的网站应该能够安全地使用信用卡支付并且能够计算运费和税费。一开始，你想展示大约 40 种不同产品的照片和描述。访问 eHost.com、

GoDaddy 和 iPage 网站，比较这些网站提供的针对小企业的托管服务范围、网站的能力以及费用，并考察网站提供的用来建立电子商务站点的工具。比较这些服务，然后决定如果你想建立一家网店，你会选择哪一家。写一份简要的报告说明你的选择，并解释每家网站的优势和不足。

团队协作项目

进行一项关于电子商务网站的竞争分析

10-14 与三四名同学组成一组。选择同行业中相互竞争的两家企业，并将其网站用于电子商务交易。访问这些网站。例如，可以比较 Pandora、Spotify、亚马逊、BarnesandNoble.com、E*Trade 和 Scottrade 等网站。根据其功能、用户友好性和支持公司业务战略的能力，对每家企业的网站进行评估。哪个网站做得更好？为什么？你能否提出一些改进的建议？如果可能的话，请使用 Google Docs、Google Drive 或 Google Sites，集思广益并制作演示文稿来报告你们的结果。

案例研究

沃尔玛和亚马逊争夺电子商务的最高地位

沃尔玛是全球最大、最成功的零售商，2015 年销售额达到 4 830 亿美元，在全球拥有超过 11 500 家门店，包括在美国的 4 600 多家门店。沃尔玛拥有 230 万名员工，在《财富》500 强公司名单中名列第一。沃尔玛拥有如此强大的销售机器，至今还没有遇到实力相当的竞争对手。

如今，沃尔玛最大的威胁是亚马逊网站（通常被称为“网络沃尔玛”）。亚马逊销售的不仅仅是书籍，还包括人们想买的所有东西，比如 DVD、视频和音乐流媒体下载、软件、视频游戏、电子产品、服装、家具、食品、玩具和珠宝。该公司还生产消费电子产品，尤其是亚马逊 Kindle 电子书阅读器、Kindle Fire 平板电脑、Echo 和 Tap 扬声器以及 Fire TV 机顶盒。没有其他在线零售商可以与亚马逊广泛的选择、低廉的价格、快速可靠的送货媲美。多年来，亚马逊一直是世界上最大、最强的电子商务零售商。此外，亚马逊已经改变了消费者的习惯和期望，沃尔玛与其他零售商必须适应这种方式。以往商家控制商品的存货和销售的“推动”模式不再适用，取而代之的是购物者有更强的话语权的“拉动”模式。根据圣路易斯 Edward Jones 零售分析师 Brian Yarbrough 的说法，对沃尔玛来说，亚马逊和在线零售可能是零售业中最大的破坏者。

沃尔玛成立于 1962 年，作为一个传统的、离线的实体店，它依然是行业内做得最好的，但它也被迫在电子商务中竞争。根据 Kantar 零售研究公司的数据，7 年前，沃尔玛的客户中只有 1/4 在亚马逊购物。然而，今天沃尔玛一半的客户表示，他们已经在两家零售店购物。在线竞争和电子商务的利润变得太重要了，不能忽视。

沃尔玛的传统客户（主要是廉价购物者，每年收入低于 5 万美元）觉得使用技术变得更加舒服。在经济衰退期间，这些客户开始在沃尔玛购物；随着财务状况的改善，他们将回到亚马逊。亚马逊已经开始销售沃尔玛传统销售的商品类别，比如真空包、尿布和服装，其收入增长速度远远超过沃尔玛。2015 年，亚马逊销售额超过 1 130 亿美元。

如果有更多的人想在网上购物，亚马逊有一些明显的优势。亚马逊已经在网上零售业中创造了一个可以辨识的、非常成功的品牌。公司已经开发了大量的仓储设施和一个专门为网络购物设计的、非常有效的分销网络。亚马逊的优质送货服务 Prime 以每年 99 美元的定价，提供快速、“免费”的两日达送货，而这往往被认为是网上零售商的一个薄弱环节。据《华尔街日报》报道，亚马逊的运费比沃尔玛低，每包3～4美元不等，而沃尔玛的在线运费达到每包5～7美元。沃尔玛庞大的供应链需要支持全球11 000多家实体店，而亚马逊并没有这种担忧。对于像沃尔玛这样的商店来说，运费可能会有很大的不同。在沃尔玛，受欢迎的商品往往是低成本的物品，比如10美元的内衣。沃尔玛为电子商务创建一个重复的供应链是没有意义的。

不过，沃尔玛并没有推波助澜。这是一个比亚马逊更强大、更可辨识的品牌。消费者将沃尔玛与最低的价格联系在一起，所以沃尔玛可以灵活地提供任何特定物品。公司可能会以极低的利润销售热销产品，并希望通过销售大量其他捆绑产品获利。沃尔玛有大量实体店，可即时满足消费者的购物需求，即消费者买到一件商品后可以立即带回家，而在亚马逊上订购的话则需要等待。据公司管理层说，美国70%的人口距沃尔玛门店在5英里之内。

沃尔玛在网上业务方面的投资稳步增加。2015年和未来几年，它每年将花费12亿～15亿美元在电子商务方面（包括履行中心和技术）。沃尔玛已经建成了世界上最大的私有云计算中心，这为沃尔玛提供了计算能力，可以将沃尔玛网站上的商品数量从3年前的100万增加到今天的1 000万。2015年春天，公司在全国各地开设了4个新的履行中心，每个中心都超过100万平方英尺。为了进一步抵制亚马逊，沃尔玛推出了自己的“免费”两天送货计划，称为送货通行证，类似于亚马逊的Prime，但每年只需花49美元。

新技术也将为沃尔玛提供更多的专业知识以改善沃尔玛网站为访问者给出的产品推荐。沃尔玛使用智能手机作为营销渠道，并且提供个性化的购物体验。沃尔玛一直在稳步增加其移动和在线购物渠道的新应用程序，并正在扩大与Pinterest等社交网络的整合。

Pay With Cash计划使沃尔玛25%没有信用卡或银行账户的客户可以在线订购产品，然后到最近的沃尔玛门店以现金支付。沃尔玛网络和数字化开发部门@WalmartLabs收购了食谱技术初创公司Yumprint，扩大了在线食品配送服务范围。管理层希望Yumprint能够帮助沃尔玛的客户在购物之前利用从Yumprint上找到的食谱更容易地制作购物清单。

沃尔玛还试图改善其商店库存、网站和手机应用程序之间的联系，以便更多的客户可以在网上订购，并在商店购物。购物者可以在网上订购商品，并从当地门店的储物柜中取货，而不必排队等候。沃尔玛的储物柜所发挥的作用和亚马逊最近与Staples和7-Eleven进行的交易类似。这个想法使得沃尔玛能够在消费者喜欢购物的任何地方提供沃尔玛产品，无论是通过网上、门店还是电话。

公司正在重新思考门店内的体验，以便吸引更多的人进入门店。沃尔玛超过一半的客户拥有智能手机。它设计了移动应用程序，最大限度地提高相对于亚马逊的优势，即物理位置。每周约有1.4亿人来到沃尔玛门店。公司开始测试应用程序的店内模式，该模式可以检测客户何时进入实体店。当这个模式被激活时，顾客可以检查他们的购物清单，在商店中找到感兴趣的物品，并且可以查看本地的促销信息。该应用程序的“Scan & Go”功能可以让顾客在购物时扫描物品，以便通过自助结账快速通过。购物者还可以使用语音或扫描条形码将商品添加到列表中。

沃尔玛网站使用软件实时监测竞争零售商的价格，并在必要时降低在线价格。公司还将在线市场上的第三方零售商的库存翻倍，并追踪搜索引擎和社交媒体的数据，帮助客户选择更多的时尚产品。这直接影响到亚马逊的第三方市场，这是亚马逊的重要收入来源。此外，沃尔玛正在增加其在线产品，包括高档产品，如146美元的耐克太阳镜和价值超过2 500美元的葡萄酒冰箱，以吸引从未来过沃尔玛门店的顾客。新的产品内容收集系统有助于供应商将产品目录发送到沃尔玛。产品信息在网上就能被获得。

沃尔玛对电子商务的承诺并不旨在复制亚马逊的商业模式。相反，首席执行官董明伦（Doug McMillon）正在制定一个战略，为消费者提供两全其美的方法——全渠道零售方法。

沃尔玛的管理层认为，公司的优势在于它并不是一个纯粹的电子商务零售商，并且客户希望与实体店和数字商店有真正的互动。沃尔玛通过网络和实体店的大力销售，每天保持其标志性的低价与广泛的产品组合，并将其大型网络商店作为分销点。沃尔玛将在线购物和实体店紧密结合在一起，以便顾客随心所欲地购物，无论是通过手机订购送货上门、到店取货，还是在沃尔玛超市的走道上漫步。沃尔玛的目标是成为世界上最大的全渠道零售商。

亚马逊正在努力扩大其产品选择，以便像沃尔玛一样详尽无遗。亚马逊已经允许第三方卖家通过它的网站销售商品，并通过收购大幅扩大产品选择。例如，2009 年亚马逊购买了在线购鞋网站 Zappos.com，进而在鞋类销售处于领先地位。亚马逊一直在建设杂货产品体系，在某些情况下，亚马逊的 Prime、Prime Now、Prime Pantry 和 Amazon Fresh 的交货时间短至 1 个小时。亚马逊已经在西雅图开设了一家零售书店，并在美国其他地区设立了更多的书店。客户将能够使用亚马逊的 Alexa 语音控制数字助理（内置 Echo、Tap 扬声器和 Fire TV)，在亚马逊的在线商店订购数以千万计的产品。

亚马逊继续在更靠近城市中心的地方建设更多的配送中心，扩大当天配送的服务，并且有一个在线商业优化的供应链，这是沃尔玛无法比拟的。现在，亚马逊有 100 多个仓库可以包装和运输货物。仓库加快了亚马逊的运输速度，鼓励用户在亚马逊购物，而这些中心作为亚马逊运营的一部分，运营成本正在下降。亚马逊和沃尔玛都在尝试用无人机加速订单的完成和交付。但沃尔玛拥有数千家商店，几乎每个社区都有这样的门店，而这是亚马逊永远无法复制的。这场史诗般的战斗的输赢将取决于哪家公司能够更好地利用自己的优势。沃尔玛的技术看起来很有希望，但它在本地门店方面仍然有很多工作要做。沃尔玛能否成功地实现全渠道战略呢？

资料来源：Julie Verhage, “One Wall Street Firm Says Amazon Is About to ‘Feast’ on the Food and Beverage Market,” *Bloomberg Business*, March 17, 2016; Rachel Abrams, “Walmart Outperforms Estimates, but Online Retail Lags,” *New York Times*, May 19,2016; Sarah Nassauer and Loretta Chao, “Wal-Mart Expands Free Two-Day Shipping,” *Wall Street Journal*, June 29, 2016; Nathan Olivarez-Giles, “Amazon’s Alexa Now Lets You Order Tens of Millions of Products with Your Voice,” *Wall Street Journal*, July 1, 2016; Farhad Manjoo, “How Amazon’s Long Game Yielded a Retail Juggernaut,” *New York Times*, November 19, 2015; Brian O’Keefe, “The Man Who’s Reinventing Walmart,” *Fortune*, June 4, 2015; Nathan Layne, “Wal-Mart Eyes Amazon in Potentially Costly E-commerce Battle,” *Reuters*, May 20, 2015; Anna Rose Welch, “Walmart, Sam’s Club Amp Up Online Shopping Experiences,” Integrated Solutions for Retailers, February 28, 2014; Donna Tam, “Walmart: Amazon Image Recognition a ‘Shiny Object,’” CNET, February 6, 2014; and Claire Cain Miller and Stephanie Clifford, “To Catch Up, Walmart Moves to Amazon Turf,” *New York Times*, October 19, 2013.

案例分析题

10-15　使用竞争力和价值链模型分析沃尔玛与亚马逊网站。

10-16　比较沃尔玛和亚马逊的商业模式与企业战略。

10-17　信息技术在这些公司中扮演了什么角色？它是如何帮助它们完善企业战略的？

10-18　沃尔玛是否会成功超越亚马逊？请解释你的答案。

MyMISLab

请到 MyMISLab 的作业部分完成这些写作练习。

10-19　描述社会化商务的六大特点，并就每一个特点提供一个案例，简述一家企业该如何利用这些特点向在线消费者销售。

10-20　列出并描述建立电子商务展示的主要活动。

参考文献

Adomavicius, Gediminas, Jesse Bockstedt, and Shawn P. Curley. "Bundling Effects on Variety Seeking for Digital Information Goods." *Journal of Management Information Systems* 31, No. 4 (Spring 2015).

Brynjolfsson, Erik, Yu Hu, and Michael D. Smith. "Consumer Surplus in the Digital Economy: Estimating the Value of Increased Product Variety at Online Booksellers." *Management Science* 49, No. 11 (November 2003).

Brynjolfsson, Erik, Yu Jeffrey Hu, and Mohammad S. Rahman. "Competing in the Age of Multichannel Retailing." *MIT Sloan Management Review* (May 2013).

Butler, Brian S., Patrick J. Bateman, Peter H. Gray, and E. Ilana Diamant. "An Attraction-Selection-Attrition Theory of Online Community Size and Resilience." *MIS Quarterly* 38, No. 3 (September 2014).

Chandlee, Blake and Gerald C. (Jerry) Kane. "How Facebook Is Delivering Personalization on a Whole New Scale." *MIT Sloan Management Review* 55, No. 4 (August 5, 2014).

Chen, Jianquing and Jan Stallaert. "An Economic Analysis of Online Advertising Using Behavioral Targeting." *MIS Quarterly* 38, No. 2 (June 2014).

comScore Inc. "ComScore 2013 US Digital Future in Focus." [Nick Mulligan] (April 2, 2014).

Doyle, Cathy. "US Mobile StatPack."eMarketer (March 2016).

eMarketer. "E-Commerce Sales, 2014–2020," Chart (June 2016b).

eMarketer. "US Retail Sales to Near $5 Trillion in 2016," Report (December 2016e).

eMarketer. "US Mobile Commerce Update 2016," Report, eMarketer (May 2016d).

eMarketer. "Digital Ad Spending United States," 2014–2018, Chart (2016a).

eMarketer. "US Ad Spending: Estimates for 2016," Report, eMarketer (March 2016c).

Federal Trade Commission. "Data Brokers: A Call for Transparency and Accountability," Federal Trade Commission (May 2014).

Fang, Yulin, Israr Qureshi, Heshan Sun, Patrick McCole, Elaine Ramsey, and Kai H. Lim. "Trust, Satisfaction, and Online Repurchase Intention: The Moderating Role of Perceived Effectiveness of E-Commerce Institutional Mechanisms." *MIS Quarterly* 38, No. 2 (June 2014).

Gast, Arne and Michele Zanini. "The Social Side of Strategy." *McKinsey Quarterly* (May 2012).

Ghoshal, Abhijeet, Subodha Kumar, and Vijay Mookerjee. "Impact of Recommender System on Competition Between Personalizing and Non-Personalizing Firms." *Journal of Management Information Systems* 31, No. 4 (Spring 2015).

Gupta, Sunil. "For Mobile Devices, Think Apps, Not Ads." *Harvard Business Review* (March 2013).

Hinz, Oliver, Il-Horn Hann, and Martin Spann. "Price Discrimination in E-Commerce? An Examination of Dynamic Pricing in Name-Your-Own Price Markets." *MIS Quarterly* 35, No. 1 (March 2011).

Holt, Douglas. "Branding in the Age of Social Media." *Harvard Business Review* (March 2016).

Hoofnagle, Chris Jay, Jennifer M. Urban, and Su Li. "Privacy and Modern Advertising: Most US Internet Users Want 'Do Not Track' to Stop Collection of Data About Their Online Activities." Berkeley Consumer Privacy Survey. BCLT Research Paper (October 8, 2012).

Im, Il, Jongkun Jun, Wonseok Oh, and Seok-Oh Jeong. "Deal-Seeking Versus Brand-Seeking: Search Behaviors and Purchase Propensities in Sponsored Search Platforms." *MIS Quarterly* 40, No. 1 (March 2016).

Internet Retailer. "Mobile Commerce Top 400 2015." (2015).

Internet World Stats. "Internet Users in the World." Internetworldstats.com (2016).

Kumar, V. and Rohan Mirchandan "Increasing the ROI of Social Media Marketing." *MIT Sloan Management Review* 54, No. 1 (Fall 2012).

Laudon, Kenneth C. and Carol Guercio Traver. *E-commerce: Business, Technology, Society*, 12th ed. Upper Saddle River, NJ: Prentice-Hall (2016).

Li, Xitong. "Could Deal Promotion Improve Merchants' Online Reputations? The Moderating Role of Prior Reviews." *Journal of Management Information Systems* 33, No.1 (2016).

Liu, Charles Zhechao, Yoris A Au., and Hoon Seok Choi. "Effects of Freemium Strategy in the Mobile App Market: An Empirical Study of Google Play." *Journal of Management Information Systems* 31, No. 3 (Winter 2014).

Oestreicher-Singer, Gal and Arun Sundararajan. "Recommendation Networks and the Long Tail of Electronic Commerce." *MIS Quarterly* 36, No. 1 (March 2012).

Oh, Hyelim, Animesh Animesh, and Alain Pinsonneault. "Free Versus For-a-Fee: The Impact of a Paywall on the Pattern and Effectiveness of Word-of-Mouth via Social Media." *MIS Quarterly* 40, No. 1 (March 2016).

Orlikowski, Wanda and Susan V. Scott. "The Algorithm and the Crowd: Considering the Materiality of Service Innovation." *MIS Quarterly* 39, No.1 (March 2015).

Pew Internet and American Life Project. "Americans' Attitudes About Privacy, Security, and Surveillance." (May 20, 2015a).

Pew Internet and American Life Project. "Americans' Privacy Strategies Post-Snowden." (March 16, 2015b).

Rainie, Lee and Maeve Duggan. "Privacy and Information Sharing." Pew Research Center (January, 2016).

Reynolds, Tracy. "NRF Forecasts Retail Sales to Grow 3.1 Percent in 2016." National Retail Federation (February 10, 2016).

Rigby, Darrell K. "Digital Physical Mashups." *Harvard Business Review* (September 2014).

Schulze, Christian, Lisa Schöler, and Bernd Skier. "Customizing Social Media Marketing." *MIT Sloan Management Review* (Winter 2015).

Shuk, Ying Ho and David Bodoff. "The Effects of Web Personalization on User Attitude and Behavior: An Integration of the Elaboration Likelihood Model and Consumer Search Theory." *MIS Quarterly* 38, No. 2 (June 2014).

Susarla, Anjana, Jeong-Ha Oh, and Young Tan. "Influentials, Imitables, or Susceptibles? Virality and Word-of-Mouth Conversations in Online Social Networks." *Journal of Management Information Systems* 33, No.1 (2016).

Urban, Glen L. and Fareena Sultan. "The Case for 'Benevolent' Mobile Apps." *MIT Sloan Management Review* (Winter 2015).

U.S. Bureau of the Census. "E-Stats. 2014." http://www.census.gov/econ/index.html (May 22, 2014).

Xiaojuan Ou, Carol, Paul A. Pavlou, and Robert M. Davison. "Swift Guanxi in Online Marketplaces: The Role of Computer-Mediated Communication Technologies." *MIS Quarterly* 38, No. 1 (March 2014).

Yin, Dezhi, Samuel D. Bond, and Han Zhang. "Anxious or Angry? Effects of Discrete Emotions on the Perceived Helpfulness of Online Reviews." *MIS Quarterly* 38, No. 2 (June 2014).

Zhang, Zan, Guofang Nan, Minqiang Li, and Yong Tan. "Duopoly Pricing Strategy for Information Products with Premium Service: Free Product or Bundling?" *Journal of Management Information Systems* 33, No. 1 (2016).

Zhou, Wenqi and Wenjing Duan. "Do Professional Reviews Affect Online User Choices Through User Reviews? An Empirical Study." *Journal of Management Information Systems* 33, No. 1 (2016).

第 11 章 管理知识

CHAPTER11

LEARNING OBJECTIVES

学习目标

通过阅读本章，你将能回答以下问题：

- 在企业内，知识管理系统扮演了什么样的角色？
- 在企业内，有哪些类型的知识管理系统？它们如何为企业创造价值？
- 在企业内，主要有哪些类型的知识工作系统？它们如何为企业创造价值？
- 智能技术会给企业的知识管理带来哪些商业价值？

> MyMISLab™
>
> 访问 mymislab.com 来获得模拟、辅导材料和课后问题。

开篇案例 凯迪拉克创建虚拟经销商

假设你有兴趣购买一辆汽车，并想在经销商那里查看类似的汽车。你可能会看到你感兴趣的几辆汽车，但可能它们并不是你想寻找的，例如该经销商可能没有你所需的颜色或选项组合。但是，如果你可以看到这辆车所有可能的配置变化，但这不是真实存在的，那会是什么样的呢？今天，我们真的要感谢虚拟现实这一技术。虚拟现实（virtual reality，VR）是一种计算机模拟的环境，用户可以将它视为与自身交互的真实环境。

奥迪率先在“公文包经销商”项目中使用了 VR 技术。通过戴上 Oculus Rift 虚拟现实耳机，潜在的买家可以感受到他们坐在汽车车轮后面或车子打开后备厢的感觉。摄像头跟踪潜在买家的头部动作，并相应地调整护目镜上的图像。如果你正在看现实生活中的奥迪，那么 VR 头戴式耳机会以三维方式显示你看到的场景。Bang & Olufsen 头戴式耳机可以模拟汽车的关门声和立体音响系统的音乐声。这种 VR 体验可用于全部的奥迪车型和定制选项，包括颜色、室内装潢和信息娱乐系统。

现在，凯迪拉克也想利用 VR 技术。通用汽车的这个奢侈品部门存在一个问题：拥有太多的经销商，大约是德国豪华汽车制造商或丰田雷克萨斯的 3 倍多，但销售的汽车只有它们的一半。这意味着太多的汽车库存等着销售。库存必须由经销商提供资金，经销商还必须为保险和销售人员支付费用。其中一些被称为“经销商准备金”的费用，会被计入新车的最终价格中，可能要达到 500 美元或更多。VR 可以帮助凯迪拉克减少未售出的库存，帮助经销商提高价格竞争力。

凯迪拉克计划从 925 家美国经销商着手，减少一部分经销商的新车库存，并使用虚拟现实耳机显示之前在经销商手中的车型。在城市以外的地区，许多凯迪拉克的经销商也出售雪佛兰或别克 GMC 汽车。这些联合经销商销售的凯迪拉克数量很少，每年大约 30 辆。经销商会保留其服务、融资和二手车业务。销售人员将配备触摸屏配置器和虚拟现实设备，并去拜访工作场所和自己家周围的潜在买家。经销商现场有几辆测试车，但客户购买的凯迪拉克会从区域库存中心发货，而不是直接从经销商那里发货。这一举措是由凯迪拉克总裁约翰·德·尼琛（Johan de Nysschen）发起的新零售战略——“巅峰”（Pinnacle）项目的一部分。

并不是所有的凯迪拉克经销商都热情高涨，特别是那些销售依赖于低端定价的公司。巅峰项目希望经销商从仅仅销售车辆转变成为提供汽车服务的场所，比如针对豪华汽车提供免费的路边援助服务。经销商的另外一个担心是，如果凯迪拉克可以通过虚拟展厅出售汽车，那么完全可以绕过经销商。而一些经销商认为，如果现在的顾客想立即满足需求，那么在销售场所没有真正汽车的情况下，也许这是不可能的。这些经销商认为，豪华汽车上皮革的感觉和气味以及控制的触感，没有真实的汽车是感觉不到的。

资料来源：Eric Bank, “ Cadillac Swapping Dealerships for Virtual Reality, ” Get.com, June 7,2016; Sean Szymkowski, “ Johan de Nysschen Pitches Virtual Stores for Low-Volume Cadillac Dealerships,” GM Authority, February 22, 2016; Christina Rogers, John D. Stoll, and Gautham Nagesh, “Cadillac Bets on Virtual Dealerships, ” *Wall Street Journal*, June 5, 2016; “ Audi Reveals Virtual Reality ‘ Dealership in a Briefcase, ’” AutoBlog, January 19, 2015; and Bob Sorokanich, “ Audi Crams an Entire Dealership with Infinite Inventory into a Virtual Reality Headset,” *Car and Driver*, January 15, 2015.

凯迪拉克使用虚拟现实技术取代一些经销商展厅的计划，显示了如何利用技术促进知识的获取和应用，从而有利于改善业务绩效。获取知识，利用知识工具进行创新以及将产品可视化，提高知识的质量和流通性，改善业务流程，对于所有业务领域的生存和成功都是至关重要的。

下图给出了本案例和本章需要关注的重点。凯迪拉克一直受到太多经销商售卖出的汽车太少的困扰。该公司希望消除一些销售量较少的凯迪拉克汽车经销商实际拥有的汽车，并用虚拟现实耳机替代经销商的库存。这些虚拟现实耳机模拟了凯迪拉克轿车给人的视觉、触觉和听觉体验，可以为潜在客户提供任何数字化的选择。使用知识技术可以消除大量销售量较少的凯迪拉克经销商的过量实物库存以降低成本，并且可以通过为客户提供现场体验、汽车模型和其他不同选项增加销售量。由于有了更好的可视化和创造知识的系统，凯迪拉克相信会有一个更高效的汽车销售流程。但是，凯迪拉克经销商并不那么肯定这一做法。

以下是需要考虑的一些问题：使用 VR 技术如何改变汽车销售流程？虚拟现实是不是汽车销售的一个恰当工具？为什么？

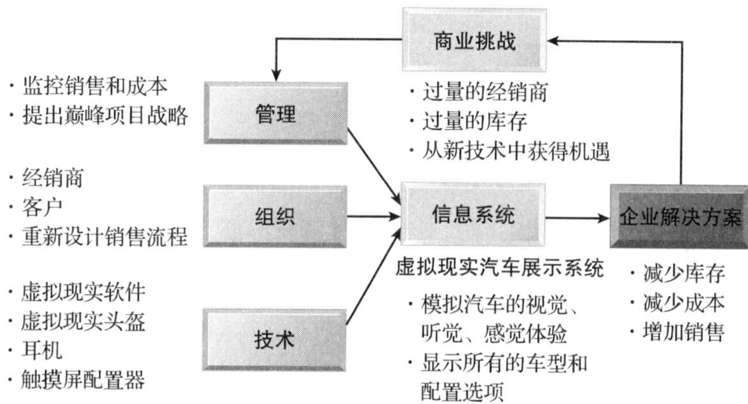

11.1 知识管理系统在企业中的角色是什么

知识管理和合作系统是企业与政府在软件投资方面增长最快的领域。过去 10 年，经济、管理和信息系统领域的知识及知识管理研究呈爆炸式增长。

知识管理和合作紧密相关。不能和他人沟通与分享的知识几乎无用，只有当知识在整个企业内广泛地被分享，知识的价值才能得以体现和利用。在第 2 章中，我们已经描述过一些应用于合作，特别是社会化业务合作的主要工具。本章将关注知识管理系统，并让读者认识到：沟通和分享知识正变得越来越重要。

我们生活在信息经济社会中，主要的财富和成功都源于信息和知识的创造及分享。据估计，37% 的美国劳动力由信息工作者和知识工作者组成，他们是最大的单一细分劳动力市场的组成部分。美国大约有 55% 的国内生产总值（GDP）由知识和信息部门创造（U.S.Department of Labor，2016）。

知识管理在许多大企业中已成为重要的议题，管理人员相信他们企业的价值依赖于企业创造和管理知识的能力。有研究表明，公司股票市场价值的主要部分依赖于它的无形资产。知识是其中重要的组成部分之一，与企业品牌、声誉、独特的业务流程不相上下。尽管基于知识的投资回报难以被衡量，但是执行良好的知识管理项目会产生超额的投资回报已众所周知（Gu and Lev，2001）。

11.1.1 知识的重要维度

数据、信息、知识和智慧这些概念有重要的区别。在第 1 章中，**数据**（data）被认为是组织系统获取的一系列事件或交易，其自身对业务处理是有用的，但有用性较小。要把数据转换成有用的**信息**（information），企业必须投入资源把数据按理解的类别分类，如月、日、区域或以店面为基础的销售额报告等。若要把信息转化为**知识**（knowledge），企业必须再投入额外的资源，发现知识工作的模式、规则、脉络等。最后，**智慧**（wisdom）被认为是集体和个人应用知识解决实际问题的经验，包括何地、何时和如何应用知识的相关内容。

知识既具有个人的个体属性，又具有企业的集体属性。知识是发生在人的头脑中的包含了认知和生理方面的事件。知识可以被存储在图书馆和档案中，可以在课堂上被分享，也可以被公司以业务流程的形式或员工经验的形式保存下来。保存在员工头脑中、没有被文档记录下来的知识叫**隐性知识**（tacit knowledge），而被文档记录下来的知识叫**显性知识**（explicit knowledge）。知识可以存在于电子邮件、声音邮件、图形以及非结构化文件或结构化文件中。一般情况下，知识应当被保存在某个具体位置，例如保存在人的大脑中，或保存在特定的业务流程中。知识具有"黏性"，不具备普遍适用性，也不可被轻易转移。最后，知识具有情境和语境的特性，例如你必须知道在什么时候以及如何执行一项程序。表 11-1 总结了知识的重要维度。

表 11-1 知识的重要维度

知识是一种公司资产
知识是一种无形资产 数据转换成为有用的信息，知识需要组织投入资源 知识不像实物资产一样收益递减，而是遵循分享的人越多，价值不断增长的网络外部性效应
知识有不同的形式
知识可以是隐性的，也可以是显性的（编码的） 知识包括实际经验、技艺和技巧 知识包括知道如何遵守程序 知识包括知道为什么，而不仅是简单地知道何时事情发生（偶然性）
知识有地理性
知识是一个认知的结果，融入了个人的思维模式和认知图谱 知识有个人和社会两方面的特性 知识是有"黏性的"（难于转移）、基于情景的（内嵌于企业文化中）和有前提条件的（只在一定情况下能发挥作用）
知识与情境相关
知识是条件相关的：知道何时应用这个程序和知道这个程序一样重要（有条件的） 知识是基于上下文的：你必须清楚在什么情况下怎么使用某些工具

我们可以把企业的知识视为一种和企业的固定资产、财务资产居于同等地位的不同类型的资产，但是管理知识是一个复杂的现象，涉及诸多方面。我们也可以认为基于知识的核心竞争力（两三项企业最佳实践）是企业的关键资产。拥有其他企业不能复制的、高效的业务处理最佳实践是公司盈利和竞争优势的源泉，竞争者也很难在市场上购买到这些最佳实践。

例如，建立一个独特的面向订单的制造系统，包含某种形式的知识，这种知识是一种独特的、不易被竞争者复制的资源。有了知识，企业能更有效益和效率地使用稀缺资源。没有知识，公司只能低效益和低效率地使用资源，最终不可避免地会陷入失败的境地。

组织学习和知识管理

和人类一样，组织利用各种组织学习机制创造和收集知识。通过数据收集、有计划的测量活动、试错试验、顾客和环境反馈，组织获得了经验。通过学习，组织调节自己的行为，以反映新的业务流程和变革的管理决策模式。这个变革的过程被称为**组织学习**（organizational learning）。我们有理由相信，能够迅速感知和响应环境变化的组织才能基业长青。

11.1.2　知识管理价值链

知识管理（knowledge management）是指组织为创建、存储、转换和应用知识而开发的企业过程的集合。知识管理提高了组织从环境中学习并把学习的知识融入企业过程中的能力。图 11-1 显示了在知识管理价值链中产生价值的五个步骤。在把原始数据和信息转化为有用的知识的过程中，知识管理价值链中的每一个步骤都发挥了相应的作用。

图 11-1 区分了信息系统活动与管理和组织活动。如图 11-1 所示，信息系统活动在图的上半部分，管理和组织活动在图的下半部分。这张图也体现了知识管理领域的流行口号："有效的知识管理活动，80% 是管理和组织，20% 是技术。"

在第 1 章中，我们定义**组织和管理资本**（organizational and management capital）是为投资信息系统并获得价值而要求的一组业务流程、文化和行为。在知识管理中，和信息系统的其他投资一样，必须建立支持的价值、结构和行为模式，才能最大化知识管理项目的投资回报。在图 11-1 中，下半部分"管理和组织活动"代表为从信息技术投资和系统中获得实质性回报，所需的组织资本的投资。

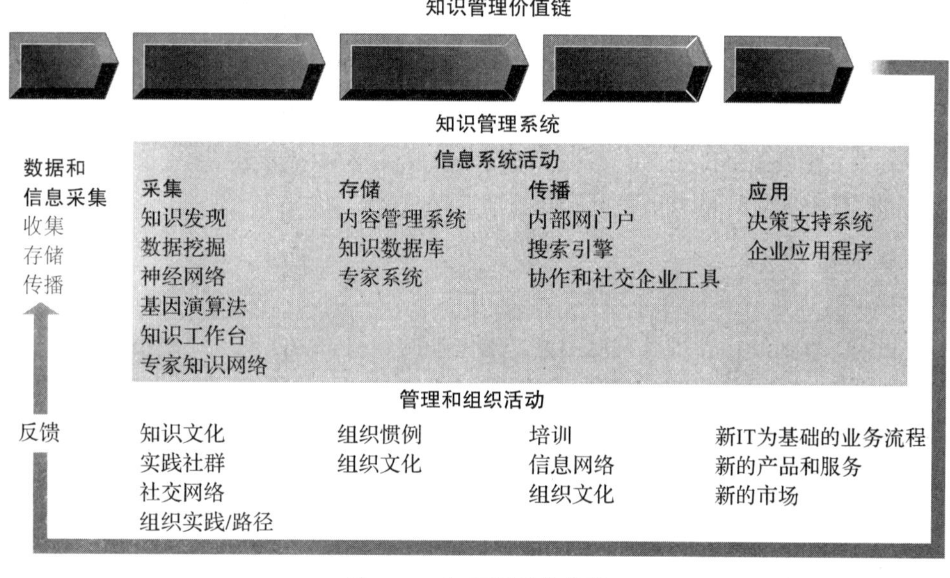

图 11-1　知识管理价值链

当今的知识管理既涉及信息系统活动，也涉及许多管理和组织支持的活动。

1. 知识获取

组织获取知识的方式有许多种，采用哪种方式取决于组织需要获取的知识类型。世界上开发的第一个知识管理系统试图建立企业的资料库，用以保存文档、报告、演示文稿和最佳实践。当前，知识管理系统已经扩展到能够存储非结构化文档（例如电子邮件）。此外，组织通过建立在线专家网络的形式获取知识，同时企业的员工可以发现企业内部掌握相关知识的领域专家。

除此以外，企业还可以通过分析企业内部数据的方式发现新模式，从而发现新知识，或者是工程师采用知识工作站的方式发现新知识。本章将描述这些不同的方式。一个强内聚并且设计良好的知识系统需要全面获取企业内部业务系统的数据，包括销售数据、支付数据、库存数据、与顾客相关的数据和其他重要的数据，甚至包括一些外部数据源的数据，例如新闻动态、行业报告、法律意见书、科研资料和政府统计数据等。

2. 知识储存

我们一旦发现文件、模式和专家规则这些新的知识，就必须将它们存储起来，使它们可被企业的员工检索和使用。知识储存通常需要创建一个数据库。文件管理系统是有明确框架的数字化、有索引和标识文档的大型数据库，主要用来存储文档。专家系统是用来帮助企业保存知识的系统，这是把知识管理浸入组织的流程和文化中所必需的。对于这里讨论的知识，我们在本章及下一章中还要详细阐述。

企业的高层管理者必须支持并有计划地开发知识储存系统，鼓励建立全公司范围内的制度，包括文献检索系统，并奖励投入精力更新和储存文件的员工。例如，奖励那些向公司的客户数据库提交潜在客户名单的销售人员，这样公司里的所有人员都可以识别这个潜在的客户，获得相应的信息和知识。

3. 知识传播

门户网站、电子邮件、即时信息、维基网站、社会化业务工具和搜索引擎技术已经成为知识传播中的新工具，这些工具可以用于分享日程、文件、数据和图表（见第 2 章）。当前，信息技术已经引发了信息和知识的洪流。在信息和知识的洪流中，管理者与员工如何发现对他们的决策和工作最重要的东西？培训计划、非正式网络和一套支持企业文化的可共享的管理经验能帮助管理者将其精力集中在重要的知识和信息上。

4. 知识应用

不管知识管理系统是什么类型的，如果它不能共享知识，支持企业和管理者应用知识解决实际问题，那么知识管理系统就不能增加企业的价值。为实现投资回报，企业的知识必须成为管理决策过程的重要组成部分而内嵌入决策系统中（见第 12 章）。最后，新知识必须进入公司的业务流程和关键应用系统中，包括管理内部关键业务流程和顾客、供应商关系的企业应用。企业的高层管理者以创造新的业务实践、新产品和服务、新市场的方式支持这些流程。

5. 创造组织和管理资本：合作、实践社区和虚拟办公环境

除了我们前面阐述的活动，管理者还可以通过设立新的组织岗位和责任促进组织获取知识，包括设立首席知识官（chief knowledge officer，CKO）的职位、专职知识管理人员的职位（知识经理）和实践社区。**实践社区**（communities of practice，COP）是由公司内外部具有相似工作任务和兴趣的专家、员工组成的非正式社交网络。实践社区的功能包括：自我和群体教育、专业讨论会、在线消息、常规经验和技术分享机制，这些功能用以解决在工作中遇到的特殊问题。IBM、美国联邦高速公路管理局和世界银行等许多组织，促进了数以千计的在线实践社区的诞生与发展。这些实践社区所产生的效果很大程度上取决于用于合作和交流的软件。

实践社区使知识的再利用变得更容易，可以帮助社区的成员获得有用的文档、文件存储和为用户提供需要的信息。实践社区的管理员像协调员一样，鼓励社区成员贡献观点和加

入讨论。对新加入的员工而言，实践社区可以提供相关主题的专家。此外，他们可以访问社区已存储的关于方法和工具的相关资料，以缩短学习曲线。最后，实践社区可作为孵化新思想、新技术和新决策行为的基地。

11.1.3 知识管理系统的类型

从本质上看，主要有三种类型的知识管理系统：企业级知识管理系统、知识工作系统和智能技术系统。图 11-2 示出了这三种主要的知识管理系统的应用。

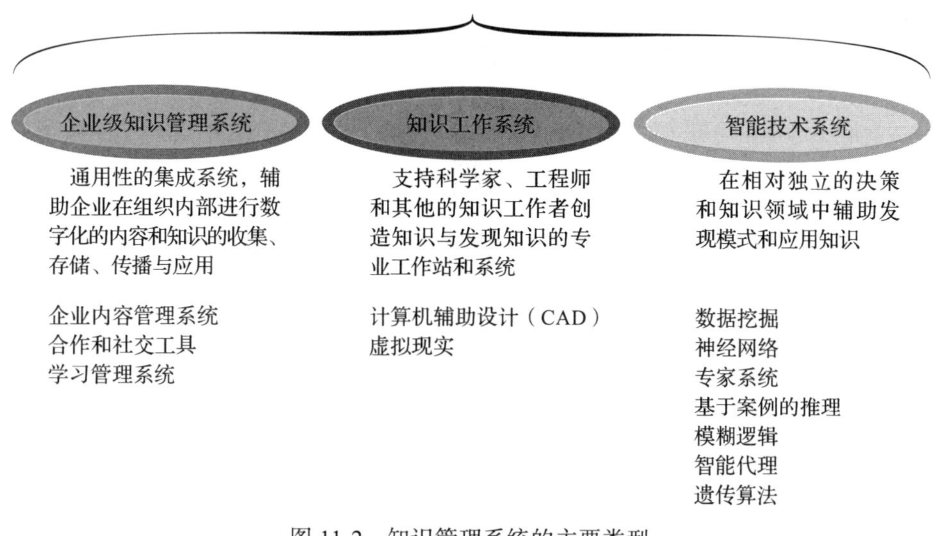

图 11-2 知识管理系统的主要类型

三种主要类型的知识管理系统还可再被细分为更多专业的知识管理系统。

企业级知识管理系统（enterprise-wide knowledge management systems）是一种通用的、应用在企业范围内的知识管理系统，这个系统能够收集、储存、传播和使用数字化的内容与知识。这种类型的系统能够查询结构化和非结构化的信息，帮助企业识别内部拥有哪些特定领域知识的员工与专家。企业级知识管理系统也包括相关的支持技术，如门户网站、搜索引擎、合作和社会化的商业工具、学习管理系统等。

知识工作系统（knowledge work systems，KWS）是为辅助工程师和科学家发现新知识而开发的一种强大的、网络化的工作站与软件，例如计算机辅助设计（computer-aided design，CAD）、可视化系统（visualization）、仿真系统（simulation）和虚拟现实系统（virtual reality systems）。知识工作系统是为工程师、科学家和其他知识工作者发现与创造新知识而建设的专业系统。我们将在第 11.3 节中进行详细论述。

知识管理也包括各种**智能技术**（intelligent techniques），例如数据挖掘（data mining）、专家系统（expert systems）、神经网络（neural networks）、模糊逻辑（fuzzy logic）、遗传算法（genetic algorithms）和智能代理技术（intelligent agents）等。这些技术有各不相同的应用目的，包括发现知识（数据挖掘和神经网络），用计算机程序提取表达成规则的知识（专家系统和模糊逻辑），以及求解问题的最优解法（遗传算法）。我们将在第 11.4 节中做详细论述。

11.2 企业级的知识管理系统有哪些类型？它们如何为企业提供价值

企业内部至少存在三种类型的知识。有些知识存在于公司的结构化文本文件中，例如报告和演示稿。决策者在做出决策时还需要半结构化的知识，例如电子邮件、语音邮件、聊天室的交流信息、视频、数字化的图片、宣传手册以及公告栏公布的信息等。此外，还有一种类型的知识，这种知识没有任何正式存储的形式和数字载体，只是驻留在员工的头脑中。这种知识就是隐性知识，很难被记录。总体而言，企业级的知识管理系统主要包括以上论述的三种类型的知识。

11.2.1 企业内容管理系统

今天，企业需要组织和管理结构化与半结构化两种知识资产。**结构化知识**（structured knowledge）是显性知识，存在于正式的文件以及组织通过观察专家和他们的决策行为而推断出的正式规则中。但是，根据专家估算，一个组织中至少有 80% 的业务是以半结构化和非结构化的形式创建的，并被保存在不同形式的载体中，包括文档、信息、消息、备忘录、建议书、电子邮件、图表、电子演示稿甚至是视频。

企业内容管理系统（enterprise content management systems）辅助企业管理半结构化信息和非结构化信息。企业内容管理系统获取、存储、检索、传播和保存这些信息，帮助企业改进业务流程和决策过程。这种类型的系统能够存储文件、报告、电子演示稿和企业的最佳实践，也具备收集与组织半结构化知识（例如电子邮件）的能力，如图 11-3 所示。主流的企业内容管理系统也支持用户访问企业外部信息资源，如支持订阅新闻和推送研究报告，以及通过电子邮件、聊天 / 即时信息、讨论组和视频会议等方式进行沟通。企业也开始综合运用博客、维基百科和其他的企业社会化网络工具进行交流与沟通。Open Text、EMC（Documentum）、IBM 和甲骨文都是全球领先的企业内容管理软件提供商。“互动讨论：组织”部分将描述新西兰保护部门从 ECM 技术中受益的案例。

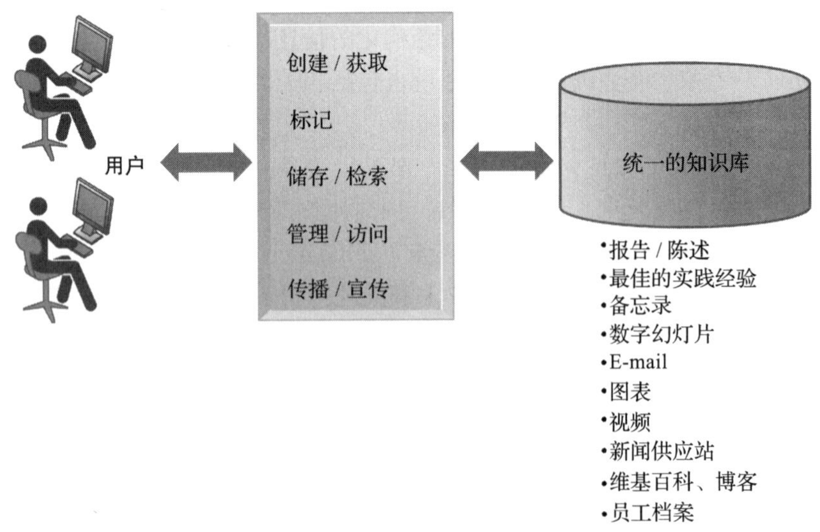

图 11-3 企业内容管理系统

企业内容管理系统具有可分类、组织和管理结构化与半结构化知识，并使其在整个企业中使用的功能。

管理知识的一个关键问题是创建一个合适的分类模式或类目（taxonomy），以便把组织中的信息划分到有意义的类目中，从而容易被访问。一旦建立了知识类目，每一个知识都需要用标签“标记”或者被分类，这样知识就易于检索。企业内容管理系统具有“标记”的功能，能和企业存储文件的数据库建立接口，支持企业创建统一的知识门户网站，以便员工能够一站式访问企业的信息资源。

一些特殊行业的企业，例如出版业、广告业、广播和娱乐行业的企业对存储非结构化数字资料，包括相片、图像、录影和录音内容等有特殊要求。例如，可口可乐必须保存所有可口可乐品牌形象的影像，包括过去在世界各地的企业办公室创建的品牌形象，以防止工作重复和品牌形象的变异。**数字资产管理系统**（digital asset management systems）可以帮助企业对这些数字资源进行分类、存储和传播。

⊙互动讨论：组织

云中的ECM赋予新西兰保护部门权力

新西兰保护部门（Department of Conservation，DOC）负责监督国家公园，保护濒危野生动物、生态系统以及世界上最大的海洋保护区之一。它的任务包括保护新西兰1/3以上的自然栖息地，并保护拥有44个海洋保护区的海上避风港和6个海洋哺乳动物避难所。远足者、猎人、露营者、渔民、船民、山地自行车、探洞者等和普通公众的教育计划涵盖了保护近2 000万英亩领土内濒危野生动物和脆弱生态系统的知识。新西兰保护部门的具体任务包括洪水预警，管理来自入侵植物、动物、害虫和疾病的威胁，恢复湿地和保护古迹。

由于人员和政府资金不足以覆盖所有重要的服务和研究，因此新西兰保护部门依靠私人保护团体、大学、科学家和其他机构进行实地工作、汇总数据、运行统计分析和记录结果。新西兰保护部门主要有14个区域保护委员会和6个区域保护伙伴，包括当地的企业、社区团体和志愿者。为了让所有利益相关者有效地协调工作，并分享工作成果，研究结果和数据分析必须能够被各方利用。过去，新西兰保护部门无法快速生成文档，因为它有230万个文档存储在搜索能力较差的文件夹中。

2010～2015年，随着协作的加强，新西兰保护部门意识到需要一个最先进的企业内容管理（ECM）系统。一项名为ContentWorX的云内容服务由TEAM Asparona专门为政府创建。TEAM Asparona是由两个实施甲骨文系统的合作伙伴——TEAM Informatics和Deloitte Asparona合资成立的。该服务允许参与的政府机构发布网络内容，管理数字资产，并将文档、记录和图书馆管理系统化，所有这些都在一个以内容为中心的工作流通用平台上进行。

ContentWorX的两个主要组件是甲骨文的WebCenter Content和WebCenter Portal。新西兰政府希望维护它的政府数据中心和连接广域网（WAN），所以Team Asparona开发了ContentWorX作为政府防火墙背后的私有云。政府机构可以从商业应用服务目录中购买ContentWorX。新西兰保护部门的首席信息官迈克·埃金顿（Mike Edginton）认为，该部门还没有准备好完全转型到公共云平台，但希望获得云架构概念和云定价的好处。订阅模式可以向用户收取每月的费用，并且费用随着用户数量的增加而下降。

随着数据共享需求和部门准备的就绪，私有云将来可以连接到公共云服务。新西兰保护部门已经为认证系统奠定了基础，该系统将允许外部利益相关者根据使用的设备、部门政策和内容分类访问文档。

甲骨文的数据库和 WebCenter Content 技术嵌入 ECM 系统中，现在可以存储 230 万个文档，包括研究材料、会议记录、政策文件、科学报告、遗产和历史文章以及人口存量等。现在，有 80% 的文件是可以访问和搜索的，相比以前的 7.4% 大幅上升。新西兰保护部门对其广域网（WAN）进行了升级，使遍布 990 英里长的岛屿国家和偏远的、离岛的 137 个代表处能够搜索和检索更多的文件，并能处理新系统加密的流量。

使用 Smartlogic 的 Semaphore 软件能自动对文档进行标记和分类，使新西兰保护部门能够放弃传统的分层文件夹的结构。其中，一个包含 95 000 个常用关键术语的目录构成了关系分类系统的基础。术语之间的关系是文档分析的关键，最终将被标记为敏感文档，并指导内容生命周期的管理（根据政府部门和政府政策确定需要删除或保留的文档）。

系统在将记录保存到 ContentWorX 存储库时，会添加元数据标签对其功能进行分类，例如人口调查、保护策略或供应商合同。另一个元数据标签能够识别特定的新西兰保护部门记录的内容，例如生成该组的内容、与之关联的项目或项目位置。当用户不需要手动添加元数据时，易用性促使 95% 的新西兰保护部门的员工采用这个系统。

WebCenter Content 也会检查文档的创建、访问和编辑。每个文档的交互都会标识用户、日期和时间。用户自己管理版本控制，即自行决定是否恢复到以前的文档版本，这个过程不需要系统管理员的干预。这样大大减少了新西兰保护部门员工在文档检查过程中投入的时间。此外，它还简化了 2005 年新西兰《公共记录法》(New Zealand's Public Records Act of 2005）中规定的要遵循国家归档的要求。自这项法律实施以来，若没有令人信服的理由封存文件，每份文件都必须向公众开放。这一政策大大颠覆了以前的政策，在以前的政策规定下，所有的信息都是封闭的，除非有一个机构决定公开。

文档检索的时间已经缩减到秒级单位，而不像以前那样，用户需要在导航文件夹的分层结构中寻找，这种方法至少需要 4 分钟的时间。即便是在偏远的岛屿或孤立的森林里的科学家，也可以快速获取报告。知识和学习很容易转移到区域办事处，有助于保护工作的开展并加强了合作关系。

如果文档被分类为公共信息，那么可以复制到公共云服务中，这样外部组织可以更有效地使用新西兰保护部门的信息。ContentWorX 可以通过甲骨文文档云或其他内容协作解决方案同步到公共云文件以及文档共享服务中。但为了增加公众的访问量，新西兰保护部门必须开发一个用于外部用户身份认证管理的基础设施。目前，政府之外的合作伙伴必须像员工一样在政府网络上获得账户。但是这种方式隐含了安全的风险，因此只有重点大学的研究人员才能做到。

资料来源：David F. Carr, " Collaboration in the Cloud," *Profit Magazine*, February 2016; David F. Carr, " Better Search Replaces Folders," *Profit Magazine*, February 2016; New Zealand Department of Conservation website, www.doc.govt.nz, accessed April 27, 2016; Team Asparona Cloud New Zealand, http://contentworx.co.nz/contentworx-cloud/, accessed April 27, 2016; " Department of Conservation, New Zealand Gains Ability to Rapidly Search and Share 2.2 Million Documents Anytime Anywhere, and Enhances Collaboration," www.oracle.com, accessed April 27, 2016.

案例分析题

1. 描述本案例中所讨论的知识管理问题。
2. 哪些管理、组织和技术方面的因素导致了这个问题?
3. 实施企业内容管理系统将如何解决这个问题? 新的 ECM 系统如何改变新西兰保护部门的工作方式?
4. 这个解决方案有多成功? 请说明。

11.2.2 定位和分享专业知识

一些企业需要的知识不是以数字化文件的形式存在的，而是存在于公司个别专家的记忆中。当前的企业内容管理系统以及第 2 章介绍的协作和社交业务系统，具有识别专家和挖掘知识的能力。这些系统包括企业专家的在线目录及个人档案，详细介绍他们的工作经验、所参与的项目、出版物和受教育程度，以及专家生成内容的存储库。专门的搜索工具使员工更容易在公司找到合适的专家。对于公司以外的知识资源，社交网络和社交商务工具使用户能够为感兴趣的网页添加书签，用关键字标记这些书签，与其他人共享这些标签和网页链接。

11.2.3 学习管理系统

企业需要掌握和管理员工学习的方法，并将其更全面地整合到知识管理和其他企业系统中。**学习管理系统**（learning management system，LMS）提供了各种类型的员工学习和培训的管理、交付、跟踪和评估工具。

当代学习管理系统支持多种学习模式，包括 CD-ROM、可下载视频、网络课程、传统的现场教学，以及在线论坛和聊天课程的小组学习。学习管理系统整合多媒体培训，实现课程选择和管理的自动化，组装与发布学习内容，并衡量学习的有效性。

CVM Solutions 公司使用 Digitec 公司的 Knowledge Direct 学习管理系统，为它的客户如宝洁、高露洁棕榄和达美航空等，提供如何管理供应商的培训。Knowledge Direct 提供了在线课程内容访问的门户网站，这个门户网站具有自动管理的功能，如具有学生注册和评估工具、内置帮助和联系支持、自动发送电子邮件以提醒用户课程学习时间或截止日期，自动发送电子邮件确认课程完成情况以及访问课程的网络报告等。

企业可以自己运营学习管理系统，也可以向公众开放**大型开放式网络课程**（massive open online courses，MOOC）以教育它们的员工。MOOC 是通过网络向大量参与者提供的在线课程。公司将 MOOC 视为一种设计和提供在线学习的新方式，让学习者可以相互协作，观看短视频，并参与在线讨论组。微软、AT & T 和 Tenaris 等公司已经开发了自己的 MOOC，而美国银行和高通等其他公司正在调整与其核心竞争力相一致的公开 MOOC 课程（Meister，2015）。

11.3 知识工作系统的主要类型有哪些？它们如何为企业提供价值

我们前面论述的企业级知识管理系统可以供企业中绝大部分员工和工作小组使用。企业也有专门为知识工作者提供支持的系统，帮助他们为公司创造新知识，并辅助员工正确地把这些知识与公司的业务有机地融合。

11.3.1 知识工作者和知识工作

对于知识工作者的概念，我们在第 1 章中已经介绍过，知识工作者包括研发人员、设计人员、架构师、科学家和工程师，他们主要的工作任务就是为组织创造知识。知识工作者通常具有很高的受教育水平，一般都是某些专业领域组织的成员，他们的日常任务就是依据自己的专业知识对某些情况进行独立研判。例如，知识工作者可以创造、发明产品或找到一种方法改进现有产品。知识工作者主要扮演三个角色，这些角色对组织和组织的管理者而言非常重要。

- 使组织与外界的发展趋势保持一致，具体体现在技术、科学、社会思想和艺术等方面。
- 扮演专业知识领域中的顾问，分析和提供正在发生的变革与机遇。
- 充当变革的代理人，评估、发起和推进变革类项目。

11.3.2 知识工作系统的要求

大多数知识工作者严重依赖办公软件及办公自动化系统，如文字处理软件、语音邮件、电子邮件、视频会议和日程表等工具，这些通用软件的目的是提高知识工作者的工作效率。然而，知识工作者也需要一些高度定制化的专用知识工作系统，包括具有强大的图形处理功能、分析功能、沟通和交流功能的软件，以及具有文档管理功能的软件。

这些系统要求有足够强大的计算能力来处理复杂的图形或计算，从而满足像研究人员、产品设计人员和财务分析人员等这样的知识工作者的需求。因为知识工作者需要处理越来越多的企业外部数据，这就要求知识工作系统必须能快速而便捷地链接到外部数据库。知识工作系统通常配置了非常友好的用户交互界面，使用户在完成工作任务时无须耗费大量时间去学习如何使用这些系统。通常企业需要为知识工作者支付很高的报酬，如果让这些员工把时间浪费在学习如何使用这些系统上，那么对企业而言是一种昂贵的成本。图 11-4 总结了知识工作系统的要求。

知识工作站通常因为要执行的特定任务而被设计和优化。例如，一个设计工程师与一个财务分析师所需的工作站是不同的。设计工程师所需要的工作站应具有强大的图形处理能力以运行三维 CAD 系统，而财务分析人员对访问大量外部数据库和能够高效存储、获取大量财务数据更感兴趣。

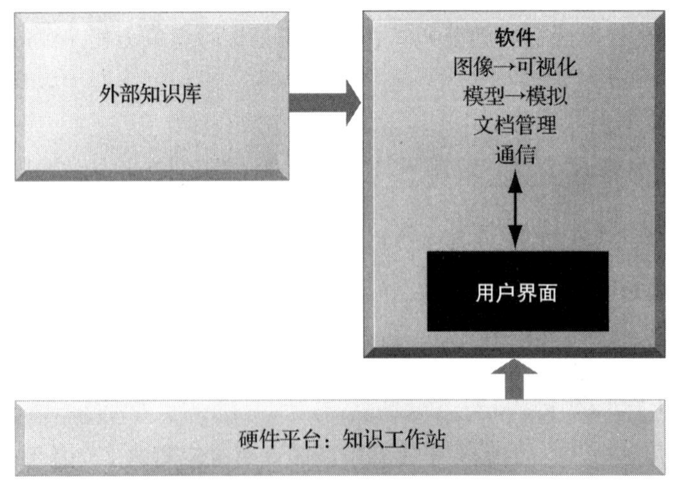

图 11-4 知识工作系统的要求

知识工作系统需要和外部数据库有紧密的连接，并配置专门的硬件与软件。

11.3.3 知识工作系统应用实例

典型的知识工作应用系统包括计算机辅助设计系统、用于模拟和建模的虚拟现实系统。**计算机辅助设计**（computer-aided design，CAD）就是应用计算机和复杂的图形处理软件自动地创建与修正设计。使用传统的实物设计方法，需要依据每一次修正的设计方案制造一个物理原型。通常设计过程必然会经历多次修改，每次修改都需要制造出相应的物理原型，这是一个费工费时的过程。借助于CAD工作站，设计人员只需在最后定型后再制造物理原型，过程中的测试和修改工作可以在计算机上轻而易举地完成。CAD软件提供了关于标准工艺和制造过程的设计说明书；遵循设计说明书的标准化工艺和制造流程也为企业节省了大量的时间与金钱，同时也让企业建立了一套更完备的生产制造流程。

例如，福特汽车公司使用计算机模拟来创建一个发动机气缸，并提出最有效的设计。因为考虑到制造上的限制，工程师改变了这种设计，并且测试了修改后的设计。然后，福特公司为了做出真正的部件制造出了模具，以便用螺栓固定在引擎上进行下一步测试。整个过程只需要几天而不是几个月，花费了几千美元而不是几百万美元。

CAD系统能够提供**3D打印**（3-D printing）的数据，也被称为增材制造。它使用机器按照数字文件中的规格，逐层打印制造，最终加工出所需形状的物品。3D打印与传统的技术不同：传统的技术从模具上切割或钻出物体，这样会导致材料的浪费，而3D打印让工作人员在计算机上模拟物体，并用塑料、金属或复合材料把它打印出来。如今，3D打印用于原型制作、定制生产和小批量生产。现在的3D打印机可以处理包括塑料、钛和人类软骨在内的材料，生产包括电池、晶体管、修复设备、LED和其他复杂机制在内的全功能组件，并且3D打印服务可以在云端运行，如史泰博提供的服务。

虚拟现实系统（virtual reality systems）有远超于传统CAD系统的可视化、描绘和模拟能力。它应用交互式图形软件建立计算机生成的虚拟场景，和现实非常相似，以至于让用户认为他们正处在真实的场景中。依据不同的目的，虚拟现实系统需要用户身着不同的特制衣物，头戴不同的帽盔，配备不同的设备。这些特制的衣物内部安装传感器，可记录用户的运动，并即时将信息传输给计算机。例如，你在虚拟现实的模拟场景中走过一栋房屋，系统通过传感器捕获你的脚部、手部和头部的运动，通过包含影像扫描和音频连接的目镜与感知手套扫描你的眼球移动和手部触觉。这些信息能够让你沉浸在计算机虚构的互动场景中。在本章开篇案例中，凯迪拉克的VR经销商系统的用户，通过佩戴特殊的VR头盔和耳机，会感觉自己正在观看现实世界中的汽车，听到现实世界中的汽车发出的声音。

在美国纽约大学兰贡（Langone）医学中心，学员戴上3D眼镜能观察投射在屏幕上的虚拟解剖尸体。在计算机的帮助下，他们能穿过虚拟的身体组织，仔细观察肌肉的分层，或者观察有着红色动脉和青筋跳动的心脏特写。虚拟尸体是由BioDigital Systems创建的，这个系统是由纽约一家医疗可视化公司开发的。纽约大学医学院虽然还没有淘汰在实验室解剖尸体的想法，但是3D虚拟尸体无疑是一种非常有价值的教学补充工具。

增强现实（augmented reality，AR）是提高可视化的一种相关技术。AR可以提供直接或间接的现实世界的场景，在这个场景中有部分视图是由计算机生成的扩展视图图像。用户感受到的是由基于现实的物理世界和虚拟图像融合而成的增强现实。数字技术提供额外的信息来补充个人对现实的感知，使个人与周围的现实世界产生更多的互动，产生更加丰富的感知。在电视转播的足球比赛中，第一次用黄色标记向观众示意进攻路线就是一个增强现实的例子。同样，医疗行业也应用了增强现实技术，如图像引导手术系统就是把计算机断层扫描（computerized tomography，CT）、磁共振成像（magnetic resonance imaging，MRI）扫描或者超声成像获得的多源数据叠加，辅助医生开展手术。其他应用增强现实技术的领域包括军事训练、工程设计、机器人产业和消费者设计等。

为网络开发的虚拟现实应用使用一种标准的**虚拟现实建模语言**（virtual reality modeling language，VRML）。VRML 是一组在网络上进行交互的三维建模的说明，集成多种类型的媒体，包括动画、影像、音频，使用户处于一个模拟真实世界的环境中。VRML 标准与平台无关，而且可以在桌面系统上运行，对带宽的要求也比较低。

位于特拉华州威尔明顿市的杜邦公司是一家化学公司，这家公司成功应用了一个基于 VRML 的系统。这个系统被称为 HyperPlant，支持用户使用浏览器访问互联网上的三维数据。工程师可以用眼睛观察三维模型，就像置身于实际的工厂中一样。这种详细的细节呈现降低了公司员工在建造石油装置、炼油厂和其他工程时出错的概率。

11.4 在知识管理中使用智能技术对企业有什么好处

人工智能和数据库技术提供了一些智能技术，使组织可以获取个人知识和集体知识，并扩展组织的知识库。专家系统、案例推理和模糊逻辑被用来获取隐性知识。神经网络和数据挖掘被用于**知识发现**（knowledge discovery）。它们能发现大数据集背后的模式、分类和行为，这些知识如果单凭管理者的简单经验是不可能发现的。遗传算法可以用来解决对于人类自己而言过于庞大和复杂的问题。智能代理可以将常规工作自动化，帮助公司在电子商务、供应链管理和其他活动中搜索与过滤信息。

正如在第 6 章中介绍的，数据挖掘可以帮助组织获取存储在大型数据库中尚未发现的知识，为管理者提供改进业务绩效的新的洞察力。它已成为辅助管理决策的一个重要工具，后续第 12 章还会对这部分内容进行详细讨论。

本章所讨论的其他智能技术都是基于**人工智能**（artificial intelligence，AI）的技术。人工智能技术由基于计算机的系统（包括硬件和软件）组成，试图模拟人的行为。这种系统能学习人类语言，完成体力工作（机器人），应用感知设备模拟人的技能和决策。

AI 在当代知识管理中发挥着重要的作用，但它并没有表现出人类智能的广度、复杂性、原创性和通用性。现有的 AI 系统并没有提出新的解决问题的方法。AI 系统拓展了人类的能力，但绝不能替代人类，也不能获取更多的智力。简而言之，现有的系统缺乏真正人类的常识和普遍性。人类智能比最复杂的计算机程序还要复杂得多，涵盖的范围要比目前所谓的人工智能设备所能实现的范围更广。关于制造业中的机器人技术，“互动讨论：技术”部分探讨了这些问题，如在章末案例研究中关于 IBM 的沃森。

11.4.1 获取知识：专家系统

专家系统（expert systems）是一种智能技术，能在特定的领域内，获取人类专业知识中的隐性知识。专家系统以软件系统中规则集合的形式，获取技能熟练雇员的知识，并把这些知识与组织中的其他人分享。在专家系统中，这些规则集合储存在企业学习知识的存储器中。

但是专家系统缺少像人类专家那样对基本原理的广泛理解，通常只能执行非常有限的任务，这些任务通常可以被领域内的专家在几分钟或几个小时内完成，例如诊断一个机器故障，或者确定是否向一家贷款企业授信。如果人类专家不能解决的问题，在相同的短时间内，专家系统也无能为力。然而，专家系统的作用在于获取了人类专家特定领域的知识后，可以帮助组织用较少的人做出高质量的决策。今天，专家系统已被广泛地应用于企业中一些离散的、高结构化的决策中。

⊙互动讨论：技术

机器人在制造业中会取代人类吗

在过去的 40 年里，机器人已经被纳入欧洲、日本和美国的生产流水线。这些工业机器人虽然具有机械手臂，可以被编程用来焊接、涂漆，以可预见的规律拾取和放置物体，但并没有代替人类执行许多任务。机器人技术的最大用户是汽车制造工厂，机器人负责起重、焊接、涂胶和油漆等工作。人类依然在做大部分汽车总装工作，尤其是安装需要引导到位的小零件或配线。

对于大多数制造业来说，如果只是让机器人执行特定的任务，那么使用人类的体力劳动比拥有、操作和维护机器人系统便宜得多。但是，这种状况正在发生改变。机器人变得越来越小，越来越柔性，越来越具有合作性以及很强的适应性，使用范围也越来越广泛。新型的机器人可以与人类一起工作，但不会危及人类，并能帮助装配所有类型的物体，如飞机发动机以及像智能手机一样小而精致的东西。它们也可以感知到零部件是否被组装正确。

机器人也变得更加容易被操作。公司不再需要软件工程师编写程序代码，让机器人执行相应的任务即可。对于如今的机器人，你只需轻轻按一下按钮，转动机器人的手臂，然后将它放到你希望执行的任务中就可以了。机器人通过动手做进行自主学习。

位于法国克里昂的雷诺公司的一家工厂，现在使用丹麦 Universal Robots AS 公司制造的机器人，在一些人类难以进入的地方将螺丝拧入发动机中。机器人可以到达 50 多英寸远的位置，旋转 6 个关节来完成这项工作。它们还会检验零部件是否被正确固定，并检查确保使用的是正确的零件。雷诺机器人的重量仅为 64 磅，因此可以根据需要轻松地移动到不同的位置。它们也是“合作的”，旨在与人类进行相近的工作。使用声呐、相机或其他技术，这些机器人可以感知人类在哪里，判断是否要减速或停止，以避免伤害到人类。

这些新型机器人也正在进入其他行业中。瑞士的 ABB 公司和其他一些公司最近也引进了机器人来帮助组装消费电子产品。机器人被放置在靠近人类的地方，处理一些小部件。JCB 实验室正在堪萨斯州的威奇托工厂使用机器人拾取注射器、填充药物并扣上帽子。机器人的工作速度比人类快五六倍。

新一代机器人有可能为工厂带来重大的变革，也许会改变全球的竞争格局。波士顿咨询公司预测，到 2025 年，机器人在全球所有制造业中执行任务所占的份额将从（现在的）10% 左右的平均水平上升到 25% 左右。在一些行业中，超过 40% 的制造任务将由机器人完成。世界各地许多行业的生产率将有显著的提高（可能每名工人的产出会提高 30%），制造业国家之间的竞争力也将发生变化。

这是否意味着机器人将接管生产线？不太可能。它们仍然缺乏人类的灵活性、精致度和洞察力。例如，当人们进入机器人的路径，试图停止生产时，机器人往往不得不放慢速度或停止工作。Baxter 是 Rethink 公司的双臂协作机器人，其销售情况令人失望，它主要被用于完成移动材料、拾取零件以及打包或拆箱等简单任务。机器人的速度受到安全考虑的限制。即便最近取得了一些进步，但机器人仍然无法在操纵材料和小零件时，重复人类的精细动作。机器人仍然无法处理软的材料，例如布或电线束。

虽然机器人擅长可靠且反复地执行设定的任务，但它们并不擅长适应新情况。梅赛德斯－奔驰不得不削减生产线上机器人的使用量，就因为客户要求的定制水平需要一定的柔性和灵活性，这只有人类才能实现。今天的奔驰客户想要配置他自己的汽车，可以从碳纤维装饰、4 种类型的轮胎阀盖以及 30 种不同型号的加热和冷却杯架等定制选项中选择。机器人不能处理奔驰轿车今天所提供选择的变化情况。

梅赛德斯－奔驰已经发现，如果将制造业集中在熟练的工人身上，那么可以在周末轮转生产线。但是，重新对机器人编程和转换装配模式需要花费几周的时间，在这段停机时间内，生产将处于停滞状态。展望未来，机器人不会从梅赛德斯生产车间完全消失，但它们会变得更小、更灵活，能与人类一起工作。宝马公司和大众汽车公司的奥迪也正在测试轻型、装有传感器的机器人，使其可以足够安全地与人类一起工作。汽车制造商面临着比传统的 7 年周期更频繁地升级车型的压力。

随着机器人的普及，人类的制造任务变得更加高级和复杂。预计工人将监督甚至规划机器人的工作，低水平的制造业就业岗位将会减少。工人需要更复杂的技能才能在未来的制造工厂中取得成功。

资料来源：Bloomberg, "Why Mercedes Is Halting Robots' Reign on the Production Line," *Industry Week*, February 25, 2016; Harold L. Sirkin, Michael Zinser, and Justin Rose, "The Robotics Revolution: The Next Great Leap in Manufacturing," *BCG Perspectives*, September 23, 2015; "Industries and Economies Leading the Robotics Revolution," *BCG Perspectives*, September 23, 2015; and James R. Hagerty, "Meet the New Generation of Robots for Manufacturing," *Wall Street Journal*, June 2, 2015.

案例分析题

1. 为什么机器人会在制造业中流行？它们需要什么知识？
2. 机器人能否替代制造业中的人员？解释你的答案。
3. 如果你正在考虑在制造工厂中引入机器人，你需要解决哪些管理、组织和技术方面的问题？

1. 专家系统如何工作

人类的知识必须模型化或表达成计算机可以处理的方式。专家系统将人类知识抽象成一系列规则，称为**知识库**（knowledge base）。对于这些规则，人们可以通过仔细访问一个或几个完全掌握知识库的“专家”，或者记录在手册、书籍或报告中的业务规则而获得。一个专家系统有 200 到几千条的规则，规则的数量取决于问题的复杂程度。这些规则比传统的软件程序中的规则更加关系紧密，如图 11-5 所示。

用于遍历知识库的策略叫作**推理引擎**（inference engine）。通常有两种推理策略：前向链接和后向链接（见图 11-6）。

在**前向链接**（forward chaining）中，推理引擎在用户输入信息后开始启动，然后查找规则库，直至获得一个结论为止。当一个条件是真，规则将推导出后续的规则。如图 11-6 所示，由图的左侧开始，如果用户输入一个客户的名字，其年收入大于 10 万美元，引擎将按顺序由左至右推导出所有规则。如果用户又输入新信息，指出这个客户同时拥有不动产，规则库的另一个链接将被触发，依据更多的规则来进行推理。这个处理过程将会持续到直至没有新规则可以被推导出来为止。

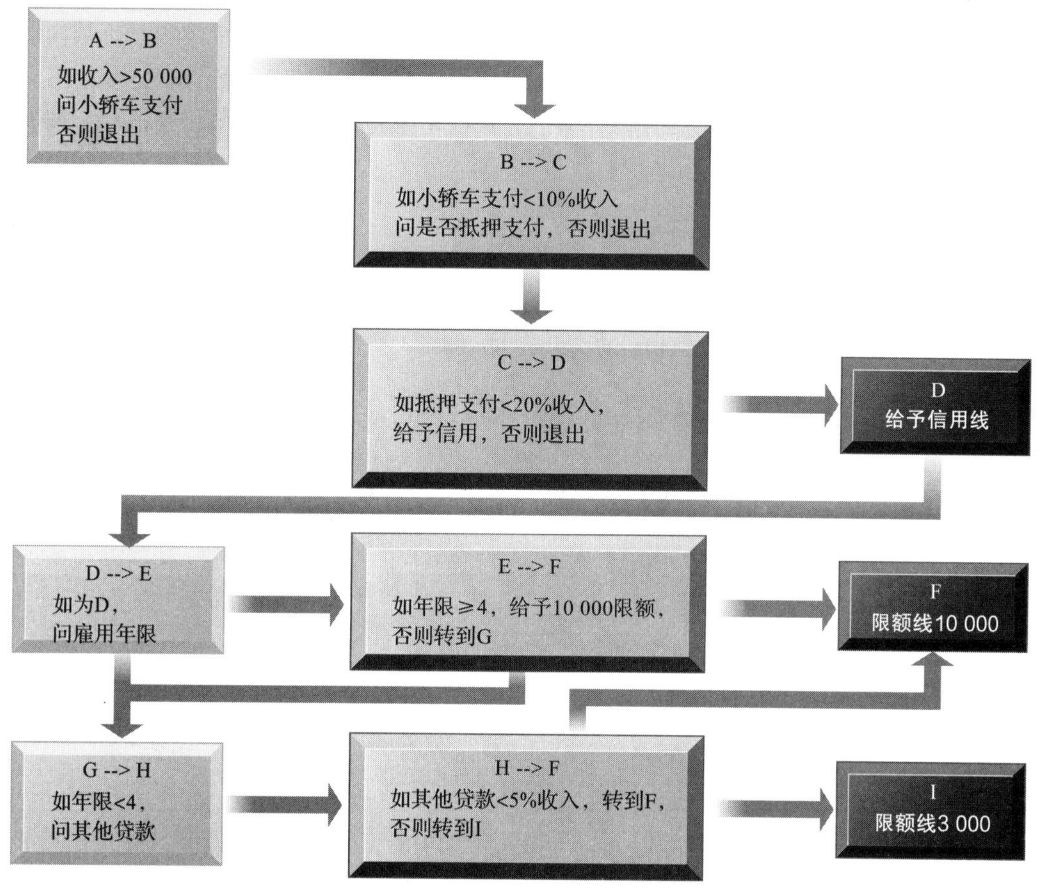

图 11-5 专家系统中的规则

专家系统包含一系列可遵循的规则。这些规则是相互关联的，推理的结论可以预知，并且是有限的；有多种通道指向同样的结论；系统能同时判断多个规则。图示为简单的授信专家系统的规则说明。

在**后向链接**（backward chaining）中，搜索规则库的策略是：首先基于一个假设，然后根据顾客提供相应的事实，对假设进行验证，直到假设被肯定或被否定。在如图 11-6 所演示的实例中，推理的初始假设是："我们是否应将此人加入潜在用户数据库中？"流程从图的左边开始执行，向右推进。你可以看到，如果这个用户被指定了一位销售代表、定期保险被批准或者一个财务顾问拜访了这个用户，这个用户就应当被加入潜在用户数据库中。

2. 专家系统的实例

专家系统可为企业带来的好处有：改善企业决策，减少失误，降低成本，节约培训时间和改善客户服务质量等。例如，Con-Way 运输公司建立了一个名为 Line-haul 的专家系统，辅助公司制定和优化全国范围内货运业务运输路线的规划。当调度员每晚对加拿大25个州的50 000多项货运任务指派司机、卡车和拖车，制定运输路线时，专家系统获得了业务规则。Line-haul运行在Sun公司计算机平台上，将每天的客户运输请求、空闲的司机、卡车、拖车容量和货物重量等相关数据存储在甲骨文数据库中。专家系统使用C++编写的数千条规则和100 000行程序代码压缩数字，为每天95%的货运量创建最佳路线计划。Con-Way公司的调度员只需要微调专家系统提供的路线计划，并补充最终路线说明，就可以把计划提供给负责装卸拖车的现场人员使用。最近两年，通过应用该专家系统，Con-Way公司减少了司机数量，增加了拖车的装载量，减少了返工事故，回收了300万美元的投资，还减轻了调度员艰苦的夜班工作任务。

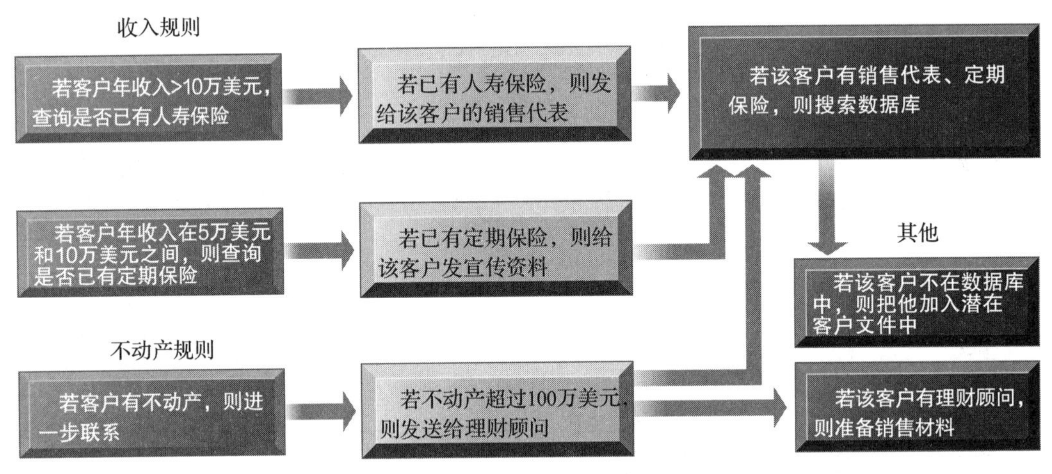

图 11-6 专家系统推理引擎

一个推理引擎通过搜索规则、用户输入或收集的事实“触发”这些规则进行推理。基本上，在传统软件程序里，一个规则集合和一组嵌套IF语句相似，但是，在专家系统里语句的长短和嵌套深度都要更好。

虽然专家系统缺少人类强大而通用的智能，但如果能充分理解专家系统在特定领域的局限性，发挥它在解决某类问题上的优势，就可以使其为组织带来益处。专家系统只能解决某些类别的问题。实际上，所有成功的专家系统都只处理有限的知识领域的问题，这些领域的替代结果相对较少，这些可能的结果都是事先已知的。专家系统对处理管理人员通常遇到的非结构化问题的作用不大。

许多专家系统要求大规模、长时间、代价高昂地进行开发工作。雇用或培训更多的专家或许反而比建立专家系统的成本更低。通常，专家系统运行的环境是不断变化的，所以专家系统也需要不断地调整。某些专家系统，尤其是大型而复杂的专家系统，通常若干年后的维修费用和开发成本相当。

11.4.2 组织智能：基于案例的推理

专家系统最初用于获取个人专家的隐性知识，但组织也有集体知识和多年建立起来的经验。组织知识可以通过案例推理获取和存储。在**基于案例的推理**（case-based reasoning，CBR）中，把描述为案例的专家经验的知识存储在数据库中，以备以后提供给遇到相似参数问题的用户进行查询。这个系统可以检索与新问题有相似特征的已有案例，发现两者的相似之处，并利用已有案例的答案解决新案例的问题。成功解决新问题的解决方案将会被附加标签，并和相关的案例一起存于知识库中。失败的解决方案和失败的原因也将一并存储于案例库中（见图 11-7）。

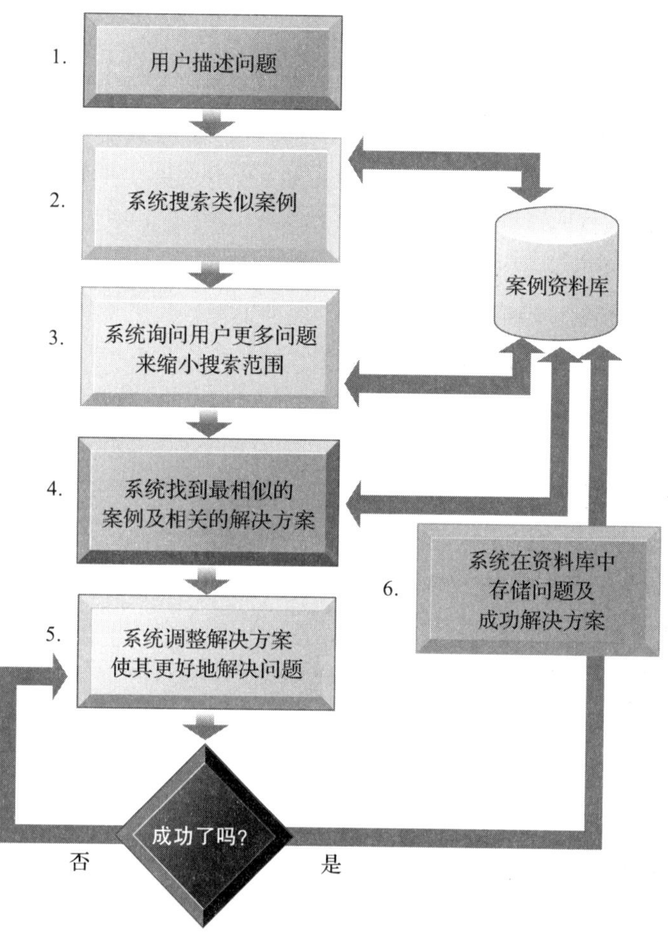

图 11-7 基于案例的推理工作机理

基于案例的推理用数据库存储了过去的案例和解决方案的知识体系，使用六个步骤更新问题的解决方案。

专家系统利用一组由人类专家提取的 IF-THEN-ELSE 规则运行。相反，以案例为基础的推理以一系列案例表达知识，这个知识库不断被用户扩展和改进。人们发现基于案例的推理可以在医疗诊断系统和客户支持系统中得到应用，用户可以从那里检索出和新案例有相似特征的已有案例。这个系统基于最佳匹配的检索方法，提供一个参考的解答或诊断。

11.4.3 模糊逻辑系统

大多数人考虑问题不是根据传统的 IF-THEN 规则或精确的数字。因此，模拟人类考虑问题的模式，采用不精确的决策规则分类事物，有许多隐藏的含义。例如，一个男人或女人可能强壮或聪明，一家公司的规模可能是大、中或小，温度可能是热、冷、凉或温。这些分类表达了一个值的范围。

模糊逻辑（fuzzy logic）是一项以规则为基础的技术，可以应用近似的或主观的价值创建规则，表达不精确性。模糊逻辑具有灵活的规则，可以用语言描述一个特殊的现象或过程，然后用很少几个数字表达这些规则。组织可以用模糊逻辑开发软件系统，用它获取语义含糊的隐性知识。

现在我们分析一下在自动控制室内关于温度的计算机程序中用模糊逻辑表达各种温度的方法。隶属度函数就被用于表示不精确性。例如，在图 11-8 中，凉爽表示在华氏 45 ～ 70 度，虽然最明确的凉爽是在华氏 60 ～ 67 度。注意，凉和冷或正常温度是可以重叠的。为了使用模糊逻辑控制室内环境，程序员将给湿度和其他因素以相似的不精确定义，包括室外的风速和温度。模糊逻辑的规则中可能有这么一条："如果室内温度是凉或冷，而且湿度低，而此时室外风大、温度低，则应该提高室内温度和湿度。"计算机用加权的方法组合隶属函数，应用这些规则，提高或降低室内的温度和湿度。

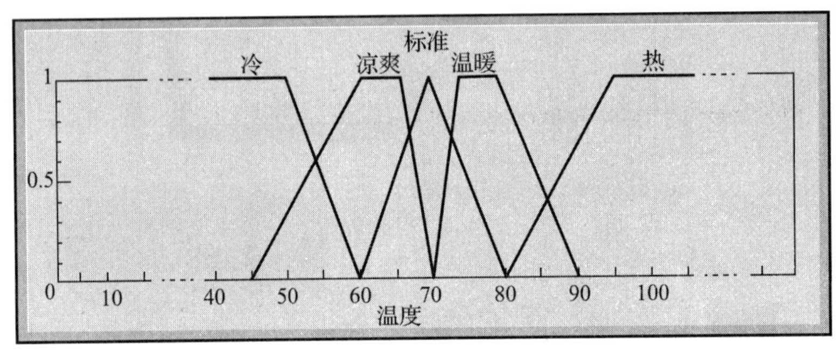

图 11-8 温度控制的模糊逻辑

输入的隶属函数以一种恒温器逻辑控制房间的温度。隶属函数帮助将"温暖"这类的语言表达转变为计算机可以控制的数字。

模糊逻辑为需要专业知识解决的难题提供了解决方案，难以用简单的 IF-THEN 规则来表示。在日本，仙台的地铁系统使用模糊逻辑控制保持车速平稳，使得站立的乘客不必过于拘束。东京的三菱重工通过实施模糊逻辑控制程序，能够将空调的功耗降低 20%。相机中的自动对焦装置只能通过模糊逻辑实现。在这些情况下，模糊逻辑允许输入的增量变化产生平滑的输出变化，而不是不连续的变化，这对于消费电子和工程应用是有用的。

管理层还发现，模糊逻辑对决策和组织控制有用。一家华尔街的公司创建了一个系统，选择使用交易者能够理解的语言收购潜在公司。它已经开发了一个模糊逻辑系统来检测由美国任何地方的医疗保健提供者提交的医疗索赔中可能存在的欺诈行为。

11.4.4 机器学习

机器学习（machine learning）是指在没有明确编程的情况下，计算机程序提升自身性能的相关研究。为什么会形成学习？机器学习使机器如同人一样，能识别数据中的模式，并基于这种模式、经验或以前的认知（数据库）改变其行为。例如，汽车驾驶机器人能识别其他车辆和目标的出现，从而调整自身行为，如停、走、减速、加速或转弯等。具备自我学习、自我校正理念的计算机程序并不是新出现的，至少自 20 世纪 70 年代起就已经是人工智能的一部分。然而直到 20 世纪 90 年代，机器学习仍然不能用于制造有用的设备或解决有趣的商业问题。

随着科学家和企业可得到的计算能力的提升和成本的下降，以及算法、数据库和机器人方面取得的进展，机器学习近 10 年来得到迅速发展（参见章末案例研究中 IBM 的沃森）。互联网和基于互联网获取的大数据（详见第 6 章）为机器学习提供了非常好的测试与验证基础。

我们可能没有察觉到，其实我们每天都在使用机器学习。每一次的谷歌搜索都是使用算法，根据你的查询需求对数十亿个网页进行排序，并依据你在搜索中操作的变动相应地调整输出结果，所有这些都是在几毫秒间发生的。此外，搜索结果也会因你过去的搜索历史和点击过的项目而有所不同。每次你在亚马逊上买东西，它的推荐引擎会推荐其他你可能感兴趣的项目，这都是基于你过去的消费模式、在网页上的行为以及和你“类似”的其他人的购买行为实现的。每次你访问 Netflix，推荐系统都会基于之前类似的一些因素提供你可能感兴趣的电影。

1. 神经网络

神经网络（neural networks）用于解决复杂的、难理解的问题，通常为了解决此类问题需要提前收集大量的数据。人工处理大量数据间的模式和关系太过复杂、困难。神经网络通过模拟生物或人类大脑并行处理的方式发掘数据关系。它通过采用筛滤数据、寻找关联、建立模型以及不断进行模型校正的方法，从大量的数据中“学习”。

神经网络包含大量彼此不断交互的处理节点。图 11-9 展示了一种包含输入层、输出层和一个隐蔽层的神经网络。人们通过将一组已知输出结果的输入数据作为训练数据，输送进网络达到“训练”的目的。这样可以帮助计算机通过实例学习正确的解决方法。当更多的数据被输入计算机后，每个实例均会和已知的输出相比。如果产生差异，则计算机会纠正并将此结果应用于隐蔽层的节点。以上步骤会一直重复直至达到某种条件，比如校正量小于某一范围。图 11-9 中的神经网络已学习了如何识别一个欺诈性的信用卡购买行为。同样，自组织的神经网络也可以用大量数据进行训练，以使其发现数据间的关系和模型。

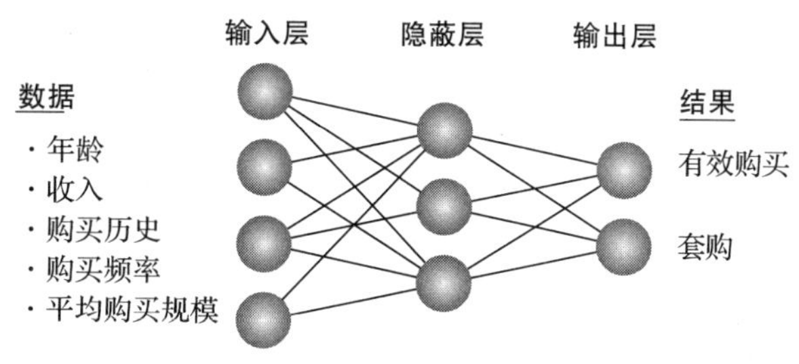

图 11-9 神经网络如何工作

神经网络使用由数据模型“学习”到的规则构建隐蔽层的逻辑。隐蔽层处理输入，基于模型将它们分类。在这个例子中，神经网络被训练用于甄别有效或欺诈性信用卡购买行为。

一个由斯坦福大学计算机科学家吴恩达（Andrew Y. Ng）和谷歌职员杰夫·迪安（Jeff Dean）领导的谷歌研究小组近期创建了一个拥有超过 10 亿个节点的神经网络，该网络可实现对猫咪的识别。该神经网络使用一个有 16 000 个处理器的阵列，并被输入了从 1 000 万个 YouTube 视频中提取的随机图像缩略图。神经网络自我学习如何识别猫咪，在学习过程中无须人工帮助来识别特定的特征。谷歌认为，这种神经网络在图像搜索、语音识别、机器语言翻译中有非常好的应用前景。IBM 也开发了一种高能效处理器芯片，它依赖于密集的类似大脑神经网络的晶体管网络。这种芯片仍处于实验阶段，对模式识别有很大的帮助（Markoff，2012，2013）。

专家系统寻求模拟或将专家解决问题的方法进行建模，而神经网络的设计者则不针对解决特定的问题进行编程求解。神经网络的设计者通常以赋予硬件一种通用的学习能力的方式使其拥有智能。专家系统则非常专注于一种既定的问题，不能轻易被重新训练。

神经网络在医药、科学和商业地址问题中的模式分类、预测、金融分析和控制与优化领域都有着广泛的应用。在医药领域中，神经网络被用于冠状动脉疾病的筛查、癫痫和老年痴呆的诊断以及病理影像的模式识别等。金融行业使用神经网络识别庞大数据中的模式，有助于预测股票表现、企业债券评级、企业破产等。维萨国际（Visa International）用神经网络监控所有交易中的持卡人购买行为是否异常，以甄别信用卡欺诈行为。

神经网络也有一些令人费解的地方。比如，专家系统通常能够给出解决方案的清晰解释，而神经网络往往无法给出特定解决方案形成的原因。不仅如此，神经网络也无法保证在输入同一组数据时使用同一种解决方案再次得到相同的解，或总是得到最优解。神经网络非常灵敏，如果训练所使用的数据太多或太少，都不会产生较好的表现。在绝大多数目前的应用中，神经网络适于辅助人工决策，而不是代替人工决策。

2. 遗传算法

遗传算法（genetic algorithms）是用于检验某个问题的大量可行解，并找到该具体问题的一个最优解的方法。该算法所使用的技术的灵感源于生物演进过程，例如遗传、变异、选择和转化（重组）。

遗传算法以一串 0 和 1 来代表信息，在随机产生的一个二进制数字的字符串中，识别表达该问题最可行解的一个字符串。随着解的变化和组合，最差的一个解被抛弃，较好的解被保存下来，并继续产生更好的解。

在图 11-10 中，每个串代表问题中的一个变量。我们先用一个拟合度测试将这组字符串根据其作为可行解的可信程度进行排序。在初步的拟合评价后，该算法产生了下一代拟合度较好的字符串，匹配上由变异产生的新串，然后再测试新字符串的拟合度，直至达到最优解。

染色体种群		长度	宽度	重量	拟合
1 1 0 1 1 0	1	长	宽	轻	55
1 0 1 0 0 0	2	短	窄	重	49
0 0 0 1 0 1	3	长	窄	重	36
1 0 1 1 0 1	4	长	适中	轻	61
0 1 0 1 0 1	5	长	适中	非常轻	74
染色体种群			染色体编码		染色体评价

图 11-10 一个遗传算法的组成

这个例子说明了一个初始“染色体”种群，每个种群代表了不同的解。遗传算法使用一套迭代过程改善最初解，从而获得更好的解，那些具有更高拟合度的更有可能产生最优解。

遗传算法用来解决具有高度动态性和复杂性的、包含成百上千个变量或程式的问题。这类问题通常有这样的特征：可行解的范围可表达成遗传式、评价拟合度的标准可行解。这样，遗传算法就能加速求解，因为它能很快地评估许多不同的解以找到最优的一个。例如，通用电气的工程师利用遗传算法，帮助最优化喷气涡轮飞机发动机的设计（每个设计修改可达100个变量）。JDA的供应链管理软件用遗传算法最优化生产调度模型，组合了成百上千个客户订单的细节、材料和资源的可用性、制造和分销的能力、配送日期等。

11.4.5 智能代理

智能代理技术可以帮助企业过滤大量的数据，定位并保留重要的信息。**智能代理**（intelligent agent）是一些无人工干预的软件程序，为个人用户、业务流程或软件应用执行一些具体的任务。智能代理用一个内置的或学习后的知识库代表用户完成任务或做出决策，如删除垃圾邮件、做日程安排或浏览互联网找到去加利福尼亚州最便宜的机票。

如今，在操作系统、应用软件、电子邮件、移动计算软件和网络工具中已有许多智能代理应用。例如，微软办公室软件工具中的wizards有内置功能，给用户演示如何完成各种任务，如格式化文件或创建图形，以及预测用户何时需要帮助。第7章描述了智能代理购物机器人帮助客户找到他们需要的产品，并帮助他们比较价格和其他属性。

尽管一些智能代理被设定遵循一套简单的规则，但更多的智能代理能够从经验中学习，从而调整它们的行为。Siri是苹果公司iOS操作系统在iPhone和iPad平台上推出的一个应用。Siri是一个使用语音识别技术回答问题、提供建议和执行操作的智能个人助理。通过一段时间的训练，Siri能适应用户的个人喜好，并给出个性化的结果，如寻找附近的餐馆、购买电影票、查询路线、安排约会和发送消息等任务。Siri能够理解自然语音。如果需要更多信息来完成任务，它会主动询问用户。谷歌的Now、微软的Cortana以及亚马逊的Echo，都是具有类似功能的智能代理工具。

聊天机器人（chatbot）是模拟与一个或多个人类用户，通过文本或听觉方式进行对话的软件。它试图通过回答问题或执行任务理解你所输入或说出的答案。聊天机器人通常用于客户服务或信息获取系统。例如，Facebook已经将聊天机器人整合到Messenger信息应用程序中，以便具有Facebook品牌页面的外部公司可以通过聊天程序与Facebook用户交互。此外，Facebook的用户可以通过发送消息与Spring（一款移动购物应用程序）对话，在Messenger上就可以浏览一双轻便的跑步鞋。Spring会询问用户对鞋子的首选价格范围，并显示它认为用户可能喜欢的选择。

许多复杂的现象可以建立自治代理（autonomous agents）系统模型，按照相对简单的规则进行迭代。**基于代理的建模**（agent-based modeling）系统已被应用到消费者行为、股市、供应链和预测流行病的传播等领域中。

宝洁公司使用基于代理的建模协调其供应链上不同成员之间的关系，以适应不断变化的企业环境（见图11-11）。这个模型将复杂的供应链建模为一个代表供应链构件的半自治“代理”的组合，这些供应链构件包括卡车、生产设施、分销商及零售店等。每个代理行为的程序编制都遵守模拟实际行为这一规则，如“当缺货时再订货”，用代理仿真使企业将what-if分析应用于库存水平、店内缺货水平和运输成本等方面。

通过使用智能代理模型，宝洁发现卡车应该在货物满载前就被派发出去。虽然由于少装了货物，司机的时间和单位货物的燃料费用会升高，运输成本会上升，但模拟的结果显示零售店的缺货情况有所减少，这样减少了销售损失，减少的销售损失足以弥补增加的运输成本。基于代理的建模已为宝洁公司每年节省了300万美元，而投资建立智能代理模型的费用只有这个数字的1%。

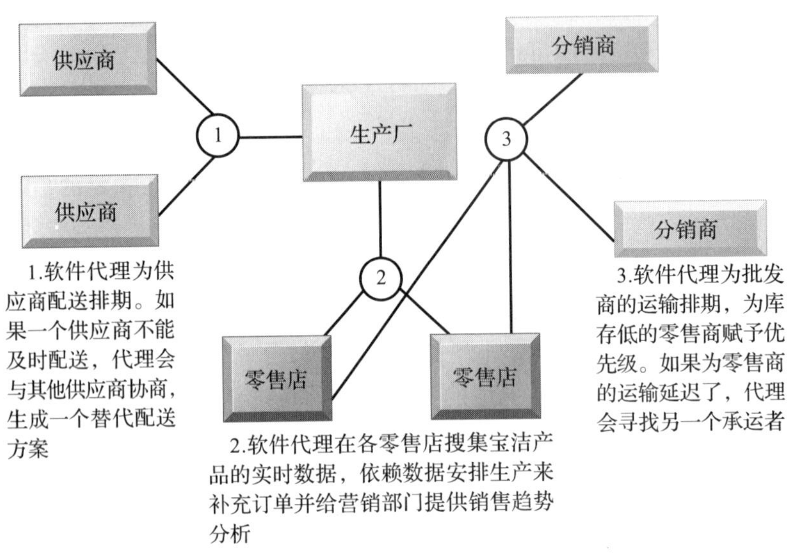

图 11-11　宝洁供应链网络中的智能代理

智能代理帮助宝洁产品（如汰渍洗衣粉）缩短其补货周期。

11.4.6　混合人工智能系统

遗传算法、模糊逻辑、神经网络、专家系统可集成于单个应用系统中，充分利用这些技术的最佳特性。这种系统叫**混合人工智能系统**（hybrid AI systems）。商业中的混合应用持续增加。在日本，日立、三菱、理光、三洋和其他公司已开始将混合人工智能用于其产品中，如家用电器、工厂机器和办公设备等。松下公司开发的“模糊神经”洗衣机应用了模糊逻辑和神经网络的组合。

本章小结

1. 知识管理系统在企业的角色是什么?

知识管理是指在组织中一组创造、储存、转换和应用知识的过程集合。企业的价值取决于它创造和管理知识的能力。知识管理通过增强组织向周围环境学习的能力和将知识集成到业务流程中的能力来提升组织学习效果。知识管理系统有三种主要的类型：企业级知识管理系统、知识工作系统和智能技术。

2. 用于企业级知识管理系统的类型是什么？它们如何为企业提供价值?

企业级知识管理系统是以公司为范围收集、储存、分发和应用数字内容与知识的工作。企业内容管理系统为组织和储存结构化文件提供数据库与工具，也为组织和储存半结构化知识提供工具，如电子邮件或富媒体。通常这些系统包含群组协作工具（包括维基百科和社交标记）、简化信息读取的门户、搜索工具、确定专家的工具和基于适合该组织分类的分类信息工具。学习管理系统为不同类型的员工学习和培训提供管理、交付、跟踪与评估的工具。

3. 知识工作系统的主要类型是什么？它们如何为企业提供价值？

知识工作系统（KWS）支持新知识的创建以及将知识集成到组织中去。KWS 需要方便地访问外部知识库，借助支持软件实现综合图形、分析、文件管理和通信能力的强大的计算机硬件，提供一个用户友好的界面。计算机辅助设计（CAD）系统、增强现实应用以及虚拟现实系统，可产生交互式的与现实世界相似的仿真，拥有强大的图形和建模能力。

4. 使用智能技术进行知识管理的商业价值是什么？

与人类智慧相比，人工智能缺少灵活性、广泛度和普适性，但它可用于获取、编码和扩展组织知识。专家系统从人类专家的有限领域获取隐性知识，并将这些知识表达为规则的形式。专家系统对分类或诊断问题最有用。基于案例的推理可将组织知识表达为一个案例库，并不断扩充和改善。

模糊逻辑是一种使用似然或主观值的规则形式来表达知识的软件技术。模糊逻辑已用于控制设备，并开始有限地应用于决策制定。

机器学习是指计算机程序通过经验自主学习和提高的能力。神经网络由硬件和软件组成，旨在模仿人类大脑的思考过程。神经网络以无须编程的学习能力和识别人类难以描述的模式的能力而著称。它们已开始被应用在科学、医药和商业领域中，主要用于识别海量数据中的模式。

遗传算法基于遗传演进过程生成针对特殊问题的解答，例如拟合、转化、变异过程等。遗传算法开始被应用于最优化、产品设计和工业系统监控问题，在这些问题中需要评判多个方案或变量以产生一个最优解。

智能代理是带有内置学习知识库的软件程序，能为个人用户、业务流程或软件应用完成特定的任务。智能代理通过编程筛滤海量数据，查找、定位有用的信息，并可在某些情况下，代表用户处理这些信息。

MyMISLab

完成标有 MyMISLab 标记的问题，请到 MyMISLab 的 EOC 讨论问题部分。

复习题

11-1 知识管理系统在企业中的角色是什么？

- 定义知识管理和阐述它对企业的价值。
- 描述知识的重要特征。
- 区分数据、知识和智慧；区分隐性知识和显性知识。
- 描述知识管理价值链的各个阶段。

11-2 企业级知识管理的系统有哪些类型？请阐述它们是如何给企业提供价值的。

- 定义和描述企业级知识管理系统的各种类型，阐述它们如何为企业提供价值。
- 阐述下列各项在知识管理中的角色：分类、MOOC 和学习管理系统。

11-3 知识工作系统的主要类型是什么？它们如何为企业提供价值？

- 定义知识工作系统，描述知识工作系统的通用需求。
- 描述以下系统是如何支持知识工作的：CAD、虚拟现实和增强现实。

11-4 在知识管理中应用智能技术会有哪些商业利益？

- 定义一个专家系统，描述它是如何工作的，以及对企业的价值。
- 定义基于案例的推理系统，并阐述它与专家系统的不同之处。
- 定义机器学习的含义，并给出一些例子。
- 定义一个神经网络，并描述它是如何工作的，以及它对企业的益处。
- 定义和描述模糊逻辑、遗传算法和智能代理，阐述它们的工作原理，以及它们适合解决的问题类型。

讨论题

11-5 MyMISLab 知识管理是一个业务过程而不是一项技术，请对此进行讨论。

11-6 MyMISLab 请描述知识管理系统在帮助公司进行市场营销、制造和生产管理方面的各种方法。

11-7 MyMISLab 你的公司希望利用知识管理做点事情，请描述知识管理的开发程序和选择知识管理应用的步骤。

MIS 实践项目

本部分的项目是请你结合实际设计一个知识门户，识别知识管理的机会，创建一个简单的专家系统，并利用智能代理研究网上销售产品的情况。请访问 MyMISLab 的多媒体图书馆以获取本章 MIS 实践项目。

管理决策问题

11-8 U. S. Pharma 公司总部位于美国新泽西州，其研究机构分布在德国、法国、英国、瑞典和澳大利亚。新药品的研究和开发是公司盈利的关键所在。为了研究和测试几千种新的试验药品，公司的研究员需要和公司内外部人员共享信息，包括美国食品药品监督管理局、世界卫生组织以及药品制造商和协会的国际联盟，还需要访问健康信息网站，如美国药品国家实验室、行业会议和职业期刊。请你试着为 U.S. Pharma 的研究员设计一个知识门户。你的设计说明应包括相关的内部系统和数据库、外部信息资源、内部的交流和协同工具。除此以外，你还需要设计门户网站的首页。

11-9 Canadian Tire 是加拿大最大的公司之一，拥有 50 000 多名员工、1 100 个店铺和加油站，在加拿大销售运动、休闲、家居用品、服装、金融服务以及汽车和石油产品。每个零售店铺都是独立运营的。Canadian Tire 过去一直使用邮件和厚厚的产品目录向经销商宣传新产品，展示产品信息、最佳实践、产品订单和问题解决方案，而现在它正在寻找一种更好的途径，以更好地实现对企业人力资源和业务文件的管理。请描述该公司原有的业务处理方式中存在哪些问题，并且阐述知识管理系统是如何帮助 Canadian Tire 公司的。

改善决策：为退休计划构建一个简单的专家系统

软件技能：电子表格（Excel）的公式、IF 功能或专家系统工具
业务技能：退休金合理规划

11-10 专家系统通常包含大量的规则。本项目已经简化了规则的表达并减少了规则的数量，但它能提供给你使用一组规则开发一个专家系统应用的实践经验。

当贵公司员工退休时，他们将得到现金分红。现金分红的主要依据是该员工的工作年限和退休年龄。如果该员工想得到分红，退休年龄必须在 50 岁以上，并且退休前在本公司的工作时间超过 5 年。下表给出了计算员工现金分红的标准。

在本公司工作年数	分红
<5 年	无分红
5 ～ 10 年	现在年薪的 20%
11 ～ 15 年	现在年薪的 30%
16 ～ 20 年	现在年薪的 40%
20 ～ 25 年	现在年薪的 50%
26 年或更多	现在年薪的 100%

用以上提供的信息，开发一个简单的专家系统。在网站上找到一个你可以下载的专家系统软件工具演示版本，或者应用电子报表软件构建一个专家系统（如果你应用电子报表软件，建议你用 IF 函数，这样你可以看清规则是如何被建立的）。

改善决策：用智能代理实现采购方案的比较

软件技能：网络浏览器和商品搜索引擎软件
业务技能：产品评价和选择

11-11 这个项目将指导你使用产品搜索引擎软件在线搜索产品相关信息，如价格和供应商等。选择一个你想要购买的数码相机，如 Canan PowerShot X530 或 Olympus Tough TG-4。访问 My Simon（www.mysimon.com）、BizRate.com（www.bizrate.com）和谷歌购物等网站，搜索该相机并比较各网站的价格。根据以下指标比较这些采购网站：易用性、提供相关产品的数量、获得信息的速度、提供的产品和供应商信息的全面性、价格等。通过这些对比，你决定使用哪些网站上的产品信息，为什么？你将选择哪款数码相机，为什么？这些网站对你要做出的决定有什么帮助？

团队协作项目

评价企业内容管理系统

11-12 与一组同学一起，选择两种企业内容管理（ECM）产品，例如来自甲骨文、Open Text、IBM 或 EMC Documentum 的产品。比较它们的功能和特征。为了准备分析，请使用电脑杂志和 ECM 软件供应商网站上的文章。如果可能的话，请使用 Google Docs、Google Drive 或 Google Sites，集思广益并制作演示文稿来报告你们的结果。

案例研究

IBM的沃森在企业中有未来吗

2011年2月，IBM的一款名叫沃森（Watson）的计算机，参加了美国智力节目《危险边缘》(*Jeopardy*!)，与两位人类选手肯・詹宁斯（Ken Jennings）和布拉德・鲁特（Brad Rutter）展开智力竞赛，并赢得了比赛。沃森是以IBM的创始人托马斯・沃森（Thomas J. Watson）命名的，它的成功标志着计算机处理和解释人类语言能力的一个里程碑。

《危险边缘》节目中使用的沃森版本是由20位IBM工程师花了3年的时间，以1 800万美元的劳动力成本和大约100万美元的设备成本建造而成的。该项目的目标是开发一套更有效的技术，使计算机可以处理人类的自然语言，即人类自身使用的语言，而不是专门用于计算机理解的语言。沃森必须能够理解一个问题的意图，并通过搜索数百万行文本和数据，选出在文字意义和上下文方面有细微差别的内容，并排列潜在的回答供用户选择。对于上述全部工作，沃森会在不到3秒的时间内完成。

沃森用于《危险边缘》节目的硬件由运行在Linux上的10台IBM POWER 750服务器组成，使用15TB的内存和2 880个处理器核心（相当于6 000台顶级家用计算机），以每秒运行80兆次的速度运算。沃森需要这么大的能量快速扫描庞大的信息数据库，包括来自互联网的信息。为了准备《危险边缘》节目，IBM研究人员下载了超过1 000万份文档，其中包括百科全书和维基百科、互联网电影数据库（IMDB）以及《纽约时报》的整个档案。所有的数据都被放在沃森的主存储器中，而不是一个运行非常慢的硬盘中，所以沃森可以在3秒内找到所需的数据。

沃森能从它的成功或失败的经验中学习。为了解决一个问题，沃森会尝试使用从该小组已编程的数以千计的算法中提取各种算法。这些算法评估每一个线索中使用的语言，寻找相关线索中提到的关键人物和地点信息，生成几百种解决方案。人类是不会采取这样的正式途径获得一个问题的最佳解决方案的，但沃森用它强大的计算能力和快速的处理速度进行了相应的弥补。如果某种算法能用于解决一个问题，沃森会记住问题的类型以及使用过的相应解决方案。由此，沃森逐渐提高了回答问题的能力。沃森也会通过另一种方式学习，即研究团队让它处理数千种过去《危险边缘》节目竞标赛中出现过的问题。沃森还能通过分析和解答问题，判定线索中的模式或相似点，使用这些模式计算各种答案的可能性。

虽然沃森最初只能正确回答一小部分问题，但机器学习使系统能够持续改进，直至达到《危险边缘》冠军的级别。IBM称沃森能够解释语音和文本，快速挖掘大量数据，回答问题，得出结论，并从错误中学习认知计算。

IBM正在基于沃森的认知智能和能力开发出新的基于云的产品。IBM的沃森Discovery Advisor面向制药、出版和教育行业，通过搜索结果更快速地传输数据，并帮助研究人员得出结论。IBM的沃森Analytics是一项基于云的服务，为提供原始大数据的企业发送沃森的见解，包括可视化显示。IBM的沃森Explorer也是一项基于云的服务，它给用户提供信息的统一视图，促进数据驱动认知的启示和共享。沃森Health是一项基于云的服务，可以帮助医疗保健公司分析大量患者的数据。

沃森最早的应用是医疗保健，这是因为医疗信息每3年翻一番，到2020年每73天将会翻一番。医生将无法跟上这一信息量，但IBM相信沃森可以。沃森能够阅读和理解所有这些信息，成为医疗专业人员的助手。

2011年9月，拥有3 420万名会员的美国最大的医疗服务提供商Wellpoint公司，采用沃森开发了一个交互式护理评估（Interactive Care Reviewer）应用，旨在确定医生的治疗是否符合公司的指导方针和患者的保险政策。该应用结合了来自医生或医院维护的病人电子记录、保险公司的药物和治疗史以及沃森庞大的教科书和医学期刊中的数据。根据Wellpoint公司副总裁伊丽莎白·宾厄姆（Elizabeth Bingham）的说法，沃森最初花了很长时间才能“学习”Wellpoint公司的政策，同时IBM通过修改Wellpoint公司的培训例行程序来改进系统。交互式护理评估目前已经被推广到了1 600家医疗保健提供商。

2012年，纽约Memorial Sloan Kettering癌症中心开始使用“沃森肿瘤”应用。该应用使用来自癌症中心的超过100万名患者的临床数据库、500多种医学期刊和教科书，以及1 200万页医学文献的数据，推荐个性化的癌症治疗。目前，该系统为肺癌、乳腺癌和直肠癌提供了建议，并且正在扩展到与胃相关的癌症。一旦“沃森肿瘤”有了患者的信息，它就可以立即搜索来自世界各地的医学文献，确定与该患者所患癌症最相关的文献，并且优先考虑潜在的治疗选择（基于风险和置信度的颜色编码）证据和病人的健康记录。系统能够理解上下文的含义，如果该应用读到乳腺癌患者的姐姐进行了乳房切除手术，那么系统就知道这是家族史的表现，尽管“家族”这个词可能不会出现。沃森能够在15分钟内进行分析，而通常人类需要几个月的时间才能做到。

使用“沃森肿瘤”应用所产生的结果比想象中的要复杂得多。例如，该癌症中心的肿瘤学家马克·克里斯（Mark Kris）博士展示了沃森的一个屏幕，列出了3种潜在的治疗方案，但只有不到32%的人相信这3个方案中的任何一个是正确的。然而现实是真实的，“沃森肿瘤”应用现在已经在世界各地的许多医院被使用，包括曼谷的Bumrungrad应用国际医院和印度7个城市的马尼帕尔（Manipal）医院，以及纽约的Memorial Sloan Kettering癌症中心。此外，MD Anderson癌症中心和克里夫兰德（Cleveland）诊所正在使用其他的沃森肿瘤相关解决方案。

2013年11月，IBM宣布通过互联网提供沃森技术（将其作为一项云服务），供不同的行业使用。IBM将部分系统开放给外部开发人员，创建基于认知计算的企业和移动应用。沃森开发者云（Watson Developer Cloud）为开发人员提供了工具和方法，可与沃森系统一起为新应用提供免费与收费的内容存储库。来自IBM和第三方的约500名主题专家对此有合作意向。IBM还使得沃森的使用变得更简单、成本更低。

2015年推出的沃森健康云（Watson Health Cloud）是一个安全平台，企业和研究人员可以在这个平台上建立系统并交换数据。最初的行业合作伙伴有强生、美敦力和苹果。强生使用沃森在膝盖和髋关节置换前后，对患者进行个性化护理。医疗设备制造商美敦力公司希望利用沃森发现糖尿病患者，自动调整设备的胰岛素剂量，并向护理人员和患者发送警报。苹果公司和Under Armour公司正在使用沃森分析软件以解读来自相关手表和健身队员的大量数据。

其他行业也开始使用沃森。美国空军正在开发一个智能系统，帮助政府的采购官员管理《联邦采购条例》，其中包括1 897页的文件。文件的数量和复杂性使得仅靠个人理解回答一个具体的问题，几乎是不可能的。企业能够查询系统，找到它们可能有资格参与竞标的项目，或确定竞争合同的要求。提供客户体验和呼叫中心技术解决方案的创惟公司（Genesys），正在构建一个平台，使客户能够进入银行并与沃森进行互动。该平台了解并使用自然语言提供帮助，甚至根据谈话内容推荐产品。

IBM已经积极地从硬件生产转型，开始专注于基于云的分析和人工智能软件。虽然沃森是IBM未来的一个关键产品，但分析师认为，这并不足以抵消传统计算机和咨询业务的疲软态势。首席执行官弗吉尼亚·罗梅蒂（Virginia Rometty）希望沃森能够在2018年之前，每年带来10亿美元的收入，但他表示，现在为沃森部门制定财务业绩还为时过早，因为该公司还在增加产品。

为了有效地将技术商业化，IBM需要扩展沃森的知识领域，这是最大的挑战。把沃森变成一个有用的商业工具需要做大量的工作。沃森必须学习相关的术语，包括掌握医疗保健和科学研究在内的许多不同专业领域的术语，了解使用该术语的背景，并学习如何将问题与正确的答案联系起来。沃森还不能给出自己的想法。

IBM不得不对沃森能做的事情持谨慎的态度，以便沃森不会像其他人工智能系统一样，被过度寄予厚望。在国际象棋或电视游戏中击败人类的机器，要比在现实世界中解决问题的机器人容易得多。莫纳什研究（Monash Research）公司的总裁柯特·莫纳什（Curt Monash）认为，沃森在20世纪80年代还没有克服AI陷入困境的障碍，当时它只能涉足一小部分有限的知识领域，用于单一的用途。与在《危险边缘》节目中的问题相比，沃森在解决现实生活中的问题时遇到了更多的麻烦。沃森的基本学习过程要求IBM工程师掌握客户业务的技术，并将这些需求转化为可用的软件，这一过程非常艰辛。建立知识体系和培养智能系统的复杂性，是否对其他类型的工作具有可重复性和可扩展性，以及能否为差异化和竞争优势创造机会，还有待观察。沃森是一项正在进行的工作。

资料来源：Christian Davenport, “IBM's Watson Supercomputer May Have Met Its Match: The Federal Procurement Mess,” *Los Angeles Times*, March 26, 2016; International Business Machines Corporation, “Form 10-K Annual Report,” February 23, 2016; Greg Bensinger, “IBM CEO: Too Soon to Break Out Watson Revenue,” *Wall Street Journal*, June 1, 2016; Virginia Lau, “How Watson for Oncology Is Advancing Cancer Care,” *Medical Marketing & Media*, April 19, 2016; John Markman, “IBM Makes Its Big Data Play,” *Forbes*, July 11, 2016; Greg Slabodkin, “CVS Taps IBM Watson for Predictive Analytics,” *Information Management*, August 3, 2015; Steve Lohr, “IBM Creates Watson Health to Analyze Medical Data,” *New York Times*, April 13, 2015; Mohana Ravindranath, “How IBM Is Trying to Commercialize Watson,” *Washington Post*, May 11, 2014; Spencer E. Ante, “IBM Struggles to Turn Watson Computer into Big Business,” *Wall Street Journal*, January 7, 2014; Michael Goldberg, “Five Things to Know About IBM Watson, Where It Is, and Where It's Going,” *DataInformed*, January 14, 2014; and Larry Dignan, “IBM Forms Watson Business Group: Will Commercialization Follow?” *ZDNet*, January 9, 2014.

案例分析题

11-13 沃森有多强大？请描述它的技术，它为什么需要非常强大的硬件？

11-14 沃森有多聪明？它能做什么？它不能做什么？

11-15 沃森能解决什么样的问题？知识管理和决策的工具有多大帮助？

11-16 你是否认为沃森会像IBM公司希望的那样，在其他行业和学科中发挥作用？这对大家都有益吗？请解释你的答案。

MyMISLab

请到MyMISLab的作业部分完成这些写作练习。

11-17 以下每种类型的系统如何获取和表示知识：专家系统、基于案例的推理、神经网络？

11-18 企业内容管理系统如何帮助组织管理结构化和半结构化知识？请列举这些系统处理的每种知识的两个例子。

参考文献

Alavi, Maryam and Dorothy Leidner. "Knowledge Management and Knowledge Management Systems: Conceptual Foundations and Research Issues," *MIS Quarterly 25*, No. 1(March 2001).

Althuizen, Niek and Berend Wierenga. "Supporting Creative Problem Solving with a Case-Based Reasoning System." *Journal of Management Information Systems* 31. No. 1 (Summer 2014).

Althuizen, Niek and Astrid Reichel. "The Effects of IT-Enabled Cognitive Stimulation Tools on Creative Problem Solving: A Dual Pathway to Creativity." *Journal of Management Information Systems* 33, No. 1 (2016).

Burtka, Michael. "Generic Algorithms." *The Stern Information Systems Review* 1, No. 1 (Spring 1993).

Clark, Don. "IBM Unveils Chip Simulating Brain Functions." *Wall Street Journal* (August 7, 2014).

Davenport, Thomas H. and Julia Kirby. "Just How Smart Are Smart Machines?" *MIT Sloan Management Review* 57, No. 3 (Spring 2016).

Davenport, Thomas H., and Lawrence Prusak. *Working Knowledge: How Organizations Manage What They Know*. Boston, MA: Harvard Business School Press (1997).

Davenport, Thomas H., Laurence Prusak, and Bruce Strong. "Putting Ideas to Work." *Wall Street Journal* (March 10, 2008).

Davenport, Thomas H., Robert J. Thomas, and Susan Cantrell. "The Mysterious Art and Science of Knowledge-Worker Performance." *MIT Sloan Management Review* 44, No. 1 (Fall 2002).

Dhar, Vasant and Roger Stein. *Intelligent Decision Support Methods: The Science of Knowledge Work*. Upper Saddle River, NJ: Prentice Hall (1997).

El Najdawi, M. K., and Anthony C. Stylianou. "Expert Support Systems: Integrating AI Technologies." *Communications of the ACM* 36, No. 12 (December 1993).

Gelernter, David. "Machines That Will Think and Feel." *Wall Street Journal* (March 18, 2016).

Gu, Feng and Baruch Lev. "Intangible Assets. Measurements, Drivers, Usefulness." (2001). http://pages.stern.nyu. edu/~blev/.

Holland, John H. "Genetic Algorithms." *Scientific American* (July 1992).

Housel, Tom and Arthur A. Bell. *Measuring and Managing Knowledge*. New York: McGraw-Hill (2001).

"How Machines Learn and You Win." *Harvard Business Review* (November 2015).

Iyengar, Kishen, Jeffrey R. Sweeney, and Ramiro Montealegre. "Information Technology Use as a Learning Mechanism: The Impact of IT Use on Knowledge Transfer Effectiveness, Absorptive Capacity, and Franchisee Performance." *MIS Quarterly* 39, No. 3 (September 2015).

Kim, Seung Hyun, Tridas Mukhopadhyay, and Robert E. Kraut. "When Does Repository KMS Use Lift Performance? The Role of Alternative Knowledge Sources and Task Environments?" *MIS Quarterly* 40, No. 1 (March 2016).

Leonard-Barton, Dorothy and Walter Swap. "Deep Smarts." *Harvard Business Review* (September 1, 2004).

Leonardi, Paul M. "Ambient Awareness and Knowledge Acquisition: Using Social Media to Learn 'Who Knows What' and 'Who Knows Whom'." *MIS Quarterly* 39, No. 4 (December 2015).

Lev, Baruch. "Sharpening the Intangibles Edge." *Harvard Business Review* (June 1, 2004).

Lim, Shi Ying, Sirkka L. Jarvenpaa, and Holly J Lanham. "Barriers to Interorganizational Knowledge Transfer in Post-Hospital Care Transitions: Review and Directions for Information Systems Research." *Journal of Management Information Systems* 32, No. 3 (2015).

Lohr, Steve. "The Promise of Artificial Intelligence Unfolds in Small Steps." New York Times, February 28, 2016.

Malone, Thomas W., Robert Laubacher, and Chrysanthos Dellarocas. "The Collective Intelligence Genome." *MIT Sloan Management Review* 51, No. 3 (Spring 2010).

Markoff, John. "Brainlike Computers, Learning from Experience." *New York Times* (December 28, 2013).

Markoff, John. "How Many Computers to Identify a Cat? 16,000." *New York Times* (June 26, 2012).

Markus, M. Lynne, Ann Majchrzak, and Less Gasser. "A Design Theory for Systems That Support Emergent Knowledge Processes." *MIS Quarterly* 26, No. 3 (September 2002).

McCarthy, John. "Generality in Artificial Intelligence." *Communications of the ACM* (December 1987).

Mehra, Amit, Nishtha Langer, Ravi Bapna, and Ram Gopal. "Estimating Returns to Training in the Knowledge Economy: A Firm-Level Analysis of Small and Medium Enterprises." *MIS Quarterly* 38, No. 3 (September 2014).

Meister, Jeanne. "MOOCs Emerge as Disruptors to Corporate Learning." *Forbes* (June 10, 2015).

Nurmohamed, Zafred, Nabeel Gillani, and Michael Lenox. "New Use for MOOCs: Real-World Problem-Solving." *Harvard Business Review* (July 2013).

Orlikowski, Wanda J. "Knowing in Practice: Enacting a Collective Capability in Distributed Organizing." *Organization Science* 13, No. 3 (May–June 2002).

Pyle, Dorian and Cristina San Jose. "An Executive's Guide to Machine Learning." *McKinsey Quarterly* (June 2015).

Sadeh, Norman, David W. Hildum, and Dag Kjenstad. "Agent-Based E-supply Chain Decision Support." *Journal of Organizational Computing and Electronic Commerce* 13, No. 3 & 4 (2003).

Singer, Natasha. "The Virtual Anatomy, Ready for Dissection." *New York Times* (January 7, 2012).

"Smarter, Smaller, Safer Robots." *Harvard Business Review* (November 2015).

U.S. Department of Labor, Occupational Employment Statistics. "May 2015 National Occupational Employment and Wage Estimates." Bureau of Labor Statisics (2016).

Weill, Peter, Thomas Malone, and Thomas G. Apel. "The Business Models Investors Prefer." *MIT Sloan Management Review* 52, No. 4 (Summer 2011).

Zadeh, Lotfi A. "Fuzzy Logic, Neural Networks, and Soft Computing." *Communications of the ACM* 37, No. 3 (March 1994).

Zadeh, Lotfi A. "The Calculus of Fuzzy If/Then Rules." *AI Expert* (March 1992).

Zeying Wan, Deborah Compeau, and Nicole Haggerty. "The Effects of Self- Regulated Learning Processes on E-Learning Outcomes in Organizational Settings." *Journal of Management Information Systems* 29, No. 1 (Summer 2012).

Zhao, Li, Brian Detlor, and Catherine E. Connelly. "Sharing Knowledge in Social Q&A Sites: The Unintended Consequences of Extrinsic Motivation." *Journal of Management Information Systems* 33, No. 1 (2016).

CHAPTER12

第12章 增强决策能力

LEARNING OBJECTIVES

学习目标

通过阅读本章，你将能回答以下问题：

- 决策的类型有哪些？决策过程是怎样的？
- 信息系统是如何支持管理者的活动和管理决策的？
- 商务智能和商业分析是如何支持企业决策的？
- 组织中的不同决策群体是如何使用商业智能的？在帮助团队更有效地决策方面，信息系统发挥了什么样的作用？

MyMISLab™

访问 mymislab.com 来获得模拟、辅导材料和课后问题。

开篇案例　大数据分析能帮助人们找到爱情吗

计算机可以帮助人们找到爱情吗？有超过2 000万名注册用户的在线交友网站e合意网站（eHarmony）认为是可以的，该网站是第一个使用“科学”方法为单身配对，并提供在线约会服务的网站。该公司利用29维度®模型，根据成千上万对已成功匹配的情侣特征来匹配情侣，基于30G数据量的数据和MongoDB非关系型数据库管理系统，每天处理350多万对单身配对信息。

加入e合意网站的用户首先需要填写一份问卷，该问卷包含200个问题，涵盖从个人特质到价值观的所有方面，然后通过e合意网站的专利算法对该用户信息进行分析处理，为该用户找到匹配的对象。这可能不是寻找配偶最浪漫的方式，不过根据美国哈里斯互动公司（Harris Interactive）的调查报告，通过e合意网站安排约会后，在美国平均每天有438人结婚。这几乎占美国新结婚夫妇的4%！

e合意网站还在用户的数据中挖掘了TB级的数据，这些数据主要源于网站上用户的活动，有助于预测用户的行为。例如，使用 e 合意网站的用户往往有不同的沟通行为，所以基于用户登录网站的次数、发布的照片数量以及在 e 合意网站个人资料中描述自己的词汇等数据，e 合意网站可以辨识出谁更内向，或者谁有可能成为交流的发起人。这些数据还有助于 e 合意网站确定用户在一天中的某个特定时间是否更有可能与他们匹配的对象进行交流。匹配过程是高度自动化的，在多数情况下，e 合意网站可以在几分钟内为用户找到相应的匹配对象。

e 合意网站的对象匹配算法因国而异，并且基于用户的行为和来自教育机构关于新型关系的研究成果进行定期完善。大数据分析也有助于 e 合意网站的市场营销，帮助确定何时是 e 合意网站向个人用户开展促销的好时机。

e 合意网站把在配对情侣方面的成功经验和专业知识，运用于人员与其相适应的工作岗位的匹配上。2016 年 4 月 1 日，公司启动了一项名为“提升职业生涯品质”的服务项目，这是一项基于 24 种价值观、文化和人格因素，将求职者与潜在雇主进行匹配的新服务。在这些因素中，有 16 个涉及文化因素以及员工价值与目标公司的匹配程度如何。这个项目的目标是让这些公司的员工工作更快乐，减少员工的流失率，进而改善公司的业绩。

e 合意网站发现了那些可以预测幸福和不幸福婚姻的因素，同理，“提升职业生涯”服务首先识别全职员工，让这些全职员工描述自己以及他们所在的公司，然后建立分析模型，并应用到那些有兴趣到这些公司工作的人身上。

e 合意网站从用户简历和资料、用户提供的所在公司资料以及公司岗位列表中收集信息。“提升职业生涯”团队与“便捷求职”(Simply Hired) 网站对接，将求职网站上招聘公司的所有招聘职位列入“提升职业生涯”的岗位数据库中。“提升职业生涯”在亚马逊网络服务（Amazon Web Services，AWS）公共云计算平台上运行。对于那些没有介绍资料的公司，“提升职业生涯”服务会根据地理空间数据给出一些介绍。通过了解某家公司所在的行业和地区特点，“提升职业生涯”服务可以根据这些信息预测公司的文化或价值观。

资料来源：Conner Forrest, “eHarmony’s Elevated Careers Uses Big Data to Match You with the Perfect Job,” *Tech Republic*, April 1, 2016; www.eharmony.com, accessed May 12, 2016; “eHarmony Inc.,” www.ibm.com, accessed May 12, 2016; and “Big Dating at eHarmony,” www.mongodb.com, accessed March 28, 2016.

e 合意网站是利用信息系统改善决策的有力例证。这是一家相对较新的公司，利用大数据和复杂模型分析数据，创建新的基于 Web 的服务和商业模型。其他类似的在线约会网站还有许多，它们使用用户个人数据帮助人们找到约会或结婚的对象。但是，e 合意网站认为它是具有竞争力的，因为它拥有强大而独特的分析工具来分析大量的详细数据，形成准确的、最合适的配对预测，并向用户推荐潜在的约会对象。其他在线交友网站缺乏像 e 合意网站那样的数据和分析工具来预测配对的可能性。

下图提供了关于本案例和本章需要关注的重要论点。e 合意网站提供在线婚介服务，是一家拥有众多竞争对手的互联网业务公司，其业务策略以对大量详细数据的巧妙分析为基础。e 合意网站能够利用大数据和商务智能技术获得许多新的商业机会，通过收集大量有关其客户的详细个人和行为数据，并将这些数据与有关人际关系的研究结论一起用于分析这些数据，从而预测一对配偶的潜在匹配性。e 合意网站还使用大数据调整其营销策略，并利用其商务智能的专业知识开展公司与求职者求职匹配的新业务。大数据和数据分析使 e 合意网站能够做出更准确、更有洞察力的分析结论，并将这些结论作为一种服务提供给客户。很显然，使用商务智能做出更好的决策使 e 合意网站成为更具盈利性和竞争力的公司。

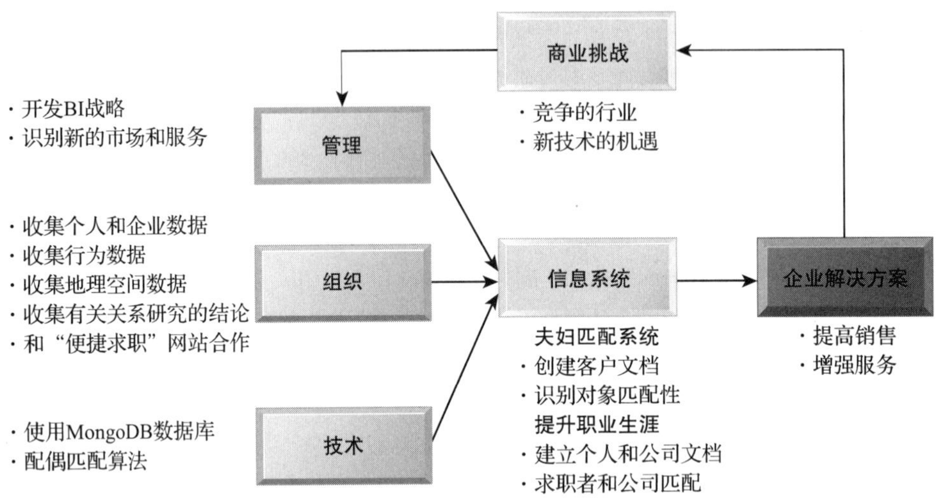

12.1 决策的类型有哪些？决策过程是怎样的

企业决策以往常常被限于管理层，但在今天，随着信息系统的应用，处于企业较低层次的员工也可以获得信息，并且可以负责企业决策中的一些任务。那么，我们所说的改善决策指的是什么呢？企业和其他组织中的决策是如何进行的？下面让我们做进一步的了解。

12.1.1 改善决策的商业价值

做出更好的决策对企业意味着什么？改善决策的商业价值是什么？表 12-1 试图对一家小型美国制造企业改善决策所带来的商业价值进行总结。该公司有 140 个员工，年收入达 2.8 亿美元。该公司明确了一些关键的决策任务，针对这些决策任务投资了新的系统，期望能改善决策的质量。该表列出了在所选定的业务领域里改善决策带来的年度收益的估计值（包括成本的减少或收入的增加）。

表 12-1 改善决策的商业价值

决策例子	决策者	年决策次数	每次改善决策给公司带来的价值估计（美元）	年价值（美元）
为最有价值的客户提供支持	客户经理	12	100 000	1 200 000
预测呼叫中心每天的需求量	呼叫中心管理人员	4	150 000	600 000
决定每日零部件库存量	库存经理	365	5 000	1 825 000
确定主要供应商的竞争性标的	高层管理人员	1	2 000 000	2 000 000
进行生产调度以满足订货要求	制造经理	150	10 000	1 500 000
为员工分配任务	生产车间经理	100	4 000	400 000

由表 12-1 可以看出，该公司每个组织层次的员工都在做决策。其中某些决策是常见的、日常性的，并且数量众多。虽然改善任何单个决策产生的价值可能很小，但改善成百上千个“小”决策将会给企业带来很大的商业价值。

12.1.2　决策类型

第 1 章和第 2 章指出，任何一个组织均有不同的组织层次。每个层次的决策有不同的信息需求，对其他不同类型的决策有不同的责任（见图 12-1）。决策可分为结构化、半结构化和非结构化三种类型。

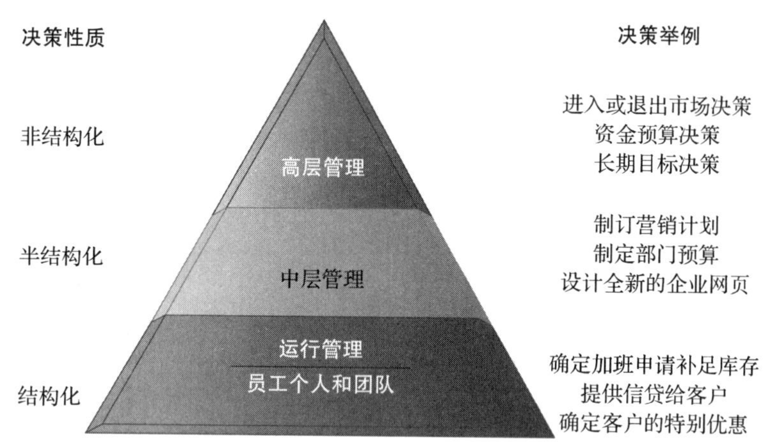

图 12-1　公司中主要决策组的信息需求

高层管理者、中层管理者、一线管理者和员工有不同类型的决策与信息需求。

非结构化决策（unstructured decisions）是决策者必须对问题进行判断、评价和洞察的一类决策。每一个非结构化决策都是新颖的、重要的且是非常规性的。在进行这类决策时，不存在容易理解的或者能达成共识的决策程序。

相比之下，**结构化决策**（structured decisions）是重复的、常规性的，决策者遵循一个明确的程序处理它们，而不必每次采用新程序进行处理。很多决策同时具备这两种决策类型中的要素，即**半结构化决策**（semi-structured decisions），其中只有一部分问题能由确定的程序给出明确的答案。总之，结构化决策普遍存在于较低的组织层次中，而非结构化问题通常在公司的高层更普遍。

高层管理者面临许多非结构化决策的情形，如确定公司 5 ～ 10 年的目标，或决定是否进入新的市场。在回答诸如“是否应当进入新市场”的问题时，他们需要了解新闻、政府报告、行业评论的信息，以及有关公司业绩的综合性报告等信息。同时，这要求高层管理者做出自己的最佳判断，并会征询其他管理人员的意见。

中层管理人员面临着更结构化的决策情形，但他们的决策也可能包含非结构化的决策。一个典型的中层管理的决策可能是：“为什么明尼阿波利斯配送中心的订单完成报告显示近 6 个月呈下降趋势？”这个中层经理将会从公司的企业系统或分销管理信息系统中获取有关明尼阿波利斯配送中心订单活动和运行效率的报告，这是决策的结构化部分。但在得到真正的答案之前，这个中层经理还必须和员工访谈，并从外部收集更多关于当地经济状况或销售趋势的非结构化信息。

基层运作管理人员和普通员工通常做的是结构化决策，如装配线上的主管要决定某个计时工人是否能获得加班工资。如果员工在某一天工作超过 8 个小时，主管就要按常规标准给予 8 个小时之外的加班工资。

销售客户代表通常要查询包含客户信用信息的公司客户数据库，决定是否延长客户的信贷。只有客户符合公司预先设定的授信标准，客户代表才可以给客户相应的购买信贷。在这些场景中，决策是高度结构化且常规性的，大多数大型公司每天要做几千次这样的决策，答案已经预先编入公司的支付及应收账款系统中了。

12.1.3 决策过程

决策是一个包含多个步骤的过程。西蒙（Simon，1960）描述了决策过程的四个不同阶段：情报、设计、选择和执行（见图 12-2）。

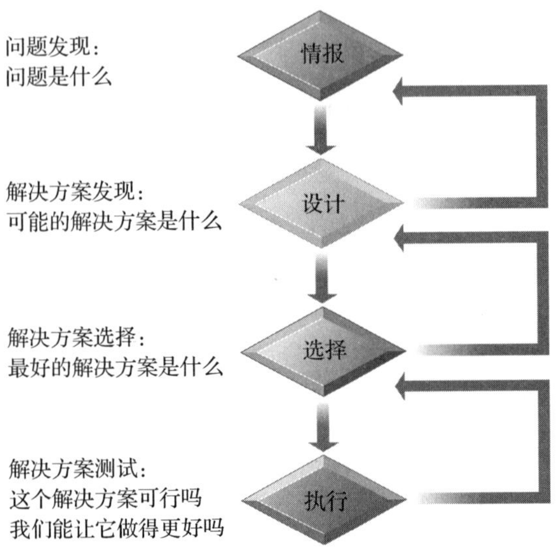

图 12-2 决策过程的四个阶段

决策过程可分为四个阶段。

情报（intelligence）指的是发现、识别和理解组织中存在的问题：为什么存在问题？问题在哪里？它对公司有什么影响？

设计（design）包括识别和探寻问题的各种可能的解决方案。

选择（choice）包括在各种可能的解决方案中做出选择。

执行（implementation）包括将所选择的方案付诸实践，并继续监测方案执行的情况。

如果选择的解决方案不起作用怎么办？如图 12-2 所示，可以返回到决策过程的早期阶段，并在必要时重复这些阶段的工作。例如，面对销售下滑时，销售管理团队可能做出支付销售人员更高佣金的决策，以刺激销售人员投入更大的努力带动销售。如果较高的销售佣金并未带来销售增加，那么管理人员需要调查，弄清问题产生的原因是产品设计差强人意、客户服务不足，还是其他影响因素。

12.2 信息系统是如何支持管理者的活动和管理决策的

本书和本章的基本观点是，决策支持系统能够帮助管理者和员工做出更好的决策，有助于提高公司的平均收益，并最终提高公司的盈利能力。然而，信息系统并不能改善组织中的每一个决策。让我们来看看管理者和决策在组织中的角色和作用，看看为什么会出现这种情况。

12.2.1　管理者的角色

管理者在组织中起着关键的作用，他们的职责包括决策、写报告、参加会议以及组织生日派对。学习一下经典的和现代的管理者行为模型，我们就能更好地理解管理者的职能和角色。

经典的管理模型（classical model of management）描述了管理者做什么，自 20 世纪 20 年代起，70 多年来该模型基本上没有受到过质疑。亨利・法约尔（Henri Fayol）和其他早期学者首次提出了管理者的五个典型职能，即计划、组织、协调、决策和控制。这种对管理活动的描述一直以来长期主导着管理思想，至今仍然很流行。经典模型描述了管理者正式的职能，但没有明确说明当管理者计划、决策和控制他人工作时该干些什么。为此，我们必须转换到当代行为科学家的工作上，因为他们研究了管理者的日常活动。**行为模型**（behavioral models）认为，管理者的实际行为似乎不像我们一直相信的传统模型所认为的那样具有系统性，多是非正式的、缺乏思考的、被动的、没有条理性的。

有观察者发现，管理者的行为确实在五个方面与经典模型有很大的不同。第一，管理者完成的大多数工作是在不宽松的环境中进行的。研究发现，管理者平均每天参加 600 个不同的活动，中间没有停歇。第二，管理活动是碎片化的，大多数活动持续不超过 9 分钟，只有 10% 的活动持续时间超过 1 个小时。第三，管理者喜欢眼前的、具体的工作和特别的信息（书面信息往往太迟、太旧）。第四，相对于书面形式，他们更偏爱口头沟通方式，因为口头沟通更灵活、不费劲、响应快。第五，管理者高度重视维护一个复杂多样的联络人网络。这个网络可以起到非正式信息系统的作用，并可以帮助管理者完成他们的日程安排，实现短期和长期目标。

亨利・明茨伯格分析了管理者的日常行为，发现可以把这些行为划分为 10 个管理者角色。**管理者角色**（managerial roles）是指对管理者在组织中应该具备的行为活动的期望。明茨伯格把这些管理者角色分为 3 类，即人际关系角色、信息角色和决策角色。

1. 人际关系角色

当管理者代表公司向外部世界展示自己的公司，并履行象征性的职责时，比如给员工颁发奖励，这时管理者扮演的是人际关系角色（interpersonal role）。当管理者激励、劝导和支持下属时，扮演的是领导者的角色。管理者也可以扮演不同组织层次之间的联络员，以及同一组织层次中不同管理团队成员之间的联络员的角色。管理者付出时间和心血，并期望能得到回报。

2. 信息角色

在信息角色上（informational role），管理者扮演着一个组织的神经中枢，接收最具体的、最新的信息，并再分发给最需要这些信息的人。因此，管理者是一个组织中的信息传播者和发言人。

3. 决策角色

管理者做出决策。在其决策角色（decisional role）里，他们扮演着企业家的角色，发起新的活动；他们排除组织中的干扰；他们把资源分配给需要的员工；他们协商、解决冲突，在冲突的群体之间进行调解。

根据明茨伯格的角色分类，表 12-2 列出了系统在哪些层面能够帮助管理者，在哪些层面不能帮助管理者。从表中可以看出，信息系统现在能够支持大多数领域，但不是所有的管理领域。

表 12-2 管理角色和相应的信息支持系统

角色	行为	支持系统
人际关系角色		
公司形象	人际关系	网真系统
领导者		网真系统、社交网络、Twitter
联络者		智能手机、社交网络
信息角色		
神经中枢		管理信息系统（MIS）、经理支持系统（ESS）
信息传播者	信息	短信、电子邮件、社交网络
发言人	处理	网络研讨会、网真系统
决策角色		
企业家	决策	不存在
干扰处理者	处理	不存在
资源分配者		商务智能、决策支持系统（DSS）
协商者		不存在

资料来源：Authors and Mintzberg, 1971.

12.2.2 现实世界中的决策

我们现在看到了信息系统并不是对所有的管理者角色均有帮助。在信息系统能帮助改善决策的那些管理者角色中，信息技术投资并不总是产生正面的效果。这里主要有三个原因，即信息质量、管理过滤器以及组织惯性和政治（见第 3 章）。

1. 信息质量

高质量的决策需要高质量的信息。表 12-3 描述了影响决策质量的信息质量维度。

如果信息系统的输出不符合这些质量标准，决策将会受到影响。第 6 章已经描述了如果公司数据库和文件出现不同程度的不准确、不完整现象，那么将会降低决策的质量。

表 12-3 信息质量维度

质量维度	描述
正确性（accuracy）	数据是否真实
完整性（integrity）	数据结构与实体和属性之间的关系一致吗
一致性（consistency）	数据元素的定义是否一致
完备性（completeness）	所有需要的数据都有了吗
有效性（validity）	数据取值是否在定义的范围里
及时性（timeliness）	当需要数据时是否能够获得
可获取性（accessibility）	数据是否可访问、可理解、可使用

2. 管理过滤器

即使有准确、及时的信息，有些管理人员也会做出错误的决策。管理人员（像所有人一样）通过一系列过滤器“吸收”信息，了解他们周围的世界。认知科学家、行为经济学家和最近的神经经济学家已经发现，管理者和其他人一样不擅长评估风险，喜欢规避风险，没有一定的认知模式，同时往往根据直觉、感受和问题框架而不是实证数据做决策（Kahneman，2011；Tversky and Kahneman，1986）。

例如，像贝尔斯登和雷曼兄弟这样的华尔街公司之所以在 2008 年宣布破产，是因为它们低估了复杂抵押贷款证券（其中许多是更有可能违约的次级贷款）的投资风险。它们和其他金融机构一样，用来管理风险的计算机模型是基于过于乐观的假设和过于简单的数据，更何况这些数据有可能会出错呢？管理层希望确保他们公司的资本不被高风险违约的投资所束缚，阻碍他们的投资创造利润。因此，这些风险管理系统的设计者被鼓励以最小化风险的方式评估风险，一些交易部门也过于简化抵押贷款证券的信息收集，使它们看起来像是具有更高评级的简单债券。评级公司顺应客户的意愿，为低质量的债券做出了高质量的评级。

3. 组织惯性和政治

组织是一个具有层级架构的官僚机构，在果断行动方面的能力是有限的。当环境变化，企业需要采用新的商业模式以便生存下去时，组织内就会有强大的力量反对进行重要变革的决策。公司所做的决策往往是基于公司内部各种利益团体平衡的结果，而不是基于问题的最好解决方案。

关于企业重构方面的研究发现，企业在受到外部收购的威胁之前，往往会忽略差强人意的业绩表现，它们还经常把糟糕的业绩归因于它们无法控制的外部因素，如经济条件（宏观经济）、外国竞争者的竞争和价格上涨等，而不是去追究高层或中层管理者差劲的商业判断。当外部商业环境比较好、企业绩效提高时，管理者通常会认为绩效好是他们的功劳，而不是好的环境所促成的。

12.2.3　高速自动化决策

如今，组织中的许多决策既不是由管理人员做出的，也不是由其他什么人做出的。例如，当你在谷歌搜索引擎中输入一个词查询时，谷歌平均在半秒内（500 毫秒）就已经决定显示哪些链接。高频交易员通过电子证券交易系统完成一笔交易的时间低于 30 毫秒。

高度结构化和自动化的决策增长迅速，使这类自动化的、高速的决策成为可能的是计算机算法、庞大的数据库、高速处理器以及对任务进行优化的软件。其中计算机算法能精确定义需要遵循的决策步骤。在这些情况下，人（包括管理人员）将从决策链中淘汰，因为他们决策的速度太慢。

这也意味着这些领域的组织正在做出比管理者可以监督或控制的决策更快的决策。在过去的几年里，计算机交易系统出现了一系列故障，其中就包括 2012 年 8 月 1 日发生的一起软件故障，导致骑士资本公司（Knight Capital）在不到 1 个小时的时间内进行了数百万笔错误的交易。那天的交易故障导致近 150 只股票狂泻、暴跌，给骑士资本公司造成了 4.4 亿美元的损失。在高速决策的环境中，决策过程的情报、设计、选择和执行四个阶段的任务是由软件算法执行的。编写软件的人已经定义好了问题，设计了一种找到解决方案的方法，定义了一系列可接受的解决方案，并实施了解决方案。显而易见，随着人类退出决策过程的展开，我们更加需要非常小心地确保这些决策系统的正确运行，以防重大灾害的发生。

12.3 商务智能和商业分析是如何支持决策的

第 2 章介绍了不同类型的、用于支持管理决策的系统。所有这些决策支持系统的基础是商务智能和商业分析的基础架构，提供支持决策的数据及其分析工具。

12.3.1 什么是商务智能

商务智能（business intelligence，BI）是软硬件供应商和信息技术顾问经常用来描述存储、集成、报告和分析来自商业环境中的数据（包括大数据）的基础架构的一个术语。该基础架构用于收集、储存、清洗数据，并向管理人员提供相关信息。我们可以回想一下第 6 章中所介绍的数据库、数据仓库、数据集市、Hadoop 和分析平台概念。**商业分析**（business analytics，BA）也是一个供应商定义的术语，更侧重于分析与理解数据的工具和技术。我们再回想一下第 6 章中介绍的有关联机分析处理（OLAP）、数据统计、建模和数据挖掘的概念。

商务智能和商业分析的核心是把公司所有信息流整合成为一个统一的、内容一致的企业数据集，然后通过建模和统计分析工具以及数据挖掘工具帮助人们理解这些数据，以便管理人员可以做出更好的决策和计划。比如，在开篇案例中描述的 e 合意网站通过使用商务智能和分析工具做出一些非常精细化的决策，并且它会根据用户的个性特征匹配潜在的对象。

需要提醒的是，商务智能和商业分析是由技术供应商与咨询公司定义的产品。这些产品的主要提供商包括甲骨文公司、SAP、IBM、Microsoft 和 SAS 等。许多商务智能和商业分析产品现在均有基于云计算的版本与移动版本。

12.3.2 商务智能环境

图 12-3 概述了商务智能环境，突出强调了由各大厂商提供的且不断更新的各种硬件、软件和管理能力。商务智能环境存在以下六个要素。

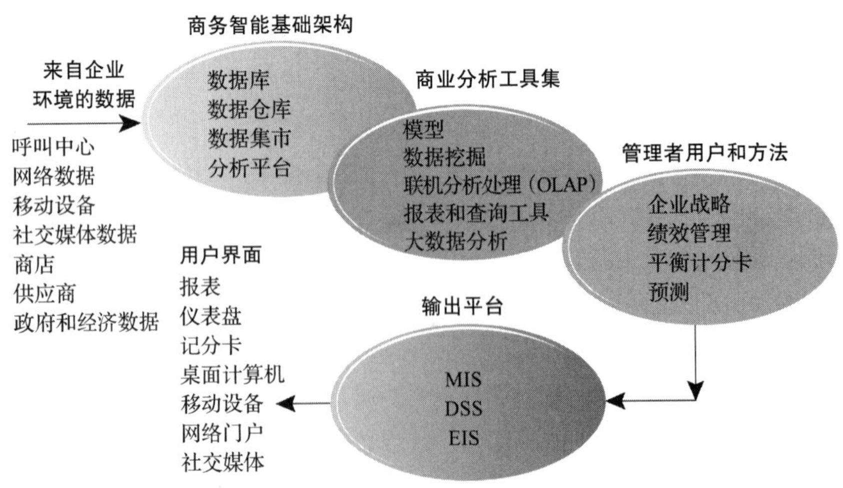

图 12-3 用于决策支持的商务智能和商业分析工具

商务智能和商业分析需要一个强大的数据库基础、一套分析工具，以及一个可以提出有价值的问题并分析数据的管理团队。

- **来自企业环境的数据**：企业需要处理多个来源的结构化或非结构化的数据，包括大数据。这些数据需要被整合和组织，以便能被决策人员分析和运用。
- **商务智能基础架构**：商务智能的基础是需要有一个功能强大的数据库系统，以便能收集所有与企业运营相关的数据。这些数据可以存储在业务数据库中，合并、集成到企业级数据仓库中，或一系列相互关联的数据集市中。
- **商务分析工具集**：一套用于分析数据并形成报告的软件工具，及时响应管理人员提出的问题，通过计算关键绩效指标（KPI）帮助管理人员跟踪业务进展。
- **管理者用户和方法**：商务智能的硬件和软件不会比使用者更有智慧。管理人员利用各种管理方法分析数据，这些管理方法包括确定企业业务战略目标的方法、确定如何评估业务发展情况的方法，其中包括业务绩效管理方法、关注关键绩效指标（KPI）的平衡记分卡方法，以及关注整体商业环境变化，尤其关注竞争对手动向的行业战略分析方法。如果缺乏高级管理人员强有力的监控，商业分析工具所生成的大量信息、报表和在线屏幕信息，可能会集中于错误的事情上，进而可能会转移管理人员对实际问题的关注。
- **输出平台——管理信息系统（MIS）、决策支持系统（DSS）、经理支持系统（ESS）**：商务智能和商业分析工具的结果可通过各种方式传递给管理者与员工，这取决于他们完成工作所需的信息。第 2 章介绍的 MIS、DSS 和 ESS 能够给公司不同层次的员工，包括一线员工、中层管理人员和高层管理人员提供信息与知识。过去，这些系统都是独立运行的，相互之间不能共享数据。如今，以商务智能和商业分析系统形式出现的硬软件工具包，能够整合所有这些信息，并把它们推送到管理者的桌面计算机或移动平台上。
- **用户界面**：商务人士在办公桌或桌面机上工作已成为过去。相对于阅读以行和列的形式提供信息的枯燥报表，商务人士往往能从可视化的数据呈现中更快地获取信息。如今的商业分析软件提供了**数据可视化**（data visualization）工具，如丰富的图形、表格、仪表板和地图等，还能把报表及时推送到 iPhone、iPad 和其他移动设备以及公司的门户网站上。商业分析软件还增加了在 Twitter、Facebook 或内部社交媒体上发布信息的功能，以支持在线群体进行决策，无须面对面开会进行决策。

12.3.3 商务智能和分析能力

商务智能和分析工具能为决策者提供准确且几乎实时的信息，同时帮助决策者快速理解这些信息并采取行动。商务智能系统提供了六种分析功能以实现这些目标。

- **生产报表**：这些报表都是根据行业具体要求而预先定义好的（见表 12-4）。

表 12-4 商务智能预定义的生产报表示例

业务职能领域	生产报表
销售	预测销售量；销售团队绩效；交叉销售；销售周期
服务 / 呼叫中心	客户满意度；服务成本；问题解决率；客户流失率
市场营销	营销活动效果；忠诚度和流失；市场购物篮分析

（续）

业务职能领域	生产报表
采购和支持	直接和间接费用；非合同采购；供应商绩效
供应链	库存积压；订单完成情况；订货周期；物料清单（BOM）分析
财务	总账；应收账和应付账；现金流；盈利性
人力资源	员工生产率；报酬；劳动力的人口分布；员工挽留

- **参数化报告**：用户在数据透视表中输入若干个参数，以过滤数据和隔离某些参数的影响。例如，你可能想输入区域和时间，以了解在不同区域和时间里产品销售额的变化情况。如果你在星巴克，你可能会发现，东部的客户大部分早上会买咖啡，而西北部的客户则全天均会购买咖啡。这一发现可能会使公司在不同的地区采取不同的营销和广告策略（参见第 12.4 节中关于数据透视表的讨论）。
- **仪表盘 / 计分卡**：这些都是可视化工具，用于展示由用户定义的业绩数据。
- **即席查询 / 检索 / 报表创建**：这些工具允许用户根据查询和检索的结果创建自己的报表。
- **向下钻取分析**：这是一种分析能力，允许管理者从汇总数据入手深入到底层细节数据进行观察。
- **预测、情景化和建模**：这些功能包括线性预测功能、what-if 情景假设分析功能，以及使用标准统计工具分析数据的功能。

1. 预测分析

商务智能分析的一个重要功能是对未来事件和行为进行预测建模，如客户对所要购买产品的报价做出响应的概率预测。**预测分析**（predictive analytics）是指使用统计分析、数据挖掘技术、历史数据，以及有关未来情况的假设预测未来的发展趋势和行为模式的一类方法。预测分析首先需要明确那些可以预测未来行为且可以被测量的变量。举例来说，一家保险公司在制定汽车保险政策时，使用诸如年龄、性别和驾驶记录作为预测驾驶安全性的变量。这些预测变量组合成预测模型，在可接受的信度水平下预测未来发生的概率。

联邦快递公司（FedEx）一直在使用预测分析模型预测客户可能如何回应价格变动和新的服务、哪些客户最容易转换到竞争对手那里以及新的快递网点或在网上下单将产生多少收入等。联邦快递公司预测分析系统的准确率在 65% ～ 90%。

预测分析正逐渐被纳入许多商务智能应用系统中，如在销售、营销、财务、欺诈识别和医疗上的应用，其中最知名的是整个金融服务行业都在使用的信用评分。当你申请一张新的信用卡时，信用评分模型就会处理你的信用记录、贷款申请和购物数据，预测你的信用卡未来按时还款的可能性。医疗保险公司多年来一直在进行数据分析，预测哪些患者最有可能产生高昂的医疗费用。

许多企业通过使用预测分析模型预测客户对直接营销活动的响应情况，首先识别出那些不大可能响应促销活动的客户。然后，企业不必去关注这些客户，而是把资源投放在那些更有希望的客户身上，从而降低企业的营销成本和销售成本。例如，美体小铺（The Body Shop）有限公司的美国分部利用预测分析模型，以及公司的产品目录、网络数据及零售商店客户的数据库，预测哪些客户较有可能接受目录销售。通过预测分析，该公司建立了一个更精确和更有针对性的目录邮寄客户列表，从而提高了目录邮购的客户响应率和销售收入。

2. 大数据分析

预测分析模型正在开始利用来自私营公司和公共部门的大数据，包括来自社交媒体、客户交易以及传感器和其他机器产生的数据。在电子商务领域中，许多在线零售商都有能力向网站访问者提供个性化的在线产品推荐，刺激访客购买，并引导访客选择购买的商品。尽管如此，但大部分产品推荐算法都是基于类似客户群体的行为分析，诸如年收入低于 5 万美元，或年龄在 18 ～ 25 岁的客户群体。目前有些零售商开始收集大量在线的和店内的客户数据，以及社交媒体数据，并对这些数据进行分析，从而使得产品推荐建议更加个性化。零售商的这些努力提高了客户的销售额和客户的忠诚度。表 12-5 描述了公司利用大数据分析的例子。

表 12-5　大数据分析可以做什么

美国银行	能够一次分析 5 000 万个客户，了解每个客户的所有渠道和互动情况，并提供一致的、精心定制的服务；可以帮助确定哪些客户有信用卡或抵押贷款，可以从竞争对手的再融资中受益。当客户在线访问美国银行、拨打呼叫中心或访问分行时，在线应用程序或销售助理可以获取该信息，并给客户呈现美国银行有竞争力的服务报价
维斯塔斯风力系统公司（Vestas Wind System）	使用 IBM BigInsights 软件和 IBM“ Firestorm”超级计算机，基于对 2.8PB 的结构化和非结构化数据进行分析，诸如天气预报、潮汐阶段、地理空间和传感器数据、卫星图像、森林砍伐地图和天气模型研究等数据分析，对风力发电机的布局进行改进。过去需要几个星期的分析，现在可以在不到一个小时内完成
Hunch.com 网站	通过对来自客户购物、社交网络的海量数据的分析，和来自网络周围的信号，产生能够预测用户喜欢的产品、服务和网站的“品味图谱”。该品味图谱涵盖了对约 5 亿人、2 亿个物品（视频、小工具和书籍）以及人与物品之间 300 亿个连接的预测分析。它帮助 eBay 开发了更精细化的、个性化的产品推荐建议
阿克坦公司（Actian）	为富达国家信息服务公司（Fidelity National Information Services）和其他金融公司提供平台服务，对 440 000 台银行自动取款机（ATM）进行防欺诈分析，支持 9 500 万张银行卡和 200 多万个销售点的数据分析

在公共事务方面，大数据分析正在推动着“智慧城市”的建设，通过广泛、深入地使用数字化技术，帮助城市管理者就管理运行、为市民服务等方面做出更好的决策。大量公共数据库记录了包括财产转移、税务记录、企业罚单、环境合规性审计、餐馆检查、建筑维护报告、公共交通评估、犯罪数据、卫生部门统计、公共教育记录、公用事业评估等数据。市政部门正在通过传感器、手机定位数据和智能手机应用采集更多的数据。目前预测分析模型系统可以为公用事业管理、交通运输、医疗服务和公共安全等方面的公共政策提供决策支持。更为重要的是，预测分析模型系统能够评估一项服务的变化如何影响其他服务的运营和交付，能够帮助解决整体性的问题，而这一切是以前一代人的梦想。

3. 运营智能和分析

许多决策涉及的是关于如何管理这些城市的运行。这些决策大部分是运营决策，这类业务活动的监控被称为**运营智能**（operational intelligence）。运营智能的一个例子是施奈德物流公司，它是北美最大的卡车、物流和多式联运服务提供商之一。该公司使用卡车、拖车和联运集装箱上的传感器生成的数据为公司运营服务。传感器能采集到车辆位置、驾驶行为、燃料储存量，以及拖车或集装箱是否装载或空载的数据。利用来自燃油箱传感器的数据，以及油箱内剩余油量、卡车的目的地和沿途燃油价格数据，施奈德物流公司可以确定驾驶员最佳的停车加油的地点。本章结尾的案例研究描述了通用电气（GE）如何运营智能监控和分析发电机、喷气发动机、机车和炼油设备的性能，并将这些设备连接到云端。

物联网正在创造大量的数据，包括来自网络活动、智能手机、传感器、仪表和监控设备的数据，这些数据可以被用于组织内外部活动的运营智能分析中。伴随着这些数据的产生，运营智能和分析软件使组织能够实时地分析这些大数据。公司可以对事件设置触发警报，或者将事件发送到实时仪表盘上，帮助管理人员做出决策。例如，施奈德物流公司的传感器在一辆移动的卡车上捕获到急刹车信号，并将数据传送到公司总部，在那里在监控安全指标的仪表盘中跟踪那辆车。该事件会触发驾驶员和其主管之间的对话。

运营智能的另一个例子是关于在第 34 届美洲杯比赛中使用实时数据的案例，下面的“互动讨论：技术”对此进行了描述。这个案例也关注了棒球运动中使用大数据分析的情况。你在阅读这个案例时，要试着思考一下信息技术能够取代人类决策者的程度。

⊙互动讨论：技术

技术与人类决策者之间的紧张关系

大数据和分析已经席卷了整个商业世界，专业体育产业也不例外。棒球、足球、美式足球、曲棍球、网球，甚至帆船比赛等都在寻找可以用于分析球员和竞争对手数据的方法，以提高比赛成绩。棒球有自己的统计分析学科，称为赛伯计量学（sabermetrics）。这已通过流行书籍和电影《点球成金》(*Moneyball*) 率先为大家所熟知。

美国职业棒球大联盟（Major League Baseball，MLB）球队之间的预算有着巨大的差距，较富裕的球队通常在招募最优秀球员方面有优势。《点球成金》描述了奥克兰运动家球队总经理比利 · 比恩（Billy Beane）利用先进的数据分析技术来帮助判断需要招募和培养的球员，从而将一支处于劣势的球队变成了一支不断取得胜利的球队。严格的统计分析表明，上垒率（on-base percentage，OBP）和多垒安打率（slugging percentage，SLG）是衡量进攻成功很好的指标(在开放市场上获得这样的球员的代价更小)，这比以前用速度和接触这些一直认为有价值的质量指标还要好。这些统计结论在许多传统的棒球思维、棒球天才球探和教练信念里犹如浮云一飘而过。而比利 · 比恩根据这些统计结论重建了球队，通过先进的分析技术，深入了解每个被那些有钱的球队所忽视的球员的价值及其对球队的贡献，从而创造了一支连续多年获胜的球队。

比利 · 比恩和他的那种数据驱动的棒球方法对比赛产生了不小的影响。2002 年在观察了奥克兰运动家球队的惊人成就之后，波士顿红袜球队（Boston Red Sox，BOS 或 BRS）也采用了比利 · 比恩的策略，只是投入了更多的钱。两年后，它赢得了世界锦标赛。如今，每个职业棒球大联盟的球队都在不同程度上利用数据和深度分析支持比赛各方面的决策。

尽管如此，有些球队仍没有完全采用赛伯计量学辅助它们做决策。许多棒球专家仍然认为，传统的球员评价方法，以及直觉、金钱和运气仍是球队获胜的关键因素。以旧金山巨人队为例，它在美国棒球历史上赢得了非常多的比赛，在棒球名人堂中一直以来是拥有较多优秀球员的球队。巨人队目前也使用统计方法，但还是要根据球探和教练的意见做出是否招聘某个球员的决策。

根据巨人队教练罗恩 · 沃特斯（Ron Wotus）的说法，数字真的不能体现球员质量的全貌。所以，巨人队把统计数据与球探、教练和球员的经验结合起来，特别是在与巨人队并不会经常看到的、国内联赛之外的对手比赛时更是如此。罗恩 · 沃特斯认为，能够充分挖掘每个球员的个人优势，更多的来自对球员和他的能力的了解，而不是统计数据。有良好臂力的游击手球员有时可以比正常的本垒打得更远，而能够快速跑的球员可以比平常更靠近本垒打。当然防守对方的动作在统计上不具有相关性，但是统计数据可以帮助你在没有足够了解某个球员的情况下，了解我们自己对该球员的期望。玩家的本能和玩家在球场上看到的东西通常会超越统计信息。

人的决策与数据驱动的决策之间存在紧张关系的另一个例子是 2013 年 10 月举行的第 34 届美洲杯帆船冠军比赛，即美国甲骨文球队与新西兰酋长队（Emirates）的比赛，这是历史上科技含量最高的帆船比赛。比赛船只是 72 英尺的双体船，能够以每小时 50 英里的速度行驶，关于如何驾驶船只的决策是建立在源源不断的船只数据基础上的。控制这些非常光滑的帆船机器需要快速收集海量数据、强大的数据管理、快速的实时数据分析、快速的决策以及即时的测量结果。美国队在船翼、船体和方向舵上安装了 250 个传感器以收集有关压力、角度、负载和应变的实时数据，监测每次调整的有效性。传感器跟踪 4 000 个变量，每秒 10 次，每小时产生 9 000 万个数据点，这些数据通过无线网络传送到船员手腕上。同时，这些数据也被无线传输到一艘安装有甲骨文 11g 的数据库管理系统的补给船上，开展几乎实时的分析，并使用速度预测模型分析如何使船运行得更快。此外，这些数据也被传送到甲骨文公司位于奥斯汀的数据中心进行更深入的分析。每个美国船员都在手腕上佩戴着一台微型移动计算机，显示定制的主要指标变量的数据。船长和参谋人员可以通过太阳镜看到数据。这样每个队员能立即收到完成工作所需的数据，并被训练成像飞行员一样时刻关注机器设备上的数据，而不是看着船和大海寻找赢得比赛的机会。

尽管有先进的技术和详细的数据指导决策，美国队还是连续输掉了 7 场比赛。船员和工程师对要做什么不能达成一致的意见。工程师呼吁要改造船只，而船员则要求把更多的注意力放在帆船航行上，而不是监控他们的手腕计算机。工程师的软件程序已经指示美国队帆船尽可能迎逆风（风向约 45 度）航行，但船员通过对实际比赛的观察发现，新西兰酋长队获胜是因为新西兰队多转了 5 度，大约在逆风 50 度的方向，在一个更长但更快的迎风路线上航行。每英里可能只差几秒，尽管其他条件都相同，但是这些加起来促使新西兰酋长队在 12 英里的比赛中取得了胜利。船员认为工程师编制的软件是错的。随后美国队采取了两种解决方案，即在船体和水下的箔上进行了多项小改动，以及在比赛时队长詹姆斯·斯皮尔（James Spithill）和他的团队停止看他们的手腕计算机屏幕，而是开始像水手一样航行。美国队最近赢得了 8 场逆风的比赛。竞争性的帆船比赛还没有准备好完全依靠计算机。

资料来源：Dennis McCafferty, "8 Ways Technology Has Changed Sports," *Baseline*, May 23, 2016; Christina Kahrl, "How the Giants Use Metrics on D," ESPN.com, March 11, 2015; Allen St. John, "'Moneyball' Makes a Quiet Comeback as Data-Driven Baseball Teams Dominate the MLB Playoffs," *Forbes*, October 15, 2015; Stu Wood, "Against the Wind, One of the Greatest Comebacks in Sports History," *Wall Street Journal,* February 28, 2014; and "America's Cup: Resolving the Tension Between Man and Technology," *Wall Street Journal*, March 3, 2014.

案例分析题

1. 信息技术是如何改变棒球比赛和美洲杯帆船比赛的？请解释。
2. 信息技术是如何影响美国球队和奥克兰运动家球队的决策的？使用计算机可以改变什么样的决策？
3. 技术对美国队赢得美洲杯冠军赛的影响有多大？
4. 棒球队对赛伯计量学的依赖性有多大？请解释你的答案。

4. 地理位置分析和地理信息系统

数据和决策同样需要位置数据。商务智能分析功能中也包括地理位置分析功能，是对基于地理位置的数据进行分析以获取业务洞察力的一种能力，其中包括来自移动电话的地理位置数据、来自传感器或扫描设备的数据，以及来自地图的数据等。例如，地理位置分析可以帮助营销人员确定哪些人适合推送与附近餐馆和商店有关的移动广告，或者分析移动广告对实体店访客的影响。地理位置分析还可以帮助公用事业设施公司查看和评估与客户位置相关的设备停机时间及其相关成本，以帮助营销、系统升级和客户服务优先级选择工作。第 1 章介绍的 UPS 包裹跟踪和递送路线系统使用了地理位置分析功能；在“互动讨论：管理”部分中，星巴克也用地理位置分析功能决定在哪里开设新店铺。

⊙互动讨论：管理

数据驱动星巴克基于位置的决策

对于一家全国范围内连锁的餐馆和饮料公司来说，成功的关键之一是确定新店与特许经营店的合适位置（把店面开在什么地方对连锁店是否成功具有决定性的作用）。接近客户以及拥有大量的客户是成功的关键。零售商需要知道它们的潜在客户在哪里，潜在客户所在的地方将是它们在未来 10 ~ 25 年里在一个新的物理空间中进行投资的地方。让我们来看看信息技术是如何帮助星巴克处理这个问题的。

地理信息系统（GIS）在星巴克选址和产品布局方面发挥了重要的作用。星巴克是美国最知名的咖啡公司，也是全球最大的咖啡公司，如今经营着 23 921 家咖啡店。多年来，星巴克在美国乃至全球范围内不断发展壮大，其特许经营的速度非常快，每年增加 800 多家店。从 2002 年的 5 886 家增加到 2007 年的 15 011 家，星巴克在全球经营的门店数量大幅增加。2008 年经济衰退期间，公司被迫关闭了 600 家门店，但随着业务的改善，新门店又开始不断增加。

这家公司所面临的挑战并不在于渗透到新的海外市场，而是在饱和的市场中实现稳健的增长。然而，在饱和的市场中星巴克的店铺数量均不比在美国的店铺多。其中存在的风险有：位置不当、新店很容易蚕食已有商店的销售。更有可能的是，星巴克的店铺变得太平常了，消费者也厌倦了星巴克的品牌。管理层不想重复 2007 年和 2008 年发生的事情，当时星巴克不得不关闭数百家门店，其中许多门店本来就不应该开。在 2007 年和 2008 年关闭的星巴克门店中，大部分是在过去 18 个月里开业的门店。当时星巴克的战略侧重于加速美国业务的增长，似乎是为了开门店而开门店，哪怕是无利可图。

自 20 世纪 90 年代末以来，星巴克一直在使用 GIS 系统。公司使用 GIS 技术支持其 2007 ~ 2008 年开店的决策，以致开了那么多门店，后来又关闭了。星巴克的决策者，特别是与房地产相关的决策者，被淹没在数据之中。当时，星巴克的员工可以获取大量的数据，但缺乏足够的专业知识和工具以正确地分析这些数据。

如此多的商店关闭之后，星巴克高层管理者意识到需要采用数据驱动的、更加严谨的方式进行开店决策。2011 ~ 2012 年，当星巴克再次尝试开设一系列新店时，结果就截然不同了。在那段时间开业的商店产生了公司有史以来最好的经济效益，销售投资比率为 2 : 1，复合增长非常强劲，每家店的平均收益达到创纪录的水平。美国新门店的第一年平均销售额为 105.2 万美元，而目标是 90 万美元，门店的平均销售成本为 4.94 万美元（销售额与投资的比为 2 : 1）。星巴克继续发展美国业务，计划在 2017 年前在美国开设至少 1 500 家新店。随着使用地理信息系统（GIS）经验的积累，形势也更加复杂，星巴克管理层坚信新门店的开设将带来与 2011 ~ 2012 年相同的回报。

现在，星巴克使用一个名为 Atlas 系统的市场规划和门店开发应用软件。该应用软件由美国环境系统研究所公司（Environmental Systems Research Institute，Inc.，ESRI）提供——ESRI 是一家 GIS 和地理位置分析系统的供应商。该软件分析大量的基于位置的数据和人口统计数据，帮助星巴克确定开设新门店的最佳位置，而不影响其他已有门店的销售。Atlas 系统还帮助处理工作流、业务分析和门店绩效方面的工作。该系统的用户可以在地图上看到当地的贸易区域、零售集群、人口统计、交通和运输节点，以及可能是重要客户来源的新建办公室地点。在添加新的目标区域后，Atlas 系统会提供一个工作流窗口，帮助用户开设新的星巴克门店所需要完成的审批、许可、建设和开业等工作。从星巴克的房地产工作人员做出在哪儿开一家新门店的假设开始，Atlas 系统帮助他们测试不同的场景，确定原来的假设是否正确。

星巴克还使用地理信息系统帮助分析客户购买咖啡的钱会比平均水平更高的那些门店，以此确定就在这些门店里安装高端的 Clover 现煮咖啡系统。这种系统可以以精确的温度在精确的时间内制作一杯特别美味的咖啡。

星巴克的工作人员可以从桌面计算机、互联网和移动设备访问 GIS 信息系统。公司现在的重点是关注每一家门店的盈利能力，以及关注每一个更方便客户的地方，包括小门店和驾车购买通道的门店。管理者不希望星巴克为了增长而增长，他们更看重每家新开门店的盈利前景，不再认为因为门店是星巴克的，所以可以在任何地方取得成功。

据星巴克东部门店发展副总裁罗布·斯波金（Rob Sopkin）说，关于开店的每一个决策都意味着星巴克的 100 万美元的投资。虽然人们会认为有一些表现不佳的门店存在并不重要，但一个糟糕的决策会毁掉五个好的决策。

资料来源：Carla Wheeler, “ Going Big with GIS,” www.esri.com, accessed May 14, 2016; “ Starbucks: 1 Store = $1 Million Investment and GIS Helps Get It Right, ” *Directions Magazine,* www.directionsmag. com, accessed May 14, 2016; www.sonicdrivein.com, accessed May 14, 2016; Samuel Greengard, “ Sonic Chain Gets a Taste of Geospatial Analytics,” *Baseline*, November 20, 2015; and Barbara Thau, “ How Big Data Helps Chains Like Starbucks Pick Store Locations— An (Unsung) Key to Retail Success, ” *Forbes*, April 24, 2014.

案例分析题

1. 位置数据对星巴克的业务战略有多重要？请解释你的答案。
2. 位置分析如何帮助星巴克管理者做出更好的决策？给出 Atlas 系统支持星巴克管理者做决策的两个例子。
3. 比较星巴克 2007 ~ 2008 年和 2012 年关于开店位置的决策。是什么使后来的决策更成功？涉及哪些管理、组织和技术因素？
4. 星巴克在哪里开设新的门店，一个好的决策会带来什么价值？请解释你的答案。

星巴克是地理信息系统（geographic information system，GIS）的一个应用例子。GIS 提供的工具可以帮助星巴克决策者将问题图形化，并从地图中受到启发。GIS 软件系统可以将有关人员或其他资源分布的地理位置数据与地图上的点、线和区域联系起来。有些 GIS 系统还具有修正数据和自动修正业务场景的建模功能。

地理信息系统可以用来帮助州政府和地方政府计算自然灾害与其他紧急事件的响应时间，帮助银行确定新的分支机构或自动取款机（ATM）的最佳位置，帮助警方确定犯罪率最高的地点。

12.3.4 提升商务智能和商业分析能力的管理策略

有两种不同的策略用于组织提升商务智能和商业分析的能力，即一站式综合解决方案和多个最佳供应商的解决方案。硬件厂商 IBM、惠普、甲骨文（甲骨文公司现收购了太阳微系统公司）往往希望销售那些只在它们自己的硬件上运行的集成硬件 / 软件解决方案（完全集成的解决方案）。这就是所谓的“一站式服务”。而软件公司（如 SAP、SAS 和微软）则推荐企业采用“同类最佳”的软件，以在任何它们想要的机器上运行。这样企业可以从最好的软件公司中购买最好的数据库和数据仓库解决方案，并选择最好的商务智能和商业分析软件包。

第一种解决方案带来的风险是，由于单一厂商提供所有的硬件和软件解决方案，可能会使公司丧失议价权，但是它的优势是在全球范围内只需要跟一家厂商合作。第二种解决方案提供了更大的灵活性和独立性，但其潜在的困难在于软件与硬件平台以及与其他软件之间的集成，由此可能会带来风险。软件厂商总是声称它们的软件能与其他软件“兼容”，但实际情况可能不是这样的，来自不同供应商的软件有时很难集成到一起。

无论公司采用哪种策略，采纳商务智能和商业分析系统都会把公司锁定在一组供应商上，导致转换成本非常高。一旦分布在世界各地的数千名员工被培训使用某家公司的工具系统，那么当需要切换到另外一类工具上时将是非常困难的。因为你在采纳这些系统时，本质上是增加了一个新的合作伙伴。

12.4 组织中不同决策群体是如何使用商务智能的？在支持团队更有效地进行决策的方面，信息系统发挥了什么样的作用

在本书前面部分和本章中，我们已经描述了企业高层管理人员、中层管理人员、分析人员和操作人员需要不同的信息，当然商务智能和商业分析系统也是如此（见图 12-4）。在商务智能的用户中，80% 以上的用户是比较随意的，他们主要依赖于生产报告。高层管理人员喜欢使用商务智能系统中的仪表盘和记分卡等可视化界面监视公司的业务活动，中层管理人员和分析人员更喜欢商务智能系统中的数据和软件功能，喜欢从不同层面输入查询和切分数据，而操作人员和客户、供应商一样，主要关注事先定义好的报表。

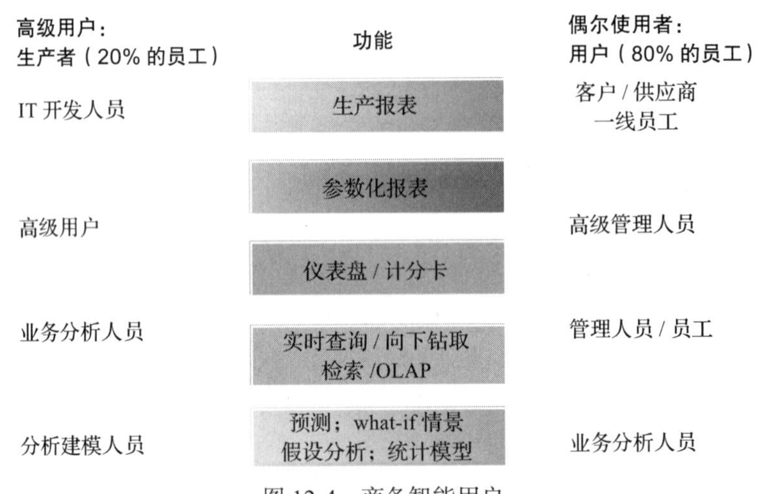

图 12-4 商务智能用户

偶尔使用者是商务智能输出结果的一类用户，而高级用户是企业生产报表、新的分析、模型和预测的用户。

12.4.1 对运营管理和中层管理的决策支持

运营管理和中层管理人员一般负责监控业务关键方面的表现，从工厂车间机器的停机时间，到每天甚至每小时连锁食品店的销售情况，以及一个公司网站每天的访问流量。他们所做的大多数决策是结构化的。中层管理人员通常使用管理信息系统（MIS）支持这类决策，这已经在第 2 章中介绍过。目前越来越多的中层管理人员在线接受这些报表，并能够以交互方式查询数据，以找出事件发生的原因。这个层级的管理人员往往会更加关注例外情况的报告，这些例外情况的报告仅强调一些突出的例外情况，如某个特定区域的销售额跌破了预期水平，或某个员工已经超过其牙科保健计划的消费限制等。表 12-6 提供了一些面向商业智能的 MIS 的例子。

表 12-6 管理信息系统的应用示例

公司	MIS 应用
加州比萨坊（California Pizza Kitchen）	库存快速补货应用程序“记住”每家餐厅的订货模式，将每个菜品用的配料量与预先由管理者设定的标准进行比较。该系统可以识别出那些超出标准线的餐厅，并通知它们的经理采取行动予以纠正
博莱克·威奇（Black & Veatch）	管理信息系统的内联网跟踪全美各类项目的建筑成本
塔可钟快餐店	公司运营全自动化系统（TACO）为每家餐厅提供食品、劳动力和一段时间的成本信息

支持半结构化决策

有些管理人员属于“超级用户”和热心的业务分析师，他们希望创建自己的报表，并使用更复杂的分析工具和模型发现数据中隐含的模式，模拟不同的业务场景，或测试某个假设。决策支持系统（DSS）就是这类用户的商务智能平台，具有支持半结构化决策的功能。

决策支持系统比 MIS 更多地依赖建模，用数学或分析模型进行情景假设分析（what-if）或其他类型的分析。情景假设分析是指在已知的或假设的条件下，允许使用者改变某些参数去测试某些结果，从而可以预测这些参数发生变化后的输出结果。例如，如果我们将产品价格提高 5% 或增加 100 万美元广告预算，将会发生什么情况？**灵敏度分析**（sensitivity analysis）模型是指提出一系列 what-if 的假设问题，通过多次改变一个或多个变量值，反复预测得出一系列的结果（见图 12-5）。反灵敏度分析（backward sensitivity analysis）可以帮助决策者进行目标搜寻，比如如果我想在明年卖出 100 万件产品，那么我必须把产品价格降低多少？

总的固定成本	**19 000**
单位可变成本	3
平均销售价格	17
边际毛利	14
盈亏平衡点	1 357

		单位可变成本				
	1 357	2	3	4	5	6
销售量	14	1 583	1 727	1 900	2 111	2 375
价格	15	1 462	1 583	1 727	1 900	2 111
	16	1 357	1 462	1 583	1 727	1 900
	17	1 267	1 357	1 462	1 583	1 727
	18	1 188	1 267	1 357	1 462	1 583

图 12-5 灵敏度分析

本图显示了对领带销售价格变化的影响和产品盈亏平衡点单位成本进行灵敏度分析的结果。它回答如下问题：“如果单位销售价格和成本增加或减少，盈亏平衡点会如何变化？”

第 6 章已经阐述过关于多维数据分析和 OLAP 的概念，这是商务智能技术的关键。电子表格中也有类似的多维分析功能，称为**数据透视表**（pivot table）。作为“超用户”的管理者和分析师会利用数据透视表识别和理解业务信息的模式，可能会有助于半结构化决策的制定。

图 12-6 展示了 Microsoft Excel 的数据透视表示例，该数据透视表用于分析一家网上销售管理培训视频和书籍的公司所进行的大量订单交易情况，显示了两个维度之间的关系，即每个客户订单的销售区域和产品信息接触渠道（网页横幅广告或电子邮件）。该表能回答的问题诸如排除区域因素，客户来源是否还有什么不同等问题。从该示例的数据透视表中可以看出，绝大多数客户来自西部区域，如果不考虑区域因素，横幅广告带来了绝大多数客户。

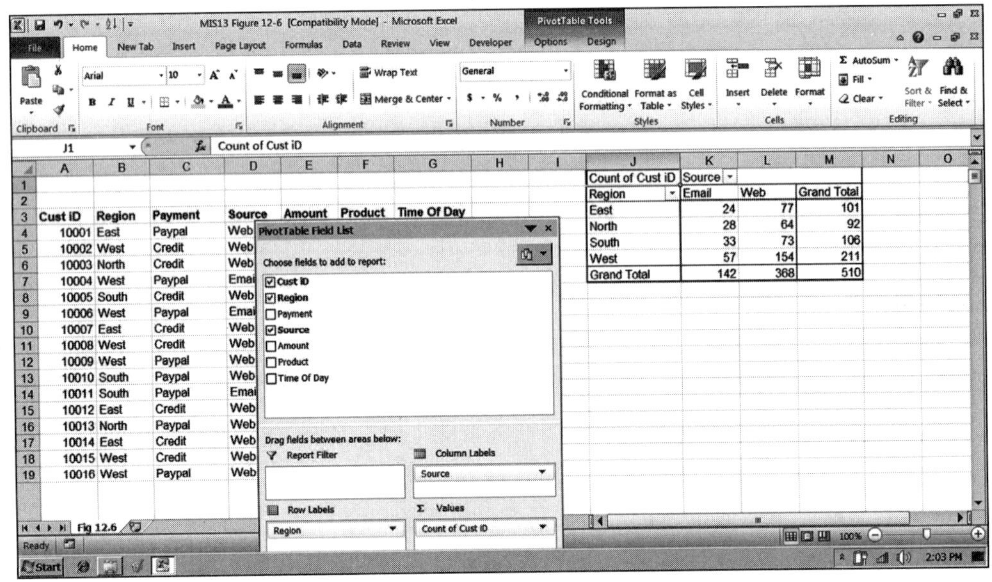

图 12-6 用于分析客户区域分布和广告源的数据透视表

在本数据透视表中，我们能根据区域和广告源的维度，了解网络培训公司的客户情况。

本章 MIS 实践项目部分要求你使用数据透视表，利用我们讨论中提到的同一张在线培训公司的交易数据表，从中找到其他一系列问题的答案。这份完整的交易数据 Excel 文件存在于 MyMISLab 里，同时我们还增加了关于使用 Excel 创建数据透视表的拓展学习。

过去像这类建模分析都是通过电子表格和小型单机数据库完成的，而现在这些功能都已经被整合到大型企业级商务智能系统中了，能够分析大型企业数据库中的数据。商务智能分析功能还包括复杂的建模工具，其中一些我们之前已经提到过。这种功能帮助 Progressive Insurance 公司为其产品识别出最好的客户。通过采集大量保险行业的数据并加以分析，该公司可以细分最小的客户群组，或称为“细胞组”，比如有一组客户是 30 岁或以上、受过大学教育、信用评分超过某一水平，且没有发生过意外事故的摩托车车手。对于每一个“细胞组”，该公司进行回归分析，找出与这一客户群体主要的保险损失最密切相关的因素。然后，为每个客户群组设定价格，并采用仿真软件测试这个定价是否能使公司获得利润。该公司利用这些分析技术，可以从那些被其他保险公司拒绝的高风险客户群体中获得收益。

12.4.2 高级管理人员的决策支持：平衡计分卡与企业绩效管理方法

正如第 2 章中所介绍的，经理支持系统（executive support system，ESS）的目的是帮助 C 级高层管理人员专注于那些真正能影响公司整体盈利能力和成功的重要的绩效信息。开发 ESS 需要两个部分。首先，你需要有一种方法论，以准确理解到底什么是高管所需要的“真正重要的绩效信息”；其次，你需要开发这个系统，以及时把这些信息提供给正确的人。

目前，用来理解公司高管所需的真正重要的绩效信息的主要方法被称为**平衡计分卡方法**（balanced scorecard method）（Kaplan and Norton，1992，2004）。平衡计分卡是公司用于衡量战略计划实施情况的一个框架，关注企业四个维度上的可衡量绩效结果，即财务、业务流程、客户、学习与成长四个维度（见图 12-7）。

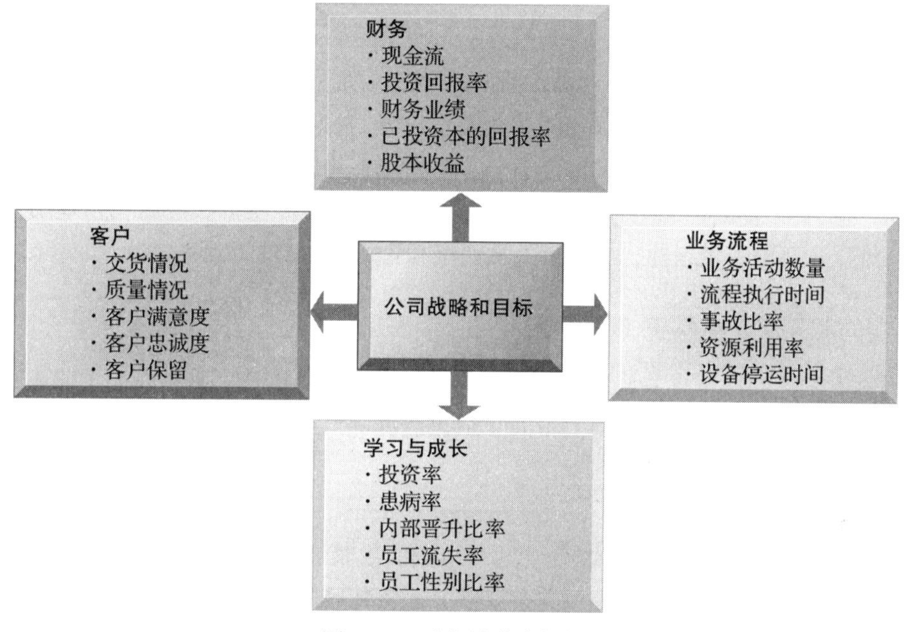

图 12-7 平衡计分卡框架

在平衡计分卡框架中，企业的战略目标实施情况围绕四个维度进行衡量：财务、客户、业务流程、学习与成长，每个维度由若干个关键绩效指标（KPI）来衡量。

每个维度的绩效是通过**关键绩效指标**（key performance indicators，KPI）来衡量的，高层管理人员用这些指标了解该公司在某一维度上的绩效完成情况。例如，一家在线零售公司衡量客户绩效目标完成情况的一个关键指标是递送包裹到消费者手中的平均时长。如果你在一家银行工作，那么你的业务流程维度绩效的一个 KPI 是完成某项基本业务需要的时长，例如开办一个新客户银行账户的时长。

平衡计分卡框架之所以被认为是“平衡”的，是因为它能使管理人员不仅仅关注财务绩效。有一种观点认为，财务绩效是过去的历史，即过去行为的结果，管理人员应着眼于他们今天能够影响的事情，比如业务流程效率、客户满意度和员工培训等。一旦计分卡由企业顾问和高级管理人员开发出来，那么下一步就是把每个关键绩效指标的信息自动地推送给高层管理者和其他管理人员。有数百家咨询公司和软件公司提供这些功能。一旦这些系统被实施，它们通常被称为 ESS。

另一个密切相关的、常用的管理方法是**企业绩效管理**（business performance management, BPM）。BPM 的概念最初是由一个产业群在 2004 年提出的（该产业群是由那些销售企业系统和数据库系统的一流公司组成的，如甲骨文、SAP 和 IBM 等）。BPM 试图把一家公司的战略（例如差异化、低成本的生产商、市场份额的增加以及运营范围等）系统地转化为经营目标。一旦战略和目标确定后，一套衡量战略与目标进展的关键绩效指标也就可以开发出来，然后就可以从企业数据库系统中抽取信息来衡量公司的绩效。虽然 BPM 采用与平衡计分卡相同的思想，但相比之下更具战略特色。

现代 ESS 系统中的数据主要来自公司现有的应用系统（企业资源计划、供应链管理和客户关系管理）。此外，ESS 还能收集新闻、金融市场数据库、经济信息，以及高层管理人员所需的其他外部数据。如果管理者需要更详细的数据视图，ESS 也能提供强大的向下钻取功能。

一个良好的 ESS 系统可以帮助高层管理人员有效地监控组织绩效，跟踪竞争对手的活动，识别市场条件的变化，以及确定问题和发现机遇。位于组织较低层级的员工也能使用这些系统监控和衡量各自负责领域的业务绩效。为使以上这些系统和其他的商务智能系统真正发挥作用，信息必须是“可操作的”，即需要决策时必须便于获取、使用。如果用户收到的报告中有难以理解的关键指标，那么员工生产率和企业绩效都将受到影响。

12.4.3 群体决策支持系统（GDSS）

我们刚刚描述的决策支持系统主要支持你单独做决策的情形。但是，如果你是某个团队的一分子，需要作为一个团队做出决策时，该怎么办呢？为此，你将会用到一类称为群体决策支持系统的系统。

群体决策支持系统（group decision-support systems, GDSS）是交互式的、以计算机为基础的系统，为一组工作在同一地点或不同地点的决策者提供决策支持，帮助对于非结构化问题求解。起初，GDSS 需要专门的会议室，配备特殊的硬件和软件工具以记录文档，列出各种想法。随着台式 PC 机功能的日益强大、移动计算的爆炸式增长，以及 Wi-Fi 和移动通信蜂窝网络带宽的快速扩展，GDSS 的功能也得到不断发展。原先的专用会议室现在可以用更便宜、更灵活的虚拟协作室取代，这些虚拟协作室可以把移动的员工与办公室的同事连接到一个高质量的视频和音频环境中。在第 2 章中，我们已经介绍了一些当代的协作环境。

思科公司提供的协作式混合会议室（collaboration meeting rooms hybrid, CMR）系统允许一组员工通过 WebEx 视频软件，使用任何设备在一起召开电子会议，而不需要任何特殊的网络连接、特殊的显示器和复杂的软件。CMR 软件系统可以安装在公司的服务器上或云端，这种系统甚至允许客户参加小组会议。会议可以在任何需要时由某个员工安排。CMR 系统可以处理多达 500 名与会者参与的会议，当然这种情况非常少见。Skype 软件也开始开发类似的基于云计算的协作环境，以支持企业的在线会议，共享文档、音频和视频等资料。Skype 开发的这套软件称为“企业版 Skype”（Skype for Business），已经被集成到微软的 Office 365 套装软件中，这将使“企业版 Skype”在不久的将来成为办公室生活的一部分。

本章小结

1. 有哪些不同类型的决策？决策过程是怎样的？

组织中不同的层级（战略、管理、运营）会有不同的决策需求。决策可以是结构化、半结构化或非结构化的。结构化决策集中在组织运营层级，非结构化决策则集中在战略层级。决策可以由个人或团体完成，包括员工、运营管理人员、中层管理人员和高层管理人员。制定决策包括四个阶段，即情报、设计、选择和执行。

2. 信息系统如何支持管理者活动和管理层决策？

早期经典的管理活动模型强调计划、组织、协调、决策和控制功能。当代研究通过观察管理者的实际行为发现，管理者在现实中的活动是高度分散的、多样的，持续时间较短，且避免做出大而全的决策。

信息技术为管理者提供了新的工具，既发挥他们的传统角色也兼顾新角色，使他们能够比以往任何时候都更加精确和快速地监控、计划和预测，并能更迅速地对不断变化的商业环境做出反应。信息系统最有利于支持管理者执行信息传播角色、组织各层级之间的联络角色和分配资源的角色。然而，信息系统支持非结构化决策的成功例子很少。在信息系统可以发挥作用的领域中，其信息质量、管理过滤器和组织文化可能会降低决策质量。

3. 商务智能和商业分析如何支持决策？

商务智能和商业分析可以给决策者提供正确且实时的信息，分析工具可以帮助决策者迅速理解信息，并采取行动。商务智能环境包括来自商业环境中的数据、商务智能数据基础架构、业务分析工具集、管理者用户和方法、商务智能输出平台（MIS、DSS 或 ESS）和用户界面。商务智能系统提供六种满足最终用户需要的分析功能，包括预先定义的生产报表、参数化报告、仪表盘 / 计分卡、即席查询 / 搜索 / 报表创建、向下钻取分析以及预测、情景化和建模。

4. 组织中的不同决策群体是如何使用商业智能的？信息系统在帮助一个团队更有效地做出决策方面发挥了什么样的作用？

运营管理人员和中层管理人员一般负责监控公司的绩效，他们所做的大多数决策是结构化程度较高的。生成日常生产报表的管理信息系统（MIS）通常用于支持这种类型的决策。中层管理人员和分析人员使用决策支持系统（DSS）辅助制定非结构化的决策。DSS 一般具有比较强的分析和建模工具，包括电子表格与数据透视表。高层管理人员通过显示关键绩效指标信息的仪表盘和可视化界面辅助制定非结构化的决策，这些关键绩效指标信息影响着公司的盈利情况、成功和战略。平衡计分卡与企业绩效管理是用于指导经理支持系统（ESS）设计的两种方法论。群体决策支持系统（GDSS）帮助团队工作的人们更有效地形成一致的决策。

> **MyMISLab**
>
> 完成标有 MyMISLab 标记的问题，请参见 MyMISLab 的 EOC 讨论问题部分。

复习题

12-1 有哪些不同类型的决策？决策过程是如何进行的？

- 列出并描述组织中不同的决策层次和决策参与者，解释他们的决策需求有哪些不同。

- 区分非结构化、半结构化和结构化的决策。
- 列出并描述决策的四个阶段。

12-2 信息系统是如何支持管理者活动和管理层决策的?

- 比较经典管理模型和行为模型。
- 指出信息系统可以支持的某些管理者角色。

12-3 商务智能和商业分析是如何支持决策的?

- 定义和描述商务智能与商业分析。
- 列出并描述商务智能环境中的各要素。
- 列出并描述商务智能系统提供的各类分析功能。
- 比较两种不同的开发商务智能和商业分析功能的管理策略。

12-4 组织中的不同决策群体是如何使用商业智能的?在帮助一个团队更有效地做出决策方面,信息系统发挥了什么样的作用?

- 列出组织中主要的决策者,并描述其所做的决策类型。
- 描述 MIS、DSS 和 ESS 是如何为每一类决策者提供决策支持的。
- 定义和描述平衡计分卡方法与企业绩效管理方法。
- 定义群体决策支持系统(GDSS),并说明它与 DSS 的不同之处。

讨论题

12-5 MyMISLab 作为信息系统的管理者或使用者,要参与 DSS 或 ESS 的设计和使用,你需要了解什么?为什么?

12-6 MyMISLab 如果企业更广泛地使用 DSS、GDSS 和 ESS,管理者与员工将能做出更好的决策吗?为什么能或不能?

12-7 MyMISLab 商务智能和商业分析能在多大程度上帮助公司完善其企业战略?请解释你的答案。

MIS 实践项目

本节将为你提供确定 DSS 机会的实践项目,请你使用电子表格和数据透视表分析销售数据,并使用在线退休计划工具进行财务计划的编制。请访问 MyMISLab 的多媒体库以获取本章的 MIS 实践项目。

管理决策问题

12-8 斯巴鲁(Subaru)和其他汽车制造商的经销商保存着各自销售和服务汽车里程的记录。里程数据用于提醒客户何时需要预约保养服务,但也用于其他目的。在当地经销商层面和公司层面,这种数据可以用于支持哪些决策?如果这些数据是错误的,那么会发生什么?例如,里程本应是 30 000 却显示为 130 000。它将如何影响决策?评估其对业务的影响。

12-9 Applebee's 连锁餐厅是世界上最大的休闲餐饮连锁店,在美国和其他 20 个国家拥有超过 1 800 家分店。其菜单包括牛肉、鸡肉和猪肉食物,以及汉堡、面食和海鲜。该公司的 CEO 希望研发味道更美、更多客户想要的,并且在汽油和农产品成本上升的情况下客户仍然愿意支付的餐品，从而提高餐厅的盈利能力。商务智能如何帮助管理人员实施这一战略？该公司需要收集哪些方面的数据？什么样的报告有助于管理层制定改善菜单和提高盈利能力的决策？

改善决策：使用数据透视表分析销售数据

软件技能：透视表

业务技能：分析销售数据

12-10 这个项目给你一个机会去学习如何使用 Excel 的数据透视表功能分析数据，请使用在本章前面所述的网络管理培训公司（OMT）的数据文件。该数据文件是 OMT 一天的销售交易的清单。你可以在 MyMISlab 中找到这个电子表格文件。请你使用 Excel 的数据透视表，回答以下问题：

- 什么地方的客户平均购买额度比较高？这个结果可能会让管理者把营销和销售资源集中在那个区域，或把不同的信息传递到不同的区域。
- 哪种付款方式是最常用的？你在进行广告宣传时可以强调这种支付方式。
- 一天中哪段时间的购买量最大？人们是在工作时间（可能是白天）还是在家里（可能是晚上）购买更多产品？
- 区域、产品类型与平均销售价格之间是什么关系？

在学习跟踪中，我们提供了有关如何使用 Excel 数据透视表的说明。

改善决策：使用基于 Web 的 DSS 进行退休规划

软件技能：基于互联网的软件

业务技能：财务规划

12-11 该项目有助于你提高利用基于 Web 的决策支持系统进行财务规划的技能。

美国有线新闻网络财经频道（CNN Money）网站和基普林格（Kiplinger）集团网站的主要特点是使用基于 Web 的决策支持系统进行财务规划和决策。这两个网站都可以用来规划退休生活。请你选择并使用其中某个网站，确定你需要为退休生活存多少钱。假设你现在 50 岁，计划在 17 年后退休，你现有 10 万美元的存款，当前你的年收入是 85 000 美元。你的目标是年退休收入能够达到 60 000 美元，其中包括社会保险金。

使用你所选择的网站，确定你需要存多少钱才能实现你的退休目标。要计算你预估的社会保险金，你可以使用社会保障局网站上的快速计算器。

请评价该网站，包括它的易用性、清晰度、所得到的计算结果的价值，以及在多大程度上该网站可以帮助投资者了解他们的财务需求和金融市场。

团队协作项目

调查数据驱动的体育分析

12-12 与三四个同学一起，选择一项运动，如足球、棒球、篮球或足球。使用网络研究该项目如何使用数据和分析提高团队绩效或提高门票销售量。如果可能的话，请使用 Google Docs、Google Drive 或 Google Sites，集思广益，组织并制作 PPT 报告你们的结果。

案例研究

通用电气投资物联网和大数据分析

通用电气（GE）是全球最大的工业公司之一，产品从涡轮机、喷气发动机到医疗设备，但这可能维持的时间不会太长了。该公司正在向更加以技术为中心的企业战略和商业模式转型。GE卖掉了冰箱和微波炉的业务部门，以及大部分GE资本金融服务业务，更加专注于电力发动机、喷气发动机、机车和炼油设备，以及将这些设备连接到云端的软件。先进的软件公司诸如甲骨文、SAP和微软，传统上一直专注于为后台提供技术。相比之下，GE将资金投入控制和监控工业机器的技术及其基于云计算的软件上，用于分析和获取来自数据的价值。GE希望这一战略能够把它变成一家主要的软件公司。

GE使用来自工业机器传感器生成的数据帮助客户监控设备性能，预防故障，评估机器的整体健康状况。这项新技术为GE客户带来了新的机遇，同时也帮助GE从传统制造商转型为现代数字化的企业。GE将投资10亿美元用于在燃气轮机、喷气发动机和其他机器上安装传感器，并将机器设备连接到云端，分析所采集到的数据以确定提高机器生产力和可靠性的方法。换句话说，GE将在软件和物联网（IoT）上投注未来。

在许多行业中，将现有资产的生产率提高一个百分点，就可以带来显著的收益。石油和天然气行业的情况更是如此，一口油井的平均采油率仅为35%，这意味着65%的燃油资源留在了地球上，因为现有的技术使得提取燃油资源的成本太高。如果技术可以帮助石油开采公司将采油率从35%提高到36%，那么全球产量将增加800亿桶，相当于全球3年的供应量。

当设备由于故障不能运行时，石油和天然气行业也会受到非计划停机的影响。一个液化天然气平台停机一天可能需要在设备上花费高达2 500万美元，而一个中型液化天然气设备每年大概会经历5天停机，这就意味着1.25亿～1.5亿美元的损失。最大限度地减少停机时间至关重要，特别是考虑到能源价格下降带来的收入下降。通用电气看到了物联网软件带来的10亿美元的机会。

GE的所有工业互联网（物联网）应用的基础是Predix，这是一个2015年推出的软件平台，主要用于从工业传感器中收集数据，并分析云端中的信息。Predix可以在任何云基础架构上运行，具有开放的标准和协议，使客户能够更轻松、快捷地将他们的机器连接到工业互联网上。该平台对目前每个客户工业数据的数量级和规模均适用，但也可以随着需求的增长而扩大。Predix可以提供由GE和其他公司开发的移动应用程序，可以部署在本地或云端，并且可以进一步扩展以便让客户使用自己的数据源、算法和程序代码。客户可以在Predix平台上开发自己的应用。GE正在建立一个开发者社区，以开发可以连接在Predix上的应用程序。Predix不仅限于工业应用，还可以用于分析医疗设备系统中的数据。GE已经在Predix上运行了一个健康云（Health Cloud）。数据安全性已经被嵌入在平台的所有应用层中，这对将其设备运营连接到互联网上的公司而言是至关重要的。

目前，GE使用Predix监测和维护自己的工业产品，诸如风力涡轮机、喷气式发动机和水电涡轮机系统等。Predix能够为GE公司客户的机器操作员和维护工程师提供实时信息，帮助他们安排维修检查，提高机器设备的使用效率，减少故障停机时间；还能够帮助客户主动收集和使用这些设备的运营数据，降低GE服务的成本。GE在同意为客户的机器提供服务时，通常会做出设备运行性能的保证。主动识别潜在的问题，也可以降低购买成本，既帮助了客户，也帮助了GE。

2013年年初，GE开始使用Predix分析其机群中的数据。通过识别一台机器比另一台机器更有效率或更容易停机的原因，GE可以更加严格地管理机器的运行。例如，通过使用高性能的分析，GE了解到一些喷气式飞机发动机需要更频繁的非计划性维修。单个发动机的运行数据只会告诉你这个发动机有问题，但通过收集所有发动机的数据并加以分析，GE就能够根据发动机的运行环境的不同对发动机机群进行分类。GE还发现，中东炎热、恶劣的环境容易造成发动机堵塞、升温，并失去效率，因此那里的发动机需要更多的维护，同时还发现，如果经常对发动机进行清洗，上述这些问题就会少得多。快速的数据分析帮助GE延长了发动机寿命，减少了发动机的维护工作。GE认为因为它的发动机更加高效，每年可以为客户平均节省700万美元的喷气飞机燃料。Predix平台强大的数据采集和分析能力使GE在全球能够为每个GE发动机进行数据分析，也可以对发动机机群数据进行分析和管理。

Predix平台已经开始为GE的客户提供解决方案。爱尔兰电力公司（Irish Power）是Predix的一个早期用户，采用了基于Predix平台的GE预测分析工具套件软件Reliability Excellence。爱尔兰电力公司位于爱尔兰科克市（Cork）以东25英里的445兆瓦天然气组合循环发电厂Whitegate已经开始通过发电机运行数据的分析来提高工厂的效率。爱尔兰电力公司正计划实施生产过程优化模块，将工厂发电情况与能源市场建立实时连接。这些分析能力可以帮助爱尔兰电力公司和客户找到降低生产成本，提高工厂产能和提高系统性、可靠性的方法。基于Predix平台的分析功能，GE可以为爱尔兰电力公司这样的客户提供发电机组异常检测等服务，还可以为客户提供机器设备运行数据的可视化服务，帮助客户减少预防性维修需求来降低成本。

英国石油和天然气公司（BP公司）已经使用自己的软件监测油井的状况。然而最近BP公司管理层决定停止使用自己的软件，成为GE的一名客户。到2015年年底，BP公司为数千口油井中的650口油井配备了与Predix平台连接的GE传感器（为每口油井配备20～30个传感器）以测量压力和温度，每隔15秒将500 000个数据点传送到Predix云端。BP公司希望利用这些数据可以预测每口井的流量和使用寿命，并最终可以监测企业所有油井的状况。

GE认为油气管道的风险管理是石油和天然气行业的主要挑战。全球有200万英里的油气输送管道，将液态石油或天然气从提取点输送到炼油点、加工点或市场上，美国大约55%的油气输送管道建于1970年以前。油气输送管道泄漏并不频繁，但当它们发生泄漏时，会对管道运营商和能源公司造成严重的经济损失，对环境造成严重的破坏，对公司的形象产生糟糕的影响。管道运营商非常想知道下一个泄漏点将会在哪儿，但他们通常缺乏足够的数据来评估管道的健康状况，他们也没有办法将多个数据源整合到一个地方，以便他们能够看到并理解管道中存在的风险。

GE开发了一个油气管道管理软件系统，用于采集、管理和集成与管道安全管理有关的关键数据，包括一套风险评估工具用于监测老化设施的风险。GE的风险评估解决方案结合内外部因素（如洪水），通过可视化的方式把准确的、最新的管道中可能存在的风险位置展现出来。这类风险评估工具让管道运营商能够及时了解最近的事件可能会如何引发管道的风险，并及时做出在管道沿线部署现场服务人员的决策。风险评估工具的可视化功能和分析功能在Predix平台上运行。

GE还从天气系统和考古发掘报告服务中采集数据，以便提供更全面的管道网络视图。天气对易发生地震的水道和冲刷地区的管道风险有相当大的影响。沿着数千英里的管道找出雨水区或洪水区域的天气模式，并将这些数据与其他复杂的管道数据整合在一起，是很难以手动方式完成的。而 GE 公司将所有相关的数据集中到一个地方，使管道运营商更容易获取信息，帮助他们解决那些可能影响最大的问题。

GE 公司希望客户能够从所有整合的数据中获得立竿见影的好处，但这意味着客户自己要能够做得更多。除了能够检查所有当前的风险之外，管道运营商还可以从“what-if 情景假设”模拟分析工具中获益，比如可以对管道运行压力调整的影响进行模拟分析，或对腐蚀性管道的特定区域进行处理的模拟分析。GE 公司将为客户提供专门的颜色编码视图工具，专门用于展示这些行为可能如何影响管道的风险。

另外，GE 公司希望不仅能够帮助客户管理 GE 设备的性能，还能帮助客户管理整个运行过程中所有设备的数据。许多客户既有 GE 的设备，也有 GE 竞争对手的设备。客户关心的是如何运行好整个工厂，而不仅仅是 GE 的涡轮机，而且涡轮机中 80% 的设备不是 GE 的。比如，如果一个石油和天然气客户的涡轮压缩机出现了问题，该压缩机上游的热交换器可能是问题的根源，那么对从涡轮压缩机采集的数据进行分析，可能只能说明部分原因。因此，客户希望 GE 也能够分析非 GE 的设备，帮助他们实现整个工厂的良好运行。GE 目前正在与一些客户讨论如何管理运行中的所有机器设备的传感器数据。

如果客户购买了一台 GE 设备，诸如燃气轮机或飞机发动机等，GE 通常会和客户签订一份 10 ~ 15 年的服务协议合同，以连接并监测该机器设备的运行状况，进行基本的维护和诊断，并提供计划性维修。如果在一段指定的时间内确保了设备的正常运行，GE 将会收到一笔奖金。现在 GE 也许能够将这种基于结果的定价策略应用到非 GE 的机器维护上。

GE 首席执行官杰弗里·伊梅尔特（Jeffrey Immelt）希望 GE 能够在 2020 年成为世界排名前 10 的软件公司。为此，GE 需要销售大量的应用系统和基于 Predix 的分析工具。虽然很少有企业有足够的资金或基础设施运营一个整合和分析它们物联网数据的平台，但 GE 仍然面临来自多方面的竞争。亚马逊、谷歌、IBM 和微软都在全面进入物联网平台这个领域，数十家初创公司也有类似的雄心壮志。最大的问题是其他一些大型工业公司是否会采纳 GE 或其他云平台来管理它们的设备信息。如果你是一个具有一定规模和复杂程度的制造商，你是否允许 GE“拥有”你的业务数据？或者你还是希望自己来管理和分析数据？

资料来源：Laura Winig, “ GE’s Big Bet on Data and Analytics,” *MIT Sloan Management Review,* February 2016; Devin Leonard and Rick Clough, “ How GE Exorcised the Ghost of Jack Welch to Become a 124-Year-Old Startup, ” *Bloomberg Businessweek,* March 21, 2016; www.ge.com, accessed May 19, 2016; Holly Lugassy, “ GE Leverages Pivotal Cloud Foundry to Build Predix, First Cloud for Industry, ” CloudFoundry.org, May 11, 2016; Kurt Marko, “ AWS IoT Platform Connects Devices to Cloud Services, ” techtarget.com, accessed May 24, 2016; Cliff Saran, “ GE Predictive Analytics Optimises Irish Power Electricity Production, ” *Computer Weekly,* July 13, 2015; Charles Babcock, “ GE Predix Cloud: Industrial Support for Machine Data,” *Information Week,* August 6, 2015; and “ GE: IoT Makes Power Plants $50M More Valuable,” *Information Week,* September 29, 2015.

案例分析题

12-13 通用电气公司正在如何改变企业战略和商业模式？信息技术在通用电气公司业务中的作用是什么？

12-14 通用电气公司正在专注于什么样的业务领域和决策水平？

12-15 请描述 Predix 平台可以支持的三类决策，每类决策对公司的价值是什么？请解释。

12-16 通用电气公司在多大程度上正在成为一家软件公司？请解释你的答案。

12-17 你认为通用电气公司将成为美国十大软件公司之一吗？为什么？

MyMISLab

请到 MyMISLab 的作业部分完成这些书面练习。

12-18 确定并描述妨碍管理者做出正确决策的三个因素。

12-19 给出三类位置分析中使用的数据示例，并分析每类数据是如何帮助企业的。

参考文献

Bell, Peter C. "Sustaining an Analytics Advantage." *MIT Sloan Management Review* (Spring 2015).

Bhandari, Rishi, Marc Singer, and Hiek van der Scheer. "Using Marketing Analytics to Drive Superior Growth." McKinsey & Co. (June 2014).

Chen, Daniel Q, David S. Preston, and Morgan Swink. "How the Use of Big Data Analytics Affects Value Creation in Supply Chain Management." *Journal of Management Information Systems* 32, No. 4 (2015).

Clark, Thomas D., Jr., Mary C. Jones, and Curtis P. Armstrong. "The Dynamic Structure of Management Support Systems: Theory Development, Research Focus, and Direction." *MIS Quarterly* 31, No. 3 (September 2007).

Davenport, Thomas H. "Analytics 3.0." *Harvard Business Review* (December 2013).

———. *Big Data at Work: Dispelling the Myths, Uncovering the Opportunities*. Harvard Business Review Press (2014).

Davenport, Thomas H. and Jill Dyche. "Big Data in Big Companies." International Institute of Analytics (May 2013).

Davenport, Thomas H., Jeanne G. Harris, and Robert Morison. *Analytics at Work: Smarter Decisions, Better Results*. Boston: Harvard Business Press (2010).

De la Merced, Michael J. and Ben Protess. "A Fast-Paced Stock Exchange Trips over Itself." *New York Times* (March 23, 2012)

Dennis, Alan R., Jay E. Aronson, William G. Henriger, and Edward D. Walker III. "Structuring Time and Task in Electronic Brainstorming." *MIS Quarterly* 23, No. 1 (March 1999).

Fogarty, David and Peter C. Bell. "Should You Outsource Analytics?" *MIT Sloan Management Review* (Winter 2014).

Gallupe, R. Brent, Geraldine DeSanctis, and Gary W. Dickson. "Computer-Based Support for Group Problem-Finding: An Experimental Investigation." *MIS Quarterly* 12, No. 2 (June 1988).

Grau, Jeffrey. "How Retailers Are Leveraging 'Big Data' to Personalize Ecommerce." *eMarketer* (2012).

Harris, Jeanne G. and Vijay Mehrotra. "Getting Value from Your Data Scientists." *MIT Sloan Management Review* (Fall 2014).

Hurst, Cameron with Michael S. Hopkins and Leslie Brokaw. "Matchmaking with Math: How Analytics Beats Intuition to Win Customers." *MIT Sloan Management Review* 52, No. 2 (Winter 2011).

Jensen, Matthew, Paul Benjamin Lowry, Judee K. Burgoon, and Jay Nunamaker. "Technology Dominance in Complex Decision Making." *Journal of Management Information Systems* 27, No. 1 (Summer 2010).

Kahneman, Daniel. *Thinking, Fast and Slow*. New York: Farrar, Straus and Giroux (2011).

Kaplan, Robert S. and David P. Norton. "The Balanced Scorecard: Measures That Drive Performance." *Harvard Business Review* (January–February 1992).

Kaplan, Robert S. and David P. Norton. *Strategy Maps: Converting Intangible Assets into Tangible Outcomes*. Boston: Harvard Business School Press (2004).

Kiron, David, Pamela Kirk Prentice, and Renee Boucher Ferguson. "Raising the Bar with Analytics." *MIT Sloan Management Review* (Winter 2014).

Lauricella, Tom and Scott Patterson. "With Knight Wounded, Traders Ask If Speed Kills." *Wall Street Journal* (August 2, 2012).

LaValle, Steve, Eric Lesser, Rebecca Shockley, Michael S. Hopkins and Nina Kruschwitz. "Big Data, Analytics, and the Path from Insights to Value." *MIT Sloan Management Review* 52, No. 2 (Winter 2011).

Leidner, Dorothy E., and Joyce Elam. "The Impact of Executive Information Systems on Organizational Design, Intelligence, and Decision Making." *Organization Science* 6, No. 6 (November–December 1995).

Luca, Michael, Jon Kleinberg, and Sendhil Mullainathan. "Algorithms Need Managers, Too." *Harvard Business Review* (January–February 2016).

Marchand, Donald A. and Joe Peppard. "Why IT Fumbles Analytics." *Harvard Business Review* (January–February 2013).

Mintzberg, Henry."Managerial Work: Analysis from Observation." Management Science 18 (October 1971).

Nichols, Wes. "Advertising Analytics 2.0." *Harvard Business Review* (March 2013).

"The New Science of Sales Performance." *Harvard Business Review Analytic Services* (March 5, 2015).

Parenteau, Josh, Rita L. Sallam, Cindi Howson, Joao Tapadinhas, Kurt Schlegel, and Thomas W. Oestreich. "Magic Quadrant for Business Intelligence and Analytics Platforms." Gartner, Inc. (February 4, 2016).

Ransbotham, Sam, David Kiron, and Pamela Kirk Prentice. "Minding the Analytics Gap." *MIT Sloan Management Review* (Spring 2015).

Simon, H. A. *The New Science of Management Decision*. New York: Harper & Row (1960).

Tversky, Amos and Daniel Kahneman. "Rational Choice and the Framing of Decisions." *Journal of Business* (1986).

PART 4

第四部分

建设和管理系统

第四部分阐述了如何使用前面章节获得的知识，分析和设计解决业务问题的信息系统解决方案。本部分回答了以下这些问题：如何从商业利益的角度，为信息系统问题提供解决方案？公司如何适应新的系统解决方案而带来的变化？有没有替代的方法可用于构建系统的解决方案？

第13章 建设信息系统

学习目标

通过阅读本章，你将能够回答如下问题：

- 新系统的建设如何带来组织变革？
- 信息系统开发过程中的核心活动有哪些？
- 信息系统建模和设计的主要方法有哪些？
- 建设信息系统有哪些可选方法？
- 在数字化时代，企业的系统建设有哪些新方法？

MyMISLab™

访问 mymislab.com 来获得模拟、辅导材料和课后问题。

开篇案例 安戈斯图拉建设移动销售系统

位于特立尼达拉芬蒂勒的“安哥斯图拉之家”（House of Angostura，又名安戈斯图拉有限公司），是加勒比海地区最著名的朗姆酒生产商之一，也是许多鸡尾酒中使用的苦味剂的全球市场领导者。安戈斯图拉拥有330名全职员工，年收入约1亿美元。

安戈斯图拉也负责在特立尼达和多巴哥销售自己的产品，在那里由16名销售代表组成的团队现场接受订单。过去，这样的安排运行良好，但整个过程是手动的、非常耗时，有时还会产生错误的指令。

现场的16名销售代表每天必须将订单复写在纸上，返回办公室后，将其交给客户服务代表，然后人工将订单数据输入系统，发送到安戈斯图拉的SAP企业资源计划（ERP）系统中。由于订单是手写的，因此信息可能被错误地读取和输入，导致将错误的货物发送给客户。这种错误的订单经常被退回，造成了更多的书面工作和更高的成本。安戈斯图拉还使用手动流程来汇报和跟踪发票与应收账款的信息，造成了更多的延误和错误。

现场的销售代表也会处理已经过时的产品可用性数据。如果销售代表离开了办公室，他们就无法知道订单能否实现。所以，他们不得不给安戈斯图拉的仓库打电话，确定是否可以下订单。

2012 年，安戈斯图拉的管理层决定，销售流程需要更加精简、高效，并且应该使用移动技术。公司确定了一整套改进销售流程的详细计划，并花了一年多的时间评估了五家移动供应商的系统解决方案。其中一个重要的需求是，应用程序应该能够自动更新公司库存中可购买产品是否可用，并与后端 SAP ERP 系统集成起来。另一个需求是，移动系统能够离线运行，也就是说，即使设备没有在线连接，销售代表仍然可以在移动设备上输入订单。一旦设备在线，就可以自动将订单发送到公司的 ERP 系统中。

该公司所要选择的供应商最好能将公司的需求反映到所开发的移动应用中，并保证预算在管理层确定的范围内。2013 年，安戈斯图拉与 IDS Scheer 以及 itCampus 的咨询顾问合作，开发了在苹果 iPad 上运行的移动销售解决方案。该解决方案包括离线客户数据库、产品目录、客户特殊定价、订单输入、订单预览以及蓝牙打印机的集成等功能。它使用 SAP NetWeaver Gateway 技术快速创建应用，并将各种设备和平台连接到 SAP 软件中。6 月，试用程序已准备好测试，整个应用在 2014 年 1 月投入使用。

安戈斯图拉的 16 个销售代表每人获得了一个 iPad。该 iPad 不仅包括订单应用程序，还包括其他移动应用程序以使销售流程更加高效，比如电子邮件、谷歌地图以及用于展示安戈斯图拉产品线的视频和 PDF 文档上传器等。销售应用程序与企业 ERP 系统集成，为销售代表提供仓库中产品可用性的最新信息。

使用安戈斯图拉移动销售应用程序，订单可以在不到 30 秒的时间内被创建，具体时间取决于订单的大小，这使得订购流程加快了两倍。每个销售人员可以节省 20% 的时间，因为销售代表可以在下单时就发送订单，而不用等到他们回到办公室再生成订单。客户服务代表花在数据录入上的时间也减少了 75%，为更多其他的工作腾出了时间。此外，退货订单也减少了 30%，整个流程更加高效、准确。

资料来源：Natalie Miller, " Generations-Old Company with a Modern Twist on Sales, " SAP Insider Profiles, January 2016; www.angostura.com, accessed February 10, 2016; and IDS Scheer Consulting Group, "Angostura's iPad-Based SAP Mobile Sales Solution," 2014.

安戈斯图拉的经验说明了设计和建立新的信息系统所需要的步骤。建立移动销售订单的新系统，需要分析组织在现有系统中的问题、评估信息需求、选择适当的技术以及重新设计业务流程和工作。管理层必须监督系统建设工作，评估利益和成本。信息需求被纳入新系统的设计中之后，就要开始一个有计划的组织变革过程。

下图给出了开篇案例和本章中提出的重要观点。安戈斯图拉处理销售订单的能力受到过时和效率低下的手动流程的阻碍，增加了成本，减慢了工作速度，并限制了公司服务客户的能力。

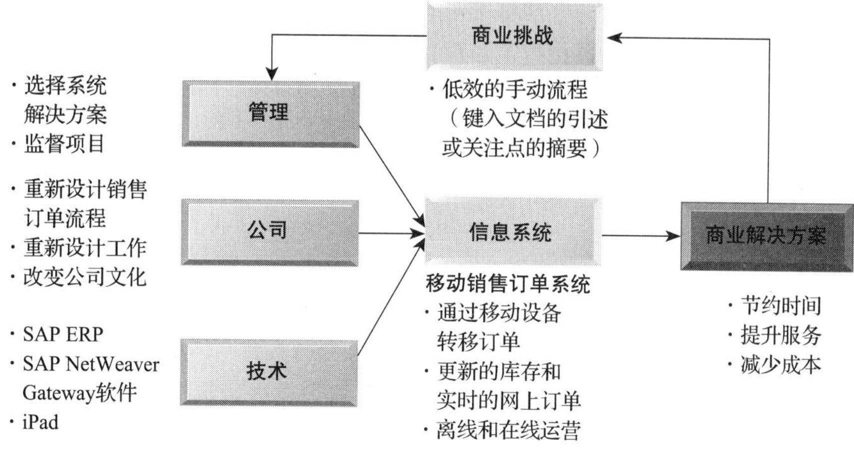

公司的解决方案是使用移动设备和软件，重新设计销售订单流程，通过 iPad 输入订单，并传输到公司后端的 ERP 系统中。安戈斯图拉的信息需求被纳入系统设计。该解决方案不仅包括新技术的应用，还包括企业文化、业务流程和工作职能的变化。安戈斯图拉的销售业务变得更加高效，也节约了成本。

以下是需要考虑的一些问题：安戈斯图拉的移动销售应用程序是如何满足信息需求的？安戈斯图拉的移动销售应用程序的解决方案效果如何？为什么？新系统在多大程度上改变了安戈斯图拉的业务运作方式？

13.1 建设新系统如何带来组织变革

建设一个新的信息系统是一种有计划的组织变革。引进新系统包含的内容远远超过硬件和软件投资，同时包括职能岗位、技能、管理和组织的变化。当设计一个新的信息系统时，我们要重新设计组织，因此系统建设者必须懂得系统如何影响具体的业务流程和整个组织。

13.1.1 系统开发和组织变革

信息技术能促进从渐进式到变化巨大的不同程度的组织变革。图 13-1 显示了 4 种信息技术使能的组织结构变革：自动化、程序合理化、业务流程再造和范式转移。每种变革都会带来不同的风险和回报。

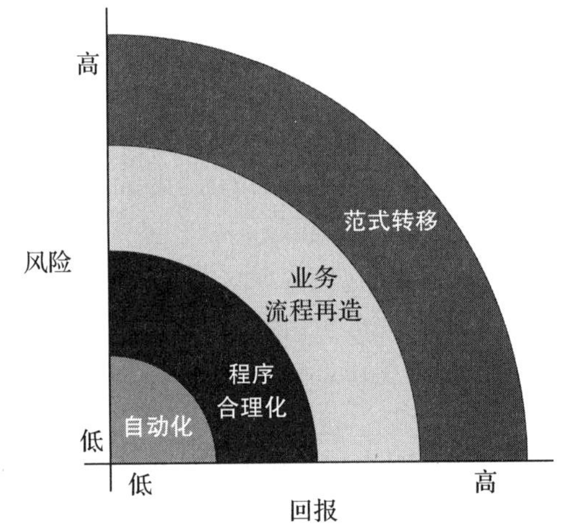

图 13-1 组织变革带来的风险和回报

最常见的组织变革形式是自动化和合理化。这种缓慢渐进式的变革策略，带来的是低风险和适度的回报。更快、更广泛的变革带来的是高回报，比如业务流程再造和范式转移，但同时失败的风险也很高。

最常见的 IT 驱动的组织变革是**自动化**（automation）。信息技术最早被用于协助员工更高效地完成工作。比如，计算薪水和工资表、让银行职员及时访问用户存款记录、为航空服务代理商开发一个全国范围的订票网络等，都是早期自动化的例子。

紧随自动化之后的、更深层次的组织变革形式是**程序合理化**（rationalization of procedures）。自动化后，我们很容易发现生产过程中新的瓶颈，以及现有程序和结构的烦琐。程序合理化是指理顺标准操作程序。例如，安戈斯图拉的新型移动订单系统是有效的，这不仅因为它使用了计算机技术，而且因为它简化了这个功能的业务流程，减少了手动步骤。

程序合理化经常被用在对产品、服务和运营质量等进行持续提升的项目中，例如全面质量管理和六西格玛。**全面质量管理**（total quality management，TQM）以追求品质为目标，并明确组织中所有员工和部门相应的职责。TQM 从美国质量专家爱德华·戴明（W. Edwards Deming）和约瑟夫·朱兰（Joseph Juran）提出的概念引申而来，却由日本人进行了普及。**六西格玛**（six sigma）是对质量的具体衡量，它表示每百万次的检测中出现 3.4 个“废品”的概率。大多数公司很难真正地实现六西格玛，只是将其作为促进质量提升的一个目标。

更有力的一种组织变革是**业务流程再造**（business process redesign，BPR）。在这个过程中，业务流程将被分析、简化和重新设计。业务流程再造会重组工作流程，合并一些工作步骤，减少浪费和消除重复的、纸质密集型的任务（有时这种改变会减少工作岗位）。这是一种比程序合理化更激进的组织变革，需要从新的愿景来看待如何重组流程。

业务流程再造中被广泛引用的一个例子是福特汽车公司的无发票处理流程，它将北美福特公司由 500 人组成的应付账款部门规模缩减了 75%。过去，部门里的文员要花费大部分时间来解决采购订单、收货单和发票之间不一致的问题。后来，福特汽车公司重新设计了应收账款流程：采购部门将一份订单输入在线数据库，当订购的货物到达后，收货部门便可利用数据库中的信息进行校核；如果收到的货物和订购单相符，系统会自动为应收账款部门产生支票，提交给供应商。这样供应商就没有必要再发送发票了。

程序合理化和业务流程再造均局限于企业的某些特定部分。新的信息系统通过转变企业经营方式，甚至改变企业性质，可以从根本上影响整个组织的设计。例如，长途卡车和运输公司施耐德物流公司，使用新的信息系统改变了它的企业模式。施耐德公司为其他公司创造了一个新的物流业务管理模式。这种更彻底的变革形式叫**“范式转移”**（paradigm shift）。一个范式转移包含对企业业务和组织性质的再思考。

由于大范围的企业变革很难协调，范式转移和业务流程再造很容易失败（见第 14 章）。那么，为什么还有这么多的企业会考虑这种激进的变革呢？这是因为公司获得的回报相应也很高（见图 13-1）。在很多实例中，公司追求范式转移和业务流程再造战略带来的投资回报会井喷式增长。本书将涉及这些成功和失败的案例。

13.1.2 业务流程再造

像本章开篇案例中提到的安戈斯图拉的案例，现在很多企业都想用信息技术改进业务流程。有一些系统需要进行渐进式流程变革，而另一些则需要更深层次的业务流程再造。为了应对这些变革，企业需要业务流程管理。**业务流程管理**（business process management，BPM）提供了一系列工具和方法论来分析现有流程，设计与优化新流程。因为流程改进是一种持续的过程，所以业务流程管理不会结束。公司要进行业务流程管理需要经历以下步骤。

（1）确定变革流程：公司最重要的战略决策不是决定如何使用 IT 技术来改进业务流程，而是明白哪些业务流程需要改进。公司在使用信息系统加强错误的商业模式或业务流程时，会在不应该做的事情上浪费时间。因此，公司在与已发现合适的商业模式的对手竞争时，其竞争力会降低。考虑到公司可能会花费大量的时间和成本投入在对公司效益影响很小的业务流程上，管理者需要决定什么业务流程是最重要的，以及如何改进这些流程可以提高公司绩效。

（2）分析现有流程：现有的业务流程应该被固化和文档化，注明输入、输出、资源和活动之间的顺序。流程设计团队应识别出冗余步骤、纸张密集型任务、瓶颈和其他低效率的环节。

图 13-2 显示了从实体书店购书的原有流程。想象一下顾客在一家实体书店的书架间找书的情形。如果顾客找到了想要的书，他会拿着那本书到收银台用信用卡、现金或支票付款。如果顾客找不到想要的书，便会向店员求助，店员通过查看书架和书店的存货清单来确认是否有货。如果店员查找到了那本书，顾客即可购买并离开。如果书店里没有此书，店员会询问顾客是否需要为其订书。店员可以从仓库、经销商或者出版商处为顾客订书，书到达后，店员可以通知顾客到书店来取书。如果店员不能为顾客订到书，或者顾客不需要店员为其订书，那么顾客可以尝试前

往另一家书店购书。我们可以看到，这个过程有很多步骤，而且顾客有可能要去书店好几次。

（3）重新设计新的流程：一旦现有流程被绘制出来，且从时间和成本方面进行衡量，流程设计小组将尝试设计一个新的流程，以达到改进的目的。新的简化流程将会被记录和建模，以便与旧的业务流程进行比较。

图 13-3 利用网络优势重新对图书购买流程进行了设计。顾客在电脑上通过网络访问在线书店，并且通过书店的目录查找想要的图书。如果书店有库存，顾客便可以在线订书、用信用卡付款和填写收货地址，接下来书店会将书寄给顾客。如果书店无此书的库存，顾客便可以选择另一家在线书店查找图书。这一新流程比在实体书店买书减少了不少步骤，对顾客而言，节省了时间和体力；对书店来说，需要较少的销售人员就可以完成工作。因此，新的流程更高效，更节省时间。

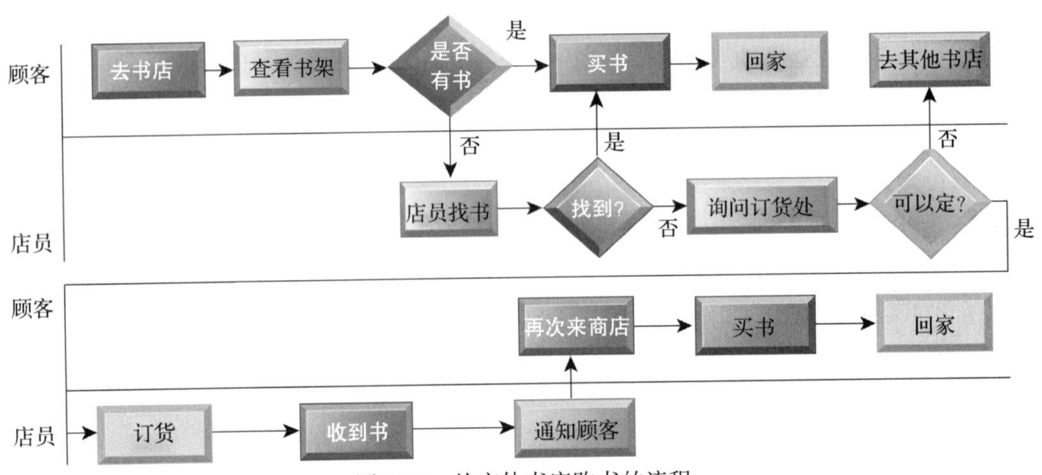

图 13-2 从实体书店购书的流程

从实体书店购书的过程需要顾客和店员经过多个步骤才能完成。

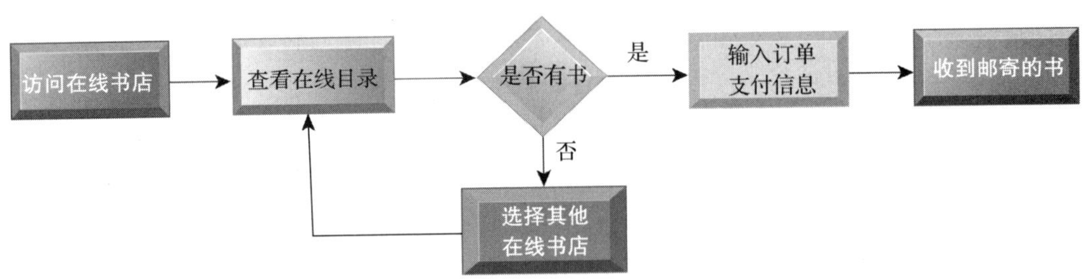

图 13-3 重新设计的在线购书流程

互联网技术使对购书流程的重新设计成为可能，并且只需要少数几个步骤及客户更少的精力。

新的流程设计需要通过衡量所节约的时间与成本，或者能否提升客户服务与价值来证明其合理性。管理者首先要衡量现有流程的时间和成本，并以此作为基准。顾客在实体书店里购买书所花的时间从 15 分钟（如果顾客立刻找到了他想买的书）到 30 分钟（如果店里有书，但是需要店员将此书找出）不等。如果书需要从其他地方预订，对顾客而言，这个过程也许需要一两个星期，而且还要再去一次书店。如果顾客住得离书店很远，那么顾客从家里到书店的时间也需要计算在内。书店需要支付维持实体书店、存储图书、雇用店员等费用，如果图书需要从其他地方获得，还需要支付运费。

尽管顾客可能要等上几天或者一个星期才能收到邮寄的书，而且可能还要支付运费，但是在线购书流程可能只需花几分钟就可以完成。由于不需要去实体书店，或者再次去书店取书，顾客节省了时间和金钱。由于不需要支付实体书店或仓储的费用，在线售书也降低了书店的成本。

（4）实施新流程：一旦新的流程建模和分析完成后，公司便可采用一系列新的程序和工作规则。为了支持重新设计的流程，公司需要新的信息系统或者提升现有系统。新的业务流程及其支持系统将在公司中推广。当公司开始使用这个新流程时，流程中存在的一些问题会被发现，并被处理。那些使用新流程的员工可能会提出相应的改进意见。

（5）持续的评估：一旦流程得以实施和优化，公司需要对流程持续进行评估。为什么？当员工退而采用旧的工作方法时，新流程可能会随着时间的推移而不适用，甚至当公司业务经历其他变革时，新流程可能会失效。

尽管很多业务流程的改进是持续的和渐进的，但是有时候也需要进行彻底的变革。前面提到的实体书店重新设计图书购买流程，使得图书购买可以在线进行，这是一个带来彻底和深远变革的例子。在正确实施后，重新设计的业务流程将带来生产率和效率的快速增长，有时甚至会改变业务运行方式。在很多情况下，流程重组带来的可能是“范式转移”，可能会改变企业自身业务的本质。

在实际案例中，亚马逊用其在线图书零售模式挑战了传统的实体书店。亚马逊发布了电子书 Kindle 阅读器，给实体书店带来的压力越来越大。2015 年，有 8 400 万人下载了电子书，亚马逊收入超过 40 亿美元，占整个图书市场的 25% 左右。通过彻底地反思一本书的出版、购买和销售方式，亚马逊和其他在线书店已经取得了较高的效率，降低了成本，并且形成了一种全新的经营方式。

BPM 也带来了挑战。管理者提到阻碍业务流程变革取得成功的最大障碍是公司文化。员工不喜欢陌生的工作规定，而且经常企图拒绝改变。在组织进行彻底的全面变革时，这种现象尤其显著。管理变革不是通过直觉就能做好的简单事情。如果公司致力于大范围内的流程改进，则需要一个好的变革管理策略（见第 14 章）。

业务流程管理工具

包括 IBM、Oracle 和 TIBCO 在内，有超过 100 家软件公司提供与业务流程管理（BPM）相关的工具。这些工具能帮助公司识别并记录需要改进的流程，为已改进的流程创建模型，确保现有的流程执行业务规则，以及整合现有系统以支持新的或重新设计的流程。BPM 软件工具提供的分析方法，用于验证流程绩效是否得到了提高，并衡量流程改进对关键业务绩效指标的影响。

一些 BPM 工具记录并监控业务流程，帮助公司识别低效率的工作环节。这些工具利用软件连接到公司中的每一个特定流程的系统，识别故障点。另一类工具可以使业务流程的某些环节自动化，并按业务规则实施，以便员工的执行过程更加高效和一致。

例如，美国国家保险公司（American National Insurance Company，ANCO）提供人寿保险、医疗保险、财产保险和投资服务四项服务。它利用 Pega 公司的 BPM 工作流程软件，使得跨越四个部门的客户服务整合为一个流程。这款软件通过建立规则，将存储在多个系统中的顾客信息以同一种方式展现给客户服务代表，指导他们的工作。改进后的业务流程消除了需要同时兼顾多个应用程序来处理客户和代理商请求的情况，使得客户服务代表的工作效率提高了 192%。

还有一种类型的工具可以帮助企业整合现有系统以支持流程改进。这些工具可以自动管理跨业务流程，从多种数据源和数据库中提取数据，并在多个相关系统中生成交易。

13.2 系统开发过程的核心活动是什么

新的信息系统是解决组织问题的产物。当企业察觉到正在面临某种问题时，建立一个新的信息系统将是解决问题的途径。这类问题可能是管理者和员工认为组织的绩效低于预期，也可能是组织应该抓住新的机遇实现更加优异的业绩。

系统开发（systems development）是指为应对机遇和解决组织问题而构建信息系统解决方案的活动。系统开发通过一系列不同的活动来解决一个结构化的问题。这些活动包括：系统分析、系统设计、编程、测试、切换、运行与维护。

图 13-4 显示了系统开发流程。系统开发活动通常按顺序进行，但是某些活动可能需要重复或同时进行，这取决于所用的系统建设方法（见第 13.4 节）。

图 13-4　系统开发流程

构建一个系统的过程可以分解为六个核心活动。

13.2.1 系统分析

系统分析（systems analysis）是指企业试图用信息系统来解决问题的分析过程。系统分析包括定义问题、识别原因、确认解决方案以及识别满足系统解决方案的信息需求。

系统分析师会创建现有组织和系统的路径图，确定信息、硬件、软件的主要所有者和使用者。然后，系统分析师会详细分析现有系统中存在的问题。通过检查文档、工作文件与程序步骤，观察系统运营和访问系统的关键用户，系统分析师就可以识别存在的问题，确定解决方案可实现的目标。解决方案通常是构建新的信息系统或者改进现有系统。

系统分析应包含**可行性研究**（feasibility study），它从财务、技术、组织角度分析系统解决方案是否可行或者是否能够完成。可行性研究将评价所提出的系统是不是一个好的投资，构建系统时需要使用的技术是否可用和公司的信息系统专家能否实现，以及公司能否应对新系统带来的改变。

通常，系统分析师在系统分析过程中会确定一些备选方案，然后评估每一个方案的可行性，并用书面报告的形式描述每一个方案的成本、收益、优点和缺点。最后，管理层综合判断成本、收益、技术特征和给公司的影响，以选择最优方案。

建立信息需求

对系统分析师而言最有挑战的任务是确定满足系统解决方案的信息需求。一个新系统的**信息需求**（information requirements）涉及确定谁在何时、何地以及用何种方法使用哪些信息。需求分析定义新系统或改进后系统的目标，并且详细描述新系统必须具有的功能。错误的需求分析将导致系统故障或高昂的系统开发费用（见第 14 章）。在错误的需求分析基础上设计的系统，要么因为表现不佳而被淘汰，要么需要大幅度的修改。第 13.3 节将介绍获取系统需求的各种方法，以使这些错误最小化。

对于一些问题，公司不需要构建新的信息系统来解决，可能需要调整管理层、增加培训或对现有的业务流程进行改进。如果公司遇到的问题是和信息相关的，那么它仍然需要采用系统分析来识别问题，得到合适的解决方案。

13.2.2 系统设计

系统分析描述了系统应具备哪些功能来满足信息需求，而**系统设计**（systems design）展示的是怎样设计系统可以达到这个目标。信息系统设计是对系统进行整体规划和建模的一个过程。就像建筑的设计蓝图一样，它包括对系统组织结构的详细描述。

在系统分析过程中，确定的系统功能可由系统规范来表示，系统设计者会详细描述这些规范。这些规范应当阐明系统解决方案中与管理、组织、技术相关的组成部分。表 13-1 列出了系统设计过程中涉及的所有类型的规格说明。

表 13-1 系统设计规范

输出	处理	文档
介质	计算	操作文档
内容	程序模块	系统文档
时间	需求报告	用户文档
输入	输出时机	**切换**
来源	**手动操作程序**	数据切换规则
流	何种活动	测试方法
数据输入	谁操作	切换策略
用户界面	何时操作	**培训**
简洁	如何操作	培训技术
高效	在哪操作	培训模块
逻辑性	**控制**	**组织变革**
反馈	输入控制（特性、限制、合理性）	任务重新设计
差错	处理控制（一致性、记录计数）组织变革	工作设计
数据库设计	输出控制（总量、输出实例）	流程设计
逻辑数据模型	过程控制（密码、特殊形式）	组织结构设计
容量及速度要求	**安全**	报告关系
文件结构及设计	进入控制	
记录规格参数	灾备计划	
	审计跟踪	

就像房屋建筑一样，信息系统可能有多种设计构想。每一种设计都代表了一次技术和组织结构的融合。系统的易用性和效率决定了一项设计能否脱颖而出，而优良的设计能满足用户在技术、组织、财务和时间方面的一整套具体的要求。

终端用户的角色

用户的信息需求驱动整个系统的构建。用户必须有足够的能力控制设计过程，确保系统反映了他们的业务优先级和信息需求，而不是仅仅听从技术开发人员的想法。参与系统设计过程可以增强用户对系统的了解，并且提高用户对系统的接受度。就像在第 14 章中提到的，用户在设计过程中的参与度不足是很多系统开发失败的主要原因。有一些系统对用户在设计过程中的参与度有更高的要求，第 13.4 节将介绍系统开发方法是如何解决用户参与的问题的。

13.2.3 完成系统开发过程

系统开发流程剩余的步骤是将系统分析和设计后的方案规范化，转换成能够运行的信息系统。这些步骤包括编程、测试、切换、运行与维护。

1. 编程

在**编程**（programming）阶段，设计阶段形成的系统规范将转变为软件代码。如今，很多公司都不再自主开发系统，而是从外部购买符合新系统要求的软件，例如来自商业软件供应商的软件包、应用服务供应商的软件服务或者为顾客开发定制应用软件的外包公司（见第 13.4 节）。

2. 测试

系统必须进行详尽、彻底的**测试**（testing），以检测系统能否产生预期的效果。测试时，开发者要回答以下问题："系统是否产生了在已知条件下要求的结果？"像第 5 章提到的那样，很多公司开始采用云计算进行测试。

在系统项目安排中，开发者往往低估测试阶段所需要的时间（见第 14 章）。测试是很费时的，必须精心准备测试数据，重点关注核查结果和系统修改过的地方。在某些情况下，开发者可能需要重新设计系统的某些部分，忽视这个步骤所引起的风险会很大。

信息系统的测试可以分解为三种类型：单元测试、系统测试和验收测试。**单元测试**（unit testing）或者说程序测试，包括测试系统中分散的各个程序单元。一般情况下，这种类型的测试被用于确保程序是无缺陷的，但这个目标实际上是不太可能的。所以，单元测试应该是一种在程序中找出错误、发现缺陷的方法。一旦发现了错误和缺陷，程序中相应的问题就可以被解决。

系统测试（system testing）是指测试信息系统的整体功能。这种类型的测试目的是确定各个模块是否按原计划共同运作，并确定系统设计与实际运行之间是否存在矛盾。这种测试包括：运行时间、文件存储容量、系统峰值负载量、恢复和重启的能力、手工操作程序。

验收测试（acceptance testing）是对系统能否用于生产进行最后的确认。系统的验收测试结果由用户来评估，并由管理层复审。当有关各方均认为新系统符合标准时，便可安装。

系统开发团队和用户一起提出"系统测试计划"。**测试计划**（test plan）包括前面提到的一系列测试的所有准备工作。

图 13-5 显示了一个测试计划的示例。测试的一般条件是记录的变化。该文档包括一系列对数据库（或电脑数据库）维护的测试计划，是适合这种类型测试的应用程序。

程序	处理并维护"记录变更系列"		测试系列 2		
	制表人：		时间：	版本：	
测试参考	测试条件	具体需求	预期结果	输出在	下一屏
2.0	变更记录				
2.1	变更现有记录	关键字段	不允许		
2.2	变更不存在的记录	其他字段	"无效键"		
2.3	变更删除了的记录	删除必有记录	"已删除"		
2.4	做第二记录	改变 2.1	若有效则可实现	事务文件	V45
2.5	插入记录		若有效则可实现	事务文件	V45
2.6	中止改变	中止 2.5	没有改变	事务文件	V45

图 13-5　记录变更的测试计划样本

当设计测试计划时，以下内容是必需的：不同的测试环境、不同环境下的需求和预期结果。测试计划必须由最终用户和信息系统专家共同参与。

3. 切换

系统切换（conversion）是指从旧系统切换到新系统的过程，主要有 4 种切换策略：并行策略、直接切换策略、引导策略和分阶段策略。

在**并行策略**（parallel strategy）中，旧系统和新系统将同时运行一段时间，直到所有人确认新系统可以正确运行为止。这是最保险的切换策略，因为当新系统出现差错或程序中断时，旧系统仍然可以作为备用方案进行工作。但是，这种方法的成本很高，多运行一个系统需要更多的人员或资源。

在**直接切换策略**（direct cutover strategy）中，指定某一天直接用新系统完全替代旧系统。这是一种风险很高的策略，如果新系统发生了严重的问题，造成的成本将比运行新旧两个系统的成本还要高。此外，这时候还不能求助于旧系统。因此，产生的差错、混乱及修改带来的成本可能是巨大的。

引导策略（pilot study strategy）是指引入的新系统仅用于组织的局部，如单个部门或操作单元。如果试用版本运行很顺利，则可以在公司其他部门安装新系统，可以同时或分阶段进行安装。

分阶段策略（phased approach strategy）是指按照职能或组织单元，分阶段引入新系统。例如，如果按职能引入一个新的工资系统，系统首先会引入按周支付工资的小时工部分。6 个月后，系统再引入按月支付工资的部分。如果系统是以组织单元引入，则公司总部首先要进行系统切换。4 个月后，其他运营部门进行切换。

当旧系统向新系统切换时，公司需要培训终端用户来使用新系统。切换阶段会制定一份详细的**文件**（documentation）用于培训和日常运营，此文件从技术和终端用户的角度，介绍了系统是如何使用与运行的。培训和文件的缺乏都可能导致系统运营的失败，所以这部分在系统开发过程中非常重要。

4. 运行与维护

新系统安装和切换完成后，系统就可以投入**运行**（production）。在这个阶段中，用户和技术专家会检查系统，确定系统在多大程度上达到了初始的目标，从而决定是否需要安排修改。有时，公司还需要准备一份正式的**安装后审计**（post-implementation audit）文档。在完成调整后，运行过程中系统需要被维护，以纠正错误、满足需求或提高效率。改进一个运行系统的硬件、软件、文件或程序，以纠正错误、满足新的需求和提高运营效率的一系列活动就是**维护**（maintenance）。

维护中约 20% 的时间被用来调试或解决突发的产品问题。20% 的时间被用来改进数据、文件、报告、硬件或软件。剩余 60% 的时间被用来增强用户满意度、改进文档以及记录系统各组件的工作以提高运营效率。公司可以通过更好的系统分析和设计实践，显著地减少第三类维护所花的时间。表 13-2 总结了系统开发活动。

表 13-2　系统开发

主要活动	描述
系统分析	识别问题
	说明解决方案
	列出信息需求
系统设计	建立设计明细
编程	将设计明细转换为程序代码
测试	单元测试
	系统测试
	验收测试
系统切换	制订切换计划
	准备文档
	培训用户和技术人员
运行与维护	操作系统
	评估系统
	改进系统

13.3 系统建模和设计的主要方法有哪些

系统建模和设计有多种方法，其中最常用的是结构化方法和面向对象开发的方法。

13.3.1 结构化方法

自20世纪70年代以来，结构化方法被用来记录、分析和设计信息系统。**结构化**（structured）指的是这些技术是逐步实施的，每一步的工作都建立在上一步工作的基础之上。结构化方法是自上而下的，从最高、最抽象的层次依次到最低的细节层次，即从一般到具体。

结构化开发方法是面向过程的，主要关注对流程进行建模，或者在数据流经过系统时，收集、存储、加工和分配数据。这些方法将数据从流程中独立出来。每当有特殊的数据需要处理时，我们必须编写一段单独的程序。这个过程就是对系统程序传递过来的数据进行处理。

描绘系统各组件之间的流程及其流程间数据流的主要工具是**数据流图**（data flow diagram，DFD）。数据流图提供了信息流的逻辑图形模型，将系统划分为可实现细节管理程度的模块，并严格规定每个模块内以及不同模块间接口处发生的数据处理和转换。图13-6显示了一种用邮件方式注册大学课程的简单系统数据流图。圆角矩形代表处理程序，描绘了数据的转化。直角矩形代表外部实体，即某些信息的发送者或接收者，这些信息在模型系统所包含的范围之外。开放的矩形代表数据存储，其中存储的是手动或自动产生的数据目录。箭头代表数据流，显示的是处理程序、外部实体和数据仓库之间的数据流动。数据流图中包含数据包，并且每个数据流的名称或内容列在箭头旁。

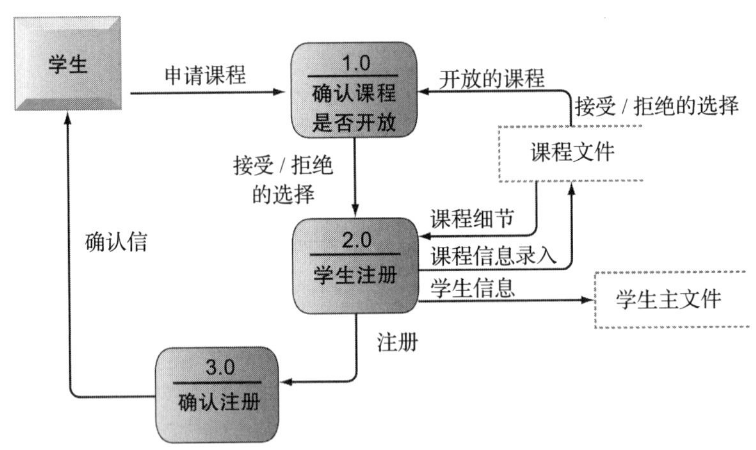

图13-6 用邮件方式注册大学课程的系统数据流图

这个系统有三个处理程序：确认课程是否开放（1.0）、学生注册（2.0）和确认注册（3.0）。每个数据流的名称和内容列在相应的直线箭头旁。这个系统有一个外部实体：学生；有两个数据存储：学生主文件和课程文件。

这个数据流图显示了学生提交申请登记的表格，表格中包含他们的姓名、身份证号码和他们想要参加的课程号码。在处理程序1.0中，系统通过引用学校的课程文件，核实所选择的课程是否开放。课程文件将开放的课程与已取消或已经满额的课程区分开来。处理程序1.0则可以确认学生的选课请求哪些是可以接受的，哪些需要拒绝。处理程序2.0将学生在被接受的课程中进行注册。程序对学校的课程文件进行更新，加入这位注册学生的姓名和身份证号信息，并且重新计算此课程的人数。如果达到了注册人数上限，此课程将被标记并关闭。处理程序 2.0 也会更新学校的学生主文件，主要是新学生的信息和地址的更新。处理程序 3.0 给每一位学生发送注册信息确认信，信中会列出学生已经注册的课程，以及不能满足学生注册申请的课程。

数据流图可以用来描述更高层的流程，也可以用来描述底层细节。通过不同层次的数据流图，一个复杂的系统流程可以分解为一系列不同层面的细节。一个系统可以分解为一系列子系统（高层次的数据流图）。每一个子系统又可以分解成一系列次子系统（第二层次的数据流图）。次子系统又可以进一步分解，直至分解到显示出尽可能详细的细节。

另外一种结构化分析的工具是数据字典。数据字典中包含系统各自独立的数据和数据集（见第 6 章）。数据字典中定义了数据流的内容和数据存储，这样系统构建者就能清楚地了解系统中包含哪些信息。**流程规范**（process specification）描述了数据流图最低层次结构中出现的转变。流程规范表示了每一个流程中的逻辑。

在结构化方法中，软件设计可用层次结构图来建模。**结构图**（structure chart）是一种自上而下的层次图，显示了每一层的设计、每一层和其他层次的关系，以及每一层在整个设计结构中的位置。设计首先考虑的是系统的主要功能，然后将主要功能分解到各个子功能，再将子功能继续分解，直至到达最底层和最详细的细节。图 13-7 显示了一个工资管理系统的高层结构图。如果一个设计中有太多的层次，设计者可以考虑将每层进一步分解得更详细，再用结构图表示。结构图可以用来表示程序、系统（即程序集）或者程序的一部分。

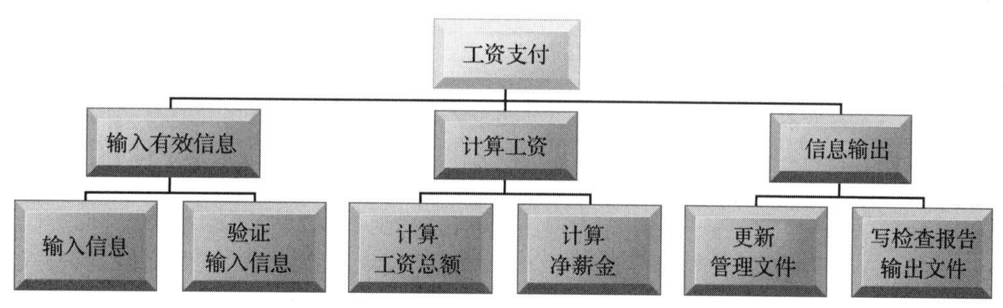

图 13-7 工资管理系统的高层结构图

本结构图描述了一个工资管理系统最高层次或最抽象的设计，提供了整个系统的概貌。

13.3.2 面向对象的开发

结构化方法对于程序建模很有效，但是对于数据建模的效果不佳。在结构化方法中，数据和处理程序被当作逻辑上分离的实体，但是在现实世界中，这两者往往是联系在一起的。分析和设计往往需要采用不同的建模规则：分析采用数据流图，设计采用结构图。

面向对象的开发（object-oriented development）可解决这些问题。面向对象的开发中将**对象**（object）作为系统分析和设计的基本单元。一个对象包含数据以及运营这些数据的具体流程。封装在对象中的数据只能被与这个对象相关的操作或方法来获取和修改。不同于直接将数据传输到作业程序，程序会向对象发送消息，然后对象中已嵌入的方法和程序将会进行一系列操作。建模后的系统类似于对象和对象之间关系组成的集合。因为信息处理是在对象内，而不是在分散的程序间完成的，所以对象之间还需要进行配合使系统运行。

面向对象建模建立在类和继承概念的基础上。对象属于一个特定的类或有着所属类特征的相同类。类也可以继承上一级更一般类的所有结构和行为，还可以在每个对象中加入特有的变量和行为。建立新的类对象时，我们可以先选择一个现有类，然后分析新类和现有类有哪些不同，再做出改进，而不用每次都重新设计。

通过图 13-8，我们可以了解类及其是如何继承工作的。图中显示了与员工及其支付薪资相关的类之间的关系。对于其他三种类来说，“员工”是常见的原型或超类。“正式工”“小时工”“临时工”是“员工”的子类。类名在方框的顶部，属性在方框的中部，操作则列在底部的每一个方框内。所有雇员都有的属性（雇员编号、姓名、地址、入职时间、职位、工资）被储存在“员工”超类中，这样每一个子类只需储存其特有的属性。比如对“小时工”类而言，是每小时工资和加班工资。子类到超类之间的实线表示“正式工”“小时工”“临时工”等子类共同的特性，并且一般可以转化为“员工”超类。

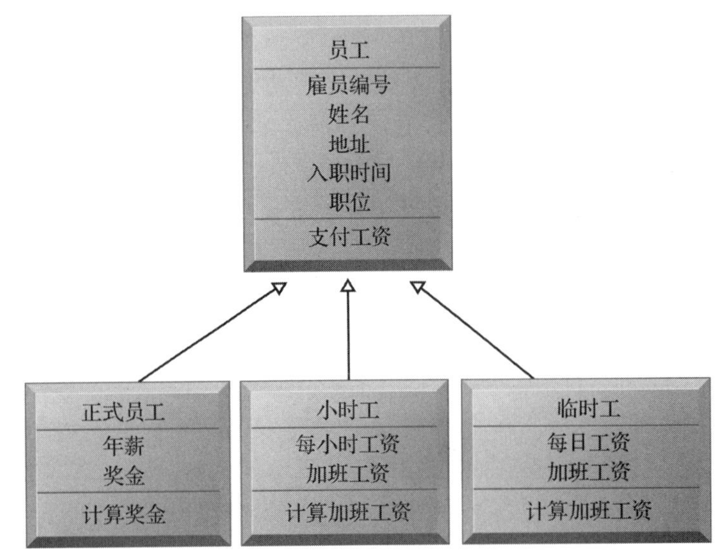

图 13-8 类与继承

图中显示了类是如何从超类中继承共同属性的。

面向对象的开发比传统结构化开发更具迭代性和增量性。在分析过程中，系统构建者记录系统需求，列出系统中最重要的功能和系统必须满足的要求。系统和用户之间的交互作用被分析来识别类，类中包含了数据和程序的对象。面向对象开发的设计阶段将描述对象的作用，以及对象之间是如何交互作用的。相似的对象被归为一类，多个类被划分成组，形成层次，子类继承了超类的特性。

通过将设计转化为程序代码，重新使用在可重复使用软件对象库中已汇总的类，并添加面向对象设计阶段中新创建的类，信息系统得以实施。信息系统的实施过程还包括新创建一个面向对象的数据库。最终的系统必须经过完整的测试和评估。

由于对象可以重复使用，有一些已经创建了的软件的对象，会以模块的形式存在以供使用，所以面向对象开发可以显著地减少软件编写的时间和成本。创建新系统时，设计者可以使用已经存在的对象，改进现有对象并加入一些新对象。面向对象的框架一旦开发出来，就可以用于提供可重复使用和部分完成的应用程序，组织可以把它们进一步定制成为完整的应用系统。

13.3.3 计算机辅助软件工程

计算机辅助软件工程（computer-aided software engineering，CASE）也称作计算机辅助系统工程，是一种提供软件工具以实现自动化，从而减少开发者重复工作的方法。CASE 工具可以帮助创建清晰的文档，并协调开发团队合作。通过交换各自的文件来评阅和修改已做的工作，团队成员可以轻松地共享他们的工作。这些工具如果使用得当，工作效率可以得到一定程度的提高。

CASE 工具提供自动化图形工具，生成表格、图表、屏幕、报告生成器、数据字典、扩展报告工具、分析检查工具、代码生成器和文件生成器。通常，CASE 工具可以通过以下方法提高工作效率和质量。

- 实施一套标准的开发方法和设计规则。
- 提高用户和技术专家之间的沟通效率。
- 组织并关联设计组件，使用设计仓库以实现快速访问组件。
- 自动化分析和设计阶段冗长及易出错的部分。
- 自动化代码生成、测试和控制。

CASE 工具具有验证设计图表和说明书的功能。通过自动化改进以及提供原型设备，CASE 工具可以支持迭代设计。CASE 信息档案库储存着分析师在项目中定义的所有信息，包括：数据流图、结构表、实体 – 关系图、数据定义、程序标准、屏幕和报告的格式、注释、评论和测试结果。

为了能更有效地使用 CASE 工具，开发者需要制定一些规则。开发项目中的每个成员都要遵守一套通用的命名规则、标准和开发方法。最好的 CASE 工具在运行时都会遵守一系列方法和标准，而缺乏组织纪律的环境可能会阻碍使用这些工具。

13.4 建设信息系统有哪些可选方法

每个系统在规模、技术复杂度以及要解决的问题上都是不同的。对于这些差异，有一系列通用的系统构建方法。本节将描述这些方法：传统的系统生命周期法，原型法，终端用户开发法，以及应用软件包、软件服务和外包法。

13.4.1 传统的系统生命周期法

系统生命周期法（systems life cycle）是构建信息系统最传统的方法。生命周期法是将系统开发过程分为若干个阶段，从而逐步构建系统的过程（见图 13-9）。系统开发专家对于如何划分系统构建阶段虽然有着不同的看法，但是和图 13-9 中所示的阶段划分大致相符。

系统生命周期法在最终用户和信息系统专家之间有正式的分工。技术专家，比如系统分析师和程序员，负责系统分析、设计、实施工作。最终用户负责提供系统信息需求和检查技术人员的工作。系统生命周期法强调正式的说明书和文档，所以一个软件系统项目开发过程中会产生很多文件。

系统生命周期法也用于构建大型复杂的系统，这些系统往往需要严格且正式的系统需求分析和预定义说明，而且在系统构建过程中有严格的控制。系统生命周期法成本高、费时且不灵活。尽管系统构建者可以在生命周期的不同阶段切换，但是它仍然以“瀑布”开发方式为主，也就是在下一阶段的工作开始前，本阶段的任务必须完成。活动可以重复，但是在需求和规范需要修改时，要重新进行之前的步骤和产生大量的新文件。这就要求在系统开发的早期阶段就保存技术规范说明书。系统生命周期法不适用于许多小型的桌面系统，因为它们通常欠缺结构性，且更强调个性化。

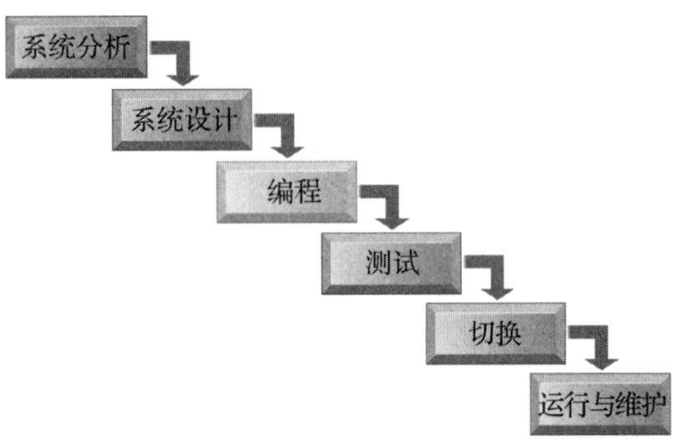

图 13-9 传统的系统生命周期

系统生命周期法将系统开发过程划分为几个主要的阶段，上一阶段的工作完成以后才可以开始下一阶段的工作。

13.4.2 原型法

原型法（prototyping）会快速构建一个低成本的原型实验系统，供最终用户评估。通过和原型系统交互，用户可以更好地厘清信息需求。原型系统可作为建立最终系统过程中的一个临时版本。

原型（prototype）是信息系统的一个工作版本，但只是一个初步的模型。一旦投入运行，原型将会被持续精炼，直至能精确满足用户需求。一旦确定了系统的最终设计，原型就被转化为一个可正常操作的系统。

构建初步设计、尝试、精炼和重新设计的过程是系统开发的**迭代**（iterative）过程，这些构建系统的步骤可以重复。原型法比传统的生命周期法更容易迭代，而且原型法更易于支持系统设计的改变。原型法用有计划的迭代，取代了无规划的重复设计，使每个版本都能更准确地反映用户需求。

1. 原型法的步骤

图 13-10 显示了原型法中的四个步骤：

步骤 1：确定用户的基本需求。系统设计者（通常是信息系统专家）从用户处获得用户的基本信息需求。

步骤 2：开发初步原型。系统设计者使用快速生成软件工具，快速建立一个工作原型。

步骤 3：使用原型。系统设计者鼓励用户多使用原型系统，确定系统能在多大程度上满足用户需求，并提出系统改进建议。

步骤 4：修订并增强原型。系统设计者考虑用户提出的建议，并在此基础上改进系统。系统经过改进后，返回步骤 3，重复步骤 3 和步骤 4，直至满足用户需求。

当不再需要迭代时，原型就成了能满足最终应用需求的业务原型。原型可能被采纳为系统的最终产品方案。

2. 原型法的优缺点

当我们对需求和设计方法不明确时，原型法很有效。因此，原型法常用来设计信息系统的**终端用户界面**（end-user interface）（系统中需要和终端用户交互的部分，比如在线显示界面、数据输入界面、报告或网页）。因为在系统开发的生命周期中，原型设计法支持最终用户的参与，所以用此法开发的系统能更好地符合用户需求。

但是，快速原型法容易忽略系统开发过程中的一些关键步骤。在最终的原型系统运营良好时，管理层可能会忽略系统开发过程中重新编程、重新设计、存有完整文档或测试的必要性。像这样一些快速构建的系统，可能很难适应有大量数据和用户的开发环境。

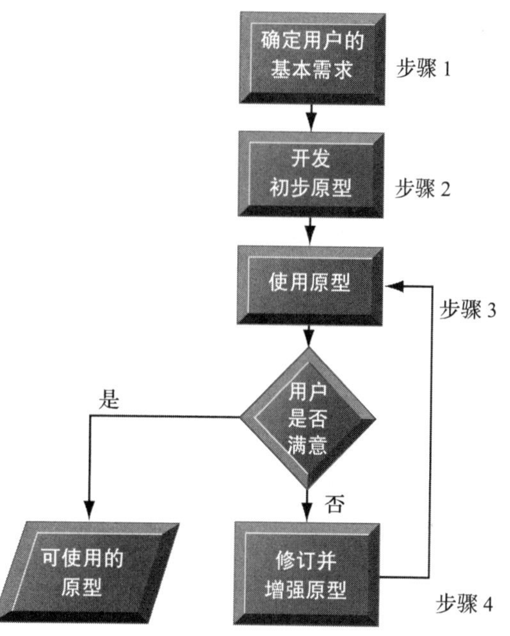

图 13-10 原型法开发过程

开发一个原型的过程可以分为四步。由于开发一个原型的速度快、费用低，系统开发者可以进行多次迭代循环，重复步骤 3、4，不断修正和增强原型系统，直至系统满足需求。

13.4.3 终端用户开发法

终端用户开发（end-user development）允许终端用户在很少或根本没有技术专家正式帮助的情况下，创建简单的信息系统，从而减少生成最终应用所需的时间和步骤。终端用户使用用户友好的查询语言和报告、网站开发、图形与 PC 软件工具，可以在专业系统分析员或程序员很少或不提供帮助的情况下，自行访问数据、创建报告和开发简单的应用程序。**查询语言**（query languages）是一种软件工具，可以对未预先定义的问题提供即时的在线回答，如“谁是业绩最佳的销售代表”。查询语言通常与数据管理软件相连（见第 6 章）。

例如，数字媒体和营销解决方案公司 Yellow Pages（YP）为 26 万家加拿大中小型企业提供服务。它使用 Information Builders WebFOCUS 构建了一个用户友好的分析应用程序，帮助用户衡量广告费用的回报和证明相关营销活动是成功的。这个名为 YP Analytics 的系统，具有用户友好的仪表板，可以跟踪交互，并衡量关注投资回报率和收入的关键绩效指标。YP Analytics 用户可以跟踪访问者、访问、页面浏览、交互 / 点击以及呼叫、店内漫游、数字联系和其他性能等重要指标，并且可以自定义想要的输出（Information Builder, 2015）。

基本上，终端用户开发法比传统生命周期法开发系统的速度更快。用户能详细说明业务需求，提高收集的信息质量，在提高用户参与度的同时，增加用户对最终系统的满意度。然而，在某些应用方面，终端用户软件工具仍不能代替传统的工具，因为终端用户软件工具不易进行大量业务的处理，也难以应付带有大量过程逻辑和更新需求的应用程序。

由于终端用户开发处于传统信息系统管理和控制机制范畴之外，所以容易造成组织风险。当快速创建系统时，由于没有正规的开发方法指导，测试和文档可能不够充分。传统信息系统范畴之外的系统，在对数据进行控制时可能容易失控。为了帮助组织实现终端用户应用开发的收益最大化，公司管理层应该通过对终端用户信息系统项目进行成本评估，并为最终用户开发应用程序建立硬件、软件和质量标准，从而实现对终端用户应用程序开发的控制。

13.4.4 应用软件包、软件服务和外包

第 5 章指出现在多数软件都不是由公司自行开发的，而是从外部购买的。公司可以从软件服务供应商处租用软件，从商业供应商处购买软件包，或是使用外包公司开发的定制应用软件。

1. 应用软件包和云软件服务

如今，许多系统都以商业应用软件包或云软件即服务（SaaS）为基础。例如，企业可以选择在企业内部实施 Oracle 企业资源计划、供应链管理或人力资本管理软件，或者在 Oracle 云平台上付费使用这些软件。微软 Office 桌面软件包括桌面版本和云版本（Office 365）。许多应用程序对所有业务组织都是通用的，例如工资单、应收账款、总账或库存控制。标准流程的通用功能不会随着时间的推移而改变，更通用的系统将满足许多组织的要求。

如果商业软件包或云软件服务能够满足组织的大部分要求，公司就不必编写自己的软件(请参阅“互动讨论：组织”部分)。公司可以通过使用软件供应商提供的预先写好的、预先设计的、预先测试的软件程序来节省时间和金钱。软件包和 SaaS 供应商为系统提供大量的维护与支持工作，包括增强系统使系统与持续的技术和业务发展保持一致。当采用软件包或 SaaS 解决方案时，最终用户将负责提供对于系统的业务信息需求，信息系统专家则提供技术需求服务。

⊙互动讨论：组织

富士通选择 SaaS 解决方法简化销售流程

如果你要上网浏览网页、在手机上播放视频，或者在北美观看有线电视，你很可能会用得上富士通网络通信公司的设备以保持连线。总部位于得克萨斯州理查德森的富士通，提供光学和无线网络设备，包括服务器、存储产品、客户端计算设备、扫描仪、打印机和显示器。它是光纤网络领域中的领先专利持有者。

富士通为北美主要电信运营商提供光传输解决方案。富士通拥有超过 45 万个网元，包括连接硬件的机架和卡、信令与路由设置以及管理配置。该公司的产品包含数千个零件和无数的配置场景。例如，对于 600 个单独的客户，单个产品的价格可能有所不同，因为定价是根据客户的网站、地理位置和网站之间的距离确定的。此外，网络中的各个站点都涉及多种电源、标签和通信规则的设置。试想，对于 40 个站点的网络来说，产品和服务订单的配置、定价和报价过程是非常困难的，而这种情况并不罕见。

多年来，富士通的销售团队在处理销售和订购过程中所有的复杂问题时遇到了麻烦。它必须使用单独的电子表格为客户的解决方案进行配置 – 定价 – 报价（CPQ)。该公司没有集中的价格报价库、报价记录或将报价与订购流程相结合的能力。尽管富士通拥有 ERP 系统来维护企业范围内的主要定价和物料主数据，但 CPQ 过程仍需要好几天，并会导致错误和无数的

纠正与返工。

现在，有了相应的系统解决方案。富士通销售工程、销售运营和商业管理副总裁戴夫・霍金斯（Dave Hawkins）与他的团队发布了一个解决方案，可以快速生成报价，减少报价的错误和返工。最关键的是能够集中和控制正在进行的所有报价，确保准确的定价，并确保所配置的部件全部可用。

通过一个严格的筛选过程，公司确定 FPX 的软件即服务（SaaS）CPQ 报价解决方案是最好的选择。FPX 是基于云的配置 – 定价 – 报价（CPQ）软件，是经过认证的 SAP 独立软件供应商（Independent Software Vendor，ISV）的领先供应商。只有 FPX 的解决方案才能与富士通前端领先的 Salesforce 管理和预测软件，以及公司后端的 ERP 系统中的数据相集成，并且在云计算平台上运行。

即使是基于极其复杂的业务规则，FPX 的 CPQ 也能自动配置所有销售订单。该软件会验证所有选择的产品和服务，消除昂贵的返工，并且在超过预先批准的折扣水平时，需要获得批准，这样有助于保持边际利润。

对于富士通来说，FPX CPQ 可以自动执行公司所有复杂的定价规则和要求，并将其与报价系统近乎实时地整合在一起，以便报价和订单能够立即捕捉到产品与原材料主数据的任何变化。以前，富士通销售团队花几天时间来计算价格，现在只需要花几秒。通过集中这些信息，富士通不必通过个人电子表格来查看定价是如何完成的。一旦有了某项改动，它不再淹没在某个销售人员维护的一个或几个电子表格中。

FPX 的 CPQ 还可以根据在特定位置更改产品的配置来自动识别更多的销售机会。这个功能消除了烦琐的手动过程，即根据促销清单对配置进行交叉检查，无须向最初没有收到最低成本选项的客户提供售后优惠。在实施 FPX CPQ 的 6 个月内，富士通已经实现了商业利益。基于云的一个 CPQ 平台取代了多个报价系统，用于配置多机架和多插槽网络平台。富士通的定价错误减少了 80%，这又大大减少了返工和账面价值降低的现象（即资产价值的降低），而且总周期时间（从一个过程开始到结束的总时间）也减少了。此外，企业范围内的 CPQ 实现了自动化，方便企业查看有关销售、服务和客户要求等更多重要的信息。

每当进行一次更改（如新的价格、新的产品可用性或产品说明中的更改）时，所有用户在访问系统并查看报价时都会看到这项更改。如果报价正在生成，富士通也可以更新报价。最终用户可以与客户一起在现场，向他们展示解决方案的实时可视化表示，对配置进行实时更改，并立即获得准确的最新价格。

新的 CPQ 系统使富士通能够将大部分产品数据和配置规则直接放在报价应用程序中，简化了销售流程。销售团队能够更独立地运作，更加专注于销售。

资料来源：Ken Murphy, " Fujitsu Untangles Sales Complexities, " SAP Insider Profiles, July 6, 2015; " FPX: Single Application Platform for Multi-Channel Management, " cioreview.com, accessed February 20, 2016; www.fpx.com, accessed February 20, 2016; and www.fujitsu. com, accessed February 20, 2016.

案例分析题

1. 什么是富士通现有 CPQ 系统的问题？这些问题的商业影响是什么？
2. 列出并描述你期望在富士通需求清单中看到的最重要的信息要求。
3. 为什么选择 FPX 的 CPQ 解决方案？这是一个不错的选择吗？为什么？
4. 为什么软件即服务成为富士通合适的解决方案？富士通是否应该在内部建立自己的 CPQ 系统？
5. FPX 的 CPQ 是如何改变富士通的业务方式的？

如果软件包内没有组织需要的功能，则许多软件包会提供定制化服务的功能。**定制**（customization）这一特性使软件包可以满足公司独特的需求，同时不会破坏软件包的完整性。但是如果定制需求很多，增加的编程以及其他的工作可能会因为成本和耗时问题，抵消软件包带来的好处。

当公司使用应用软件包或云软件服务开发系统时，系统分析中包括对软件包或服务的评估。在评估时，终端用户和信息系统专家会参与其中。最重要的评价标准包括软件提供的功能、灵活性、用户友好性、硬件需求、数据库需求、安装和维护工作、文档、供应商质量以及成本等。软件包或软件服务的评价过程往往基于**需求清单**（request for Proposal，RFP）。RFP 是提交给软件供应商的一份详细问题列表。

当确定选择某个外部软件包后，公司也就失去了对系统设计的全面控制。系统设计工作将不是修改系统设计以满足用户需求，而是影响用户需求以适应软件包或软件服务的功能特色。如果公司的需求和软件包或软件服务的功能发生冲突，使得软件包不能被定制，那么公司不得不改进流程以符合软件包或软件服务的功能要求。

2. 外包

如果一家公司不想使用内部资源构建或者运营信息系统，可以将这些工作外包给擅长这方面并提供此类服务的公司。第 5 章提到的云计算和软件即服务（SaaS）便是外包的一种形式，订购公司使用了服务中提供的软件、硬件资源作为系统的技术平台。另外一种外包服务形式是，公司请一家外部供应商为自己设计和构建软件系统，但是该公司会在自己的计算机上运用系统。外包服务供应商可以是国内的公司，也可以是国外的公司。

选择国内的外包服务公司首要的驱动力是外包服务公司拥有客户所没有的技术、资源与资产。在一家大型公司内安装新的供应链管理系统，可能需要新聘请 30 ～ 50 个在供应链管理方面具有专业知识和经验的员工，而且需要对大部分新聘员工进行全面培训，然后等到系统构建好以后再解雇他们，这个过程比一个为期 12 个月的外包服务成本更高。

离岸外包（offshore）的行为更是由成本驱动的。在印度或俄罗斯，一个技术娴熟的程序员每年的工资在 10 000 ～ 20 000 美元。而在美国，类似的程序员的工资是每年 73 000 美元。互联网和低成本的通信技术大大降低了与海外合作者的合作成本及难度。除了节约成本，很多海外外包公司还会提供世界级的技术和条件。最近美国之外的国家的工资通胀削弱了海外外包的优势，一些工作渐渐地重新回到了美国国内。企业通常不会将 IT 系统的概念、系统分析和设计外包给离岸公司，而经常会外包 IT 系统的编程、测试、维护和日常操作。

你在职业生涯的某个时候，还是有机会与离岸外包商或全球团队合作的。如果你需要花时间评估所有风险，并确保外包适合特定的需求，那么你的公司最有可能从外包中受益。任何外包应用程序的公司都必须全面了解该项目，包括系统需求、实施方法、预期收益、成本要素以及衡量绩效的指标。

许多公司低估了以下活动的相关成本：识别并评估信息技术服务提供商，将业务工作转移给新的供应商，改进内部软件开发方法以匹配外包服务供应商，监督供应商以确保他们履行了合约义务。公司需要为记录需求、发送 RFP、处理差旅费、洽谈合同、项目管理这些活动合理分配资源。专家表示，将一项工作转移给海外合作者，并确保他们完全了解本公司的业务，需要三个月到一整年的时间。

离岸外包往往会增加由于处理文化差异而导致效能降低的额外成本和人力资源成本，比如终止或重新调整国内员工的雇用关系。所有这些隐形成本减少了外包带来的预期好处。尽管外包能带来某些竞争优势，但是公司在使用外包开发或运营系统时要格外谨慎。通用汽车公司（GM）已经将 90% 的 IT 服务进行了外包，其中包括数据中心和应用的开发。最近，公司决定自己重新掌控 90% 的 IT 设施，只将剩余的 10% 交给外包商管理。降低成本是很重要的，但是通用公司减少外包的主要原因是能重新掌控信息系统，这样能更快地对市场竞争机会做出反应。在内部引入信息系统使通用汽车公司对它的系统和数据中心进行了标准化与简化。图 13-11 显示了离岸外包项目最佳和最差情况下的总成本，从中可以看出潜在风险对总成本的影响有多大。最佳情况反映的是对额外费用的最低估计，最差情况反映的是对额外费用的最高估计。如图所示，隐形成本使海外外包的总成本增加了 15% ～ 57%。虽然有这些额外费用，但是如果控制得好的话，很多公司还是能从海外外包中获益的。

离岸外包总成本				
外包合约约定成本			10 000 000 美元	
潜在风险来源	最佳的情况	额外费用（美元）	最坏的情况	额外费用（美元）
1. 供应商选择	0%	20 000	2%	200 000
2. 转型成本	2%	200 000	3%	300 000
3. 人力资源分配	3%	300 000	5%	500 000
4. 生产率降低 / 文化问题	3%	300 000	27%	2 700 000
5. 改进开发流程	1%	100 000	10%	1 000 000
6. 合约管理	6%	600 000	10%	1 000 000
总的额外费用		1 520 000		5 700 000
	外包合约约定费用（美元）	额外费用（美元）	总成本（美元）	额外费用
最佳情况下的外包总成本	10 000 000	1 520 000	11 520 000	15.2%
最坏情况下的外包总成本	10 000 000	5 700 000	15 700 000	57.0%

图 13-11 离岸外包的总成本

如果一家公司在离岸外包合同中商定的费用为 1 000 万美元。即使在最佳的情况下，公司也有 15.2% 的额外费用消耗。在最坏的情况下，公司将面临生产率骤降问题，同时伴随很高的转型和解雇员工的成本。这样除了外包合同中的 1 000 万美元，公司还将要支付 57% 的额外费用。

13.5 数字企业时代系统建设的新方法有哪些

在数字化企业环境下，组织要能够快速增加、改变和更换其使用的技术，快速应对新的机遇。公司开始使用耗时更短、更加非正式的开发流程来快速解决问题。除了使用软件包和在线软件服务，企业更多地依赖快速周期性技术，如快速应用软件开发、联合应用设计、敏捷式开发和可重用的标准软件组件（可以组合成完整的一套电子商务服务系统）。

13.5.1 快速应用开发、敏捷式开发和 DevOps

比起传统的系统开发方法和软件工具，面向对象的软件工具、可重用的软件、原型法和自动编程工具可以帮助系统构建者更快地建立工作系统。**快速应用开发**（rapid Application development，RAD）用来描述在很短时间内，创建可运行系统的过程，具有可以随着项目的演进而适应的柔性。RAD 还涉及最终用户和信息系统专家以及开发和运行系统的 IT 团队之间的密切合作。简单的系统可以从预制的组件中组装而成。这个过程不一定需要按顺序完成，开发过程中的关键部分也可以同时进行。

一项名为**联合应用设计**（joint application design，JAD）的技术，有时用来加快系统信息需求的产生和设计初步系统。JAD 将最终用户和信息系统专家聚集在一起，交互讨论系统设计。如果使用得当，JAD 技术能够显著加快设计阶段，而且大大提高用户参与度。

敏捷式开发（agile development）可使软件开发快速完成，将一个大的项目分解为一系列小的子项目。这些小的子项目采用迭代方法以及持续反馈方法，实现项目的快速完成。每个小项目由一个团队完成，就像一个单独、完整的项目。开发者明确需求后，在下一个阶段的迭代过程中将进行改进或增加新的功能。这可以帮助降低系统整体风险，而且使项目能够更快地适应变化。敏捷式开发方法更加强调面对面沟通，鼓励人们进行合作，以便更快、更有效地做出决策。

DevOps

DevOps 建立在敏捷开发原则的基础上，作为组织战略创建文化和环境，进一步促进快速与敏捷的开发实践。DevOps 代表“开发和运营”，强调创建应用程序的软件开发人员与运行和维护应用程序的 IT 运营人员之间的紧密协作。从传统意义上讲，在大型的企业中，应用程序开发团队负责收集应用程序的业务需求、设计应用程序以及编写和测试软件。运营团队在投入生产后负责运行和维护软件。当开发团队没有意识到操作问题阻碍软件按预期工作时，会出现问题，需要额外的时间和返工来修复软件。

DevOps 通过在整个应用程序开发生命周期中促进系统开发和运营团队之间更好、更频繁的沟通与协作，以及创建快速及稳定的工作流程，来改变这种关系。随着敏捷技术、标准化流程以及更强大的自动化软件创建和测试工具带来的组织变革，企业可以更快速、更频繁地发布更可靠的应用程序。

例如，Netflix 拥有一个基于云的 IT 基础架构，每天都有数百次软件更改。它的网站由数百个相互通信的小型软件服务组成。每项服务都由专门的 DevOps 团队进行维护。Netflix 的开发人员可以自动创建具有在生产环境中测试功能和服务的 Web 图像软件代码，并与现有的基础设施架构集成，自动进行监控，确保没有任何问题。Netflix 使用 DevOps 和自动化流程，可以在几小时内用新的软件更新生产系统，而大多数公司需要几个月的时间（Bossert, Ip, and Starikova，2015）。

13.5.2 基于组件的开发和 Web 服务

我们已经介绍了在构建系统时，采用面向对象开发方法的好处，这些系统可以快速应对变化的商业环境，其中包括网页应用服务。为了进一步加速软件开发，我们可以汇总分组对象，并提供拥有共同功能的软件部件，如图形用户界面或在线订单能力，进一步组合生成大规模的企业应用软件，这种软件开发方法叫作**基于组件的开发**（component-based development）。这种方法可以通过装配、集成现有软件组件来构建新系统。这些软件组件越来越多地来自云服务。公司使用基于组件的开发方法建立电子商务应用，并且通过装配、融合现有的商业组件加以实现。这些组件包括购物车、用户身份认证、搜索引擎和软件目录（其中记录了各软件能满足的业务需求）等。

Web 服务和服务导向的计算

第 5 章介绍了 Web 服务作为松耦合，利用可扩展标记语言（XML）与其他开放协议，以及标准开发传输的可重用软件组件，实现应用软件之间的沟通，无须编写定制程序即可共享数据和服务。除了支持内部和外部的系统集成，网页服务还可以用来构建新的信息系统应用，或者增强现有系统功能。由于这些服务使用的是通用标准，比起专有部件，它们更容易集成，成本也更低。

每一项 Web 服务不仅可以独自完成特定的功能，还可以和其他网页服务联合完成更复杂的交易，如信用检查、采购、产品订购等。通过创建在各种操作系统、编程语言和客户设备中都能传输和共享数据的软件组件，可以使网页服务构建系统时的成本显著减少，同时也创造了和其他公司协同的新机会。

13.5.3 移动应用开发：为多屏幕世界设计

如今，公司的员工和客户都期望能够使用他们的移动设备来随时随地获取信息或进行交易。为了满足这些需求，公司需要开发移动网站、移动应用程序、本地应用程序以及传统的信息系统。

公司一旦决定开发移动应用程序，就必须做出一些重要的选择，包括用于实现这些应用程序的技术（无论是编写本地应用程序还是移动 Web 应用程序），以及如何处理移动网站。**移动网站**（mobile website）是正常网站的一个版本，它简化了内容和导航，便于在小型移动屏幕上访问和搜索（你可以通过你的计算机访问亚马逊网站，然后从你的智能手机上查看与正常网站的区别）。

移动网络应用（mobile web app）是具有移动设备特定功能的、互联网使能的应用程序。用户通过移动设备的网络浏览器访问移动网络应用程序。网络应用主要驻留在服务器上，通过互联网访问，不需要安装在设备上。不论什么品牌，大多数可以上网的设备都可以使用相同的应用程序。

本机应用（native app）是一个独立的应用程序，运行在特定的平台和设备上。本机应用直接安装在移动设备上。本机应用可以连接到互联网上，下载和上传数据，即使没有连接到互联网上，也可以对这些数据进行操作。例如，像 Kindle 这样的电子书阅读应用，可以从互联网上下载书籍，与互联网断开连接后，还能呈现书籍以供阅读。本机移动应用提供了快速的性能和高度的可靠性。它们也可以利用移动设备的特殊功能，如相机或触摸功能。但是，本机应用的开发比较昂贵，因为针对不同的移动操作系统和硬件，必须开发不同的应用版本。

为移动平台开发应用和为电脑甚至更大显示屏开发应用是截然不同的。由于移动设备尺寸小，所以用户使用手指、多种触摸手势操作时，比用键盘输入时简单。移动应用需要根据特定的任务进行优化，不能执行太多烦琐的任务，并且要设计得当，便于使用。移动应用和电脑应用的用户体验也有很大的区别。资源（带宽）、屏幕空间、内存、处理、数据输入和用户的手势是移动应用优先要考虑的因素。

当为电脑创建的网页缩小到智能手机屏幕的尺寸时，用户浏览起来是很困难的。用户需要不停地放大网页来阅读详情，缩小并拖动网页来发现内容在网页中的位置。因此，很多公司往往会为手机界面专门设计网页，需要设计多种网站来适应智能手机、平板电脑、台式机浏览器的不同需求。这相当于至少设计三种内容、维护、成本都不相同的网站。一般来说，当你登录浏览器以后，浏览器会将你登录设备的信息发送给服务器。这样，网站服务器会发送给你适合的网页尺寸。

响应式网页设计 (responsive Web design) 可以让设计者用一个方案来解决多种不同网站带来的问题。响应式网页设计可以使网页排版，根据访问者的屏幕大小（不管是台式机、便携机、平板电脑还是智能手机）自动做出调整。响应式设计采用基于网格的布局、柔性的图片以及媒体查询来优化看到的不同内容。这样就不必为每一种新设备单独设计开发网站。第5章介绍的HTML5也能在移动应用开发中使用，因为它能支持跨平台的移动应用。

“互动讨论：技术”部分描述了一些公司是如何应对前面提到的移动应用开发面对的挑战的。

⊙互动讨论：技术

开发移动应用：有何不同

今天，几乎所有的企业都希望部署移动应用程序。研究表明，移动消费者每周平均观看他们的手机1 500次，每天在手机上花费177分钟。随着每次点击手机屏幕，客户都会期待在与企业打交道时拥有相同的体验。现在的企业都知道它们必须对这一变化做出回应，希望在短时间内开发出移动应用程序。但是这并不是一件容易的事情。

开发成功的移动应用程序会带来一些独特的挑战。移动设备上的用户体验与PC机上的用户体验完全不同。移动设备上有一些特殊的功能，比如基于位置的服务，这些功能可以使企业用新的方式与客户进行互动。企业应该能够利用这些功能，提供适合小屏幕的用户体验。目前有多种移动平台可供使用，包括iOS、Android和Windows10等，企业可能需要不同版本的应用程序才能运行它们。系统构建者需要了解客户如何、为何以及在何处使用这些移动设备，并且理解这些移动体验是如何改变业务交互和行为的。企业不能简单地将网站或桌面应用程序移植到智能手机或平板电脑上。这是一个不同的系统开发过程。

于是亚历克斯和安妮公司（Alex and Ani）在为其员工开发移动应用程序来帮助客户做出购买选择并完成交易时，懂得了这一点。亚历克斯和安妮公司成立于2004年，它利用手工技术在美国设计、生产和销售高品质的环保珠宝，致力于帮助客户寻找内心的平静和积极的能量。在亚历克斯和安妮公司的商店里，客户经常在结账的时候等很长时间，这与公司的理念和品牌形象背道而驰。

于是亚历克斯和安妮公司与企业移动解决方案开发商Mobiquity合作，制订了一个移动POS和支付解决方案。亚历克斯和安妮公司的销售人员在商店的过道上，就能刷信用卡、扫描条形码、打印，然后让客户签名，并接收信用卡收据的复印件。这样，客户就不必到收银台去排队等候。这个移动应用程序可以帮助销售人员更专注于客户，同时可以减少购买时间。这增强了店内客户的体验，提高了品牌认知度，并提供了更好的客户服务，从而增加了销售收入。

开发移动应用的第一步是识别移动应用在什么情况下特别有帮助（通常是人们拿出移动设备完成某件事情的场合）。亚历克斯和安妮公司的首席技术官乔·莱宗（Joe Lezon）和零售业务主管苏姗·索阿兹（Susan Soards）确定了员工与客户互动的移动时刻。然后，他们详细说明了应用场景，包括在移动时刻客户和员工的状况、偏好与态度。乔和苏姗最终确定了在商店里实际的移动时刻、移动时刻的持续时间、结账流程的阶段、可用的信息以及客户期望。

第二步是设计移动互动时刻。商务人员、设计师和应用程序开发人员聚在一起，确定在移动时刻如何与客户互动，在什么时候客户和公司都能受益。有利于客户和公司的移动应用程序才有可能取得成功。亚历克斯和安妮公司有一个小团队专门绘制图片以设计移动互动，确切地描绘出员工如何使用 iPod Touch 的应用程序与公司的 POS 系统相关联的信用卡读取器 / 打印机，使客户参与其中。设计规范包括屏幕布局、事件顺序以及每个步骤所需的交易。

第三步是通过人员、流程和平台来提供移动体验。一个有效的移动应用程序通常需要改变公司的内部系统，例如库存管理、客户和预订系统。对于诸如新的 API 之类的改变，调整系统以便更快地响应请求所产生的成本占大多数移动项目 80% 的成本（API 代表“应用程序接口”，是一组用于构建软件应用的例程、协议和工具，指出软件组件之间是如何交互的）。亚历克斯和安妮公司将其移动应用连接到公司的 POS 系统中，同时也连接到具有详细产品信息的系统中。

第四步是监控绩效并改进成果。亚历克斯和安妮公司分析了移动零售应用程序，以确定结账时间减少了多少、哪些客户完成了交易等。新的移动系统为销售人员提供了更多与客户互动的时间，消除了与客户之间的界限，使假期的销售量增加了 300% 以上。在美国 28 家亚历克斯和安妮公司的商店中，大多数门店能够将结账点从 4 个增加到 10 个。

移动应用不应该为移动而构建，而应该真正帮助公司变得更加成功。移动应用必须能够连接到业务系统来支持业务。位于芝加哥的 TTX 公司为铁路行业提供车辆和货运铁路管理服务，它发现移动应用开发项目最关键的是明确通过移动应用应该完成什么样的任务。2014 年，该公司开发了一款移动应用来提高计费准确性，并提高维护人员在铁路沿线运营的 50 家维修店的生产力。该应用用了大约 6 个月的时间来设计和构建。

该应用的目的是对 TTX 公司维修工作中的记录进行保存，这些维修工作大多发生在网络连接不稳定或没有网络连接的恶劣户外条件下，并经常由戴着手套的员工执行。维修人员使用纸和铅笔在他们的维修车上记录他们的维修笔记。该移动应用基于 Windows 平台，装在带有触摸屏的塑料 PC 上。TTX 公司的 CIO 和副总裁布鲁斯・斯基内利（Bruce Schinelli）与系统开发团队意识到，移动应用需要做的是取代笔和纸，而且必须能在现场很好地工作。早期人们对移动应用如何为业务提供价值的理解，推动了整个系统的设计和实施。斯基内利认为，如果一家公司对其移动应用的目的做出错误的判断，那么将不得不做大量的返工工作。对 TTX 公司来说，困难的是确保其系统制造商确切地知道移动应用在现场的工作方式。

资料来源：Mary K. Pratt, “ As Mobile Apps for Employees Proliferate, CIOs Get Involved, ” searchCIO.com, accessed February 10, 2016; Alex and Ani, “ Alex and Ani mPOS, ” www.mobiquity.com, accessed February 22, 2016; Linda Tucci, “Enterprise Mobile App Development: No Easy Answers,” searchCIO.com, accessed February 22, 2016; and Brian Solis, “Mobile Is Eating the World,” Sitecore Corporation, February 2016.

案例分析题

1. 企业构建移动应用时需要解决哪些管理、组织和技术问题？
2. 移动应用的用户需求定义与传统系统分析有何不同？
3. 请描述亚历克斯和安妮公司在部署移动应用之前和之后的销售流程。

本章小结

1. 新系统的建设如何产生组织变革？

构建一个新的信息系统，是一种有计划的组织变革。技术带来的四种变革包括：①自动化；

②程序合理化；③业务流程再造；④范式转移。随着改变的不断深入，风险和收益同步增加。许多公司使用业务流程管理，以重新设计工作流和业务流程，并期望能带来生产率方面的巨大突破。业务流程管理对于全面质量管理（TQM）、六西格玛，以及其他渐进式的流程优化也很有效。

2. 系统开发过程中的核心活动有哪些？

系统开发过程中的核心活动包括：系统分析、系统设计、编程、测试、切换、运行与维护。系统分析是对现有系统存在的问题的研究、分析，以及对需求的识别。系统设计为信息系统解决方案提供详细的说明，介绍所采用的技术和组织内的组件是如何融合在一起的。

3. 信息系统建模和设计的主要方法有哪些？

信息系统建模和设计的两种主要方法是：结构化方法和面向对象的开发。结构化方法将处理程序的模型和数据模型分开。数据流图是结构化分析的主要工具，而结构表是用来表示结构化软件设计的主要工具。面向对象的开发将系统模拟为一系列对象，这些对象包括处理程序和数据信息。面向对象建模基于类和继承的概念。

4. 建设信息系统有哪些可选的方法？

最早用来构建信息系统的方法是系统生命周期法。在这种方法中，系统需要按阶段开发。这些阶段按序进行，每个阶段都有输出。每个阶段开始前都需要有正式的批准。如果是一个大型项目，而且在系统构建过程中的每个阶段都需要正式的规范，严格的控制管理，则使用系统生命周期法开发将很有效。但是，系统生命周期法成本高且比较严格、死板。

原型法可以快速、低成本地建立实验系统，供最终用户使用并评估。在原型法中，最终用户将参与系统开发、迭代设计过程，直至系统指标能很准确地满足需求。在采用原型法的过程中，快速构建的原型系统还没有被完全测试，并且还没有建立文档，所以没有达到产品化的要求。

使用软件包开发系统，可以减少设计、编程、测试、安装、维护过程中的大量工作。如果公司没有专门的IT开发人员，或者不能承担专门定制开发一款系统的费用，那么应用软件包将为公司带来很多帮助。但是为了满足公司独特的需求，软件可能需要进一步的改进，这将导致成本上升。

终端用户开发法是指终端用户独自或者在最少的信息系统专家的帮助下开发信息系统。终端用户开发法可以使用第四代软件工具，快速创建系统。然而，终端用户开发法会产生无法确定质量标准且难以应用传统方法控制的系统。

外包则是请外部服务商为公司建立（或运营）信息系统，而不再由组织内部的信息系统人员来完成。外包可以节约开发成本。然而，公司将面临对信息系统失去控制的风险，并且变得很依赖外部服务商。外包将产生隐形成本，特别是当外包工作在海外进行时更是如此。

5. 数字化企业时代建设信息系统的新方法有哪些？

公司可以采用快速应用软件开发（RAD）、联合应用设计（JAD）、敏捷式开发、可重用的软件组件以加快系统开发流程。RAD使用面向对象软件、可视化编程、原型法、快速创建系统的工具。敏捷式开发将一个大的项目分解成一系列小的子项目，这些子项目可以利用迭代法和持续的反馈意见在短期内完成。基于组件的开发，通过组合多套软件组件以建立大型商业应用，这样可以加快应用开发过程。DevOps强调创建应用程序的软件开发人员与运行和维护应用程序的IT运营人员之间的紧密协作。Web服务提供了一套通用的标准，使组织能够通过标准的即插即用体系结构连接它们的系统，而不管它们的技术平台如何。移动应用开发必须关注简易、可用性、要为小屏幕优化应用的需求。

> MyMISLab
>
> 完成标有MyMISLab标记的问题，请到MyMISLab的EOC讨论问题部分。

复习题

13-1 新系统的建立是如何带来组织变革的？

- 描述由信息技术带来的四种组织变革。
- 定义业务流程管理，并描述业务流程管理需要的步骤。
- 说明信息系统是如何支持组织内提高质量的流程改革的。

13-2 系统开发过程中的核心活动有哪些？

- 系统分析和系统设计的区别是什么？请分别描述两个阶段中的活动。
- 明确系统信息需求，并解释为什么很难准确获取系统需求。
- 解释为什么系统的测试阶段很重要，列出并描述信息系统测试的三个阶段。
- 描述系统开发过程中编程、切换、运行与维护的作用。

13-3 信息系统建模和设计的主要方法是什么？

- 比较面向对象的方法和传统的结构法。

13-4 构建信息系统有哪些可选择的方法？

- 定义传统生命周期法，描述构建系统时的优缺点。
- 定义信息系统原型法，描述原型法的好处及局限，列出用原型法构建系统的步骤。
- 定义应用软件包法，解释在软件包基础上开发信息系统的优缺点。
- 定义终端用户开发法，并描述其优缺点，列出管理终端用户开发的规则和程序。
- 描述用外包法构建信息系统的优缺点。

13-5 在数字化时代，构建信息系统的新方法有哪些？

- 定义快速应用软件开发、敏捷式软件开发和DevOps，并说明它们是如何加快系统开发的。
- 说明基于组件的开发和网页服务是如何帮助公司构建、增强信息系统的。
- 说明移动应用开发和响应式网页设计的特点。

讨论题

13-6 MyMISLab 为什么选择一种合适的系统开发方法很重要？谁应该参与选择过程？

13-7 MyMISLab 有些人说降低系统开发成本最好的方法是采用应用软件包或用户友好的工具，你同意吗？为什么？

13-8 为什么在开发一个新的信息系统时，理解业务流程是非常重要的？
MyMISLab

MIS实践项目

本部分中的项目将为你提供分析业务流程、设计和建立汽车销售客户系统以及分析网站信息需求的实际经验。

管理决策问题

13-9 购买西尔斯·罗巴克（Sears Roebuck）产品（如洗衣机）的客户可以额外付费购买三年的服务合约。合约提供免费的维修服务和部件，由西尔斯的授权服务供应商来完成。持有西尔斯服务合约的人，需要维修像洗衣机这样的设备时，首先需要打电话给公司，与相关部门进行预约。预约的部门将会告诉顾客大概的上门服务时间。维修人员将在预约的时间范围内，到达顾客家中诊断问题。如果发现是设备的某个部件坏了，技术人员会对坏掉的部件进行更换。但是，如果技术人员没有带新的部件，那么需要先从公司订货。如果公司里也没有存货，公司将给顾客一个大概的时间，在这个时间内新的部件将到达。部件会被直接邮寄到顾客家中，在部件到达后，顾客需要打电话进行第二次预约。在第二次上门服务中，技术人员对坏掉的部件进行替换。整个过程耗时很长，第一次预约的时间大概需要两周，新的部件送达需要两周，第二次预约又要花费两周。

- 绘制现有的流程。
- 现有的流程对公司的运营效率和客户关系的影响是什么？

通过什么样的改变，可以使这个流程更高效？信息系统如何支持这些改变？绘制出改进后的流程图。

13-10 某农药公司的管理层对于公司的生产计划不是很满意。其生产计划是通过对每种产品需求量的最佳推测来制定的（这种方法以以前的订货量为基础）。如果有顾客提交了未在预期数量范围内的订单，或者在下订单后需要对订单内容进行修改，这时公司就无法调整生产计划，可能需要告诉顾客不能满足他们的订单，或者公司需要花更多的成本保持额外的库存以避免缺货。

每月末，订单被汇总起来，并由工作人员手动输入公司的生产计划系统中。上个月的生产数据和库存系统中的数据也被手动输入公司的订单管理系统中。销售部门和生产部门的分析人员分析各自部门的数据，制定下个月的销售目标和生产目标（这两个估计结果往往是不相符的）。然后，分析人员需要在一个更高层次的计划会议中开会讨论，修订生产和销售目标，同时加入高层管理人员制定的关于市场份额、收益和利润的目标。会议最终生成一份主生产计划。

整个生产计划过程需要17个工作日才能完成。其中9个工作日用来汇总、验证数据。剩下的时间用来制定、协调生产和销售目标，并最终定下主生产计划。

- 绘制现有生产计划的流程图。
- 分析当前流程给公司带来的问题。
- 企业系统是如何解决这些问题的？用何种方法可以降低成本？如果安装企业系统，请画出生产计划的流程图。

改善决策：使用数据库软件为汽车销售公司设计客户系统

软件技能：数据库设计、查询、报告和表格

业务技能：销售机会和客户分析

13-11 这个项目需要进行系统分析，并使用数据库软件进行系统方案设计。

艾斯（Ace）汽车代理商负责在波特兰市销售斯巴鲁汽车。艾斯在当地的报纸上做了广告，并在斯巴鲁网站及其他汽车网站中被列为授权经销商。这家公司在当地享有较高的知名度和美誉度。

艾斯认为它还没有掌握足够多的关于顾客的信息。公司不能确定是哪种因素促使顾客想了解自己，并且最终达成交易，即公司不确定哪种渠道最有效。如果公司可以知道哪种顾客接触方法产生了最大的效益，则可以专注于这种广告渠道，以带来最大的利润。购买者是从报纸广告、亲人朋友，还是网站了解到艾斯的呢？

准备一份系统分析报告，详细分析艾斯的问题，并且提供一种可以使用数据库管理软件来实现的系统解决方案。然后，使用数据库软件开发一个简单的系统方案。在 MyMISLab 中，你将找到更多关于艾斯的信息以及艾斯的信息需求，这些内容可以帮助你开发系统方案。

卓越运营：分析网站设计和信息需求

软件技能：网页浏览软件

业务技能：信息需求分析、网站设计

13-12 访问一个网站，并进行全面的浏览。准备一份报告，在其中分析网站提供的功能和网站的信息需求。你的报告需要回答以下问题：网站有哪些功能？网站使用什么数据？输入、输出和处理方法分别是什么？其他的设计规范有哪些？网站有没有连接到内部系统或者其他公司的系统？网站为公司带来了什么价值？

团队协作项目

准备网站设计说明书

13-13 与三四名同学一起，选择本章描述的网络系统，并查看选择的系统的网站，使用从网站上学到的知识和书中的描述，准备一份描述所选系统设计规范的报告。如果可能的话，请使用 Google Docs、Google Drive 或 Google Sites，集思广益并制作演示文稿来报告你们的结果。

案例研究

康尼格拉的人力资源系统配方

你的厨房里有 Chef Boyardee 馄饨或者 Orville Redenbacher 爆米花吗？或者你的冰箱里有 Healthy Choice 或者 Banquet 的鸡块吗？如果是这样的话，那么你就是 99% 使用康尼格拉食品的美国家庭中的一员。康尼格拉食品公司总部位于内布拉斯加州的奥马哈，是北美最大的食品公司之一，提供快捷方便的餐点、美味的点心和小吃，有 Libbys、Banquet、LaChoy、Hunts、Healthy Choice 和 Blue Bonnet 等品牌。康尼格拉（ConAgra）旗下 32 个品牌的年度零售额超过 1 亿美元。

康尼格拉依靠 33 000 名员工确保超市和货架上充斥着产品，管理层认为人力资源是公司成功的关键因素。像许多具有前瞻性的公司一样，康尼格拉认识到人力资源对整个企业成功的重要性，并且意识到公司在实施业务战略时需要具备一定能力的人员。技术在帮助公司招聘、保留、开发和管理所需人才方面发挥了很大的作用。

最近，康尼格拉没有采取适当的技术从临时工与长期工的才能和专业知识中获得最大价值。公司拥有基本的人力资源职能的核心系统，但是不同的人力资源职能部门，如员工薪酬、发展、招聘、继任计划和人才审查等，由独立的系统来管理。这些系统产生了零散的信息，无法支持员工或人力资源流程在公司层面的整体视图。其中一些系统以商业软件产品为基础，另一些系统是自己开发的。这些系统只能在一定程度上运行良好，因为它们没有整合起来。这意味着来自一个系统的数据，不能与另一个系统的数据很好地结合起来，从而获得更有洞察力的报告和人才分析资料，或者获取员工的完整视图。由于没有集中的系统来存放和管理数据，人力资源部门的工作人员不得不从多个系统中提取信息，并手动将报告拼凑在一起。公司还必须保留多个信息系统团队来支持这些系统。

然而，这一切都在 2013 年发生了变化，公司决定停用大部分现有的人力资源系统，并实施与其内部核心人力资源系统相结合的综合人才管理系统。人才管理系统由云平台上运行的集成模块组成。康尼格拉称这个项目建立了新的人才管理系统“My Recipe”。

My Recipe 的主要目标是在集中的、集成的、基于云的系统中存储和共享所有员工的数据。另一个目标是通过集中数据来减少数据冗余，降低复杂性和运营效率，以使它们来自同一个数据来源。还有一个目标是提供用户友好的工具和流程，使管理人员与员工能够更轻松地进行绩效和职业发展的对话。此外，该系统能够提供康尼格拉现有人才库的整体情况，并展示如何开发来满足未来的业务发展需求。公司希望这样的系统能够更好地吸引员工和管理人员，为人力资源管理人员提供更多有用的数据，改善人才管理，提高生产力。

经过完整的供应商评估流程后，康尼格拉将搜索范围缩小到三家供应商，最后选择了 SuccessFactors。SuccessFactors 是 SAP 旗下一家全球人力资本管理云计算软件供应商。它的人力资本管理应用套件包括学习管理系统（learning management system，LMS）、绩效管理、招聘软件、申请人跟踪软件、继任计划、人才管理和人力资源分析，以及社交业务和协作工具，帮助企业最大限度地促进员工成长和提高绩效。管理层认为，SuccessFactors 的优势在于它提供了一个易于使用的、可定制的用户界面，支持员工和管理层使用该系统的自助服务。SuccessFactors 还能与其他 SAP 产品和第三方产品集成。

康尼格拉在 15 个月内，分三个阶段实施了 My Recipe。2013 年年中，康尼格拉完成了第一阶段，升级了整个用户界面，并实施了 SuccessFactors 学习管理模块以及继任与发展模块。第二阶段于 2013 年年底完成，公司实施了 SAP SuccessFactors 劳动力分析、劳动力计划、招聘营销和招聘管理模块。第三阶段完成于 2014 年年中，康尼格拉实施了 SuccessFactors 的福利模块，更新了绩效和目标模块，其中包括性能等级校准功能（校准是提高绩效评估一致性的过程）。新的 SuccessFactors 系统取代了 8 个传统的人力资源系统，极大地减少了人工档案中存储的人力资源数据量，为管理人员和员工提供了新的工具，使其可以直接从系统中获取信息与报告。

My Recipe 小组选择的实施目标日期与执行指定的过程时间通常一致。例如，Success Factors 的留任和开发软件的推出时间正好是公司进行年度人才审查的时间。分阶段实施系统保持了项目的活跃性和相关性，使工作人员能够很容易理解一个模块如何建立在下一个模块之上。项目的时间安排也促进了系统被采纳，因为用户从一开始就已经习惯了人力资源的一站式服务，并且越来越有兴趣看到系统的完成。系统日志记录显示，一般的人力资源用户每年访问 SuccessFactors 解决方案的某个模块约 100 次。当康尼格拉拥有分散的人力资源系统的时候，管理人员和员工之间从来没有进行过这样的系统交互。

一旦全部实施完成后，My Recipe 将使康尼格拉能够获取、存储和分享继任计划、人才审查和其他以前无法访问与共享的数据。它使员工能够主动跟踪任务、绩效、职业发展和机会，并在员工整个生命周期中规范人力资源业务流程。新系统使人力资源部门的员工能够专注于员工队伍规划，而不是将时间花在日常的员工管理和记录管理上。My Recipe 也消除了 8 个传统的人力资源系统及其相关的管理负担，改善了低效率现象。

新系统的改进之一是能够将雇员的工资记录（在康尼格拉的核心 HR 系统中处理）与 SuccessFactors 主屏幕上的工作记录连接在一起，允许员工直接从 My Recipe 查看他们的工资记录。员工还可以轻松定制主屏幕显示，以易于理解的方式对员工表现和职业数据提供访问。内置的提醒功能进一步促进了易用性。例如，查看员工目标的经理可能会被告知该员工即将进行人才审查。通过集中员工数据并使数据更容易获取，公司可以看到每个员工是如何融入绩效、继任和发展的个人、团队和全公司的计划中的。换句话说，这个系统使人力资源更具战略性地运作，使康尼格拉的员工更精确地与公司的总体目标保持一致。

开发一个全公司范围内完全一体化的系统并不容易。康尼格拉不得不花费相当多的时间来识别和评估现有的流程，并决定应该保留哪些流程，需要改变哪些流程。这些流程必须映射到 SuccessFactors 软件支持的业务流程中。当 SuccessFactors 系统实施并在云中运行时，知道康尼格拉的每个流程是什么样的显得非常重要。

另一个挑战是处理分析和报告。当康尼格拉的系统分散时，形成统一的报告是很困难的，因为很难从不同的来源汇集所需的数据。当公司意识到新系统会产生更有用、可检索的人力资源数据时，这个项目被重新定位，将更多的注意力集中在报告和分析上，并确保系统的设计能够提供这一目标所需的数据。

康尼格拉利用普华永道咨询顾问的专业知识实施系统。咨询师能够快速了解康尼格拉的需求，并将这些知识和他们的专业知识应用到项目中。例如，普华永道在薪酬结构方面是专家，并根据这些知识来配置系统。他们还带来了在云系统项目方面的专业知识。

新的 SuccessFactors 系统对康尼格拉的帮助有多大？康尼格拉人才管理总监 KC Bradley 表示，SuccessFactors 帮助公司在人力资源管理方面提升到了一个新的高度。该系统有助于促进管理人员和员工之间的对话，并使管理人员掌握相关信息，可以向高层管理人员说明每位员工如何为组织业务目标做出贡献。现在，每个人都能看到整个组织中是否有合适的人员。

资料来源：Ken Murphy, "ConAgra Foods Fine-Tunes Recipe for Enhanced HR," SAP Insider Profiles, October 1, 2015; www. conagra.com, accessed February 21, 2016; www.successfactors. com, accessed February 21,2016; and "ConAgra Foods: Food Leader Finds Right Recipe to Drive Change Management with SuccessFactors Solutions," SAP, 2015.

案例分析题

13-14 分析康尼格拉旧系统的问题。什么样的管理、组织和技术因素会导致这些问题？这些问题的商业影响是什么？

13-15 列出并说明 My Recipe 的信息需求。

13-16 康尼格拉使用什么类型的系统构建方法和工具来构建系统？

13-17 康尼格拉采取了哪些步骤来确保 My Recipe 成功？

13-18 新系统有哪些好处？它是如何改变康尼格拉的运营活动和决策的？这个系统解决方案有多成功？

MyMISLab

请到 MyMISLab 的作业部分完成这些书面练习。

13-19 确定并描述妨碍管理者做出正确决策的三个因素。

13-20 给出位置分析中使用的三个数据示例，并解释每个数据是如何帮助企业的。

参考文献

"5 DevOps Trends Businesses Should Adopt this Year." Itbusinessedge.com, accessed March 31, 2016.

Armstrong, Deborah J. and Bill C. Hardgrove. "Understanding Mindshift Learning: The Transition to Object-Oriented Development." *MIS Quarterly* 31, No. 3 (September 2007).

Aron, Ravi, Eric K.Clemons, and Sashi Reddi. "Just Right Outsourcing: Understanding and Managing Risk." *Journal of Management Information Systems* 22, No. 1 (Summer 2005).

Ashrafi, Noushin and Hessam Ashrafi. *Object-Oriented Systems Analysis and Design*. Upper Saddle River, NY: Prentice-Hall (2009).

Baily, Martin N. and Diana Farrell. "Exploding the Myths of Offshoring." *McKinsey Quarterly* (July 2004).

Benaroch, Michael, Yossi Lichtenstein, and Lior Fink. "Contract Design Choices and the Balance of Ex Ante and Ex Post Transaction Costs in Software Development Outsourcing." *MIS Quarterly* 40 No. 1 (March 2016).

Bossert, Oliver, Chris Ip, and Irina Starikova. "Beyond Agile: Reorganizing IT for Faster Software Delivery." McKinsey & Company (2015).

Cao, Lan, Kannan Mohan, Balasubramaniam Ramesh, and Sumantra Sarkar. "Evolution of Governance: Achieving Ambidexterity in IT Outsourcing." *Journal of Management Information Systems* 30, No. 3 (Winter 2014).

DeMarco, Tom. *Structured Analysis and System Specification*. New York: Yourdon Press (1978).

Dibbern, Jess, Jessica Winkler, and Armin Heinzl. "Explaining Variations in Client Extra Costs between Software Projects Offshored to India." *MIS Quarterly* 32, No. 2 (June 2008).

Edberg, Dana T., Polina Ivanova, and William Kuechler. "Methodology Mashups: An Exploration of Processes Used to Maintain Software." *Journal of Management Information Systems* 28, No. 4 (Spring 2012).

El Sawy, Omar A. *Redesigning Enterprise Processes for E-Business*. McGraw-Hill (2001).

Feeny, David, Mary Lacity, and Leslie P. Willcocks. "Taking the Measure of Outsourcing Providers." *MIT Sloan Management Review* 46, No. 3 (Spring 2005).

Gefen, David and Erran Carmel. "Is the World Really Flat? A Look at Offshoring in an Online Programming Marketplace." *MIS Quarterly* 32, No. 2 (June 2008).

Goo, Jahyun, Rajive Kishore, H. R. Rao, and Kichan Nam. "The Role of Service Level Agreements in Relational Management of Information Technology Outsourcing: An Empirical Study." *MIS Quarterly* 33, No. 1 (March 2009).

Hahn, Eugene D., Jonathan P. Doh, and Kraiwinee Bunyaratavej. "The Evolution of Risk in Information Systems Offshoring: The Impact of Home Country Risk, Firm Learning, and Competitive Dynamics." *MIS Quarterly* 33, No. 3 (September 2009).

Hammer, Michael and James Champy. *Reengineering the Corporation*. New York: HarperCollins (1993).

Hoehle, Hartmut and Viswanath Venkatesh. "Mobile Application Usability: Conceptualization and Instrument Development." *MIS Quarterly* 39, No. 2 (June 2015).

Information Builders. "Yellow Pages Uses WebFOCUS to Demonstrate ROI to Advertisers." www.informationbuilders.com, accessed March 30, 2015.

Ivari, Juhani, Rudy Hirscheim, and Heinz K. Klein. "A Dynamic Framework for Classifying Information Systems Development Methodologies and Approaches." *Journal of Management Information Systems* 17, No. 3 (Winter 2000–2001).

Kendall, Kenneth E. and Julie E. Kendall. *Systems Analysis and Design* (9th ed.). Upper Saddle River, NJ: Prentice Hall (2014).

Kindler, Noah B., Vasantha Krishnakanthan, and Ranjit Tinaikar. "Applying Lean to Application Development and Maintenance." *McKinsey Quarterly* (May 2007).

Kotlarsky, Julia, Harry Scarbrough, and Ilan Oshri. "Coordinating Expertise Across Knowledge Boundaries in Offshore-Outsourcing Projects: The Role of Codification." *MIS Quarterly* 38 No. 2 (June 2014).

Levina, Natalia and Jeanne W. Ross. "From the Vendor's Perspective: Exploring the Value Proposition in Information Technology Outsourcing." *MIS Quarterly* 27, No. 3 (September 2003).

Majchrzak, Ann, Cynthia M. Beath, and Ricardo A. Lim. "Managing Client Dialogues During Information Systems Design to Facilitate Client Learning." *MIS Quarterly* 29, No. 4 (December 2005).

Mani, Deepa, Anitesh Barua, and Andrew Whinston. "An Empirical Analysis of the Impact of Information Capabilities Design on Business Process Outsourcing Performance." *MIS Quarterly* 34, No. 1 (March 2010).

Mani, Deepa and Anitesh Barua. "The Impact of Firm Learning on Value Creation in Strategic Outsourcing Relationships." *Journal of Management Information Systems* 32 No. 1 (2015).

Mocker, Martin, Jeanne Ross, and Craig Hopkins." How USAA Architected Its Business for Life Event Integration." *MIS Quarterly Executive* 14, No. 4 (2015).

Nelson, H. James, Deborah J. Armstrong, and Kay M. Nelson. "Patterns of Transition: The Shift from Traditional to Object-Oriented Development." *Journal of Management Information Systems* 25, No. 4 (Spring 2009).

Overby, Stephanie. "The Hidden Costs of Offshore Outsourcing," *CIO Magazine* (September 1, 2003).

Ozer, Muammer and Doug Vogel. "Contextualized Relationship Between Knowledge Sharing and Performance in Software Development." *Journal of Management Information Systems* 32, No. 2 (2015).

Pollock, Neil and Sampsa Hyysalo. "The Business of Being a User: The Role of the Reference Actor in Shaping Packaged Enterprise System Acquisition and Development." *MIS Quarterly* 38, No. 2 (June 2014).

Saunders, Adam and Erik Brynjolfsson. "Valuing Information Technology Related Intangible Assets." *MIS Quarterly* 40 No. 1 (March 2016).

Sircar, Sumit, Sridhar P. Nerur, and Radhakanta Mahapatra. "Revolution or Evolution? A Comparison of Object-Oriented and Structured Systems Development Methods." *MIS Quarterly* 25, No. 4 (December 2001).

Su, Ning, Natalia Levina, and Jeanne W. Ross. "The Long-Tail Strategy for IT Outsourcing." *MIT Sloan Management Review* (Winter 2016).

Valacich, Joseph A. and Joey George. *Modern Systems Analysis and Design* (7th ed.). Upper Saddle River, NJ: Prentice-Hall (2014).

Yourdon, Edward and L. L. Constantine. *Structured Design*. New York: Yourdon Press (1978).

CHAPTER14

第14章 管理项目

学习目标

LEARNING OBJECTIVES

通过阅读本章，你将能够回答如下问题：

- 项目管理的目标是什么？项目管理在信息系统开发过程中为什么至关重要？
- 有哪些方法可以用来选择、评估信息系统项目，并且使信息系统的开发和公司目标保持一致？
- 公司如何评估信息系统项目的商业价值？
- 信息系统项目的主要风险因素有哪些？如何管理风险？

MyMISLab™

访问 mymislab.com 来获得模拟、辅导材料和课后问题。

开篇案例　Intuit公司依靠项目管理

Intuit公司是一个面向消费者和商务人士服务的领先供应商，提供如TurboTax、会计簿软件工具（QuickBooks）、Quicken和Mint.com等类似的财务管理软件与工具。Intuit公司在销售这些工具和为客户提供服务的过程中会产生大量有价值的数据。Intuit公司在收集和存储这些数据方面没有任何问题，但它确实面临着如何从所有这些数据中获取有用的思想和洞察的困难。这也是Intuit公司推出Intuit分析云（Intuit Analytics Cloud，IAC）项目，将数据湖（the lake of data）转化为信息池的原因。

过去Intuit公司内部有多个数据团队，也有多个彼此隔离的数据仓库。这种做法在企业内部或在单个产品部门内部产生了许多积极的效果，但是Intuit公司无法有效地利用好这些数据，为整个公司和所有客户服务。管理层希望能够有一种更全面的方法以更好地利用这些数据，在更好地为客户服务的同时，使客户自己也可以从数据中获得更好的体验，并能更好地了解自己。

IAC 项目与 Intuit 公司以往项目的处理方式有两点不同。首先，Intuit 分析云不是专为某个特定的业务用途而设计的，相反它是一个为整个公司服务的通用（整体）平台，供所有业务部门以它们自己的方式使用。其次，Intuit 分析云没有像传统数据库那样具有很好的结构性，但这样可以更灵活地使用数据（在传统数据库中，输入任何数据之前必须要设计和组织好数据库）。像 Intuit 分析云这样的数据湖恰好相反，它将数据直接转存到大型 Hadoop 存储库中，而无须事先设计一个数据模型。数据湖对每一类存储的数据均有一个高级的定义，这种方法为人们提供了分析数据的工具。随着数据的不断积累，人们会对数据建立各种各样的视图。

Intuit 的 IAC 项目需要全公司的合作，因为它要将所有企业数据、产品数据和第三方数据整合到一个平台中。IAC 项目负责人将许多职能部门的数据工程团队搬到了项目的建设团队中。

项目团队对项目期限和项目预算非常敏感。其中关键的一步是把这个项目任务分解成一项项容易处理的子任务，将一个大型项目切割成一系列小项目，这样随着项目的不断进展，就容易看到一些可观的成果。IAC 项目是一项持续几年的项目，如采取“大爆炸”式的方法在操作上或政策上都是不可行的。把一个大项目分解成一系列较小的、可交付的小项目，而不是一次最终交付一个大项目，这对项目团队而言更加容易管理。此外，公司高管把项目支出管理权授予项目领导团队，当项目取得一系列可证明的成果时，高管会很高兴。一系列小项目的成功，也意味着项目负责人不必费尽心思地去说服业务部门的领导参与项目。Intuit 的 IAC 项目非常成功，公司内部业务部门正在争先恐后地使用新的企业分析云。

资料来源：www.intuit.com, accessed January 16, 2016; Curtis Franklin Jr., “Intuit CIO: Changing the Way Projects Are Managed,” *Information Week*, December 17, 2015; Vindu Goel, “Intuit Sheds Its PC Roots and Rises as a Cloud Software Company,” *New York Times*, April 10, 2016; and Robert L. Mitchell, “Eight Big Trends in Big Data Analytics,” *Computerworld*, October 23, 2014.

信息系统面临的主要挑战之一就是要确保它们真正产生商业价值。信息系统项目的失败率非常高，因为组织没能正确地评估它们的商业价值，或者因为企业在引入新技术时未能管理好因新技术的应用而引发的组织变革。建立或改进信息系统项目需要专门的管理和组织技术才能有效。

Intuit 公司的管理层在进行 IAC 项目时意识到了这一点。新技术的应用涉及重要业务流程（以及数据的使用）的改变以及新软件的变化。Intuit 公司成功地完成了这个项目，是因为管理层清楚地认识到，强大的项目管理和对组织问题的关注是成功的关键。

下图提出了本案例和本章提出的重要观点。Intuit 公司未来的发展需要全公司范围内更加密集地使用内部和外部的数据。过时的文件组织方式和遗留系统使公司内部工作效率低下，无法达到管理层所期望的为客户提供高水平服务的目标。管理层明智地组建了一个项目团队，并确定了预期的结果和期限。管理团队的方法是将这个非常大的项目分解成一个个可管理、易交付的小“项目块”，这使项目更易于管理，也得到了高层管理人员的支持和想要使用 IAC 的业务部门的支持。

这里有一些需要思考的问题：为什么这个项目会成功？为什么把这个大项目分解成一个个小的“项目块”很重要？

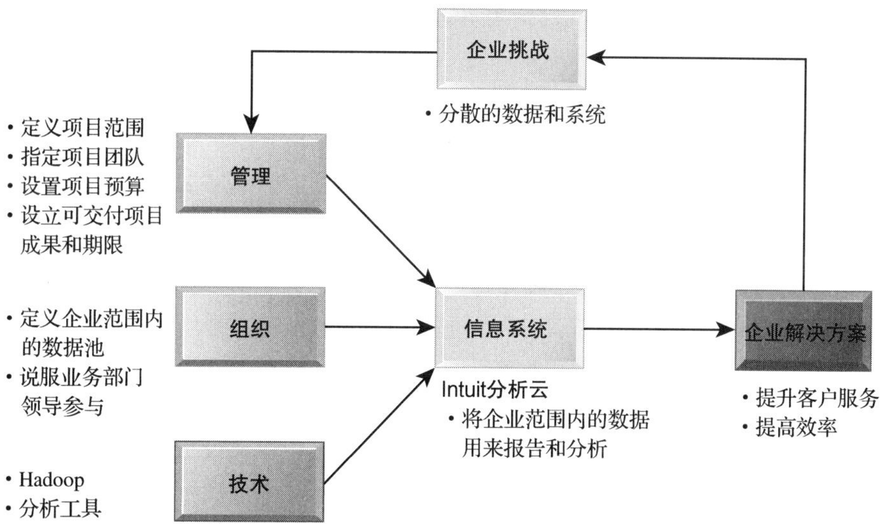

14.1 项目管理的目标是什么？为什么项目管理在信息系统开发中如此重要

信息系统项目的失败率很高。几乎在每一个组织内，信息系统项目都投入了比最初预期更多的时间和资金，或者完工的系统运行起来总是不理想。当信息系统不能正常运行或者开发成本太高时，企业也许不能从信息系统投资中获益，系统可能也无法解决人们期望它解决的问题。开发一个新系统必须仔细地管理和精心地策划，而项目实施的方法则可能是影响结果的最重要因素。这就是要了解信息系统项目管理的知识，以及理解信息系统项目成功或失败的原因所在。

14.1.1 项目失控与系统失败

项目管理得有多糟糕？根据信息系统项目计划所设立的交付要求，平均而言，私营部门的信息系统项目往往低估了一半的费用预算和时间。许多项目交付的系统缺失了部分功能（承诺在以后版本中实现）。麦肯锡（McKinsey）和牛津大学（Oxford University）的一项联合研究发现，大型软件项目的开发成本平均比预算高出66%，所用时间比计划时间超出33%；多达17%的项目非常糟糕，以致可能威胁到公司的生死存亡（Chandrasekaran，Gudlavalleti and Kaniyar，2014）。在所有软件开发类项目中，有30%～40%的项目是“失控”项目，远远超出了原来预期的时间表和预算，并且不能按原来的计划执行。

如图14-1所示，一个系统开发项目如果没有合适的管理，最可能遭遇以下结果：

- 费用大幅超支
- 时间进度拖延
- 技术缺陷影响性能
- 未能获得预期的收益

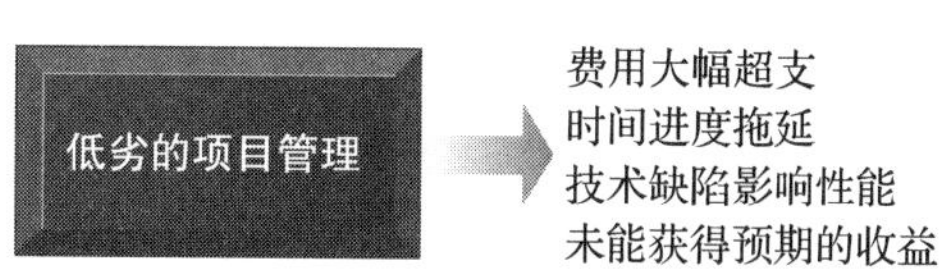

图14-1 低劣的项目管理的后果

没有合适的管理，系统开发项目会花更长的时间才能完成，并且在大多数情况下会超过原定的预算，这导致开发的信息系统很可能会有技术缺陷，并且也许不能为组织带来益处。

失败的信息系统项目开发的系统通常不能按照最初的设想运行，或者根本不能运行。为了使其运行，用户通常还要开发一套并行的手工系统。1E 是一家提供项目开发管理和降低 IT 成本的软件解决方案公司。根据 1E 2015 年的报告，在所有安装的软件中，有 37% 的软件没有被使用，这仅在美国就浪费了 300 亿美元（1E，2016）。

系统的实际设计可能也没有体现业务的核心需求，或者未能提升组织绩效。系统产生的信息可能没有提供及时的帮助，可能无法被理解或使用，或者可能是错误的。

对不懂技术又必须与系统互动的业务人员而言，和系统互动的方式可能过于复杂且令人沮丧。系统的用户界面可能很糟糕。**用户界面**（user interface）是系统的一部分，用户通过它和终端用户互动。例如，在线输入的表格或者数据录入在屏幕上显示得很糟糕，以至于没人愿意提交数据或者查询信息。系统输出的格式也可能令人难以理解。

如果网页混乱且排版不合理，用户不能方便地查询到想要的信息，或者用户的计算机长时间不能访问和显示网页，这会打击用户进一步使用该网站的信心。

另外，系统中的数据也许非常不准确或不一致；某些字段的信息可能是错误的或含糊不清的，或者它可能没有被合适地加以组织以便适用于商业用途；某些具体业务职能的信息需求，也可能由于数据不完整而不可获取。

14.1.2 项目管理的目标

项目（project）是指为了完成企业某个具体的目标而计划的一系列相关活动。信息系统项目主要有开发新的信息系统、改善现有的信息系统、升级或更新公司的信息技术（IT）基础构架等。

项目管理（project management）是指在一定的预算和时间限制下，运用有关的知识、技能、工具和技术实现某个明确的目标。项目管理活动包括制订工作计划、评估风险、估计完成项目所需的资源、组织工作、获取人力和物质资源、分配任务、指导活动、控制项目实施、报告进度、分析结果等活动。与其他业务领域的项目管理一样，信息系统项目管理必须处理 5 个主要要素，即范围、时间、成本、质量和风险。

范围（scope）是指项目包括哪些工作，不包括哪些工作。例如，一个新的订单处理系统的项目范围也许包括订单输入并将订单传递给生产和会计的新模块，而相关的应收账款、制造、分发或者库存控制等模块不做任何改变。项目管理明确了成功完成项目的所有工作，并且应确保项目范围不超出最初的规划。

时间（time）是指完成项目所需的时间长度。项目管理通常要确定完成项目主要组件所需要的时间长度，这些主要组件被进一步分解成若干活动和任务。项目管理要尽量明确完成每项任务所需要的时间，并为完成这项任务制定一个时间表。

成本（cost）是基于完成项目所需的时间乘以完成项目的人力成本得出的。信息系统项目成本还包括硬件成本、软件成本和工作场所成本。项目管理要制定项目预算并监管项目进行中的开支情况。

质量（quality）是指用于衡量项目的最终结果满足管理层设定目标的程度的指标。信息系统项目的质量通常可以归结为改善组织绩效和增强决策的程度。此外，一个新系统的质量还要考虑系统产生的信息的准确性、及时性和系统的易用性等方面的要求。

风险（risk）是指影响项目成功的潜在因素。这些潜在因素可能会阻碍项目实现其目标，包括需要延长时间、增加成本、降低项目质量或者阻碍项目完全实现的因素。本章第 14.4 节将描述信息系统项目中最重要的风险因素。

14.2 有哪些方法可以用来选择、评估信息系统项目，并且使信息系统的开发和公司目标保持一致

为了解决问题，改善绩效，公司通常会提出许多不同的项目。对于信息系统项目而言，公司往往有很多想法，但可用的资源没有那么多，因此需要从这些项目组中选择那些企业效益最大的项目。显然，项目选择是由公司整体经营战略决定的。那么在所有选项中，管理人员该怎样选择呢？

14.2.1 信息系统项目的管理结构

图 14-2 给出了大型企业信息系统项目中管理结构的组成元素，有助于确保最重要的系统项目得到优先考虑。

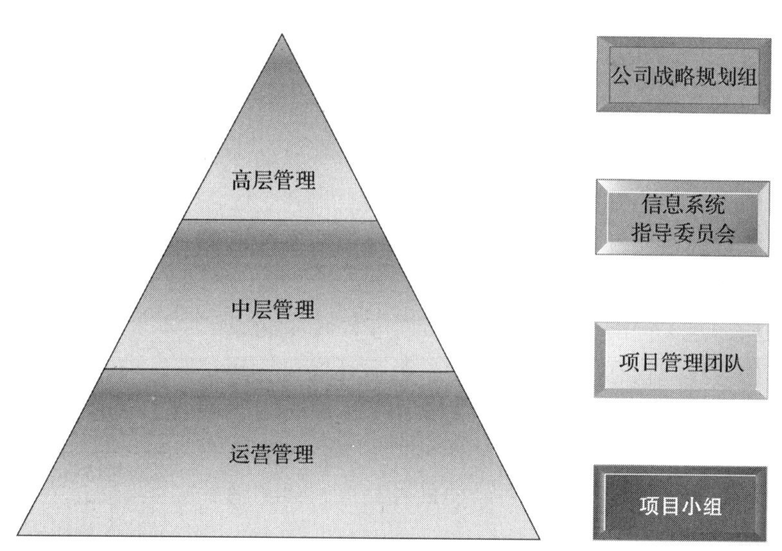

图 14-2 系统项目的管理控制

每个管理层级均对信息系统项目负有不同的责任，这个项目控制结构有助于对组织中最重要的信息系统项目进行优先考虑。

在这个项目控制结构的顶端是公司战略规划组和信息系统指导委员会。公司战略规划组负责制定公司战略规划，可能需要开发新的系统来支持战略的实施。通常战略规划组还需要制定公司绩效的目标管理措施（也称“关键绩效指标”（KPI），在第 12 章中已有介绍），需要选择支持一个或多个 KPI 持续改善的 IT 项目。这些 KPI 会被公司董事会经常检视和讨论。

信息系统指导委员会是负责系统开发和运营的高层管理组织，由终端用户和信息系统领域的部门负责人组成。指导委员会的职责是审查、批准各个业务部门的系统规划，协调并整

合系统，偶尔也参与具体信息系统项目的选型工作。这组人对高层管理者和董事会制定的KPI有敏锐的意识。

项目管理团队由信息系统经理和终端用户经理构成，负责几个具体的信息系统项目的监督，并负责指导项目小组。项目小组对各自的信息系统项目直接负责，由系统分析师、终端用户中的相关业务领域的专家、应用程序设计员或者数据库专家等成员构成。系统解决方案的具体性质、特点决定了项目团队的规模和所需的专业技能组合。

14.2.2 信息系统项目与企业规划的链接

为了识别出那些能够为企业带来最大商业价值的信息系统项目，我们需要制定一个**信息系统规划**（information systems planning）来支持组织总体战略规划的实现，其中的战略信息系统往往是和高层企业战略规划结合在一起的。规划犹如一幅路线图，指明了系统开发（规划的目标）的方向、立项依据、当前系统情况、考虑拟开发的新任务、管理策略、实施计划和预算等，如表14-1所示。

信息系统规划包含公司目标的陈述，指明了如何借助信息技术实现该目标，以及具体的系统项目是如何实现总体目标的。它明确了具体的目标实现的时间计划和里程碑，这些时间计划和里程碑在项目建设过程中可以用来评估项目进度，即在计划的时间框架内到底完成了多少目标。信息系统规划要明确说明一些关键的管理决策，诸如关于硬件采购原则、通信网络的选择、权利的集中与分散、数据管理和软件以及所需的组织变革等。信息系统规划通常还会涉及组织变革方面的阐述，包括管理人员和员工的培训、人员招聘的要求、业务流程的变革、职权的调整、组织结构的调整或管理手段的调整等。

为了更有效地做好信息系统规划，公司需要将全部的信息系统应用和IT基础设施进行盘点并保存归档。对于那些有助于改善管理决策的项目，项目管理者首先需要确定哪些决策的改善会给公司带来最大的附加价值，然后他们需要设计一组度量指标，可以定量分析更加及时、准确的信息对于决策结果的价值（有关此话题的更多详细信息，请参阅第12章）。

14.2.3 信息需求和关键绩效指标（KPI）

为了制定一个有效的信息系统规划，组织必须对其长期和短期的信息需求有清晰的理解。获得信息需求的方法有战

表 14-1 信息系统规划

信息系统规划
1. 规划目的 规划内容概述 当前业务组织和未来组织 关键业务流程 管理策略
2. 战略业务规划基础 现状 当前业务组织 正在变化的环境 业务规划的主要目标 公司的战略计划
3. 当前系统 支持业务职能和流程的主要系统 现有基础设施能力 硬件 软件 数据库 通信和网络 满足业务需求的困难 未来需求分析
4. 新的开发系统 新的系统项目 项目描述 业务缘由 应用系统在战略中的作用 基础设施能力的新要求 硬件 软件 数据库 通信和网络
5. 管理策略 采购计划 里程碑和时间计划 组织改造 内部重组 管理控制 主要培训项目 人力资源策略
6. 实施计划 预期实施中的困难 进度报告
7. 预算要求 资金需求 潜在节省 融资 采购周期

略分析法和关键成功因子法（critical success factors，CSF），这些方法的基本思想是组织的信息需求是由管理人员确定的少数几个KPI决定的。而KPI的确定又取决于不同的行业、公司、管理者和环境。例如，一家汽车公司的KPI可能包括单位生产成本、劳动力成本、工厂生产效率、返工率和差错率、顾客品牌认知度、员工工作满意度和健康成本等。新的信息系统应更加关注这些信息，以帮助公司实现KPI所指明的公司目标。

14.2.4 应用组合分析

一旦战略分析确定了系统开发的总体方向，那么应用组合分析就可以用来评估各类可能的系统项目。**应用组合分析**（portfolio analysis）是对组织的所有信息系统项目和资产进行汇总，包括基础设施、外包合同和许可证等。信息系统应用组合分析和金融投资组合分析一样，需要分析对公司可能带来的一定的风险和潜在的收益（见图14-3）。

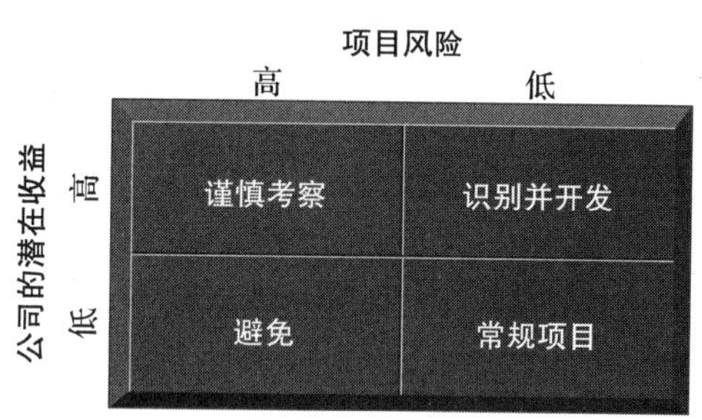

图14-3 系统应用组合分析

公司需要从潜在收益和项目风险两个视角检视各个项目。有些项目需要避免投资，有些项目需要快速开发，对所有公司而言不存在一个理想的组合，不同行业的不同公司有不同的选择。

每个信息系统项目有其自身的风险和收益（参见本章第14.4节描述的增加系统项目风险的因素）。公司需要平衡信息系统风险和收益的关系，提高IT资产组合的回报。虽然不存在一个对所有的公司而言都理想的组合应用，但对像金融这样信息密集型行业中的公司而言应该有一些高风险、高收益的项目，因为金融公司需要确保跟上技术发展的时代潮流，而非信息密集型行业的企业应当关注那些高收益、低风险的项目。

当然，最理想的是那些高收益、低风险的系统项目，这些项目可以确保比较早地获得收益而风险又相对比较低。另外，对于高收益、高风险的系统项目，我们要认真推敲；对于低收益、高风险的项目，我们当然应该完全避免；对于那些低收益、低风险的项目，我们应当再仔细审查一下，看是否可重建，或是否可用那些有较高潜在高收益的、更理想的系统项目来代替。基于应用组合分析，管理人员可以确定那些适合公司的风险和收益的最佳投资组合，在有较高风险、较高回报的项目与有较低回报但安全的项目之间取得平衡。将组合分析和企业战略联系起来的公司，其IT资产的投资回报就高；信息技术投资和企业战略对应得越好，组织范围内的IT投资协调得也就越好（Jeffrey and Leliveld，2004）。

14.2.5 评分模型

企业在进行项目选择时，在需要考虑多个评判指标的情况下，**评分模型**（scoring model）会很有用。对一个系统项目而言，评分模型首先要对该项目的不同特征指标赋予权重，然后再加权汇总。当某家公司需要在两个企业资源计划（ERP）系统项目中进行选择决策时，它会采用表14-2来计算。表中第1列是评判指标，决策者利用它们来评价系统。这些评判指标往往是决策者长期讨论出来的。通常评分模型的重要输出往往不是评分值，而是就评判一个系统的指标达成共识。

表 14-2 显示了某家公司最需要的能力是订单处理、库存管理和仓库管理。表 14-2 中第 2 列列出了决策者赋予各个评判指标的权重，第 3 列和第 5 列显示了每一个 ERP 系统能提供的相应功能满足需求的程度。每一个供应商 ERP 系统的每一项功能的得分即为评分权重乘以该功能满足需求程度的评分。表 14-2 表明 ERP 系统 B 的评分最高。

表 14-2 ERP 系统选型评分模型的例子

评判指标	权重	ERP 系统 A %	ERP 系统 A 评分	ERP 系统 B %	ERP 系统 B 评分
1.0 订单处理					
1.1 在线订单处理	4	67	268	73	292
1.2 在线定价	4	81	324	87	348
1.3 库存校核	4	72	288	81	324
1.4 顾客信用校核	3	66	198	59	177
1.5 发票	4	73	292	82	328
总订单处理			1 370		1 469
2.0 库存管理					
2.1 生产预测	3	72	316	76	228
2.2 生产计划	4	77	316	81	324
2.3 库存控制	4	68	272	80	320
2.4 报告	3	71	213	69	207
总库存管理			1 017		1 079
3.0 仓库					
3.1 接收货物	2	71	142	75	150
3.2 提货 / 包装	3	77	231	82	246
3.3 运输	4	92	368	89	356
总仓库			741		752
总分			3 128		3 300

如同所有的“客观”技术一样，使用评分模型需要许多定性的判断。评分模型的应用需要一批理解问题和技术的专家。比较合适的做法是，循环多次地计算评分模型，修改评判指标和权重，观察评判指标的合理变化对输出结果的影响程度。评分模型通常用于确认、合理化和支持决策，而不是作为系统选择的最终判断依据。

14.3 企业如何评估信息系统的商业价值

系统项目要既能支持公司的战略目标，又能满足用户的信息需求，同时对于公司来说，它还必须是一项很好的投资。从财务的角度看，系统的价值本质上就是投资回报的问题。相对于成本投入，信息系统的投资能否产生足够的回报？

14.3.1 信息系统成本与收益

表 14-3 列出了与信息系统有关的几个比较常用的成本和收益项。**有形收益**（tangible benefits）可以量化并以货币价值来体现。**无形收益**（intangible benefits），诸如更有效的顾客服务或优化决策等，不能立刻量化但长期可获得收益。与管理信息系统、决策支持系统和计算机辅助协同工作系统相比，业务系统与办公文书系统可以节省劳动力、空间，能产生更多可衡量的有形的收益（见第 2 章和第 11 章）。

表 14-3 信息系统的成本和收益

成本
硬件
通信
软件
服务
人员
有形收益（成本节约）
提高生产率
降低运行成本
减少工作人员
降低计算机开销
降低外包成本
降低职员和专家成本
降低费用增长率
减少设备成本
无形收益
改善财产利用
改善资源控制
改善组织计划
增加组织灵活性
更及时的信息
更多的信息
促进组织学习
得到合法要求
提高员工友善度
提高岗位满意度
改善决策
改善运营
较高的顾客满意度
较好的公司形象

拥有总成本（total cost of ownership，TCO）是用来识别和测量信息技术投入的各个方面的成本费用，不仅仅只是一开始的硬件采购和安装费用以及软件费用。然而，TCO 的分析仅提供评估信息系统投资的部分信息，因为它没有涉及收益、诸如复杂成本这类的成本分类，以及稍后在本章讨论的“软的”且具有战略性的因素。

14.3.2 信息系统资金预算

为了衡量一个具体项目的收益，必须对所有成本和收益进行计算。显然，成本大于收益的项目应当被否决。但对收益大于成本的项目，我们也需要通过财务分析衡量该项目相对于公司的投资资本而言是否带来了良好的回报。**资金预算**（capital budgeting）模型是用于评估长期资本投资项目价值的几种技术之一。

资金预算方法基于对公司现金流的流入和流出的估算，资金项目产生这些现金流。信息系统项目的投资成本是由硬件、软件和劳动力的支出而形成的直接现金流出，在随后的几年里还可能会有额外的现金支出，这将需要由投资产生的现金流入进行平衡。产生现金流入的形式有几种，包括销售了更多的产品（如新产品、更高质量的产品或增加市场份额）或减少了生产和运营成本。现金流出和现金流入的差额即为投资项目的财务价值。一旦建立了现金流，就可以用多种方法比较不同的项目，并做出投资决策。

用于评估 IT 项目的主要资金预算模型有：投资回收期法、投资回报率（ROI）法、净现值法、内部收益率法（IRR）等。在本章学习跟踪模块，我们可以看到更多如何利用资金预算模型评估信息系统投资的例子。

14.3.3 财务模型的限制

传统的对信息系统财务投资和技术方面的关注容易使人们趋向于忽视信息系统的社会和组织维度方面的内容，这可能影响 IT 投资的真实成本和收益。许多公司的信息系统投资决策没有合理地考虑因新系统实施而引发的组织调整的成本，如培训终端用户的成本、新系统的用户学习曲线对生产率的影响，以及管理人员监控新系统实施引发的变革所耗费的时间成本。诸如使用新系统做出了更及时的决策，或增强了员工的学习和专业知识这样的隐形收益，在传统的财务分析中也容易被忽视。

14.4 信息系统项目的主要风险因素有哪些？如何管理风险

在第 8 章中，我们已经介绍了信息系统风险和风险评估。本章将描述信息系统项目具体的风险，并给出管理风险相应的有效措施。

14.4.1 项目风险维度

信息系统因其规模、范围、复杂程度、组织特性和技术特性的不同而有显著的差异。某些系统开发项目可能会出现我们之前所描述过的问题，或者因高风险而遭到延期。项目风险的大小受项目的规模、结构、信息系统人员和项目团队的技术知识水平的影响。

- **项目的规模**。项目的规模由项目花费的资金、参与的员工数、工期和所涉及的组织单位数决定。项目的规模越大，项目的风险就越大。大规模的系统项目的失败率比其他项目高 50% ～ 75%，因为这样大规模的项目非常复杂，且难以控制。系统的组织复杂性，即使用该系统的部门和团队数量、该系统的实施对业务流程的影响程度等，是使大规模项目变得复杂的因素之一。技术的复杂性因素，包括软件程序代码的行数、项目的时间进度和预算等。另外，用于估算开发大规模信息系统项目的时间和成本的方法目前还很少。
- **项目结构**。有些项目高度结构化，其要求是清晰明了，容易定义其输出和过程。用户也确切地知道他们需要什么以及系统应当做什么，几乎不大会改变主意。这些项目相对于那些难以定义、需求经常变化的项目来说，属于较低风险的项目。而之所以出现输出难以界定的项目主要是因为它受用户需求变化的影响，或者难以统一用户的需求。
- **技术经验**。如果项目团队和信息系统人员缺少所要求的技术知识，项目的风险就会加大。如果团队不熟悉项目的硬件、系统软件、应用软件或者数据库管理系统，项目很可能会遇到技术问题，或者需要花更多的时间来完成，因为团队成员需要掌握新技术。

在信息系统项目中，技术难度只是众多风险因素中的一个，其他风险因素主要是和组织有关，包括信息需求的复杂性、项目涉及的范围、受新的信息系统影响的组织部门的数量等。在“互动讨论：管理”所述的案例中，英国国家医疗服务体系实施的无纸化办公项目是一个有上述这些风险因素的项目。

⊙互动讨论：管理

国家医疗服务体系可以无纸化吗

国家医疗服务体系（National Health Service，NHS）是英国政府资助的国家卫生系统，为英国所有合法居民提供免费或低成本的医疗服务。其资金主要来源于税收。NHS 服务包括医院、家庭医生、专家、牙医、化学家（药剂师）、配镜师和救护车服务，其所提供的药物也会得到补贴。英格兰、苏格兰、威尔士和北爱尔兰地区的具体政策有所不同。

英国卫生部负责监管NHS。患者记录由医疗保健服务提供者维护、保管，他们必须确保患者数据的安全性、保密性，并确保符合监管标准。像美国等其他医疗管理体系一样，患者记录主要基于纸张，医生和医院的办公室里摆满了专门用于记录病历的文件夹与文件，使病人基本信息和治疗信息很难获取及共享。要想找出NHS病人一个上午的病历记录，那简直是一场噩梦。

2013年1月，卫生部长杰里米·亨特（Jeremy Hunt）提出，要在2018年之前使NHS无纸化，旨在节约数十亿英镑，改善服务，并帮助应对人口老龄化的挑战。亨特和其他许多人均认为，病人的数字记录应该是兼容的，这样病人的健康信息可以在健康和社会照护系统之间流转。无论病人是否需要全科医生（general practitioner，GP），不管是医院还是护理院，参与治疗的专业人员都应该能够通过按钮查看患者的病史，并分享关键信息。增强技术的应用，可以使健康医疗专业服务人员花更多的时间在病人身上，帮助病人控制自己的治疗，可以节约的成本将超过40亿英镑。

亨特宣布了如下目标。

- 无纸化转诊病人：当病人需要转诊时，全科医生只要发出电子邮件即可，而不是发一封信给医院。
- 无论存储在哪儿，都要将电子健康和护理记录安全地链接在一起，这样任何人收到的记录尽可能是完整的护理记录。
- 所有记录均可以随着公民个人流转，在个人同意的情况下，公民个人记录均可以成为NHS系统或社会照护系统的一部分。
- 每个人能够在2015年3月之前在线访问自己现在由医生保管的健康记录。
- 在2018年4月之前，所有的个人数字化记录均可以在NHS系统和社会照护服务系统中共享，除非个人选择退出。

无纸化解决方案可以减少治疗/用药错误，缩短诊断时间和治疗时间，提高协作诊断水平（允许更广泛的专家参与），以及为病人提供更好的整体照护。

然而，许多在NHS和私营部门（包括技术行业内部）工作的人认为，无纸化NHS在5年的时间内是不可能实现的，这是一个太激进的目标。一些批评人士质疑这个系统究竟在多大程度上真正会提升NHS服务？实施新的IT系统是否值得花费这么多成本？是否真的能实现这套系统？

根据EHI Intelligence分析师S.A.马西森（S.A.Mathieson）的说法，英国NHS由数百个IT能力差异很大的机构以及成千上万个独立的全科医生构成。他们都必须要购买新的软件和硬件，并将他们的纸质记录转换成数字形式。为了使新系统有效和利用新技术，他们还必须改变程序（业务流程）。接听病人的电话、检查病人和写处方均需要新的工作程序，包括访问和更新电子病历，将基于纸张的记录转换成电子形式，以及为了符合记录的格式要求，需要尽可能把各种治疗方案进行编码，将数据结构化。培训可能需要花掉医生长达20个小时的时间，而医生的时间往往是非常紧张的。为了使系统运行起来，医生自己可能需要输入一些数据，这需要花去医生原本应该用在病人身上的时间。当美国试图在全国范围内实施医疗电子病历记录系统时，许多医生也抱怨做出这些改变所需的时间和精力太多。NHS也经历了同样的一些阻力。

英国医师协会、英国医学协会表示，NHS无纸化项目需要克服几个挑战，并对这个系统所能提供的好处持怀疑态度。英国医学协会认为，到2018年NHS无纸化项目面临的最大挑战是资金、资源、优先次序以及二级医疗机构系统的选择。该项目除了需要源源不断的硬件和软件资金投入外，还需要足够的资源支持培训用户使用无纸化系统，培训IT专家提供IT支持和管理支持。尽管该项目可能会带来一些工作效率上改善，但单靠技术并不一定能够节约很多成本。

目前，临床医生有40%的时间花在等待相关信息上，或者基于不准确或不可靠的信息做出决策，数字化也需要解决这些问题。英国国会下议院公共事务委员会（The House of Commons Public Accounts Committee）警告说，NHS无纸化项目需要在IT和业务转型方面投入大量额外资金。然而，卫生署并没有为此预留专门的预算，该部门表示在无纸化项目中投资10亿英镑（约合15亿美元），其中一半来自中央政府，其余的来自各地政府的医疗和护理预算。

最近公共事务委员会的一份报告说，针对数字化NHS系统的变化"没有形成计划"，也有人说这是一个巨大的"浪费时间"的项目。《法律协会新闻》的新闻编辑迈克尔·克罗斯（Michael Cross）说过，对于任何一个大型的组织来说，迈向无纸化是一个挑战，尤其是在资金紧张而且受到公众的严密监督的情况下，在有着信息技术失败的、令人沮丧的历史（包括早期数字化病人记录方面的失败）的情况下，这项任务看起来像是不可能完成的任务。那么医疗健康服务的目标能按期完成吗？还是说NHS的用纸量会比无纸化项目开始之前要少？

资料来源：Kat Hall, " NHS IT Projects Worth £5bn at ' High Risk ' of Failure, Warns HSCIC, " *The Register*, December 8, 2015; Clare McDonald, " What Is Standing in the Way of a Paperless NHS? " *Computer Weekly*, September 2015; S. A. Mathieson, "How Can IT Contribute to NHS Efficiency?" *Computer Weekly*, September 2015; Michael Cross, " NHS Chases a Paperless Tiger," *Raconteur*, April 29, 2014; Claire Read, " Barriers to a Paperless NHS: Are You Ready for Your Screen Test? " *HSJ*, March 14, 2014; Ben Rossi, "Going Paperless: The Clash Between IT Staff and NHS Trust Heads," *Information Age*, February 18, 2014; Department of Health and the Rt Hon Jeremy Hunt MP, " NHS Challenged to Go Paperless by 2018," www.gov.uk, accessed January 4, 2016; "The Paperless NHS…?" *Computacenter*, April 12, 2013.

案例分析题

1. 为什么NHS无纸化项目是一个有风险的项目？请确定其中的关键风险因素。
2. NHS无纸化项目有可能遇到哪些管理、组织和技术方面的问题？
3. 为使NHS无纸化项目更成功，应该采取哪些措施？

14.4.2 变革管理与实施的概念

引进信息系统或者对信息系统进行改造，对行为和组织有很大的影响。信息的定义方式、获取方式和使用方式的改变，以及组织资源管理方式的改变，常常会导致职权体系与权力的重新分配。这种组织内部的变革会遇到阻力和对抗，即使在其他各方面都很好的信息系统也会因此而夭折。

很多信息系统项目失败的原因在于因信息系统建设而引发的组织变革过程没有得到足够的重视。成功的系统建设需要谨慎的**变革管理**（change management）。

1. 实施的概念

为了有效地管理因一个新的信息系统实施而引发的组织变革，你必须要了解整个实施过程。**实施**（implementation），尤其是信息系统的实施，是指针对某项创新的采纳、管理和工作惯例化的所有组织活动。在信息系统实施过程中，系统分析员是**变革促进者**（change agent）。一个系统分析员不仅要开发技术解决方案，而且要重新定义组织中不同群体的资源配置、沟通合作关系、岗位活动和权力关系。系统分析员是整个组织变革过程的催化剂，负责确保所有部门参与并接受新系统带来的变革。作为变革促进者，系统分析员要与用户沟通，调和不同利益团体之间的矛盾，并保证组织能完全适应变革。

2. 终端用户的作用

系统的成功实施通常得益于用户的重度参与和管理层的全力支持。用户参与信息系统设计和运行有几个好处。第一，如果用户深度地参与系统设计，他们会有更多机会根据他们的业务需求及其重要性设计系统，有更多的机会控制系统的输出。第二，他们因为积极地参与了变革的过程，也能更积极地使用上线以后的系统。融合了用户的知识和经验的系统，可以带来更好的解决方案。

用户和信息系统专家的关系历来是信息系统实施中可能出现问题的地方。用户和信息系统专家有不同的背景、兴趣和优先顺序，这就是所谓的**用户 – 设计者沟通代沟**（user-designer communications gap）。这些差异导致了不同的组织忠诚度、不同的问题求解方法和表达方式。

例如，信息系统专家通常会高度关注问题求解的技术方案或机器层面的方案，他们会寻找严谨的、复杂的技术解决方案，通常会为了硬件和软件的效率最优化而牺牲系统的易用性与组织效率。而用户喜欢的是能够帮他们解决业务问题或简化组织任务的系统。通常这两类人对于问题的求解方向是不同的，以至于他们连说话用的词汇似乎都不同。

表 14-4 列出了典型的终端用户和技术专家（信息系统设计者）关于一个新系统开发的不同关注点。终端用户和设计者之间的沟通代沟也是用户的需求没有被正确纳入信息系统中，以及用户被排挤在信息系统实施过程之外的主要原因。

表 14-4　终端用户与信息系统设计者之间的沟通代沟

终端用户的关注点	信息系统设计者的关注点
信息系统能提供我们工作需要的信息吗	新系统对服务器有什么需求
我们能在 iPhone、黑莓手机、平板和计算机上访问数据吗	新系统对我们的编程需求如何
为将数据输入系统中，我们需要什么样的新工作程序	数据存在哪里？存储这些数据的最有效的方式是什么
系统的运行影响员工的日常工作程度如何	我们应当用什么技术保障数据安全

当用户和技术专家之间有明显的代沟时，当这两群人继续关注不同的目标时，系统开发项目失败的风险会很高。在这种情况下，用户往往会被赶出项目组，因为用户无法理解技术人员在说什么，所以他们认为整个项目最好由信息系统专家独立来做。

3. 管理层的支持和承诺

如果一个信息系统项目得到各级管理者的支持和承诺，那么用户与技术信息服务人员就很有可能感受到积极的鼓励，他们会认为参与这一系统的开发过程将会受到高层领导的关注和优先考虑，在实施过程中所花的时间和努力将会被认可与奖励。管理层的支持也保证了这个项目成功实施所需的充足的资金和资源。同时，与新系统实施有关的员工工作习惯的有效调适、工作程序的有效变化、任何组织的有效调整都取决于管理层的支持。如果管理人员认为新系统是最优先的工作任务，那么他的下属也会以同样的方式对待这个系统。根据项目管理研究机构的研究，高层管理发起人的积极参与是项目成功的主要因素（Kloppenborg and Tesch，2015；Project Management Institute，2013）。

4. 变革管理的挑战：业务流程再造、企业应用、兼并和收购

鉴于创新和信息系统实施面临的挑战，在企业应用系统和业务流程再造（BPR）项目中

有很高的失败率是不足为奇的，因为这些项目通常需要组织的重大变革，需要撤换那些已深深根植于许多相互关联的业务流程中的旧技术和遗留系统。许多研究表明在所有业务流程再造项目中有 70% 的项目没有获得预期的收益。同样，很大一部分企业应用系统未能完全实现预期目标，有些系统甚至实施了 3 年也不能达到用户要求的目标。

许多企业应用系统和流程再造项目没有很好地得到实施，是因为项目执行得不够有力，变化管理的做法不够有效，没有很好地消除员工对变革的忧虑。应对整个组织的恐惧和焦虑、克服关键管理人员的阻力、改变岗位职责、改变职业晋升路线、改变员工招聘方式等，均对流程再造项目构成较大的威胁，甚至比公司面对业务流程的革命性变革的可视化和设计的困难更大。所有的企业应用的实施均需要不同企业职能部门之间的紧密协调和大范围的业务流程的变革（见第 9 章）。

企业并购相关的项目也有类似的失败率。收购和兼并深受被合并公司的组织特征与 IT 基础架构的影响。把两家不同公司的信息系统整合在一起，通常需要对大范围的组织变革和复杂的系统项目进行很好的管理。如果对系统整合不加以妥善管理，企业可能出现由一个又一个独立的遗留系统合成的一团乱麻一样的系统。如果没有成功的系统集成，企业兼并的预期收益就很难实现，甚至更糟糕的是合并以后的企业都不能有效地执行业务流程。

14.4.3 控制风险因素

已有许多项目管理、需求收集和工作计划的方法可以用来解决信息系统项目实施中的各种问题，并且在保证用户在实施过程中和管理组织变革过程中发挥合适的作用方面，也有多种策略。尽管实施过程中所有方面的问题不是都能容易地被控制或计划，但是预测潜在的问题并采取适当的规避问题的策略，应该有助于增加系统成功的机会。

项目风险管理的第一步是识别项目面临的风险性质和程度，然后实施者针对项目每个风险的不同程度采取适当的风险管理工具和方法进行处理。并不是所有的风险都可以被预先识别，但是通过精细的项目管理，大部分风险还是可以被预先确定的。紧密的沟通和合作文化将有助于项目团队应对许多不可预见的问题（Browning and Ramasesh，2015；Laufer et al.，2015；McFarlan，1981）。

1. 管理技术复杂性

具有挑战性和复杂技术的项目，可以利用**内部集成工具**（internal integration tools）来管理，这些项目的成功取决于如何管好技术的复杂性。项目负责人需要拥有极丰富的技术经验和管理经验，必须能够预见问题，并能够理顺主要技术团队之间的工作关系。项目团队必须要有一个具有雄厚的技术实力和丰富的项目管理经验的领导，以及很有经验的团队成员，应当经常召开团队会议。如果内部缺乏基本的技术技能或专业知识，应当从外部获得。

2. 正式的计划和控制工具

大型项目受益于适当使用**正式的规划工具**（formal planning tools）和**正式的控制工具**（formal control tools）来记录与监控项目计划。两种最常用的方法是甘特图和计划评审图（PERT 图）。**甘特图**（Gantt Chart）列出项目活动的开始和完成日期，可以直观地表示一个开发项目中不同任务的时间计划、持续时间以及人力资源需求（见图 14-4）。图中的长横杠表示每一项任务，其长度与所需完成时间成正比。

HRIS组合计划-HR	天数	人员	2016			2017												2018		
			10月	11月	12月	1月	2月	3月	4月	5月	6月	7月	8月	9月	10月	11月	12月	1月	2月	3月
数据安全管理																				
QMF安全/准备	20	EF TP																		
安全教育	2	EF JA																		
QMF安全维护	35	TP GL																		
数据输入安全文件	4	EF TP																		
数据输入安全视图估计	12	EF TP																		
数据输入安全文件	65	EF TP																		
数据字典																				
教育活动	1	EF																		
数据字典设计	32	EF WV																		
数据字典协调–查找	20	GL																		
数据字典协调–编制	40	EF GL																		
数据字典协调–纠错	35	EF GL																		
数据字典协调–维护	35	EF GL																		
程序修订设计准备																				
工作流（旧）	10	PK JL																		
工资数据流	31	JL PK																		
HRIS P/R模型	11	PK JL																		
P/R界面方向管理	6	PK JL																		
P/R界面协调1	15	PK																		
P/R界面协调2	8	PK																		
福利界面（旧）	5	JL																		
福利界面（新工作流）	8	JL																		
福利沟通战略	3	PK JL																		
新工作流模型	15	PK JL																		
员工数据录入工作流	14	WV JL																		
资源汇总																				
Edith Farrell 5.0		EF	2	21	24	24	23	22	22	27	34	34	29	26	28	19	14			
Woody Vinton 5.0		WV	5	17	20	19	12	10	14	10	2							4	3	
Charles Pierce 5.0		CP		5	11	20	13	9	10	7	6	8	4	4	4	4	4			
Ted Leurs 5.0		TL		12	17	17	19	17	14	12	15	16	2	1	1	1	1			
Toni Cox 5.0		TC	1	11	10	11	11	12	19	19	21	21	21	17	17	12	9			
Patricia Knopp 5.0		PC	7	23	30	34	27	25	15	24	25	16	11	13	17	10	3	3	2	
Jane Lawton 5.0		JL	1	9	16	21	19	21	21	20	17	15	14	12	14	8	5			
David Holloway 5.0		DH	4	4	5	5	5	2	7	5	4	16	2							
Diane ONeill 5.0		DO	6	14	17	16	13	11	9	4										
Joan Albert 5.0		JA	5	6			7	6	2	1				5	5	1				
Marie Marcus 5.0		MM	15	7	2	1	1													
Don Stevens 5.0		DS	4	4	5	4	5	1												
Casual 5.0		CASL		3	4	3			4	7	9	5	3	2						
Kathy Mendez 5.0		KM		1	5	16	20	19	22	19	20	18	20	11	2					
Anna Borden 5.0		AB					9	10	16	15	11	12	19	10	7	1				
Gail Loring 5.0		GL		3	6	5	9	10	17	18	17	10	13	10	10	7	17			
UNASSIGNED 0.0		X										9			236	225	230	14	13	
Co-op 5.0		CO		6	4				2	3	4	4	2	4	16			216	178	
Casual 5.0		CAUL								3	3	3								
总天数			49	147	176	196	194	174	193	195	190	181	140	125	358	288	284	237	196	12

图 14-4　一幅甘特图

这幅甘特图显示了每项任务、人－天数、责任人的首字母、每项任务的起止时间。资源汇总部分为项目管理者提供了全面了解每个人每个月在这个项目中需要工作的天数。本图所示的项目是一个数据管理项目。

尽管甘特图标明了项目任务的起止时间，但没有标明任务间的依存关系，比如一项任务滞后于进度计划，另一项任务是如何受影响的，或者任务应当如何排序。这正是**计划评审图**（PERT charts）的优点。PERT 是指项目计划和评审技术（program evaluation and review technique），是 20 世纪 50 年代美国海军为管理北极星潜艇导弹项目而设计的。PERT 图列出了组成项目的具体活动，以及在某个具体的活动开始前必须完成的活动（见图 14-5）。

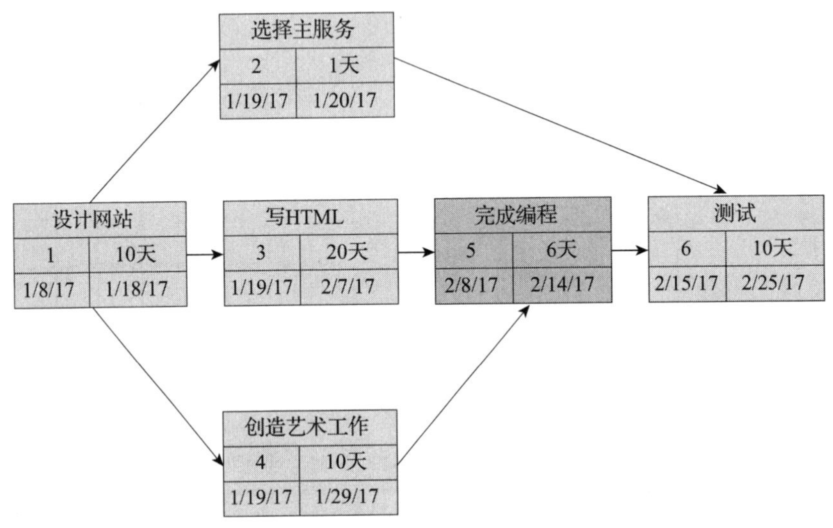

图 14-5　一幅 PERT 图

这是一个创建一个小型网站项目的简化 PERT 图，显示了该项目任务的顺序和任务之间前序与后续的关系。

PERT 图把项目描绘成一个由编号节点（圆形或者方形）构成的网络图，编号节点代表项目中的任务。每个节点都被编号，并且标注了任务、工期、开始时间和完成时间。线条上的箭头方向标明了任务次序，并且标示出在开始一项任务前必须完成哪些任务。在图 14-5 中，节点 2、3、4 的任务彼此独立，可以并行进行，但每个节点都取决于节点 1 任务的完成。由于复杂项目的 PERT 图难以解释，因此项目经理通常同时使用甘特图和 PERT 图。

这些项目管理技术可以帮助管理者及时找出项目计划时间内的任务瓶颈和可能发生的问题及其对项目的影响，还可以帮助系统开发人员将项目分割成更小、更易于管理的、具有明确的可测量成果的细分项目。标准控制技术可以方便地将项目进度与项目预算和目标日期进行比较，从而可以发现实际与计划的偏差。

3. 提升用户参与度，解决用户抵触问题

一些规模较小和有许多未定义需求的项目，需要用户全过程参与，必须动员用户支持众多可能设计方案中的一个方案，并承诺持续参与该方案的实施。**外部集成工具**（external integration tools）提供了把实施团队的工作与组织各层级的用户连接在一起的方法。例如，用户可以成为项目小组的活跃成员，承担领导角色，或负责安装和培训。实施团队要向用户展示其响应能力，要及时回答问题，综合用户的反馈，显示他们乐于提供帮助的意愿。

用户参与实施阶段的工作还不足以解决用户抵制组织变革的问题。系统可能会以不同的方式影响不同的用户，有些用户可能喜欢新系统，因为他们认为新系统带来的变革对他们有利；另一些人可能会抵制这些变革，因为他们认为这些变革可能会损害他们的利益。

如果强调自愿使用系统，用户可能避而不用；如果强制使用系统，可能会提高系统的错误率，以及增加系统中断、员工离职甚至员工故意以破坏的方式表达对新系统的抵制现象。因此，实施策略不仅要鼓励用户参加和介入，而且必须向用户强调抗拒实施所带来的问题。**抗拒实施**（counter implementation）是指故意对抗组织实施信息系统或组织创新的一种行为。

克服用户阻力的策略包括鼓励用户参与（除了改进软件设计以外，还要有承诺）、用户教育和培训、制定管理规章制度、给配合较好的用户以更好的激励等。另外，企业还可以通过改善新系统的终端用户界面的友好性来使其好用和易用。如果在引入新系统之前先解决了组织问题，那么用户将更加容易合作。

在“互动讨论：组织”部分中，我们可以看到一些项目管理的策略，其中描述了斯诺霍米什县公用事业区（Public Utility District，PUD）如何实施新的人力资源系统。

⊙互动讨论：组织

斯诺霍米什县公用事业区实施新的人力资源系统

华盛顿州的斯诺霍米什县公用事业区为33万个家庭提供电力服务，还为面积达2 200平方英里[㊀]土地上的19 000个家庭提供用水服务。2013年，总部位于华盛顿的艾弗雷特（Everett）公司仔细评估了拥有1 100多名员工的强大队伍，其中许多员工经验丰富且能干，但是，超过35%的员工将在5年内退休。这个即将到来的员工流动率以及随之而来的招聘工程师、IT员工和其他技术职位的员工的任务，促使斯诺霍米什县公用事业区重新检视人力资源部门和员工招聘系统。

一个老化的人力资源（HR）系统用来管理员工的数据和福利，只限于人力资源部门的员工使用，其他部门的管理人员不能对员工数据进行修改，也不能获取员工的信息。过时的操作主要有基于纸张的绩效评估记录，并且人力资源系统中的数据需要员工手动传递到工资单系统中。公用事业区的人力资源部门因忙于日常事务性的工作，无法顾及未来成功所需的员工职业发展和人才招聘任务。

首席信息官本杰明·贝贝（Benjamin Beberness）和人力资源总监克里斯蒂·特雷姆（Kristi Treckeme）开始寻找一种自助服务系统，使员工能够访问和更新自己的数据。现在的员工习惯于通过智能手机访问各种个人数据，因此每次遇到小问题时都要联系人力资源部门。更重要的是，今天的高科技员工希望能够随时随地获取信息，不管这些信息是否对完成工作有必要。

公用事业区决定升级其SAP ERP系统，为企业整合和创建统一的员工记录系统，因为SAP对云技术有着如此强烈的承诺，因此决定使用SAP的基于云计算的系统来管理其人力资源记录。公用事业区还决定同时实施SAP基于云的人力资本管理（human capital management，HCM）模块SuccessFactors，该模块具有劳动力计划和人力资源分析功能。

因为在室外工作的员工和在办公室工作的员工都可以从任何地点通过任何设备访问云端数据，所以一个重大的挑战就是要确保员工数据的安全性。在向最终用户培训时必须向用户讲清楚SuccessFactors系统内置的保护员工个人身份信息的安全措施，并满足《健康保险携带和责任法案》(HIPAA）的隐私要求。

为了实施SuccessFactors系统，项目团队采用了一种波浪式的切换方法，即分阶段向员工

㊀ 1平方英里 = 2.59平方千米。

发布一些软件，以便他们逐渐熟悉新系统。2014年3月，公用事业区开始项目的准备阶段，完成了所有主要业务流程的检查和业务流程的设计。紧接着是业务蓝图设计阶段，完成了业务流程和系统需求的详细描述，形成了项目结构与项目定义文档。

到了2014年5月，团队准备发起实现阶段的第一波，把ADP薪资子模块、SuccessFactors的两个子模块——Employee Central和Learning子模块与福利管理子模块（Benefitfocus）一起推出。Employee Central子模块是自助服务人力资源系统的核心，员工可以输入有关个人的技能、成就、专注领域及其熟练程度等数据，管理人员则可以输入员工晋升、薪资变更和聘用合同终止等数据。Employee Central与Learning两个子模块联系起来，培训课程就可以在其中开发、部署和管理了。

2014年11月～2015年3月，实现阶段的第二波推出了SAP Jam，即社交协作工具，以及用于薪酬管理、绩效和目标管理、晋升管理、职业发展和规划，以及能力管理功能的SuccessFactors模块。第三波，也是最后一波实施活动开始于2015年8月，部署了SuccessFactors模块的招聘管理、招聘营销、入职、员工队伍规划和分析以及高级报告功能。这样，当所有业务流程需求均已经实现以后，实现阶段的任务也就完成了。

最后将SAP ERP系统与SuccessFactors集成，完成了最终的系统配置和实施。现在，所有人力资源数据访问都被安全控制，所有员工时间跟踪流程以及ADP工资核算流程均已完成。2015年9月系统开始上线，截至目前已进入支持阶段。

波浪式的系统切换创造了一种持续成功的氛围。这种切换模式和精心组建的项目组共同推动了项目实施的进展。项目组由来自人力资源部门的职能负责人担任项目领导，并由多位战略主题专家（SME）予以协助。战略主题专家在系统实施进程和最终用户测试中轮换加入项目组。项目组成员还包括德勤咨询公司的SAP系统咨询人员。

然而，就像其他任何一个项目一样，这个项目也碰到了一些阻碍。尽管得到了来自公用事业区董事会在内的管理层的全力支持，但该项目因资源分配不当而陷入困境。由于各部门要维持本来的正常运作，因此调动小组成员往往导致原部门或项目组人员配备不足。人力资源部的工作人员通过对人力资源流程全面了解和对SuccessFactors模块进行熟悉，帮助项目组克服了这些困难。

变革管理是具有前瞻性的，是需要时时强调的。从一开始，这个项目就被强调是一个使公司转型的项目，而不是简单的IT项目，以此营造共同参与的氛围。德勤咨询顾问推荐了“变革冠军”的活动。各个部门均成立了部门项目组，以确保部门的同事了解这个系统。项目组成员充当培训师、捣乱者、助手和啦啦队员。在“超级用户”的辅助下，他们使用SuccessFactors中的Learning子模块开展工作，以确保所有员工在系统上线日之前都做好准备。人力资源部门的每一名员工都参加了测试，他们熟悉新系统的各个方面，并能够为他们的同事提供帮助。企业内部成立了一个专门的沟通团队以加强和鼓励这些努力与工作。

项目目标和指标得以成功实现，部分原因是为每个核心业务流程都分配了一位高层领导。这些业务流程的“所有者”已经准备好了备份程序，这使得团队成员能够在现场进行系统实施决策，而不必担心业务流程运行会中断。这也意味着实施该系统主要涉及执行决策链更广泛的问题。

集中的、透明的员工数据不仅可以节省大量的时间，还可以显著提高公司员工的士气。管理人员和员工可以实时监控目标设定与绩效评估，输入反馈意见，并对评论进行实时回应，而不再是之前使用的烦琐的纸质系统。一些过时的人力资源系统被撤掉了，相应的维护成本也没有了。人力资源部的员工不再依赖IT部门产生报告和分析业务。所有人力资源业务流程已经被整合到一个统一的流程中，能够跟踪每一个员工的职业生涯。接下来的工作是继续优化职业发展和岗位规划工具，以便当职位空缺时，不管是通过晋升、辞职还是退休，都可以在公司内部找到一个合适的、有能力的员工。

资料来源：Lauren Bonneau, " This Is Not Your Grandfather's Utility," *SAP Insider Profiles*, October–December 2015; " SAP SuccessFactors: SAP JAM, SAP SuccessFactors: Learning, and SAP SuccessFactors: Employee Central, " www.successfactors.com, accessed February 10, 2016; and Craig Powers, "Snohomish PUD Went to the Cloud for HR: The Result? Success," asugnews.com, May 14, 2015.

案例分析题

1. 斯诺霍米什县的公用事业区人力资源项目有多重要？为什么？
2. 请分类描述该项目成功实施新系统所面临的管理、组织和技术方面的问题。项目团队是如何处理这些问题的？
3. 请描述项目组的组成，这样的组成有多重要？为什么？
4. 为什么认为斯诺霍米什县公用事业区的人力资源系统的实施是成功的？请解释你的答案。

14.4.4　组织设计

由于新信息系统的目标往往是改善组织绩效，因此信息系统项目必须重视新系统实施后组织将要发生的变化，包括开发移动和 Web 应用的项目。另外，除了业务程序的变化以外，业务流程、岗位职能、组织架构、权力关系和工作环境的变革都应当被认真地策划和设计。

随着对人机工效学问题的关注，用户与系统界面的设计问题也需要特别注意。**人机工效学**（ergonomics）是指在工作环境中人和机器的交互关系，关注岗位设计、员工健康问题、终端用户信息系统的界面设计等。表 14-5 列出了当计划实施信息系统时需要强调的组织方面的内容。

表 14-5　信息系统规划和实施中的组织因素

员工参加和介入
岗位设计
标准和绩效监控
人机工效学（包括装备、用户界面和工作环境）
员工投诉解决程序
健康和安全
符合政府监管

虽然系统分析和设计活动应该包括系统对组织的影响分析，但实际上这方面的内容常常被忽视。**组织影响分析**（organizational impact analysis）用来分析计划实施的信息系统将如何影响组织结构、员工态度、决策制定和业务运营。为了成功地将信息系统实施与组织设计进行整合，企业在开发过程中必须非常重视对组织的影响评估进行充分详尽的记录。

社会技术设计

解决人和组织问题的方法之一是在信息系统项目中融入**社会技术设计**（sociotechnical design）的经验。设计者已经提供了不同的技术设计和社会设计的解决方案。其中，社会设计方案解决的是不同的工作组结构、任务分配和员工岗位设计等方面的问题。把技术设计的解决建议方案与社会设计的解决方案进行比较，我们发现最好的解决方案要同时符合社会和技术目标，并以此作为选择最终设计方案的标准。希望由此得到的社会技术设计解决方案可以实现把技术效率目标和满足组织与员工需求结合起来，从而帮助提升工作满意度和生产效率。

14.4.5　项目管理的软件工具

商业软件工具使项目管理的许多事情可以自动完成，使项目管理过程变得很便捷。项目管理软件通常具有以下功能：任务定义和任务排序、分配任务资源、记录计划任务的开始和结束时间、过程跟踪、任务和资源变更等。许多软件工具可以自动创建甘特图和 PERT 图，并且提供沟通、协作和社交工具。

有些项目管理工具本身就是一个大型的复杂软件，适用于管理非常大型的项目、分散的工作团队和企业职能。这些高端的工具可以管理大量的任务、活动及其复杂的关系。目前使用最广泛的项目管理工具是微软的 Project，但是也有针对小型项目和小型企业的低成本工具，如 Zoho Projects 和 Teamwork Projects，这些工具可以像微软 Project 的某些版本一样在云中使用。现在许多项目管理应用软件都提供基于云计算的版本，以便项目团队成员可以在任何地方工作，访问项目管理工具及其数据。Huddle、Clarizen 和 Citrix Podio 是基于云计算的项目管理软件的一些例子（Reisinger，2016）。

项目管理软件可以帮助组织跟踪单个项目、分配资源和管理成本，而**项目组合管理软件**（project portfolio management software）可以帮助企业管理多个项目以及它们之间的相互关系，帮助管理者审核、比较项目的建议方案，根据公司预算及资源能力水平确定能达成组织战略目标的项目的最优组合和优先次序。

本章小结

1. 项目管理的目标是什么？为什么在信息管理系统开发过程中进行项目管理是必不可少的？

为了确保系统能在预算控制范围内且按时交付，创造真正的商业价值，良好的项目管理是至关重要的。项目管理活动包括工作计划、风险评估、评估和获取完成工作所需资源、工作分配、指导执行、结果分析。项目管理必须要处理好五个主要的变量：项目范围、项目时间、项目成本、质量和项目风险。

2. 可以采用什么方法选择和评估信息系统项目，并且使其和公司业务目标保持一致？

组织需要有一个信息系统规划，该规划描述了利用信息技术如何支持其业务目标的实现，描述所有的系统应用和 IT 基础设施的各个组成部分。大型公司需要在管理上做出安排，以保证最重要的信息系统项目获得优先权。它可以运用关键绩效指标、应用组合分析和评分模型对多个信息系统项目方案进行评估和选择。

3. 公司如何评估信息系统项目的商业价值？

要确定信息系统项目是值得投资的，必须计算它的成本和收益。有形收益是可以量化的，而不能立即量化的无形收益在未来可能会产生可以量化的收益。公司对于高于成本的收益可以运用资本预算方法进行分析，以确保满足自身对项目有良好回报的预期。

4. 信息系统项目有哪些主要风险因素？如何来管理？

系统开发项目的风险大小取决于如下因素：①项目规模；②项目结构；③技术经验。在项目开发过程中，由于用户参与项目不足或者不当、缺少管理层支持、项目实现过程中管理不善等原因，信息系统项目很可能失败。因为涉及广泛的组织变革，业务流程再造、企业级应用系统和并购项目等这类项目的失败率是非常高的。

系统实施是指在新的信息系统引入时引发的组织变革的整个过程。项目实施中用户的参与和支持、管理层的支持、实施过程的控制是必不可少的，这些也是应对新系统项目实施风险的机制。项目风险因素可以通过项目管理的权变方法进行某种控制。根据每一个项目的风险大小不同，可以综合采用外部集成工具、内部集成工具、正式的规划方法、正式的控制工具等适当的组合方法。

> MyMISLab
>
> 完成标有 MyMISLab 标记的问题，请到 MyMISLab 的 EOC 讨论问题部分。

复习题

14-1 项目管理的目标是什么？为什么它在信息系统开发中至关重要？

- 描述由项目管理不善所引起的信息系统问题。
- 定义项目管理，列出和描述通过项目管理解决的项目管理活动问题与变量。

14-2 哪些方法可用于选择和评价信息系统项目，并使其与企业目标保持一致？

- 列出并描述信息系统项目管理中各团队的职责。
- 描述信息系统规划的目的和主要类型。
- 解释关键绩效指标、应用组合分析、评分模型怎样用于选择信息系统项目。

14-3 公司如何评价信息系统项目的商业价值？

- 列出并描述信息系统的主要成本和收益。
- 区分有形收益和无形收益。

14-4 在信息系统项目中，主要风险因素是什么？如何管理风险？

- 识别并描述信息系统项目中的主要风险因素。
- 解释为什么新系统的建设者需要解决系统实施和变革管理问题。
- 解释为什么管理层和最终用户的支持，对信息系统项目的成功至关重要。
- 解释为什么涉及企业应用、业务流程再造和并购的项目有很高的失败率。
- 识别并描述控制项目风险的策略。
- 识别在项目规划和实施过程中应重视的组织因素。
- 解释项目管理软件如何有助于实现成功的项目管理。

讨论题

14-5 MyMISLab 项目管理对新信息系统的成功有多大影响？

14-6 MyMISLab 通常信息系统的失败是因为系统建设者忽视了组织行为问题。为什么会如此？

14-7 MyMISLab 最终用户在信息系统项目管理中发挥什么作用？

MIS 实践项目

本部分的项目将提供评估信息系统项目的实践机会。请使用电子表格软件为新的信息系统投资进行资本预算分析，并使用网络工具分析新房贷款。访问 MyMISLab 的多媒体库以访问本章 MIS 实践项目。

管理决策问题

14-8 美国人口普查局启动了一个 IT 项目，旨在为人口普查人员配备高科技手持设备，设备可以让人口普查员直接把输入的数据发送到总部，从而可以节约纳税人的钱。2006 年，人口普查局与 Harris 公司签署了价值 6 亿美元的合同，准备部署 500 000 个这种手持设备，但无法确定这种设备需要实现哪些功能。人口普查局官员没有通过测试流程评价这些手持设备的性能。随着项目的不断进行，增加了 400 个项目需求变更。2 年的时间和几亿纳税人的钱投入后，因手持设备仍然太慢和不稳定而无法用于 2010 年的美国人口普查。人口普查局管理层和 Harris 公司能做些什么避免这样的结果发生？

14-9 卡特彼勒（Caterpillar）公司是世界领先的挖掘机械制造商和农业设备供应商。卡特彼勒希望结束其对经销商业务系统（Dealer Business System，DBS）的支持。这套系统是通过授权给经销商使用的，以帮助经销商管理经营业务。这套系统的软件逐渐过时，高层管理者想由埃森哲咨询公司接手该软件托管版本的支持工作，这样他们就可以专注于核心业务。卡特彼勒从来没有要求经销商必须使用 DBS，但是该系统事实上已经成为经销商与公司进行业务往来的标准。北美 50 家经销商中绝大多数都使用相同的 DBS 版本，在世界其他地区大约 200 家经销商中有半数左右也是这样的情况。在卡特彼勒把软件系统移交给埃森哲之前，应该考虑哪些因素和问题？应该问一些什么问题？经销商应该问一些什么问题？

改善决策：利用电子表格软件为一个新 CAD 系统制定资金预算

软件技能：电子表格的公式与函数

业务技能：资金预算

14-10 这个项目将为你提供一个机会，使用本章讨论的电子表格软件和资金预算模型分析一个新的 CAD 系统的投资回报率。

贵公司想投资一个新的 CAD 系统，该系统需要购买硬件、软件和网络技术，以及进行系统安装、培训和支持。MyMISLab 的表格给出了新系统每个组件的成本和 5 年中每年的维护费用，在学习跟踪模块中提供了资金预算模型。你相信该新系统通过减少重复设计和设计说明书所需的劳动力，每年都会节约开支，因此会增加公司年度现金流。

- 使用表格中提供的数据，创建一个工作表，计算 5 年内的投资成本和收益，并用本章学习跟踪模块中的 4 个资金预算模型分析该投资。
- 这项投资有价值吗？为什么？

改善决策：利用网络工具购买住宅并为其融资

软件技能：基于互联网的软件

业务技能：财务规划

14-11 本项目将提升你的技巧，请用基于网络的软件搜索一处住宅，并计算该住宅的抵押贷款融资金额。

你希望在科罗拉多州的柯林斯堡（Fort Collins）买一所房子。在理想情况下，你想买一所独栋的房子，至少有 3 间卧室、1 间浴室且费用在 1 万 ~ 30 万美元，准备以 30 年期的固定利率抵押贷款还贷。你可以负担房子价值 20% 的首付。在你购买房子之前，你想去搜索什么样的房子在你的价格范围内，找到一个抵押贷款，并确定你每月所需还贷的金额。用

Realtor.com 网站帮助你完成以下任务：

- 找到符合你要求的在科罗拉多州柯林斯堡的住房。
- 找到一家可提供房屋总价 80% 的抵押贷款公司，至少比较 3 家公司的利率（除雅虎外的搜索引擎）。
- 选择一家抵押贷款公司，计算你的最终成本和月付款。

当你完成上述任务后，你可以评价整个过程，例如评价网站的易用性、你找到购房信息和抵押贷款信息的能力、你找到的信息的准确性、房屋和贷款的可选择范围。

团队协作项目

识别实施问题

与三四名学生组成一个小组。针对本章中互动讨论或章尾案例研究中提到的系统，描述你认为可能遇到的实现问题。对于将采取什么步骤解决或防止这些问题，请写一份分析报告。如果可能的话，请使用 Google Docs、Google Drive 和 Google Sites，集思广益并制作演示文稿报告你们的结果。

案例研究

费城 311 项目：Brotherly Love 城市将问题转化为机遇

费城 311 是费城市政府集中式非紧急联络中心，可供所有居民、企业和访客使用。使用费城 311，你可以知道如何创业，如何与当地警区联系，如何发出修理交通信号灯、修复坑洼或清除涂鸦等服务请求。你也可以使用费城 311 报告废弃的车辆、不安全 / 不适当的住房条件和投诉。你可以通过电话，也可以使用网站或移动 App 联系费城 311。费城 311 每年收到 100 多万个电话。

通过 311 请求服务，通常有预设的时间来采取行动或解决问题。在收到服务请求后，费城 311 向居民提供一个参考号码以追踪请求的状态，因为这个服务请求通过呼叫费城 311 呼叫中心、访问费城 311 网站或使用移动 App，会被转移到不同的部门。居民可以将照片传送给市政官员，以便更有效地响应服务呼叫，并实时接受和更新请求的状态。政府官员也能够从费城 311 系统中挖掘数据，发现趋势，帮助城市工作人员发现并解决居民的问题。费城 311 还有一个社区门户网站，允许有共同关注话题的居民之间进行互动，也可以直接与市政部门以及官员进行互动。系统包括 GPS 集成的地图，以便公众和市政府可以按地点查看服务请求。

费城 311 在居民中非常受欢迎，赢得了 98% 的顾客满意度，而且费城 311 并不是传统的政府呼叫中心。居民可以通过电话、电子邮件、邮件、接待中心或费城移动 App 与费城 311 联系。费城 311 也通过社交媒体扩展了其服务。费城 311 在 Facebook 和 Twitter 上的账户由经验丰富的代理人管理，他们回答问题并根据用户交互输入服务请求。自 2012 年年初以来，费城 311 的社交媒体粉丝增长了 360%。

费城 311 始于一个传统的 311 呼叫中心（电话号码 3-1-1 是加拿大和美国许多社区用来提供非紧急市政服务的特殊电话号码）。费城 311 的第一个版本旨在为公众提供快速、简单地通过电话回应所有的城市服务和信息的通道。

当市长迈克尔 A. 纳特（Michael A. Nutter）2007 年上任时，他提议建立一个更加透明、高效的政府，提高诚信度，开放数据，提高政府的责任感。纳特政府希望给费城人授权，并与他们一起处理居民最关心的、与政府有关的问题。根据费城首席客户服务官萝塞塔·吕（Rosetta Lue）的说法，客户永远是对的，但是如果我们听不到客户的声音，那我们就走远了。费城的市民是市政府的客户，市政府应该尽可能地使用最好的工具来确保每位居民都能联系到它，并能被清楚地听到。过去，当费城市民给311打电话请求服务时，比如他们想要修复一个坑洞，他们不知道市政府什么时候能够解决这个问题，这使居民感到非常沮丧，并一再地打电话告知市政府。

升级费城311项目的时间表是很激进的，旨在使新中心在2008年年底投入运行。经理杰弗里·弗里德曼（Jeffrey Friedman）和帕特里克·摩根（Patrick Morgan）聘请了一个外部咨询小组为311系统制订一个计划和范围。2008年6月，纳特市长和市政总裁兼首席执行官卡米尔·巴尼特（Camille Barnett）批准了实施策略。萝塞塔·吕于2008年5月加入费城311项目团队。该项目团队共同努力制定了呼叫中心的内部测试需求。来自不同城市的30名代表帮助费城311知识库提供了2 000多篇关于城市服务和市政信息的文章。

2008年9月，全国性金融危机导致费城311的预算大幅下调，影响了费城311的实施。然而与此同时，这场危机创造了一个机会，通过使用既定的城市服务和技术开发了一个成本相当低的解决方案。费城311项目团队并没有为客户关系管理（CRM）系统实施新软件，而是与该市技术部门合作，实施了一个具有CRM功能的、较便宜的、基于网络的解决方案。这种基于网络的系统与其他系统集成在一起，例如客服代表能够查询市政信息，并直接将服务请求输入服务部门的综合工作系统。费城311新预算的限制也压缩了招聘人数。费城311并没有雇用经验丰富的呼叫中心客服代表，而是聘请了内部转移的人员以及由于预算削减而被解雇的员工。实施时间上的拖延让罗塞塔·吕和她的团队有更多的时间研究这个问题，并制订一个合理的解决方案。

萝塞塔·吕希望确保系统易于客户使用，所以当地居民从一开始就参与了新的费城311设计。让用户尽早参与这个过程，也节约了系统实施和推出的时间。他们汇集来自不同城市部门的大约100人，让他们对技术和新的业务流程说出喜欢什么，不喜欢什么。这样，他们就有机会看到数据如何进入，如何使用，以及费城如何更有效率。

费城311项目得到了纳特市长和该市常务董事的全力支持。升级的呼叫中心于2008年12月31日开通，新的费城311网站于2009年1月上线。该网站与呼叫中心具有许多相同的功能，即客户可以与311联系，通过电子邮件报告问题或咨询公共服务。为了让费城311通过多种渠道更加方便市民，2009年10月，该市开展了社交媒体活动，并通过社交媒体扩大了公众影响范围。费城311建立了一个Twitter账户，为市民提供了一个接收信息的新途径。

在费城这样的城市里，生活在贫困线以下的居民比例高于平均水平，城市领导意识到他们需要在个人社区建立信任，宣传和提供费城311服务。该市聘请社区参与协调员解决社区关注的问题，并监督实施邻里联络计划（Neighborhood Liaison Program，NLP)。该计划培训志愿者记录社区会议期间讨论的项目，并鼓励社区领导人将邻居的公共服务问题直接交给费城311。在该计划实施的第一年里，600个街区联络员接受了培训，在该计划启动两年之后，邻里联络员人数翻了一番。

费城311于2012年推出了移动App，为居民提供了与费城311连接的另一种方式，也允许客户在其服务请求中添加现场和实时图像。该应用免费向公众开放，可以被下载到智能手机上，也可以在需要时加入小附件，如选举日和小学课程的小部件。移动费城311 App是第一个以16种不同语言提供的311应用程序，来自App的请求现在占费城311收到的请求的18%。

费城311的流量稳步增加，截至2012年年底，费城311已经接到了500万个电话。服务的普及显示了系统的巨大好处和普及性，但也造成了运营的压力。2011年一项独立分析发现，现有的系统已没有能力继续支持费城不断增长的服务需求。该系统不是为了处理大量的数据而建立的，也不能轻易将有关市民的电话、投诉和后续数据存档。这些技术上的不足阻碍了城市提供处理数据或改变业务流程来提高员工的工作效率。

现在正是应该投资新技术来跟上当前的需求，并为未来的技术和业务发展奠定基础的时候。经过几个月的规划，该市最终确定了一个解决方案。项目规划过程特别注意为新系统定义了一组详细的业务和技术需求。选择的解决方案包含多个模块，使城市管理人员能够选择哪些功能是最关键的。邻里社区门户网站允许市民与邻居以及志同道合的居民沟通他们关心的问题。纳特市长最终获得了 1.2 亿美元的项目资金来升级技术基础设施，并选择费城 311 作为其中一个投资项目。

经过严格的 RFP 选择过程后，优利系统公司（Unisys）被选定为该项目的 IT 实施方，并选择 Salesforce 的云计算平台作为该系统的基础软件。优利系统公司在 Salesforce 平台上为弗吉尼亚州汉普顿市和伊利诺伊州埃尔金市实施了类似的 311 系统。这个城市选择了 Salesforce.com，部分原因在于它作为平台的功能。除了功能全面的 CRM 外，Salesforce.com 还拥有自己的应用商店（App Store）和云平台，用于构建与运行 App。这样，费城就可以通过这个项目机会来利用 Salesforce 平台上的其他 App。

2014 年 12 月发布的新 CRM 系统更加强大，将城市的知识库、服务部门的工作订单系统和社区参与计划集成到一个客户门户中。该系统提高了城市分享知识和部门间工作的能力，并创建了一个社交平台，促进邻居与利益相关者之间的对话，因为他们希望进行合作，分享最佳实践，组织活动来改善社区。新的费城 311 帮助城市利用包括社交媒体数据在内的各种通信，以更好地了解市民的需求。

费城 311 已经被费城人广泛接受，并获得了无数的赞誉。2013 年，费城 311 被选为 ICMI 全球呼叫中心奖的入围者。该系统已经扩大了范围，甚至成了费城以外的资源和榜样。2015 年，它获得了政府电脑新闻奖中的优秀 IT 资讯奖。2015 年，费城 311 成为联合国公共服务奖的入围者，被全世界观众关注。费城 311 帮助建立了一个更加可靠的城市政府，并使费城成为一个受欢迎的和可连接的城市。

资料来源：Rosetta Carrington Lue and Cory Fleming with Amanda V. Wagner, " Creating a Welcoming and Connected City: The Philadelphia Experience, " www.phila.gov, accessed January 11, 2016; Derek Major, " Philly 311: Innovation that Was Worth the Wait, " *Government Computer News*, October 15, 2015; Jake Williams, " Philadelphia Rolls Out Innovation Blueprint, 311 Upgrade, " statescoop.com, February 19, 2015; City of Philadelphia, " Mayor Nutter Announces Successful Launch of New Philly 311 System," February 18, 2015; and Lauren Hertzler, " Philadelphia Unveils Enhanced 311 System at Innovation Summit," bizjournals.com, February 19, 2015.

案例分析题

14-12 评估费城 311 项目对费城管理及其市民的重要性。

14-13 为什么费城 311 项目如此成功？什么样的管理、组织和技术方面的因素促成了它的成功？

14-14 费城用于费城 311 项目的风险缓解策略是什么？它们是如何帮助降低风险的？

MyMISLab

请到 MyMISLab 的作业部分完成这些书面练习。

14-15 确定并描述帮助管理者选择信息系统项目的三种方法。

14-16 比较两种主要的计划和控制工具。

参考文献

1E. "The Real Cost of Unused Software." www.1E.com, accessed February 5, 2016.

Appan, Radha and Glenn J. Browne. "The Impact of Analyst-Induced Misinformation on the Requirements Elicitation Process." *MIS Quarterly* 36, No 1 (March 2012).

Banker, Rajiv. "Value Implications of Relative Investments in Information Technology." Department of Information Systems and Center for Digital Economy Research, University of Texas at Dallas, January 23, 2001.

Barki, Henri, Suzanne Rivard, and Jean Talbot. "An Integrative Contingency Model of Software Project Risk Management." *Journal of Management Information Systems* 17, No. 4 (Spring 2001).

Bloch, Michael, Sen Blumberg, and Jurgen Laartz. "Delivering Large-Scale IT Projects on Time, on Budget, and on Value." *McKinsey Quarterly* (October 2012).

Brock, Jon Tamim Saleh and Sesh Iyer. "Large-Scale IT Projects: From Nightmare to Value Creation." Boston Consulting Group (May 20, 2015).

Browning, Tyson, R. and Ranga V. Ramasesh. "Reducing Unwelcome Surprises in Project Management." *MIT Sloan Management Review* (Spring 2015).

Brynjolfsson, Erik and Lorin M. Hitt. "Information Technology and Organizational Design: Evidence from Micro Data." (January 1998).

Ditmore, Jim. "Why Do Big IT Projects Fail So Often?" *Information Week* (October 29, 2013).

Dubravka Cecez-Kecmanovic, Karlheinz Kautz, and Rebecca Abrahall. "Reframing Success and Failure of Information Systems: A Performative Perspective." *MIS Quarterly* 38, No. 2 (June 2014).

Chandrasekaran, Sriram, Sauri Gudlavalleti, and Sanjay Kaniyar. "Achieving Success in Large Complex Software Projects." *McKinsey Quarterly* (July 2014).

Clement, Andrew and Peter Van den Besselaar. "A Retrospective Look at PD Projects." *Communications of the ACM* 36, No. 4 (June 1993).

Delone, William H. and Ephraim R. McLean. "The Delone and McLean Model of Information Systems Success: A Ten-Year Update. *Journal of Management Information Systems* 19, No. 4 (Spring 2003).

Flyvbjerg, Bent and Alexander Budzier. "Why Your IT Project May Be Riskier Than You Think." *Harvard Business Review* (September 2011).

He Jun and William R. King. "The Role of User Participation In Information Systems Development: Implications from a Meta-Analysis." *Journal of Management Information Systems* 25, No. 1 (Summer 2008).

Hitt, Lorin, D. J. Wu, and Xiaoge Zhou. "Investment in Enterprise Resource Planning: Business Impact and Productivity Measures." *Journal of Management Information Systems* 19, No. 1 (Summer 2002).

Housel, Thomas J., Omar El Sawy, Jianfang Zhong, and Waymond Rodgers. "Measuring the Return on e-Business Initiatives at the Process Level: The Knowledge Value-Added Approach." ICIS (2001).

Jeffrey, Mark and Ingmar Leliveld. "Best Practices in IT Portfolio Management." *MIT Sloan Management Review* 45, No. 3 (Spring 2004).

Jiang, James J., Jamie Y. T. Chang, Houn-Gee Chen, Eric T. G. Wang, and Gary Klein. "Achieving IT Program Goals with Integrative Conflict Management." *Journal of Management Information Systems* 31, No. 1 (Summer 2014).

Karhade, Prasanna, Michael J. Shaw, and Ramanath Subramanyam. "Patterns in Information Systems Portfolio Prioritization: Evidence from Decision Tree Induction." *MIS Quarterly* 39, No.2 (June 2015).

Keen, Peter W. "Information Systems and Organizational Change." *Communications of the ACM* 24 (January 1981).

Keil, Mark, H. Jeff Smith, Charalambos L. Iacovou, and Ronald L. Thompson. "The Pitfalls of Project Status Reporting." *MIT Sloan Management Review* 55, No. 3 (Spring 2014).

Keil, Mark, Joan Mann, and Arun Rai. "Why Software Projects Escalate: An Empirical Analysis and Test of Four Theoretical Models." *MIS Quarterly* 24, No. 4 (December 2000).

Kim, Hee Woo and Atreyi Kankanhalli. "Investigating User Resistance to Information Systems Implementation: A Status Quo Bias Perspective." *MIS Quarterly* 33, No. 3 (September 2009).

Kloppenborg, Timothy J. and Debbie Tesch. "How Executive Sponsors Influence Project Success." *MIT Sloan Management Review* (Spring 2015).

Kolb, D. A. and A. L. Frohman. "An Organization Development Approach to Consulting." *Sloan Management Review* 12 (Fall 1970).

Lapointe, Liette and Suzanne Rivard. "A Multilevel Model of Resistance to Information Technology Implementation." *MIS Quarterly* 29, No. 3 (September 2005).

Laudon, Kenneth C. "CIOs Beware: Very Large Scale Systems." Center for Research on Information Systems, New York University Stern School of Business, working paper (1989).

Laufer, Alexander, Edward J. Hoffman, Jeffrey S. Russell, and W. Scott Cameron. "What Successful Project Managers Do." *MIT Sloan Management Review* (Spring 2015).

Lee, Jong Seok, Mark Keil, and Vijay Kasi. "The Effect of an Initial Budget and Schedule Goal on Software Project Escalation." *Journal of Management Information Systems* 29, No. 1 (Summer 2012).

Li, Xitong and Madnick, Stuart E. "Understanding the Dynamics of Service-Oriented Architecture Implementation." *Journal of Management Information Systems* 32, No. 2 (2015).

Liang, Huigang, Zeyu Peng, Xue Zeyu, Guo Yajiong, and Wang Xitong. "Employees' Exploration of Complex Systems: An Integrative View." *Journal of Management Information Systems* 32 No. 1 (2015).

Liang, Huigang, Nilesh Sharaf, Qing Hu, and Yajiong Xue. "Assimilation of Enterprise Systems: The Effect of Institutional Pressures and the Mediating Role of Top Management." *MIS Quarterly* 31, No. 1 (March 2007).

Mastrogiacomo, Stefano, Stephanie Missonier, and Riccardo Bonazzi. "Talk Before It's Too Late: Reconsidering the Role of Conversation in Information Systems Project Management." *Journal of Management Information Systems* 31, No. 1 (Summer 2014).

McFarlan, F. Warren. "Portfolio Approach to Information Systems." *Harvard Business Review* (September–October 1981).

Mumford, Enid and Mary Weir. *Computer Systems in Work Design: The ETHICS Method*. New York: John Wiley (1979).

Polites, Greta L. and Elena Karahanna. "Shackled to the Status Quo: The Inhibiting Effects of Incumbent System Habit, Switching Costs, and Inertia on New System Acceptance." *MIS Quarterly* 36, No. 1 (March 2012).

Project Management Institute. *A Guide to the Project Management Body of Knowledge* (5th ed.). Newtown Square, PA: Project Management Institute (2013).

__________"The High Cost of Low Performance." (2016).

Ramasubbu, Narayan, Anandhi Bharadwaj, and Giri Kumar Tayi. "Software Process Diversity: Conceptualization, Measurement, and Analysis of Impact on Project Performance." *MIS Quarterly* 39, No. 4 (December 2015).

Reisinger, Don. "10 Cloud-Based Project Management Tools to Serve Every Company's Needs." *eWeek* (March 10, 2016).

Rivard, Suzanne and Liette Lapointe. "Information Technology Implementers' Responses to User Resistance: Nature and Effects." *MIS Quarterly* 36, No. 3 (September 2012).

Ross, Jeanne W. and Cynthia M. Beath. "Beyond the Business Case: New Approaches to IT Investment." *Sloan Management Review* 43, No. 2 (Winter 2002).

Ryan, Sherry D., David A. Harrison, and Lawrence L Schkade. "Information Technology Investment Decisions: When Do Cost and Benefits in the Social Subsystem Matter?" *Journal of Management Information Systems* 19, No. 2 (Fall 2002).

Schmidt, Roy, Kalle Lyytinen, Mark Keil, and Paul Cule. "Identifying Software Project Risks: An International Delphi Study." *Journal of Management Information Systems* 17, No. 4 (Spring 2001).

Schwalbe, Kathy. *Information Technology Project Management* (8th ed.). Cengage (2016).

Sharma, Rajeev and Philip Yetton. "The Contingent Effects of Training, Technical Complexity, and Task Interdependence on Successful Information Systems Implementation." *MIS Quarterly* 31, No. 2 (June 2007).

Smith, H. Jeff, Mark Keil, and Gordon Depledge. "Keeping Mum as the Project Goes Under." *Journal of Management Information Systems* 18, No. 2 (Fall 2001).

Sting, Fabian J., Christoph H. Loch, and Dirk Stempfhuber. "Accelerating Projects by Encouraging Help." *MIT Sloan Management Review* (Spring 2015).

Swanson, E. Burton. *Information System Implementation*. Homewood, IL: Richard D. Irwin (1988).

Sykes, Tracy Ann. "Support Structures and Their Impacts on Employee Outcomes: A Longitudinal Field Study of an Enterprise System Implementation." *MIS Quarterly* 39, No. 2 (June 2015).

Tornatsky, Louis G., J. D. Eveland, M. G. Boylan, W. A. Hetzner, E. C. Johnson, D. Roitman, and J. Schneider. *The Process of Technological Innovation: Reviewing the Literature*. Washington, DC: National Science Foundation (1983).

Vaidyanathan, Ganesh. *Project Management: Process, Technology and Practice*. Upper Saddle River, NJ: Prentice Hall (2013).

Wang, Eric T. G., Gary Klein, and James J. Jiang. "ERP Misfit: Country of Origin and Organizational Factors." *Journal of Management Information Systems* 23, No. 1 (Summer 2006).

Westerman, George. "IT Is from Venus, Non-IT Is from Mars." *Wall Street Journal* (April 2, 2012).

Xue, Yajion, Huigang Liang, and William R. Boulton. "Information Technology Governance in Information Technology Investment Decision Processes: The Impact of Investment Characteristics, External Environment, and Internal Context." *MIS Quarterly* 32, No. 1 (March 2008).

Yin, Robert K. "Life Histories of Innovations: How New Practices Become Routinized." *Public Administration Review* (January–February 1981).

Zhu, Kevin and Kenneth L. Kraemer. "E-Commerce Metrics for Net-Enhanced Organizations: Assessing the Value of e-Commerce to Firm Performance in the Manufacturing Sector." *Information Systems Research* 13, No. 3 (September 2002).

CHAPTER15

第15章 管理全球项目

LEARNING OBJECTIVES

学习目标

通过阅读本章，你将能够回答如下问题：

- 推动业务国际化的主要因素有哪些？
- 发展全球企业有哪些替代战略？
- 全球信息系统和管理解决方案面临的挑战是什么？
- 发展国际信息系统时需要考虑哪些问题和技术选择？

MyMISLab™
访问 mymislab.com 来获得模拟、辅导材料和课后问题。

开篇案例｜邓禄普飞机轮胎与客户关系管理在全球“起飞”

位于英国伯明翰的邓禄普飞机轮胎有限公司专门从事从设计到交付飞机轮胎和管材的生产，使用最先进的精密制造和翻新技术。该公司是世界上唯一的、专门的飞机轮胎制造商和翻新公司。邓禄普飞机轮胎可以为民用和军用航空市场上300多种不同类型的飞机提供轮胎，全面的产品系列由全年每天24小时服务作为支持。邓禄普的客户包括遍布全球的主要国际航空公司、飞机制造商、车轮制动器制造商等。该公司致力于为全球各地的飞机运营商提供高质量、高标准客户服务的新型或翻新的飞机轮胎。

在过去的10年中，公司在全球的影响力迅速增加。它已经在中国和美国开展了飞机翻新和分销业务。目前，邓禄普出口的产品占伯明翰生产的产品的80%以上，但它想扩大在全球的业务，以便可以实施飞机轮胎生产和翻新的本地化战略。作为飞机行业的供应商，邓禄普的业务需要高度的个性化，并且需要高度关注与客户，特别是潜在客户的沟通。

为了做到这一点，邓禄普不得不用一个更强大的可扩展系统和销售平台替换一些传统系统，提高全球销售量，并增强与客户相关的功能的可视性、严谨性和一致性，提供关于前景和客户的及时、准确的信息。流程、策略和沟通工具需要在每个地点进行协调。邓禄普一直在尝试将 ERP、单独的数据库和电子表格结合起来，而这些系统还不够充分集成起来做这项工作。

分析了来自 Infor、微软 Dynamics 和 Salesforce 的客户关系管理产品之后，公司选择了 Infor CRM 作为系统解决方案。Infor CRM 作为云服务提供商，较好地满足了邓禄普的信息需求，并补充了公司现有的 ERP 系统（现有的 ERP 系统也是 Infor 公司的产品）。作为云服务进行系统实施的进展非常迅速。

Infor CRM 为销售、市场营销、客户服务和支持团队提供了每个客户接触点的完整视图。无论是在办公室还是在现场，使用 Infor CRM 的公司能够最大限度地发挥整个客户生命周期中每个交互的影响。CRM 系统具有特定行业的功能、深度集成、移动设备的功能以及在云中、内部或两者都能运行系统的选项。

邓禄普新的全球客户关系管理系统正被用于支持市场细分，并加强与各地客户服务团队的协调。该系统提供了客户生命周期的完整视图，包括历史数据和生产数据，帮助提高客户服务质量和满意度。根据邓禄普市场经理斯图尔特・霍克（Stuart Hawker）的说法，Infor CRM 为公司提供了一系列有关销售和客户关系管理活动的最佳实践，利用准确、一致的数据集，以及时、用户友好的方式做出更好的决策。管理人员可以通过自动化流程在多个时区中简化操作和管理，从而在全球范围内同步数据。

资料来源：www.aviationpros.com, accessed January 10, 2016; www.dunlop.com, accessed January 9, 2016; "Dunlop Aircraft Tyres: A Case Study on CRM and Geographic Expansion," November 30, 2015; and Infor, "Dunlop Aircraft Tyres Takes Off with Infor," June 1, 2015.

如果企业想要在全球范围内运营，就要考虑邓禄普飞机轮胎公司创建全球客户关系管理系统的过程中遇到的问题。像许多大型跨国公司一样，邓禄普在许多不同的国家中都有经营单位和销售办事处。这些单位都有自己的系统、业务流程和报告标准。因此，邓禄普集团无法有效协调全球多个国家和地区的客户与客户关系。该公司的系统无法提供个性化的信息、关注客户以及协调业务战略所需的本地化操作。

下图提出了本案例和本章提出的重要论点。为了改善全球管理和面向客户的业务流程，邓禄普飞机轮胎公司实施了基于 Infor CRM 软件的全球新系统。该系统集成了来自全球不同业务地点的客户和其他信息。邓禄普新型的 CRM 系统被托管在云中，为经理和员工提供有关运营、客户（包括潜在客户）的企业信息，从而使公司能够更轻松地管理和协调全球的销售时间。这有助于公司在世界各地更有效、更高效地运营，并实现其全球发展战略。

以下是一些需要思考的问题：信息技术是如何改善邓禄普飞机轮胎的运营和决策制定的？公司新的 CRM 系统将如何促进其业务战略？

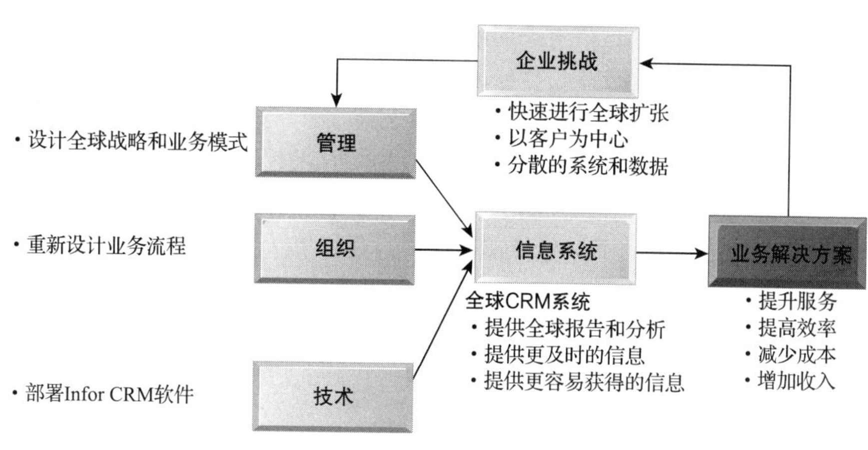

15.1 推动业务国际化的主要因素有哪些

在前面的章节中，我们描述了由先进的网络和信息系统驱动的全球经济体系和全球世界秩序的出现。新的世界秩序正在席卷许多国内公司、民族工业和由国内政治家控制的国家经济。许多本地化公司将被跨越国界的、快速移动的网络公司所取代。国际贸易的增长彻底改变了全球各地的国内经济。

考虑一下 iPhone 的市场路径，iPhone 由美国苹果公司的工程师设计，采购来自世界各地的 100 多种高科技零部件，并在中国组装。中国台湾地区、韩国、日本、法国、意大利、德国和美国的公司提供了外壳、相机、处理器、加速器、陀螺仪、电子罗盘、电源管理芯片、触摸屏控制器和高清显示屏等组件。鸿海集团中国分公司富士康负责制造和组装。

15.1.1 开发国际信息系统架构

本章将介绍如何构建适合国际战略的国际信息系统架构。**国际信息系统架构**（international information systems architecture）由组织要求的协调全球贸易和其他活动的基本信息系统组成。图 15-1 说明了在整章中所遵循的原理，并描述了国际信息系统架构的主要方面。

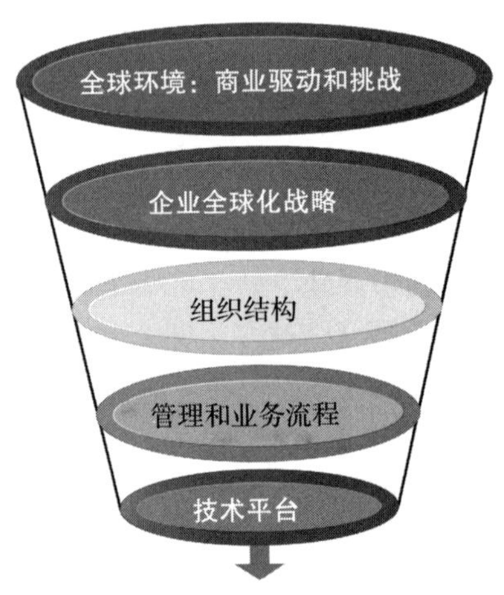

图 15-1 全球信息系统架构

开发国际信息系统架构主要考虑全球环境、企业全球化战略、组织结构、管理和业务流程以及技术平台。

建立国际体系时要遵循的基本战略是了解公司运营的全球环境。这意味着要理解推动你的行业走向全球竞争的整体市场力量或业务驱动因素。**业务驱动力**（business driver）是企业必须响应并影响业务方向的一种力量。同样，我们要仔细研究带来管理挑战的抑制因素或消极因素，这些因素可能会影响全球业务的发展。一旦审视了全球环境，你就需要考虑在这种环境下用于竞争的企业战略。你的公司将如何回应？你可以忽略全球市场，只专注于国内竞争，从国内基地向全球销售，或在全球组织生产和分销。当然也有很多其他的选择。

在制定完战略之后，企业应该考虑如何设置组织结构，以便能够实施这个战略。如何在全球环境中完成分工？生产、行政、会计、营销和人力资源职能在哪些地方？谁来处理系统功能？

接下来，企业必须考虑实施战略的管理问题，并使组织设计成为现实。这里的关键是业务流程的设计。如何发现和管理用户需求？如何使当地组织的变革符合国际化需求？如何在全球范围内进行重组，以及如何协调系统开发？

最后，企业要考虑的是技术平台。尽管技术变革是引领全球市场的关键驱动因素，但在理性选择正确的技术之前，需要有一个公司的战略和结构。

完成这个推理过程之后，你将会顺利地迈向一个能够实现企业目标的、适当的国际信息系统组合。首先，我们来看一下整体的全球环境。

15.1.2 全球环境：商业驱动力和挑战

表 15-1 列出了全球环境中引领所有行业走向全球市场和竞争的商业驱动力和挑战。

表 15-1 全球环境：商业驱动力和挑战

一般的文化因素	特定的商业因素
全球通信和交通技术	全球市场
全球文化的发展	全球生产和运营
全球社会规则的出现	全球协作
政治稳定	全球劳动力
全球知识库	全球经济规模

全球商业驱动力和挑战可以分为两大类：一般的文化因素和特定的商业因素。自第二次世界大战以来，大家很容易认为一般的文化因素推动了国际化。信息、全通信和交通技术已经建立了一个地球村，即在全球范围内，通过电话、电视、广播或计算机网络进行通信不再困难，也不比和附近的人沟通更昂贵。在地理上分散的不同地点之间运输货物和服务的成本也大幅下降。

全球通信的发展创造了第二个意义上的地球村：由电视、互联网和电影等其他全球共享媒体所创造的**全球文化**（global culture），允许不同文化和人民对正确的和错误的、可取的和不可取的、英雄的和懦弱的价值观达成一致。东欧集团的崩溃极大地加速了世界文化的发展，增加了对资本主义和商业的支持，大大降低了欧洲文化冲突的程度。

最后要考虑的因素是全球知识库的增长。第二次世界大战结束后，知识、教育、科学和工业技能高度集中在北美、西欧和日本，世界其他地方被称为第三世界。这不再是事实。拉丁美洲、中国、印度、南亚和东欧等地建立了强大的教育、工业和科学中心，形成了更为民主与分散广泛的知识基础。

这些导致国际化的一般文化因素影响了大多数行业的商业全球化。强大的通信技术和世界文化的出现，为全球市场奠定了基础——全球消费者对消费类似的产品获得文化认可感兴趣。可口可乐、美国运动鞋（韩国制造、洛杉矶设计）和有线新闻网（CNN）节目现在可以在拉丁美洲、非洲和亚洲销售。

为了满足这一需求，全球的生产和运营已经出现，远在千里之外的生产设施与核心总部之间实现了精确的在线协调。丹麦哥本哈根的全球主要航运公司马士基（Maersk）在哥本哈根和其他地方的航运经理，可以在线观看鹿特丹的船舶装载情况，检查装饰和压载物，并随着活动的进行在特定的船位跟踪包裹。这一切都可以通过国际卫星链路实现。

新的全球市场和全球生产经营压力为全球协调提出了全新的能力。生产、会计、营销和销售、人力资源与系统开发（所有主要业务职能）可以在全球范围内进行协调。

例如，Frito-Lay 可以在美国开发营销销售自动化系统。它一旦在美国成功实现运营，就可以在西班牙尝试相同的技能和技术。微营销（向非常小的地区和社会单位的营销）不再意味着只向美国的社区营销，而是向全世界的社区营销！基于互联网的营销意味着向世界各地的个人和社交网络进行营销。这种新的全球协调的水平，有史以来第一次允许根据比较优势确定商业活动的位置。在最能实现设计的地方进行设计，营销、生产和财务也是如此。

最后，全球市场、生产和管理为强大、持续的全球规模经济创造了条件。受全球需求推动的生产可以集中在能够最好完成的地方，而固定资源可以被分配到更大的生产运行上，并且人们可以更有效和精确地估计大型工厂的生产运行。低成本的生产要素可以在任何地方被利用，而且能够在全球组织的生产企业获得了强大的战略优势。这些一般而具体的商业驱动因素极大地扩大了世界贸易和商业的范围。

并非所有行业都受到这些趋势的影响。显然，制造业受到的影响要远远大于那些在国内效率低下的服务业。但是，电信、娱乐、交通、金融、法律和一般业务的本地化服务正在瓦解。显然，行业内的企业能够理解行业的国际化，并对这种变化做出适当的反应，这样的企业会在生产力和稳定性方面获得巨大的收益。

商业挑战

虽然全球化的企业获得成功的可能性很大，但一些基础的力量正在阻止全球经济，并破坏国际业务。表 15-2 列出了全球化系统发展中最常见、最有力的挑战。

表 15-2 全球商业系统的挑战和阻碍

全球的	特殊的
文化特殊主义：宗教主义、国家主义、语言差异	标准：不同的 EDI、电子邮件、通信标准
社会期望：品牌名字期望、工作时间	可靠性：电话网络不一定可靠
政治法律：跨境数据和隐私法、商业规则	速度：不同的数据传输速度、许多国家比美国慢
	人员：缺乏有经验的咨询师

在文化层面上，以狭隘的个人特征为基础，以各种形式（宗教、民族主义、民族、地区主义、地缘政治地位）做出判断和采取行动的**特殊主义**（particularism），都拒绝全球共同文化的概念，拒绝国外商品和服务渗透到国内市场的做法。不同文化之间的差异会产生不同的社会期望、政治以及最终的法律规则。在美国等一些国家中，消费者期望国产品牌产品在国内建厂，对于国内品牌的产品实际上大部分是在国外生产的，都感到失望。

不同的文化产生不同的政治制度。世界上许多不同的国家都有不同的法律管理信息的流动、公民的信息隐私、系统中软硬件的来源以及无线电和卫星通信。甚至在不同的政治文化中，企业经营时间和商业贸易条件也有很大的差异。这些不同的法律制度使全球商业变得更加复杂，所以企业在建立全球体系时必须加以考虑。

例如，欧洲国家在跨境数据流和隐私方面的法律与美国相比有不同的规定。**跨境数据流**（transborder data flow）定义为以任何形式跨越国际边界的信息流动。1998 年，欧盟通过了一项数据保护法案，扩大和规范了欧盟的隐私保护，并允许个人数据转移到位于美国和“安全港”规定的系统中。只要美国的系统符合欧洲的隐私标准，数据就可以转移到美国的系统中进行处理。2016 年 7 月通过的《欧盟 - 美国隐私保护法》，取代了原来的协议。该法为欧洲公民提供了额外的隐私保护。超过 4 000 家美国公司在欧洲的隐私监管机构注册，允许它们处理在美国的欧洲公民的个人信息。该法还保护欧洲公民免受美国国家安全机构的某些监视活动。美国公司也在改变它们的做法，以确保它们的系统遵守隐私保护法。

文化差异和政治差异深刻地影响着组织的信息技术的业务流程和应用。一般的文化差异产生了一系列特殊的障碍，从电话网络的不同可靠性到技术顾问的短缺等。

各国的法律和传统在各国形成了不同的会计惯例，影响了盈利和亏损的分析方式。德国公司在创业时一般不会计算利润，直到项目完成并获得收入才计算。相反，英国公司在一个项目完成之前就开始计算利润，因为它们有理由相信将来会得到这笔钱。

这些会计实践与各国法律制度、经营理念和税法密切相关。英国、美国和荷兰的公司主

要受盎格鲁 - 撒克逊（Anglo-Saxon）习俗的影响，将税务计算与报告分离，并将重点放在向股东显示利润增长的速度上。中欧的公司会计实践不太注重投资者，而重视证明遵守严格的规则和尽量减少税收负债。这些不同的会计实践使得不同国家的大型跨国公司难以评估它们的表现。

语言仍然是一个重大障碍。虽然英语已成为一种标准的商业语言，但只是在公司的高层管理人员之间，而在中、低层人员之间并非如此。在新的信息系统能够成功实施之前，软件可能必须用本地语言接口来构建。

货币波动也可能会对规划计算模型和预测造成破坏。在墨西哥或日本，看起来有利可图的产品，实际上可能会因为汇率的变化而产生损失。

在设计业务和建立国际系统时，企业必须考虑这些阻碍因素。例如，试图实施跨国界的“精益生产”系统的公司，通常会低估在不同国家自由流通货物和信息的时间、费用和后勤保障的难度。

15.1.3 最新进展

有人可能会认为，鉴于前面提到的获得竞争优势的机会，以及对未来应用的兴趣，大多数国际公司已经合理地开发了完美的国际系统架构。现实亦如此。大多数公司从一开始就继承了拼凑而成的国际系统，通常是基于 20 世纪 60 年代开发的信息处理概念——从独立的外部部门到公司总部的批量报告，从一个遗留系统到另一个遗留系统的手动输入数据，很少进行在线控制和沟通。面对这种情况的企业往往更有竞争压力，因为很多竞争对手拥有真正设计合理的国际系统。最近，还有一些公司为国际系统建立了技术平台，但由于缺乏全球战略而无用武之地。

事实证明，建设适当的国际架构存在重大的困难。困难在于规划适合公司全球战略的体系，搭建体系和业务单位架构，解决实施问题，选择正确的技术平台等。下面，我们将更详细地研究这些问题。

15.2 发展全球企业有哪些替代战略

企业寻求全球化的定位面临三个组织问题：战略选择、业务组织和系统管理。前两者紧密相连，所以我们一起讨论。

15.2.1 全球战略和业务组织

四大全球化战略构成了全球公司组织结构的基础：国内出口商、多国公司、特许经营商和跨国公司。这些战略中的每一个都采用特定的业务组织结构（见表 15-3）。为简单起见，我们描述其中三种组织结构：集中（在本国）、分散（到本地的外国单位）和协调（所有单位平等参与）。其他类型的治理模式可以在特定的公司中被观察到（例如，由一个单位独裁统治、平等的联盟、平衡战略单位之间权力的联邦结构等）。

国内出口商（domestic exporter）战略的特点是在原产国开展大量的企业活动。几乎所有的国际公司都是以这种方式开始的，其他一些公司形式也是如此。它们在本国建立生产、财务 / 会计、销售 / 营销、人力资源和战略管理，以优化本国的资源。国际销售有时是通过代理协议或分支机构进行的，但即使在当地，国外的营销也依赖于国内的营销主题和策略。卡特彼勒公司和其他一些重资产设备制造商属于这类公司。

多国公司（multinational）的战略是将财务管理和控制集中在一个中心的基地上，同时将生产、销售和营销业务分散到其他国家。公司在不同国家销售的产品和服务，适合当地的市场情况。这样的组织成为不同国家的生产和营销设施的远程联盟。许多金融服务公司以及生产制造商，如通用汽车、克莱斯勒和英特尔等，都适合这种模式。

特许经营商（franchiser）是一个有趣的新旧混合体。一方面，产品是在本国研发、设计、出资初步生产的，但由于产品的特殊性，必须严重依赖外国人员进行进一步的生产、销售等。食品加盟商如麦当劳、Mrs. Fields Cookies 和肯德基等都适合这种模式。麦当劳在美国创建了一种新型的快餐连锁店模式，并在很大程度上依赖美国对新产品的创意、战略管理和融资。尽管如此，由于产品必须在当地生产（易腐烂的），需要广泛的生产协调和分发、本地的市场营销及招聘当地的人员。

一般来说，外国特许经营商是母国公司的克隆，但是完全通过全球协调生产来优化生产要素是不可能的。例如，土豆和牛肉通常无法在世界上价格最低的地方购买，必须在最接近消费的地方生产。

跨国公司是无国籍的，是真正进行全球管理的公司，可能在未来占有较大的国际业务份额。跨国公司没有单一的国家总部，而是有许多地区总部，也许还有世界总部。在**跨国**（transnational）战略中，几乎所有的增值活动都是从全球角度来管理的，没有国界的限制，无论在哪里出现优化的供需来源，都会充分利用当地的竞争优势。跨国公司以全球而不是本国为管理框架。这些公司的治理结构已经可以与联邦制结构相媲美，其中有一个强大的中央决策管理核心，但是在整个全球分支中，权力和财力都相当分散。很少有公司能真正实际达到跨国的状态。

信息技术和全球通信技术的进步正在给国际公司更大的灵活性以塑造全球战略。保护主义和更好地服务当地市场的需求鼓励公司分散生产设施，至少成为跨国公司。与此同时，实现规模经济和利用短期地方优势的举措，使跨国公司向全球管理和权力与权威集中的方向倾斜。因此，非集中化的、分散的力量以及集权和全球协调的力量旗鼓相当。

表 15-3 全球业务战略和结构

业务功能	国内出口商	多国公司	特许经营商	跨国公司
生产	集中	分散	协调	协调
财务 / 会计	集中	集中	集中	协调
销售 / 市场	混合	分散	协调	协调
人力资源	集中	集中	协调	协调
战略管理	集中	集中	集中	协调

15.2.2 全球系统适应战略

信息技术和全球通信的进步正在给国际公司带来更大的灵活性以塑造全球战略。系统的配置、管理和开发要遵循所选择的全球战略。图 15-2 描述了典型的系统配置。系统是指构建和运营信息系统所涉及的全部活动，与战略业务计划、系统开发以及持续运行和维护的概念一致。为了简单起见，我们考虑四种类型的系统配置。集中系统是指那些开发和运行都在国内的系统。重复系统是指在本地进行开发，但操作交给国外的自治单位的系统。分散系统是指每个国外单位设计自己独特的解决方案和系统。网络化系统是指所有单位的系统开发和运营以一体化与协调的方式进行。

系统配置	战略			
	国内出口商	多国公司	特许经营商	跨国公司
集中系统	X			
重复系统			X	
分散系统	x	X	x	
网络化系统		x		X

图 15-2 全球战略和系统配置

X 表示主要模式，x 表示正在产生的模式。例如，国内出口商主要依赖于集中子系统，但在各地市场上有些持续的压力和分散子系统的开发。

从图 15-2 可以看出，国内出口商倾向于拥有高度集中的系统，由同一个国内系统开发团队开发全球应用。多国公司提供了一个直接而鲜明的对比：国外单位根据本地需求设计自己的系统解决方案，与总部（除了财务报告和一些通信应用之外）几乎没有任何共同的应用。特许经营商拥有最简单的系统结构：就像其销售的产品一样，通常在原来的基础上开发一个简单的系统，然后在全球范围内复制。每个国外单位无论在哪里，都有相同的应用。最后，我们在跨国公司中，发现了最雄心勃勃的系统开发形式：网络化系统是那些为系统开发和运行提供稳固、简单的全球环境的系统。该系统通常以强大的电信骨干网、共享的应用开发文化以及跨越文化障碍的共享管理文化为前提。网络化系统结构在金融服务业中最明显。在金融服务中，货币和货币工具的同质性似乎克服了文化的障碍。

15.2.3 重新组织业务

企业应该如何调整自身结构在国际上做生意？要发展一家全球性的公司并形成一种信息系统支持结构，公司需要遵循以下原则：

（1）按比较优势组织增值活动。例如，市场营销 / 销售职能应该放在执行最好的地方，同时要使成本最小和影响最大（同样需要这样做的还有生产、财务、人力资源和信息系统）。

（2）在本地、国内和国际不同层次上开发和运营系统。为了满足当地的需要，公司应该有一定规模的本地区域系统单位。区域系统单位应在主要地理区域（欧洲、亚洲、美国）内进行跨越国界的通信和系统开发。跨国系统单位应该建立起跨主要区域的联系，并协调国际通信和系统开发的发展与运作（Roche，1992）。

（3）在全球总部设立负责发展国际系统的单一办公室，设置一个全球首席信息官（CIO）

的职位。

许多成功的公司根据这些原则设计了组织系统结构。这些公司的成功不仅取决于恰当的组织活动，还取决于一个关键因素—— 一个能够理解国际系统风险和收益的管理团队，可以制定克服风险的战略。接下来，我们将探讨这些管理主题。

15.3 全球信息系统和管理解决方案面临的挑战是什么

表 15-4 列出了国际系统在开发过程中带来的主要管理问题。值得注意的是，这些问题也是管理者在开发一般国内系统方面遇到的主要问题，只是它们在国际环境下非常复杂。

表 15-4 国际系统开发中的管理挑战

就共同的用户需求达成一致
业务流程的变革
协调应用开发
协调软件发布版本
鼓励本地用户支持全球系统

15.3.1 典型的场景：全球性的解体

让我们来看一个很常见的场景。一家总部设在美国、在欧洲经营的传统跨国消费品公司，若要扩张到亚洲市场，则必须制定一个跨国战略和一个支持跨国战略的信息系统架构。像大多数跨国公司一样，它把生产和销售分散到不同的地区和中心，同时把美国当作全球总部并进行战略管理。传统上，它允许每个附属的外国部门开发自己的系统。唯一的中央协调系统是财务控制和报告。美国的中央系统团队只关注国内的职能和生产。

这样做的结果是形成了硬件、软件和通信系统的大杂烩。欧洲和美国之间的电子邮件系统是不兼容的。每个生产设施使用不同的制造资源计划系统（或同一个 ERP 系统的不同版本）以及不同的营销、销售和人力资源系统。硬件和数据库平台也大不相同。欧洲国家间的通信成本很高，而且不同地方之间的通信也很差。

你对这家公司的高级管理人员有什么建议呢？他们现在想要推行跨国战略，开发一个信息系统架构以支持高度协调的全球系统环境。请重新审视表 15-4 来考虑一下所面临的问题。外国部门会抵制共同的用户需求；除了自己的单位需求外，它们从未考虑太多其他的需求。最近，该公司扩大了美国当地的系统团队，并要求它们关注当地的需求。这些系统团队不会轻易接受任何支持跨国战略人士的指导。要说服世界各地的本地管理人员改变业务流程，与全球其他单位保持一致，特别是当这么做可能影响他们在当地的表现时，这会变得非常困难。毕竟，当地的经理会因为实现他们部门或工厂的本地目标而获得奖励。最后，在缺乏强大通信网络的情况下，协调世界各地项目的开发是非常困难的，因此很难鼓励本地用户在开发的系统中拥有所有权。

15.3.2 全球系统策略

图 15-3 列出了解决方案的主要考虑维度。首先，企业应考虑到不是所有的系统都应该跨国进行协调；从成本和可行性的角度来看，只有一些核心系统才是真正值得共享的。**核心系统**（core systems）支持对组织至关重要的职能。对于其他的系统，企业应该进行部分协调，因为它们共享一些关键要素，但不必完全跨国通用。对于这样的系统，大量的局部改变是可能的，并且是可取的。最后一组系统是外国的、真正省级的且只需要满足当地需求的系统。

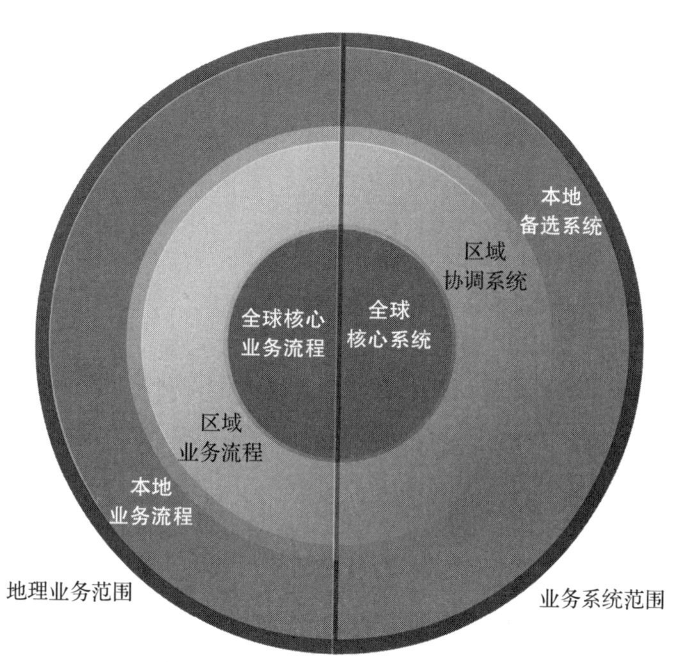

图 15-3 本地、区域和全球系统

机构和其他协调成本随着企业从本地备选系统向区域协调系统和全球核心系统转移而增加。然而，随着企业开发全球系统，参与全球市场的交易成本可能会下降。一个明智的策略是通过开发对全球运营至关重要的少数几个全球核心系统来降低代理成本，而将其他系统留在区域和本地单位。

资料来源：From *Managing Information Technology in Multinational Corporations* by Edward M. Roche, © 1993. Adapted by permission of Prentice Hall, Inc., Upper Saddle River, NJ.

1. 定义核心业务流程

如何识别核心系统？第一步要定义关键核心业务流程的简单列表。对于业务流程，我们在第 2 章中已有定义和描述。简而言之，业务流程是一组逻辑上相关的任务，产生特定的业务结果，例如向客户发出正确的订单或向市场提供创新产品。每个业务流程通常涉及多个职能领域、沟通和协调工作以及信息与知识。

识别这些核心业务流程的方法是进行业务流程分析。如何获取客户订单？一旦获取了订单会发生什么？谁来填写订单？如何将这些订单运送给客户？供应商是否有权使用制造资源计划系统，以便进行自动供应？你应该能够在 10 个对公司至关重要的业务流程列表中确定优先级。

接下来，你可以确定这些流程的卓越中心吗？在美国完成客户订单是最好的吗？德国的制造过程控制是最好的吗？亚洲的人力资源是最好的吗？你应该能够识别出公司在哪些领域做得比较突出，比如哪些业务线、哪个部门在执行一个或多个业务职能时表现突出。当你了解公司的业务流程时，你可以对它们进行排序。然后，你可以决定哪些流程应该成为核心流程，在全球范围内进行集中协调、设计和实施，哪些流程应该是区域性的和本地的。同时，通过确定关键的业务流程——那些真正重要的业务流程，你可以为定义未来的愿景做出很大的贡献。

2. 识别核心系统以进行集中协调

通过确定关键的核心业务流程，你开始看到跨国系统的机会。第二步是征服核心系统，并将这些系统界定为真正的跨国系统。确定和实施跨国系统的财务与政治成本是非常高的。因此，你要尽量把列表保持在最低限度，让经验作为向导，将错误降到最低。通过分辨一小部分系统是绝对重要的系统，你也能分辨哪里会反对跨国战略。同时，你可以安抚那些反对跨国系统全球中心协调的人，通过允许外围系统的开发，从而保证不减少技术平台的需求。

3. 选择方式：渐进型、大设计、演进型

第三步是选择一种推进方式。一定要避免零碎的做法。如果企业缺乏对那些在跨国开发中有损失的人反对跨国系统的预见性，以及缺乏说服高层管理人员认为跨国系统值得这样做的授权，那么国际系统项目肯定会失败。同样，企业也需要避免一次性完成所有事情的宏伟设计方法，因为这往往会导致无法集中资源，从而使项目失败。没有任何事情可以一下子做得很好，而且反对组织变革者也一定会出现，因为实行组织变革需要付出很大的努力和非常多的资源。另一种方法是企业逐渐从现有的应用中形成国际应用，并对组织在 5 年内应具备的跨国能力有一个精确、清晰的看法。有时候这被称为“萨拉米战略”，或一次一片战略。

4. 使收益清晰

对公司来说内部有什么？要避免的最糟糕的情况之一是为了建立全球系统而建立全球系统。从一开始，总部高级管理人员和国外分支部门经理就能清楚地了解国际系统对公司和每个业务单位的好处。虽然每个系统都为特定的预算提供了独特的好处，但是全球系统的总体贡献在于以下四个方面。

第一，真正的综合式、分布式、跨国的全球系统有助于卓越的管理和协调。这种系统的贡献不能以简单的价格来体现，它的价值也不会出现在任何资本预算模型中。这是一种在危机时刻，把供应商从一个地区切换到另一个地区的能力，是应对自然灾害而转移生产的能力，以及在一个地区利用产能过剩来满足另一个地区需求的能力。

第二，生产、运营、供应和分配的巨大改善。想象一下全球供应商和全球分销网络的全球价值链，高级管理人员第一次可以在最经济的地区找到增值的活动。

第三，全球系统意味着全球客户和全球营销。世界各地的固定成本可以在更大的客户基础上摊销。这将在生产设施上释放新的规模经济。

第四，全球系统意味着能够在更大的资本基础上优化企业资金的使用。这意味着企业可以有效地调动过剩地区的资本以扩大资本匮乏地区的生产；公司内部的现金也可以被更有效地管理及使用。

这些战略本身不会创建全球系统，但你将不得不实施你的战略目标。

15.3.3 管理解决方案：实施

现在我们可以重新考虑如何处理表 15-4 中所描述的管理者面临的开发全球信息系统架构最棘手的问题。

1. 就共同的用户需求达成一致

企业要建立核心业务流程和核心支持系统的简单列表，在公司多个部门之间进行合理比较，开发讨论业务的通用语言，以自然形成对共同元素的理解（以及必须保持在本地的独特品质）。

2. 引入业务流程的变革

作为变革代理人，你的成功将取决于你的合法性、权威以及让用户参与变革设计过程的能力。**合法性**（legitimacy）是指你的权威在多大程度上以能力、愿景或其他品质为理由被接受。选择一个可行的变革策略，之前我们将其定义为演进型的，但是更有远见的是，该策略应该有助于让其他人相信变革是可行的、可取的。让人们参与变革，确保变革符合公司和当地单位的最佳利益，这是一个关键的策略。

3. 协调应用开发

选择变革策略对于这个问题是至关重要的。在全球范围内，要实现一个宏伟的变革设计策略太复杂了。通过向更大的目标迈出一小步来协调变革要容易得多。我们可以假设一个为期 5 年而不是 2 年的行动计划，并将一套跨国系统减少到最低程度，以降低协调成本。

4. 协调软件发布版本

公司可以制定相应的程序，确保所有运营单位同时转换为新的软件版本，以便每个人的软件都能兼容。

5. 鼓励本地用户支持全球系统

这个问题的关键在于让用户参与到设计的创建过程中，而不是放弃对项目开发的控制。应对当地单位对跨国公司抵制的总体策略是共同选择。**共同选择**（cooptation）是指使反对者进入设计和实施解决方案的过程，而不放弃对变革的方向和性质的控制。在这个过程中，要尽可能避免最初的反对力量。然而，最低的要求是当地单位必须与跨国系统的简单列表达成一致，这可能需要最初的力量来巩固真正需要某种跨国系统的想法。

我们应该如何进行共同选择？目前有几种可能的选择。一种选择是使每个国家都有机会在本国领土开展一项跨国申请，然后在全世界开展。通过这种方式，每个主要的国家系统小组在开发跨国系统方面都有了一定的行动，各地方单位都感受到了主人翁地位。不利的一面是，这要假设开发高质量系统的能力分布是均匀的，例如德国的一个团队可以在法国和意大利成功实施系统。但现实并非如此。

第二个策略是开发新的跨国运营中心或者卓越的中心。全球可能存在几个专注于特定业务流程的中心。这些中心大量吸收当地的运营单位，以跨国团队为基础，并向全球管理层报告。卓越中心执行业务流程的初始识别和规范，定义信息需求，执行业务和系统分析，并完成所有设计与测试。然而，试点测试应该被推广到全球其他地区。招募大量的本地团队到跨国卓越中心，有助于传达这样的信息：所有重要的团体都参与了设计，并将产生影响力。

即使有了适当的组织结构和管理选择，企业在技术方面仍然可能步履维艰。技术平台、网络、硬件和软件是构建跨国信息系统架构的最终要素。

15.4 开发国际信息系统时需要考虑哪些问题和技术选择

一旦企业确定了全球商业模式和系统战略，它们必须选择硬件、软件和网络标准以及关键系统应用，以支持全球业务流程。硬件、软件和网络在国际环境中构成了特殊的技术挑战。

一个主要的挑战是如果一个国家的运营单位和另一个国家的运营单位之间差异很大，那么要寻找一种方法使全球计算平台标准化。另一个主要的挑战是寻找特定的、用户友好的软件应用，真正提高国际工作团队的生产力。互联网在全球的广泛应用，大大减少了网络问题。但是互联网的存在并不能保证信息在全球组织中无缝流通，因为并不是所有的业务部门都使用相同的应用，而且互联网服务的质量也是可变的（就像电话服务一样）。例如，德国业务部门可能会使用开源协作工具共享文档和通信，这与使用微软解决方案的美国总部团队不兼容。企业要克服这些困难，需要在全球范围内进行系统集成和连接。

15.4.1 计算平台和系统集成

基于核心系统概念的跨国信息系统架构的开发，引发了新的核心系统如何适应不同的部门、不同的人在全球开发的现有应用以及不同种类的计算硬件的问题。全球系统的目标是开发全球性、分布式和集成的系统，以支持跨越国界的数字业务流程。简而言之，这些都是大型国内系统开发面临的问题。但是，这个问题在国际环境下被放大了。想象一下，在不同的国家、不同的运营单位，运行在 IBM、Oracle Sun、HP 和其他硬件上的 Windows、Linux、Unix 或专有操作系统，要集成这些系统是多么大的挑战啊！

此外，哪怕所有的站点使用相同的硬件和操作系统，也不能保证这些系统能够集成。公司的中央管理层必须建立数据标准以及其他站点要遵守的技术标准。例如，公司必须将会计年度的开始时间和结束时间等会计术语（回顾一下之前关于建立全球业务文化挑战的讨论），以及系统、通信速度和体系结构与网络软件之间的可接受界面标准化。

15.4.2 连接性

真正整合的全球系统必须具有连接能力，将全球公司的系统和人员连接成一个单一的集成网络，就像电话系统一样能够进行语音、数据和图像传输。互联网为全球分散的单位之间进行连接提供了非常强大的基础。但是，许多问题依然存在。公共互联网不能保证任何级别的服务（即使在美国）。很少有全球性公司会相信互联网的安全性，通常它们会使用专用网络交流敏感数据，并且利用互联网虚拟专用网络（VPN）进行需要较低安全性的通信。并不是所有的国家都支持基本的互联网服务，互联网服务需要获得可靠的电路，在不同的运营商和地区电信局之间进行协调，并获得电信服务水平的标准协议。表 15-5 列出了跨国网络面临的主要挑战。

表 15-5 跨国网络面临的主要挑战

服务质量
安全性
成本和关税
网络管理
安装延期
低质量的国际间服务
管制限制
网络能力

虽然专用网络比互联网更能保证服务的水平，具有更高的安全性，但是当安全性和服务水平较低时，互联网是全球企业网络的主要基础。公司可以创建用于内部沟通的全球内联网，或者创建更快速地与供应链中的业务合作伙伴交换信息的外联网。它们可以使用公共互联网作为全球网络，从互联网服务提供商那里获得 VPN，这些服务提供商使用公共互联网提供许多专用网络功能（见第 7 章）。但是，VPN 可能无法提供与私有网络相同水平的、可预测的响应，特别是在互联网流量非常拥挤的时代，并且可能无法支持大量的远程用户。

个人电脑的高成本和人们的低收入限制了许多发展中国家的互联网服务（见图 15-4）。在欠发达国家有互联网基础设施的地方，往往缺乏带宽容量，部分由于电网问题而不可靠。

鉴于发展中国家大多数人的购买力，其获得互联网服务的价格高昂（以当地货币计）。就印度而言，不平等的互联网服务和不完善的分配与交付货物的基础设施，阻碍了电子商务的发展（见“互动讨论：组织部分”）。

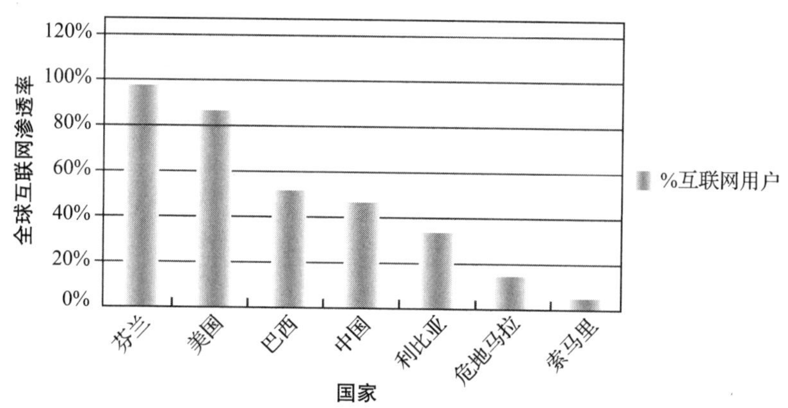

图 15-4 所选国家的互联网人数

发展中国家使用互联网的总人口比例远低于美国和欧洲，但增长迅速。

资料来源：Based on data from Internerworldstats.com, 2015; Pew Global Attitudes Project, 2015; and authors.

⊙互动讨论：组织

印度的电子商务：机遇的障碍

印度的互联网用户数量位居世界第二，仅次于中国，到 2015 年年底已经超过 4 亿。智能手机拥有量日益增长，4G 网络迅速取代了城市中的 3G 网络。在农村地区，数据发展稍微落后一点，网速虽然慢一点，但对农村用户来说能够负担得起。目前，印度互联网用户数量只占印度 12.5 亿人口的 32%。印度的电子商务预计在未来 5 年内将会激增，但是它面临着一些巨大的挑战。

例如，由于偏远地区交通不便，政府希望将成千上万个村庄连接到 2011 年建设的国家互联网骨干网上的光缆网络并没有建立起来，因为大型的电信公司不愿意投资（即使通过政府融资）无利可图、人口稀少的地区，而且由于印度的 7 个联邦领土、29 个州、众多地区和较小行政区的政府机构之间权力重叠所产生的繁文缛节，更没有公司愿意投资。

由于印度的标准基础设施非常原始（包括贫穷的地方，甚至根本没有道路和桥梁），到 2015 年年底，已经完成只有不到 5% 的百万英里电缆计划。此外，印度的电网严重不足，许多村庄缺乏充足的电力线路和电力服务。官僚主义的权利冲突阻碍了 15% 计划中村庄的联网工作，而管道短缺和政府将电缆连接到终端的问题也造成了额外的延误。

总理纳伦德拉·莫迪（Narenda Modi）决心在 2019 年之前，把包括学校、社区中心和医院在内的 6 亿印度农村人连接在一起。除了医疗、教育和其他政府服务外，他还希望确保网上银行和电子商务可以普及。莫迪试图减少政府机构间的繁文缛节，遏制国家边境官员的腐败现象，并且设立了全国光纤网络委员会，启动邦政府和私营部门在建设与维护方面的合作，从国有企业手中夺取控制权。

目前的状态非常复杂。2015 年，94% 的互联网使用量是由 2.76 亿手机用户产生的。Uber 的竞争对手 Ola、餐厅搜索网站 Zomato 以及 What’s App 消息服务正在迅速获得使用者，但只有 25% 的城市居民和 5% 的农村印度人在网上购物。在完成莫迪提出的宽带高速公路建设之前，智能手机和移动数据计划价格的下滑仍将推动增长。在 2016 年新增的 1 100 万名用户中，有 2/3 通过便携设备访问互联网。

电子商务旅游网站尤其受欢迎。MakeMytrip.com、Yatra.com 和印度铁路公司的 IRCTC 网站，以及一些较小的市场参与者，占所有电子商务采购的 75% ~ 80%。另一个使用量靠前的行业是数字下载，包括电子书、音乐和内容订阅，它也是突破传统性的一个行业。企业对消费者（B2C）电子商务市场的剩余 20% 份额由耐用品、在线账单支付服务和保险产品等金融工具，以及在线分类广告组成，包括工作、约会和婚姻服务，这些服务随着可支配收入的增长和中产阶级的不断壮大而发展。

在线巨头亚马逊和 eBay 一直争取在 2020 年前使用预算中的 700 亿美元在线购买资金。亚马逊在印度正与 Junglee.com 合作，Junglee.com 是一个交易促进网站，提供产品和价格比较服务的同时连接买卖双方，很明显这将成为 eBay 印度的直接竞争对手。eBay 印度是行业内的一个先行者，2005 年开设店铺。那时，信用卡的使用还处于起步阶段，eBay 必须为获得消费者信任铺平道路。PayPal、Paisa Pay 在印度交替发展，只有在买家收到货物后才将货款汇给卖家，如果卖家在 3 天内没有发货，则会退款（两天是目标）。如果买家不满意，则会获得优惠券，或者 30 天内全额退款或保证更换，而且 eBay 推出了 Power Ship 服务。全球约有 3 万个国内销售商和 1.5 万个国际销售商，其中大部分是小的、为数众多的工匠，还有一些来自全国最贫穷的地区，每分钟销售 16 种产品给 30 多个国家的 1.28 亿个买家。eBay 成功的关键在于了解印度消费者的独特性，通过量身定制的购物体验和交易流程来满足他们的需求。

然而，并不是所有的问题都被解决了。一些州坚持要求买家填写表格，在产品出货前必须将其发送给卖家。目前，只有不到 2% 的印度消费者拥有信用卡，所以大多数电子商务网站必须提供货到付款（COD）的支付选项。2015 年，印度电子商务采购中有 60% ~ 70% 是货到付款。大约 45% 的客户在收货时拒绝这些货到付款的订单，这是一个非常昂贵的、可能不可持续的商业模式。更糟的是，许多电子零售商提供免费送货，以获取和保留客户。印度的贫困率在 22% ~ 25%，这取决于如何衡量这个比率。

为了解决交通基础设施薄弱、道路不畅和交通堵塞的问题，所有的零售商都面临着仓库和物流系统的巨大成本。在印度的基础设施还没赶上来之前，电子商务有可能被拥有最佳移动应用的竞争者所赢得。大多数印度消费者可以使用的低价智能手机上，预装了许多应用，而且手机用于存储额外应用的内存空间很小。在这个新兴市场上，利润尚未实现，市场整合正在进行。要发展强大的品牌和提供有效的客户服务，对于一些公司来说，培育充满活力的利基市场将是生存的关键。

资料来源：Sean McLain and Newley Purnell, "India Startups Vie to Win E-Commerce Battle," *Wall Street Journal*, October 22, 2015; Joanna Sugden, "In 'Digital India,' a 15-Minute Wait for Email," *Wall Street Journal*, August 20, 2015; Sean McLain, "India to Become World's Second-Largest Internet User Base," *Wall Street Journal*, November 17, 2015; "The Quest for E-commerce Dominance in India," *Bloomberg News*, July 31, 2015; Arun Shroff, "E-Commerce in India: Trends, Opportunities and Challenges," India Advisory Board, February 1, 2013; Ramnath Subbu, "Indian E-commerce Market Is Nowhere Near Maturity—eBay India MD," *The Hindu*, April 21, 2014.

案例分析题

1. 描述印度电子商务增长的技术、文化和组织障碍。
2. 这些因素是如何妨碍公司在印度做生意或建立印度电子商务网站的？
3. 像亚马逊和 eBay 这类非印度公司会在印度蓬勃发展吗？请说明。

此外，许多国家会监测网络传输。新加坡、伊朗和沙特阿拉伯政府对互联网流量进行监控，阻止有道德或政治问题的网站访问。另外，亚洲、非洲和中东的互联网人口增长速度要快于北美和欧洲。因此，未来互联网的连通性将在世界欠发达地区更容易实现，并且更加可靠。互联网将在这些地方的经济与世界经济结合方面发挥重要作用。

15.4.3 软件本地化

核心系统的开发给应用软件带来了独特的挑战：旧的系统如何与新的系统连接？如果旧系统保存在本地，则必须构建和测试全新的接口（这很常见）。这些接口可能会造成高昂的代价和不必要的麻烦。若必须要创建新的软件，另一个挑战是如果业务部门已经习惯独特的业务流程和数据定义，那么如何构建来自不同国家的多个业务部门实际使用的软件。

除了整合新旧系统外，还存在人机界面设计和系统功能的问题。例如，为了提高全球劳动力的生产力，真正有用的软件界面必须很容易被理解和掌握。图形用户界面是最理想的，但预设了一种共同的语言，通常是英语。当国际系统只涉及知识工作者时，英语可能就是设定的国际标准。但是随着国际系统深入到管理层和文书组织中，共同的语言可能不会被设定，人机界面必须建立起来，以适应不同的语言，甚至不同的惯例。将软件转换成第二种语言的整个过程称为**软件本地化**（software localization）。

什么是最重要的软件应用？许多国际系统强调基本的交易和管理报告系统。企业越来越多地转向供应链管理和企业资源规划系统，以便在全球范围内将其业务流程标准化，并创建协调一致的全球供应链和劳动力（见“互动讨论：管理”部分）。然而，这些跨职能系统并不总是与其他国家的语言、文化遗产和业务流程的差异相兼容（Accenture，2014）。某一国家的运营单位在技术使用方面可能并不高级，但也可能会遇到管理企业应用技术复杂性的问题。

电子数据交换（EDI）系统和供应链管理系统被制造和分销公司广泛使用，在全球范围内连接不同的供应商。协作系统、电子邮件和视频会议对于以知识和数据为基础的公司尤为重要，例如广告公司、医学和工程领域的研究型公司，以及图形和出版公司。基于互联网的工具将越来越多地被用作这种目的。

⊙互动讨论：管理

Steelcase 设计公司致力于全球人才管理

你可能没有听说过 Steelcase 设计公司，但是如果你在一个现代化的办公室里工作，你可能会使用它的椅子或交互式白板。Steelcase 设计公司为办公室环境、教育行业和医疗保健行业生产办公家具以及建筑和技术产品，是世界上最大的办公家具制造商。它在美洲、亚洲、中东和澳大利亚设有办事处与工厂，拥有 10 000 名员工和 800 多家经销商。2015 年，Steelcase 设计公司的收入为 31 亿美元。

创建于 1912 年的金属办公家具公司（Metal Office Furniture Company）位于密歇根州大急流城，因其创新而闻名。Steelcase 设计公司在 1914 年的第一个专利是一个强大的、低成本的防火钢制废钢篓，被认为是一项重大的突破（这是因为当时有许多人在工作时吸烟）。

Steelcase 设计公司也因其对人员问题的高度关注而闻名。如果你访问 Steelcase 设计公司的网站，你将看到关于员工敬业度、生产力、技术授权学习的文章，以及 Steelcase 设计公司的产品是如何帮助人们更舒适地工作，释放创造潜力，并支持社会、经济和环境的可持续发展的。

Steelcase 设计公司希望这样来培育自己的员工，也意识到公司的持续创新和成功取决于员工的技能与见解。员工是公司最重要的资产。直到几年前，管理层才觉得这项资产没有得到充分利用，特别是在全球层面。管理层质疑公司的信息系统是否支持公司促进创新、全球一体化以及在全球所有地区吸引和留住世界级员工的目标。

像其他在全球范围内扩张的组织一样，Steelcase 设计公司需要管理全球员工和人才库，以及管理与全球客户和供应商的关系。管理层需要了解公司全球范围内的技术人员的需求，并将业务流程与当地习俗和实践相结合。除了保持工人的准确工作信息外，Steelcase 设计公司还希望跟踪员工未来的职业发展机会，并确保从员工参与和预算的角度进行适当的规划。

2014 年，公司在评估其系统时发现它需要更强的人才管理能力。人才管理包括计划将公司的人力资源与其业务战略联系起来，使公司具有提高业务绩效和实现目标所需技能的员工的数量和质量。人力资源人才管理包括招聘、培养、保留和奖励员工的能力，以及进行战略性员工队伍规划的能力。

Steelcase 设计公司一直使用 SAP ERP 的人力资本管理（Human Capital Management, HCM）软件，但它已经过时了，并且需要人才管理功能的解决方案。旧系统已经无法足够详细地定义工作，并且解决员工队伍规划和开发管理水平这些问题。

幸运的是，Steelcase 设计公司不必完全放弃 SAP 系统。SAP HCM6.0 版本提供了新的人才管理功能，能够满足其需求，例如能够根据工作职位、任务功能和业务功能区域定义工作，创建各种组合工作的方法。新系统按职业级别、类型和人才组织数据的能力，有助于 Steelcase 设计公司人力资源团队提供更好的服务，例如员工的职业规划。员工可以将他们当前的技能与公司中的任何工作相匹配，并且知道需要哪些能力，以及他们目前的绩效评估与他们感兴趣的未来角色需求之间的差距。

为了利用新的人才管理能力支持全球运营，Steelcase 设计公司需要比过去更加标准化。根据国家或地区的不同，名称或术语的搜索方式会有很大的差异。Steelcase 设计公司面临的一个挑战是，如何将全球范围内的使用情况和使用方式标准化，以及如何理解确定劳动力的常见方式的定义。例如，在美国用于分类和确定雇员薪酬的工资和小时工等术语，在全球范围内并不存在。其他国家对劳动力的定义也不尽相同，Steelcase 设计公司需要以全球统一的方式定义、收集和使用数据。

SAP ERP 的 HCM 软件使 Steelcase 设计公司能够创建一个企业范围内的人才概况数据库，为每个员工保存外部工作经验的数据，以及他们在 Steelcase 设计公司内的工作情况；展示了他们从一份工作到下一份工作的成就，并且能够注意到员工的愿望和未来的职业目标。经理可以使用该系统查看评估、技能资格和培训需求。Steelcase 设计公司的人力资源团队现在可以将公司的高潜力人才分配给特定的人才团队，并为他们创建学习和发展课程。没有这些能力，Steelcase 设计公司难以展示其员工的技能。

Steelcase 设计公司最近与 SAP 公司的 SuccessFactors 签约，实施了 SAP SuccessFactors 绩效和目标模块，并在云中进行继任计划（继任计划是识别和发展具有填补公司关键业务领导职位潜力的员工的过程）。Steelcase 设计公司利用这一能力，完成了对员工的组织人才审查，并根据总体业绩和领导潜力进行员工评级，作为识别高潜力人才的一种方式。这些评估比典型的年度员工绩效评估更具战略意义，可以确定潜在的风险和实力（员工准备填补空缺领导和其他职位的能力）。在全球范围内配置人员职位时，Steelcase 设计公司可以确定员工的工作角色和职业发展路线，以匹配其高潜力，并使其得以晋升。

未来，Steelcase 设计公司更加注重云计算，并且很可能采用混合云模式。根据 Steelcase 设计公司全球劳动力战略顾问露辛达·皮克（Lucinda Pick）的说法，该公司希望将 SAP SuccessFactors 人才评估结果带回到本地核心系统，分析核心人才统计数据，并使用部分本地人才系统的管理功能。这样，人力资源部门在分析有关绩效和未来领导潜力的人才评估数据时，可以根据地区、性别或年龄了解公司有多少高潜力员工。所有这些数据都在核心 SAP 系统中。另一个计划是将人才概况与学习管理相结合，支持 Steelcase 设计公司培养学习型文化的目标。

根据皮克的说法，为了使人才管理更加有效，Steelcase 设计公司需要能够将员工与正确的技能相匹配的一整套工作要求。通过新的 SAP ERP HCM 和 SuccessFactors 系统，公司现在可以做到这一点。关于人才的竞争是很广泛的。Steelcase 设计公司的业务流程自动化程度越高，对员工市场的了解就越多，就可以做出更加合理、更加及时的决策。

资料来源：www.steelcase.com, accessed January 3, 2016; www.sap .com, accessed January 4, 2016; and Natalie Miller, "Steelcase Designs Form-Fitting Talent Management," SAP Insider Profiles, October 17, 2015.

案例分析题

1. 为什么 Steelcase 设计公司的人力资源和人才管理如此重要？
2. 描述这个案例中存在的问题。什么样的管理、组织和技术因素造成了这个问题？全球化发挥了什么作用？
3. 描述对 Steelcase 设计公司有帮助的 SAP ERP HCM 和 SuccessFactors 系统的功能。这些系统会如何改善全球运营和决策？

本章小结

1. 推动业务国际化的主要因素有哪些？

廉价的国际交通运输的发展创造了一个稳定的期望或规范的世界文化。稳定的政治和不断增长的全球知识也有助于世界文化的形成。这些一般因素为全球市场、全球生产、协调、分配和全球规模经济创造了条件。

2. 发展全球企业有哪些替代战略？

有四个基本的国际战略：国内出口商、多国公司、特许经营商和跨国公司。在跨国战略中，所有生产要素要在全球范围内协调一致。然而，战略的选择是企业和产品类型的一个功能。

企业战略和信息系统设计之间有联系。跨国公司必须开发网络化的系统配置，并允许开发和运营分散。特许经营商几乎总是在多个国家复制系统，并使用集中的财务控制。多国公司通常依靠外国单位的分散独立，向网络开发的方向发展。国内出口商通常集中在国内总部，允许分散经营。

3. 全球信息系统和管理解决方案面临的挑战是什么？

全球信息系统提出了挑战，因为文化、政治和语言多样性会放大组织文化与业务流程的差异，并会使难以整合的不同地方信息系统扩散。在通常情况下，国际系统的开发没有一个有意识的计划。补救措施是定义核心业务流程的一小部分，并专注于构建支持这些流程的系统。在战术上，管理者不得不选择广泛分散的外国单位参与这些系统的开发和运行，谨慎地进行总体控制。

4. 开发国际信息系统时需要考虑哪些问题和技术选择？

实施全球系统需要考虑业务设计和技术平台的实施战略。主要的硬件和通信问题是系统集成与连接。整合的选择要么是采用专有架构，要么是采用开放系统技术。全球网络建设和运营极其困难。企业可以建立自己的全球网络，也可以建立基于互联网（内联网或虚拟专用网络）的全球网络。主要软件问题涉及与现有系统建立接口，并选择可以与多种文化、语言和组织框架一起工作的应用。

MyMISLab

完成标有 MyMISLab 标记的问题，请到 MyMISLab 的 EOC 讨论问题部分。

复习题

15-1 推动业务国际化的主要因素有哪些？

- 列出和描述发展国际信息系统架构的五个主要方面。
- 描述导致全球业务增长的五大文化因素以及四个具体的业务因素。描述这些因素之间的相互联系。
- 列出并描述全球系统发展面临的主要挑战。
- 解释为什么一些公司没有计划开发国际系统。

15-2 发展全球企业有哪些替代战略？

- 描述全球商业和组织结构的四个主要策略。
- 描述可用于支持不同全球策略的四种系统配置。

15-3 全球信息系统和管理解决方案面临的挑战是什么？

- 列出和描述国际体系发展中的主要管理问题。
- 确定和描述组织公司进行全球业务时遵循的三个原则。
- 确定和描述制定与实施全球系统管理战略的三个步骤。
- 定义共同选择并解释如何在建立全球系统时使用它。

15-4 开发国际信息系统时需要考虑哪些问题和技术选择？

- 描述全球系统面临的主要技术问题。
- 确定一些有助于企业开发全球系统的技术。

讨论题

15-5 MyMISLab 如果你是一家在许多国家运营的公司的经理，你将使用什么标准确定应用，是作为全球应用开发还是作为本地应用开发？

15-6 MyMISLab 描述互联网可用于国际信息系统的方式。

MIS 实践项目

本部分项目将为你提供实践经验，进行国际市场调查，分析扩大业务的国际系统问题，为国际公司建立工作发布数据库和网页。访问 MyMISLab 的多媒体库以访问本章的 MIS 实践项目。

管理决策问题

15-7 UPS 一直在中国拓展包裹运送和物流服务，为跨国公司与当地企业提供服务。中国的 UPS 司机需要使用 UPS 系统和工具（例如手持式交付信息获取设备）来获取包裹交付数据。UPS 希望通过网络为中国和跨国客户提供 WorldShip、CampusShip 和其他航运管理服务。为了在中国成功运作，UPS 必须考虑的一些国际系统问题是什么？

15-8 贵公司制造和销售网球拍，并希望在美国以外的地区销售。你负责制定一个全球性的网络战略，而你想要瞄准的首选国家是巴西、中国、德国、意大利和日本。使用 CIA World Factbook 和其他在线资源中的统计数据，你首先会选择哪个国家？你会使用什么标准？你应该在网络战略中考虑哪些其他的因素？你将在网站上设置哪些功能以吸引目标国家的买家？

卓越运营：为国际咨询公司建立工作数据库和网页

软件技能：数据库和网页设计

业务技能：人力资源内部工作发布

15-9 在海外地区有分支机构的公司需要一种方式来告知员工在这些地点是否有空缺的职位。在这个项目中，你将使用数据库软件设计一个数据库来发布内部职位空缺，并设计一个网页来显示这些信息。

KTP 咨询公司在世界各地运营。它专门为中型和大型企业设计、开发和实施企业系统。它为其员工提供在美国、欧洲和亚洲各地旅行、生活和工作的机会。该公司的人力资源部门拥有一个简单的数据库，使员工能够跟踪职位空缺。当员工有兴趣搬迁时，他可以与人力资源部门联系，查看 KTP 职位空缺清单。KTP 还在公司网站上公布就业机会。

KTP 职位空缺数据库应包括哪些类型的数据？什么信息不应该包含在这个数据库中？根据你对这些问题的回答，为 KTP 建立一个职位空缺数据库。用至少 20 条记录填充数据库。你也应该建立一个简单的网页，包含你新创建的数据库的职位空缺数据。将 KTP 数据库和网页的副本提交给老师。

改善决策：开展国际市场营销和定价研究

软件技能：基于互联网的软件

业务技能：国际定价和市场营销

15-10 在这个项目中，你将使用网络来研究海外经销商和海关规定，并使用基于互联网的软件计算外币价格。

你负责为一家决定进入国际市场的美国家具制造商进行营销。你想通过联系欧洲办公家具零售商来测试市场，以便提供一种特定的办公桌。你必须以大约 125 美元的价格进行销售。使用网络，找到所需的信息，并联系该公司，确定需要多少欧元你才会得到当前市场中的椅子。寻找欧洲公司的资源可以使用 Europages。此外，请考虑使用通用货币换算网站，通过该网站可以确定以其他货币表示的一种货币的价值。获取联系公司所需的信息和以当地货币计价的椅子价格，然后找到并获取从美国出口产品的海关和法律限制，并将其导入你选择的零售商国家。最后，找到一家代表你的海关代理公司，并收集有关运输成本的信息。

团队协作项目

识别全球商业战略的技术

15-11 与三四名学生一起，确定一个信息技术领域，探索这项技术怎样才能有助于支持全球商业战略。例如，你可以选择电子邮件、智能手机、虚拟专用网络、企业系统、协作软件或网络。此时，有必要确定一个业务场景来讨论这项技术。可以选择汽车零部件特许经营权或服装特许经营权（如 Express）作为示例业务。你会选择哪些应用、哪些核心业务流程？如何使用该技术？如果可能的话，请使用 Google Docs、Google Drive 或 Google Sites，集思广益并制作演示文稿来报告你们的结果。

案例研究

卡洛驰争取全球效率

卡洛驰公司是生产男性、女性和儿童创新型休闲鞋的世界领先者。从 2004 年建立第一家商场售货亭开始，卡洛驰在全球已有超过 500 个品牌零售点。它在澳大利亚、新西兰、中国、日本、韩国、英国、法国、德国和荷兰等 30 多个国家设有销售 90 多个网点，销售 10 多种鞋类。公司现在可以生产 300 多种四季款式的鞋子，包括靴子、楔子、拖鞋、夹脚凉鞋、便鞋、雨鞋和运动鞋。

2005 ~ 2007 年公司经历了迅速扩张，收购了鞋类公司 Ocean Minded 和 Bite Footwear，荷兰信使包公司 Tagger，南非第三方分销商 Tidal Trade、Jibbitz。毫不奇怪，迅速的发展使其产生了许多不同的 IT 系统。为了跟上短期增长的步伐，卡洛驰为订单管理、仓库管理、零售销售和报告以及电子数据交换（EDI）功能购买了多种类别的最佳系统。这种方法产生的问题是，专用系统通常在专业领域内表现较好，但没有将系统集成起来，使得整个企业范围内的连接受到影响，维护需求也随之增加。

从地区来看，这意味着为了集成而发展出了高度定制化的系统。这又意味着跨区域的整合变得越来越困难。像结账这种基本的业务功能，都需要手动整理和调整来自多个国家与地区的电子表格，并通过多个电话和电子邮件来追踪缺失或格式不正确的数据。订单在不同的地区被输入，并且客户在下订单之前必须通过三个不同的系统。更重要的是，它很难定位出现问题的点。

到了 2011 年，卡洛驰拼凑起来的系统很明显是不可持续的。跨货币和多语言订单很难管理，而且本地或本国特定的业务规则必须手动管理。卡洛驰开始仔细检查和修改业务流程，并开始了一个名为 Sunlight 的企业级 IT 项目。只有在重新定义了所有重要的业务流程以支持和服务公司的业务后，管理层才开始寻找适合这些需求的企业资源规划（ERP）系统。通过这种方式，卡洛驰进行了转型。

当管理层开始寻求解决方案来实施标准化的全球流程时，SAP 服装和鞋类解决方案很快就被选中了。它是 SAP 众多消费品解决方案之一，是针对特定行业定制的 SAP ERP 平台。卡洛驰的主要目标是避免定制化，因此选择了三维尺寸网格功能，以及为鞋类销售商定制的许多其他功能。原料主数据库可以存储所有的尺寸、颜色和样式信息，同时使 SKU（库存单位）的数量惊人地减少了 40%。实际上，全球分销高级副总裁丹尼斯·谢尔登（Dennis Sheldon）认为，SAP 服装和鞋类的网格功能有助于消除 SKU 的过度消耗，推动地区层面的众多系统定制，遏制全球一体化。鞋的规模、鞋类行业的关键需求变化，推动了网格化的发展，使数据需求大大下降，业务流程得到精简，至少关闭了 24 个遗留系统。

第一阶段的全球工作于 2012 年 11 月在澳大利亚开始。这一阶段的目标是尽可能最小限度地修改核心产品，验证最佳实践，发现需要改进的领域，同时将问题限制在单一地区。分阶段的 ERP 部署通常是功能性的，为企业范围内的基本业务功能（日常操作）推出模块，并逐步添加更多的模块和功能。另外，该阶段的工作也可以由业务部门实施，首先在人力资源部门开始，然后转到会计、财务等。对于卡洛驰来说，由于其系统分散的状态，这些方法都行不通。因此，它选择了分阶段全球推广。

SAP 实施任何项目的一般方法遵循五个步骤。第一阶段是最初的规划和准备阶段。第二阶段是业务蓝图阶段，即企业对业务流程和系统需求进行详细描述，编制项目结构和文档，以便在接下来的两个阶段中使用。

企业要创建业务场景、业务流程和流程步骤的层次结构，并将相关事务分配到每个流程步骤中。第三阶段是实现。当实现了所有的业务流程的需求后，系统配置将呈现在两个层次上：基线（主要范围）配置和最终（剩余范围）配置。第四阶段是最终准备阶段，进行测试、最终用户培训、系统管理和转换活动，此时任何未解决的关键问题都会被解决。第五阶段是上线和支持阶段，从项目导向、预生产到现场生产。

在商业蓝图阶段中，卡洛驰与实施合作伙伴合作，进行开发和数据转换。总的来说，蓝图、实施和最终准备阶段仅用了 17 个月，卡洛驰澳大利亚分部于 2014 年 4 月正式开始使用系统。

由于卡洛驰还实施了其他 SAP 产品，包括 SAP BusinessObjects（商业智能产品）、SAP BW（商业数据仓库）、B2B 互联网销售应用、用于 GRC（管理、风险和合规性）的 SAP 解决方案，以及与 ERP 系统进行接口的 SAP 业务计划和整合，所以它在系统转移到其他地区之前，有两个月的时间来发现澳大利亚系统运行过程中任何必要的修改。

然而，当卡洛驰把系统转移到日本分公司（这是一家比澳大利亚公司大 6 倍的企业，销售收入为 1.2 亿美元，而不是 2 000 万美元）的时候，遇到了语言和文化上的障碍，甚至用变革管理咨询公司来推进培训也无济于事。变革管理（Change Management，CM）侧重于变革人性方面，即如何通过重大的组织变革（包括信息系统带来的变革）来引导人们。尽管如此，除了必须扫除的几个不可预见的文化障碍，日本的数据迁移问题并不多见，所以公司于 2015 年 1 月 7 日宣布在全球范围内推广。

为了实现这一目标，卡洛驰成立了由不同职能部门主题专家组成的区域准备小组，让他们先进行系统的培训、开发和测试。这有助于人们对系统的采纳，并加强了变革管理。在通常情况下，公司会通过 IT 部门的项目经理和 / 或供应商项目经理来培训员工，并监督系统的实施。然而，卡洛驰非常熟悉当地的文化、商业惯例和习惯，所以可以用这些惯例来指导实施过程。这些常驻团队在上线和支持阶段，排除了许多故障和危机。

由 100 多名这样的主题专家组成的准备小组领导了现场的工作，并且对整个企业范围内的项目目标进行了全面的了解。有 1 400 名用户成功地在 32 个国家使用 15 种不同的语言以及 23 种不同的货币，完成了系统发布。更重要的是，卡洛驰只需要 25 个定制，这些定制都是为了满足当地法律法规的要求。

现在，卡洛驰主要负责管理采购、交货跟踪、库存分割、退款的自动化，并且在SAP服装和鞋类解决方案中几乎包含设计、制造和分销等所有的其他方面。随着业务流程的精简，现在销售已经减少到了几天，订单完成或需求满意率（库存满足订单的百分比）大大提高。运费成本、非生产性销售费用以及将管理人员和销售人员的薪金、佣金、差旅费用、广告费用和工资费用相结合的销售、一般和行政费用（SG&A）支出都大幅减少。

也许更值得注意的是，虽然管理人员以前对数据持怀疑态度，但是他们现在对数据非常有信心，可以立即进行数据分析。订单地点、订单状态和库存可用性很容易识别，使订单履行既方便又快捷。

在系统实施一年之后，卡洛驰密切关注用户，确保他们不会回避旧的习惯，严格禁止以地区为基础的电子表格，并坚持严格遵守业务流程。使用SAP服装和鞋类的分析解决方案可以提高企业级业务的可视性。运营效率增强了卡洛驰对全球供应链（从原材料采购到世界各地的产品交付）的控制力度。其众多的设计和风格变化、季节性产品和客户增值服务（如Jibbitz个性化）产生的大量数据，现在可以被高效地进行管理。

卡洛驰虽然在2014年经历了一次公司变革，失去了70个工作岗位，关闭了100家门店，缩减了一些新的追求时尚的风格，专注于休闲风格，减少了在一些小市场的投资，只集中在6个国家（美国、英国、德国、韩国、日本和中国），但其财政困难并不能归因于其IT投资。相反，这种放缓是由于一个品牌的消费者口味不断变化，品牌常常因为缺乏吸引力而遭受的沉重打击。

卡洛驰重新聚焦于鞋类产品的5个关键属性：丰富多彩、轻松、舒适、独特和有趣。卡洛驰继2012年进入10亿美元级的公司之列后，于2015年重振业务，销售收入回升至970万美元，比上一年增长3.7%。

2015年第三季度末，尽管总裁兼首席执行官安德鲁·里斯（Andrew Rees）注意到供应链效率不佳而导致客户服务质量下降，但卡洛驰仅在这三个季度使用SAP鞋类和服装系统，尚未使用集成分析软件的全部功能。

如果卡洛驰公司没有前瞻性地承诺改进和精简业务流程、降低成本、提高订单履行的效率，那么2014年的低迷不会如此轻易地化解。公司使用系统后减少了SKU的数量，简化了产品开发、预测和库存管理流程。卡洛驰的直销模式是至关重要的。卡洛驰始终允许极少的订单数量和直接向工厂下订单的模式，但这样会变得很奇怪，在工厂订单管理过程中，会带来不必要的复杂性。凭借其新的系统，公司现在可以轻松地将企业最低订货量提高到行业标准。

卡洛驰还决定使其增值服务更符合行业标准，以便更容易打包订单，并通过配送中心配送。如果没有一个完整的全球系统，要实现这一目标存在一定的困难。现在，订单的地点、状态和库存可用性都能轻松获得，从而使全球供应链管理变得更加容易。最后，卡洛驰也发展了公司内部的管理团队，增加了几个关键领域的领导者，确保IT投资发挥最大的潜力。Sunlight项目在2016年及以后将继续获益。

资料来源：www.company.crocs.com, accessed February 3, 2016; Ken Murphy, "Crocs Climbs New Business Heights," SAP Insider Profiles, July 6, 2015; Natalie Rinn, "Finding My Fun: A Thorough Examination of Crocs, the Most-Hated Shoe in America," racked. com, May 14, 2015; Jamie Grill-Goodman, "Crocs' E-commerce Business Grows Despite Inventory, Supply Chain Issues," Consumer Goods Technology, November 6, 2015; and "Crocs Discovers Multichannel Growth, Rolls Out ERP," *Retail Info Systems News*, February 26, 2013.

案例分析题

15-12 在实施全球系统的过程中，卡洛驰遇到了什么典型的管理问题？哪些管理、组织和技术因素是产生这些问题的原因？

15-13 卡洛驰的新系统和 SAP 服装与鞋类解决方案是如何支持其业务战略的？公司选择的解决方案效果如何？

15-14 卡洛驰的新系统是如何改进运营和管理决策的？

15-15 全球商业环境对卡洛驰产生了怎样的影响？这对于系统的选择有什么影响？

MyMISLab

请到 MyMISLab 的作业部分完成这些写作练习。

15-16 识别和描述解决方案，以解决发展中的全球系统面临的五个管理挑战。

15-17 确定和描述阻碍公司开发有效的全球系统国际网络的五个问题。

参考文献

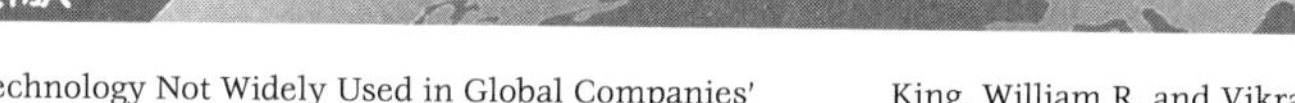

Accenture. "Technology Not Widely Used in Global Companies' Emerging Market Supply Chains, Study Says." (September 16, 2014).

Bisson, Peter, Elizabeth Stephenson, and S. Patrick Viguerie. "Global Forces: An Introduction." *McKinsey Quarterly* (June 2010).

Burtch, Gordon, Anindya Ghose, and Sunil Watta. "Cultural Differences and Geography as Determinants of Online Prosocial Lending." *MIS Quarterly* 38, No. 3 (September 2014).

Davison, Robert. "Cultural Complications of ERP." *Communications of the ACM* 45, No. 7 (July 2002).

Deans, Candace P. and Michael J. Kane. *International Dimensions of Information Systems and Technology*. Boston, MA: PWS-Kent (1992).

Dewhurst, Martin, Jonathan Harris, and Suzanne Heywood. "The Global Company's Challenge." *McKinsey Quarterly* (June 2012).

Dou, Eva. "Timeline of China's Social Media Crackdowns." *Wall Street Journal* (August 8, 2014).

Ghislanzoni, Giancarlo, Risto Penttinen, and David Turnbull. "The Multilocal Challenge: Managing Cross-Border Functions." *McKinsey Quarterly* (March 2008).

Ives, Blake and Sirkka Jarvenpaa. "Applications of Global Information Technology: Key Issues for Management." *MIS Quarterly* 15, No. 1 (March 1991).

Ives, Blake, S. L. Jarvenpaa, and R. O. Mason. "Global Business Drivers: Aligning Information Technology to Global Business Strategy." *IBM Systems Journal* 32, No. 1 (1993).

King, William R. and Vikram Sethi. "An Empirical Analysis of the Organization of Transnational Information Systems." *Journal of Management Information Systems* 15, No. 4 (Spring 1999).

Kirsch, Laurie J. "Deploying Common Systems Globally: The Dynamic of Control." *Information Systems Research* 15, No. 4 (December 2004).

Krishna, S., Sundeep Sahay, and Geoff Walsham. "Managing Cross-Cultural Issues in Global Software Outsourcing." *Communications of the ACM* 47, No. 4 (April 2004).

Martinsons, Maris G. "ERP In China: One Package Two Profiles," *Communications of the ACM* 47, No. 7 (July 2004).

Meyer, Erin. "When Culture Doesn't Translate." *Harvard Business Review* (October 2015).

McKinsey & Company. "Lions Go Digital: The Internet's Transformative Potential in Africa. (November 2013).

Pew Research Global Attitudes Project. "Emerging Nations Embrace Internet, Mobile Technology." (February 13, 2014).

Quelch, John A. and Lisa R. Klein. "The Internet and International Marketing." *Sloan Management Review* (Spring 1996).

Roche, Edward M. *Managing Information Technology in Multinational Corporations*. New York: Macmillan (1992).

Su, Ning. "Cultural Sensemaking in Offshore Information Technology Service Suppliers: A Cultural Frame Perspective." *MIS Quarterly* 39, No. 4 (December 2015).

Tractinsky, Noam and Sirkka L. Jarvenpaa. "Information Systems Design Decisions in a Global Versus Domestic Context." *MIS Quarterly* 19, No. 4 (December 1995).

Waxer, Cindy."Cross-Border Data Blues." Computerworld Digital Magazine (May 2016).

词 汇 表

3-D printing 3D 打印 使用机器，根据数字文件的规格逐层制作固态物体，也被称为“增材制造”。

3G networks 3G 网络 基于分组交换技术的移动网络，对移动用户来说速度能达到 144 Kbps，对固定用户来说速度能达到 2 Mbps 以上，使用户除了发送语音之外还可以传输视频、图形和其他富媒体。

4G networks 4G 网络 无线通信的下一代演化是完全分组交换，能够提供从 1 Mbps 到 1 Gbps 的速度，比 3G 网络快 10 倍。

acceptable use policy，AUP 可接受使用策略 定义公司信息资源和计算设备（包括台式机和笔记本电脑、无线设备、电话和互联网）的可接受用途，并规定不合规的后果。

acceptance testing 验收测试 提供在生产环境中对于系统投入使用的最终认证。

accountability 问责 评估所做决策的责任和采取行动的机制。

advertising revenue model 广告收益模式 网站通过吸引大量观众来创造收入。

affiliate revenue model 合作收益模式 一种电子商务的收入模式，在这种模式下，网站作为“合作伙伴”把它们的访问者转介给其他网站，以获得转介费用。

agency theory 代理理论 是一种经济理论，认为企业是自利的个体之间的合同关系，必须加以监督和管理。

agent-based modeling 基于代理的建模 将复杂现象建模为遵循相对简单的交互规则的自治代理系统。

agile development 敏捷式开发 通过将大型项目分解为一系列使用迭代和持续反馈在短时间内完成的小型子项目，以快速交付工作软件。

analytic platform 分析平台 预配置的硬件－软件系统，专门用于高速分析大型数据集。

analytical CRM 分析型 CRM 客户关系管理应用程序，用来处理客户数据分析，提供改善业务绩效的信息。

Android 安卓 由 Android 公司（Google 购买）和后来的开放手机联盟开发的移动操作系统，作为灵活的、可升级的移动设备平台。

antivirus software 防病毒软件 用于检测并经常消除信息系统中的恶意软件的软件。

application control 应用控制 每个计算机应用所特有的特殊控制，确保只有经过授权的数据才能被该应用完全准确地处理。

application server 应用服务器 处理基于浏览器的计算机和公司后端业务应用或数据库之间的所有应用操作的软件。

App 应用 运行在互联网上、计算机上或手机上的小型软件，通常通过互联网进行传输。

artificial intelligence，AI 人工智能 开发可以像人类一样做出一定行为的基于计算机的系统，能够学习语言，完成物理任务，使用感知装置，模拟人类专业知识和决策。

attribute 属性 描述特定实体的一条信息。

augmented reality，AR **增强现实** 增强可视化的一种技术。提供一个真实的、直接或间接的物理现实世界的视图，其元素由虚拟计算机生成的图像来增强。

authentication **身份认证** 交易中每一方确定对方身份的能力。

automation **自动化** 使用计算机加强现有任务的性能。

backward chaining **反向链接** 在一个专家系统中搜索规则库的策略，从一个假设开始，寻找更多的信息，直到假设得到证明或证实。

balanced scorecard method **平衡记分卡方法** 通过关注可衡量的财务、业务流程、客户以及企业绩效的学习和增长结果，实施公司战略规划的框架。

bandwidth **带宽** 通信信道的容量，由该信道可以传输的最高和最低频率之间的差值来度量。

behavioral models **行为模型** 基于行为科学家对管理者在工作中实际做什么的观察的管理描述。

behavioral targeting **行为定向** 跟踪多个网站上的个人点击流（点击行为的历史），以便了解他们的兴趣和意图，并展示与其兴趣相符的广告。

benchmarking **标杆分析法** 制定针对产品、服务或活动的严格标准，并根据这些标准衡量组织绩效。

best practices **最佳实践** 由特定组织或行业开发的、最成功的解决方案。

big data **大数据** 一个大的数据集，超出了典型关系数据库管理系统捕获、存储和分析的能力。数据往往是非结构化或半结构化的。

biometric authentication **生物身份认证** 用于对系统用户进行认证的技术，该技术将人的独特特征（例如指纹、脸部或视网膜图像）与已存储的这些特征进行比较。

bit **位** 计算机系统中最小数据单位的二进制数字。它只能有两个状态之一：0 或 1。

blog **博客** 一个非正式的、结构化的网站，个人可以发布故事、意见，并链接到其他感兴趣的网站。

blogosphere **博客圈** 博客相关网站的总称。

bluetooth **蓝牙** 适用于无线个人局域网的标准，可在 10 米范围内传输高达 722 Kbps 的数据。

botnet **僵尸网** 指在用户不知情的情况下感染了僵尸程序恶意软件的一组计算机，能使黑客利用计算机积累的资源启动分布式拒绝服务攻击、网络钓鱼攻击或垃圾邮件。

broadband **宽带** 高速传输技术，也可以指同时传输多个数据通道的单个通信介质。

bugs **错误** 软件程序代码的缺陷。

bullwhip effect **牛鞭效应** 当产品从供应链的一个实体传递到下一个实体时，产品需求信息的扭曲情况。

business continuity planning **业务连续计划** 重点关注公司在灾难发生后如何恢复业务运营的计划。

business driver **业务驱动力** 企业必须响应并影响业务方向的环境中的一种力量。

business ecosystem **商业生态系统** 供应商、分销商、外包公司、运输服务公司和技术制造商之间松散耦合，但相互依赖的网络。

business functions **业务职能** 在商业组织中执行的专业任务，包括制造和生产、销售与营销、财务和会计以及人力资源。

business intelligence **商务智能** 帮助用户做出更好商业决策的应用和技术。

business model **商业模式** 对企业是什么，企业如何提供产品或服务，企业如何创造财富的一种抽象。

business performance management，BPM **企业绩效管理** 试图系统地将企业的战略（如差异化、低成本生产者、市场份额增长以及经营范围）转化为经营目标。

business process management，BPM **业务流程管理** 一种旨在持续改进和管理业务流程的方法。

business process redesign **业务流程再造** 分析、简化和重新设计业务流程的组织变革类型。

business processes **业务流程** 协调和组织工

作活动、信息与知识，以生产产品或服务的独特方式。

business-to-business (B2B) electronic commerce **企业对企业电子商务** 企业间商品和服务的电子化销售。

business-to-consumer (B2C) electronic commerce **企业对消费者电子商务** 企业将产品和服务直接面向消费者的电子化零售。

BYOD 代表“携带自己的设备”，指员工在工作场所使用自己的计算设备。

byte **字节** 通常为8位的字符串，用于在计算机系统中存储一个数字或字符。

cable Internet connections **有线互联网连接** 使用数字有线电视网络连接互联网，为家庭和企业提供高速互联网接入。

capital budgeting **资金预算** 分析和选择各种资本支出建议的过程。

carpal tunnel syndrome，CTS **腕管综合征** RSI的一种类型，手腕的腕骨结构对中枢神经产生压力而引起的疼痛。

case-based reasoning，CBR **基于案例的推理** 将知识表示为案例和解决方案的数据库的人工智能技术。

change agent **变革促进者** 在实施变革时，个人在变革过程中扮演推动者的角色，以确保组织适应新系统或创新。

change management **变革管理** 管理与创新相关的组织变革的影响，如新的信息系统。

chat **聊天** 通过公共网络进行实时、交互式对话。

chatbot **聊天机器人** 通过文本或听觉方法模拟与一个或多个人类用户对话的软件代理。

chief data officer，CDO **首席数据主管** 负责企业范围内的信息治理和使用，最大限度地提高组织通过数据实现的价值。

chief information officer，CIO **首席信息主管** 负责公司信息系统功能的高级主管。

chief knowledge officer，CKO **首席知识主管** 负责组织知识管理规划的高级主管。

chief privacy officer，CPO **首席隐私主管** 负责确保公司遵守现有数据隐私法的高级主管。

chief security officer，CSO **首席安全主管** 负责组织的正式安全职能，并负责执行公司的安全策略。

choice **选择** 当个人在各种解决方案中进行选择时，处于西蒙的第三决策阶段。

Chrome OS **Chrome 操作系统** 谷歌的轻量级计算机操作系统，适用于在互联网上进行大部分计算的用户，可以运行在笔记本和台式计算机上。

churn rate **客户流失率** 测量停止使用或购买公司产品或服务的客户数量，被用作衡量公司客户群增长或下降的指标。

classical model of management **经典的管理模型** 管理的传统描述，主要集中在计划、组织、协调、决策和控制等方面。

click fraud **点击欺诈** 欺骗性地点击付费广告中的在线广告，以产生每次点击不当的收费。

client **客户端** 在客户端/服务器计算中，所需功能的用户入口点。它通常是指台式电脑、工作站或笔记本电脑。

client/server computing **客户机/服务器计算** 在客户端和服务器之间分割处理的计算模型，将功能分配给最能执行该功能的机器。

cloud computing **云计算** 通过网络（主要是互联网）提供计算机处理、存储、软件和其他服务，作为虚拟资源共享池的计算模型。

collaboration **协作** 与他人合作实现共同和明确的目标。

community provider **社区提供商** 一种网站商业模式，以创建一个数字在线环境，在这个环境中，有相似兴趣的人可以进行交易（买卖商品），分享利益、照片、视频，与志趣相投的人沟通，接收与兴趣有关的信息，甚至通过采用名为阿凡达的网名展现幻想。

communities of practice，COP **实践社区** 公司内外的专业人员和员工的非正式社交网络，参与者有着相似的与工作相关的活动和兴趣，并分享他们的知识。

competitive forces model **竞争力量模型** 用于描述影响组织的战略和竞争能力，特别是威胁和机会的相互作用。

complementary assets **互补性资产** 从主要投资中获得价值所需的额外资产。

component-based development **基于组件的开发** 通过结合先前存在的软件组件，构建大型软件系统。

computer abuse **计算机滥用** 涉及的计算机行为可能不是非法的，但被认为是不道德的。

computer crime **计算机犯罪** 通过使用计算机或针对计算机系统进行的非法行为。

computer forensics **计算机取证** 在计算机存储介质上存储，或从计算机存储介质中取回数据的过程，包括科学收集、检查、认证、保存和分析，以便可以将这些信息用作法庭的证据。

computer hardware **计算机硬件** 在信息系统中用于输入、处理和输出活动的物理设备。

computer literacy **计算机文化** 关于信息技术的知识，着重理解基于计算机的技术如何运行。

computer software **计算机软件** 在一个信息系统中控制和协调计算机硬件组建的详细的、预先编制的指令。

computer virus **计算机病毒** 流氓软件程序，需要附加到其他软件程序或数据文件上以便执行，经常导致硬件和软件故障。

computer vision syndrome，CVS **计算机视觉综合征** 与电脑显示屏使用有关的视疲劳情况，包括头痛、视力模糊、眼睛干涩、过敏。

computer-aided design，CAD **计算机辅助设计** 利用复杂的图形软件自动创建和修改设计的信息系统。

computer-aided software engineering，CASE **计算机辅助软件工程** 自动化软件和系统开发的分步方法，以减少开发人员的重复工作量。

consumer-to-consumer，C2C **消费者对消费者** 消费者以电子方式向其他消费者出售商品和服务。

consumerization of IT **信息技术的消费者化** 源自消费者市场的新的信息技术传播到商业组织。

control **控制** 确保能够保护组织资产及其记录的准确性、可靠性，以及遵守管理标准的所有方法、政策和程序。

conversion **系统切换** 从旧系统转换到新系统的过程。

cookies 个人访问某些网站时存放在计算机硬盘上的微小文件，用于识别访问者并跟踪其对该网站的访问。

cooptation **合作** 在设计和实施解决方案的过程中带入不同的见解，而不放弃对变革方向和性质的控制。

copyright **版权** 保护知识产权创作者，至少70年不得以任何目的被他人复制的法定授权。

core competency **核心竞争力** 一家公司作为世界级领导者所擅长的活动。

core systems **核心系统** 支持组织至关重要的功能系统。

cost transparency **成本透明** 消费者发现商家为产品支付的实际成本的能力。

counter implementation **抗拒实施** 阻挠信息系统实施或组织创新的一种故意的策略。

cross-selling **交叉销售** 将配套产品交叉销售给客户。

crowdsourcing **众包** 使用大型互联网用户的建议、市场反馈、新的想法和业务问题的解决方案，与“群体智慧”理论相关。

culture **文化** 关于组织应该生产哪些产品，如何和在哪里生产以及被谁生产的基本假设。

customer lifetime value，CLTV **客户生命周期价值** 由特定客户产生的收入与获得和服务该客户的费用之间的差额，减去客户关系整个过程中的营销成本，用美元表示。

customer relationship management，CRM **客户关系管理** 使用信息系统来协调围绕公司与客户在销售、市场营销和服务中交互的所有业务流程的业务与技术规则。

customer relationship management systems **客户关系管理系统** 追踪公司与客户互动的所有方式的信息系统，并分析这些相互作用以优化收入、盈利能力、客户满意度和客户保留。

customization **定制化** 修改软件包以满足组织的独特需求，而不破坏软件包的完整性。

customization **定制** 在电子商务中，根据用户的偏好或以前的行为，更改交付的产品或服务。

cybervandalism **网络存在主义** 故意破坏、污损或毁坏网站或企业信息系统。

cyberwarfare **网络战** 由国家发起的旨在通过破坏计算机或网络来击败另一个国家的活动。

data **数据** 代表发生在组织或物理环境中的事件，在被组织成人们可以理解和使用的形式之前的最初现实流。

data administration **数据管理** 用于管理组织数据资源的特殊功能，涉及信息策略、数据规划、数据字典维护和数据质量标准。

data cleansing **数据清洗** 用于检测和纠正数据库或文件中不正确、不完整、格式不正确或冗余的数据活动。

data definition **数据定义** 规定数据库的结构和内容的 DBMS 能力。

data dictionary **数据字典** 一种自动或手动工具，用于存储和组织关于数据库中维护的数据信息。

data element **数据元素** 即字段。

data flow diagram，DFD **数据流图** 用于结构化分析的主要工具，以图形方式说明系统的组件过程以及它们之间的数据流。

data governance **数据治理** 用于管理公司数据的可获得性、可用性、完整性和安全性的政策与流程。

data inconsistency **数据不一致** 当相同的数据存储在多个位置时，相同属性存在不同的值。

data management technology **数据管理技术** 管理物理存储介质数据组织的软件。

data manipulation language **数据操纵语言** 一种与数据库管理系统相关的语言，最终用户和程序员使用该语言来操作数据库中的数据。

data mart **数据集市** 一个小型数据仓库，只包含组织的一部分数据，用于指定的功能或用户群。

data mining **数据挖掘** 分析大量数据，找出可用于决策制定和预测未来行为的模式与规则。

data quality audit **数据质量审计** 一项调查和/或一份样本文件，用于确定信息系统中数据的准确性和完整性。

data redundancy **数据冗余** 在多个数据文件中存在重复的数据。

data visualization **数据可视化** 通过图形形式呈现数据，帮助用户查看大量数据中模式和关系的技术。

data warehouse **数据仓库** 包含报告和查询工具的数据库，用于存储从各种操作系统中提取的当前和历史数据，并进行合并以做出管理报告和分析。

data workers **数据工作者** 处理组织文书工作的秘书或簿记员等。

database **数据库** 一组相关的文件。

database (rigorous definition) **数据库（严格定义）** 同时为多个应用提供服务的数据集合，通过存储和管理数据使它们看起来在同一个位置上。

database administration **数据库管理** 涉及数据的更多技术和操作层面，包括物理数据库的设计和维护。

database management system，DBMS **数据库管理系统** 用于创建和维护数据库的专用软件，使各个业务应用程序能够提取所需的数据，而无须在其计算机中创建单独的文件或数据定义。

database server **数据库服务器** 客户端/服务器环境中的计算机，负责运行 DBMS 来处理 SQL 语句，并执行数据库管理任务。

decisional roles **决策角色** 明茨伯格对管理者角色的分类，管理者发起活动，处理干扰，分配资源和就冲突进行谈判。

decision-support systems，DSS **决策支持系统** 组织管理层面的信息系统，结合数据和复杂的分析模型或数据分析工具，支持半结构化和非结构化决策。

deep packet inspection，DPI **深度包检测** 通过检查数据包管理网络流量，从优先级较高的业务关键型数据中挑选低优先级的数据，并按优先级顺序发送数据包的技术。

demand planning **需求计划** 确定企业需要生产多少产品，以满足所有客户的需求。

denial-of-service attack，DoS attack **拒绝服务攻击** 使网络服务器或Web服务器出现虚假通信或请求的服务，会使网络崩溃。

design **设计** 西蒙第二阶段的决策，个人构想一个问题可能的替代解决方案。

DevOps 通过强调软件开发人员和IT运营人员之间的紧密协作，创建文化和环境以促进快速与敏捷开发实践的组织策略。

digital asset management systems **数字资产管理系统** 区分、存储和分发照片、图形图像、视频和音频内容等数字对象。

digital certificate **数字证书** 电子消息的附件，用于验证发送者的身份，并为接收者提供编码回复的手段。

digital dashboard **数字仪表板** 在一个屏幕上以图形、图表的形式显示公司所有的关键绩效指标，提供关键执行决策所需的所有关键度量的概览。

digital divide **数字鸿沟** 在不同的社会群体和不同的地点，电脑和互联网接入的差距。

digital firm **数字化企业** 几乎所有重要的业务流程以及与客户、供应商和员工的关系都是数字化的，并且公司的关键资产也是通过数字手段进行管理的。

digital goods **数字商品** 通过数字网络传送的商品。

Digital Millennium Copyright Act，DMCA **《数字千年版权法》** 将互联网时代的版权法律调整为非法制作、分发或使用，违反基于技术版权材料保护的设备。

digital subscriber line，DSL **数字用户线** 一组在现有铜线电话线上提供高容量传输的技术。

direct cutover strategy **直接切换策略** 新系统在指定日期完全取代旧系统的一种有风险的切换策略。

direct goods **直接商品** 生产过程中使用的货物。

disaster recovery planning **故障恢复计划** 计算和通信服务中断后的恢复计划。

disintermediation **去中介化** 去除负责价值链中某些中间步骤的组织或业务流程。

disruptive technologies **破坏性技术** 对行业和企业造成破坏性影响的技术，使现有的产品、服务和商业模式过时。

distributed denial-of-service attack，DDoS attack **分布式拒绝服务攻击** 众多计算机从多个发射点一起淹没和压倒一个网络。

documentation **文件** 从技术或最终用户的角度描述信息系统的工作原理。

domain name **域名** 对应于连接到Internet的每台计算机唯一的32位数字Internet协议（IP）的地址，类似英文名称。

domain name system，DNS **域名系统** 维护一个数据库，使域名能够转换为数字IP地址的服务器分层系统。

domestic exporter **国内出口商** 以在原产地高度集中的企业活动为特征的企业组织形式。

downtime **停机时间** 信息系统不运作的时间段。

drill down **向下钻取** 从摘要数据转移到更低级别细节的能力。

drive-by download **驱动下载** 用户有意或无意请求下载文件时附带的恶意软件。

due process **正当法律程序** 被众所周知和理解的过程，并且可以向上级申诉，确保正确适用法律的过程。

dynamic pricing **动态定价** 根据买家和卖家之间的实时交互来确定某个项目的价格以及在特定时刻的价值。

e-government **电子政务** 利用互联网和相关技术，以数字方式使政府和公共部门机构与公民、企业和其他政府部门的关系成为可能。

efficient customer response system **高效的客户响应系统** 将消费者行为直接链接到分销、生产和供应链的系统。

electronic business，e-business **电子商业** 利用互联网和数字技术来执行企业中的所有业务流程，包括电子商务、企业内部管理流程以及与供应商和其他业务合作伙伴的协调。

electronic commerce，e-commerce **电子商务** 通过互联网、网络和其他数字技术，以电子方式购买和出售商品与服务的过程。

electronic data interchange，EDI **电子数据交换** 在两个标准商业交易组织之间直接进行计算机与计算机之间的交换，例如订单、装运指令或付款。

email **电子邮件** 计算机与计算机交换消息。

employee relationship management，ERM **员工关系管理** 处理与 CRM 密切相关的员工问题的软件，如设定目标、员工绩效管理、基于绩效的薪酬管理和员工培训。

encryption **加密** 消息的编码和干扰，以防止未经授权的读取或访问。

end-user development **终端用户开发** 由最终用户在很少或没有技术专家正式帮助的情况下开发的信息系统。

end-user interface **终端用户界面** 最终用户与系统进行交互的信息系统的一部分，例如在线屏幕和指令。

end users **终端用户** 信息系统小组之外的部门代表，应用开发是为他们服务的。

enterprise applications **企业应用** 可以协调企业中许多不同的功能、级别和业务部门的活动、决策和知识的系统，包括企业系统、供应链管理系统和知识管理系统。

enterprise content management，ECM **企业内容管理** 帮助组织管理结构化和半结构化的知识，为收集与组织电子邮件和图形对象提供文档、报告、演示文稿、最佳实践及功能的公司存储库。

enterprise software **企业软件** 用于销售和分销、财务会计、投资管理、物料管理、生产计划、工厂维护和人力资源等应用的集成模块集合，允许数据被多个功能和业务流程使用。

enterprise systems **企业系统** 整合企业范围的信息系统，协调企业的关键内部流程。

enterprise-wide knowledge management systems **企业级知识管理系统** 收集、存储、分发和应用数字内容与知识的通用的、全公司范围内的系统。

entity **实体** 信息必须被保存的人、地点、事物或事件。

entity-relationship diagram **实体关系图** 记录数据库的一种方法，说明了数据库中各种实体之间的关系。

ergonomics **人机工效学** 人与机器在工作环境中的相互作用，包括作业设计、健康问题以及信息系统的最终用户界面。

e-tailer **网络零售商** 网上的零售商店，包括亚马逊这样大型的在线零售商店，也包括拥有销售网站的小型本地商店。

ethical no-free-lunch rule **没有免费的午餐原则** 假设所有有形和无形的物体都是别人拥有的，除非有特别的声明，否则创作者要为这项工作提供补偿。

ethics **商业伦理** 个人（自由的道德代理人）选择指导他们行为的正确和错误的原则。

evil twins **邪恶的双胞胎** 冒充合法的无线网络来吸引参与者登录，并显示密码或信用卡号码。

exchanges **交换市场** 主要以交易为导向的第三方网络交易市场，连接许多买家和供应商进行现货采购。

executive support systems，ESS **经理支持系统** 组织战略层面的信息系统，旨在通过先进的图形和通信解决非结构化决策。

expert system **专家系统** 知识密集型计算机程序，在有限的知识领域中捕捉人类的专业知识。

explicit knowledge **显性知识** 已经被记录的知识。

extensible markup language，XML **可扩展标记语言** 描述文档的结构以及可用于通信和存储的通用语言，允许数据被计算机操纵。

external integration tools **外部集成工具** 将实施团队的工作与所有组织级别的用户工作联系起来的项目管理技术。

extranet **外联网** 授权的外部人员可访问的私人内部网络。

Fair Information Practices，FIP **公平信息规范**

最初在 1973 年提出的一套原则，管理个人信息的收集和使用，并构成大多数美国和欧洲隐私法的基础。

fault-tolerant computer systems **容错计算机系统** 包含额外的硬件、软件和电源组件的系统，可以将系统备份并保持运行，以防止系统故障。

feasibility study **可行性研究** 作为系统分析过程的一部分，考虑到组织的资源和约束条件，确定解决方案是否可行的方法。

feedback **反馈** 将输出返回给组织的相应成员，帮助他们评估或更正输入。

field **字段** 将字符分组为一个单词、一组单词或完整数字（如人名或年龄）。

file transfer protocol，FTP **文件传输协议** 用于从远程计算机检索和传输文件的工具。

file **文件** 一组相同类型的记录。

firewall **防火墙** 放置在组织的内部网络和外部网络之间的硬件与软件，以防止外部人员侵入私人网络。

foreign key **外键** 在数据库表中的字段，使用户能够在另一个数据库表中查找相关信息。

formal control tools **正式的控制工具** 帮助监测任务完成和实现目标进度的项目管理技术。

formal planning tools **正式的规划工具** 项目的结构和任务顺序、预算时间、金钱和完成任务所需技术资源的项目管理技术。

forward chaining **前向链接** 在专家系统中搜索规则库的策略，从用户输入的信息开始，搜索规则库得出结论。

franchiser **特许经营商** 在本国创造、设计并初步生产产品的企业组织形式，但由于产品的特殊性，严重依赖外国人员进一步生产、营销等的一种方式。

free/fremium revenue model **免费 / 免费增值收益模式** 一种电子商务收入模式，即企业免费提供基本服务或内容，同时为高价值功能收取额外的费用。

fuzzy logic **模糊逻辑** 基于规则的人工智能，通过使用称为隶属函数的非特定术语来解决问题，从而能容忍不精确性。

Gantt chart **甘特图** 可视化地表示项目任务的持续时间和资源需求。

general control **一般控制** 用于管理计算机程序的设计、安全和使用的总体控制环境，以及整个组织信息技术基础设施中数据文件的安全性。

genetic algorithms **遗传算法** 利用生物适应环境的模型，促进解决方案向特定问题演变的解决方法。

geoadvertising services **基于位置的广告服务** 根据用户的 GPS 位置向用户发送广告。

geographic information system，GIS **地理信息系统** 通过数字化地图分析和显示数据，加强规划与决策的软件系统。

geoinformation services **基于位置的信息服务** 基于用户 GPS 位置的关于地点和事物的信息。

geosocial services **地理定位服务** 基于用户 GPS 位置的社交网络。

global culture **全球文化** 不同文化和民族之间共同的期望、共同的文物和社会规范的发展。

Golden Rule **黄金法则** 把自己置于他人的位置作为决策的对象。

Gramm-Leach-Bliley Act **《格雷姆 – 里奇 – 比利雷法》** 要求金融机构确保客户数据的安全性和机密性的法案。

green computing，green IT **绿色计算** 指与计算机、服务器和相关设备（如显示器、打印机、存储设备以及网络和通信系统）的设计、制造、使用和处置相关的实践和技术，尽量减少对环境的影响。

group decision-support system，GDSS **群体决策支持系统** 一个交互式的基于计算机的系统，通过一组决策者共同协作解决非结构化问题。

hacker **黑客** 为了牟利、制造犯罪性恶作剧或个人快乐而擅自进入计算机网络的人。

hadoop 分布式系统基础架构，支持许多便宜计算机之间分布式并行处理大量数据。

hertz **赫兹** 每秒电脉冲频率的测量，1 赫兹相当于每秒 1 个周期。

HIPAA 该法律概述了医疗安全、隐私和医疗记录管理的规则。

hotspot **无线热点** 提供公共 Wi-Fi 网络服务的特定地理位置的接入点。

HTML5 HTML 的进一步发展使得无须附加软件即可将图像、视频和音频直接嵌入文档中。

hubs **集线器** 连接网络组件，发送数据包到所有其他连接设备的、非常简单的设备。

hybrid AI systems **混合式人工智能系统** 将多种 AI 技术集成到单个应用程序中，以充分利用这些技术的最佳特性。

hybrid cloud **混合云** 企业既可以使用自己的 IT 基础设施，也可以使用公共云计算服务的计算模式。

hypertext markup language，HTML **超文本标记语言** 用于创建网页的页面描述语言。

hypertext transfer protocol，HTTP **超文本传输协议** 用于在网页上传输页面的通信标准，定义了消息的格式和传输方式。

identity management **身份管理** 用于识别系统有效用户，并控制他们对系统资源访问的业务流程和软件工具。

identity theft **身份盗窃** 为了以受害者的名义获取商品和服务或获取虚假凭证，盗窃个人信息的关键部分，如信用卡或社会安全号码。

Immanuel Kant's categorical imperative **康德的绝对命令** 如果一种行为不适合每个人都采取，那么对任何人来说都是不正确的一种原则。

implementation **执行（实施）** 所有关于创新的采用、管理和日常化的组织活动，如新的信息系统。

in-memory computing **内存计算** 通过将数据存储在计算机的主存储器而不是辅助存储器中，可以快速分析和处理大量数据的技术。

indirect goods **间接商品** 生产过程中不直接使用的货物，如办公用品。

inference engine **推理引擎** 用于在专家系统中搜索规则库的策略，可以是前向或后向链接。

information **信息** 已经被塑造成对人类有意义和有用的形式的数据。

information asymmetry **信息不对称** 双方在交易中的相对议价能力由交易中的一方决定，这一方在交易中拥有比对方更多交易必需的信息。

information density **信息密度** 所有市场参与者、消费者和商家可获得的信息的总量和质量。

information policy **信息政策** 关于组织中维护、分配和使用信息的正式规则。

information requirements **信息需求** 新系统必须满足信息的详细说明，确定谁需要什么信息，以及何时何地需要信息。

information rights **信息权利** 个人和组织对自身信息所拥有的权利。

information system **信息系统** 相互关联的组件共同协作收集、处理、存储和传播信息，支持组织中的决策制定、协调、控制、分析和可视化。

information systems audit **信息系统审计** 确定管理个人信息系统的所有控制措施，并评估其有效性。

information systems department **信息系统部门** 负责组织中信息系统功能的正式组织单位。

information systems literacy **信息系统文化** 对信息系统广泛的理解，包括使用信息系统的组织和个人的行为知识，以及有关计算机的技术知识。

information systems managers **信息系统经理** 信息部门中不同专家的领导。

information systems planning **信息系统规划** 指明系统发展方向的路线图，包括理由、现状、管理策略、实施计划和预算。

information technology，IT **信息技术** 企业实现其业务目标所需的所有硬件和软件技术。

information technology（IT）infrastructure **信息技术基础设施** 计算机硬件、软件、数据、存储技术和网络，为组织提供共享的 IT 资源。

informational roles **信息角色** 明茨伯格的管理角色分类，管理者作为组织的神经中枢，接收和传播关键信息。

informed consent **知情同意** 做出理性决策所需的一切事实。

input **输入** 从组织内部或外部环境中捕获或收集原始数据，以便在信息系统中处理。

instant messaging **即时通信** 允许参与者创建自己的私人聊天频道，这样当他的私人列表中的某个人在线时，可以提醒一个人发起与该特定个人的聊天会话的服务。

intangible benefits **无形收益** 不易量化的收益，包括更高效的客户服务或增强的决策制定。

intellectual property **知识产权** 个人或公司受商业秘密、版权和专利法保护的无形财产。

intelligence **情报** 西蒙决策制定四阶段中的第一个，指个人收集信息来识别组织中出现的问题。

intelligent agent **智能代理** 使用内置或学习的知识库为个人用户、业务流程或软件应用执行特定的、重复的和可预测的任务的软件程序。

intelligent techniques **智能技术** 通过捕捉个人和集体知识，发现大量数据中的模式与行为，为人类决策者提供帮助，以及为人类自行解决大而复杂的问题提供解决方案。

internal integration tools **内部集成工具** 确保实施团队作为一个有凝聚力的单位运作的项目管理技术。

international information systems architecture **国际信息系统架构** 为了协调全球贸易和其他活动，组织要求的基本信息系统。

Internet **互联网** 使用通用标准连接数百万个不同网络的全球网络。

Internet of Things **物联网** 每个对象或机器具有唯一的身份，并能够使用互联网与其他机器连接或发送数据的普遍网络，也被称为工业互联网。

Internet Protocol (IP) address **网络协议地址** 表示计算机在互联网上唯一位置的四部分数字地址。

Internet service provider，ISP **互联网服务供应商** 与互联网永久连接，向用户销售临时连接的一种商业组织。

Internet2 用新的协议和传输速度，为支持高带宽互联网应用提供基础设施的研究网络。

interorganizational systems **组织间系统** 实现跨组织边界的信息流动，并将公司与客户、分销商或供应商联系起来的信息系统。

interpersonal roles **人际角色** 明茨伯格对管理者角色的分类，管理者扮演着组织领导者的角色。

intranet **内联网** 基于互联网、万维网技术和标准的内部网络。

intrusion detection system **入侵检测系统** 监测网络中最脆弱点的工具，以检测和阻止未经授权的入侵者。

iOS 适用于苹果 iPad、iPhone 和 iPod Touch 的操作系统。

IPv6 使用 128 位 IP 地址的新 IP 地址系统，支持互联网协议版本 6。

IT governance **IT 治理** 在组织内使用信息技术的战略和政策，明确决策权和责任，确保信息技术支持组织的战略与目标。

iterative **迭代** 一遍又一遍重复构建系统步骤的过程。

Java 只能提供特定任务所需的软件功能的编程语言，例如从网络上下载的小程序，可以在任何计算机和操作系统上运行。

joint application design，JAD **联合应用设计** 通过让最终用户和信息系统专家在密集的交互式设计会议中一起工作，加速信息需求产生的过程。

just-in-time strategy **准时制战略** 通过使零部件在需要的时刻准确被送达，并在成品出厂时立即发货，从而最大限度地减少库存的调度系统。

key field **关键字段** 记录中的一个字段，用于唯一标识该记录的实例，以便检索、更新或排序。

key performance indicators **关键绩效指标** 高级管理层为了解公司如何在特定维度上运行而提出的措施。

keylogger **键盘记录** 记录在计算机上进行的每一次点击间谍软件，以窃取个人信息、密码或启动互联网攻击。

knowledge **知识** 为创建、评估和使用信息提供框架的概念、经验与洞察力。

knowledge base **知识库** 用于专家系统的人类知识模型。

knowledge discovery **知识发现** 在大型数据库中识别新颖、有价值的模式。

knowledge management **知识管理** 一个组织开发的用于创建、收集、存储、维护和传播公司知识的一系列过程。

knowledge management systems **知识管理系统** 支持企业专业知识的创建、捕获、存储和传播的系统。

knowledge workers **知识工作者** 诸如设计产品或服务，并为组织创造知识的工程师或建筑师。

knowledge work systems **知识工作系统** 帮助知识工作者创造和整合新知识的信息系统。

learning management system, LMS **学习管理系统** 用于各类员工学习的管理、交付、跟踪和评估的工具。

legacy system **遗留系统** 已经存在很长时间的系统，并且继续使用以避免更换或重新设计而产生的高昂成本。

legitimacy **合法性** 在能力、视野或其他素质的基础上接受权威的程度。

liability **法律责任** 他人、系统或组织对个人造成了伤害，允许个人通过法律获得补偿的法律形式。

Linux 可靠而紧凑的操作系统，是 UNIX 的一个分支，可以在许多不同的硬件平台上运行，并且可以免费或以非常低的成本获得，被用作 UNIX 的替代品。

local area network, LAN **局域网** 一种电信网络，需要有自己的专用信道，并且包含有限的距离，通常是一栋或几栋紧邻的建筑物。

location-based services **基于位置的服务** 智能手机上可用的 GPS 地图服务。

location analytics **位置分析** 能够从数据的位置（地理）组成部分获得洞察力，包括来自手机的位置数据、传感器或扫描设备的输出以及来自地图的数据。

long tail marketing **长尾营销** 指企业向非常小的在线群体推销商品的能力，主要是因为达到非常小的市场份额（落入贝尔曲线长尾的人）的成本较低。

machine learning **机器学习** 研究计算机程序如何在没有明确编程的情况下提高其性能。

mainframe **主机型** 计算机的最大类别，用于主要的业务处理。

maintenance **维护** 改变生产系统的硬件、软件、文档或程序以纠正错误，满足新的需求或提高处理效率。

malware **恶意软件** 诸如计算机病毒、蠕虫和特洛伊木马等恶意软件。

managed security service provider, MSSP **安全管理服务提供商** 为订阅客户提供安全管理服务的公司。

management information systems, MIS **管理信息系统** 信息系统的具体类别，提供组织绩效报告，帮助中层管理人员监督和控制业务。

management information systems, MIS **管理信息系统** 重点研究信息系统在商业和管理中的应用。

managerial roles **管理者角色** 管理者应该在组织中执行的活动的期望。

market creator **市场创造者** 一种电子商务商业模式，企业提供数字在线环境，买家和卖家可以见面、搜索产品和进行交易。

market entry costs **市场准入成本** 商家必须付费才能将商品推向市场的成本。

marketspace **市场空间** 超越传统市场的界限的市场，从时间和地理位置上消失了。

mashup **混搭** 依赖于高速网络、通用通信标准和开源代码的复合软件应用程序。

mass customization **规模化定制** 使用大量生产资源提供个性化定制产品或服务的能力。

massive open online course, MOOC **大规模开放式网络课程** 通过网络向大量参与者提供在线课程。

menu costs **菜单成本** 商家改变价格的成本。

metropolitan area network, MAN **城域网（MAN）** 跨越市区（通常为城市及其主要郊区）的网络。其地理范围介于广域网和局域网之间。

microblogging **微博** 以非常短的帖子为特色，比如使用 Twitter。

micropayment systems **小额支付系统** 用来支付一小笔钱的系统，往往不到 10 美元。

middle management **中层管理** 负责实施高级管理层计划和目标的组织层级中的人员。

minicomputer **小型计算机** 用于大学、工厂或研究实验室系统的中距离计算机。

mobile commerce，m-commerce **移动商务** 使用智能手机或平板电脑等无线设备，通过互联网进行商家对消费者和商家对商家的电子商务交易。

mobile web app **移动网络应用** 具有移动设备特定功能的互联网应用，可通过移动设备的网络浏览器访问。

mobile website **移动网站** 在内容和导航中按比例缩小的常规网站的版本，便于在小型移动屏幕上访问和搜索。

modem **调制解调器** 将计算机的数字信号转换为模拟形式，通过模拟网络传输或将模拟信号转换回数字形式供计算机接收的设备。

Moore's Law **摩尔定律** 认为芯片上的元件数量每年翻一番。

multicore processor **多核处理器** 为了增强性能、降低功耗和更有效地同时处理多项任务，集成了两个或更多处理器的集成电路。

multinational **多国公司** 集中的财务管理，并在一个中心基地进行控制，而生产、销售和市场是分散的一种企业组织形式。

multitiered（N-tier）client/server architecture **多层（N 层）客户机 / 服务器架构** 将整个网络的工作在多个不同级别的服务器上进行平衡的客户机 / 服务器网络。

multitouch **多重触控** 使用一个或多个手指手势来操纵屏幕上的列表或对象的界面，无须使用鼠标或键盘。

nanotechnology **纳米技术** 基于单个原子和分子的操控来建立结构和流程的技术。

native advertising **原生广告** 在社交网络新闻传播或传统的编辑内容（如报纸文章）中放置广告。

native app **本机应用** 为在特定平台和设备上运行而设计的独立应用，并直接安装在移动设备上。

near field communication，NFC **近场通信** 当两个兼容设备相距几厘米的时候，使用电磁无线电场进行数据交换的短距离无线连接标准。

net marketplace **网络集市** 基于互联网技术将许多买家与众多卖家联系起来的单一数字市场。

network **网络** 连接两台或多台计算机共享数据或资源，如打印机。

network economics **网络经济学** 基于网络概念的行业层面的战略体系模型，增加另一个参与者需要的边际成本为零，但可以创造更大的边际收益。

network operating system，NOS **网络操作系统** 用于路由器和管理网络通信并协调网络资源的专用软件。

networking and telecommunications technology **网络和通信技术** 连接各种计算机硬件组件，并将数据从一个物理位置传输到另一个物理位置的物理设备和软件。

neural network **神经网络** 试图仿效生物脑处理模式的硬件或软件。

non-relational database management system **非关系型数据库管理系统** 用于处理大量结构化和非结构化数据的数据库管理系统，难以用关系模型进行分析。

nonobvious relationship awareness，NORA **不明显关系认知** 通过分析来自许多不同来源的信息关联关系，可以在人员或其他实体之间找到隐蔽的隐藏连接的技术。

normalization **规范化** 在设计关系数据库时，从复杂的数据群创建小型、稳定的数据结构的过程。

object **对象** 结合数据和作用于数据的过程的软件构建块。

object-oriented development **面向对象的开发** 以对象为系统分析和设计的基本单位的系统开发方法。系统建模是指对象的集合以及它们之间的关系。

offshore outsourcing **离岸外包** 将系统开发工作或将现有系统维护外包到另一个国家的外部供应商。

on-demand computing **按需计算** 公司可以为远程大型数据处理中心减轻对计算能力的高峰需求，只需投入足够的资源即可处理平均负载，并且只需支付市场需要的额外计算能力即可，也被称为效用计算。

online analytical processing，OLAP **在线分析处理** 能够从多个角度处理和分析大量数据。

online transaction processing **在线交易处理** 交易在线上立即由计算机处理的交易处理模式。

open source software **开放源代码软件** 提供免费访问其程序代码的软件，允许用户修改程序代码进行改进或修复错误。

operating system **操作系统** 管理计算机资源和活动的软件。

operational CRM **运营型 CRM** 面向客户的应用程序，如销售人员自动化、呼叫中心和客户服务支持以及市场营销自动化。

operational intelligence **运营智能** 对数据、事件流和业务运营提供洞察力商业分析。

operational management **操作层管理** 监控组织的日常活动。

opt-in **选择性加入** 知情同意模式禁止组织收集任何个人信息，除非该个人明确采取行动批准信息的收集和使用。

opt-out **选择性退出** 知情同意模式允许收集个人信息，直到消费者明确要求不再收集数据为止。

organization (behavioral definition) **组织（行为定义）** 一段时间内冲突和解决冲突之间微妙、平衡的权利、特权、义务和责任的集合。

organization (technical definition) **组织（技术定义）** 从环境中获取资源并处理它们实现产出的一个稳定的、正式的社会结构。

organizational and management capital **组织和管理资本** 对组织和管理的投资，如新业务流程、管理行为、组织文化或培训。

organizational impact analysis **组织影响分析** 研究提议的系统将如何影响组织结构、态度、决策和运营的方式。

organizational learning **组织学习** 创建反映组织经验的、新的操作程序标准和业务流程。

output **输出** 将处理的信息分发给将要使用它的人或将要使用它的活动。

outsourcing **外包** 将计算机中心的运营、电信网络或应用开发委托给外部供应商的做法。

packet switching **分组交换** 将信息分解成小的、固定的数据包，并通过任何可用的通信信道以最经济的方式进行分流的技术。

paradigm shift **范式转换** 对企业性质和组织性质的根本性重新定义。

parallel strategy **并行策略** 一种安全和保守的转换方法，旧系统和新系统一起运行一段时间，直到所有人确定新系统能正常运行。

particularism **特殊主义** 根据狭隘的或个人的特点，以各种形式（宗教、民族主义、民族、地区主义、地缘政治地位）做出判断和采取行动。

partner relationship management，PRM **合作伙伴关系管理** 利用客户数据和分析工具，使公司与销售伙伴的关系实现自动化，以改善协调和促进客户销售。

password **密码** 用于对用户进行身份验证的密码字符或字符串，以便他们可以访问计算机系统等资源。

patch **补丁** 修复软件缺陷而不会干扰软件正常运行的小软件。

patent **专利** 赋予拥有者独家垄断发明 20 年，旨在确保新机器或新方法的发明者在广泛使用其发明的同时获得劳动报酬的一项法律文件。

peer-to-peer **点对点** 使网络上的所有计算机具有相同的能力的网络架构，主要用于小型网络。

personal area network，PAN **个人局域网** 用于在靠近个人的数字设备之间进行通信的计算机网络。

personalization **个性化** 能够根据个人姓名、兴趣和过去购买的信息，将营销信息针对特定个人的商家能力。

PERT chart **PERT 图表** 描述项目任务及其相

互关系的网络图。

pharming **域欺骗** 将用户引至虚假网页，即使个人输入正确的网页地址也无济于事。

phased approach strategy **分阶段策略** 按功能或组织单位分阶段引入新系统。

phishing **网络钓鱼** 包括设置虚假网站或发送电子邮件给那些要求用户提供保密的个人数据的合法企业的欺骗形式。

pilot study strategy **引导战略** 一种将新体系引入组织有限领域的战略，直到它被证明是完全有效的，只有这样才能在整个组织中切换到新系统。

pivot table **数据透视表** 用于以表格格式重组和汇总数据的两个或多个维度的电子表格工具。

platform **平台** 提供信息系统、技术和服务，使成千上万家不同行业的其他公司用于提高自身能力。

podcasting **播客** 通过互联网发布音频广播，以便订阅用户可以将音频文件下载到他们的个人电脑或便携式音乐播放器中。

portal **门户** 用于呈现来源多样的综合个性化内容的 Web 界面，也指提供网站初始入口点的网站服务。

portfolio analysis **应用组合分析** 分析公司内潜在的应用组合，以确定风险和收益，并在信息系统的替代方案中进行选择。

post-implementation audit **安装后审计** 在系统投入生产之后进行的正式审查过程，以确定系统达到最初目标的程度。

predictive analytics **预测分析** 使用数据挖掘技术、历史数据和有关未来条件的假设，来预测事件的结果，例如客户响应报价或购买特定产品的可能性。

predictive search **预测性搜索** 一种搜索算法的一部分，可以根据流行的搜索预测用户查询的内容。

price discrimination **价格歧视** 以不同的价格向不同的目标群体销售相同的货物或几乎相同的货物。

price transparency **价格透明** 消费者可以轻松找到市场中的各种价格。

primary activities **主要活动** 与公司产品或服务的生产和分配最直接相关的活动。

primary key **主键** 数据库表任何行中所有信息的唯一标识符。

privacy **隐私** 个人是独立的、不受任何其他个人、组织或国家的监视或干涉。

private cloud **私有云** 将服务器、存储、网络、数据和应用作为一组由公司内用户共享的虚拟化服务连接在一起的专有网络或数据中心。

private exchange **专有交换** 私人工业网络的另一个术语。

private industrial networks **专有工业网络** 为了协调跨组织的业务流程，Web 连接的网络连接了一个行业内的多家公司的系统。

process specification **流程规范** 在数据流图的最底层描述发生的过程的逻辑。

processing **处理** 将原始输入的转换、处理和分析转换成对人类更有意义的形式。

product differentiation **产品差异化** 通过开发不容易被竞争对手复制的独特新产品和服务来创造品牌忠诚度的竞争策略。

production **运行** 新系统安装并完成转换后的阶段，在此期间，系统由用户和技术专家进行审查，以确定其达到最初目标的程度。

production or service workers **生产或服务工人** 实际上组织生产产品或服务的人员。

profiling **画像** 使用计算机将来自多个地方的数据进行组合，并创建个人详细信息的电子档案。

program-data dependence **程序数据依赖性** 存储在文件中的数据与更新和维护这些文件的软件之间的密切关系。数据组织或格式的任何更改都需要更改与这些文件关联的所有程序。

programmers **程序员** 训练有素的技术专家，负责编写计算机软件指令。

programming **编程** 将在设计阶段准备的系统规范翻译成程序代码的过程。

project **项目** 为实现具体业务目标而计划的一系列相关活动。

project management **项目管理** 应用知识、工

具和技术，在特定的预算与时间段内实现具体的目标。

project portfolio management **项目组合管理** 帮助组织评估和管理项目组合与依赖关系。

protocol **协议** 管理网络中各组件之间传输的一套规则和程序。

prototype **原型** 用于演示和评估目的的信息系统的初步工作版本。

prototyping **原型法** 快速且经济地构建实验系统的过程，用于演示和评估，以便用户更好地确定信息需求。

public cloud **公有云** 由外部服务提供商维护的云，通过互联网访问，并向公众开放。

public key encryption **公钥加密** 使用两种密钥：共享（或公共）和私人。

public key infrastructure，PKI **公钥加密基础设施** 借助证书颁发机构（CA）和数字证书创建公钥和私钥，以进行身份验证的系统。

pull-based model **拉动模型** 由实际客户订单或采购驱动的供应链，以便供应链成员仅生产和交付客户订购的产品。

push-based model **推动模型** 基于预测或对产品需求的最佳猜测，由生产主数据表驱动的供应链，并且使产品被“推送”给客户。

quantum computing **量子计算** 使用量子物理原理来表示数据，对数据执行操作，而且能够同时处于许多不同的状态，并执行许多不同的计算任务。

query language **查询语言** 提供即时在线答案的软件工具，用于答复对未预定义信息的请求。

radio frequency identification，RFID **射频识别** 使用微型标签和嵌入式微芯片的技术，包含有关物品的数据及其位置，将短距离无线电信号传输到特殊的 RFID 阅读器中，然后将数据传送到计算机进行处理。

ransomware **勒索软件** 通过控制电脑或显示令人讨厌的弹出消息，从用户那里勒索钱财的恶意软件。

rapid application development，RAD **快速应用开发** 通过借助原型、最先进的软件工具以及用户和系统专家之间紧密的团队合作，在极短的时间内开发系统。

rationalization of procedures **程序合理化** 精简操作规程，消除明显瓶颈，使自动化操作程序更加高效。

record **记录** 一组相关的字段。

referential integrity **参照完整性** 确保耦合数据库表之间的关系保持一致的规则。

relational DBMS **关系型数据库管理系统** 将数据视为存储在二维表中的一种逻辑数据库模型。它可以将一个表中存储的数据与另一个表中的数据相关联，只要这两个表共享一个公共数据元素。

repetitive stress injury，RSI **重复性压力损伤** 肌肉群在受到高冲击负荷或数千次重复冲击负荷的重复作用时形成的职业病。

request for proposal，RFP **需求清单** 提交给软件或其他服务供应商的问题的详细列表，以确定供应商的产品能够满足组织特定需求的程度。

responsibility **职责** 接受潜在的成本、责任和义务。

responsive web design **响应式网页设计** 网站能够在用户切换到不同尺寸的设备（如笔记本电脑、平板电脑或智能手机）时，自动更改屏幕分辨率和图像大小，而无须为每个新设备单独设计和开发。

revenue model **盈利模型** 描述企业如何获得收入，创造利润并产生投资回报。

richness **丰富性** 衡量企业可以提供给客户信息的深度和细节，以及企业收集的关于客户的信息。

risk assessment **风险评估** 确定发生问题的潜在频率，以及发生问题时可能造成的损害，用于确定控件的成本 / 收益。

risk aversion principle **风险规避原则** 应该采取最少的伤害或最少的代价的原则。

router **路由器** 将数据包从一个网络转发到另一个网络的专用通信处理器。

routines **工作规范** 已经制定的精确的规则、程序和惯例，以应付预期的情况。

really simple syndication，RSS **简易信息聚合** 使用聚合器软件从网站提取内容，并自动将其提供给用户计算机的技术。

safe harbor **安全港** 私有的、自我规范的政策和执法机制，符合政府规定的目标，但不涉及政府的监管或执法。

sales revenue model **销售收益模型** 向客户销售货物、信息或服务，作为公司的主要收入来源。

Sarbanes-Oxley Act **《萨班斯－奥克斯利法案》** 2002年通过的法律，规定公司及其管理层通过保护内部使用和外部公布的财务信息的准确性和完整性来保护投资者。

scalability **可扩展性** 计算机、产品或系统能够扩展，以服务于大量用户而不中断的能力。

scope **范围** 定义项目包含哪些工作，不包含哪些工作。

scoring model **评分模型** 根据选定目标的评分系统，来决定替代系统的快速方法。

search costs **搜索成本** 查找合适的产品并确定该产品的最佳价格所花费的时间和金钱。

search engine **搜索引擎** 用于在互联网上查找特定网站或信息的工具。

search engine marketing **搜索引擎营销** 使用搜索引擎，提供付费的广告客户的链接。

search engine optimization，SEO **搜索引擎优化** 更改网站内容、布局和格式的过程，以便增加网站在热门搜索引擎上的排名，并产生更多的网站访问者。

Secure Hypertext Transfer Protocol，S-HTTP **安全超文本传输协议** 用于加密流经互联网的数据的协议，限于个人消息。

Secure Sockets Layer，SSL **安全套接层协议** 在安全Web会话期间相互通信时，使客户端和服务器计算机能够管理加密和解密活动。

security **安全** 用于防止未经授权的访问、更改、盗窃或信息系统的物理损害的政策、程序和技术措施。

security policy **安全措施** 对信息风险进行排序，确定可接受的安全目标，并确定实现这些目标机制的声明。

semantic search **语义搜索** 能够理解人类语言和行为的搜索技术。

semi-structured decisions **半结构化决策** 只有部分问题由接受程序提供明确答案的决策。

senior management **高层管理** 组织中最高级别的人员，负责做出长期决策。

sensitivity analysis **灵敏度分析** 为了确定一个或多个因素的变化对结果的影响，反复询问“what-if”问题的模型。

sentiment analysis **情感分析** 在电子邮件、博客、社交媒体对话或调查表中挖掘文本评论，以检测对特定主题有利和不利的意见。

server **服务器** 专门用来优化通过网络向其他计算机提供软件和其他资源的计算机。

service level agreement，SLA **服务等级协议** 客户与服务提供商之间的正式合同，定义服务提供商的具体责任和客户期望的服务水平。

service-oriented architecture，SOA **面向服务的结构** 基于一系列软件程序的公司软件体系结构，这些软件程序彼此相通，执行分配的任务，从而创建可运行的软件应用。

shopping bot **购物机器** 具有不同程度的内置智能，可帮助电子商务购物者查找和评估他们可能希望购买的产品或服务的软件。

six sigma **六西格玛** 质量的具体测量，每百万次机会中有3.4次缺陷，用来指定一套方法和技术来提高质量与降低成本。

smart card **智能卡** 一种信用卡大小的塑料卡，用于存储数字信息，也可用于电子支付以代替现金。

smartphone **智能手机** 具有语音、文本和互联网功能的无线电话。

sniffer **嗅探器** 监听通过网络传播的信息的窃听程序。

social business **社会化商务** 使用社交网络平台（包括Facebook、Twitter和内部企业社交工具）来吸引员工、客户和供应商。

social CRM **社交型CRM** 使企业能够将客户交流、数据和社交网站之间的关系链接到CRM流程的工具。

social engineering **社交工程** 通过假装成为合

法用户或需要信息的公司成员来欺骗人们泄露他们的密码。

social graph **社交图谱** 所有重要的在线社交关系的地图，可与描述离线关系的社交网络进行比较。

social networking sites **社交网站** 通过彼此的业务或个人关系建立相关在线社区，扩展用户的业务或社交联系。

social search **社会化搜索** 努力提供基于一个人的社交联系网络相关的和可靠的搜索结果。

social shopping **社交购物** 使用以用户创建的网页为特色的网站，向其他购物者分享相关感兴趣的物品的知识。

sociotechnical design **社会技术设计** 将技术效率与对组织和人类需求的敏感性相结合来设计生产信息系统。

sociotechnical view **社会技术观点** 认为系统是由技术和社会因素组成的。

software as a service，SaaS **软件即服务** 基于 Web，提供远程交付和软件访问的服务。

software-defined networking，SDN **软件定义网络** 使用与网络设备分开的中央控制程序来管理网络上的数据流。

software-defined storage，SDS **软件定义的存储** 用于管理独立于底层硬件的数据存储供应和管理的软件。

software localization **软件本地化** 将软件转换成以第二语言操作的过程。

software package **软件包** 一种预先编写、预编码的商用程序集，无须为某些功能编写软件程序。

spam **垃圾邮件** 不请自来的商业邮件。

spoofing **电子欺骗** 通过在互联网上隐藏自己的身份或伪造另一个用户的身份，骗取或欺骗计算机系统或其他计算机用户。

spyware **间谍软件** 在不知情的情况下，收集关于某个人或组织信息的技术。

SQL injection attack **SQL 注入攻击** 针对利用编码差的 SQL（标准和通用数据库软件应用程序）应用程序中的漏洞进行攻击的网站，以便将恶意程序代码引入公司的系统和网络。

strategic transitions **战略性的变革** 从一个社会技术体系向另一个体系的转变。在组织中的社会和技术要素发生需求变化，采纳战略系统时，企业往往需要这样做。

streaming **流** 媒体音乐和视频文件的发布方法，可将连续的内容流传输到用户的设备上，而无须存储在设备上。

structure chart **结构图** 显示每个设计级别、级别之间的关系以及设计结构中的总体位置的系统文件，可以记录一个程序、一个系统或一个程序的一部分。

structured **结构化** 指的是这样一个事实，即技术是一步一步发展的，每一步都在前一步上进行。

structured decisions **结构化决策** 指重复性和常规性决策，并具有处理它们的明确程序。

structured knowledge **结构化知识** 以结构化文档和报告的形式提供。

structured query language，SQL **结构化查询语言** 关系数据库管理系统的标准数据操作语言。

subscription revenue model **订阅收益模式** 网站收取部分或全部内容或服务订阅费用的模式。

supply chain **供应链** 采购材料，将原材料转化为中间产品和成品，以及将成品分发给客户的组织和业务流程网络。

supply chain execution systems **供应链执行系统** 通过配送中心和仓库管理产品流动的系统，确保产品以最有效的方式被运送到正确的位置。

supply chain management systems **供应链管理系统** 使企业与供应商之间的信息流自动化，优化产品和服务的计划、采购、制造和交付的信息系统。

supply chain planning systems **供应链计划系统** 使企业能够做出关于产品的需求预测，并开发该产品的采购和制造计划的系统。

support activities **支持活动** 使企业的主要活动成为可能的活动，包括组织的基础设施、人力资源、技术和采购。

switch **交换机** 连接比集线器更智能的网络组

件，并可以过滤和转发数据到指定目的地的设备。

switching costs **转换成本** 当客户或公司从一个供应商或系统，转变为竞争对手的供应商或系统时，由于时间和资源的浪费而导致的费用。

system testing **系统测试** 测试整个信息系统的功能，以确定各个模块是否按计划一起运行。

systems analysis **系统分析** 一个组织试图用信息系统分析并解决问题。

systems analysts **系统分析员** 将业务问题和需求转化为信息需求与系统，加强信息系统部门和组织其他部门之间的联系。

systems design **系统设计** 详细说明系统如何满足系统分析所确定的信息需求。

systems development **系统开发** 为关于组织的问题或机会提供信息系统解决方案的活动。

systems life cycle **系统生命周期法** 传统的开发信息系统的方法，将系统开发过程划分为正式的阶段，并且必须在最终用户和信息系统专家之间进行非常正式的分工才能完成。

T lines **T线路** 从通信提供商处（如T-1线路，传输容量为1.544 Mbps）租用高速的、保证服务级别的数据线路。

tablet computer **平板电脑** 移动手持电脑，比手机大，主要通过触摸屏进行操作。

tacit knowledge **隐性知识** 尚未正式记录的组织成员的专业知识和经验。

tangible benefits **有形收益** 可以量化和分配货币价值的收益，包括较低的运营成本和增加的现金流量。

taxonomy **分类法** 根据预定系统对事物进行分类的方法。

teams **团队** 成员之间协作实现特定目标的正式团体。

teamware **队件** 为团队合作定制的团队协作软件。

technology standards **技术标准** 建立产品兼容性和网络通信能力的规范。

telepresence **网真** 允许一个人出现在他真实的物理位置以外的位置上的一种技术。

Telnet 允许某人在一台计算机上工作时登录到另一台计算机上的网络工具。

test plan **测试计划** 由开发团队与用户共同编写，包括在系统上执行的一系列测试的所有准备工作。

testing **测试** 决定系统是否在已知条件下产生预期结果的详尽的、完整的过程。

text mining **文本挖掘** 从大量非结构化数据中发现模式和关系。

token **令牌** 类似于用来证明用户身份识别卡的物理设备。

total cost of ownership，TCO **总持有成本** 指拥有技术资源的总成本，包括初始采购成本，硬件和软件升级成本以及维护、技术支持和培训成本。

total quality management，TQM **全面质量管理** 作为组织中所有人共同分担责任的一种质量控制。

touch point **接触点** 与客户进行牢固交互的方法，例如电话、电子邮件、客户服务台、传统邮件或购买点。

trade secret **商业机密** 用作商业用途的任何智力工作或产品，只要不属于公共领域的信息，即可归类为商业机密。

transaction costs **交易成本** 当企业在市场上买不到的时候产生的成本。

transaction cost theory **交易成本理论** 经济学理论指出，企业能够以更低的成本进行市场交易，因为它们可以比市场上的外部企业更加便宜。

transaction fee revenue model **交易费收益模型** 一种在线电子商务收入模型，即公司收到启用或执行交易的费用。

transaction processing systems，TPS **事务处理系统** 执行和记录业务所必需的日常交易的计算机化系统，服务于组织的运作层面。

transborder data flow **跨境数据流** 以任何形式跨越国界的信息流动。

Transmission Control Protocol/Internet Protocol，TCP/IP **传输控制协议/网际协议** 在不同

网络之间实现连接的主要模型。提供一种普遍认可的方法，将数字信息分解为数据包，将它们发送到正确的地址，然后重新组合成一致的消息。

transnational **跨国的** 真正的全球形式的商业组织，没有国家总部，从全球角度管理增值活动，不考虑国界，优化供需来源和本地竞争优势。

Trojan horse **特洛伊木马** 看似合法，但包含可能造成损害的第二个隐藏功能的软件程序。

tuple **元组** 关系数据库中的行或记录。

two-factor authentication **双因素身份验证** 使用两种身份验证方法验证用户身份，其中一种通常是物理令牌，另一种通常是数据。

Unified communications **统一通信** 将语音通信、数据通信、即时通信、电子邮件和电子会议等不同渠道集成到一个体验中，用户可以在不同通信模式之间来回切换。

unified threat management，UTM **一体化威胁管理** 全面的安全管理工具，结合了多种安全工具，包括防火墙、虚拟专用网络、入侵检测系统、网页内容过滤和反垃圾邮件软件。

uniform resource locator，URL **统一资源定位** 互联网上特定资源的地址。

unit testing **单元测试** 在系统中分别测试每个程序的过程，有时称为程序测试。

Unix 适用于所有类型计算机的操作系统，独立于机器，支持多用户处理、多任务处理和联网，用于高端工作站和服务器。

unstructured decisions **非结构化决策** 决策者必须提供对问题定义的判断、评估和见解的非常规决策，并且没有确定的程序可遵循。

user interface **用户界面** 最终用户与系统交互的信息系统部分；硬件类型以及用户使用该系统所需的一系列屏幕上的命令和响应。

user-designer communications gap **用户－设计者沟通代沟** 阻碍终端用户和信息系统专家之间沟通与解决问题的背景、兴趣和优先级之间的差异。

utilitarian principle **功利主义原理** 假设可以把价值按照功利的等级排序，并理解各种行为的后果。

value chain model **价值链模型** 这个模型强调了为公司产品或服务增加边际价值的主要或支持性活动，在这些产品或服务中，信息系统可以较好地被用于实现竞争优势。

value web **价值网络** 以客户为导向的、独立的公司网络，利用信息技术协调价值链，共同为市场生产产品或服务。

virtual company **虚拟企业** 组织使用网络链接人员、资产和想法，来创建和分销产品与服务，而不受传统组织边界或物理位置的限制。

virtual private network，VPN **虚拟专用网络** 指在互联网上两点之间的安全连接，以传输公司数据，提供专用网络的低成本替代方案。

virtual reality modeling language，VRML **虚拟现实建模语言** 在万维网上进行交互式三维建模的一套规范。

virtual reality systems **虚拟现实系统** 交互式图形软件和硬件，创建计算机生成的模拟，提供模拟真实世界活动的感觉。

virtualization **虚拟化** 呈现一组计算资源，以便它们都能够以不受物理配置或地理位置限制的方式被访问。

visual web **视觉网站** 指网页链接的可视网站，如 Pinterest，用照片取代文字，并且是用户搜索图片和获得视觉感受的地方。

Voice over IP，VoIP **IP 语音** 使用互联网协议（IP）管理语音信息传送的设施。

war driving **驾驶攻击** 窃听者通过在建筑物或停车场外进行窃听的技术，试图拦截无线网络流量。

Web 2.0 第二代交互式互联网服务，使人们能够在线进行协作、共享信息和创建新服务，包括混搭、博客、RSS 和维基。

Web 3.0 网络的未来愿景，即将所有数字信息与智能搜索功能结合在一起。

Web beacons **网络信标** 微小的对象无形地嵌入电子邮件和网页中，用于监视访问网站或发送电子邮件的用户的行为。

Web browser **网络浏览器** 一种易于使用的软件工具，用于访问万维网和互联网。

Web hosting service **网页寄存服务** 公司用大

型的网页服务器电脑来维持付费用户的网站。

Web mining **网络数据挖掘** 从万维网发现和分析有用的模式与信息。

Web server **Web 服务器** 用于管理存储在网页上的请求，并将网页传送到用户计算机的软件上。

Web service **Web 服务** 使用互联网技术的一套通用标准，用于集成来自不同地方的不同应用程序，而无须耗费时间定制编码，用于链接不同组织的系统或连接同一组织内的不同系统。

website **网址** 由组织或个人维护的所有万维网页面。

Wi-Fi 代表“无线保真度”，指的是 802.11 系列的无线网络标准。

wide area network，WAN **广域网** 跨越很远的地理距离的电信网络，包括各种有线、卫星和微波技术。

Wikis **维基** 访问者可以添加、删除或修改内容的协作网站，包括以前作者的工作。

WiMax IEEE 标准 802.16 的通用术语，用于无线网络，传输范围可达 31 英里，数据传输速率高达 75 Mbps，代表全球微波接入的交互操作性。

Windows 用于网络服务器和客户端计算机的微软操作系统系列。

Windows 10 最新的微软 Windows 客户端操作系统。

Wintel PC 任何使用 Intel 微处理器（或兼容处理器）和 Windows 操作系统的计算机。

wireless sensor networks，WSN **无线传感器网络** 内置处理、存储、射频传感器和天线，嵌入物理环境中，提供大空间上多点测量的互联网无线设备的网络。

wisdom **智慧** 将知识应用于解决问题的集体和个人经验。

wisdom of crowds **群体智慧** 相信大量的人能够比单个人甚至小型的专家委员会更好地决定广泛的主题或产品。

World Wide Web **万维网** 具有普遍被接受的标准的系统，用于在联网环境中存储、检索、格式化和显示信息。

worms **蠕虫** 独立的软件程序，传播自己的行为，破坏计算机网络的运行或破坏数据和其他程序。

zero-day vulnerabilities **零日漏洞** 创建者不知道的软件安全漏洞，黑客可以在供应商意识到问题之前利用这些漏洞。

推荐阅读

VR+：融合与创新

作者：王斌 等 ISBN：978-7-111-54799-0 定价：49.00元

系统阐述“VR＋”创新体系的经典读本，看虚拟现实如何引爆新经济

深度揭示“VR＋产业”的商业模式以及投资商机，揭秘VR与电影、游戏、旅游、教育、房地产、汽车、媒体、电商、医疗等传统行业融合创新所产生的巨变与发展

vr+：2016年是VR产业元年，VR产业进入高速增长期，未来十年将成为超过万亿的产业。虚拟现实VR技术在影视、游戏、消费、旅游、教育、房产、医疗、体育等各个领域的创新融合，将为产业带来巨变！本书梳理了国内外VR产业发展现状与趋势、VR商业模式以及我国VR产业版图及VR产业投资。将重点以VR+产业为核心，首次揭示VR与电影、游戏、旅游、教育、房地产、汽车、媒体、电商、医疗等行业融合创新所产生的巨变与发展。

虚拟现实：引领未来的人机交互革命

作者：王寒 等 ISBN：978-7-111-54111-0 定价：59.00元

聚焦全球顶尖视野，从技术、产品、商业和生态等多维度全面解析VR

作者团队由来自国内和硅谷的资深VR技术专家组成，不仅能确保内容的专业性，而且能把国内和国外的VR行业状况全部融合到书中，更加全面和立体。

本书以科普和商业引导为目的，从现实、科幻、技术、产品、商业、生态6个维度对VR进行全方位的呈现，了解VR，这一本书就足够！